D1700871

Medienethik aus theologischer Perspektive

Medien und Protestantismus

– Chancen, Risiken, Herausforderungen
und Handlungskonzepte –

von

Andrea König

Tectum Verlag
Marburg 2006

König, Andrea:
Medienethik aus theologischer Perspektive.
Medien und Protestantismus - Chancen, Risiken,
Herausforderungen und Handlungskonzepte.
/ von Andrea König
- Marburg : Tectum Verlag, 2006
Zugl.: Regensburg, Univ. Diss. 2005
ISBN 3-8288-8996-4

Tectum Verlag
Marburg 2006

"Es waren einmal die Massenmedien,
sie waren böse, man weiß,
und es gab einen Schuldigen.
Ferner gab es die Tugendhaften,
die ihre Verbrechen anklagten.
Und die Kunst (ah, zum Glück),
die Alternativen anbot für jene,
die nicht Gefangene der Massenmedien sein wollten.
Gut, das alles ist nun vorbei.
Wir müssen noch einmal ganz von vorne anfangen,
uns zu fragen,
was läuft."[1]

Umberto Eco

---

[1] Umberto Eco, *Die Multiplizierung der Medien*, in: ders., *Über Gott und die Welt. Essays und Glossen*, übersetzt von Burkhart Kroeber, München u.a. (Carl Hanser) 1985, 162.

Vorwort

Wirft man einen Blick auf die Dimensionen der Realität, so wird deutlich, dass wir in einer pluralistischen Gesellschaft leben, in der sich die verschiedensten Dimensionen nicht nur überschneiden, sondern auch zunehmend in Abhängigkeit voneinander geraten. Deshalb ist wissenschaftliche Forschung heute immer mehr darauf angewiesen, über die Grenzen der eigenen Disziplin hinaus eine interdisziplinäre Zusammenarbeit zu suchen. Praktische Theologie wie auch Medienwissenschaft können heute kaum mehr sinnvollen Erkenntnisfortschritt erlangen, wenn sie nicht interdisziplinär betrieben werden. Die vorliegende Arbeit unternimmt deshalb den Versuch einer Annäherung zwischen Theologie und Medienforschung, indem sie die historischen Entwicklungslinien des Verhältnisses von Protestantismus und Medien nachzuzeichnen und zu interpretieren versucht und nach der theologischen Auseinadersetzung mit den Phänomenen medialer Kommunikation in der Gesellschaft fragt.

Mein besonderer Dank gilt Herrn Prof. Dr. Dr. Martin Bröking-Bortfeldt, der mich zum Aufgreifen einer interdisziplinär angelegten Fragestellung ermutigte und diese Arbeit mit großem Interesse betreute. Mein weiterer besonderer Dank gilt Herrn Prof. Dr. Dr. h.c. Hans Schwarz, der mich vom ersten Tag meiner Studienzeit an begleitete und förderte und mir auch bei dieser Arbeit mit seinem Rat zur Seite stand.

Für zahlreiche Anregungen danke ich Herrn Prof. Dr. Roland Rosenstock und Frau Dr. Simone Höckele-Häfner, sowie den Mitarbeitern des Archivs für Evangelische Pressearbeit am Institut für Evangelische Theologie der LMU München. Großen Dank schulde ich auch Frau Dr. Bettina Berlinghoff-Eichler und Herrn Prof. Dr. Wolfgang Horn, die mir durch die zeitweilige Anstellung am Institut für Musikwissenschaft der Universität Regensburg die Finanzierung dieser Arbeit ermöglichten. Dieser Dank gebührt auch der Friedrich-Ebert-Stiftung, die mir durch ein Stipendium mein Promotionsstudium ermöglichte und durch ihr vielfältiges Angebot die Arbeit unterstützte. Hier ist vor allem Frau Marianne Braun zu nennen, die als meine Ansprechpartnerin die einzelnen Entstehungsphasen der Arbeit mit großem Interesse verfolgte. Desweiteren danke ich allen Mitarbeitern des Instituts für Evangelische Theologie der Universität Regensburg und ganz besonders Frau Ferme für die formellen Ratschläge und das Korrekturlesen.

Ein ganz besonderer Dank gilt meiner Familie, ohne deren Ermutigung und Unterstützung diese Arbeit nicht zustande gekommen wäre. Von ganzem Herzen danke ich auch Thomas Kelm, der mir während des Entstehungsprozesses sehr viel Liebe und Vertrauen entgegenbrachte und mir stets zur Seite stand.

Die Arbeit widme ich Monika Nürnberger, die viel zu früh aus dem Leben schied, aber deren Freundschaft mir in ewiger Erinnerung bleiben wird.

Die vorliegende Arbeit wurde im Wintersemester 2005/06 von der Philosophischen Fakultät I der Universität Regensburg im Fach Evangelische Theologie als Dissertation angenommen.

Regensburg, 2005   Andrea König

INHALT

TEIL II: GEGENWART

9

TEIL III: AUSBLICK

11

Einleitung

Von Ethik ist heute sowohl in Fachkreisen als auch in der breiteren Öffentlichkeit vielfältig die Rede. Der Begriff taucht dabei entweder direkt auf oder kommt sachbezogen integriert zum Ausdruck. Man spricht so zum Beispiel unter anderem von einer Wirtschaftsethik, Medizinethik, Umweltethik, Sexualethik oder Berufsethik. Matthias Loretan beschreibt die Sachlage sehr zutreffend, wenn er feststellt: "Ethik hat Konjunktur"[2]. In den letzten Jahrzehnten wurde somit auch der Ruf nach einer Medienethik laut.

Die Forderung nach einer Ethik, nach Moral und ihrer Begründung wird immer dann erhoben, wenn es einen konkreten Anlass gibt. Überall, wo die problematischen Folgen der Entwicklung - sei es im kulturell-gesellschaftlichen, politischen oder ökonomischen Bereich - in Erscheinung treten, erhebt sich die Frage nach dem moralisch zu Verantwortenden, beziehungsweise stellt sich die Frage nach dem menschlichen Maß. Der augenblickliche Zustand wird als krisenhaft oder inhuman erlebt und der Ruf nach einer Ethik wird laut. Die Vielfalt der Begriffe im Bereich der Ethik macht deutlich, wie viele Bereiche von den Menschen bereits als krisenhaft empfunden werden. Der naive Zukunftsglaube von der Machbarkeit alles Wünschenswerten durch den rapiden Aufstieg der Technik ist schon lange abhanden gekommen. Auch im Bereich der medialen Entwicklung ist längst klar geworden, dass die technischen Möglichkeiten nicht nur Positives bringen, sondern auch viele neue Fragen, Probleme und noch nicht abschätzbare Folgen aufwerfen. Bei vielen Menschen hat sich der Zukunftsoptimismus in Bezug auf die Medien bereits revidiert oder sogar in einen Pessimismus verkehrt. Bildungsdefizite und steigende Gewaltbereitschaft bei Jugendlichen zum Beispiel werden oft durch den steigenden Medienkonsum und dem damit einhergehenden Realitätsbezugsverlust erklärt. So löste zuletzt auch die Bluttat des 19-jährigen Robert Steinhäuser im April 2002, der am Erfurter Gutenberg-Gymnasium 2 Schüler, 14 Erwachsene und sich selbst erschoss, bun-

---

[2] Matthias Loretan, *Ethik des Öffentlichen. Grundrisse einer Diskursethik der Medienkommunikation*, in: Adrian Holderegger (Hg.), *Kommunikations- und Medienethik. Interdisziplinäre Perspektiven*, Freiburg/ Schweiz (Universitätsverlag) 1999, 153-183, hier 153. Vgl. auch Rüdiger Funiok, *Handlungsebenen und Begründungen. Verantwortliche Medienerstellung und Mediennutzung*, in: Günter Kruck/ Veronika Schlör (Hg.), *Medienphilosophie, Medienethik. Zwei Tagungen - eine Dokumentation*, Frankfurt a. M. (Peter Lang) 2003, 99-116, hier 100.

desweit eine heftige Diskussion über Gewaltdarstellungen in den Medien und ihre Wirkung auf Jugendliche aus.[3]

Der mediale Entwicklungsprozess ist jedoch nicht mehr aufzuhalten, geschweige denn rückgängig zu machen. Wir leben in einer Medien- und global vernetzten Informationsgesellschaft. Es ist unmöglich, sich dauerhaft und nachhaltig allen Medien zu entziehen oder zu verweigern. Medien begleiten und bestimmen unser Leben mit. Sie beeinflussen, was zum öffentlichen Thema und zum Gegenstand des öffentlichen Gesprächs wird, angefangen beim Kindergarten bis hin zum Stammtisch. Kinder, deren Eltern ihnen den Fernsehkonsum verbieten, werden in Kindergarten und Schule von Altersgenossen ausgegrenzt, wenn sie nicht die aktuellen Geschehnisse der "Daily Soaps" oder "Comicserien" kennen. Sie können nicht mitreden. Ebenso gilt heute jemand, der nicht "online" ist, als rückständig. Die Bezeichnungen "Informations-Gesellschaft" und "Medien-Gesellschaft" drücken bereits aus, welchen gigantischen Einfluss Informationen und die diese vermittelnden Medien heute in der Gesellschaft haben. Dieser wird zweifellos in der Zukunft noch zunehmen. Die Medien werden sich verstärkt von vermittelnden zu gestaltenden Kräften entwickeln. Sie werden zunehmend mehr suggerieren, welche Gesellschaft man haben will und daher gestaltet werden soll, denn Medien verstärken nicht nur Trends, sie setzen sie auch in zunehmendem Maße.

Die Expansion der Massenmedien vor allem in den letzten hundert Jahren führte dazu, dass wir immer größere Anteile der Information, über die wir verfügen, den Medien entnehmen. Klassische und neue Medien haben sich nicht nur quantitativ, sondern auch funktional zu einem integralen Bestandteil unserer Lebenswelt entwickelt. Doch die immer größer und komplexer werdende Welt, die aufgrund der ständig neu hinzukommenden Kommunikationsmittel global betrachtet immer kleiner wird, ruft paradoxerweise geradezu nach Hilfsmitteln, die die Komplexität der Welt und ihrer Probleme aufzulösen helfen. Durch den technisch-wissenschaftlichen Fortschritt wird die Welt immer unsicherer und unübersichtlicher. "Wir befinden uns im Dilemma der Moderne oder in einer sich öffnenden Scherenbewegung, dass wir immer mehr moralische Orientie-

---

[3] Vgl. Annette Ramelsberger, "Reaktion auf die Morde von Erfurt: 'Die Hemmschwelle wird massiv herabgesetzt' - Bayern kritisiert ungehinderten Verkauf Gewalt verherrlichender Videos an Jugendliche", in: *Süddeutsche Zeitung* 99 (29.04.2002), 6.

14

rung brauchen, aber gleichzeitig immer weniger Orientierung haben."[4] Wir sind konfrontiert mit Veränderungen unserer Lebenswelt wie auch unserer Verantwortungsspielräume. Diese Veränderungen führen auch zu moralischen Verunsicherungen und ideologischen Auseinandersetzungen.

Viele dieser Auseinandersetzungen zeigen, dass unsere moralische Reflexionskompetenz diesen Entwicklungen kaum gewachsen ist. Um jedoch moralische Verantwortung wahrzunehmen, muss man sich darum bemühen, die moralischen Konflikte, mit denen wir konfrontiert sind, zu verstehen, um dadurch eine ethische Reflexionskompetenz verantwortlich zu entwickeln. Für die konstruktive Gestaltung einer Mediengesellschaft der Zukunft ist es deshalb auch unabdingbar, sich der Frage nach dem Entwurf einer Medienethik zuzuwenden.

Medienethik ist dabei grundsätzlich als wissenschaftliche Reflexion auf das Handeln, das in den Medien, mit den Medien und durch die Medien selbst stattfindet, zu verstehen.[5] Sie ist keine Neubegründung einer ethischen Theorie, sondern vielmehr eine Spezifikation ethischer Fragestellungen. Medienethik wendet sich dem Verhalten des Menschen unter medialen Bedingungen zu und gibt, wie Klaus Wiegerling festhält, "weniger Antworten auf die Frage, was wir angesichts neuer, veränderter Bedingungen des Handelns tun sollen, als vielmehr darauf, was wir beim Handeln unter medial veränderten Vorzeichen zu beachten haben."[6] In erster Linie zielt sie nicht darauf ab, Normen zu begründen, sondern Verantwortlichkeit zu sensibilisieren. Dementsprechend lässt sich Medienethik nach Wiegerling definieren als: 1. eine Disziplin, die den Zusammenhang zwischen medialem Ausdruck und menschlichem Verhalten untersucht; 2. als Versuch, medienbedingtes Verhalten auf seine Verantwortbarkeit hin zu prüfen; und 3. als Disziplin, die sich darum bemüht, die Ausführungsbestimmungen ethischer Gebote unter medialen Gesichtspunkten zu beleuchten.[7] Um eine solche Ethik zu betreiben, ist es sowohl unumgänglich das Mediengeschehen als ein komplexes Geflecht von Produktion, Distribution und Rezeption zu verstehen, als auch gesellschaftliche Faktoren sowie Politik und Wirtschaft mit einzubeziehen. Neben der Zusammenarbeit von Institutionen zwischen Gesellschaft und

---

[4] Ekkehard Martens, *Warum die Ethik auf den Hund gekommen ist - oder: Welche Ethik brauchen wir heute?*, in: Hans A. Hartmann/ Konrad Heydenreich (Hg.), *Ethik und Moral in der Kritik. Eine Zwischenbilanz*, Frankfurt a. M. (Diesterweg) 1996, 8-13, hier 8.
[5] Vgl. Andreas Greis u.a. (Hg.), *Medienethik. Ein Arbeitsbuch*, Tübingen/ Basel (A. Francke) 2003, xi.
[6] Klaus Wiegerling, *Medienethik*, Stuttgart/ Weimar (J.B. Metzler) 1998, 1.
[7] Vgl. ebd., 2.

Politik, sind darüber hinaus auch pädagogische und wissenschaftliche Bemühungen erforderlich.

Ist die Einsicht allgemein auch groß, dass eine differenzierte Medienethik dringend nötig ist, so ist die Thematik jedoch weitgehend unterbelichtet. Schon die Anzahl der Publikationen, gemessen an Arbeiten zu anderen ethischen Spezialfragen, macht deutlich, dass eine medienethische Reflexion auf wissenschaftlicher Basis, gemessen an der Bedeutung, die Medien und Massenkommunikation für unser Leben und Handeln haben, erst am Anfang steht. Oft gewinnt man den Eindruck, dass eine Ethik, die sich mit Medien beschäftigt, für die Wissenschaft als auch für die Medienverantwortlichen "entbehrlich" ist. Sowohl die Gesetzgebung als auch die ethische Reflexion scheinen der schnellen medialen Entwicklung hinterherzulaufen, anstatt die Entwicklung aktiv mitzugestalten. Ulrich H.J. Körtner schreibt dazu: "Der gegenwärtige Ethikboom wächst offenbar umgekehrt proportional zur tatsächlichen Leistungsfähigkeit der Ethik. Die risikoträchtige Weltgesellschaft erlebt sich als multikulturell und multireligiös, mit der Folge, dass sich der ethische Konsens in der bloßen Forderung nach Ethik oder einer neuen Moral auch schon erschöpft."[8]

Auch die gegenwärtige Medienethik-Diskussion setzte aus unterschiedlichen Gründen erst in den 80er Jahren des letzten Jahrhunderts ein. Dies erscheint umso erstaunlicher, wenn man die mediale Entwicklung historisch zurückverfolgt. Von der Sprache über die Schrift, bis zu Gutenbergs Erfindung des Buchdrucks und der Erfindung des Fernsehens: Medien waren schon immer Bestandteil der Gesellschaft. Durch die technischen Entwicklungen nahm das Tempo der Veränderungen in der Medienlandschaft jedoch stetig zu und die Abstände zwischen den medialen Umbrüchen wurden immer kürzer. Auf den technischen Erfindungen basierend, konnten sich die Medien in der Neuzeit immer rascher ausbreiten, etablieren, diversifizieren und sich zu dominanten, mitgestaltenden gesellschaftlichen Kräften entwickeln. Vereinzelt wurden in jeder Epoche kritische Stimmen laut. So war zum Beispiel der bedeutende Philosoph Sokrates (469-399 v. Chr.) ein ausgesprochener Gegner der Schrift und warnte vor dem Speichern von Informationen außerhalb der Köpfe.[9] Die Klage gegen das Schreiben, die

---

[8] Ulrich H.J. Körtner, *Zwischen den Zeiten. Studien zur Zukunft der Theologie*, Bielfeld (Luther) 1997, 83.

[9] Platon, *Phaidros*, in: ders., *Sämtliche Werke. Band 4: Phaidros, Das Gastmahl, Der Staat*, hrsg. von Wolfgang Stahl, [o.O.] (Mundus) 1999, 7-62, hier 57: "Denn Vergessenheit wird dieses in den Seelen derer, die es kennenlernen, herbeiführen durch Vernachlässigung des Erinnerns, sofern sie nun im Vertrauen auf die Schrift von außen her mittels fremder Zeichen, nicht von innen her aus sich selbst, das Erinnern schöpfen."

paradoxerweise nur deshalb überliefert ist, weil Sokrates' Schüler Platon (427-347 v. Chr.) sie aufgeschrieben hat[10], erinnert verblüffend an die moderne Skepsis moderner Medienkritiker an die Adresse des Fernsehens, das ihren Argumenten zufolge die aktiven und kreativen Fähigkeiten des Menschen und besonders der Kinder verkümmern lasse. Solche Klagen gegen die Schädlichkeit neuer Medien lassen sich aus fast jeder Epoche zitieren. Seit 1609 in Deutschland die älteste bekannte Zeitung herausgegeben wird, wird so zum Beispiel auch in den westlichen Gesellschaften der echte und verantwortungsbewusste Gebrauch der Medien, sowie die Freiheit der Presse, ihre Regulierung und journalistisches Verhalten diskutiert. Bis zum Ende des 19. Jahrhunderts wurden allerdings die möglichen schädlichen Auswirkungen der Medien, vor allem der Presse, an der Gesellschaft nicht explizit mit ethischen Prinzipien in Verbindung gebracht. Heute sind die Medienstrukturen jedoch von solcher Komplexität, dass eine medienethische Reflexion nicht mehr zu umgehen ist. Dabei ist längst auch klar geworden, dass eine Ethik in Form eines Kataloges öffentlicher Tugenden nicht ausreicht. Ethisch zu reflektieren sind alle Rollenträger des massenmedialen Prozesses, das heißt die Politik, die Wirtschaft, die Intendanten und Herausgeber, die Journalisten genauso wie die Rezipienten. Eine solche Ethik darf nicht nur auf Einzelphänomene beschränkt sein, sondern muss den Gesamtprozess medialer Kommunikation berücksichtigen, um von dort aus relevante ethische Fragen zu erheben. Eine Medienethik, die diesem Anspruch gerecht werden will, kann somit nicht eine Bereichsethik bleiben, sondern erfordert die Zusammenarbeit unterschiedlichster Bereiche und Disziplinen. Hierbei kommt auch der Theologie eine entscheidende Rolle zu. Allerdings muss man leider in Bezug auf das Verhältnis von Medienethik und Theologie der selbstkritischen Einschätzung Wolfgang Hubers durchaus zustimmen, wenn er festhält: "Die Ethik der Medien steckt noch immer in den Kinderschuhen. Theologen wie Philosophen haben das Thema stiefmütterlich behandelt."[11]

Unternimmt man einen Rückblick auf das Verhältnis des Christentums und der Medien, erscheint diese Aussage umso erstaunlicher, als sich die christliche Theologie und die Kirche der jeweils verfügbaren Medien mit großer Selbstver-

---

[10] Platons Schriften sind die hauptsächliche Quelle für die Philosophie von Sokrates, der selbst keine schriftlichen Aufzeichnungen hinterlassen hat. Platon benutzt Sokrates häufig als literarische Figur, so dass es sehr schwer ist, eine genaue Grenzlinie zwischen der Philosophie Platons und der Sokrates' zu ziehen.
[11] Wolfgang Huber, *Die Würde des Menschen ist antastbar. Anfragen aus der Sicht der christlichen Ethik*, in: Stephan Abarbanell (Hg.), *Fernsehzeit. 21 Einblicke ins Programm. Eine Retrospektive der Tutzinger Medientage*, München (R. Fischer) 1996, 185-194, hier 186.

ständlichkeit und Selbstständigkeit bedienten. Den Protestantismus kann man geradezu als ein fruchtbares Produkt des frühneuzeitlichen Umbruchs in der Medienwelt bezeichnen. Denn an den Anfängen des Protestantismus in der Kultur der Neuzeit steht nicht nur die Persönlichkeit Martin Luthers, sondern mit der Erfindung der mechanischen Buchdruckerkunst auch eine technische Revolution der Kommunikation und der Medien. Seit der Reformationszeit haben die Medien starken Einfluss auf die Gestalt der religiösen Praxis und damit auch auf das gesellschaftliche Leben. Die öffentliche Sprache förderte das Laientum und die Flugschriften- und Briefkommunikation leisteten ihren Beitrag zur politisch entscheidenden Verbreitung der reformatorischen Ideen. Von den ersten theologischen Zeitschriften am Anfang des 18. Jahrhunderts über die Gemeindeblätter des 19. Jahrhunderts bis hin zu den Beiträgen protestantischer Rundfunk-Agenturen für Hörfunk und Fernsehen reicht das Spektrum protestantischer Mediennutzung. Dies macht deutlich, dass der Protestantismus schon immer in einem besonderen Verhältnis zu den Medien stand und auch heute noch steht, indem er die Medien nicht nur für die Verbreitung der christlichen Botschaft und des reformatorischen Gedankenguts zu nutzen wusste, sondern dadurch auch die Entwicklung der Medien begünstigte. Wie Dan Peter schreibt, hat sich deshalb auch nicht von ungefähr "die Medienlandschaft gerade in christlich geprägten Kulturkreisen und Ländern, auch in christlichen Regionen innerhalb multikultureller Länder besonders schnell entwickelt und ausdifferenziert."[12]

Angefangen bei der Zeit der Abfassung der Evangelien bis hinein ins 19. Jahrhundert ist jedoch das Verhältnis zwischen Medien und der christlichen Botschaft in aller Selbstverständlichkeit als einseitiges Abhängigkeitsverhältnis gedeutet worden: Um das Evangelium zu verbreiten bediente man sich gängiger Medien und formte sie im Sinne der christlichen Botschaft um oder brachte eigene publizistische Formen hervor. Die Medien wurden als Instrumente gedacht und die Eigendynamik war kein Thema. Heute haben die Medien jedoch eine solche Selbstständigkeit ihrer Wirkung erreicht, dass es ihnen sogar möglich ist, eine eigene Wirklichkeit zu konstruieren.

Angesichts des besonderen Verhältnisses des Protestantismus und der Medien in der geschichtlichen Entwicklung, kommt der protestantischen Theologie auch in den gegenwärtigen medienethischen Diskussionen eine besondere Rolle und Aufgabe zu. Das christliche Menschenbild ist geprägt von Freiheit, Würde und

---

[12] Dan Peter, *Das christliche Menschenbild im Kontext der Medien*, in: Rafael Capurro/ Petra Grimm (Hg.), *Menschenbilder in den Medien - ethische Vorbilder?*, Stuttgart (Steiner) 2002, 63-82, hier 63.

Selbstbestimmung. Dazu gehört auch die Aufgabe die Verantwortung für die Würde und Freiheit des Menschen in der heutigen Mediengesellschaft wahrzunehmen. Die protestantische Theologie muss sich deshalb den Risiken und Herausforderungen, die die modernen Medien mit sich bringen, in verantwortungsvoller Weise stellen und auch das Verhältnis der christlichen Botschaft und der modernen Medien neu überdenken. Ziel dieser Arbeit ist es daher zunächst das besondere Verhältnis von Protestantismus und Medien in der Vergangenheit und Gegenwart historisch zu untersuchen, sowie die Impulse, die vom Protestantismus bei der Entwicklung medienethischer Überlegungen in Deutschland ausgingen, zu beleuchten. Basierend auf dieser historischen Analyse, wird im Anschluss versucht eine theologische, beziehungsweise christliche Medienethik zu begründen und die Verantwortung des Protestantismus in Hinsicht auf die gegenwärtige Medienentwicklung zu verdeutlichen. Die Arbeit geht dabei von der Überzeugung aus, dass die christliche Ethik Leitlinien zum rechten Verhalten des Menschen gibt. Da die Medien sich zu einem unverzichtbaren Bestandteil des menschlichen Lebens entwickelt haben, ist es auch Aufgabe einer christlichen Ethik sich mit Fragen, die die Medien aufwerfen, zu beschäftigen. Im Anschluss sollen deshalb die Chancen, aber auch die möglichen Risiken und Herausforderungen für eine protestantische Theologie beleuchtet und abgewogen, sowie ein Ausblick auf mögliche zukünftige Entwicklungen gewagt werden.

Die vorliegende Arbeit folgt dementsprechend einer Untergliederung in folgende Bereiche:

1. Teil I: Da wie alles Handeln auch die Kommunikation über Medien nicht nur Bestandteil der Gegenwart, sondern auch der Vergangenheit ist und von Meinungen, Überzeugungen und Handlungsbereitschaften abhängt, die zwar in der Gegenwart wirksam, aber in der Vergangenheit entstanden und durch vergangene Situationen mit vergangenen Einflüssen bedingt sind, scheint es der Verfasserin unerlässlich, ja sogar unmöglich, Mediensituationen der Gegenwart zu verstehen, ohne über hier und jetzt Beobachtbares hinauszugehen und Vergangenes zu berücksichtigen. Deshalb soll im ersten Teil dieser Arbeit der Versuch unternommen werden, ohne jedoch den Anspruch auf Vollständigkeit zu erheben, das Verhältnis der historischen Entwicklung der Medien und des Christentums, beziehungsweise des Protestantismus darzustellen, basierend auf der Überzeugung, dass für das gegenwärtige Desiderat einer Medienethik die historische Reflexion der medialen Entwicklung und der ersten medienethischen Bemühungen unerlässlich ist für das Verständnis der gegenwärtigen kontroversen theoretischen und praktischen Optionen der Medienethik-Debatte. Da eine umfassende Dar-

stellung der Historie den Rahmen dieser Arbeit sprengen würde, beschränkt sich die Autorin dabei in erster Linie auf die Entwicklungen und den Protestantismus in Deutschland.

2. Teil II: Aufbauend auf dem historischen Verständnis des Verhältnisses von Medien und Protestantismus in der Vergangenheit, widmet sich der zweite Teil, der den Hauptteil dieser Arbeit darstellt und insgesamt in drei Kapitel untergliedert ist, der Gegenwart. Hier soll zunächst ausgehend von der grundsätzlichen Frage, was die Forderung nach einer Medienethik bedeutet und was eine Medienethik in Hinsicht auf die gesellschaftlichen Entwicklungen leisten kann, erörtert werden, ob es denn eine protestantische Medienethik überhaupt gibt und wenn ja, was das heißt und worin ihr Beitrag bestehen kann. Wieso soll sich die protestantische Theologie überhaupt mit den Medien beschäftigen und was kann sie mehr beitragen als eine allgemeine Medienethik? Diesen und ähnlichen Fragen soll nachgegangen werden, um im Anschluss eine christliche Begründung der Medienethik darzulegen. Dazu wird unter anderem das protestantische Medienverständnis analysiert, sowie die Rolle, die das Religiöse in der medialen Alltagskultur einnimmt. Diese Darstellungen bilden wiederum den Ausgangspunkt für eine Reihe von Reflexionen, die sich aus theologischer und medienethischer Perspektive mit der Religion in den Medien und der Medienreligion auseinandersetzen. Das Problem der Medienreligion, d.h. die religiöse Funktion der elektronischen Medien in der Kommunikationsgesellschaft, wird spezifisch untersucht. Schließlich wird anhand einiger exemplarischer Beispiele ein medienethisches Handlungskonzept entworfen.

3. Teil III: In einem abschließenden Kapitel soll ein Blick geworfen werden auf bisherige medienethische Bemühungen und ihre Umsetzung in die Praxis. Des Weiteren soll ein Ausblick gewagt werden auf zukünftige Entwicklungen und Gestaltungsformen in Hinsicht auf eine globale Kommunikation. Denn eine herausragende Leistung der Medienentwicklung in der Gesellschaft ist die weltweite Erweiterung des Informationshorizonts. Die Vernetzung aller nachrichtenrelevanten Informationstechnologien ermöglicht eine Verdichtung in einem Maßstab von Weltgleichzeitigkeit. Damit sind jedoch nicht nur Vorteile gegeben, sondern auch Schattenseiten und erhebliche Risikofaktoren. In einem Ausblick sollen diese Fragestellungen am Ende der Arbeit erörtert werden.

TEIL I: VERGANGENHEIT

1. DAS VERHÄLTNIS VON PROTESTANTISMUS UND MEDIEN IN HISTORISCHER PERSPEKTIVE

1.1. Relevanz einer Mediengeschichtsschreibung für einen Begriff von Medienethik

Das Gespräch über eine Ethik der Medien steht erst am Anfang und aller Anfang ist schwer. Wo soll man ansetzen mit Fragen, die das Nachdenken über eines der Kernphänomene der Gesellschaft in Gang zu bringen vermögen? Ein historischer Zugang ist dadurch erschwert, dass es kaum Gesamtdarstellungen der Entwicklung der Medien gibt und bislang fast kein Versuch unternommen wurde, die Geschichte der Medienethik darzustellen.[13] In der Literatur zum Thema Medienethik überwiegt die Tendenz, die Geschichte der Medien bei den unterschiedlichsten Betrachtungen auszusparen. Wenn überhaupt, wird die Mediengeschichte in aller Regel als Kommunikationsgeschichte und damit als Teil allgemeiner Gesellschaftsgeschichte oder aber als Geschichte einzelner Medien, wie zum Beispiel der Zeitung oder des Fernsehens, dargestellt. Entsprechend beginnen diese Darstellungen mit der Einführung der Druckerpresse, der drahtlosen Übertragung von Signalen oder der Erfindung, die die Auflösung eines bewegten Bildes in Punktzeilen ermöglichte. Die mediale Kommunikation wird aus dieser Sicht zu einem Phänomen, das bestenfalls gut hundert Jahre alt ist. Doch bereits in der Ausbildung der antiken Rhetoriker, noch deutlicher in den akustisch genialen "Lautsprecher"-Konstruktionen der griechischen Theater und der mittelalterlichen Kirchen zeichnete sich bereits der Einsatz technischer Mittel ab, der dann von der Erfindung der Druckerpresse an die Entwicklung der technischen Medien charakterisierte.

Das Defizit einer historischen Gesamtdarstellung lässt sich zum einen auf die Vielfalt und Komplexität der Medien zurückführen und zum anderen auf die unterschiedlichen methodischen Ansätze einer Mediengeschichtsschreibung selbst. Die Ansätze unterscheiden sich bereits in ihren Ausgangspositionen zum Teil

---

[13] Der Beitrag von Clifford G. Christians zum Beispiel beschränkt sich vorwiegend auf die philosophische Entwicklung der Medienethik in den Vereinigten Staaten von Amerika. Vgl. Clifford G. Christians, *An Intellectual History of Media Ethics*, in: Bart Pattyn (Hg.), *Media Ethics. Opening Social Dialogue*, Leuven/ Belgien (Peeters) 2000, 15-46.

erheblich voneinander, entsprechend den Interessen der einzelnen Disziplinen, wie zum Beispiel die Darstellung der Mediengeschichte als Sozialgeschichte oder als Technikgeschichte. Eine historisch-wissenschaftliche Auseinandersetzung mit einer Mediengeschichte unter dem Aspekt einer Medienethik und ihrer Entwicklung gibt es bis dato noch nicht. Selbst die gegenwärtige Medienethik-Diskussion setzte, wie bereits in der Einleitung erwähnt wurde, aus unterschiedlichen Gründen erst in den 80iger Jahren des 20. Jahrhunderts ein. Erste Ansätze einer Massenkommunikationsethik etablierten sich allerdings bereits schon im 19. Jahrhundert.

Die Schwierigkeit, die historische Entwicklung einer Ethik der Medien nachzuzeichnen, ist darüber hinaus aber auch bedingt durch eine Dynamik, die sich nicht nur in den ständig ändernden Machtverhältnissen und den stetig erweiterten technischen Möglichkeiten widerspiegelt, sondern ebenso in Bezug auf einen Begriff von Ethik selbst. Die Auseinandersetzung mit einer Ethik der Medien erfordert zunächst die Verabschiedung von dem Gedanken eines traditionellen ethischen Gerüsts, dass ein geschlossenes System darstellt, in dem alle Aspekte ihren logischen Platz haben. Solch ein steriles System würde einer Ethik der Medien, die im Prinzip analog zum medialen Entwicklungsprozess eine dynamische Diskussion ist, die immer wieder erweitert werden kann und muss, nicht gerecht werden. Etwas, was den Anspruch erhebt, eine definitive Medienethik zu sein, kann es daher nicht geben.

Wie alles Handeln ist auch die Kommunikation über Medien nicht nur Bestandteil der Gegenwart, sondern wurzelt in der Vergangenheit. Sie hängt von Meinungen, Überzeugungen und Handlungsbereitschaften ab, die zwar in der Gegenwart wirken, aber durch vergangene Erfahrungen und Einflüsse bedingt sind. Versucht man Mediensituationen der Gegenwart zu verstehen, ist es deshalb erforderlich über hier und jetzt Beobachtbares hinauszugehen und Vergangenes zu berücksichtigen. Bemühungen um eine ethische Reflexion des medialen Bereichs finden sich, obwohl erst in den letzten Jahren deutlich gemacht, schon lange vorher. Die mediale Entwicklung des Druckes zu Beginn der Neuzeit kam vor allen Dingen dem Protestantismus zu Gute, der seine rasche Verbreitung mitunter der Erfindung der Druckerpresse zu verdanken hatte. Die intensive Nutzung der Medien führte bereits sehr früh dazu, als diese durch den raschen technischen Fortschritt eine Eigendynamik zu entwickeln begannen, dass Urteile über Leistungen und Fehlleistungen der Medien laut wurden und ethische Ansätze zur Hilfe im Umgang damit und zur Verbesserung der mitmenschlichen Position entwickelt wurden. Medienethische Ansätze hatten und haben, wie im

Folgenden noch zu zeigen sein wird, immer Medienkritik zur Vorraussetzung. So übte bereits Martin Luther (1483-1546) Kritik - mehr allerdings an den Medienmachern als an den Medien selbst -, als etliche Drucker seine Werke ohne Achtung auf Qualität, sondern lediglich aus gewinnbringenden Gründen möglichst schnell und in hohen Auflagen verbreiteten und der Inhalt seiner Schriften darunter litt. Erste konkrete ethische Ansätze im Umgang mit den Medien setzten schließlich mit der Erscheinung der ersten periodisch gedruckten Zeitungen im 17. Jahrhundert ein. Mit der Trivialliteraturdebatte gegen Ende des 19. Jahrhunderts wurden dann auch spezifisch medienbezogene Fragen gestellt und grundlegende Optionen getroffen. Mit der Kommerzialisierung und Industrialisierung der Medien gerieten diese sofort ins Kreuzfeuer einer normativen Auseinandersetzung, die zumeist eine Beschränkung ihrer Abundanz forderten und die bis heute angehalten hat. In der Folgezeit verschob sich der Gegenstandsbereich der Auseinandersetzung von den Printmedien zum Film. Die kritischen Argumente gegenüber den Printmedien kehrten später, angewandt auf Fernsehen, Video und Computer kaum verändert wieder.

Um das gegenwärtige Desiderat einer Medienethik verstehen zu können, ist deshalb die historische Reflexion der ersten medienethischen Bemühungen unerlässlich. Nur so kann man die gegenwärtigen kontroversen theoretischen und praktischen Optionen der Medienethik-Debatte erfassen. Auch die Auseinandersetzung mit einer protestantischen Medienethik erfordert daher zunächst die Beleuchtung der Historie, die deutlich macht, welchen Beitrag der Protestantismus in Deutschland zur Entwicklung einer Medienethik geleistet hat und welches die Motive und Schwerpunkte der Ansätze einer protestantischen Medienethik waren. Nach einer historischen Analyse kann man zu neuen Entwürfen fortschreiten. Daher soll in diesem ersten Kapitel versucht werden, ohne Anspruch auf Vollständigkeit, die historische Entwicklung der Medien, der Medien-Ethik und die Rolle, die der Protestantismus dabei einnahm, beziehungsweise welche Impulse von ihm ausgingen, darzustellen.

1.2. Die Bibel, das Christentum und die Medien

Für Theologie und Kirche ist das Thema Medien kein neues Thema. Dies verwundert nicht, wenn man in Betracht zieht, dass die christliche Religion als "Schriftreligion" in ihrer Verkündigung wesentlich über Texte vermittelt wurde und die Kirche sich in ihrer gesamten Geschichte auf unterschiedlichsten Ebenen immer wieder mit Fragen des Umgangs mit diesen Texten beschäftigt hat. Versucht man das Verhältnis zwischen Medien und Protestantismus zu bestimmen, könnte als allererstes Bindeglied und als erste Äußerung einer protestantischen Presse zweifellos die Bibel, beziehungsweise das Evangelium als die "gute Nachricht" selbst gelten. Allen voran die Apostelbriefe, die nicht für den privaten Gebrauch bestimmt waren, sondern ganz ähnlich wie die Briefzeitungen und Flugblätter des 16. Jahrhunderts öffentlichen Charakter besaßen. Doch diese und ähnliche erste Anfänge einer Mediennutzung und -verbreitung durch das Christentum hat der Protestantismus mit dem Katholizismus gemein. Da sich die Arbeit in erster Linie mit dem Verhältnis von Protestantismus und Medien beschäftigt, soll deshalb hier nur ein kurzer Einblick in vorausgehende Entwicklungen gegeben werden, um anschließend mit der differenzierten Darstellung dort zu beginnen, wo sich Katholizismus und Protestantismus trennten.

1.2.1. Religionsgeschichte, Mediengeschichte, Judentum und Christentum

Dass die Geschichte der Medien eng verbunden ist mit der Geschichte der Religionen, wurde bereits im 18. Jahrhundert erkannt, als man die Entstehung monotheistischer Religionen in Zusammenhang mit der Erfindung der Alphabetisierung brachte.[14] Moses Mendelssohn (1729-1786) postulierte so zum Beispiel den Zusammenhang von Medienrevolutionen und religiösen Wandlungen und stellte fest:

> "Mich dünkt, die Veränderung, die in den verschiedenen Zeiten der Kultur mit den Schriftzeichen vorgegangen, habe von jeher an den Revolutionen der menschlichen Erkenntnis überhaupt und insbesondere an den mannigfachen Abänderungen ihrer Meinungen und Begriffe in Religionssachen sehr wichtigen Anteil."[15]

Mit der Verschriftlichung von Texten vollzog sich in der Religionsgeschichte eine mediale Wende, die zwei Religionstypen hervorbrachte: Die Kultreligionen und die Buchreligionen. Während sich die Kultreligionen aus den Stammesreligionen der frühen Hochkulturen zu komplexen Polytheismen entwickelten,

---

[14] Vgl. Jan Assmann, *Text und Ritus. Die Bedeutung der Medien für die Religionsgeschichte*, in: Horst Wenzel u.a. (Hg.), *Audiovisualität vor und nach Gutenberg. Zur Kulturgeschichte der medialen Umbrüche*, (Schriften des Kunsthistorischen Museums Wien 6), Wien u.a. 2001, 97-106, hier 98.

[15] Moses Mendelssohn, *Jerusalem*, in: Martina Thom (Hg.), *Schriften über Religion und Aufklärung*, Darmstadt (Wissenschaftliche Buchgesellschaft) 1989, 422-423.

brach das Judentum mit der kultischen Tradition: Die Schrift ist nicht mehr lediglich Niederschrift des kultischen Vollzugs, sondern die Schrift ist das Eigentliche und Entscheidende (vgl. z.B. Neh 8). Jan Assmann kommt deshalb zu der Schlussfolgerung, dass der jüdische Monotheismus und die sich daraus entwickelnde Abscheu gegen traditionelle Formen des Kultes einhergehen mit der Entwicklung der kanonisierten Schriften oder zumindest mit dem Medium Schrift in engem Zusammenhang stehen.[16] Dieser These kann man durchaus zustimmen, da sie auch biblisch in den alttestamentlichen Texten ihre Entsprechung findet: Blickt man beispielsweise auf die Erzählung vom Goldenen Kalb in Exodus 32, so wird hier deutlich das Kultbild als Medium der Gottespräsenz zurückgewiesen. Die Erzählung impliziert Kritik an traditionellen Formen des Kultus und der Kultbilder und verweist auf die Gefahr, das Kultbild mit seiner Bedeutung zu verwechseln. Für das alte Israel ist dagegen die Schrift das Medium eines neuen, ganz anderen und einzigartigen Gottes. Nicht mehr das Kultbild wird zum Medium der Gottespräsenz, sondern die Schrift zum Medium seiner Präsenz. Dabei ist die Schrift als Medium ein Medium der Differenz, denn Buchstaben sind niemals das, was sie bedeuten. Sie können so beispielsweise Abwesendes anwesend machen, indem sie gleichzeitig seine Abwesenheit vorzeigen, wie ein Gott, der sich offenbart, indem er sich verhüllt. Das Alte Testament überliefert dabei nichts über den Ursprung des graphischen Zeichens, sondern sieht diesen in direkter Verbindung mit der Übergabe der Gesetze an Mose: Gottes Weisung von ihm selbst auf Tafeln geschrieben (vgl. Ex 32,16). So wird das Medium der Schrift zum sakralen Medium der Gottespräsenz.

Ist Judentum und Christentum zunächst somit die Schrift, beziehungsweise das Wort Gottes gemeinsam, unterscheiden sie sich doch erheblich an der Interpretation der Zeichen. Im Neuen Testament betonen die Apostel die Wahrheitsaussage der Schrift, kritisieren aber polemisch die überholten Praktiken des Schreibens, die sie mit dem Jüdischen Gesetz identifizieren. Auch Jesu Auseinandersetzung mit den Schriftgelehrten zieht sich durch alle vier Evangelien. In der Bergpredigt bekräftigt er zwar die Tora, betont aber: "Wenn eure Gerechtigkeit nicht besser ist als die der Schriftgelehrten und Pharisäer, so werdet ihr nicht in das Himmelreich kommen" (Mt 5,20). Auch als die Schriftgelehrten ihn mit einer Ehebrecherin konfrontieren (Joh 8), die nach der Tora die Todesstrafe durch Steinigung erhalten müsste, setzt Jesu zwar mit dem Finger an - "Aber Jesus bückte sich und schrieb mit dem Finger auf die Erde" (Joh 8,6) -, was er allerdings schreibt scheint so unwichtig, dass es nicht erwähnt wird. Stattdessen ant-

---

[16] Vgl. Assmann, *Text und Ritus*, 104.

wortet Jesus: "Wer unter euch ohne Sünde ist, der werfe den ersten Stein auf sie" (Joh 8,7). Hier wird deutlich, dass es nicht um ein Gesetz geht. Gott ist in Jesus selbst präsent. Wer auf Jesus trifft, wird nicht verurteilt, sondern gerettet. Jesus betont deshalb die Gegenwart als Zeit der Entscheidung. Mit seiner Person ist Gottes neues Reich auf Erden bereits angebrochen. "Jesu Anspruch *ist* Gottes Wille, an Jesus scheiden sich die Geister, fällt die Entscheidung für oder gegen Gott."[17] Nicht das Gesetz ist entscheidend, sondern die Umkehrung, die Jesus fordert und ermöglicht.

Während sich in der mystischen und esoterischen Tradition des Judentums Theorien über die Magie des Buchstabens entwickeln, distanziert sich auch Paulus radikal davon, indem er auf Jesus hinweisend betont, dass Gottes Macht und das Medium seiner Offenbarung ihren Ursprung im Geist haben. So schreibt er im 2. Brief an die Korinther: "dass wir tüchtig sind, ist von Gott, der uns auch tüchtig gemacht hat zu Dienern des neuen Bundes, nicht des Buchstabens, sondern des Geistes. Denn der Buchstabe tötet, aber der Geist macht lebendig" (2.Kor 3,5a-6). Der Geist ist nach Paulus nicht an den Buchstaben gebunden. Der Geist ist statt dessen eine universale Macht und die Schrift nur ein Teil dieses Mediums. Diese neue Theologie des Geistes beschleunigte die Kommunikation, indem sie sich selbst als Botschaft, als göttliche Nachricht bestätigte. Damit steht Paulus in der Tradition von Jesus und seinem Verständnis der Verkündigung.

1.2.2. Jesus als Medium Mensch und frühchristliche mediale Vermittlungsformen

Jesus hatte zu seinen Lebzeiten seine Gegenwart als die entscheidende Stunde betont, wies sich als volle Selbstoffenbarung Gottes aus und verkündete bereits selbst als Medium Mensch, das heißt als Vermittler zwischen Gott und Mensch, dass mit ihm das Reich Gottes gekommen sei. "Im Anfang war das Wort, und das Wort war bei Gott, und Gott war das Wort" (Joh 1,1) beginnt das Johannesevangelium mit einem Rückgriff auf den alttestamentlichen Schöpfungsbericht und fährt nur einige Verse weiter mit der entscheidenden Aussage fort: "Und das Wort ward Fleisch und wohnte unter uns" (Joh 1,14). Was hier zum Ausdruck gebracht wird, ist, dass es nicht nur um die Worte Jesu geht, sondern Jesus das Wort ist. Das letzte Medium in seiner christlichen Gestalt ist nicht die Schrift,

---

[17] Hans Schwarz, *Die christliche Hoffnung. Grundkurs Eschatologie*, Göttingen (Vandenhoeck & Ruprecht) 2002, 43.

sondern der Mensch Jesus, der Christus. Mit ihm ist das Reich Gottes bereits angebrochen.

Vor den Ostergeschehnissen schien aber nicht wirklich jeder - selbst seine Jünger nicht - daran zu glauben. Man war nach wie vor im traditionellen Denken verhaftet und die Menschen hofften auf einen Messias im Sinne eines militärischen, politischen und religiösen Führers, der vor allem als nationaler Befreier betrachtet wurde und das Leiden der Juden unter der römischen Herrschaft beenden sollte. Die Menschen erwarteten die völlige Erfüllung der Geschichte in der Gegenwart, so dass nach Jesu Tod sogar einige seiner Jünger resignierend bekannten: "Wir aber hatten gehofft, dass er der sei, der Israel erlösen würde" (Lk 24,21). Erst nach der Auferstehung Jesu erkannten sie, dass in Hinblick auf die Schöpfung Gottes etwas Neues geschehen war und die Welt sich zu verändern begonnen hatte.

Nach der Auferstehung brach ein eschatologisches Fieber vom nahe bevorstehenden Weltende aus und die Menschen erwarteten die baldige Wiederkehr Christi. Dabei war das frühe Christentum geprägt von mündlichen Erzählungen und Berichten, die unmittelbar von Person zu Person weitergegeben wurden. Dies erschien nicht weiter problematisch, da die anfängliche Gemeinschaft sehr klein war. Auch die Erwartungen der baldigen Wiederkehr ließen es nicht als notwendig erscheinen, die Botschaft Jesu aufzuschreiben. Als die Naherwartung sich jedoch nicht erfüllte und die Zeitzeugen Jesu starben, erkannte man die Notwendigkeit, den folgenden Generationen schriftlich fixiert zu überliefern, was geschehen und was gesagt worden war. Zudem sah sich die frühe christliche Gemeinschaft in einer Konkurrenzsituation zu anderen religiösen Weltanschauungen, so dass die Fixierung der christlichen Kernaussagen eine unverzichtbare Notwendigkeit darstellte.

Zu diesen Verschriftlichern zählten die Verfasser der synoptischen Evangelien, die wir heute im Neuen Testament vorfinden. Ihre Darstellungen unterscheiden sich jedoch durch verschiedene Akzentuierungen. Dies liegt nicht nur daran, dass die Evangelisten chronologisch verschieden weit von Leben, Tod und Auferstehung Jesu entfernt waren, sondern auch daran, dass sie sich in völlig verschiedenen Situationen befanden und unterschiedliche Zielgruppen vor Augen hatten. Neben den Evangelisten gab es auch noch zahlreiche andere Schriften, die die Jesusgeschichte darstellten. Darauf verweist der erste Vers des Lukas-Evangeliums: "Viele haben es schon unternommen Bericht zu geben von den Geschichten, die unter uns geschehen sind" (Lk 1,1).

Zu wichtigen Quellen, die Aufschluss über die Heilsgeschichte des ersten Jahrhunderts geben, zählen im Neuen Testament abgesehen von den Evangelisten auch die Briefe des Paulus. Doch genauso wenig wie die Evangelisten Geschichtsbücher verfassten, sondern die Geschehnisse aus ihrer Perspektive darstellten und interpretierten, war auch Paulus kein Historiker, der darum bemüht war, die Geschichte des Mannes aus Nazareth authentisch in allen Einzelheiten aufzuschreiben. Paulus war Missionar und darauf konzentriert die Heilsbotschaft zu verstehen und weiterzugeben, die allem Anschein nach für ihn nicht primär mit historischen Ereignissen zusammenhing. Seine Briefe waren in erster Linie dazu verfasst, um zwischen den Gemeinden im Mittelmeerraum Verbindung zu halten. Damit kam bereits in den frühchristlichen Gemeinden dem Medium Brief eine zentrale Rolle als Kommunikationsmedium zu. Zwar ist in der Forschung mehrfach diskutiert worden, ob es sich bei den Paulinischen Briefen um wirkliche Briefe handelt oder eher um literarische Episteln, allerdings eher mit Blick auf ihren jeweiligen Inhalt.[18] Medienbezogen beweisen die Briefe jedoch selbst, wie zum Beispiel die Korintherbriefe, dass ihre Briefeigenschaft keine Fiktion ist und der Verfasser bestimmte Gemeinden und Personen als existierende Adressaten vor Augen hatte. Dem Brief kam dabei vor allem eine pastorale Funktion zu, wie zum Beispiel der erste Brief an die Korinther verdeutlicht. Paulus hatte in Korinth eine kleine christliche Gemeinde gegründet und verfasste den Brief an die Korinther, um sich zu einigen schriftlichen Anfragen der jungen Gemeinde zu äußern und Unklarheiten in Glaubenssachen auszuräumen. Paulus stellt sich dabei in dem Brief nicht nur vor, sondern benennt auch die Adressaten, begrüßt sie und nimmt Bezug auf konkrete Anfragen. Wie Werner Faulstich schreibt, erweist sich der Brief an die Korinther deutlich als Teil einer umfangreicheren Korrespondenz zwischen der Gemeinde und ihrem Begründer.[19] Der Brief als Medium fungierte somit in der Funktion der Verkündigung und Betreuung. Im weitesten Sinn kann man die Paulinischen Briefe bereits als Vorläufer heutiger international verbreiteter Medien betrachten.

1.2.3. Das Christentum als Medium

Die frühe Kirche der Antike sah bereits ihren Auftrag darin, allen Menschen das Evangelium von Jesus Christus zu verkünden, da Gottes Botschaft sich an die

---

[18] Vgl. Werner Faulstich, *Medien und Öffentlichkeiten im Mittelalter 800-1400*, Göttingen (Vandenhoeck & Ruprecht) 1996, 258.
[19] Vgl. ebd., 259.

ganze Menschheit richtet. Die zentrale Stelle im Neuen Testament, aus der sich dieses Verständnis ableitet, ist Mt 28, 19-20: "Darum gehet hin und machet zu Jüngern alle Völker: Taufet sie auf den Namen des Vaters und des Sohnes und des heiligen Geistes und lehret sie halten alles, was ich euch befohlen habe." Diese Stelle definiert das Christentum, beziehungsweise seinen Auftrag: in seiner Grundstruktur besteht es aus Kommunikation mit dem Ziel der Verbreitung des Evangeliums von Christus und seiner Veröffentlichung in aller Welt. Die Öffentlichkeit gehört somit zum Wesen der Kirche und die kirchliche Verkündigung des Evangeliums richtet sich auf Veröffentlichung. Deshalb musste sich bereits die Kirche des Altertums, um die Öffentlichkeit zu erreichen, sowohl in der personal als auch in der medial erzeugten Öffentlichkeit präsentieren. Die Bedeutung und Wichtigkeit personal und medialer Formen der Verkündigung, um eine größtmögliche Verbreitung der christlichen Lehre zu garantieren, war somit bereits dem Urchristentum klar.

Durch die Vermittlung der Inhalte der christlichen Lehre sowie durch die Abgrenzung gegenüber anderen Religionsformen, erzielte man bald eine breite öffentliche Resonanz, gewann an Popularität, aber auch an politischer Relevanz, so dass das Christentum schließlich im Jahre 380 durch Kaiser Theodosius (347-395 n. Chr.) zur Staatsreligion erklärt wurde. Damit steht das Christentum als Kommunikationsgemeinschaft von Beginn an in einem besonderen Verhältnis zu den Medien, da man es selbst nicht nur - bedingt durch sein Selbstverständnis und seinem christlichen Verkündigungsauftrag - als Medium bezeichnen kann, sondern auch dadurch, dass es immer wieder gezwungen war, sich der Herausforderung des schnellen technischen Medienwandels von Neuem zu stellen. Jochen Hörisch ist deshalb durchaus zuzustimmen, wenn er in der Frage nach den historischen Ursprüngen der Medienwissenschaft auf die Theologie verweist: "Das entspannte bis euphemistische Verhältnis zwischen der christlich-abendländischen Tradition und den Medientechnologien auf seine frühesten Anfänge zu datieren ist unabweislich."[20] Denn "Christologie ist *ab ovo* Mediologie"[21], wie Hörisch schlussfolgert.

---

[20] Jochen Hörisch, *Der Sinn und die Sinne. Eine Geschichte der Medien*, Frankfurt a. M. (Eichborn) 2001, 53.
[21] Ebd.

1.2.4. Biblische Kriterien für die christliche Sicht auf Medien?

Welchen theologischen Ansatz man auch immer wählt, es ist schwer eine christliche Ethik in Bezug auf die Medien zu formulieren, aber dennoch nicht unmöglich. In der Vergangenheit haben sich viele Theologen davor gescheut, eine christliche Sicht der Medien darzustellen oder sind gar nicht von einer Möglichkeit als solcher ausgegangen. Heute ist man sich nach wie vor dieser Schwierigkeit bewusst, aber gleichzeitig weiß man auch darum, wie wichtig für die zukünftige Entwicklung unserer Gesellschaft ein solcher Versuch ist. Innerhalb der Theologie stellt sich die Frage, ob es denn überhaupt so etwas wie eine christliche Medienethik mit aus der Bibel abgeleiteten Kriterien geben kann. Hierauf ist mit Jacques Ellul zu antworten, dass die Heilige Schrift zwar keine genauen Handlungsanleitungen für das 20. und auch 21. Jahrhundert liefert, aber eine Beziehung von Vertrauen und Glauben herstellt, die das Handeln beeinflusst und das auch heute noch.[22] Das heißt, dass es in der Bibel zwar keine Textstelle gibt, die unmittelbar auf die Medien im modernen Sinn anwendbar wäre, dafür aber zahlreiche Handlungsanleitungen, die das Leben christlicher Gesellschaften im Laufe der Geschichte mitprägten und sich auch heute auf unser modernes Leben und auf die modernen Medien übertragen lassen.

Bereits das erste Buch Moses lässt erkennen, dass Gott sich von Beginn an mit äußerster Sorgfalt um die Menschheit gekümmert hat. Zu seinen Geschenken, die er den Menschen gab, zählen sowohl die Freiheit als auch die Fähigkeit, sich zu entwickeln und zu lernen. Demgemäß ist das christliche Menschenbild geprägt von Freiheit, Würde und Selbstbestimmung.

Was der Mensch ist oder was er wird, hängt dabei entscheidend von dem Beziehungsgeflecht ab, in dem er lebt. Aus christlicher Perspektive spielt die Beziehung zu Gott, aber ebenfalls die Beziehung der Menschen untereinander eine entscheidende Rolle. Dies ist der Bereich, in dem die menschliche Kommunikation in all ihren Ausprägungen, also auch die mediale Kommunikation, angesiedelt ist. Die Entwicklung des Menschen wird maßgeblich durch seine Kommunikation mit anderen Menschen bestimmt. Dazu gehört ebenso die menschliche Fähigkeit sich technischer Mittel wie der Medien frei zu bedienen.

---

[22] Vgl. Jacques Ellul, *To will and to do. An ethical research for Christians*, Philadelphia (United Church Press) 1969, 264: "[the word of God] is an eternal word, and in the Bible is objective, constant and unchangeable; but it does not have a direct ethical meaning. It must be translated for the sake of the conduct of the current life of the believer (…)."

Die von Gott gegebene Freiheit zieht jedoch auch Verpflichtungen und Verantwortung gegenüber seinen Mitmenschen sowie gegenüber sich selbst nach sich. Und diesen Pflichten und dieser Verantwortung gilt es als Christ auch in Bezug auf die modernen Medien der Gegenwart nachzukommen. Die Medien eröffnen hier einerseits Chancen, andererseits bergen sie aber auch Risiken und erfordern die Reflexion über einen verantwortungsvollen Gebrauch. In Hinsicht auf eine Medienethik können Theologen dazu einen entscheidenden Beitrag leisten, da sich historisch besehen, besonders in Europa, die Entwicklung der Ethik nur schwer von der Entwicklung der Theologie trennen lässt. Die jüdisch-christliche Ethik gehört neben dem Humanismus und den ethischen Maßstäben der Aufklärung, besonders der Ethik Immanuel Kants, zu den ethischen Hauptpfeilern des so genannten "christlichen Abendlandes" und hat die Moral und die Kultur der westlichen Länder Europas und Amerikas maßgebend geprägt. Darüber hinaus stehen das Christentum und die Medien in einem besonderen Verhältnis zueinander. Das Christentum bediente sich von Beginn an der Medien in aller Selbstverständlichkeit für seine Zwecke. Im weitesten Sinne könnte man das Christentum selbst, wie bereits erwähnt, basierend auf seinem Selbstverständnis des Verkündigungsauftrages, als Medium bezeichnen. Will man als Christ seine moralische Verantwortung wahrnehmen, dann gehört dazu auch das Bemühen, sich mit den moralischen Konflikten, mit denen uns die Medien konfrontieren, auseinanderzusetzen und eine medienethische Reflexionskompetenz zu entwickeln. Darauf soll jedoch im zweiten Kapitel näher eingegangen werden.

1.3. Entwicklungen von der Antike bis zur Reformation

1.3.1. Zum Begriff "Medium"

Versucht man einen historischen Zugang zum Thema Medien, beziehungsweise Medienethik zu bekommen, so muss man bei der Klärung der verwendeten Begriffe ansetzen. Dadurch lässt sich die Thematik eingrenzen und man kann klären, wann mit der Darstellung geschichtlich einzusetzen ist und welche Phänomene in eine Untersuchung einbezogen werden sollen, beziehungsweise welche nicht. Festzuhalten ist zunächst, dass die Begriffe "Medien" und auch "Kommunikation", zumindest in ihrer heute weit verbreiteten Bedeutung, wesentlich jünger sind als die Sachverhalte oder Vorgänge, die mit ihnen im Allgemeinen bezeichnet werden. Im Folgenden werden sie deshalb historisch insofern auf die Geschichte zurückprojiziert.

Der Begriff "Medium" ist das substantivierte Neutrum des lateinischen Adjektivs "medius" (in der Mitte befindlich, mittlerer), findet in den unterschiedlichsten Bedeutungsvarianten Verwendung und bedarf schon deshalb einer Erklärung, da die Begrifflichkeit sowie die Verwendung keinesfalls eindeutig sind. Im lateinischen Handwörterbuch findet man neben der Wortbedeutung "Mitte" und "Vermittlung" im übertragenen Sinn auch die Bedeutung "Öffentlichkeit" und "Publikum".[23] Auch das deutschsprachige *Bertelsmann Universal Lexikon* verweist allein auf fünf Bedeutungsebenen: 1. das Mittel, der Mittler oder das Mittelglied, 2. eine Substanz, die den Raum kontinuierlich ausfüllt, in dem sich physikalische und chemische Vorgänge abspielen (Physik und Chemie), 3. eine Person, die (angeblich) in der Lage ist, Botschaften aus der Geisterwelt zu vermitteln (Parapsychologie), 4. ein Mittel, das der Vermittlung von Informationen, Unterhaltung und Belehrung dient, wie zum Beispiel Zeitung, Film und Tonband (Massenkommunikationsmittel) und 5. die grammatikalisch reflexive Form des Verbums, bei der sich das Geschehen auf das Subjekt bezieht (Grammatik).[24] Ebenso finden sich in den Wissenschaften, die sich mit "Medien" befassen, als Grundlage einer Theorie sehr unterschiedliche Verwendungsweisen.[25] Bernward Hoffmann hat eine grobe Unterscheidung des Medienbegriffs in vier Bereiche vorgenommen: dabei unterscheidet er einen kulturphänomenologischen Medienbegriff, der "Medium" als materiellen Zeichenträger versteht, einen kommunikationswissenschaftlichen Medienbegriff, der sich auf die Massenmedien konzentriert, einen pädagogisch-didaktischen Medienbegriff, der alle Objekte umfasst, die Lehr- und Lernzwecken dienen, sowie einen kultur- und sozialpädagogischen Medienbegriff, der kreative Ausdrucksformen, wie Musik, Tanz, Theater, etc. umfasst.[26] In einem sehr weiten Verständnis hat der kanadische Medienwissenschaftler Herbert Marshall McLuhan (1911-1980) 1968 unter "Medien" alle zivilisatorischen Vorkehrungen definiert, die zum Ausgleich menschlicher Organmängel dienen, wie zum Beispiel Verkehrsmittel, Zah-

---

[23] Vgl. Karl Ernst Georges, *Handwörterbuch. Latein-Deutsch*, 2. Band I-Z, Nachdruck der 8. verbesserten Auflage von Heinrich Georges, Darmstadt (Wissenschaftliche Buchgesellschaft) 1998, 849.
[24] Vgl. Renate Wahrig-Burfeind (Hg.), *Bertelsmann Universal Lexikon. Fremdwörter*, Gütersloh (Bertelsmann) 1990, 439.
[25] Vgl. Werner Faulstich, *Grundwissen Medien*, München (Fink) [4]2000, 21: "Einmal heißt Medium 'Zeichenvorrat' (Informationstheorie und Kybernetik), dann 'technischer Kanal' (Kommunikationssoziologie und Massenkommunikationsforschung/Publizistik), dann wiederum 'ästhetische Kommunikationsmittel' (Einzelmedientheorie und Medienwissenschaft) oder schließlich 'gesellschaftliche Interaktion' (Soziologie, speziell die Systemtheorie)."
[26] Vgl. Bernward Hoffmann, *Medienpädagogik. Eine Einführung in Theorie und Praxis*, Paderborn (Schöningh) 2003, 14f.

lungsmittel, Messgeräte etc.[27] Im Sinne McLuhans ist so zum Beispiel ein Auto ein Medium, insofern es die menschlichen "Organe", in diesem Fall die Füße, verlängert und die Fortbewegung perfektioniert. Ein Medium vermittelt somit nach McLuhans Verständnis zwischen Individuum und Raum. Demzufolge ist aber auch eine Hupe, genauso wie Luft ein Medium, da diese ja erst die Übertragung von menschlichen Stimmen, beziehungsweise Schallwellen ermöglichen. Eine ähnliche Definition von Medien liefert Michael R. Real, der in Anlehnung an McLuhan die Medien als "technological extensions" des Menschen beschreibt.[28] Diese Definitionen sind jedoch begrifflich nicht zufrieden stellend und bei weitem zu weitläufig angelegt. Diesen Mediendefinitionen zufolge wären beispielsweise auch Waffen Medien. Eine sinnvolle wissenschaftliche Auseinandersetzung mit Medien erfordert deshalb einen ausdifferenzierten Medienbegriff.

In der Publizistikwissenschaft hat sich eine systematische Unterteilung in die drei Bereiche Primär-, Sekundär- und Tertiärmedien durchgesetzt.[29] Als Primärmedien werden dabei Medien bezeichnet, die keinerlei Technik benötigen, um ihre Kommunikations- und Informationsfunktion zu erfüllen.[30] Darunter fällt auch der Begriff "Menschmedium". Unter Sekundärmedien werden Medien verstanden, die ausschließlich bei der Produktion auf technische Mittel zurückgreifen, das heißt Druckmedien, wie zum Beispiel Buch und Zeitung.[31] Und schließlich werden als Tertiärmedien alle elektronischen Medien bezeichnet, wie zum Beispiel Radio und Fernsehen, die sowohl bei der Rezeption als auch bei der Produktion des Technikeinsatzes bedürfen.[32] Das heißt unter "Medien" im engeren Sinn werden technische Mittel verstanden, die der Verbreitung von Aussagen an ein potentiell unbegrenztes Publikum dienen, wie zum Beispiel Hörfunk, Fernsehen oder Presse.[33] Dieses Verständnis des Medien-Begriffs hat demnach vor allem einen technischen Aspekt. Nach dieser Auffassung setzt die Geschich-

---

[27] Vgl. Marshall McLuhan, *Die magischen Kanäle*, in: Martin Baltes u.a. (Hg.), *Medien verstehen. Der McLuhan-Reader*, Mannheim (Bollmann Kommunikation & Neue Medien) 1997, 112f.
[28] Vgl. Michael R. Real, *Super Media. A Cultural Studies Approach*, Neburry Park u.a. (Sage Publications) 1989, 19.
[29] Vgl. Faulstich, *Medien und Öffentlichkeiten im Mittelalter*, 31.
[30] Vgl. ebd.
[31] Vgl. ebd.
[32] Vgl. ebd.
[33] Vgl. Jürgen Wilke, *Grundzüge der Medien- und Kommunikationsgeschichte. Von den Anfängen bis ins 20. Jahrhundert*, Köln (Böhlau) 2000, 1.

te der Medien bei der Erfindung des Buchdruckes durch Johannes Gutenberg (1400-1468) ein.

Da sich diese Arbeit mit dem spezifischen Verhältnis von Medien und Protestantismus auseinandersetzen will, beschränkt sich das Aufgabengebiet auf ein Medienverständnis, das sich im engeren Sinn auf technische Mittel zur Verbreitung von Aussagen konzentriert. Zudem ist festzuhalten, dass sich die Geschichte der Medien in internationalen Dimensionen vollzieht. In dieser Arbeit soll jedoch zweckmäßigerweise fast ausschließlich die deutsche Entwicklung betrachtet werden. Dies geschieht nicht nur, um das Untersuchungsgebiet einzuschränken, sondern ergibt sich schon allein aus der Tatsache, dass sich der Beginn der technischen Medien mit den Anfängen des Protestantismus in Deutschland überschneidet. Dennoch soll an dieser Stelle ein kurzer Einblick gewährt werden, was unter dem Begriff noch zu verstehen ist, um dadurch auch deutlich zu machen, welchen Standard der Begriff "Medium" im Leben der Menschen einnahm und auch immer noch einnimmt.

Historisch betrachtet sind die Veränderungen der Medien nicht nur Ausdruck der Veränderungen der Menschen, sondern gehören in wachsendem Maße auch zu den Triebfedern und Ursachen der Veränderungen. Die Beschäftigung mit der Thematik Medien ist dadurch erschwert, dass sich der Begriff des Mediums an sich sehr schwer fassen lässt und, wie bereits angedeutet wurde, beliebig auf unterschiedlichsten Gebieten Verwendung findet. Oft wird der Begriff so weit ausgedehnt, dass er auf jede Form zeichengebundener Vermittlung angewendet wird.[34] Der Begriff findet dementsprechend in einer ganzen Reihe von Wissenschaften Verwendung. So zum Beispiel in der Biologie für die Bezeichnung biologischer Prozesse, bei denen Informationen übertragen werden, oder in den Humanwissenschaften, bei denen ebenfalls oft vom "Menschmedium" gesprochen wird. Die Problematik der Fassung des Medienbegriffs ist mitunter ein wesentlicher Grund dafür, wie Eike Bohlken schreibt, dass die Medienethik keine größere Akzeptanz findet.[35] Für die Auseinandersetzung mit einer Medienethik sowie für eine historische Analyse ist deshalb eine Einschränkung des Begriffes unumgänglich, da man sonst bereits bei dem Beginn der Sprache ansetzen müsste. Was vor der Entstehung der technischen Medien lag, soll hier deshalb allenfalls skizzenhaft in Betracht gezogen werden.

---

[34] Vgl. Faulstich, *Grundwissen Medien*, 21.
[35] Vgl. Eike Bohlken, *Medienethik als Verantwortungsethik. Zwischen Macherverantwortung und Nutzerkompetenz*, in: Bernhard Debatin/ Rüdiger Funiok (Hg.), *Kommunikations- und Medienethik*, Konstanz (UVK Verlagsgesellschaft) 2003, 35-49, hier 36.

1.3.2. Zur Vorgeschichte der Massenkommunikation

Jahrtausende stellte die mündliche Kommunikation die Grundform der medialen Vermittlung dar. Die mündliche Kommunikation setzte dabei die Anwesenheit eines Gegenübers voraus und die Reichweite war durch die Lautstärke der menschlichen Stimme begrenzt. Um weitere Strecken zu überbrücken wurden allenfalls akustische oder optische Signalsysteme verwendet, wie zum Beispiel Trommel- oder Rauchzeichen. Diese ausschließliche Mündlichkeit hatte zur Folge, dass zum einen die Kommunikation an einfache gesellschaftliche Formen gebunden blieb und es zum anderen keine Speicherungsmöglichkeit der Inhalte gab, so dass diese personenunabhängig übermittelt hätten werden können. Diese orale Phase der medialen Vermittlung lässt sich deshalb zwangsläufig auch nicht zureichend konstruieren und soll daher auch nicht weiter ausgeführt werden.

Mit der Erfindung der Schrift setzte die Ablösung der oralen durch die literarisierte mediale Vermittlung ein. Die älteste bekannte Schrift wurde ca. Mitte des 3. Jahrtausends v. Chr. in Mesopotamien erschaffen. Wenige Jahrhunderte später entstand die Schrift der ägyptischen Hieroglyphen. Handelt es sich bei beiden lediglich um Bilderschriften, deren Aussagemöglichkeiten durch die Zeichen beschränkt waren, so war damit für die mediale Vermittlung allerdings ein wichtiger Schritt getan, indem sich Gesprächsinhalte fixieren und speichern ließen und unabhängig von einer Person wurden. Räumliche und zeitliche Distanzen konnten von nun an überbrückt werden und es war die Möglichkeit geschaffen für Überlieferung und Tradition. Wie Jack Goody zu Recht feststellt, war mit der Schrift erst die Grundlage für die Organisation von Gesellschaft, und zwar in Religion und Handel ebenso wie in Staat und Recht, geschaffen.[36] Die Dringlichkeit der Informationsvervielfältigung hatte man bereits in der Antike erkannt. Die Warnung Sokrates' vor dem blinden Vertrauen in gespeicherte Informationen, die in der Thamus-Geschichte zwar in erster Linie der schriftlichen Fixierung im Allgemeinen galt[37], wurde bestätigt, als im Jahre 47 v. Chr. die alexandrinische Bibliothek durch einen Brand zerstört wurde und der größte Teil der Buchrollen verbrannte. Bis zum ausgehenden Mittelalter waren Generationen damit beschäftigt, die verlorenen Schätze der alexandrinischen Bibliothek wieder zusammenzustellen. Man erkannte, dass Wissen etwas war, was sehr

---

[36] Die Implikationen der Schrift für die Strukturierung und Organisation von Gesellschaft hat Jack Goody ausführlich entwickelt in: Jack Goody, *Die Logik der Schrift und die Organisation von Gesellschaft*, Frankfurt a. M. (Suhrkamp) 1990; sowie in seiner Einleitung in: ders. (Hg.), *Literalität in traditionellen Gesellschaften*, Frankfurt a. M. (Suhrkamp) 1998, 7-43.
[37] Vgl. dazu Anmerkung 9.

leicht verloren gehen konnte. Aus dieser Motivation heraus legten sich die wohlhabenden Römer Privatbibliotheken zu und die Klöster begannen die Texte der heidnischen Philosophen Griechenlands zu sammeln. Im Laufe der Jahrhunderte ergänzte darüber hinaus das Prinzip des Abschreibens den Bibliotheksbesuch in zunehmendem Maße.

In der Provinz des römischen Reiches stellte das Plakat ein zentrales Medium der Kommunikation dar. Anders war dies in der Hauptstadt Rom: hier traten neben dem Ausrufer und dem Aushang bereits neue Kommunikationsmittel auf, die man, wie Werner Hadorn und Mario Cortesi schreiben, durchaus als Vorläufer moderner Medien bezeichnen kann.[38] Als ältester Redakteur, Verleger und Herausgeber fungierte in Rom der Pontifex Maximus. In seinen herausgegebenen Annalen, einer Art Jahrbuch, das die wichtigsten Begebenheiten der Öffentlichkeit wiedergab, kann man bereits eine Urform der Zeitung erkennen. Nachdem die Annalen jedoch zunehmend zu trivialen Sensationsmeldungen und Wundergeschichten neigten, wurde ihre Produktion im zweiten Jahrhundert vor Christus eingestellt. Als eine neue Form der medialen Mitteilung etablierte sich der Zeitungsbrief, durch den in Rom lebende Bürger gegen Bezahlung Bekannte in der Provinz über wichtige Vorkommnisse in der Hauptstadt informierten. Neben dieser privaten Verbreitungsform von Nachrichten, gab es noch die Briefzeitungen, die von wichtigen Ereignissen berichteten, in Vervielfältigungsschreibstuben hergestellt und frei verkauft wurden. Darüber hinaus wurden auf Veranlassung von Julius Caesar öffentliche Anzeiger, genannt "acta" eingeführt, die in erster Linie der Veröffentlichung von Protokollen aus Senatssitzungen und Volksversammlungen dienten. Diese "acta" wurden wohl durch gleichzeitiges Diktat an eine große Anzahl schreibkundiger Sklaven vervielfältigt. Aus den erhaltenen Schriften Ciceros (106-43 v. Chr.) lässt sich die mediale Informationsvermittlung zur Zeit der Römer sehr gut nachvollziehen. Ciceros Schriften weisen bereits Formen der Reportage, der Berichterstattung und des Leitartikels auf und die "acta" eindeutige Charakteristika der Zeitung: sie erscheinen periodisch, richten sich an ein breites Publikum und wurden vervielfältigt. Den römischen Informationsträgern fehlte allerdings noch die mechanische Vervielfältigungsmöglichkeit. Seit Augustus (63 v.– 14 n. Chr.) gab es auch einen kaiserlich eingerichteten Transportweg, den *cursus publicus*, mit festen Stationen, den *posita statio*, woraus sich später das Wort "Post" ableitete[39], und der für

---

[38] Vgl. Werner Hadorn/ Mario Cortesi (Hg.), *Mensch und Medien. Die Geschichte der Massenkommunikation*, Band 2, Stuttgart (AT Aarau) 1986, 20.

[39] Vgl. Armand Mattelart, *Kommunikation ohne Grenzen? Geschichte der Ideen und Strategien globaler Vernetzung*, Rodenbach (Avinus) 1999, 16.

die römischen Kaiser bereits eines der wichtigsten Mittel darstellte, um das Reich unter Kontrolle zu halten und einen für damalige Verhältnisse relativ raschen Austausch von Informationen ermöglichte. Unter Augustus erkannte man die Notwendigkeit eines gut ausgebauten Kommunikationsnetzes zur Kriegsführung und Sicherung einer Herrschaft von kontinentalem Ausmaß. Dabei kam den damaligen Medien dementsprechend die Funktion zu, ein Bild von dem jeweiligen Herrscher zu vermitteln, wie er es selbst vermittelt zu sehen wünschte. Nach dem Ende der Republik und mit der Einführung eines kaiserlichen Stadtanzeigers verloren die Briefzeitungsschreiber allmählich ihre Funktion. Darüber hinaus machte eine strenge Kontrolle seitens des Hofes eine freie politische Berichterstattung zu einem lebensgefährlichen Unternehmen. Mit dem Untergang des römischen Reiches verkamen jedoch auch die römischen "acta" immer mehr zu trockenen Chroniken und mit dem Untergang folgte eine Zeit in Europa, in der wenig geschrieben und überliefert wurde, so dass ähnliche Medien wie die römischen "acta" erst wieder im späten Mittelalter auftraten.

1.3.3. Kommunikation im Mittelalter

Im Mittelalter nahm die Kirche eine übergreifende Funktion im medialen Vermittlungsprozess ein, indem sie in Form von verschiedenen Korporationen, wie zum Beispiel Bistum, Kloster, Konvent und Universität, kommunikativ wirkte. Damit war die Kirche der zentrale Ort und die Trägerin der Kommunikation. Die Eroberungsfeldzüge der Römer in der Antike waren dem Christentum dabei zugute gekommen, da sich die christliche Religion dadurch schnell über die Grenzen Europas verbreiten konnte. Unter dem Begriff der Mission setzte die Verbreitung des christlichen Glaubens auf germanische, slawische und romanische Bevölkerungen ein. Dabei nahm das Mönchtum eine entscheidende Rolle ein und die Klöster entwickelten sich zu den publizistischen Zentren des Mittelalters. Fast jedes noch so kleine Kloster besaß eine eigene Klosterbibliothek und es begann ein lebhafter Kopier- und Tauschverkehr.[40]

Vor allem unter Papst Gregor dem Großen (540-604 n. Chr.) wurde die Missionierung der heidnischen Völker zum christlichen Glauben erheblich vorangetrieben. Dabei spielten schriftliche Materialien, die der Unterweisung der heidnischen Völkergruppen dienten, eine zentrale Rolle. Zur möglichst schnellen und erfolgreichen Verbreitung christlichen Gedankenguts musste dieses schrift-

---

[40] Vgl. Faulstich, *Medien und Öffentlichkeiten im Mittelalter*, 109.

lich fixiert, vervielfältigt und aufgehoben werden. Dieses Vorhaben erforderte eine Vielzahl von Schreibkräften, die sich in den überall konstituierenden Klöstern vorfanden. Denn nur die Kirche verfügte über das notwendige Potential an Personen, die der Fähigkeit des Lesens und Schreibens kundig waren. Den Mönchen war nicht nur das Alte und Neue Testament bekannt, sondern sie konnten aufgrund ihrer Sprachkenntnisse auch weltliche Literatur erschließen. Damit hatten die Mönche den höchsten Bildungsstand der damaligen Zeit und die Klöster konnten sich bis ins hohe Mittelalter hinein als einzigartige Führungsgestalt in allen gesellschaftlichen Bereichen behaupten.

Die publizistischen Leistungen der Klöster, die nicht nur aus Vervielfältigung, sondern auch genauester Registrierung und Bestandspflege der Literatur und Bibliotheken bestand, führte zu einer Entwicklung eines klösterlichen Verwaltungsapparates, der auch zunehmend Anerkennung bei weltlichen Regenten fand, die dessen Dienste in Anspruch nahmen. Durch die Übernahme von Verwaltungsaufgaben kamen den Klöstern somit neue weltliche Aufgabenbereiche zu. Mit dem Besitz der publizistischen und der Verwaltungszentren konnte die Kirche die öffentliche Meinungsbildung und Nachrichtenvermittlung steuern. Dies mitunter, weil sowohl die Amtskirche als auch die Klöster über ein eigenes ausgebildetes Informations-, Boten- und Austauschsystem verfügten.[41] Öffentlichkeit im heutigen Sinne einer allgemeinen Informationszugänglichkeit existierte im Mittelalter somit nahezu ausschließlich in kirchlicher Bindung.

Axel Schwanebeck unterscheidet in Bezug auf Öffentlichkeit im Mittelalter eine spezifische und eine generelle Öffentlichkeit.[42] Die Form der spezifischen Öffentlichkeit umfasste die Kommunikation zwischen Klerus und Adel, in der politische Entscheidungen getroffen wurden und die sich der Mehrheit der Bevölkerung entzog. Diese wiederum umfasste die generelle Öffentlichkeit, die sich hauptsächlich in Veranstaltung öffentlicher Art konstituierte. Die Kirche nahm in beiden Bereichen eine dominante Stellung ein, indem sie nicht nur weltliche Entscheidungsprozesse beeinflusste, sondern auch für das niedere Volk durch verschiedenste mediale Vermittlungsformen, wie zum Beispiel Predigt, Gottesdienst oder päpstliche Verlautbarungen Öffentlichkeit herstellte. Der Gottesdienst war Ort zwischenmenschlicher Kommunikation. Hier wurde nicht nur die christliche Botschaft vermittelt, sondern dies war auch der Ort amtlicher Bekanntmachungen und Informationsvermittlung. Darüber hinaus bot sich die Ge-

---

[41] Vgl. Faulstich, *Medien und Öffentlichkeiten im Mittelalter*, 260.
[42] Vgl. Axel Schwanebeck, *Evangelische Kirche und Massenmedien. Eine historische Analyse der Intentionen und Realisationen evangelischer Publizistik*, München (Fischer) 1990, 22.

legenheit nicht nur durch Information, sondern auch durch Indoktrination und Manipulation das öffentliche Bewusstsein zu steuern. Damit vollzog sich, wie Axel Schwanebeck schreibt, die politische Meinungsbildung der über geringe Bildung verfügenden Bevölkerungsschichten vornehmlich in der Kirche, geleitet durch die Intentionen des Klerus.[43] "Die Kanzel wurde damit zum Substitut für fehlende technische Kommunikationsmedien, zum Forum öffentlicher Disputation und zu einem bedeutenden Faktor gesellschaftlicher Meinungsbildungsprozesse."[44]

Das gesprochene Wort, beziehungsweise die Predigt, stellte die wichtigste mediale Vermittlungsform im Mittelalter dar. Darüber hinaus nahm der Brief eine publizistische Funktion als Kommunikationsmedium ein, indem Protokolle, Streitschriften, Manifeste, Mahnschriften usw. in Form des Briefes verbreitet wurden. Allerdings blieben die Briefe auf Teilöffentlichkeiten bezogen, das heißt innerhalb zum Beispiel kirchlicher oder städtischer Kontexte jeweils voneinander getrennt auf einen kleinen Leserkreis. So diente beispielsweise der kaufmännische Briefverkehr im Mittelalter primär den Handels- und Kapitalinteressen. Erst im ausgehenden Mittelalter erweiterte sich der Briefinhalt auch auf allgemeine Nachrichten und Neuigkeiten und es entwickelten sich erste Ansätze eines Zeitungswesens.

Die bisherigen Darstellungen einer Mediennutzung durch das Christentum, besitzt der Protestantismus mit dem Katholizismus gemeinsam. Widmet man sich der Aufgabenstellung, die durch technische Medien ergehende Verbreitung von Aussagen und den durch diese in Gang gesetzten publizistischen Prozess als Erfahrung der Kirche zu erhellen, muss man dort ansetzen, wo sich die Kirche erstmalig technischer Medien bediente und so zu einer intermediären Kommunikation als Massenkommunikation gelangte. Dominierte bislang das gesprochene Wort und kamen der Schrift und dem Druck im Mittelalter nur sekundäre publizistische Funktionen zu, so änderte sich dies mit der Erfindung des Buchdrucks und den beweglichen Lettern. Von diesem Zeitpunkt an eröffneten sich im Bereich öffentlicher Bewusstseinsprozesse und politischer Meinungsbildung vollkommen neue Perspektiven. Dazu schreibt Helmut Breit: "Mit der Erfindung der Buchdruckkunst war grundsätzlich die Auflösung der Identität von kirchli-

---

[43] Vgl. Schwanebeck, *Evangelische Kirche und Massenmedien*, 24.
[44] Ebd.

cher und weltlicher Information und Belehrung möglich geworden."[45] Der Einsatz technischer Medien geschah erstmalig durch die reformatorischen Kirchen im 16. Jahrhundert, auf die im Folgenden näher eingegangen werden soll.

1.4. Die Reformation

Im Verlauf des 15. Jahrhunderts verloren die beiden Universalgewalten des Mittelalters, das Kaisertum und das Papsttum, immer mehr an Bedeutung. Es war eine Zeit, die auf allen Lebensgebieten von einem tiefen Krisenbewusstsein geprägt war und nach Reformation verlangte. Soziale, religiöse und politische Kämpfe, sowie Katastrophen und Seuchen bestimmten den Alltag. Die Macht der Kirche war weitgehend geschwächt. Ihr wirtschaftlicher Niedergang war begleitet von und zum Teil bedingt durch den Zerfall ihres organisatorischen Apparates, in religiöser sowie in materieller Hinsicht. Der niedere und auch mittlere Klerus war verarmt, die Klöster vernachlässigt, das allgemeine Ansehen der kirchlichen Repräsentanten gering und die Einkünfte durch die Spenden und Abgaben der Gläubigen dementsprechend niedrig. Dazu kam der Verlust der Bedeutung als politisch imperialer Großmacht, nachdem sich Frankreich und England aus dem römischen Einflussbereich zu lösen begonnen hatten und die Phase der Begründung feudalabsolutistischer Nationalstaaten begann. So hatte sich zu Beginn des 16. Jahrhunderts der Einfluss der Papstkirche auf die einzelnen Staaten enorm verringert. Die scholastische Theologie und Philosophie drohten immer mehr zu erstarren. Langsam erlangte der menschliche Geist eine gewisse Selbstständigkeit, Festigkeit und Stärke. Man wollte sich nicht länger von Rom bevormunden lassen. Gleichzeitig war die Verweltlichung des Papsttums auf einem nicht mehr zu überbietenden Höhepunkt angelangt. Der Papst und die ihn umgebende höhere Geistlichkeit waren getrieben von einem rücksichtslosen Streben nach weltlicher Macht und irdischem Besitztum. Dazu schien jedes Mittel recht zu sein und so hatte sich in Rom neben einer Vetternwirtschaft auch ein schamloser Geschäftsbetrieb mit dem Kauf von Bischofssitzen, Ämtern, Absolutionen, Ablässen und anderen Gnadenmittel eingebürgert. In der Spätphase des Mittelalters, die gekennzeichnet war von unterschiedlichsten religiösen Vorstellungen, war der Ruf nach Reformen bereits so allgemein und vielfältig, dass die nach Jahrzehnten einsetzende reformatorische Bewegung

---

[45] Herbert Breit, *Die Gemeindepredigt im Zeitalter der Massenmedien*, in: ders./ Wolfgang Höhne (Hg.), *Die provozierte Kirche. Überlegungen zum Thema Kirche und Publizistik*, München (Claudius) 1968, 217-240, hier 224.

im 16. Jahrhundert nichts wirklich Neues brachte, sondern die schon während der Vorreformationsbewegung sich abzeichnenden Strömungen widerspiegelte und in Taten umsetzte.

Der reformatorische Aufbruch im 16. Jahrhundert wäre jedoch nicht möglich gewesen ohne bestimmte technische Voraussetzungen, die es ermöglichten, das in vielfältig verschiedenster Form verfügbare gedruckte Wort medial zu verbreiten, um dadurch eine Veränderung einer der größten sozialen Institutionen der sozialen Welt - der christlichen Kirche und ihres Glaubens - zu bewirken. Zu diesen technischen Voraussetzungen zählte die Gründung von Papiermühlen, die auf industriellem Fertigungsweg das Druckmaterial in großen Mengen herstellten. Die erste als vollständiger Industriebetrieb angelegte Papiermühle in Deutschland richtete Ullmann Stromer (1329-14077) im Jahre 1390 an der Pegnitz vor den Toren in Nürnberg ein. Etwa vier Jahre später erblickte Johannes Gutenberg (1400-1468)[46], der Erfinder des Gießinstruments zur mechanischen Vervielfältigung von Buchstaben und der Druckerpresse, das Licht der Welt. In den Jahren zwischen 1440 und 1450 war diese Erfindung austauschbarer Lettern aus Metall zum Abschluss gekommen. Zwischen 1450 und 1460 gründete Johann Mentelin in Straßburg seine berühmt gewordene Druckerei, in der er 1466 - 56 Jahre vor dem Erscheinen von Luthers Septemberausgabe des Neuen Testaments - die erste deutsche Bibel druckte.

Die neuen technischen Möglichkeiten, die mit der Erfindung der Druckerpresse gegeben waren, standen am Anfang einer Entwicklung, in deren Verlauf sich die Kirche in immer stärkerem Maße der neuen Techniken bedienen sollte. Als der reformatorische Aufbruch erfolgte, war die Buchdruckerkunst soeben erst zu wirklicher Leistungsfähigkeit herangewachsen. Die Reformation bediente sich der Mittel dieser neuen Techniken, die soeben erst aktionsfähig geworden waren, wodurch diese wiederum durch die Bedürfnisse der Reformation zu einer ungeahnt schnellen Blüte gelangen konnten. Die Möglichkeit jedes geistige Produkt, jede Information und im Grunde genommen jeden Gedanken, sofern er sich schriftlich niedergeschlagen hat, prinzipiell in unbegrenzter Menge zu vervielfältigen und in ebenso unbegrenzter Weise der Öffentlichkeit zugänglich zu machen, stellte alle Lebensbereiche der zivilisierten Welt auf eine neue Grundlage und gab zweifelsohne der Geschichte in den meisten Bereichen eine Richtung, die sie ohne dieses neue Medium nicht genommen hätte. Die Geschichte

---

[46] Eigentlich Johannes Gensfleisch, der erst nach seinem Tod nach dem Gutshof seiner Familie in Mainz Gutenberg genannt wurde. Zu Johannes Gutenberg vgl. Aloys Ruppel, *Johannes Gutenberg. Sein Leben und Werk*, Berlin (Nieukoop) [2]1947.

dieses neuen revolutionären Mediums der Drucktechnik in all seinen Erscheinungsformen kann daher als wesentlicher Bestandteil der Kulturgeschichte der Menschheit gelten. Der Aufklärungsphilosoph und Physiker Georg Christoph Lichtenberg (1742-1799) drückte dies mit folgenden Worten aus: "Mehr als das Gold hat das Blei die Welt verändert. Und mehr als das Blei in der Flinte jenes im Setzkasten der Drucker."[47]

Trotz der immensen Bedeutung die der Erfindung der Druckerpresse zukommt, gilt es an dieser Stelle jedoch hinsichtlich der Kommunikation zur Zeit der Reformation auf einen Aspekt hinzuweisen, der häufig außer Acht gelassen wird: Die Reformation ist in einer Gesellschaft der mündlichen Kommunikation entstanden, die allerdings zunehmend von der Druckerpresse beeinflusst wurde. Die weit verbreitete Meinung, wie sie zum Beispiel Elizabeth L. Eisenstein vertritt[48], dass der Umkreis öffentlicher Meinung in der Reformation durch den Prozess des Buchdrucks und der frühreformatorischen Flugschriften geschaffen wurde, ist nach Ansicht der Autorin eine zu pauschale und einfache Sichtweise, die beispielsweise nichts über die Verbreitung reformatorischer Ideen unter den Analphabeten aussagt. Zwar ist die Rolle der Druckerpresse als Vermittlerin reformatorischer Gedanken sicherlich unumstritten, doch muss der Buchdruck auch in vergleichender Perspektive zu anderen Kommunikationsmitteln der Zeit gesehen werden. Denn nur wenn man alle medialen Kommunikationsmittel der Zeit und ihre Wechselwirkung untereinander in Betracht zieht, kann auch die Verbreitung der Reformation unter den Massen verstanden werden. Der reformatorische Buchdruck muss deshalb in die Gesamtheit des Kommunikationsprozesses, wie zum Beispiel auch mündliche und visuelle Kommunikation, einbezogen werden. Denn die Gesellschaft des 16. Jahrhunderts war noch überwiegend von mündlicher Kommunikation geprägt. Auch wenn die öffentlichen Bekanntmachungen zunehmend gedruckt wurden, bekam der größte Teil der Bevölkerung Informationen nach wie vor mündlich mitgeteilt. Das wichtigste Mittel der Massenkommunikation war die Predigerkanzel und die Reformation in ihrer Frühphase war zunächst auch eine Wiederbelebung der Predigt. Sicherlich beeinflussten die Druckschriften die Predigten, so dass das Verhältnis zwischen mündlicher und gedruckter Mitteilung sehr komplex war. Die Rückmeldung über Art und Ausmaß der Rezeption beeinflusste dann ihrerseits wieder diejeni-

---

[47] Georg Christoph Lichtenberg, *Zitate und Aphorismen*, Quelle: <http://www.unmoralische.de/zitate2/Lichtenberg.htm> (20.01.2005).
[48] Vgl. Elizabeth L. Eisenstein, *The Printing Press as an Agent of Change. Communications and cultural transformations in early-modern Europe*, Volume I., Cambridge (University Press) 1979, 303-313.

gen, die Medieninhalte formulierten. Mit der Verbreitung reformatorischer Ideen unter den Analphabeten hat sich Robert W. Scribner in seiner Schrift *Flugblatt und Analphabetentum. Wie kam der gemeine Mann zu reformatorischen Ideen?* ausführlich auseinandergesetzt und weist hier eindrücklich auf die partizipierenden Formen der Informationsmitteilung wie zum Beispiel den Gesang oder öffentliche Aktionen wie Prozessionen hin, denen eine nicht zu unterschätzende Rolle zukam.[49] Das heißt, dass Flugblatt und Flugschrift zwar als unentbehrlicher Bestandteil, aber letztendlich auch lediglich nur als Teilbestandteil eines komplexen Gesamtprozesses verschiedener in Interaktion begriffener Medien zu verstehen sind, die als allein stehende Quelle nicht richtig erfasst werden können.

1.4.1. Frühreformatorische Schriften

Die Erregung über Rom und die Missstände in der katholischen Kirche hatte schon lange vor Martin Luther alle Stände, vom einfachen Volk bis in die obersten Kreise, und auch weit über Deutschland hinaus erfasst.[50] Dennoch schlug sich diese allgemein verbreitete Zeitstimmung verhältnismäßig spärlich in Schriften und Blattdrucken nieder. Das Schlagwort von der "Reformation der Kirche an Haupt und Gliedern" war zwar weit verbreitet, aber nicht mehr als eine beliebte Drohung weltlicher Stellen, um die Kurie in Verlegenheit zu bringen.[51] Durch die um Mitte des 15. Jahrhunderts durch Gutenberg eingeführte technische Revolution des Buchdruckes wurden zwar neue Möglichkeiten eröffnet, doch blieben diese in Hinsicht auf journalistische Verwendung vorerst ungenutzt. Die neue Kunst fand vorerst hauptsächlich Anwendung für die bisher auf mühselige Vervielfältigung durch die Hand angewiesene gelehrte Buchliteratur. Die Drucktechnik konnte sich nur langsam in den Textteil der damals im Volk überaus beliebten Einblattdrucke, die im Gegensatz zum Buch blattweise vertrieben wurden, behaupten. Bei diesen Einblattdrucken stand das Bild im Vordergrund und konzentrierte sich im Wesentlichen auf die Darstellung von Heiligen, ergänzt durch mehr oder weniger umfangreiche Textbeigaben. Zu den

---

[49] Vgl. Robert W. Scribner, *Flugblatt und Analphabetentum. Wie kam der gemeine Mann zu reformatorischen Ideen?*, in: Hans-Joachim Köhler (Hg.), *Flugschriften als Massenmedium der Reformationszeit. Beiträge zum Tübinger Symposion 1980*, Stuttgart (Klett-Cotta) 1981, 65-76.
[50] Vgl. Karl Heussi, *Kompendium der Kirchengeschichte*, Tübingen (Mohr) 1991, 272-275.
[51] Vgl. Angela Kessler, *Ein Beitrag zur Geschichte der evangelischen Presse von ihrem Beginn bis zum Jahre 1800 (im deutschen Sprachgebiet)*, Inaugural-Dissertation, Ludwig-Maximilians-Universität München 1956, 14.

frühesten Druckerzeugnissen zählen des Weiteren auch Predigtbücher, astrologische Kalender oder amtliche Verordnungen. Zwar gab es in der Frühzeit auch bereits polemische Erscheinungen, die oft in volksliedhafter Form verfasst waren, doch waren die Erscheinungen insgesamt in der Regel nicht von einer meinungsbildenden Absicht geprägt.

Als Beispiele sind die Drucke von Johann Ruchrat von Wesel (1400-1481), Wessel Gansfort (1419-1489) und die des volkstümlichen Predigers Johann Geiler von Kaisersberg (1445-1500), aber auch die astrologischen Prophetien Johannes Lichtenbergers (1445-1503), die zu den meist zitierten Wahrsagebüchern seiner Zeit zählen, zu nennen. In radikalerer Zuspitzung wurden Missbilligungen über die Missstände der Kurie vor 1517 bei Hans Böheim von Niklashausen (ca. 1450-1476) und Joß Fritz (1470-1524) laut. Böheim trat als Prophet auf, dem die Jungfrau Maria erschienen sei, predigte Entsagung und wandte sich damit gegen die Ausschweifungen der geistlichen und weltlichen Herren. Seine sonntäglichen Predigten riefen Versammlungen von teilweise mehr als 40000 Menschen nach Niklashausen. Nach einer ersten Bauernverschwörung 1476 ließ ihn der Bischof von Würzburg Rudolf von Scherenberg gefangen nehmen und auf dem Scheiterhaufen hinrichten.[52] Joß Fritz, Leibeigener des Speyrer Bischofs, galt als eine zentrale Führungsgestalt des Bauernaufstandes Bundschuh von 1502. Fritz stellte ein revolutionäres Programm zur völligen Umgestaltung der Gesellschaft vor, wobei die Forderung nach göttlicher Gerechtigkeit im Mittelpunkt stand. Zwischen 1502 und 1507 organisierte er drei Bauernaufstände, die jedoch jedes Mal wegen Verrats scheiterten. Bei den hier angeführten Beispielen handelt es sich jedoch um Einzelerscheinungen, denn erst mit der von Luther ausgelösten Woge antirömischer Tendenzen nahm die Bewegung ungemein zu und verband sich zum Teil mit dem reformatorischen Angriff auf die kirchlichen Dogmen und die Institution der Kirche selbst. Eine Auflistung der Schriften würde Seiten füllen, doch zu nennen sind als die wichtigsten Autoren unter anderem Ulrich von Hutten (1488-1523), Hartmut von Cronberg (1488-1549), Johann Eberlin von Günzburg (1470-1533), Heinrich von Kettenbach (+1524) und Hans Sachs (1494-1576).

---

[52] Vgl. dazu ausführlich Klaus Arnold, *Niklashausen 1476. Quellen und Untersuchungen zur sozialreligiösen Bewegung des Hans Behem und zur Agrarstruktur eines spätmittelalterlichen Dorfes,* Baden-Baden (Koerner) 1980.

1.4.2. Martin Luther als Journalist

Am Sonnabend des 31. Oktobers 1517 schlug Martin Luther seine in lateinischer Sprache abgefassten 95 Thesen an das Nordportal der Schloss- und Universitätskirche zu Wittenberg an und forderte für den 1. November, dem kirchlichen Feiertag "Allerheiligen", zu einer Disputation und Protestaktion auf.[53] Anlass für die Abfassung der Thesen hatte der Ablasshandel der katholischen Kirche gegeben. Der Ablass gehörte bereits seit dem 11. Jahrhundert traditionell zum Verständnis des Bußsakraments und war zunächst gedacht als Erlass der Kirchenstrafen gegen eine Geldzahlung.[54] Da sich diese Form der Ablösung als sehr erfolgreich erwies, etablierten sich die Einnahmen aus dem Ablasshandel zunehmend zu einer wichtigen Quelle der Kurie für ihre Finanzwirtschaft. So dehnte man schließlich den Ablass und die Vergebung der Sünden auch auf das Totenreich aus, so dass gegen eine Geldbuße seitens der Hinterbliebenen eine Verkürzung von Strafen im Fegfeuer bereits Verstorbener versprochen wurde. Theologisch rechtfertigte man den Ablass aus den überschüssigen Werken der Heiligen und Christi, die die Kirche als Stellvertreterin verwaltete und den Gläubigen nach ihrem Verständnis zukommen lassen konnte.

Die Einnahmen aus dem Ablasshandel wurden jedoch zunehmend zu kulturellen und privaten Zwecken genutzt. Die Situation spitzte sich zu, als der Erzbischof Albrecht von Mainz (1490-1545), um die damals üblichen Palliumsgelder für seine Ämteranhäufung[55] entrichten zu können, den Ablassprediger Johann Tetzel (1465-1519) in seinen Dienst nahm. Tetzel hatte sich bereits durch seine außerordentliche rhetorische Begabung und seinen ausgeprägten Sinn für das Geschäftliche einen Namen gemacht. Die Päpste Alexander VI. (1430-1503) und Julius II. (1443-1513) hatten Tetzel, der dem Dominikanerorden beigetreten

---

[53] Es ist zwar umstritten, ob der Thesenanschlag in der überlieferten Form und an dem Tag wirklich stattgefunden hat - vgl. dazu Klemens Honselmann, *Urfassung und Drucke der Ablassthesen Martin Luthers und ihre Veröffentlichung*, Parderborn (Schöningh) 1966 -, doch die Erwähnung an dieser Stelle soll lediglich die Wichtigkeit der publizistischen Bedeutung dieser Aktion betonen.

[54] Die Idee des Ablasses entwickelte sich bereits im 9. Jahrhundert aus dem Gedanken, dass den im Kampfe gegen die Ungläubigen gefallenen Kriegern die kirchlichen Bußstrafen erlassen seien. Auf dieser Grundlage entstand schließlich im 11. Jahrhundert der Kreuzablass, das heißt der Erlass kirchlicher Bußstrafen für die Teilnehmer an Glaubenskriegen. Seit dem 12. Jahrhundert konnten auch diejenigen, die nicht persönlich in den Krieg zogen, gegen eine Geldzahlung Ablass erwerben. Vgl. dazu ausführlich: Heussi, *Kompendium der Kirchengeschichte*, 281.

[55] Zur Ämteranhäufung des Albrecht von Mainz vgl. Ernest G. Schwiebert, *Luther and his times. The Reformation from a new perspective*, Saint Louis (Concordia) 1950, 306-309.

war, bereits 1502 und 1504 mit der Durchführung von Ablassverkäufen in Deutschland beauftragt. Im Jahre 1517 wurde Tetzel schließlich vom Mainzer Erzbischof Albrecht II. zum Generalsubkommissar für die Ablasspredigt in der Kirchenprovinz Magdeburg ernannt. Der Ablasspropagandist ließ ohne moralische Bedenken keine Möglichkeit aus, den Menschen das Geld sprichwörtlich aus der Tasche zu ziehen und erzielte große Gewinne für die päpstliche, als auch für seine eigene Kasse. Dabei brüstete er sich angeblich selbst mit seinem Ablasshandel schon mehr Seelen gerettet zu haben als der Heilige Petrus mit seinen Predigten.[56]

Kurfürst Friedrich der Weise von Sachsen (1463-1525), besorgt um den Wohlstand seines Landes, hatte den Ablasshandel im kurfürstlichen Sachen nicht zugelassen. So tolerierte Luther anfangs - nicht direkt damit konfrontiert - den Ablasshandel, aber sicherlich mit Unbehagen. Als Tetzel jedoch in Jüterborg und Zerbst an der Grenze zu Sachsen seinen Ablass predigte und viele Wittenberger dorthin reisten, um einen Ablassbrief zu erwerben und mit diesen zu Luther kamen, sah dieser sich gezwungen einzugreifen.

Mit dem Thesenanschlag, dem damals üblichen, akademischen Brauch der öffentlichen Bekanntmachung seiner Meinung[57], wandte sich Luther an die wissenschaftliche Fachwelt, um dieser gegenüber die Inhalte seiner Thesen zur Diskussion bereitzustellen und zu einer akademischen Debatte über den Wert des Ablasses aufzufordern. Luther beabsichtigte mit dem Anschlag seiner Thesen somit in erster Linie die akademische Fachwelt zu einer internen Diskussion aufzurufen, weshalb er seine Thesen auch in lateinischer Sprache abfasste. Dies lässt darauf schließen, dass er zu diesem Zeitpunkt noch kein rein auf die Öf-

---

[56] Zur Vorgehensweise Tetzels vgl. Richard Friedenthal, *Luther. Sein Leben und seine Zeit*, München (Pieper) 1967, 158. Friedenthal weist jedoch auch darauf hin, dass das, was Tetzel wirklich gesagt hat, unsicher ist, da niemand diese Predigten aufschrieb und Tetzel selbst später unter Eid Vieles leugnete (158). Auch Luther hat Tetzel selbst nie gehört, aber die Gläubigen berichteten ihm von seiner Vorgehensweise. Die Behauptung Tetzels mit seinen Ablassbriefen schon mehr Seelen gerettet zu haben als Petrus mit seinen Predigten, wurde Luther ebenfalls von anderen zugetragen, wie er selbst in der Schrift *Wider Hans Worst (1541)* bezeugt: "Indessen kommt es vor mich, wie der Tetzel gräulich schreckliche Artikel gepredigt hätte (...)." Martin Luther, *Wider Hans Worst (1541)*, in: Kurt Aland (Hg.), *Luther Deutsch. Die Werke Martin Luthers in neuer Auswahl für die Gegenwart. Band 2: Der Reformator*, Stuttgart (Klotz) ²1981, 22 [WA 51, 539].

[57] Vgl. Eisenstein, *The Printing Press as an Agent of Change*, Vol. I, 306. Zur damals gängigen akademischen Disputation von Thesen vgl. auch Ernest G. Schwiebert, *The Thesis and Wittenberg*, in: Carl S. Meyer, *Luther for an Ecumenical Age. Essays in Commemoration of the 450th Anniversary of the Reformation*, London (Saint Louis Concordia) 1967, 124-129.

fentlichkeit gerichtetes publizistisches Ziel verfolgte.[58] Die Auffassung, dass es sich bei dem Thesenanschlag vom 31. Oktober 1517 um den Beginn einer evangelischen Publizistik handle, wie sie zum Beispiel Angela Kessler in ihrer Dissertation zur Geschichte der evangelischen Presse vertritt[59], muss deshalb kritisch betrachtet werden. Luther befand sich zu diesem Zeitpunkt in seiner ganzen Überzeugung auf gemeinkatholischem Kirchenboden und hatte nicht die geringste Absicht diesen zu verlassen. Er war überzeugt, dass der Papst, wenn er von den fragwürdigen Vorgehensweisen des Ablasshandels wüsste, diesen einstellen würde. Dies geht deutlich aus seiner These 50 hervor:

"Man soll die Christen lehren: wenn der Papst wüsste, wie die Ablassprediger das Geld erpressen, würde er die Peterskirche lieber zu Asche verbrennen, als sie mit Haut, Fleisch und Knochen seiner Schafe aufzubauen."[60]

Die Verhöhnung des Heiligen und der frivole Betrug, der durch den Ablasshandel betrieben wurde, war auch schon vor 1517 in Deutschland nicht überall widerspruchslos hingenommen worden. So war der spätere Mitarbeiter Luthers Friedrich Mekum, genannt "Myconius" (1490-1546), bereits als Student 1510 mit Tetzel in Auseinandersetzung geraten, als er aufgrund der päpstlichen Ankündigung als Mitteloser den Ablass gratis zu erhalten, einen Ablassbrief ohne Geldzahlung von Tetzel verlangt hatte, ohne diesen jedoch zu erhalten.[61] Auch in Ulm hatte der Theologe Dr. Conrad Kraft öffentlich vor dem Lockvogel Tetzel gewarnt, der den Leuten das Geld aus der Tasche ziehe.[62] Die Mehrheit der Bevölkerung tat jedoch ihrer Missbilligung nicht laut kund. Luther unternahm deshalb nichts Ungewöhnliches, indem er zu einer akademischen Disputation aufrief, sondern schloss sich darin seinen vielen Vorgängern an, die beunruhigt

---

[58] Vgl. Siegfried von Kortzfleisch, *Verkündigung und "öffentliche Meinungsbildung". Ein Beitrag zur Grundlegung kirchlicher Öffentlichkeitsarbeit*, Stuttgart (Ev. Verlagshaus) 1960, 195: "(…) der Thesenanschlag ist als solcher gesehen beiläufig und unbetont; er ist nicht eigentlich publizistisch gemeint (…)."
[59] Vgl. Kessler, *Ein Beitrag zur Geschichte der evangelischen Presse*, 18. Angela Kessler greift hier auf Alexander Centgraf zurück, der ebenfalls die Ansicht vertrat, dass Luther mit dem Thesenanschlag bewusst publizistisch habe wirken wollen, mit dem Ziel eine breite Öffentlichkeit anzusprechen. Vgl. Alexander Centgraf, *Martin Luther als Publizist. Geist und Form seiner Volksführung*, Frankfurt a. M. (Diesterweg) 1940, 11.
[60] Martin Luther, *Die Ablassthesen und die Resolutionen 1517-1518*, in: Aland (Hg.), *Luther Deutsch*, 2:59 [WA 1, 602].
[61] Vgl. Heinrich Ulbrich, *Friedrich Mykonius 1490-1546. Lebensbild und neue Funde zum Briefwechsel des Reformators*, Tübingen (Osiander) 1962, 11.
[62] Vgl. Centgraf, *Martin Luther als Publizist*, 9.

durch die kirchlichen Missstände Reformvorschläge und Warnungen laut werden ließen. Luthers Thesen beschäftigten sich somit inhaltlich, und zwar sowohl aus religiöser und auch nationaler Perspektive der damaligen Zeit aus betrachtet, mit einem äußerst aktuellen Thema. Dennoch beabsichtigte Luther zunächst eine innertheologische Diskussion in Fachkreisen hervorzurufen. Aus einem seiner Briefe geht hervor, dass selbst seine engsten Freunden von dieser Disputation nichts bekannt war: "cum huius disputationis nullus etiam intimorum amicorum fuit conscius".[63] Allerdings konnte Luther die Verbreitung der Thesen nicht verhindern, so dass diese, wie Luther selbst in seiner Schrift *Wider Hans Worst* von 1541 bezeugt, in vierzehn Tagen ganz Deutschland durchliefen[64] und auch Friedrich Myconius überrascht feststellt, "als wären die Engel selbst Botenläufer und trügen's vor aller Menschen Augen"[65].

In einem Brief vom 5. März 1518 an Christoph Scheurl aus Nürnberg beklagt sich Luther über die Verbreitung der Thesen ohne sein Wissen:

"Darauf, dass Du Dich wunderst, dass ich sie nicht zu Euch geschickt habe, antworte ich: es war weder meine Absicht noch mein Wunsch, sie zu verbreiten. Sondern sie sollten (…)zunächst disputiert werden (...).Aber jetzt werden sie weit über meine Erwartung so oft gedruckt und herumgebracht, dass mich dieses Erzeugnis reut."[66]

Und ein paar Zeilen weiter schreibt er:

"Nicht dass ich nicht dafür wäre, dass die Wahrheit dem Volk bekannt werde - das wollte ich vielmehr einzig und allein - sondern weil diese Weise nicht geeignet ist, das Volk zu unterrichten."

Diese Aussage zeigt zweierlei sehr deutlich: Zum einen ist Luther durchaus an einer Verbreitung seiner theologischen Ideen im Volk interessiert. Andererseits ist er sich bereits zu diesem Zeitpunkt auch im schriftstellerischen Bereich der verschiedenen, auf die jeweiligen Rezipienten zugeschnittene Vermittlungsmöglichkeiten und -notwendigkeiten bewusst. An dieser Stelle relativiert sich die

---

[63] Martin Luther, "Briefwechsel November 1518", in: WA Br 1, Nr.110, 245.358-359.
[64] Vgl. Luther, *Wider Hans Worst (1541)*, in: Aland (Hg.), *Luther Deutsch*, 2:24 [WA 51, 540].
[65] Friedrich Myconius, *Geschichte der Reformation*, in: Otto Clemen (Hg.), Leipzig (Voigtländer) 1914, 22.
[66] Martin Luther, "Brief an Scheurl vom 5.März 1518", in: Aland (Hg.), *Luther Deutsch*, 10:37 (Nr.22) [WA Br 1, Nr.62, 152], für dieses und folgendes Zitat.

oben ausgesprochene Kritik an Angela Kessler: Wenn Luther mit seinem Thesenanschlag auch nicht in erster Linie ein publizistisches Ziel verfolgte, so hatte
er wohl doch zweifelsohne eine publizistische Absicht. Der breite Widerhall,
den seine Thesen fanden, lässt sich nur dadurch erklären, dass Luther mit der
Ablassproblematik nicht nur eine Thematik wählte, die das Volk beschäftigte,
sondern sie in seinen Thesen auch so formulierte, dass sie jedermann gegenwärtig und anschaulich war. Wie Gottfried Mehnert schreibt: "Es hatte nur des publizistischen Funkens bedurft, der die von Luther beabsichtigte Diskretion über-
sprang und damit die latente publizistische Spannung zur Entladung brachte
(...)."[67] Die 95 Thesen, die Luther am 31. Oktober 1517 an die Wittenberger
Kirchentür schlug und in mehrfacher Auflage als Flugblatt in lateinischer und
deutscher Sprache über ganz Deutschland verbreitet wurden, wurden somit zu
einem publizistischen Ereignis, das zwar von ihm selbst nicht beabsichtigt war,
aber dadurch erst die Reformationsbewegungen in aller Öffentlichkeit einleitete.[68]

Die erste Reaktion kam von Johann Tetzel, der die von dem Priester Konrad
Wimpina (1465-1531) ausgearbeiteten Gegenschriften zu Luthers Thesen veröffentlichte und seinen Dominikanerorden damit dazu veranlasste, in Rom gegen
Luther den Ketzerprozess zu beantragen. Tetzels Publikation war die erste publizistische Gegenäußerung aus dem kirchlichen Bereich, die Luther erhielt. Es
folgten weitere Gegenschriften aus dem kirchlichen Lager unterschiedlicher Autoren. Darunter auch die Gegenschrift *Obelisci* von Luthers Hauptgegner, dem
Ingolstädter Theologieprofessor Johann Eck (1486-1543). Daraufhin wandte
sich Luther erstmals an die Öffentlichkeit mit publizistischer Absicht. Ende
März 1518, fast ein halbes Jahr nach seinem Thesenanschlag, veröffentlichte er
sein Werk *Ein Sermon von Ablass und Gnade*. Mit diesem Sermon, der "volkssprachlichen Laienfassung der 95 Thesen"[69], wie Henning Wendland den Sermon beschreibt, wandte sich Luther erstmals an eine breitere Leserschicht in der
Bevölkerung und verlieh damit dem bisher innerkirchlichen Disput offiziell öffentlichen Charakter.

---

[67] Gottfried Mehnert, *Evangelische Presse. Geschichte und Erscheinungsbild von der Reformation bis zur Gegenwart*, Bielefeld (Luther) 1983, 24.
[68] Zur Kontroverse über die publizistischen Aspekte der 95 Thesen Luthers vgl. ebd., 23-27.
[69] Henning Wendland, *Martin Luther. Seine Buchdrucker und Verleger*, in: Herbert G.
Göpfert u.a. (Hg.), *Beiträge zur Geschichte des Buchwesens im konfessionellen Zeitalter*,
(Wolfenbüttler Schriften zur Geschichte des Buchwesens 11), Wiesbaden (Harrassowitz)
1985, 14.

Luthers Absicht war es, wie er in dem Brief an Christoph Scheurl im März 1518 schreibt, die Thesen aus der öffentlichen Diskussion verschwinden zu lassen: "Ja, wenn der Herr mir Muße gäbe, so möchte ich ein Büchlein in deutscher Sprache über den Wert des Ablasses veröffentlichen, damit ich diese ganz unbestimmten Thesen unterdrücke."[70] Dies klingt zunächst paradox, da er sich mit dem Sermon eigentlich erst an die Öffentlichkeit wandte. Man kann diese Handlung Luthers allerdings auch als ersten journalistischen Taktstreich interpretieren, denn Luther versuchte den entfachten Streit über seine Thesen, die eigentlich nicht zur Veröffentlichung gedacht waren, im Zaum zu halten, indem er sich mit einer ausführlichen Schrift und einer Überarbeitung der Inhalte seiner Thesen an die breite Öffentlichkeit wandte. Somit kann die Veröffentlichung von *Ein Sermon von Ablass und Gnade* im Jahre 1518 als der eigentliche Beginn einer protestantischen Presse- und Medienarbeit betrachtet werden. Denn damit nutzte Luther erstmals mit publizistischer Absicht das Medium des Druckes, um die Öffentlichkeit anzusprechen und die öffentliche Meinung zu beeinflussen.

Die Schrift erzielte einen reißenden Absatz: sie erschien in zwölf Ausgaben innerhalb der folgenden zehn Monate, bis Ende 1520 sogar in insgesamt 25 Ausgaben.[71] Ziel war es aber nicht das Volk gegen die Kirche aufzubringen, sondern im Gegenteil: Bis zum Jahre 1519 war Luther darum bemüht, die Streitigkeiten, die wegen seiner Thesen entfacht worden waren, zu beseitigen. So erklärte er sich in den Vermittlungshandlungen mit Karl von Miltiz (1490-1529) Anfang Januar 1519 sogar bereit, durch Schweigen den entfachten Streit einschlafen zu lassen - allerdings mit dem Zusatz: sofern der Widerpart auch schweigt! - und ein Flugblatt zu veröffentlichen, in dem er jeden zu Gehorsam gegenüber der Kirche ermahnen und bekennen wollte, dass er zu hitzig und voreilig gehandelt habe.[72] Luther war sehr darum bemüht, die Öffentlichkeit zu beruhigen und den Streit soweit wie möglich auf innertheologische Fachkreise zu beschränken. Deshalb verfasste er auch weiterhin seine Kontroversschriften, mit denen er in kirchlich nicht eindeutig festgelegten Fragen Klarheit schaffen und dazu beitragen wollte, Missverständnisse zu beseitigen, in lateinischer Sprache.[73]

---

[70] Vgl. Luther, "Brief an Scheurl vom 5.März 1518", in: Aland (Hg.), *Luther Deutsch*, 10:38 (Nr.22) [WA Br 1, Nr.62, 152].

[71] Vgl. Rolf Engelsing, *Analphabetentum und Lektüre. Zur Sozialgeschichte des Lesens in Deutschland zwischen feudaler und industrieller Gesellschaft*, Stuttgart (Metzler) 1973, 28.

[72] Vgl. Martin Luther, "Brief an Kurfürst Friedrich (Altenburg 5. oder 6. Januar)", in: WA Br 1, Nr.128, 290.

[73] Seine in lateinischer Sprache abgefassten Flugschriften machen in Relation zu seinem gesamten schriftlichen Werk aber nur 15 Prozent seiner Flugschriftenproduktion aus. Vgl. dazu

Luthers Gegner waren jedoch nicht so zurückhaltend und versuchten in ihn aller Öffentlichkeit in Opposition zu Kirche und Papsttum zu drängen. Schließlich, in Anschluss an die Leipziger Diskussion von 1519, nachdem Luther immer mehr in Gegensatz zum römischen Katholizismus hineingeraten war, zögerte er nicht mehr, seinen Gegnern, die in der Volkssprache gegen ihn polemisierten, scharf zu antworten. Es erschien eine Streitschrift nach der anderen. Im Streit mit dem Leipziger Franziskaner Augustin von Alfeld (+1532), griff Luther zur Feder, als dieser eine Schrift gegen Luther in deutscher Sprache herausgegeben hatte. So entstand 1520 die erste umfangreiche deutschsprachige polemische Schrift Luthers *Von dem Papsttum zu Rom wider den hochberühmten Romanisten zu Leipzig*. Nach der Disputation mit Eck 1520 ließ Luther seine Zurückhaltung schließlich gänzlich fallen. Die zahlreichen Flugschriften des Jahres 1520 sind in ganz anderer Weise verfasst und zeigen keine Spur mehr von Mäßigung, wie noch der Sermon von 1518.

In der Zwischenzeit ergriffen allerdings auch andere Autoren für Luther in Flugschriften Partei. Es entbrannte ein heftiger Kampf, der im Wesentlichen durch eine ganze Flut von Flugblättern und Flugschriften ausgetragen wurde und erst wieder abnahm, als 1525 die Bauernkriege ihr Ende nahmen. Der Inhalt der Schriften konzentrierte sich dabei nicht nur lediglich auf Glaubensfragen, sondern auch politische, soziale und wirtschaftliche Probleme wurden auf diesem Weg breiten Schichten des Volkes zugetragen. Die Vollstreckung der Bannandrohungsbulle "Exsurge domine" durch den Medici-Papst Leo X. (1475-1521) Mitte des Jahres 1520 unterstütze von päpstlicher Seite wohl ungewollt nur noch mehr die Verbreitung Luthers Ideen. So kommt es bei der Bekanntmachung dieser Bulle weit mehr zu Sympathieäußerungen für Luther als zur gewünschten Verbrennung seiner Werke. Luther selbst reagierte darauf mit einer spontanen, symbolhaften Gegendemonstration, indem er am 10. Dezember 1520, unter Beisein seiner Studenten, nicht nur die gegen ihn gerichtete Bulle, sondern auch die Dekretalen, das Haupt- und Grundbuch des Papsttums, ebenfalls öffentlich verbrannte. Diese Handlung stellte nicht nur eine Provokation dar, sondern sie bezeichnete auch Luthers Bruch mit der katholischen Kirche Roms.

Luthers journalistische Tätigkeit Flugblätter und Flugschriften zu verfassen, macht neben seinen wissenschaftlichen-theologischen Abhandlungen den größten Teil seines Lebenswerkes aus. Seine Leistungen auf diesem Gebiet waren so

---

Mark U. Edwards, *Printing, Propaganda, and Martin Luther*, London (University of California Press) 1994, 27.

erfolgreich und produktiv, dass man Angela Kessler durchaus zustimmen muss, wenn sie Luther als einen der größten Journalisten seiner Zeit bezeichnet.[74] Da Luther biblischer Theologe war und einer der Grundsätze lutherischer Theologie das "Sola Scriptura", das heißt die Schrift allein, war, entdeckte er auch im journalistischen Bereich die Macht des Wortes. Nicht mit Gewalt, sondern allein mit Wort und Schrift und geistigen Mitteln konnte ein Kampf geführt und gewonnen werden. Wohl dieser Einsicht folgend, distanzierte sich Luther später auch von den gewaltsamen Bauernaufständen, deren Opposition er anfänglich mit mahnenden Worten ergriffen hatte.

Der Schrift kommt somit eine besondere Bedeutung zu, denn allein das Wort, die Predigt oder die Disputation hätten nicht annähernd den Umfang der reformatorischen Bewegung, die diese einnahm, erreichen können. Allerdings hätten auch sämtliche Schriften dieses Ausmaß nicht erreichen können ohne die neue Technik des Buchdrucks. Diese neue revolutionäre technische Erfindung im Bereich der Medien ermöglichte überhaupt erst die Reformation. Sie erwies Luther ihren Dienst und sorgte für eine rasche Verbreitung auch über deutsche Grenzen hinaus. Luther selbst war sich der Bedeutung des Druckes und der damit möglichen medialen Wirkungsweise im Kampf gegen Rom und den Katholizismus durchaus bewusst. So schrieb er über die neue Technik u.a.: "Die Druckerei ist das höchste und letzte Geschenk durch welches Gott die Sache des Evangeliums fort treibt."[75]

Luther erkannte jedoch nicht nur die Bedeutung dieser neuen Möglichkeit, sondern wusste auch auf bemerkenswerte Weise sich dieser für seine Zwecke zu bedienen. Während zu Beginn seiner Laufbahn noch die mündliche Kommunikation in Form von Vorlesung und Predigt im Vordergrund stand, nutzte Luther

---

[74] Vgl. Kessler, *Ein Beitrag zur Geschichte der evangelischen Presse*, 20.
[75] Martin Luther zitiert nach Schwanebeck, *Evangelische Kirche und Massenmedien*, 50. In den Aufzeichnungen der Tischreden der Weimarer Ausgabe heißt es: "(...) velut chalographia summum et postremum donum Die, per quod *er die Sache treibet* (...)." WA TR II, 649.2772a. Und weiter: "Typographia postremum est donum et idem maximum, per eam enim Deus toti terrarum orbi voluit negotium verae religionis in fine mundi innotescere ac in omnes linguas transfundi.", WA TR II, 523.1038. Dass Luther nicht nur die Einzigartigkeit des neuen Kommunikationsmediums betont, sondern dieses auch zum "höchsten" und "letzten" Geschenk Gottes erklärt, ist ein Aspekt, der in der Wissenschaft wenig beachtet wird. Michael Giesecke hat versucht sich damit genauer auseinanderzusetzen und sieht in dieser Aussage Luthers eine eindeutige Analogie zu seinem theologischen Schriftprinzip. Vgl. Michael Giesecke, *Der Buchdruck in der frühen Neuzeit. Eine historische Fallstudie über die Durchsetzung neuer Informations- und Kommunikationstechnologien*, Frankfurt a. M. (Suhrkamp) 1991, 162f.

sehr schnell die Publikationsmöglichkeit des Druckes. Er verwendete gedruckte Psalter als Grundlage seiner Vorlesungen ebenso wie gedruckte Thesen als Einladung zur Disputation. Hinzu kam, dass Luther in Deutschland die Verbreitung seiner Ideen durch ausgedehnte Predigtreisen förderte und zusätzlich die protestantische Liedproduktion initiierte und unterstützte. Er nutzte damit unterschiedlichste mediale Vermittlungsformen für die Popularisierung reformatorischer Ideen. Diese breite Fächerung lässt sich nicht nur aus der Tradition heraus erklären. Luther war sich auch der hohen Analphabetenrate in der Bevölkerung bewusst und damit um die geringe direkte Wirkung seiner Schriften. Er forderte deshalb nicht nur die Verbesserung der Bibliotheken und der schulischen Ausbildungsmöglichkeiten[76], sondern förderte auch die Entwicklung eines breit angelegten medialen Informationssystems. Gerade die Tatsache der hohen Analphabetenrate scheint hinsichtlich reformatorischer Publizistik ein häufig unbeachteter Aspekt. Dass Luther auch die Form visueller Darstellung als Möglichkeit in Betracht zog, um die Menschen mit seinen Ideen zu erreichen, muss jedoch ebenfalls erwähnt werden. In der Vorrede zum *Passionale* von 1530 deutet er diese Möglichkeit an, indem er eine Art Bilderbibel befürwortet:

"Was solls schaden, ob jemand alle fürnemlichen Geschichten der ganzen Biblia also ließe nach einander malen für ein Büchlein, dass ein solch Büchlein eine Laienbibel wäre und hieße? Für wahr, man kann dem gemeinen Mann das Wort und Wert Gottes nicht zuviel oder zu oft fürhalten."[77]

Zu einer genaueren Ausführung dieser Idee kommt es jedoch nicht. Sie zeigt aber, wie sehr Luther bereits Bilder in ihrer Funktion als Medium und Mittel zum Zweck akzeptiert.

Das Bild selbst war von Beginn der "Luther-Sache" an von erheblicher propagandistischer Bedeutung. Bild und Text waren einander ergänzende Teile der Mitteilung. Für Luthers Bibelübersetzung werden in der Werkstatt von Lucas Cranach d. Ä. (1472-1553) Holzstöcke erstellt, um vor allem die Apokalypse bildlich darzustellen. Die Illustration der Offenbarung des Johannes erscheint im ersten Augenblick verwunderlich, da Luther sie vom evangelischen Standpunkt

---

[76] Vgl. Martin Luther, *An die Ratsherren aller Städte deutsches Lands, dass sie christliche Schulen aufrichten und halten sollen (1524)*, in: Aland (Hg.), *Luther Deutsch*, 7:226-229 [WA 15, 33-53].
[77] Zitiert nach Horst Kunze, *Geschichte der Buchillustration in Deutschland. Das 16. und 17. Jahrhundert. Textband*, Frankfurt a. M./ Leipzig (Insel) 1993, 2/1:279f.

aus nicht sehr schätzte, wie er in seiner Vorrede zu der Septemberausgabe 1522 anklingen lässt.[78] Da er trotz seiner geringen religiösen Meinung über die Offenbarung gerade diese mit Bildern versehen lässt, legt die Schlussfolgerung nahe, dass er dies aus rein publizistischer Eingebung heraus tat. Der Illustrierung der Offenbarung wurde im Mittelalter in vielen Bibelbilderbüchern mit besonderer Vorliebe nachgegangen. So schreibt auch Alexander Centgraf, dass "für die religiöse Propaganda (...) die Offenbarung mit ihren geheimnisvollen, erregenden Visionen immer ein dankbares Objekt gewesen"[79] sei. Nahezu alle religiösen Gruppierungen und Sekten bedienten und bedienen sich auch heute noch der kühnen Bildersprache der Offenbarung, die die religiöse Phantasie anregt. So griff auch Martin Luther auf die Bildersprache der Offenbarung zurück, die ihm in einer so bewegten Zeit wie der Reformation sowohl vorzügliche Motive für seinen polemischen Kampf gegen das Papsttum lieferte, als auch das Interesse der Leser weckte. Für die Verbreitung der reformatorischen Ideen hatten Darstellungen von Bildern denselben Vorteil der massenhaften Verbreitung wie das gedruckte Wort. Vor allem Ungelehrte und Analphabeten konnten dadurch unmittelbar angesprochen werden. Darüber hinaus stellten Bilder eine Möglichkeit dar, die Meinung auch derjenigen mitzuteilen, die keinen Zugang zur Druckerpresse hatten.

Luther und der anfängliche Protestantismus stehen damit in einem besonderen Verhältnis zum neuen Medium des Druckes. Die Drucktechnik ermöglichte Luthers reformatorische Vorhaben und andrerseits erlangte die Drucktechnik dadurch große Autorität und bot Anlass für weitere Verbreitung und Entwicklung. Auch wenn sich Missstände im Volk und unter Gelehrten gegenüber der katholischen Kirche schon vor Luther abgezeichnet haben, so wäre doch die Reformation in dem Ausmaß weder ohne die Person Luther wie auch ohne die neue Erfindung des Buchdruckes nicht möglich gewesen. Beide bedingten und förderten ihre Verbreitung und ihren Aufstieg gegenseitig. Dafür spricht auch, dass ein großer Teil der Druckerzeugnisse der damaligen Zeit sich zu Mitstreitern und Verteidigern Luthers erhoben, ohne, wie Gottfried Mehnert schreibt, dessen An-

---

[78] Martin Luther, *Vorrede zur Offenbarung des Johannes (1522)*, in: Aland (Hg.), *Luther Deutsch*, 5:65f. [WA DB 7,404]: "Mir mangelt an diesem Buch verschiedenes, so dass ich's weder für apostolisch noch für prophetisch halte." (65) Und weiter: "(…)mein Geist kann sich in das Buch nicht schicken, und ist mir dies Ursache genug, daß ich sein nicht hochachte, daß Christus drinnen weder gelehret noch erkannt wird, welches zu tun ein Apostel doch vor allen Dingen schuldig ist, wie Christus Apg. 1, 8 sagt: »Ihr sollt meine Zeugen sein.« Darum bleibe ich bei den Büchern, die mir Christus hell und rein dargeben." (66).
[79] Centgraf, *Martin Luther als Publizist*, 72.

liegen wirklich zu verstehen.[80] So wurde Luther zum Beispiel mehrmals gemeinsam mit Meinungsführern anderer Bewegung gemeinsam dargestellt, die sich durch die reformatorischen Bewegungen motiviert fühlten und sich in der Darstellung mit Luther einen wirkungsvollen publizistischen Erfolg versprachen.[81] Die Möglichkeit die breite Öffentlichkeit durch gedruckte Schriften für sein Anliegen zu gewinnen war damit entdeckt. Luther griff zu diesem Zweck mit Vorliebe auf die Form der Flugschrift zurück, um seine Kritik, seine Lehrmeinung und seine Reformvorschläge kundzutun und nicht auf die üblichen umfangreichen Bücher. Um möglichst viele Menschen in möglichst rascher Zeit und zu einem erschwinglichen Preis erreichen zu können, entpuppten sich die Flugschrift und das Flugblatt als die am besten geeigneten Mittel. Aus theologischen Fachkreisen handelte er sich damit oftmals Kritik ein. Thomas Murner (1475-1537), ein Franziskanermönch, Jurist und Theologe und Gegner Luthers, der die klare katholische Linie vertrat, kritisierte, dass Luther theologische Themen das "gemeine Volk" diskutieren ließ und damit nur die Neugier des Volkes förderte.[82] In seinem Vorwort zu *Von den guten Werken (1520)* nimmt er darauf Bezug und lässt es dahingestellt, ob "groß und vil Bucher machen kunst sey"[83] oder ob nicht etwa ein "kleyn sermon" der Christenheit mehr Dienst erweisen würde. Luther legt hier bereits besonderen Wert auf Zugänglichkeit und Schnelligkeit, Charakteristika, die die Massenmedien der Neuzeit definieren.

In der zweiten Hälfte des Jahres 1520 veröffentlichte Luther drei wichtige Programmschriften: *An den Christlichen Adel deutscher Nation* wird von Melchior Lotter d. J. Mitte August in 4000 Exemplaren gedruckt, die bereits innerhalb von 5 Tagen vergriffen sind.[84] Dieser Text wird allein in diesem Jahr 15 Mal

---

[80] Vgl. Mehnert, *Evangelische Presse*, 25.

[81] Vgl. ebd. So z.B. die Darstellung Luthers gemeinsam mit Ulrich von Hutten (1488-1523), der ein großer Bewunderer Martin Luthers war und zu einem der bedeutendsten reformatorisch gesinnten Publizisten zählte, was sich auch darin zeigte, dass er in der Bannbulle von 1522 durch Papst Leo X. explizit mit Luther zusammen exkommuniziert wurde.

[82] Vgl. Edwards, *Printing, Propaganda and Martin Luther*, 61.

[83] Martin Luther, *Von den guten Werken (1520)*, in: WA 6, 202-250, hier Vorwort 203, für dieses und folgendes Zitat. In Bezug auf seine Gegner zeichnete sich allerdings auch eine Ironie des Schicksals ab, denn, sobald die Gegner Luthers das Feld der Öffentlichkeit betraten, um gegen ihn zu wirken, liefen sie Gefahr, das zu fördern, gegen das sie eigentlich kämpften. Denn um ihren Standpunkt dem Volk nahe zulegen, mussten sie erst einmal erläutern, was Luther beabsichtigte und was die Inhalte seiner Thesen und Forderungen waren. Dadurch gaben sie Informationen an das Volk weiter, die die Leser mehr ansprachen, als dass diese sie ablehnten. Damit trugen sie indirekt nur noch mehr zur Verbreitung reformatorischer Ideen bei.

[84] Vgl. Wendland, *Martin Luther*, 14.

aufgelegt.[85] Das zweite Werk *Von der babylonischen Gefangenschaft* folgte im Oktober 1520 ebenfalls aus der Druckerei Melchior Lotter d. J. Die dritte Programmschrift *Von der Freiheit eines Christenmenschen* wird von Rhau-Grunenberg herausgegeben und musste bis 1526 in 20 Auflagen nachgedruckt werden.[86] Mit der Veröffentlichung dieser Schriften war der Bruch mit der alten Kirche und dem Papsttum vollends vollzogen. Luther ging von nun an seinen eigenen Weg. Die Vermittlung des Glaubens stand für Luther dabei im Vordergrund. Polemische Äußerungen und Hetzschriften gegen Rom stammten vorwiegend aus den Veröffentlichungen anderer Reformatoren.

Abbildung 1: Antikatholisches Faltblatt aus der Reformationszeit, das die Habgier katholischer Mönche polemisiert. Während die hier nicht abgebildete Vorderseite einen frommen Mönch darstellt, wird diese Darstellung beim Zusammenfalten sichtbar: links der Wolf, der ein Lamm verschlingt und rechts der Mönch, der das Haus der Witwe verschlingt (Stadt- und Universitätsbibliothek Bern).[87]

---

[85] Vgl. Engelsing, *Analphabetentum und Lektüre*, 28.
[86] Vgl. ebd.
[87] Quelle: Hillerbrand, *The Reformation in its own words*, 383.

Es ist demgemäß verfehlt, Luther als reinen Polemiker zu betrachten, der mit den Mitteln des Druckes seinen Kampf gegen Rom führte. Wie Gottfried Mehnert festhält, ist ein umfangreicher Teil der Reformation begleitenden polemischen Druckerzeugnisse nicht reformatorisch interessiert, sondern vertrat andere Interessen und schwang sich zum Mitstreiter Luthers auf, weil die Verbindung mit seiner Persönlichkeit die Aufmerksamkeit der Öffentlichkeit versprach.[88] Ab dem Jahr 1520 ist Luther so populär, dass nicht nur auf vielen Nachdrucken seiner Schriften mit seinem Portrait geworben wird - wie beispielsweise die unten aufgeführte Abbildung eines Holzschnittes zeigt -, sondern sein Bild zum Inbegriff antirömischer Tendenzen wird.[89] Luthers Name und seine Abbildung versprachen in jeder Hinsicht publizistischen Erfolg.

Abbildung 2: Bildnis Martin Luthers als Augustinermönch, Gelehrter, Mann der Bibel mit Nimbus und Taube.[90]

---

[88] Vgl. Mehnert, *Evangelische Presse*, 25.

[89] Franz-Heinrich Beyer, *Eigenart und Wirkung des reformatorisch-polemischen Flugblatts im Zusammenhang der Publizistik der Reformationszeit*, Frankfurt a. M. (Peter Lang) 1994, 25.

[90] "MARTINI LVTHERi, in Comitijs Principu Vuprmaciae, Anno M.D.XXI.", Holzschnitt 15,4 x 11,5 cm von Hans Baldung, gen. Grien, aus: *Acta et res gestae D. Martini Lutheri*, Johann Schott Druckerei, Straßburg 1521.

Das von Kaiser Karl V. (1500-1558) unterzeichnete Wormser Edikt von 1521 verhängte über Martin Luther und seine Anhänger die Reichsacht und ordnete auf dem publizistischen Sektor die Verbrennung aller seiner Schriften an, sowie eine geistliche Bücherzensur für alle in Deutschland gedruckten Bücher und Schriften. "Damit griffen jetzt erstmals in der Geschichte der Massenmedien staatliche sowie kirchliche Zensurmaßnahmen Hand in Hand und steckten zugleich den medienrechtlichen Rahmen ab, innerhalb dessen sich auch die evangelische Publizistik vorerst nur bewegen konnte."[91] Luthers Veröffentlichungsmöglichkeiten waren zwar durch das Wormser Edikt von diesem Zeitpunkt an formell eingeschränkt, hinderten ihn jedoch nicht an seiner Produktivität. Nach seiner Verurteilung in Worms setzte ein publizistischer Großkampf ein und Flug- und Schmähschriften erschienen in Massen.

Den Berichten des päpstlichen Legaten Girolamo Aleander (1480-1542) zufolge, der ein ausgesprochener Gegner Luthers war und sich für ein kaiserliches Verbot seiner Schriften eingesetzt hatte, ließ Luther sofort nach Worms die Akten in deutscher Sprache veröffentlichen, um seine Anhänger zu bestärken und die öffentliche Meinung für sich zu gewinnen.[92] Auch hier zeigt sich Luther als trickreicher Journalist. Luther musste damit rechnen, dass sein Gegner die Akten drucken lassen würde. So kam er ihm einfach zuvor und ehe Aleander zum Gegenschlag ausholen konnte, verkündeten bereits die Schriften von protestantischer Seite die Ereignisse von Worms dem Volk. Im Anschluss begann Luther im Schutze Friedrich des Weisen auf der Wartburg mit den Arbeiten zu seiner deutschen Bibelübersetzung.

Auch die Druckerei profitierte von der Produktivität Luthers und seiner Anhänger. Seit 1520 standen über 60 Pressen im Heiligen Römischen Reich einschließlich der Schweiz im Dienst reformatorischer Veröffentlichungen.[93] Zwischen 1520 und 1525 kommen auf eine Erstausgabe durchschnittlich sechs unautorisierte Nachdrucke. Ein Raubdruck ist zu dieser Zeit weder verboten noch verpönt. Selbst Luther sieht darin nur noch eine zusätzliche Möglichkeit, seine Schriften einem breiteren Publikum zugänglich zu machen.[94] Durch Zeitdruck bei der Herstellung kommt es jedoch zu mangelhaften Ausgaben. Luther beschwert sich in mehreren Briefen über die inhaltlich wie äußerlich schlechte

---

[91] Schwanebeck, *Evangelische Kirche und Massenmedien,* 56.
[92] Vgl. Paul Kalkoff (Hg.), *Die Depeschen des Nuntius Aleander vom Wormser Reichstage 1521,* hrsg. vom Verein für Reformationsgeschichte, Halle 1886, 172.
[93] Vgl. Edwards, *Printing, Press, and Martin Luther,* 15.
[94] Vgl. Wendland, *Martin Luther,* 20.

Qualität der Nachdrucke, wie beispielsweise ein Brief an Spalatin vom 15. August 1521 bezeugt:

"(...) es ist erstaunlich, wie mich dieser Druck reut und verdrießt. O daß ich doch nichts Deutsches geschickt hätte! So unsauber, so nachlässig, so durcheinander wird es gedruckt, um nichts von den schlechten Typen und dem schlechten Papier zu sagen. Der Drucker Johannes ist ein »Hans im alten Schlendrian« ...Was scheint denn ein solcher Drucker zu denken als: Mir genügt es, daß ich Geld mache; die Leser mögen sehen, was und wie sie lesen."[95]

Textliche Veränderungen und Fehler in der Übernahme verzerren den Text in Luthers Augen oft viel zu stark.[96] Die Problematik wird für Luther vor allem in Bezug auf Veränderungen des sakrosankten Bibeltextes deutlich. Er selbst verbessert immer wieder seine Übersetzung und bespricht diese mit Philipp Melanchthon. Um die Sicherheit einer von Luther autorisierten Fassung zu gewähren, werden ab 1524 in Bibelausgaben Schutzmarken abgedruckt. "Das Lamm mit Kelch und Kreuzesfahne als Symbol des sich opfernden Christus und die Luther-Rose als ein vom Vater ererbtes Wappensymbol mit den zugesetzten Buchstaben 'M L'"[97] markieren ab diesem Zeitpunkt Produktionen aus Luthers Hand. 1533 wird die Bibelübersetzung für das Gebiet des sächsischen Kurfürsten mit einem unbefristeten Privileg vor Nachdruck geschützt.[98] Für auswärtige Drucker ist dieses Privileg jedoch irrelevant und so sieht sich Luther 1541 veranlasst, seine Bibelausgabe mit einer Warnung gegen die habgierigen Machenschaften der Nachdrucker zu versehen.[99] Luther ist daran interessiert, dass Texte nur in ihrer Originalgestalt verbreitet werden. Dazu eignet er sich im Laufe der Zeit den Gebrauch gewisser Schreibungsnormen an, wobei er sich an die überregional durchsetzende Kanzleisprache anlehnt.[100]

Sein ganzes Leben lang ist Luther darum bemüht, dass seine Schriften richtig verstanden werden. Durch die rasante Verbreitung seiner Schriften, konnte er dies allerdings nicht immer kontrollieren. Viele Menschen griffen seine Gedanken auf und interpretierten sie nach ihrem eigenen Verständnis. Luther musste

---

[95] Martin Luther, "Brief an Spalatin von der Wartburg, 15. August 1521", in: Aland (Hg.), *Luther Deutsch*, 10:97 (Nr.72) [WA Br 2, Nr.427, 379].
[96] Vgl. Wendland, *Martin Luther*, 20.
[97] Ebd., 22.
[98] Vgl. ebd.
[99] Vgl. ebd.
[100] Vgl. Gustav Mori, *Luthers Beziehungen zum Buchdruck*, Berlin (Mergenthaler) 1938, 21.

so wohl auch erstmals in der Neuzeit nicht nur die Möglichkeiten, die mit der neuen technischen Erfindung des Druckes einhergingen, sondern auch die sich daraus ergebenden Gefahren, kennen gelernt haben. Die Presse bot Luther die Möglichkeit ihn mit seinem Publikum zu verbinden, andrerseits trennte sie Luther von dem, was er eigentlich beabsichtigte und der Bedeutung, die sich unterschiedliche Leser zu Eigen machten. Jeder las Luther aus seiner eigenen Lebenssituation heraus anders und kam zu einer individuellen Anschauung. Dies erklärt auch, weshalb die Menschen zu der Zeit, die ein und denselben Text lasen, zu völlig unterschiedlichen und teils gegensätzlichen Überzeugungen kamen. So verstanden die Bauern die christliche Freiheit, die Luther beschrieb und im Bauernkrieg eine wesentliche Rolle spielte, nicht falsch, sondern einfach nur anders. Dies mag für Luther ein Anstoß gewesen sein, die Bibel ins Deutsche zu übersetzen, da er überzeugt war, dass die Leser, wenn sie die Schrift kennen würden, auch seine Gedanken und Formulierungen richtig verstehen würden. Luther forderte die Leser auf, selbst über die Themeninhalte nachzudenken und sich eine eigene Meinung zu bilden. Jeder konnte damit sein eigener Theologe werden.

Der Druck spielte dabei eine wesentlich größere Rolle als einfach nur technisches Mittel zu sein. Nicht nur, dass es möglich wurde, ein großes Publikum in kurzer Zeit zu erreichen und den Bewegungsführern den Kontakt untereinander zu erleichtern, brachte die Drucktechnik auch neue Fragen in Bezug auf Autorität hervor, indem sie eine öffentliche Debatte in Glaubensfragen ermöglichte. Dies betraf in erster Linie das "Sola Scriptura". Damit wurde von diesem Zeitpunkt an das Medium selbst mit seiner Botschaft verbunden. Luthers Auffassung, der Sinn der Bibel müsse von jedermann verstanden werden können, war der Beginn eines kulturellen Umbruchs.[101]

Martin Luther ist und bleibt der produktivste und am stärksten rezipierte Autor in der Reformationszeit. Die Lutherschriften sind mit Abstand die am häufigsten publizierten Werke der Reformationszeit. Dazu schreibt Mark U. Edwards: "The period 1518 to 1525 saw over eleven times as many printings of Luther`s vernacular works as of the next nearest 'competitor', Karlstadt. Even the combined production of the other seventeen authors (807 editions) is exceeded by Luther almost two to one."[102] Die Ausgaben seiner Schriften im dritten Jahrzehnt des 16. Jahrhunderts entsprechen etwa 20 Prozent der gesamten Druckproduktion

---

[101] Vgl. Stefan Ehrenpreis/ Ute Lotz-Heumann, *Reformation und kulturelles Zeitalter*, Darmstadt (Wissenschaftliche Buchgesellschaft) 2002, 1.
[102] Edwards, *Printing, Propaganda, and Martin Luther*, 27.

dieser Periode.[103] Bis zum Jahre 1530 sind bereits drei Viertel seiner Drucke erschienen, wobei 85 Prozent davon in Volkssprache verfasst sind.[104] Zu Luthers Zeiten werden seine Texte nahezu fünfmal so häufig veröffentlicht wie die Werke aller katholischen Autoren zusammen.[105] Bis 1546 sind über drei Millionen Exemplare seiner Texte gedruckt worden, wobei hier die Teil- und Voll-Bibeleditionen noch unberücksichtigt sind.[106] Diese Angaben zeigen deutlich die dominierende Stellung, die Luther als Publizist während der Reformation einnahm und rechtfertigt die Konzentration auf Martin Luther als Journalist, dessen Person mehr Einsicht in die medialen Entwicklungen der Reformationszeit gibt, als eine andere Person es tun würde.

Als Initiator und geistige Kraft der Reformation nutzte Martin Luther die Erfindung des Buchdruckes als Medium für die Verbreitung seiner Ideen und zur Durchsetzung seiner Ziele in extensiver Weise. Damit war es ihm gelungen, die breite Öffentlichkeit des Volkes für seine Reformvorschläge zu interessieren und seine Gedanken zu multiplizieren. Dadurch ergab sich eine neue Form und Qualität von öffentlicher Meinung mit weit reichenden Konsequenzen für die weiterführende Entwicklung der Medien. Luther initiierte einen Entwicklungsprozess, bei dem sich kirchliche und weltliche Öffentlichkeit voneinander differenzierten. Galt im ausgehenden Mittelalter die kirchliche Öffentlichkeit weitgehend als die allgemeine Öffentlichkeit, so gewann von nun an die weltliche Öffentlichkeit eine eigene Stellung und zunehmend an Bedeutung. Die kirchliche Öffentlichkeit verlor dagegen ihren universellen Öffentlichkeitscharakter. In der Folgezeit begannen politische, wirtschaftliche und gesellschaftliche Interessensgruppen ihren eigenen Öffentlichkeitsbereich ohne kirchlichen Einfluss zu bilden, sich in den Medien zu popularisieren und selbst mediale Kommunikation zu produzieren. Wie Margaret Aston schreibt: "(...) the printing presses transformed the field of communications and fathered an international revolt. It was a revolution."[107]

Die lutherische Reformation beschränkte sich somit keinesfalls auf rein religiös-kirchliche Anliegen, sondern stellte sich auch den wirtschaftlichen und gesell-

---

[103] Vgl. Hans-Joachim Köhler, *Die Flugschriften der frühen Neuzeit. Ein Überblick*, in: Werner Arnold u.a. (Hg.), *Die Erforschung der Buch- und Bibliotheksgeschichte in Deutschland*, Wiesbaden (Harrassowitz) 1987, 307-345, hier 318.

[104] Vgl. Edwards, Printing, *Propaganda, and Martin Luther*, 27.

[105] Vgl. ebd., 1.

[106] Vgl. ebd., 39.

[107] Margaret Aston, *The Fifteenth Century: The Prospect of Europe*, London (Harcourt) 1969, 76.

schaftlichen Problemen. Luther selbst griff nicht nur mit seinen Ablassthesen und dem *Sermon von Ablass und Gnade* von 1518, sondern zum Beispiel auch mit dem kleinen und großen *Sermon vom dem Wucher* von 1520 (vgl. WA 6, 1-8 und WA 6, 33-60), die sich gegen das maßlose Zinsgeschäft richteten und eine Reform des Armenwesens vorschlugen, und mit der Schrift *An den christlichen Adel deutscher Nation von des christlichen Standes Besserung* ebenfalls von 1520 (vgl. WA 6, 405-415), die ein gesellschaftliches Reformprojekt darstellt, bereits in der Frühphase der Reformation solche Probleme auf. Damit wird die Bedeutung der Person Martin Luthers, den Jochen Hörisch in modernem Chargen als "Medienfreak der Gutenberg-Galaxis"[108] bezeichnet, für die Darstellung des Verhältnisses von Protestantismus und neuen Medien ersichtlich: zum einen erkannte Luther als erster protestantischer Publizist die Wirkung medialer Kommunikation zur Konstituierung als auch Steuerung öffentlicher Bewusstseinsprozesse und trug durch seine Publikationen zur Bildung eines neuen Öffentlichkeitsbewusstseins bei. Dadurch war andererseits den Medien ein Anlass gegeben, ihre weitere Entwicklung auf dieses Öffentlichkeitsbewusstsein auszurichten.

In der Literatur wird immer wieder betont, dass die rasche Verbreitung der Reformation nicht ohne den Buchdruck denkbar gewesen wäre. So richtig diese Feststellung ist, soll hier umgekehrt auch die These gewagt werden, dass ohne Martin Luther und die Reformation der Buchdruck sich nicht in dem Maße entfaltet hätte, wie es innerhalb kürzester Zeit nach 1517 im Zuge der Reformation geschah. Die neue Technik des Druckes und die Reformation gingen gemeinsam eine Synthese ein, die beiden einen Siegeszug sicherte. Reformation und Bauernkrieg ließen neue Kommunikationsbedürfnisse entstehen, indem sie die gesellschaftlichen Wandlungen beschleunigten. Luthers Veröffentlichungen bezeichnen damit den Beginn einer durch Medien vermittelten Verkündigung, die eine Zusatzmöglichkeit zur personalen Verkündigung bot. Darüber hinaus gab Luther den Rezipienten durch die Vielzahl seiner Publikationen und die weit angelegten Zugangsmöglichkeiten seiner Ideen die Möglichkeit, sich am Dialog zwischen Kirche und Gesellschaft zu beteiligen.

---

[108] Hörisch, *Der Sinn und die Sinne,* 53.

1.4.3. Die reformatorische Presse

Luthers dargestellte Publikationen stellen lediglich einen Auszug seines gesamten journalistischen Schaffens dar. Auch wenn Luther den wohl größten Teil der reformatorischen Schriften produziert hat, gab es zahlreiche andere reformatorische Schriften, die in diesem Punkt kurz angesprochen werden sollen. Viele Veröffentlichungen entstanden auf Luthers unmittelbare Anregung hin, zu denen er selbst meist das Vor- oder Nachwort verfasste. So zum Beispiel auch zu verschiedenen "Zeitungen", wie die Philipp Melanchthons (1497-1560), die Wiedertäufer betreffend.[109] Je erfolgreicher seine eigenen Schriften wurden, desto größer wurde auch die Zahl seiner Anhänger, von denen sich viele von der Sache Luthers ergriffen, dazu veranlasst sahen, selbst ihre Gedanken zu veröffentlichen. So kam es zu einer wahren "Sturmflut von Flugschriften und Flugblättern, die sich auf diese Weise über deutsches Land ergoß"[110].

Von diesen Flugschriften sind heute jedoch nur noch wenige Exemplare erhalten oder nachweisbar und von diesen wiederum sind häufig weder Verfasser noch Drucker feststellbar.[111] Vor allem nach der Verschärfung der Zensur durch den Reichstag zu Nürnberg 1522 erscheinen viele Schriften anonym ohne Angabe des Verlegers oder des Druckortes. Dies geschah in erster Linie aus Angst vor Verfolgung zum Schutz der Persönlichkeit der Verfasser und Drucker. In den ersten dreißig Jahren des 16. Jahrhunderts erschienen etwa 9000 Flugschriften, wobei der Anteil seit dem Beginn der Reformation im Jahre 1517 etwa 17 Prozent der gesamten Druckproduktion ausmachte.[112] Zu den bekannten Autoren reformatorischer Flugschriften zählen vor allem gelehrte Humanisten, die zugleich Theologen waren, wie zum Beispiel Philipp Melanchthon, der Wittenberger Theologieprofessor und spätere Bischof von Naumburg Nikolaus von Amsdorf (1483-1565), Justus Jonas (1493-155), der Luther auf den Reichstag nach Worms begleitete, Andreas Osiander (1498-1552), Georg Spalatin (1484-1545) oder Urbanus Rhegius (1489-1541), ein ehemaliger Schüler Ecks, der sich nach dem Auftrag der Verkündigung der Banndrohungsbulle "Exsurge Domine" am 30.12.1520 gegen Luther aufgrund enormer Gewissensbisse für die reforma-

---

[109] Vgl. Philipp Melanchthon, "Neue Zeitung von den Wiedertäufern zu Münster", Vorwort Martin Luther, Nürnberg (Hieronymus Andreae) 1535.
[110] Kessler, *Ein Beitrag zur Geschichte der evangelischen Presse*, 44.
[111] Vgl. ebd.
[112] Vgl. Stephan Füssel, *Gutenberg und seine Wirkung*, Darmstadt (Wissenschaftliche Buchgesellschaft) 1999, 116.

torische Idee entschied. Dazu kamen zahlreiche Autoren aus dem Schweizer Reformiertenkreis, wie zum Beispiel Martin Bucer (1491-1551).

Allen gemeinsam ist, dass sie ihre Schriften nicht als wissenschaftlich-theologische Traktate verfassten, sondern die Form der volkssprachlichen Streitschrift wählten. Diese gezielt populär gehaltene Schriftform ermöglichte ihnen eine möglichst große Masse der Laienwelt anzusprechen und für ihr Anliegen zu gewinnen. Dadurch förderten alle gemeinsam das Entstehen eines protestantischen Pressewesens. Die Themen und Inhalte der Streitschriften entsprachen dabei meistens dem Anliegen Luthers, dessen Persönlichkeit und Gedanken der gesamten reformatorischen Presse als Vorbild dienten.

Zu den Flugschriften kamen ab dem 16. Jahrhundert auch zunehmend "Neue Zeitungen" in Gebrauch. Der Begriff "Zeitung" lässt sich erstmals im Zwischentitel eines Flugblatts von 1502 nachweisen: Die "Newe Zeytung von Orient und Auffgange" berichtet von der Wiedereroberung der Insel Lesbos durch die Venetianer und Franzosen.[113] Im Haupttitel erscheint der Begriff erstmals 1508 in der "Copia der Newen zeytung auß Pressilg Landt" [= Brasilienland, Anm. d. A.], die eine Reise portugiesischer Kaufleute nach Südamerika schildert.[114] Bei dem Begriff "Neue Zeitung" handelt es sich um einen Pleonasmus: Zeitung bedeutet im frühen Neuhochdeutsch "Nachricht" mit Neuigkeitscharakter.[115] "Zeitung" bezieht sich damit auf den transportierten Inhalt, d.h. Neuigkeiten, die bis dahin vorwiegend handschriftlich, zum Beispiel in Form von Briefen, verbreitet worden waren. Auch wenn sich diese "Newen Zeytungen" von der späteren Form der Zeitung wesentlich unterschieden, so können sie doch bereits als Vorstufe der Zeitung betrachtet werden. Ihr Hauptunterschied zur späteren periodisch erscheinenden Zeitung lag in erster Linie an ihrem Mangel an Aktualität. So lag zum Beispiel zwischen dem Ereignis, von dem die "Newe Zeytung von Orient und Auffgange" berichtete und ihrer Herausgabe ein Zeitraum von mehr

---

[113] Vgl. Günter Schmidt, *Von Gutenberg zu Bertelsmann. Kleine Medien- und Kommunikationsgeschichte der Neuzeit*, hrsg. vom Thüringer Forum für Bildung und Wissenschaft e.V., Jena 2002, 37. Obwohl der Begriff in der deutschen Alltagssprache bereits viel früher auftaucht, nämlich ab dem Jahr 1300 als "zidung", das zurückzuführen ist auf das mittelniederdeutsch-niederländische "tidinge" gleichbedeutend mit Botschaft. Vgl. dazu Erich Straßner, *Zeitung*, Tübingen (Niemeyer) 1999, 1-4.
[114] Vgl. Schmidt, *Von Gutenberg zu Bertelsmann*, 37.
[115] Vgl. Heinz Pürer/ Johannes Raabe, *Medien in Deutschland*, Band 1. Presse, München (Ölschläger) 1994, 1:16.

als zwölf Monaten.[116] Wie Kurt Koszyk schreibt, ist anzunehmen, dass die Form der "Neuen Zeitungen" lediglich als Füllmaterial diente und den Abschriften von Briefen angehängt wurde, da die vorausgehenden Briefe der Verbreitung aktueller Nachrichten dienten.[117]

Zu dieser Vorform von Zeitungen können auch die ab 1554 erscheinenden "Messrelationen" gezählt werden, die als Zusammenfassung von Einzelnachrichten über Ereignisse in einem bestimmten Zeitraum zwei- oder dreimal jährlich und zwar jeweils zu den Verkaufsmessen, wie der Name bereits besagt, erschienen. Als Erfinder dieser Form der Publikation gilt der damals in Köln lebende österreichische Freiherr Michael von Eyzinger (1530-1598), der 1558 erstmals in Köln die "Postrema relatio historica" herausgab. Dabei änderte sich jedoch die ursprüngliche Art der bloßen Berichterstattung von Ereignissen hin zu polemischen Darstellungen und Kommentaren. Die meisten der "Neuen Zeitungen" protestantischer Presse fallen daher unter die Bezeichnung Streitschrift, deren Ziel es in erster Linie war, eine möglichst große Breitenwirkung zu erreichen. Titel wie "Newe Zeitung Von dem Bapst zu Rom, wie er sich zu Tode hat gefallen von seinem hohen Stuhle, Inn dem Thon zu singen, Der Kuckuck hat sich zu Tode gefallen"[118] verdeutlichen diese Absicht. Die Inhalte variierten dabei von kirchlichen Problemen der Zeit zu damit in Verbindung gebrachten sozialen, kulturellen und nationalen Missständen. Die Mehrzahl der Streitschriften richtete sich jedoch gegen den Papst und die Kirche in Rom. Nur in seltenen Fällen wurden auch einzelne andere Persönlichkeiten zum Zielobjekt meist spöttischer Kommentare, wie zum Beispiel der Kaiser.[119]

Zu weiteren beliebten Formen protestantischen Pressewesens gehörten u.a. die Strafrede, das Sendschreiben, bzw. der Sendbrief oder die Flugschrift in Dialogform. Neben der Darlegung der neuen Lehre beinhalteten diese medialen Vermittlungsformen auch die Themen Ermahnung, Unterweisung oder auch Trost. Bei den Dialogs- oder auch Gesprächsbüchern, wie zum Beispiel Ulrich von Huttens *Vadiscus*, das 1520 in deutscher Übersetzung erschien[120], wählte man häufig eine Erzählform, die die Unterweisung eines Gelehrten durch einen Laien

---

[116] Vgl. Kurt Koszyk, *Vorläufer der Massenpresse. Ökonomie und Publizistik zwischen Reformation und französischer Revolution. Öffentliche Kommunikation im Zeitalter von Feudalismus*, München (Goldmann) 1972, 44.

[117] Vgl. Koszyk, *Vorläufer der Massenpresse,* 44.

[118] Ebd., 52.

[119] Vgl. Kessler, *Ein Beitrag zur Geschichte der evangelischen Presse*, 58.

[120] Vgl. Ulrich von Hutten, *Eyn lustiger und nutzlicher Dialogus. Vadiscus oder die Rhömisch Dreyfaltigkeit genant*, Straßburg (Beck) 1544.

darstellte. Nachdem die reformatorischen Anhänger die Bedeutung der öffentlichen Meinung für ihr Anliegen erkannt hatten, wählten sie häufig diese Form der Vermittlung und unterstützen die Wirkung zudem dadurch, dass sie die Dialoge mit Titelholzschnitten in Umlauf brachten, auf denen man dem Leser die am Dialog beteiligten Personen bildlich darstellte. Dadurch sollte das Interesse des einfachen Mannes geweckt und seiner eventuellen Leseschwäche entgegengekommen werden. Bekannt sind vor allem die Holzschnitte Lucas Cranach d. Ä., der sich eifrig in den Dienst der Reformation stellte. Die Erhöhung des Anteils volkssprachlicher Texte zwischen 1519 und 1522 um das Siebenfache, leistete einen Beitrag zur schnelleren Verbreitung der Inhalte reformatorischer Schriften.[121] "Die Verbreitung der reformatorischen Ideen erfolgte durch den Buchdruck, und dessen Wirkung wurde durch die Verbreitung der Texte in der Predigt und im Gesang noch einmal potenziert."[122]

Der technische Fortschritt und der dadurch bedingten Möglichkeiten, die mit der Erfindung der Druckerpresse gegeben waren, stehen am Anfang einer Entwicklung, in deren Verlauf sich die Kirche immer mehr der technischen medialen Vermittlungsformen bediente. Die Reformation bewirkte dem Mittelalter gegenüber einen völligen Umbruch des Informationssystems. Biblische Texte, ihre Interpretationen und Applikationen wurden nicht mehr in autoritärer und hierarchischer Weise von obern herab als Kanzelpredigt vermittelt, sondern ergingen aus der Mitte des Volkes heraus bedingt durch mediale Vermittlung. Die biblischen Texte und ihre Interpretationen dienten der intermediären Kommunikation und leisteten einen wichtigen Beitrag im Prozess der öffentlichen Meinungsbildung.

Zusammenfassend lässt sich feststellen, dass die Reformation eine Veränderung der Verkündigung bewirkte, die nicht mehr lediglich durch die Kanzelpredigt stattfand, sondern ebenso durch verschiedenste publizistische Medien. Die Reformatoren griffen bei der Verkündigung nicht nur auf vorausgehende literarische Muster zurück, wie zum Beispiel der öffentlichen Sendschreiben oder Briefe, sondern entwickelten ihrerseits neue Stilformen, wie zum Beispiel satirische Bild-Auslegungen oder Spruchgedichte. Durch die Rezeption verschiedenster Stilformen gelang den Reformatoren eine differenzierte Hinwendung zu Menschen in verschiedensten Situationen, wie es sie vorher nicht gegeben hat. Man wandte sich an die verschiedensten Stände, an Bauern, Handwerker, den Adel,

---

[121] Vgl. Füssler, *Gutenberg und seine Wirkung*, 116.
[122] Ebd., 116f.

genauso wie an den gemeinen Mann. Dies ermöglichte nicht mehr nur Theologen, sondern auch Laien und auch Frauen publizistisch ihre Meinung kundzutun. Der reformatorische Aufbruch kam jedoch bereits im ausgehenden 16. Jahrhundert zum Erliegen. Mit dem Erscheinen der ersten periodischen Zeitungen zu Beginn des 17. Jahrhunderts, in Gestalt der Avisen und Relationen, musste sich der Protestantismus den durch Luther initiierten medialen Entwicklungsprozessen und den Herausforderungen des neuen Mediums Zeitung stellen.

1.5. Protestantische Publizistik im 17. Jahrhundert

1.5.1. Aspekte der Zeitungsentwicklung im 17. Jahrhundert

Nachdem die protestantische Konfession 1530 auf dem Reichstag zu Augsburg durch die von Melanchthon erarbeitete *Confessio Augustana* begründet und 1555 durch den Augsburger Religionsfrieden offiziell bestätigt worden war, folgte eine Phase der Konstituierung und Konvertierung verschiedener Herzogtümer, Landesfürsten und Städte, die bis zum Ende des 16. Jahrhunderts andauerte. Nachdem diese Phase bis zu Beginn des 17. Jahrhunderts im Wesentlichen zum Abschluss gekommen war, folgte eine Zeit, in der man darum bemüht war, die protestantische Lehre inhaltlich zu konkretisieren. Anlass dafür war die Besorgnis über die Reinerhaltung der Lehre, die zu einer Orthodoxie und der Betonung eines neuen Frömmigkeitsgefühls führte. Diese orthodoxen Anschauungen, die gegen Ende des 17. Jahrhunderts im Pietismus ihren Höhepunkt fanden, wirkten sich auch auf die Haltung protestantischer Theologen gegenüber dem sich neu bildenden Medium der periodisch erscheinenden Zeitung aus.

Martin Luthers journalistisches Wirken hatte deutlich gemacht, wie wichtig die kontinuierliche Nutzung verschiedenster Medien für einen publizistischen Erfolg in der Öffentlichkeit sein konnte. "Die folgerichtige Weiterentwicklung der Flugschriften und Flugblätter zu einer periodisch erschienenen Zeitung war somit bereits vorgezeichnet, denn es mussten Periodika geschaffen werden, die jetzt kontinuierlich aus Kirche und Gesellschaft berichteten und zudem die Leserkreise mit aktuellen Informationen versorgten."[123] Die Reformation, die zur Bildung eines neuen Öffentlichkeitsbewusstseins beigetragen hatte, hatte dadurch auch einen Prozess in Gang gesetzt, durch den die Bevölkerung zunehmend nach kontinuierlichen Informationen über gesellschaftliche, politische und

---

[123] Schwanebeck, *Evangelische Kirche und Massenmedien*, 65.

kirchliche Ereignisse verlangte. Dass der Protestantismus und die Reformation entscheidende Impulse für die Entstehung und Weiterentwicklung der Massenmedien gaben, spiegelt sich somit auch beim Medium der Zeitung wieder. Flugblätter und Zeitungen wurden zwar in verschiedenen Teilen Deutschlands gedruckt, doch nur wenige Orte waren Produktionszentren. Nicht zufällig gehörten zu diesen Orten vor allem freie Reichsstädte, wie Augsburg, Nürnberg, Erfurt, Wittenberg und Straßburg, die sich im 16. Jahrhundert der Reformation angeschlossen hatten. Eine strenge Zensur, vor allem seitens des katholischen Klerus, wirkte anfänglich auf die Entwicklung der Zeitung hemmend. In den protestantischen und freien Reichsstädten, die darüber hinaus auch die Zentren des Handels- und Postverkehrs waren, wurde die Zensur dagegen freier gehandhabt. So war es wiederum der Protestantismus, der einen entscheidenden Beitrag zur Entstehung und Entwicklung des neuen Mediums der periodisch erscheinenden Zeitung im 17. Jahrhundert leistete, indem er "den ersten Zeitungen gedeihlichen Boden"[124] gab. Dies wiederum hatte zur Folge, dass eine ganze Reihe früher Zeitungserscheinungen eine spezifisch protestantische Tendenz erkennen ließ.

Die älteste nachweisbare gedruckte periodisch erscheinende Zeitung ist nach neuestem Forschungsstand die "Relation" des Straßburger Buchhändlers und Druckers Johann Carolus (gest. nach 1629) aus dem Jahre 1605.[125] Carolus war von Beruf "Avisenschreiber", das heißt er kopierte wöchentlich, in erster Linie politische Korrespondenzen, druckte und vertrieb diese. Weder die Lieferanten der Nachrichten noch die Drucker bemühten sich um journalistische Arbeit im heutigen Sinn, sondern gaben gewöhnlich die Korrespondenzen redaktionell unverändert wieder. In einer Bittschrift von 1605 an den Stadtrat von Straßburg verweist Carolus darauf mit folgenden Worten: "ohn einigen Zusatz/ uund Anderst nicht/ das wie sie geschriben hieher khommen".[126] Dieser Hinweis erscheint deswegen so interessant, da er zum Schutz gegenüber möglichen Vorwürfen unwahrer oder anstößiger Berichterstattung präventiv vorweg greift. Diese Formel von Carolus, der sich die Zeitungen in der folgenden Zeit anschließen, deutet erstmals so etwas wie einen Ethos des neuen Mediums an: Die Zeitungen und Zeitungsmacher haben ihre Wahrheitspflicht erfüllt, wenn sie die

---

[124] Kessler, *Ein Beitrag zur Evangelischen Presse*, 162.

[125] Vgl. Arnulf Kutsch/ Johannes Weber (Hg.), *350 Jahre Tageszeitung. Forschungen und Dokumente*, Bremen (Lumière) 2002, 14. Lange Zeit war die Forschung davon überzeugt, die Straßburger "Relation" und die vermutlich in Wolfenbüttel gedruckte "Aviso" seien beide als älteste nachweisbare periodische Zeitungen auf das Jahr 1609 zu datieren. Neueste Forschungen haben jedoch eine Bittschrift des Carolus entdeckt, in der er bereits 1605 den Rat der Stadt Straßburg davon in Kenntnis setzt, dass er allwöchentlich "Avisen" drucken lässt.

[126] Zitiert nach Kutsch/ Weber, *350 Jahre Tageszeitung*, 19.

einkommenden Meldungen unverändert weitergeben. Die Prüfung oder Erläuterung des Wahrheitsgehaltes fällt nicht unter den Aufgabenbereich der Zeitungsherausgeber. Die Interpretation der Nachrichten bleibt somit dem Leser überlassen. Zu bemerken ist jedoch, dass diese frühen Zeitungen in aller Regel noch keine konkrete Richtung vertreten und somit noch keine "Meinungspresse" darstellen.[127]

Nach der Straßburger Zeitung von 1605 und dem Wolfenbütteler "Aviso" von 1609 entstanden weitere Zeitungen 1610 in Basel, 1615 in Frankfurt am Main, 1617 in Berlin und 1618 in Hamburg.[128] Mit Beginn des Dreißigjährigen Krieges setzte schließlich eine regelrechte Welle von Zeitungsgründungen ein, unter anderem in Danzig, Freiburg, Stuttgart, Köln etc., die sich auch international unter anderem auf Holland, Frankreich, Österreich, Polen und Schweden ausweitete.[129] Auch das Erscheinungsbild der Zeitung nahm Form an: man versah sie mit einem Titel, einer Nummerierung und verschiedentlich auch mit einem Vermerk über den Druckort. Die steigende Nachfrage und die wachsende Popularität der periodisch erscheinenden Zeitung, ließ dieses neue Medium in zunehmendem Maße an Wichtigkeit als Mittel zur Informationsverbreitung gewinnen. Für das gesamte 17. Jahrhundert konnte man rund 170 deutschsprachige Zeitungen nachweisen.[130] Demgegenüber verloren Flugschrift und Flugblatt allgemein an Bedeutung.

Der Rückgang des vor allem in der Reformationszeit sehr beliebten protestantischen Flugblattes lag mitunter an den veränderten publizistischen Bedürfnissen protestantischer Vertreter. Nach der Konstituierung der Konfessionen gab es keinen Anlass mehr, wie ehedem die breitere Öffentlichkeit durch die Verbreitung von Flugblättern anzusprechen. Stattdessen widmete man sich von nun an der wissenschaftlichen Arbeit und entdeckte das ebenfalls neben der Zeitung neu entstehende Medium der Zeitschrift für sich. Darin bot sich die Möglichkeit, sich mit einem bestimmten Anliegen oder Thema an einen spezifischen Rezipientenkreis zu wenden. Einzelne Wissenschaftsbereiche konnten sich somit zunehmend differenzieren, so dass sich bis Ende des 17. Jahrhunderts neben Unterhaltungszeitschriften verschiedenste Fachzeitschriften unterschiedlichster

---

[127] Zu den Anfängen erkennbarer politischer Profile bei Zeitungen vgl. Johannes Weber, *Der große Krieg und die frühe Zeitung. Gestalt und Entwicklung der deutschen Nachrichtenpresse in der ersten Hälfte des 17. Jahrhunderts*, in: *Jahrbuch für Kommunikationsgeschichte 1*, hrsg. von H. Böning u.a., Stuttgart (Steiner) 1999, 31ff.
[128] Vgl. Kutsch/Weber, *350 Jahre Tageszeitung*, 16.
[129] Vgl. Schwanebeck, *Evangelische Kirche und Massenmedien*, 66.
[130] Vgl. Koszyk, *Vorläufer der Massenpresse*, 51.

Richtungen, wie zum Beispiel philosophische, pädagogische, juristische oder medizinische konstituierten. Einen nicht unwesentlichen Beitrag leistete zu dieser Spezifisierung, die es ermöglichte den Bedürfnissen unterschiedlicher Leser gerecht zu werden, wiederum der Protestantismus.

Die neuen Medien Zeitung und Zeitschrift wirkten sich auch auf das öffentliche Bewusstsein und die Kommunikationsprozesse der Bevölkerung aus. Der gesellschaftliche Dialog verlief zunehmend nicht mehr nur lediglich von Mensch zu Mensch, sondern von nun an auch über dazwischen geschaltete Massenmedien. Dies bedeutete einen Verlust der Einflussnahmemöglichkeit auf die Individuen durch Staat und Kirche. Dieses entstehende Defizit der öffentlichen Bewusstseinssteuerung versuchten der Adel wie auch der Klerus durch Reglementierung der neuen Medien zu kompensieren. Mitunter beabsichtigte man damit auch den staatlichen Frieden zu sichern und die konfessionellen Auseinandersetzungen, die im Dreißigjährigen Krieg ihren Höhepunkt erreichten, zu beseitigen. Die Zeitungen berichteten mit regem Interesse von den konfessionellen Differenzen des Dreißigjährigen Krieges, der 1618 begann und erst mit dem Westfälischen Frieden 1648 sein Ende fand. Allmählich formierte sich somit auch ein politisches Bewusstsein breiter Leserschichten, die bisher von politischen Entscheidungen weltlicher und geistlicher Kreise ausgeschlossen waren. Mit jeder neu erscheinenden Zeitung standen den Lesern umfangreiche Nachrichten aus allen gesellschaftspolitischen Bereichen zur Verfügung, über die sie sich ihre eigene Meinung bilden konnten. Hierdurch setzte ein Prozess ein, durch den die bisherigen meinungsbildenden Instanzen des Staates und der Kirche zunehmend unter Kritik und Druck gerieten und sich für ihr Handeln rechtfertigen mussten.

Aber auch im religiösen Bereich bewirkten die Zeitungen eine tief greifende Wandlung des öffentlichen Bewusstseins. Indem sie Informationen über den religiösen und konfessionellen Pluralismus verschiedenster kirchlicher Strömungen, Gruppierungen, Abspaltungen und Gemeinschaften verbreiteten, trugen sie zu einer Bewusstseinsbildung der Öffentlichkeit bei, die erstmals nicht nur überhaupt die Existenz eines religiösen Pluralismus wahrnahm, sondern sich in der Folge auch die Frage der Daseinsberechtigung anderer religiöser Gemeinschaften im Verhältnis zur eigenen Konfession stellte. Da die Zeitungen unabhängig von der Kirche ihre Informationen als Fakten ohne Beurteilungen neutral verbreiteten, leisteten sie einen bisher nicht erkannten Beitrag zur Bildung toleranter Haltung gegenüber unterschiedlichsten Gruppierungen. Hierin bietet sich ein interessanter Untersuchungsansatz, der für die Darstellung ökumenischer

Betrachtungen in Hinsicht auf den Beitrag, den die frühen Zeitungen leisteten, genauer zu untersuchen wäre.

1.5.2. Presseethik in Form von Zeitungskritik

Das Erscheinen der ersten gedruckten periodischen Zeitungen setzte einen kulturgeschichtlichen Veränderungsprozess in Gang, der für alle Lebensbereiche nachhaltige Folgen mit sich brachte. Auch der Protestantismus war von dieser Revolutionierung, die das neue Medium hauptsächlich im Bereich sozialer und politischer Beziehungen bewirkte, nicht ausgenommen. Gerade die Presse wussten die Protestanten geschickt für ihre Zwecke zu nutzen. Dennoch sah die Kirche das wachsende Interesse an den Nachrichtenblättern nicht gern, in erster Linie weil die Nachrichtenlektüre das Interesse von den Lehren, die das Jenseits betreffen, abwandte und stattdessen das Augenmerk der breiten Bevölkerung in jenem Zeitalter großer kriegerischer und politischer Ereignisse in Europa sowie weltweiter Entdeckungen auf das Diesseits lenkte.[131]

Wie bereits erwähnt, bewirkte zudem die zunehmende Publikation von Informationen und Fakten auch aus dem kirchlichen Leben ein allgemeinreligiöses Bewusstsein in der Bevölkerung. Ein Grund dafür, dass diese bedeutende geistesgeschichtliche Entwicklung nicht ins Blickfeld der Kirche trat, war wohl, wie Gottfried Mehnert schreibt, "zweifellos die kritische Haltung, die maßgebliche kirchliche Kreise lange Zeit hindurch den Zeitungen gegenüber einnahmen."[132] Bereits seit Mitte des 16. Jahrhunderts wurden vereinzelt immer wieder Stimmen laut, die die neuen Publikationsmöglichkeiten vor allem wegen ihrer Inhalte kontrovers diskutierten und versuchten, die Probleme zu thematisieren, die aus der ungehinderten Verbreitung aller möglichen Druckerzeugnisse erwachsen konnten. So zum Beispiel der französische Franziskanerpater Gabriel Putherbeien von Thuron, der betonte, dass ein schlechtes Leben weniger verwerflich sei als Schlechtes zu veröffentlichen. Er traf eine Unterscheidung zwischen Verfassern geistlicher Schriften und jenen "newen scribenten", sittenlose Schreiber, deretwegen "die ungezambte Freiheit des unnützen bücherschreibens" als fal-

---

[131] Vgl. Karl Kurth (Hg.), *Die ältesten Schriften für und wider die Zeitung. Die Urteile des Christophorus Besoldus (1629), Ahasver Fritsch (1676), Christian Weise (1676) und Tobias Peucer (1690) über den Gebrauch und Missbrauch der Nachrichten*, Brünn (Rohrer) 1944, 14.

[132] Mehnert, *Evangelische Presse*, 38f.

sche Freiheit zu verurteilen sei.[133] Putherbeien von Thuron interpretiert die Freiheit darin noch ganz im mittelalterlich-christlichen Sinne als "Freiheit des Teufels" und plädiert für eine Zensur im Sinne eines Mittels zur Wahrung des Glaubens und damit zur "Freiheit in Gott".[134]

Aber auch der theologisch gebildete Jurist Ahasver Fritsch (1629-1704), der das orthodoxe lutherische Staatskirchentum repräsentierte, verfasste 1674 ein Buch über den Gebrauch und Missbrauch der Neuen Nachrichten, worin er nicht nur eine staatliche Zensur forderte, sondern auch eine Bestrafung für Verfasser von Falschmeldungen bis hin zum Tod bei staatsfeindlicher Nachricht.[135] Fritsch betrachtete die Beschäftigung der Geistlichkeit mit der Zeitung als töricht mit der Begründung "was gehet sie es an und was treibet sie zu wissen, was in der Welt umb und umb getrieben und gehandelt wird"[136]. Auch der Superintendent Johann Ludwig Hartmann (1640-1684) argumentierte in einem Werk über die *Unzeitige Neue-Zeitungssucht* von 1679 ähnlich und folgerte, dass kein Christ Zeitung lesen dürfe, denn "die allergewissesten Avisen finden wir doch in Gottes Wort"[137].

Diese exemplarischen Aussagen charakterisieren die protestantische Auseinandersetzung mit dem Medium der Presse, wie sie sich ab dem 17. Jahrhundert entwickeln sollte: Ein Bemühen dem Anwachsen der "neuen Zeitungssucht" entgegenzutreten. Dabei brachte der Protestantismus eine Ethik hervor, "welche zwischen radikaler Ablehnung und gemäßigter Zustimmung schwankte und teils

---

[133] Gabriel Putherbeien von Thuron, "Von verbot und auffhebung deren Bücher und Schrifften, so in gemain one nachtheil und verletzung des gewissens, auch der frumb und erbarkeit nit mögen gelesen oder behalten werden", in: Franz Schneider, "Die Schrift Gabriel Putherbeiens von Thuron aus dem Jahre 1549/1581 in ihrer publizistikwissenschaftlichen Bedeutung", in: *Publizistik* 8 (1963), 354-362. Die Schrift gilt auch als erste bekannte Schrift, die eine theoretische Beschäftigung mit der Pressefreiheit im Ansatz erkennen lässt.

[134] Vgl. Koszyk, *Vorläufer der Massenpresse*, 25.

[135] Vgl. Ahasver Fritsch, *Discursus de Novellorum, quas vocant Neue Zeitungen, hodierno usu et abusu*, lateinisch und deutsch, Übersetzung mit Erläuterungen von Walter Barton, Nachdruck der Ausgabe von 1676, hrsg. vom Verein für Thüringische Geschichte e.V., Jena 1998. Zu Ahasver Fritsch vgl. auch Hans Renker, *Ahasver Fritsch. Ein pietistischer Pädagog vor Francke und ein Vorläufer Franckes. Ein Beitrag zur Geschichte der pietistischen Pädagogik*, Inaugural-Dissertation der Universität Würzburg 1916.

[136] Zit. nach Werner Storz, *Die Anfänge der Zeitungskunde. (Die deutsche Literatur des 17. und 18. Jahrhunderts über die gedruckten periodischen Zeitungen)*, Inaugural-Dissertation der Universität Leipzig, Halle (Klinz) 1931, 6.

[137] Johann Ludwig Hartmann, *Unzeitige Neue-Zeitungssucht und vorwitzige Kriegs-Discoursen-Flucht. Nächst beygefügten Theologischen Gedancken von heutigen Rechts-Processen/ auch unchristlichen Retorsionibus. Rotenburg 1679*, zit. nach Kurth (Hg.), *Die ältesten Schriften für und wider die Zeitung*, 20.

bewahren, teils durch Aufklärung über die Zeitung zu kritischer Urteilsbildung helfen wollte."[138] Um Letzteres bemühte sich eine kleine Gruppe aufgeklärter Protestanten, allen voran Kaspar von Stiehler, der eine Arbeit über "Zeitungslust und Nutz" veröffentlichte, die als eines der wichtigsten Werke dieser Epoche und erste Zeitungskunde gelten kann.[139] Stiehler verteidigte die Zeitung gegen die Vorwürfe der Unwahrhaftigkeit und Sittenlosigkeit, plädierte für eine uneingeschränkte Zugänglichkeit aller Bevölkerungskreise und dafür, das Zeitungsschreiber in Ehren gehalten und von den Fürsten auf ihre Pflichten vereidigt werden. Bei Stieler werden damit erstmals Ansätze einer journalistischen Berufsethik erkennbar, indem er die Legitimation des Journalisten als öffentliches Amt fordert. Indem er die Nützlichkeit des neuen Mediums aufzuzeigen versuchte, kam er zu einem positiven ethischen Urteil.

Die unterschiedlichen Stimmen gegenüber dem neuen Medium der Zeitung spiegeln die Polarität der Haltung des Protestantismus wider, die sich zu jener Zeit herausbildete und bis zur Gegenwart angehalten hat: Einerseits die Haltung der Skepsis und Abwehr und andererseits die religiös-ethische Würdigung und die rationale Erwägung nach dem Nutzen und der Möglichkeit des Handelns. Letztere entwickelte sich in protestantischen Kreisen unabhängig von kirchlich-theologischer Ethik, aber ohne die Verbindung protestantischer Legitimation zu verlieren.[140]

Die zahlreichen Auseinandersetzungen um die Presse als neues Medium der Nachrichtenverbreitung verdeutlicht, wie groß die Bedeutung und Wirkung dieses Mediums war, denn selbst diejenigen, die sich dagegen aussprachen und versuchten, es zu bekämpfen, erkannten dadurch an, dass es sich um ein Mittel von größter politischer und kultureller Wirkungskraft handelte. Den Erwartungen und Befürchtungen gemäß setzten die neuen Medien Zeitung und Zeitschrift im 17. Jahrhundert einen Mentalitätswandel der Öffentlichkeit in Gang, der die eigene Urteilsbildung begünstigte und im Ausgang des Jahrhunderts bereits die Entwicklungen der beginnenden Epoche der Aufklärung, die im 18. Jahrhundert zur vollen Entfaltung gelangte, vorweg abzeichnete.

---

[138] Karl-Werner Bühler, *Presse und Protestantismus in der Weimarer Republik. Kräfte und Krisen evangelischer Publizistik*, Witten (Luther) 1970, 30.

[139] Vgl. Bühler, *Presse und Protestantismus*, 30.

[140] Vgl. ebd., 31.

1.6. Protestantische Publizistik im Spannungsverhältnis von Pietismus und Aufklärung im ausgehenden 17. und 18. Jahrhundert

1.6.1. Geistige Strömungen

Der "Pietismus", abgeleitet vom lateinischen "pietas", "Frömmigkeit", entwickelte sich im ausgehenden 17. Jahrhundert als die nach der Reformation wichtigste Reformbewegung des Protestantismus. Während die Reformation des 16. Jahrhunderts eine neue Unabhängigkeit von religiösen Institutionen signalisierte, zeichnete sich der Protestantismus im ausgehenden 17. und 18. Jahrhundert durch eine neue Form der aus der orthodoxen Weltanschauung des 17. Jahrhunderts hervorgegangenen Frömmigkeit aus. Gegenreformation und der Dreißigjährige Krieg hatten ihre Spuren hinterlassen. Die Zeit, wie Manfred Jakubowski-Tiessen schreibt, in der sich der Pietismus ausbreitete, war eine Zeit politischer und kriegerischer Auseinandersetzungen, mit denen ein wirtschaftlicher und auch sittlicher Verfall einherging.[141] Die Kirchen standen vor der Aufgabe neuer Ordnung. Die krisenhaften Entwicklungen des 17. Jahrhunderts bewirkten und verstärkten im religiösen Bereich eine Tendenz zu neuer Frömmigkeit und ein Interesse für eschatologische Gedanken.[142]

Der Name "Pietismus" stammte ursprünglich von den Gegnern der neuen Bewegung, war häufig diffamierend gemeint und wurde von jenen, die damit bezeichnet wurden, in der Regel zurückgewiesen. Innerhalb der lutherischen Theologie ist zu jener Zeit die Orthodoxie führend. Doch "diese Form der Frömmigkeit schien immer weniger die Beziehung zwischen dem christlichen Glauben und dem sich in seiner Selbständigkeit erkennenden Subjekt aufzeigen zu können"[143]. So breitete sich der Atheismus ausgehend von den intellektuellen Schichten Englands und Frankreichs aus und wurde allmählich zu einer anerkannten Alternative. Damit wird die Anwendung des Wortes "Pietismus" als

---

[141] Vgl. Manfred Jakubowski-Tiessen, *Der frühe Pietismus in Schleswig-Holstein. Entstehung, Entwicklung und Struktur*, Göttingen (Vandenhoeck & Ruprecht) 1983, 16.

[142] Zur "Krise des 17. Jahrhunderts" und ihre Wirkung auf den religiösen Bereich vgl. Hartmut Lehmann, "'Absonderung' und 'Gemeinschaft' im frühen Pietismus. Allgemeinhistorische und sozialpsychologische Überlegungen zur Entstehung und Entwicklung des Pietismus", in: *Jahrbuch zur Geschichte des neueren Protestantismus, Band 4: Die Anfänge des Pietismus* (1977/78), hrsg. von Martin Brecht u.a., Göttingen (Vandenhoeck & Ruprecht) 1979, 54-82.

[143] N.N., *Pietismus und evangelikale Bewegung: Persönliche Gotteserfahrung und freiwillige Hingabe*, Quelle: <http://www.members.aol.com/schewo/pietismus.html> (04.02.2005), [o.S.], hier zitiert aus Kapitel 3.4.Der Pietismus auf dem Hintergrund der verschiedenen geistesgeschichtlichen Epochen.

Spottname erst verständlich, denn erst als das Unfrommsein, d.h. der Atheismus eine anerkannte Alternative darstellte, konnte das Frommsein als Schimpfwort verwendet werden. Vor diesem Hintergrund entstand eine neue Form pietistischer Religiosität, die zu einer Alternative zur herrschenden lutherischen Orthodoxie wurde und sich hauptsächlich in verschiedenen deutschen Territorien lutherischer Konfession verbreitete.[144]

Der Pietismus als eine neue religiös-soziale Reformbewegung, verkörperte nicht nur ein neues Frömmigkeitsideal, sondern betonte eine asketische Lebensweise und stand für eine Verinnerlichung der Religion. Als geistiger Begründer dieser Frömmigkeitsbewegung gilt der lutherische Theologe Philipp Jakob Spener (1635-1705), der mit seinem bereits 1675 veröffentlichten Werk *Pia desideria oder herzliches Verlangen nach gottgefälliger Besserung der wahren evangelischen Kirche* den Mangel an wahren Glauben in der evangelischen Kirche kritisierte und deshalb eine Reformation forderte, von der er sich eine Besserung des christlichen Lebens versprach und damit den Grundstein für die Bewegung legte. Eine besondere Bedeutung bei der Verbreitung des Pietismus kam dabei der Briefliteratur zu, wie sich bereits aus der Quantität der überlieferten Briefe des Pietismus ersehen lässt. Die Briefe Speners, von ihm selbst *Theologische Bedenken* genannt, wurden zum Teil noch zu seinen Lebzeiten in mehreren Bänden in Druck gegeben.[145] Die Briefe Speners waren im ausgehenden 17. und 18. Jahrhundert vor allem für die Pietisten jener Zeit "ein Ratgeber in allen Fragen und Nöten des Lebens"[146] und ihre publizistische Veröffentlichung nutzte er bewusst zur Verbreitung und Festigung seiner Ideen. Neben Spener erlangte der aus Halle an der Saale stammende August Hermann Francke (1663-1727) großes Ansehen, der vor allem im publizistischen Bereich den Durchbruch des Pietismus bewirkte und deshalb im folgenden Punkt eingehender betrachtet werden soll.

Neben dem Neben- und Gegeneinander von Orthodoxie und Pietismus verbreiteten sich im 18. Jahrhundert die sich überall in Europa konstituierenden geis-

---

[144] Die Beheimatung des Pietismus im reformatorischen Erbe bedeutet jedoch nicht, dass pietistische Phänomene nicht auch außerhalb des Protestantismus zu beobachten sind. So zum Beispiel im englischen Puritanismus oder auch im spanischen Quietismus.

[145] Vgl. Philipp Jakob Spener, *Theologische Bedencken und andere brieffliche Antworten auff geistliche, sonderlich zur Erbauung gerichtete Materien, zu unterschiedenen Zeiten auffgesetzt, und nun in einige Ordnung gebracht,* Halle (Waysen-Haus) 1700-1702. Außerdem ders., *Letzte Theologische Bedenken,* Halle (Waysen-Haus) 1721.

[146] Kurt Aland, *Kirchengeschichtliche Entwürfe: Alte Kirche, Reformation und Luthertum, Pietismus und Erweckungsbewegung,* Gütersloh (Mohn) 1960, 532.

tesgeschichtlichen Strömungen der Aufklärung. Dieses Verhältnis von Pietismus und Aufklärung erwies sich somit nicht nur, aber auch in Deutschland, als die bestimmende Polarität des 18. Jahrhunderts. Zwar kam es immer wieder zu Auseinandersetzungen zwischen Vertretern der Aufklärung und des Pietismus, wie zum Beispiel zwischen Francke und Christian Wolf (1679-1754), doch teilten sie auch in der Betonung des Individuums und seiner Verantwortung Gemeinsamkeiten, die letztlich zur Grundlage der kommenden politischen Entwicklungen in Europa und den entstehenden Vereinigten Staaten von Amerika wurden. Der Pietismus stellte sich nicht nur den Herausforderungen der stagnierenden Orthodoxie, sondern auch den liberalen Ideen der sich ver-breitenden Aufklärung. Zu den wichtigsten Vertretern zählten in England Thomas Hobbes (1588-1679), John Locke (1632-1704) und David Hume (1711-1776), in Frankreich Voltaire (1694-1778) und Jean-Jacques Rousseau (1712-1778), sowie in Deutschland Gotthold Ephraim Lessing (1729-1781) und Immanuel Kant (1724-1804).

Die Aufklärungsphilosophen verschrieben sich einem unerschütterlichen Glauben an die menschliche Vernunft und propagierten eine rationalistische Betrachtungsweise auch in Bezug auf Religion. Sie hielten es für ihre Aufgabe, eine Grundlage für Moral, Ethik und Religion zu schaffen, die mit der unveränderlichen Vernunft der Menschen übereinstimmte. Ihre philosophische Denkweise, die gekennzeichnet war von einer Abwendung der Institution der Kirche und ihrem autoritären Wahrheitsanspruch, wirkte sich nachhaltig auf die Stellung der Kirche in Staat und Gesellschaft aus. Während Leibnitz noch versucht hatte mit rationalen Argumenten einen vernunftbedingten Gottesglauben zu begründen und damit in einer Linie mit den Vertretern des Pietismus stand, änderte sich dies mit Immanuel Kant, der mit seiner 1781 veröffentlichten *Kritik der reinen Vernunft* erklärte, dass sich transzendente Dinge, die außerhalb der menschlichen Sinneswahrnehmung liegen, dem menschlichen Verstand entziehen und damit den rational begründeten Gottesglauben in den Bereich der Metaphysik verwies. Somit trat das Religiöse eher in den Hintergrund, während Moral und Tugend größere Beachtung fanden. Diese Betonung der vernunftbegründeten Moral wirkte sich nicht nur auf die Weiterentwicklung des Pietismus, sondern auch auf die Medienentwicklung aus und trug zur Entstehung einer neuen publizistischen Gattung, den so genannten Moralischen Wochenschriften, bei, die das Zeitalter der Aufklärung maßgebend bestimmten und an denen sich auch protestantische Theologen beteiligten.

1.6.2. Der protestantische Publizist August Hermann Francke (1663-1727)

Wie vorausgehend erwähnt, nahm der am 22. März 1663 in Lübeck geborene August Hermann Francke, der seit 1698 Professor an der theologischen Fakultät in Halle an der Saale war[147], eine führende Position in der pietistischen Bewegung des 18. Jahrhunderts in Deutschland ein. Neben Spener ist er in Hinsicht auf die Entwicklungsgeschichte der Medien und des Protestantismus deshalb interessant, weil er vor allem auf publizistischem Weg den Pietismus in Deutschland vorantrieb. Francke beschäftigte sich hauptsächlich mit pädagogischen und missionarischen Fragen und gründete in Halle an der Saale zur Erziehung und Unterrichtung der Jugend eine Armenschule, eine Bürgerschule, ein Pädagogium und ein Waisenhaus, die sich in der Folgezeit zu einem Gebildekomplex von Anstalten, den so genannten "Franckeschen Stiftungen"[148], ausdehnten.

Franckes Ziel war die Erziehung "zur wahren Gottseligkeit und christlichen Klugheit"[149]. Darüber hinaus engagierte er sich in der lutherischen Heidenmission, die von einem Großteil seiner Absolventen weitergeführt wurde und bald ein weltweites Ausmaß annahm, das von Amerika über Holland, England, Skandinavien, Russland und Ostindien reichte. Dadurch erlangte der Pietismus nicht nur internationale Ausbreitung, sondern entwickelte auch ein eigenes Informationssystem, durch das Francke Informationen und Nachrichten aus allen Teilen der Welt erhielt. Dieser pietistische Nachrichtenaustausch führte schließlich zur Gründung einer eigenen Zeitung.

Im Jahre 1703 erteilte König Friedrich Wilhelm I. Francke die Erlaubnis zur Herausgabe und zum Druck seiner eigenen Zeitung. Er errichtete daraufhin in Halle den Waisenhaus-Verlag, der nicht nur eine Druckerei und eine Apotheke, sondern auch einen Buchhandel und schließlich auch eine eigene Papierfabrik

---

[147] Francke war bereits zuvor aus Leipzig und Erfurt ausgewiesen worden, weil er sich zunehmend für den Pietismus engagierte und sich durch den Versuch Reformen in Spenerschen Sinne durchzuführen viele Feinde geschaffen hatte.

[148] Wegen der Entstehung in der Halleschen Vorstadt Glaucha eigentlich "Glauchasche Anstalten". Zum ersten Jahrzehnt der "Glauchaschen Anstalten" vgl. Peter Weninger, Anfänge der "Frankeschen Stiftungen", in: Andreas Lindt (Hg.), *Pietismus und Neuzeit. Ein Jahrbuch zur Geschichte des neueren Protestantismus*, Band 17, Göttingen (Vandenhoeck & Ruprecht) 1991, 17: 95-120.

[149] August Hermann Francke, *Kurzer und einfältiger Unterricht, wie die Kinder zur wahren Gottseligkeit und christlichen Klugheit anzuführen sind*, in: ders., *Pädagogische Schriften*, hrsg. von Hermann Lorenzen, Paderborn (Schöningh) 1957, 13.

beinhaltete. Die gedruckten Bücher wurden über Halle und Deutschland hinaus bis in die außereuropäischen Missionsgebiete verbreitet.

Begünstigt wurde die Verbreitung durch ein neues Druckverfahren des Stehsatzes, das in der Waisenhausdruckerei erstmals in Deutschland Anwendung fand und sich dadurch auszeichnete, dass die Druckkosten erheblich gesenkt werden konnten. Dies ermöglichte auch die Verbreitung der Lutherbibel in gemeinsamer Zusammenarbeit mit der später dem Waisenhaus angeschlossenen Cansteinschen Bibelanstalt in einem bislang nicht gekannten Ausmaß. Die enorme Verbreitung der Bibeln war das äußere Zeichen des Pietismus einer allgemeinen Rückbesinnung auf die Bibel, die wieder zur wichtigsten Grundlage des christlichen Glaubens wurde. Die erste Ausgabe der ganzen Heiligen Schrift erschien 1713, der bis 1717 noch fünf neue Auflagen folgten. Bis zu Cansteins Tod 1719 waren 28 Auflagen des Neuen Testaments und 16 Auflagen der ganzen Bibel erschienen.[150] Insgesamt waren 100000 Neue Testamente und 40000 Bibeln verkauft worden.[151] Dies war für die damalige Zeit, wie Ernst Bunke schreibt, "ein unerhörter Erfolg"[152].

Aber auch die Apotheke, die zunächst als Eigenbedarf gedacht war, erwies sich als besonders erfolgreich. Indem man die Verbreitung der selbst hergestellten Präparate mit Beschreibungen versah, die in der Hausdruckerei vervielfältigt und beigelegt wurden, konnte man nicht nur einen immensen Produktabsatz erzielen, der weit über die deutschen Grenzen reichte[153], sondern auch durch die Veröffentlichung zur Bekanntmachung vieler Arzneimittel im Volk einen Beitrag leisten. Daraus entstand schließlich 1708 der erste Medikamentenversand in Deutschland.[154] Damit war erstmals in der Geschichte des Protestantismus ein protestantisches publizistisches Zentrum geschaffen. Die Vereinigung von Verlag, Buchhandel und Fabrik ermöglichte Francke große finanzielle Erfolge, so dass er auch unabhängig von anderen Geldgebern wirken konnte.

Francke erhielt zu allen Zeiten und von allen Seiten viele Anfragen, in denen er um Rat gebeten wurde. Um mit den Briefen nicht zu sehr belastet zu sein, entschloss er sich zunächst Rundbriefe zu versenden, die er "Hallesche Korrespon-

---

[150] Vgl. Ernst Bunke, *August Hermann Francke. Ein Mann des Glaubens und der Tat*, Giessen (Brunnen) 1986, 94.
[151] Vgl. ebd.
[152] Ebd.
[153] Nachfrage kam zum Beispiel aus Russland. Vgl. dazu Hermann Welte (Hg.), *August Hermann Francke. Segensvolle Fußstapfen*, Giessen (Brunnen) 1994, xx.
[154] Vgl. ebd.

denz" nannte und die ihm die Möglichkeit gaben, auch mit auswärtigen Freunden in Verbindung zu bleiben. Daraus entstand schließlich die "Hällische Zeitung", die Francke erstmals am 25. Juni 1708 veröffentlichte und die zunächst die Korrespondenz entlasten sollte, sie dann aber ganz ersetzte. Sie erschien von nun an dreimal wöchentlich und im zweiten Erscheinungsjahr wurde sie zudem durch die "Wöchentliche Relation" ergänzt. Inhaltlich war die Zeitung nicht kirchlich, sondern weltlich orientiert, zeichnete sich aber dadurch, dass sie von einem Theologen herausgegeben wurde, durch eine protestantische Sichtweise aus. Franckes Verdienst ist es somit zuzuschreiben, dass er "durch die Indienstnahme des Massenmediums Zeitung den Anstoß zu einer inhaltsbezogenen Auseinandersetzung der Kirche mit den Printmedien gegeben hatte."[155] An dieser Stelle wird die Bedeutung Franckes für den Protestantismus und die Medienentwicklung ersichtlich: durch sein Engagement bereitete er der Kirche den Weg zu einer Verkündigung ihrer Botschaft über die neuen Massenmedien.

1.6.3. Die Moralischen Wochenschriften als protestantische Zeitschriften

Inspiriert durch August Hermann Francke wurden im 18. Jahrhundert auch zahlreiche andere protestantische Theologen publizistisch tätig. Im Zuge der Aufklärung galt ihr Interesse jedoch vorwiegend der vernunftbetonten Moral, die sich in dem neu aufkommenden Medium der Moralischen Wochenschrift kundtat.[156] Die Bezeichnung "Moral" wurde aus dem Französischen übernommen, wo diese in ihrer Bedeutung gleichzusetzen war mit "Sittlichkeit" oder "Sittenlehre".[157] Dem Namen entsprechend war das Ziel dieser Schriften, die moralische, bzw. sittliche Bildung der Rezipienten zu fördern. Die Printmedien verfolgten ihrem Selbstverständnis nach, wie Axel Schwanebeck schreibt, "einen moralischen Bildungsauftrag, ohne freilich ausschließlich Moral apostrophieren und postulieren zu wollen"[158]. Mit diesem pädagogischen Bestreben griffen sie vor allem gesellschaftliche Themen auf, um dadurch in erster Linie Kritik an den vorherr-

---

[155] Schwanebeck, *Evangelische Kirche und Massenmedien*, 99.
[156] Die Gattungsmerkmale, die Bedeutung sowie der zeit- und kulturgeschichtliche Hintergrund der Moralischen Wochenschriften sind in umfassender Weise dargestellt in: Wolfgang Martens, *Die Botschaft der Tugend. Die Aufklärung im Spiegel der deutschen Moralischen Wochenschriften*, Stuttgart (Metzler) 1968. Auf eine genauere Kennzeichnung kann deshalb hier verzichtet werden.
[157] Vgl. Kurt Koszyk/ Karl Hugo Pruys, *dtv-Wörterbuch zur Publizistik*, München (dtv) 1973, 244.
[158] Schwanebeck, *Evangelische Kirche und Massenmedien*, 99.

schenden Sitten, besonders an der Nachahmung des französischen Lebensstils, zu üben.[159] Damit wurde vor allem das Bürgertum zum Zielpublikum.

Die erste deutsche Moralische Wochenschrift wurde 1713 unter dem Titel "Der Vernünfftler" von Johann Mattheson (1681-1764) in Hamburg herausgegeben. Vorbilder waren die in den Jahren 1709 bis 1712 von Sir Richard Steele (1672-1729) und Joseph Addison (1672-1719) in England herausgegebenen "The Tattler" und "Spectator", die durch Handelsbeziehungen nach Norddeutschland eingeführt, übersetzt und verbreitet wurden. Mattheson erarbeitete eine deutsche Version und fasste diese zu einer eigenen Zeitschrift zusammen. Mehrere Herausgeber folgten seinem Beispiel und begründeten weitere Moralische Wochenschriften. Zu den bekanntesten zählten zum Beispiel die von Barthold Heinrich Brockes (1680-1747) und Michael Richey (1678-1761) in den Jahren 1724 bis 1726 herausgegebene "Patriot", die im ersten Erscheinungsjahr bereits 5000 Abonnenten zählen konnte[160], oder der von Johann Christoph Gottsched (1700-1766) von 1727 bis 1729 in Leipzig herausgegebene "Biedermann".[161]

Die genannten Erscheinungszeiträume verdeutlichen bereits, dass die Moralischen Wochenschriften jeweils nur von kurzer Dauer waren und verhältnismäßig schnell wieder von neuen Publikationsformen, wie zum Beispiel dem Roman, abgelöst wurden. In den Jahren zwischen 1720 und 1770 zählte dieser Zeitschriftentypus der Moralischen Wochenschriften allerdings zu einer der beliebtesten Publikationsformen.[162] Viele namhafte Autoren und Literaten der Aufklärung, wie zum Beispiel Johann Elias Schlegel (1719-1749), Friedrich Gottlieb Klopstock (1724-1803) oder Johann Heinrich Pestalozzi (1746-1827), beteiligten sich durch Beiträge an ihrer Verbreitung. Auch Gotthold Ephraim Lessing (1729-1781), der als einer der hervorragendsten Redakteure seiner Zeit gilt, arbeitete anfangs an den Moralischen Wochenschriften mit, distanzierte sich später jedoch und wurde zu einem ihrer schärfsten Kritiker. Die Vorwürfe lauteten Minderwertigkeit, Eintönigkeit und Banalität, die vor allem aus elitären Kreisen erhoben wurden. Insgesamt erscheinen in diesem Zeitraum im deutsch-

---

[159] Vgl. Margot Lindemann, *Deutsche Presse bis 1815. Geschichte der deutschen Presse Teil 1*, Berlin (Colloquium) 1969, 233. Zum Inhalt der Moralischen Wochenschriften vgl. auch Ernst Milberg, *Die moralischen Wochenschriften des 18. Jahrhunderts. Ein Beitrag zur deutschen Literaturgeschichte*, Meissen (Mosche) 1880, 40-50.

[160] Vgl. Milberg, *Die moralischen Wochenschriften des 18. Jahrhunderts*, 22.

[161] Vgl. Koszyk/ Pruys, *dtv-Wörterbuch zur Publizistik*, 245.

[162] Zur genaueren Ausführungen der Erscheinung, Herstellung und Verbreitung Moralischer Wochenschriften vgl. Koszyk, *Vorläufer der Massenpresse*, 89-95.

sprachigen Raum 511 unterschiedliche Publikationen von Moralischen Wochenschriften.[163]

Mit dem Ziel der Moralischen Wochenschriften einen pädagogischen Beitrag zur sittlichen Erziehung der Rezipienten zu leisten, entdeckte auch bald die protestantische Kirche dieses Medium für sich, beteiligte sich zunächst daran und wurde schließlich selbst zum Herausgeber. Zunächst tat sich allerdings von protestantischer Seite großer Unmut kund über die Moralischen Wochenschriften. Dies lag in erster Linie daran, dass die Herausgeber oft auf einer strikten Trennung von weltlicher Sittenlehre und kirchlichem Moralverständnis beharrten, ohne jedoch mit Kirche und Theologie konkurrieren zu wollen. In vielen Vorworten Moralischer Wochenschriften bekunden die Herausgeber ihren Respekt vor geistlicher Lehre und ihre Loyalität gegenüber den Kirchen. Allerdings beriefen sich die Herausgeber bei ihrer Sittenlehre bevorzugt auf heidnische Texte aus der Antike, wie Seneca oder Ovid, während die Bibel häufig außer Acht gelassen wurde. Die Theologen und die Kirchen fühlten sich dadurch zunächst provoziert in dem Gefühl bei moralischen Angelegenheiten ausgespart zu werden.

Die Kritik galt vor allem der Vorstellung, ob Moral lediglich über Vernunft vermittelt werden kann. Die Ideen der Aufklärung hatten auch in der Nutzung der Medien Fuß gefasst und durch die Moralischen Wochenschriften betraten sie den moralphilosophischen Bereich, der bislang den Kirchen vorbehalten war. Doch die Intentionen, die die Herausgeber der Moralischen Wochenschriften mit ihrem pädagogischen Erziehungsversuch der Rezipienten zur Sittlichkeit anstrebten, entsprach auch den Zielen Franckes und der pietistischen Bewegung, wie sie im vorherigen Punkt dargestellt wurden. Daher wussten die protestantischen Vertreter die Moralischen Wochenschriften auch schnell für ihre Zwecke zu verwenden und die anfängliche Kritik legte sich rasch.

Die Befürchtungen, die mit der Kritik in erster Linie einhergingen, nämlich dass mit den Moralischen Wochenschriften eine Reduktion des Christlichen auf den Bereich des privaten Seelenheils verbunden ist und sich die Moral ausschließlich mit den Mitteln der Vernunft regeln lässt, blieb bestehen. Hierin sah sich der

---

[163] Vgl. Gero von Wilpert, *Sachwörterbuch der Literatur*, Stuttgart (dtv) [4]1964, 439. Eine genaue Bibliographie der Moralischen Wochenschriften zwischen 1713 und 1800 findet sich auch bei Walter Oberkampf, *Die zeitkundliche Bedeutung der moralischen Wochenschriften. Ihr Wesen und ihre Bedeutung*, Inaugural-Dissertation der Universität Leipzig, Dresden (Risse) 1934, 73-82.

Protestantismus wohl erstmals einem durch massenmedial vermittelte Kommunikation bewirkten Problem ausgesetzt mit dem es sich auch in Zukunft konfrontiert sah.

Die Beliebtheit der Moralischen Wochenschriften und die Erkenntnis eines nicht rückgängig zu machenden Verbreitungsprozesses mögen wohl dazu beigetragen haben, dass sich um die Mitte des 18. Jahrhunderts eine Wende abzeichnete und von nun an auch protestantische Theologen eigene Moralische Wochenschriften herausgaben oder als Autoren für bereits bestehende Zeitschriften dieser Gattung tätig wurden. Als Beispiele können der Hamburger Theologe Christian Samuel Ulber (1760-1829) genannt werden, der in Hamburg von 1756 bis 1775 "Erbauliche Denkzettel" herausgab, eine Sammlung von Predigten, die er in Form einer Moralischen Wochenschrift publizierte, oder der aus Königsberg stammende Theologieprofessor Friedrich Samuel Bock (1716-1785), der mehrere Wochenschriften, wie zum Beispiel "Der Einsiedler", ins Leben rief. Man könnte an dieser Stelle noch zahlreiche andere Beispiele anführen, doch soll hier lediglich auf das plötzliche Engagement, das von protestantischer Seite her einsetzte, hingewiesen werden. Die Theologen erkannten nicht nur, dass sie die Moralischen Wochenschriften als Massenmedium für ihre Zwecke der Verkündigung und Erbauung nutzen konnten, sie fühlten sich wohl auch in ihrer Sachkompetenz in moralischen Angelegenheiten herausgefordert. Zudem, oder auch bedingt durch die Betonung der Zeitschriften für weltliche Belange, zeichnete sich ein Trend ab, bei dem man sich von der weltabgewandten Strenge, die der Pietismus verkörperte, allmählich distanzierte und sich für die Ideen der Aufklärung, die sich rasch verbreiteten, öffnete. Dadurch setzte ein Prozess der Veränderung des Protestantismus ein, der die Tore zu neuen Denkweisen in der theologischen Praxis für die Folgezeit öffnete. Die Protestanten erkannten im Zuge des Aufschwungs der Presse ihre Möglichkeit durch die Printmedien einen neuen Wirkungsbereich für ihre Betätigung zu schaffen. Dazu schreibt Gottfried Mehnert: "Die Zeitschrift, vor allem die Moralische Wochenschrift, bot den Pfarrern eine Wirkungsmöglichkeit, die über die der Kanzel und des Buches weit hinausreichte, und eröffnete ihnen damit ein Tätigkeitsfeld, aus dem sich die traditionelle Vorstellung vom Beruf des Pfarrers wandelte."[164]

Dies war ein entscheidender Schritt in der Geschichte der protestantischen Medienentwicklung, denn von nun ergab sich für viele protestantische Theologen auch der alternative Berufsweg der publizistischen Tätigkeit. Das begünstigte

---

[164] Mehnert, *Evangelische Presse*, 110.

82

die Spezialisierung protestantischer Publizistik, so dass neben den protestantischen Wochenschriften nun auch protestantische Fachzeitschriften entstanden.

1.6.4. Der Beginn protestantischer Zeitschriftengründung

Während die Moralischen Wochenschriften als Unterhaltungs- und Familienschriften auftraten, bemühten sich die universitären Forschungszweige zum Zweck des gegenseitigen Gedanken- und Informationsaustausches, um Publikation fachbezogener Zeitschriften. So auch die protestantische Theologie. Den Anfang machte die 1701 von Valentin Ernst Löscher (1673-1749) in Leipzig herausgegebene Zeitschrift "Altes und Neues aus dem Schatz Theologischer Wissenschaften", die er von 1702 bis 1719 unter dem Titel "Unschuldige Nachrichten von alten und neuen theologischen Sachen" weiterführte.[165] Löscher, einer der letzten bedeutenden Vertreter der lutherischen Orthodoxie, wandte sich zwar sowohl gegen die Aufklärung als auch gegen den Pietismus, erkannte aber auch die von Spener gerügten Missstände. Löschers Zeitschrift sollte bedeutende Veröffentlichungen darstellen, sowie über wichtige theologische Themen berichten. Im Laufe der Jahre wurde sie jedoch immer mehr zu einer Rezensionszeitschrift, die die theologische Literatur der Zeit aus Sicht der lutherischen Orthodoxie kritisch prüfte. Diesem Beispiel folgten bald zahlreiche andere Protestanten, so dass es rasch zu einer erheblichen Ausdehnung des protestantischen Zeitschriftensektors kam. Exemplarisch seien an dieser Stelle nur einige wenige genannt: So zum Beispiel die "Acta historico-ecclesiastica, Oder Gesammelte Nachrichten, von den neuesten Kirchen-Geschichten", die von 1734 bis 1758 in Weimar von Johann Christoph Colerus herausgebracht wurde oder die von 1760 bis 1777 von Johann August Ernesti (1707-1781) in Leipzig herausgegebene "Neue theologische Bibliothek".[166]

Neben diesen Fachzeitschriften erschienen darüber hinaus auch die ersten protestantischen Rezensionsorgane, eine Zeitschriftenform, die auch nur im protestantischen Bereich verstärkte Verwendung fand. Quantitativ bemessen erwies sich das 18. Jahrhundert als sehr produktiv für die protestantische Medienarbeit, wenngleich auch exakte Angaben über den Stand aus dieser Zeit auch noch fehlen. Aus einer Untersuchung des Zeitungswissenschaftlers Joachim Kirchner aus dem Jahre 1928, lässt sich ansatzweise das Verhältnis theologischer Zeitschrif-

---

[165] Vgl. Lindemann, *Deutsche Presse bis 1815*, 202.
[166] Weitere Beispiele vgl. ebd., 203f.

ten - in seiner Untersuchung allerdings beide Konfessionen zusammengefasst - erkennen: er kommt zu dem Ergebnis, dass unter den insgesamt 241 Zeitschriften bis 1720 allein 26 theologische Publikationen zu finden waren; bis 1790 unter insgesamt 2432 Zeitschriften 185 theologische Publikationen.[167] Damit nahmen die theologischen Zeitschriften hinter den unterhaltenden, literarischen, historischen und allgemein-wissenschaftlichen Zeitschriften den größten Umfang ein.[168] Dies spricht dafür, dass der Protestantismus sich verstärkt darum bemühte, die Printmedien in seinen Dienst zu stellen, nachdem sie sich gesellschaftlich immer mehr etablierten. Einen wesentlichen Beitrag hatte dazu der Pietismus durch eine Vielzahl von Periodika geleistet, wie bereits vorausgehend erörtert wurde. Wenngleich eine organisatorische protestantische Pressearbeit zu diesem Zeitpunkt noch nicht existierte, so bot die Herausgabe eigener protestantischer Zeitschriften doch erstmals die Möglichkeit die Rezipienten direkt zu beeinflussen. Die aus dem Pietismus hervorgehende Erweckungsbewegung des Protestantismus führte diese publizistische Intention fort und setzte neue Akzente für eine protestantische Medienarbeit.

1.7. Technische Kommunikation und Öffentlichkeit in der Moderne: Die Veränderungen des Kommunikationssystems in der Industriegesellschaft des 19. Jahrhunderts

1.7.1. Die Entwicklungen im 19. Jahrhundert

Seit 1609 in Deutschland die älteste bekannte Zeitung herausgegeben wurde, wird in den westlichen Gesellschaften auch der echte und verantwortungsbewusste Gebrauch der Medien, sowie die Freiheit der Presse, ihre Regulierung und journalistisches Verhalten diskutiert. Bis zum Ende des 19. Jahrhunderts wurden allerdings die möglichen schädlichen Auswirkungen der Medien, vor allem der Presse, an der Gesellschaft nicht explizit mit ethischen Prinzipien in Verbindung gebracht. Erst im Jahre 1889 benutzten Pressekritiker das Wort "Ethik" in Zusammenhang mit den Medien erstmals in der Überschrift in einem Artikel über journalistische Ethik.[169] Zu diesem Zeitpunkt hatte sich die säkulare Presse bereits zu einem festen und unverzichtbaren Bestandteil des gesellschaft-

---

[167] Vgl. Joachim Kirchner, *Die Grundlagen des deutschen Zeitschriftenwesens*, Bd.1, Leipzig 1928-31. Zit. nach Lindemann, *Deutsche Presse bis 1815*, 182f.
[168] Vgl. ebd., 183.
[169] Vgl. Christians, *An Intellectual History of Media Ethics*, 16, in: Pattyn (Hg.), *Media Ethics*, 15-46.

lichen Lebens entwickelt und die industrielle Struktur des Pressewesens entfaltete sich. Bedingt durch die rapiden technologischen Fortschritte im Bereich der
Printmedien, so zum Beispiel durch die Einführung der Rotationsmaschine
(1872) oder die Erfindung der Setzmaschine (1884), konstituierte sich etwa gegen Mitte des Jahrhunderts die so genannte "Massenpresse", die im Direktver-
kauf vertrieben wurde. Die Initiatoren dieser Massenpresse zeichneten sich
durch ein besonderes unternehmerisches als auch publizistisches Geschick aus.

Die Erfindung neuer Kommunikationstechnologien in den Jahren zwischen 1837
(Telegraph) und dem 1. Weltkrieg (1876 Telefon, 1899 drahtloses Telefon) führten zur Entwicklung eines modernen internationalen Kommunikationssystems.
Diese neuen Technologien ermöglichten die ersten transnationalen Gesellschaften, wie zum Beispiel Marconi (UK), Siemens (Deutschland), Thomson (Frankreich), Philips (Niederlande) oder United Wireless (USA). 1851 wurde die erste
Übersee-Verbindung nach Dover verlegt, 1866 die transatlantische und 1870
bereits eine Direktverbindung von Großbritannien nach Bombay, beziehungsweise 1872 nach Australien. Als erste internationale Vereinbarungen getroffen
werden sollten, um die internationale technische Standardisierung voranzutrei-
ben und zu gewähren, wurden diese durch die unterschiedlichen Interessen von
Staatsverwaltern, Privatleuten und Kapitalisten erschwert. Die Erfindung und
Einführung der direkten Kabelverbindungen markierten die Jahrhundertwende
und begünstigten die Monopol-Stellungen der großen Kabel-Gesellschaften, die
zu einer kritischen Angelegenheit für die internationale Kommunikation zu werden drohte. Die Zeit vor dem 1. Weltkrieg war gekennzeichnet durch einen
wachsenden Nationalismus, den zunehmenden Einfluss der Reichen in der Gesellschaft, sowie unterschiedlichste kommerzielle Rivalitäten. Es wurde versucht
die Interessen der größten Industriekonzerne der einzelnen Länder mit den jeweiligen nationalen Interessen zu vereinbaren. Die Entstehung neuer Machtzent-
ren durch die Ausbreitung der neuen Technologien hätte eine Kooperation aus
technischen Gründen erforderlich gemacht. Doch zu dieser Zeit der neuen internationalen Kommunikationssysteme überwiegte das stark konkurrierende Interesse an kommerzieller Vorherrschaft und Errichtung von Informationsmonopo-
len. Dies war ein fruchtbarer Boden für den Sensationalismus, der ein Haupter-
zeugnis des 19. Jahrhunderts ist und in den Vereinigten Staaten von Amerika im
ausgehenden Jahrhundert mit den Hearst und Pulitzer Kampagnen während des
Spanisch-Amerikanischen Bürgerkriegs eine institutionalisierte Form annahm.

Die deutsche Massenpresse nahm ihren Ausgangspunkt mit dem von Rudolf
Mosse (1843-1920) 1871 gegründeten "Berliner Tageblatt". Seinem Beispiel

folgten die Verleger Leopold Ullstein, der 1877 die "Berliner Zeitung" herausgab, sowie August Scherl (1849-1921), der 1882 den "Berliner Lokal-Anzeiger"
gründete. Den expandierenden Zeitungs- und Zeitschriftenmarkt ließ der Staat
zunächst durch Zensurinstanzen überwachen, die mit den Karlsbader Beschlüs-
sen im Jahre 1819 eingeführt worden waren. In den folgenden 30 Jahren spitzte
sich die gesellschaftliche Situation aufgrund der Arbeiternot und der zunehmenden Verfolgung liberaler Politiker und Wissenschaftler - unter anderem Friedrich Schleiermacher (1768-1834) - zu, so dass es 1848 zur so genannten März-
revolution kam, die unter anderem eine Aufhebung der Pressezensur bewirkte.
Mit einer Bestimmung in der Verfassung des Deutschen Reiches wurde ein Jahr
später am 28. März 1849 die Pressefreiheit in Deutschland endgültig eingeführt
und die staatliche wie kirchliche Reglementierung des Pressewesens beendet.
Das Reichspressegesetz von 1874 bildete schließlich die rechtliche Grundlage
für die Weiterentwicklung des Pressewesens in Deutschland.

Der Wegfall der staatlichen Protektion zwang die protestantische Pressearbeit zu
einer Neuorientierung und Auseinandersetzung mit der säkularen Presse. Die
Zunahme skandalöser journalistischer Methoden bei der Beschaffung von Pres-
sethemen, setzte erstmals einen Prozess in Gang, über das Medium der Presse zu
reflektieren.

1.7.2. Die protestantische Haltung gegenüber der säkularen Presse

Die Aufhebung der Pressezensur bewirkte zunächst auf protestantischer Seite
eine Zunahme des Misstrauens gegenüber der liberalen Presse, das sich in einer
Pressekritik äußerte, die sich gegen eine sittenlose und religionsfeindliche Presse
wandte. Traditionsgebunden fürchtete man durch das Wirken der säkularen
Presse, die sich an den Maximen der Aufklärung und des Liberalismus orientierte, eine Auflösung der Symbiose von Kirche und Staat. Die Einstellung der Protestanten war somit in erster Linie durch ein Bemühen um die Fortsetzung dieser
Symbiose gekennzeichnet. Exemplarisch seien an dieser Stelle die Veröffentlichungen des Theologen Richard Rothe (1799-1867) auf dem Gebiet der Theologischen Ethik genannt, die diese protestantische Öffentlichkeitsfurcht wider-
spiegeln.[170] So sah Rothe beispielsweise die Gefährlichkeit der Massenpresse

---

[170] Richard Rothe ist zwar Vertreter eines kirchlich emanzipierten Christentums, der für eine
kulturzugewandte Vermittlungstheologie steht, sein Werk verdankt sich aber auch, dem Zeit-
geist entsprechend, pietistischen Impulsen. So ist auch bei ihm hinsichtlich der Presse jene
protestantische Öffentlichkeitsfurcht angedeutet. Eine Zensur lehnt er zwar grundsätzlich ab,

darin, dass der Rezipient mit einer Fülle von Informationen überflutet wird, die vorher weder staatlich noch kirchlich sanktioniert wurden. Rothe plädierte deshalb "wider alle Schlechtigkeiten und Gemeinheiten der Tagesschriftstellerei"[171] für die Einrichtung einer Art Geschworenengericht, damit die Presse ohne Polizeimaßnahmen in ihre Schranken gewiesen wird.[172] Ähnlich beklagte der Sozialethiker Alexander von Oettingen (1798-1846) den Wegfall staatlicher Zensurmaßnahmen und wies auf die "Gefährlichkeit der Information für die Volksmassen" hin, wenn diese nicht "auf der Basis religiös-sittlicher Erziehung ruht".[173]

Diese zwei Autoren stehen beispielhaft für die Haltung der überwiegenden Mehrheit unter den protestantischen Theologen zu dieser Zeit, die geprägt war von dem Wunsch einer stärkeren Akzentuierung sittlicher und moralischer Wertmaßstäbe in der weltlichen Presse. Man hielt an der Prämisse fest: "dem Volk muss seine Religion erhalten bleiben - eine Religion der Tugend und des Gehorsams gegen die Obrigkeit"[174]. In der Aufhebung der Zensur sah man eine Bedrohung der gesellschaftlichen als auch der kirchlichen Ordnung. Doch die zunehmende Konstituierung der Massenpresse förderte bald die Einsicht in die Notwendigkeit einer Neuorientierung im Denkansatz, um die Zukunft der protestantischen Medienarbeit auch weiterhin zu sichern. Dieser Aufgabe kam zunächst die protestantische Erweckungsbewegung nach.

1.7.3. Protestantische Pressearbeit zur Zeit der Erweckungsbewegung und die Gründung protestantischer Kirchenzeitungen

Die Aufklärung hatte zwar das Bürgertum, aber nicht die breiten Schichten der Bevölkerung erreicht, die nach wie vor von einer orthodoxen oder pietistischen

---

stört sich aber an der unbestimmten Stellung der Presse zwischen Geselligkeit und Politik: "Denn sie kann unter Umständen eine ihm [dem Staat; Anm. d. A.] gefährliche Macht werden. Auch davon ganz abgesehen, daß sie ein zwitterhaftes Wesen ist, indem sie, da sie zugleich zur 'Unterhaltungsliteratur' gehört, unbestimmt in der Mitte schwebt zwischen der politischen Tendenz und der geselligen, - ist es fast unvermeidlich, daß ihr Betrieb überwiegend in unberechtigte, zweideutige und wenig Vertrauen einflößende Hände geräth." So Richard Rothe, *Theologische Ethik*, Band IV, Wittenberg (Hermann Koelling) [2]1870, (§1155) 324. Vgl. auch Bühler, *Presse und Protestantismus in der Weimarer Republik*, 39.

[171] Rothe, *Theologische Ethik*, (§1155) 4:329.

[172] Vgl. ebd.

[173] Vgl. dazu ausführlicher ebd. Des Weiteren Alexander von Oettingen, *Die Moralstatistik in ihrer Bedeutung für eine Socialethik*, Erlangen (Deichert) [3]1882, 546-558 (§43).

[174] Bühler, *Presse und Protestantismus in der Weimarer Republik*, 38.

Frömmigkeit geprägt waren. Auf dieser Grundlage begann zu Beginn des 19. Jahrhunderts ein religiöser Umschwung, in der Form von "Erweckung", das heißt Bekehrung zu neuer pietistischer Frömmigkeit und Gläubigkeit. Den Ausgangspunkt hatte die Erweckungsbewegung in Basel genommen, wo bereits 1780 Johann August Urlsperger (1728-1806) die "Deutsche Christentumsgesellschaft" gegründet hatte mit dem Ziel den christlichen Glauben vor rationalistischen Denkansätzen zu bewahren. Infolgedessen bildeten sich zahlreiche Bibel- und Missionsanstalten, die zunächst über Rundbriefe miteinander Kontakt hielten. Diese Rundbriefe bildeten die Grundlage für ein eigenes Periodikum und legten den Grundstein für die Entwicklung einer protestantischen Gemeindepresse. So entstanden neben Missionszeitungen auch erste Kirchenzeitungen, die sich mit innerkirchlichen und weltlichen Opponenten auseinandersetzten.

Dies beflügelte auch andere Theologen eigene Kirchenzeitungen zu gründen, die sich nicht mit der Erweckungsbewegung identifizierten. Den Beginn markierte 1822 der Prediger Ernst Zimmermann (1786-1832) mit der Gründung der "Allgemeinen Kirchenzeitung". Es folgten zahlreiche weitere Gründungen wie zum Beispiel 1827 die "Evangelische Kirchenzeitung" oder 1868 die "Allgemeine Evangelisch-lutherische Kirchen-Zeitung". In all diesen Schriften orientierte sich der Protestantismus an den Prinzipien der konstitutionellen Monarchie und wehrte sich gegen den vom Liberalismus favorisierten Gedanken der Monarchie. Axel Schwanebeck unternahm den Versuch die protestantische Kirchenpresse unter diesem Aspekt inhaltlich zu analysieren und kommt zu dem Schluss, dass die Inhalte der kirchlichen Periodika darauf abzielten, alle staatlichen Maßnahmen vorbehaltlos zu unterstützen.[175] In dieser Anlehnung an die staatliche Politik sieht er bereits den Weg bereitet zur umstrittenen Position, die die protestantische Kirche im Dritten Reich einnahm.[176]

Um das protestantische Anliegen in der Öffentlichkeit noch mehr zur Geltung zu bringen und dem wieder erstarkten Katholizismus zu trotzen, sah man sich zu weiteren Schritten gezwungen. So kam es 1886 zur Gründung des "Evangelischen Bund zur Wahrung der deutsch-protestantischen Interessen" durch die Theologieprofessoren Willibald Beyschlag (1823-1900), Friedrich Nippold (1838-1919) und Richard Lipsius (1830-1892). Zum Erreichen einer breiteren Resonanz in der Öffentlichkeit wollten sie sich erstmals gezielt der weltlichen Presse bedienen. Der innovative Denkansatz bestand darin, dass man erstmals

---

[175] Vgl. Schwanebeck, *Evangelische Kirche und Massenmedien,* 135.
[176] Vgl. ebd.

das Medium der weltlichen Presse nicht als Objekt der Kritik betrachtete, sondern als Instrument zur Durchsetzung eigener Interessen. Ziel war die systematische Einwirkung auf die Tagespresse, die kontinuierlich mit Informationen aus dem protestantischen Bereich beliefert werden sollte. Dazu veröffentlichten sie 1887 erstmals die "Korrespondenz für die deutsche Tagespresse". Diese Herausgabe markiert einen entscheidenden historischen Punkt im Verhältnis von Protestantismus und Medien, denn von diesem Zeitpunkt an wurde die weltliche Presse systematisch in die protestantische Medienarbeit integriert. Dies erwies sich als richtungweisend für die weitere Entwicklung protestantischer Medienarbeit.

Neben dem Evangelischen Bund hatte auch die in der Zwischenzeit von Johann Hinrich Wichern (1808-1881) gegründete Innere Mission weit reichende publizistische Maßnahmen initiiert, die den Grundstein für die Konstituierung protestantischer Presseverbände legte. Mit der Herausgabe der "Fliegenden Blätter" von 1844 bis 1906 wies Wichern der protestantischen Pressearbeit eine neue Richtung auf, indem er eine bewusste Hinwendung zu sozialen und politischen Fragestellungen vollzog. In verschiedenen Vorträgen stellte Wichern seine Vorstellungen zu den zukünftigen publizistischen Aufgaben der protestantischen Kirche vor und forderte eine breitere thematische Vielfalt wie auch unterschiedlichste inhaltliche Schwerpunktsetzungen.[177] Er erkannte die Bedeutung der Lokalpresse, sprach sich für deren "Erneuerung"[178] aus und plädierte in seiner Denkschrift an die deutsche Nation von 1849 für einen populär-religiösen Zeitungstyp und die Abwendung vom traditionellen Presseverständnis hin zu einer inhaltlichen Öffnung gegenüber weltlichen Themen.[179] Die Zeitung sollte der Inneren Mission als Instrument dienen. Damit leitete Wichern eine inhaltliche Umorientierung ein, die im Ausbau der Sonntagsblattpresse ihre Wirkung zeigte. Nachdem der neue Weg gefunden war, fehlte es lediglich noch an einer organisatorischen Instanz, die die Einzelaktivitäten sinnvoll miteinander verband und die zukünftigen Richtlinien für eine homogene protestantische Medienarbeit

---

[177] Zu Wichern und seinem Verhältnis zur Presse vgl. ausführlicher Bühler, *Presse und Protestantismus in der Weimarer Republik*, 46-49.

[178] Johann Hinrich Wichern, *Die Verpflichtung der Kirche gegen die heutigen Widersacher des Glaubens in ihrer Bedeutung für die Selbsterbauung der Gemeinde. Referat und Schlusswort nach der Diskussion auf dem zwölften deutschen evangelischen Kirchentag (1862)*, in: ders., *Sämtliche Werke*, Band III/Teil 2: Die Kirche und ihr soziales Handeln, hrsg. von Peter Meinhold, Berlin/ Hamburg (Luther) 1969, 66: "Vor allem ist die Erneuerung der Presse und speziell der Lokalpresse von hoher, durchgreifender Bedeutung."

[179] Vgl. Johann Hinrich Wichern, *Eine Denkschrift an die deutsche Nation (1849)*, in: ders., *Sämtliche Werke*, Band I, 222-226.

festlegte. Zu diesem Zweck wurde zunächst 1891 der "Evangelisch-Soziale Pressverband für die Provinz Sachsen" gegründet, dessen Beispiel bald andere Landeskirchen mit der Gründung eigener Presseverbände folgten und die eine neue Ära protestantischer Medienpolitik einleiteten.[180]

Gegen Ende des 19. Jahrhunderts war es der protestantischen Kirche schließlich gelungen sich auf dem Gebiet der eigenen wie auch der weltlichen Presse zu etablieren und erste Schritte zu unternehmen. Auf dem Sektor der Massenmedien bahnten sich durch die Erfindung des Films, Hörfunks und schließlich des Fernsehens bereits neue Entwicklungen an, die die protestantische Medienarbeit vor neue Aufgaben und die Notwendigkeit neuer Konzeptionen stellte.

1.8. Die Entwicklungen im 20. Jahrhundert

Zu Beginn des neuen Jahrhunderts basierte der kommerzielle Erfolg der britischen Presse auf sensationalistischer Manipulation der im Volk vorherrschenden Gefühle und Meinungen und leistete damit einen Beitrag zum Untergang der Presse, die das Vertrauen der Politik genoss. Das Eindringen der Presse in den privaten Bereich nahm von diesem Zeitpunkt an auch Einzug in die Ethikdebatten. In den Vereinten Staaten von Amerika führte dies auf der Ebene der Rechtsprechungen zu entscheidenden Neuerungen. Das Recht auf Privatsphäre fand dort seinen Ursprung[181] und wirkte von dort aus auch in die europäischen Rechtsordnungen hinein. Ausschlaggebend dafür war ein Aufsatz mit dem Titel "The Right to Privacy" zweier Anwälte aus Bosten namens Samuel Warren und Louis D. Brandeis, der 1890 in im *Havard Law Review* erschien und bis heute als einer der wichtigsten und einflussreichsten Abhandlungen der amerikanischen Rechtsliteratur gilt.[182] Warren und Brandeis erkannten bereits sehr früh die Auswüchse der Sensationspresse, die das Privatleben mehr oder weniger bekannter Personen der Öffentlichkeit auslieferte. Sie betonten daher die dringende

---

[180] Vgl. Kortzfleisch, *Verkündigung und "öffentliche Meinungsbildung"*, 206.

[181] Anzumerken ist, dass gewisse Aspekte des Privatlebens bereits schon seit der Antike vor Nachforschung und Veröffentlichung geschützt sind. Zum Beispiel durch den im 5. Jhd. v. Chr. entstandenen "Eid des Hippokrates", wovon das allgemeine Arztgeheimnis abgeleitet wurde. Seit der Aufklärung ist auch das Briefgeheimnis in Europa allgemein anerkannt. Andere berufliche Schweigepflichten, wie z.B. bei Anwälten oder Notaren, bestehen ebenfalls seit dieser Zeit.

[182] Vgl. dazu Christina Class/ Bruno Frischherz, *Zur Bedeutung von Privacy für den Menschen*, Internetquelle: <http://www.angewandte-ethik.ch/documents/EinfuehrungPrivacy.pdf> (10.02.2005), 1.

Notwendigkeit des Schutzes der Privatsphäre. Als allgemeines Rechtsprinzip fand das "right to privacy" erstmals gerichtliche Anerkennung in einer Entscheidung des Supreme Court von Georgia im Jahre 1905, in der es um die Verwendung des Namens und Bildes des Klägers für eine Werbekampagne einer Versicherungsgesellschaft ging. Den entscheidenden Durchbruch erlangte das "right to privacy" allerdings erst 1939, als es in das "Restatement of Torts" aufgenommen wurde. Heute ist es nahezu in allen Bundesstaaten anerkannt. Dieser Rechtsentwicklung in den USA ist es zu verdanken, dass das Recht auf Schutz des Privatlebens vor willkürlichen Eingriffen als Menschenrecht Eingang in die Allgemeine Erklärung der Menschenrechte der Vereinten Nationen vom 10. Dezember 1948 fand.[183]

Die UN-Menschenrechtskonvention beeinflusste wiederum den Artikel 8 der Europäischen Menschenrechtskonvention von 1950, wonach jedermann Anspruch auf Achtung seines Privat- und Familienlebens hat.[184] In Deutschland entwickelte sich das Recht auf Achtung der Privatsphäre in der Zeit der grundrechtsgeprägten Nachkriegsrechtsprechung. Die Dringlichkeit sich der Thematik Schutz der Privatsphäre anzunehmen verstärkte sich, als sich die elektronischen Kommunikationssysteme ausweiteten und von da an die Möglichkeit bestand mit militärischen, diplomatischen und kommerziellen Informationen Grenzen zu überschreiten. Politische und medienkritische Argumente erhöhten den Druck sich der Thematik Freiheit und ihre Grenzen im Kontext des wirtschaftlichen Wettbewerbs systematischer anzunehmen. Erste Konsequenzen zeigten sich zum Beispiel in der Einführung einer Filmzensur, wie 1896 in Vereinigten Britischen Königreich.

Auch das journalistische Selbstverständnis blieb nicht ohne Auswirkungen. Erstmals wurde bei der Berichterstattung nicht mehr lediglich nur darauf Wert gelegt, möglichst wahrheitsgemäß zu schreiben, sondern auch der moralische Aspekt bedacht. Als die ersten ethischen Aspekte Einzug in den journalistischen Bereich nahmen, wurden diese in erster Linie nach einem gesunden Menschenverstand gefällt. Mit der zunehmenden Bedeutung ethischer Auseinandersetzun-

---

[183] Die Allgemeine Erklärung der Menschenrechte, die am 10. Dezember 1948 von der Generalversammlung der Vereinten Nationen angenommen und proklamiert worden ist, ist im Internet abrufbar unter: <http://www.igfm.de/mrerkl.htm> (10.02.2005).

[184] Vgl. Konvention zum Schutze der Menschenrechte und Grundfreiheiten, Abschnitt I - Rechte und Freiheiten, Artikel 8: Recht auf Achtung des Privat- und Familienlebens: (1) Jede Person hat das Recht auf Achtung ihres Privat- und Familienlebens, ihrer Wohnung und ihrer Korrespondenz. Die Menschenrechtskonvention kann im Internet abgerufen werden unter: <http://www.dejure.org/gesetze/MRK> (10.02.2005).

gen zeigte sich auch die Komplexität möglicher ethischer Ausgangspunkte. Zum einen wurde von einer bereits bestehenden medienkritischen Auffassung aus argumentiert und zum anderen verlagerte sich die medienkritische Sichtweise, die in erster Linie bei Strukturveränderungen ansetzte, wie zum Beispiel der wachsenden Entstehung von Medienmonopolen, hin zum individuellen Verhalten. So entwickelte sich durch die Zunahme ethischer Interessen und Fragestellungen ein fruchtbarer Dialog zwischen den Obersten des Pressewesens und ihren Kritikern. Es wurde allmählich deutlich, dass dezidiert standpunktgebundene Stellungnahmen nicht ausreichten und es entsprechend philosophischer Antworten bedurfte. In den USA, in denen die institutionellen Grenzen zwischen den Disziplinen viel weniger ausgeprägt sind als etwa in Deutschland, führte dies einerseits dazu, dass Juristen und Theologen mehr oder weniger philosophische Überlegungen anzustellen begannen und andererseits Philosophen sich für konkrete moralisch-normative Fragestellungen zu interessieren anfingen. Seit Ende der fünfziger Jahre gewann die normative Ethik allmählich wieder eine breite Basis. Ausschlaggebend dürften wohl theorieinterne Überlegungen gewesen sein, wie zum Beispiel die Problematik der konkreten Trennung zwischen Metaethik und normativer Ethik. So stellte sich die Frage, ob denn eine Metaethik denn wirklich moralisch neutral sein kann. Zum anderen ergab sich die Problematik, dass metaethische Überlegungen bestimmte normativ-ethische Prämissen, das heißt einen bestimmten moralischen "Standpunkt", begünstigen können. Verwiesen sei hier beispielsweise auf das Buch *The Moral Point of View. A Rational Basis of Ethics* von 1958 von Kurt Baier.[185]

Das Interesse an Fragen der normativen Ethik wirkte sich auch auf den deutschsprachigen Raum aus und fand Ausdruck in dem zweibändigen Sammelband von 1972 mit dem Titel *Rehabilitierung der praktischen Philosophie*.[186] Die stärkere Beschäftigung mit Angewandter Ethik setzte in Deutschland jedoch konkret erst Mitte der achtziger Jahre ein. So auch die Auseinandersetzung mit Medienethik.

---

[185] Kurt Baier, *The Moral Point of View: A Rational Basis of Ethics*, 6th ed., London (Cornell) 1969.
[186] Manfred Riedel (Hg.), *Rehabilitierung der praktischen Philosophie*, Freiburg (Rombach) 1972.

1.8.1. Die Gründung der Evangelischen Presseverbände und des Evangelischen Pressverbandes für Deutschland

Mit der Konstituierung des 1881 gegründeten "Evangelisch-Sozialen Pressverbandes für die Provinz Sachsen" (ESP) setzte zu Beginn des 20. Jahrhunderts eine Gründungsphase evangelischer Presseverbände ein, die sich bis zum Jahre 1914 initiiert durch alle Landeskirchen auf dem ganzen Gebiet Deutschlands vollzog.[187] Die ehemals von Wichern geforderte Maxime "Mission durch das gedruckte Wort" erwies sich angesichts der weltlichen Medienentwicklung als nicht mehr zeitgemäß und wurde jetzt durch eine Hinwendung der protestantischen Presseverbände zur säkularen Presse abgelöst. Die Pressearbeit löste sich so zunehmend von der Inneren Mission und entwickelte sich zu einem eigenständigen Arbeitsbereich mit eigener Dynamik. Insgesamt existierten bis zu Kriegsbeginn im Deutschen Reich 29 evangelische Presseverbände, die die organisatorische Grundstruktur für die protestantische Pressearbeit bildeten.[188] Durch diese organisatorische Struktur sollte die gezielte Beeinflussung der weltlichen Presse realisiert werden. Die Bemühungen der protestantischen Medienarbeit in der Zeit zwischen der Jahrhundertwende und dem Beginn des Ersten Weltkrieges waren somit gekennzeichnet einerseits durch den Versuch der systematischen Beeinflussung der weltlichen Presse und andererseits die als schädlich für die Rezipienten diagnostizierten Beiträge und Inhalte zu unterbinden.

Da die Presseverbände aus Initiativen der Inneren Mission hervorgegangen waren, wirkte zunächst auch deren skeptische Haltung gegenüber der weltlichen Presse nach. Man kritisierte in erster Linie das Unverständnis und Desinteresse für kirchliche Belange und warf ihr Religionsfeindlichkeit vor.[189] Da man das Gefühl hatte, dass die Tagespresse von sich aus den protestantischen Belangen nicht gerecht werden kann, setzte man sich zum Ziel durch zukünftige Aktivitäten dies selbst in die Hand zu nehmen. Schwanebeck umschreibt diese Zielsetzung auf einen Begriff reduziert mit "Christianisierung" der Tagespresse.[190] Die Presseverbände verstanden darunter unter anderem die "Bekämpfung von Gottentfremdung und Unsittlichkeit", die "Bekämpfung der Sozialdemokratie und ihrer vaterlandsfeindlichen Periodika", sowie die "Bekämpfung von Schmutz

---

[187] Zu genaueren Ausführung der Gründungsperiode evangelischer Presseverbände vgl. Schwanebeck, *Evangelische Kirche und Massenmedien*, 162-165.

[188] Vgl. *Nachrichten über evangelische Pressarbeit*, hrsg. vom Verlag des Evangelischen Pressverbandes für Deutschland, Berlin-Steglitz 1914, 11.

[189] So z.B. der Leiter der ESP Stanislaus Swierczewski, vgl. dazu Bühler, *Presse und Protestantismus,* 51.

[190] Vgl. Schwanebeck, *Evangelische Kirche und Massenmedien*, 167.

und Schwindel in der Tagespresse" und die "Pflege evangelischer Weltanschauung durch regelmäßige Mitteilungen an weltliche Zeitungen und Zeitschriften".[191]

Das Verhältnis des Protestantismus und dem Medium der Presse blieb ambivalent. Einerseits gedachte der Protestantismus die Vorzüge der weltlichen Presse, wie zum Beispiel das schnelle Erreichen eines größtmöglichen Publikums, zur Verbreitung ihrer Interessen für sich zu nutzen. Andererseits kritisierten und protestierten sie gegen das Medium, das sie für ihre eigenen Zwecke zu funktionalisieren gedachten. Die Lösung dieses Problems versprach man sich aus einer übergeordneten Organisation, die alle Aktivitäten evangelischer Presseverbände, die bisher dezentral erfolgt waren, systematisieren und in eine Richtung lenken sollte. Aus diesem Gedanken heraus wurde 1910 der "Evangelische Pressverband für Deutschland" (EPD) gegründet, der die Richtung der zukünftigen protestantischen Medienarbeit im Bereich von Presse, Film und Hörfunk bestimmen sollte.[192] Damit vollzog sich eine endgültige Loslösung von der Inneren Mission. Insgesamt schlossen sich dem EPD 38 evangelische Vereine und Verbände an.[193] Damit verfügte der Protestantismus über einen koordinierenden Dachverband, der eine neue Ära protestantischer Medienarbeit einleitete.

1.8.2. Die Anfänge von Film und Hörfunk

Die bereits im 19. Jahrhundert erfolgten Erfindungen auf dem Gebiet der Fotographie, wie zum Beispiel die Erfindung des Rollfilms, wurden zu Ende des Jahrhunderts zu Bewegungsabläufen weiterentwickelt, so dass in den Jahren 1895 und 1896 in verschiedenen Ländern erste Filmvorführungen stattfanden. In Deutschland waren es die Brüder Max und Emil Skladanowsky, die am 1. November 1895 ihre Erfindung, die sie als "Bioskop" bezeichneten, erstmals in Berlin der Öffentlichkeit vorstellten. Gemeinsam mit den technischen Erfindungen Oskar Messters (1867-1943) im Bereich der Aufnahme- und Wiedergabegeräte, legten sie den Grundstein für die deutsche Filmentwicklung. Das neue Me-

---

[191] Aufruf des Provinzialausschusses für Innere Mission vom 5. Januar 1891. Zit. nach Ernst A. Ortmann, *Motive evangelischer Publizistik. Programme der Gründerzeit als Frage an die Theologie*, Witten (Luther) 1969, 100.
[192] Zur Organisation und Struktur des Pressverbandes vgl. Simone Höckele, *August Hinderer. Weg und Wirken eines Pioniers evangelischer Publizistik*, Erlangen (Chr. Publizistik) 2001, 51-54.
[193] Vgl. Mehnert, *Evangelische Presse*, 99ff.

dium der Kinematographie etablierte sich zunächst als besondere Attraktion auf Jahrmärkten in Form von Wanderkinos. Um den stetig wachsenden Publikum gerecht zu werden, wurden bereits 1900 erste kleine Ladenkinos gegründet. Es folgte eine Kinoexpansion in Deutschland, über die der Filmhistoriker Friedrich Zglinicki in seiner Publikation *Der Weg des Films* von 1956 einen guten Überblick gibt.[194] Die darin dargestellte Entwicklung dokumentiert, wie sich der Film als neues Medium in der Gesellschaft in äußerst kurzer Zeit etablierte, so dass bis zum Jahre 1917 bereits 3130 Kinos in Deutschland gezählt werden konnten.[195] In Deutschland entstanden die ersten größeren Filmateliers in Berlin zwischen 1910 und 1914. Mit Beginn des Ersten Weltkrieges erlebte der deutsche Film einen großen Aufschwung, so dass sich zwischen 1913 und 1919 die Zahl der deutschen Produktionsgesellschaften von 25 auf 250 verzehnfachte.[196]

Diese Entwicklung verlief in Deutschland jedoch nicht ohne Widerstand. Die Kinematographie musste bereits noch in den Kinderschuhen steckend um ihre Existenzberechtigung fürchten, da das neue Medium auf heftige Kritik seitens eines äußerst konservativen Bürgertums stieß. Die Medienpädagogik, die schon auf dem Gebiet der Massenpresse Präventivmaßnahmen gefordert hatte, bezog nun auch den Film mit ein. Man befürchtete negative Einflüsse auf die Entwicklung von Kinder und Jugendliche. Dieser kulturpessimistischen Haltung des Bürgertums schloss sich auch der Protestantismus an, der die Aufrechterhaltung von Tugend und Moral proklamierte. Die Proteste und Einwände gegen den Film fanden ihren Höhepunkt in der Forderung nach staatlichen Zensurmaßnahmen, die ab 1908 in Realität umgesetzt wurden.

Die fragmentarischen Ausführungen zu den Anfängen des Films sollen an dieser Stelle ausreichen, um einen Einblick in die Situation des sich etablierenden neuen Mediums des Films in Deutschland zu skizzieren. Die neue mediale Kommunikationsform forderte zu Beginn des 20. Jahrhunderts auch den Protestantismus heraus, seine Medienarbeit, die sich bisher auf das Medium der Presse konzentriert hatte, neu zu überdenken. Besonders das neue Medium des Films stellte nicht nur einen neuen Wirtschaftszweig dar, sondern sprach vor allem die jüngere Generation an und provozierte dadurch kirchliche Präventivmaßnahmen. Beide Kirchen traten dem neuen Medium zunächst mit äußerster Skepsis gegenüber

---

[194] Vgl. Friedrich von Zglinicki, *Der Weg des Films. Die Geschichte der Kinematographie und ihrer Vorläufer*, Hildesheim (Olms) 1956.
[195] Vgl. ebd., 328.
[196] Vgl. Liz-Anne Bawden/ Wolfram Tichy, *Buchers Enzyklopädie des Films*, Luzern (Bucher) 1977, 177.

und man teilte die kulturpessimistische Haltung, die weitgehend vom konservativen Bürgertum verbreitet wurde. "Die evangelische Position gegenüber der noch jungen Filmkunst manifestierte sich somit zunächst in einer pauschalierenden Ablehnung des neuen Massenmediums, mit der der Gedanke an eine Bewahrung der Rezipienten, vor vermeintlich schädlichen Einflüssen durch die neue Kinematographie, korrespondierte."[197]

Die rapide Entwicklung der Filmproduktion zwang den Protestantismus jedoch sehr bald seine Zurückhaltung aufzugeben, indem sie sich immer öfter mit filmpolitischen Anliegen konfrontiert sah. So zum Beispiel 1908, als das Bayrische Staatsministerium für Schulangelegenheiten mit der Frage nach der Zulassung eines Passionsfilms an die protestantische Kirche herantrat. Da die Kirche grundsätzlich die filmische Darstellung des Leben Jesu ablehnte - darin spiegelt sich bereits die damalige Skepsis gegenüber dem neuen Medium wider - wurde die Aufführung des Films durch das Bayrische Staatsministerium verboten.[198] Die ersten Auseinandersetzungen mit dem Medium Film konzentrierten sich auf Versuche, die negativen Einflussfaktoren auf die Rezipienten nachweisen zu können. So analysierte der protestantische Theologe Walther Conradt in einer Abhandlung mit dem Titel *Kirche und Kinematograph - Eine Frage* im Jahre 1910 insgesamt 250 Filme und folgerte, dass die Kinematographie "im wesentlichen moralisch minderwertige Tendenzen verfolge".[199] So schrieb Conradt: "Die tendenziösen Schattenrisse aus dem modernen Leben werden den bösesten Instinkten des Publikums angepaßt und verrohen auch die besseren Elemente zusehends. Die Effekte werden von Jahr zu Jahr raffinierter ausgeklügelt und stacheln immer stärker das Tier im Menschen auf, denn die Stammgäste werden täglich blasierter."[200] "Statt Sittlichkeit", formuliert Conradt es bündig, "finden wir Sinnlichkeit".[201] In einem Kapitel setzt er sich konkret mit der Ethik des Kinematographen auseinander, stellt aber der Auseinandersetzung gleich die Feststellung voran: "Dass wir es hier, wenn überhaupt mit Ethik, so mit einer religionslosen zu tun haben, dürfte von vornherein feststehn."[202] Seine Schlussfolge-

---

[197] Schwanebeck, *Evangelische Kirche und Massenmedien*, 192.

[198] Vgl. Heiner Schmitt, *Kirche und Film: Kirchliche Filmarbeit in Deutschland von ihren Anfängen bis 1945*, Boppard am Rhein (Boldt) 1979, 29f.

[199] Zit. nach Schmitt, *Kirche und Film*, 31. Die Arbeit von Walther Conradt gilt als eine der ersten filmsoziologischen Untersuchungen.

[200] Walther Conradt, *Kirche und Kinematograph. Eine Frage*, Berlin (Walther) 1910, 14.

[201] Ebd., 28.

[202] Ebd. Das Kapitel "Die Ethik des Kinematographen" findet sich auf den Seiten 27-33, während diese Feststellung gleich auf Seite 27 vorangestellt wird.

rung lautet, dass der Kinematograph die "sittliche Zersetzung des deutschen Volkes" befördere und deshalb "als Macht des Bösen beurteilt werden" muss.[203]

Dennoch erkannte Conradt die Wirkungskraft des neuen Mediums und versuchte deshalb auf der Grundlage dieser Analyse ein Modell zur "Christianisierung des Kinematographen"[204] zu entwerfen, das die Richtung der zukünftigen protestantischen Filmarbeit bestimmen sollte. Er plädierte für eine Zensurgesetzgebung, Jugendschutzbestimmungen und die Einrichtung eines protestantischen Filmzweckverbandes für die Umsetzung kirchlicher Filmprojekte.[205] Seine Denkweise prägte nicht nur die protestantische Haltung auf dem Gebiet der Kinematographie für die nächsten Jahre, sondern auch die protestantische Medienpädagogik zum Schutz der Rezipienten vor schädlichen Einflüssen seitens des Films. "Die praktische evangelische Filmarbeit in der Frühzeit der Kinematographie blieb letztlich nur eine Randerscheinung auf dem Gebiet kirchlicher Öffentlichkeitsarbeit."[206] Erst zur Zeit der Weimarer Republik sollte sich die Haltung des Protestantismus ändern, als man im Medium des Films eine Möglichkeit der kirchlichen Verkündigung und Selbstpräsentation erkannte.

Noch vor der Jahrhundertwende hatte sich als drittes Massenmedium der Hörfunk etablieren können. Der Staat hatte bisher versucht, seinen Einfluss im Bereich der Kommunikationspolitik durch entsprechende Zensurmaßnahmen Geltung zu verschaffen, doch war es bisher nicht gelungen, ein Massenmedium unmittelbar für sich zu beanspruchen. Dies änderte sich mit dem Medium des Hörfunks, da der gesamte Bereich des Funk- und Fernmeldewesens der Reichspost und damit dem Staat unterlagen. Der Hörfunk entzog sich somit zunächst privaten Interessen, der öffentlichen Kontrolle als auch protestantischer Medienarbeit. Erst mit Ende des Ersten Weltkrieges öffnete sich der Hörfunk weltlichen Belangen und wurde damit auch für den Protestantismus interessant als Möglichkeit zur kirchlichen Verkündigung und Mittel zur Selbstdarstellung. Mit Beginn der Weimarer Republik war der Protestantismus vor die Herausforderung gestellt neue Konzepte zu entwerfen, um der veränderten Situation im Bereich neuer Massenmedien gerecht zu werden.

---

[203] Conradt, *Kirche und Kinematograph*, 41.

[204] Ebd., 46.

[205] Ebd., 46f.: "Dreierlei tut gegenwärtig besonders not und wird unsere Arbeit in nächster Zeit bestimmen: 1. Ausdehnung der Kinematographenzensur auf ganz Deutschland, 2. Entfernung der Kinder unter 14 Jahren aus den allgemeinen Vorstellungen, 3. Schöpfung und Verbreitung solcher Films, die den Ertrag kirchlicher Arbeit darstellen und sichern."

1.8.3. Protestantische Medienarbeit zur Zeit des Ersten Weltkrieges

Die Zeit des Ersten Weltkrieges markiert einen Punkt in der Geschichte der Medien, an dem der Staat erstmals alle Massenmedien, das heißt Presse, Hörfunk und Film, als Mittel zur Durchsetzung seiner Kriegsziele nutzte. Propaganda bewährte sich erstmals als Technik, mit der man die Meinung der Massen beeinflussen konnte, aber auch als Instrument, um auf die Verantwortlichen fremder Regierungen Druck auszuüben. Der Protestantismus, der ideologisch dem Kaiserreich verhaftet war, stellte seine Publizistik in den Dienst der Politik.

Die Massenpresse stellte immer noch das Medium mit dem größten Einfluss dar, obwohl Film und Hörfunk an Bedeutung gewannen. Dies hatte zur Folge, dass sich sowohl die staatliche wie auch die private Seite zunehmend darum bemühten, sich dieser Möglichkeit öffentlicher Bewusstseinsbildung zu bemächtigen. In Deutschland spielte hier die Wirtschaft eine große Rolle, deren wichtigster Repräsentant zu dieser Zeit Alfred Hugenberg (1865-1951) war. Hugenberg scheute keine Wege und Mittel die Macht über die öffentliche Meinung in Deutschland durch Presse und Film zu erlangen. Er übernahm 1916 den Scherl-Konzern und damit alle von Scherl editierten Zeitungen und Zeitschriften, stieg in die "Telegraphen-Union" ein, erwarb dort die Aktienmehrheit und erweiterte in den folgenden Jahren die Einrichtungen zu einer bedeutenden Nachrichtenagentur mit internationalem Wirkungsbereich. 1927 erreichte Hugenberg den Höhepunkt seiner publizistischen Machtkonzentration mit dem Erwerb der deutschen Universum-Film-AG (UFA). Hugenberg stellte sein Presseimperium in den Dienst antidemokratischer Politik.[207] Daneben gewann aber auch der Staat zunehmenden Einfluss auf die Massenpresse, in erster Linie durch immense Zensurmaßnahmen. Mittlerweile hatten zahlreiche Machthaber und Regenten verschiedenster Nationen den Stellenwert der Presse als Mittel zur Durchsetzung politischer Interessen erkannt und nutzten auch den Journalismus rigoros als Instrument dafür. Massenpresse und Journalismus wurden so zwangsläufig zu mitgestaltenden Kräften internationaler Politik.

---

[206] Schmitt, *Kirche und* Film, 34.

[207] Durch seine Aufkäufe und sein Engagement im Pressewesen wurde Hugenberg zum größten Meinungsmacher der Weimarer Republik, die er erbittert bekämpfte. 1928 wurde er Parteivorsitzender der DNVP und bildet 1931 gemeinsam mit den Nationalsozialisten die "Harzburger Front" in der Illusion, Hitler für seine Ziele einspannen zu können. Durch seine Fehleinschätzung verhalf er Hitler dagegen mit seiner Pressemacht zur Kanzlerschaft, was zugleich Hugenbergs Ende bedeutete. Er wurde zum Verkauf seiner Konzerne und Verlage gezwungen.

Mit dem Ausbruch des Krieges intensivierte der Staat seinen Einfluss auf das Pressewesen, indem die Pressefreiheit der staatlichen Militärzensur unterworfen wurde. Von diesem Zeitpunkt an übernahm ein Kriegspresseamt als oberste Kontrollinstanz die Zensur des gesamten Pressewesens. Dieser Zustand führte zu einer fast vollständigen Unterdrückung oppositioneller Meinungen. Die Presse verlor ihre kritische Funktion und degenerierte zu einem Instrument politischer Machthaber.

Durch die organisatorischen Strukturierungen und Systematisierung der protestantischen Medienarbeit und den Versuch, die weltliche Presse in ihre Arbeit stärker einzubinden, entwickelte der Protestantismus eine umfassende kirchliche Pressepolitik. Zwar blieb die skeptische Haltung der Protestanten gegenüber der Tagespresse während des Ersten Weltkrieges als Grundmuster weiterhin bestehen, doch wurde diese Haltung, wie Axel Schwanebeck schreibt, von nun an "überlagert von einem kirchlichen Solidaritätsbewusstsein mit der weltlichen Presse, die durch die kirchlichen Printmedien nun eine breite Unterstützung für einen zu gewinnenden Krieg erhalten sollte."[208] Die Motive hierfür resultierten aus dem steigenden Interesse der weltlichen Presse an Themen wie Religion und Kirche mit Beginn des Krieges. Zur moralischen Unterstützung der Soldaten wuchs das Interesse der Tagespresse an Publikationen seitens protestantischer Korrespondenzen und Kommentierungen. Die Protestanten ihrerseits begrüßten die Aufnahmebereitschaft der weltlichen Presse und sahen ihre Chance für die Verbreitung kirchlicher Publikationen. Dies schlug sich auch in der Haltung gegenüber der weltlichen Presse nieder: Die Skepsis verflog und auch der ehemals diskreditierte Journalistenberuf wurde plötzlich aus ganz anderer Perspektive betrachtet. Die "Kriegskorrespondenzen des Evangelischen Pressverbandes für Deutschland" und Aussagen des damaligen EPD-Direktors Willi Stark verdeutlichen anschaulich den Stimmungswechsel. Während er 1913 in einem "Appell an die evangelischen Pfarrer" noch vor der "christentumsfeindliche[n]" und "volksvergiftende[n] Presse" als "völkische Gefahr ersten Ranges"[209] warnt, rühmt er die Presse in den Jahren 1915 und 1916 als "Nachrichtenvermittlerin und Volkserzieherin"[210], die sich bemüht, "den Ton für Herz und Gemüt zu tref-

---

[208] Schwanebeck, *Evangelische Kirche und Massenmedien*, 203.

[209] Willi Stark, *Kirche und Tagespresse. Ein Appell an die evangelischen Pfarrer*, hrsg. vom Verlag des Evangelischen Pressverbandes Deutschland, Berlin-Steglitz 1913, 3.

[210] Willi Stark/ St. Swierczewski, *Evangelische Pressbestrebungen und Hoffnungen für die Jahre 1914 und 1915*, 2. Jahrbuch des Evangelischen Pressverbandes für Deutschland (Kriegsausgabe), hrsg. vom Verlag des Evangelischen Pressverbandes für Deutschland, Berlin-Steglitz 1916, 32 und 40.

fen, den unsere große Zeit braucht"[211]. Aus diesen Aussagen wird bereits ersichtlich, dass die protestantische Medienarbeit zur Zeit des Ersten Weltkrieges nicht den Zweck verfolgte, Krieg als Mittel der Politik abzulehnen und einen Beitrag zur Verständigung der Völker zu leisten, sondern die nationalen politischen Interessen vorbehaltlos zu unterstützen. In den Jahren zwischen 1914 und 1918 passte die protestantische Medienarbeit ihre Terminologie, und zwar sowohl in ihren Beiträgen in der weltlichen Presse wie auch in ihren eigenen kirchlichen Publikationen, an die nationale Kriegsideologie an. Eine kritische und distanzierte Haltung zur staatlichen Kriegspropaganda, wie sie in der weltlichen Tagespresse betrieben wurde, lässt sich nicht erkennen.

Durch die Präsenz in der weltlichen Presse konnte der Protestantismus jedoch nicht nur eine Zunahme des Leserkreises verbuchen, sondern auch das Interesse der Öffentlichkeit für kirchliche Publikationen erhöhen und somit breite Leserschichten religiös beeinflussen. Es geht vielleicht zu weit, die Haltung des Protestantismus als "Kriegstheologie"[212] zu beschreiben, wie es Gottfried Mehnert formuliert, aber sie war durchaus eine den Krieg tolerierende, die der Grundstimmung der Bevölkerung entsprach. Sicherlich wirkte ein publizistisches Motiv mit, denn an den weltlichen Medien und Geschehnissen teilzunehmen, bedeutete auch die Möglichkeit das Interesse der Öffentlichkeit für sich zu gewinnen und damit einen entsprechenden Einfluss auf die öffentliche Meinungsbildung auszuüben. Der Grundstimmung der Bevölkerung entsprach nun auch die Skepsis, die sich früher gegen die deutsche Tagespresse gerichtet hatte, und sich nun auf die ausländische Presse konzentrierte, der man als "Lügenpresse" die Kriegsschuld zudiktierte. Zu diesem Zweck gründete der EPD im Oktober 1914 eine "Auslands-Korrespondenz", die dafür sorgen sollte, die Verleumdungen und Verfälschungen der deutschen Berichterstattung im Ausland zu korrigieren. Der ausländischen Presse sprach man jedes Recht auf kontroverse Darstellungen der Kriegsgeschehnisse ab. Der EPD ließ keine Zweifel aufkommen, dass der Erste Weltkrieg den Deutschen aufgezwungen worden.

Da der Staat sich für seine propagandistischen Absichten auch der Medien Film und Hörfunk bediente, rückten diese auch in das Interessensgebiet des Protestantismus. Die Aktivitäten beim Film widmeten sich aber in erster Linie der Auseinandersetzung mit Inhalten, die in der Öffentlichkeit verbreitet wurden. Filmpolitisches Interesse konnte sich schon deshalb nicht entwickeln, da der Staat zu

---

[211] Willi Stark, *Der Evangelische Pressverband für Deutschland im Kriegszustande*, zit. nach Bühler, *Presse und Protestantismus in der Weimarer Republik*, 58.
[212] Mehnert, *Evangelische Presse*, 216.

dieser Zeit auf den Film ohne Wissen der Öffentlichkeit zugriff. Damit konnten die Kirchen keine Position zu den staatlichen Maßnahmen beziehen und konzentrierten sich deshalb auf die Bewahrung der Rezipienten vor schädlichen, das heißt unmoralischen und unsittlichen, Filmeinflüssen. Bestärkt in ihrer Haltung durch die Ergebnisse der so genannten Conradt'schen Analyse, die dem Film, wie vorausgehend erwähnt, "moralisch minderwertige Tendenzen" zuschrieb, bemühte sich die protestantische Kirche gegen "Schmutz- und Schundfilme" vorzugehen. Man beklagte die entsittlichende, antireligiöse und verrohende Wirkung des Films und das Fehlen einer staatlichen Filmzensur. Dies entsprach aber auch weitgehend den Moralvorstellungen des Bürgertums, so dass sich der Widerstand zu einer öffentlichen Meinung formierte, der letztendlich zwischen 1908 und 1919 zur Einführung einer Filmzensurgesetzgebung in fast allen deutschen Bundesstaaten führte.

Das Medium der Funktelegraphie, wie der Hörfunk anfänglich bezeichnet wurde, hatte der Staat während des Ersten Weltkriegs für sich und seine Zwecke allein in Anspruch genommen. Eine Beteiligung privater Interessenten oder gesellschaftlicher Gruppierungen war zu diesem Zeitpunkt nicht möglich. Erst mit Ende des Krieges, der Ablösung des monarchischen Staatsverständnisses durch die Demokratie der Weimarer Republik, rückte auch der Hörfunk in das Blickfeld des Protestantismus. Die Einführung der Demokratie mit der Abschaffung der staatlichen Zensur basierend auf dem Prinzip der Meinungsfreiheit, bewirkte eine Veränderung der Medienlandschaft, die den Protestantismus zu einer Neuorientierung ihrer Medienarbeit zwang und ihm zugleich neue Möglichkeiten in allen Bereichen massenmedialer Kommunikation eröffnete.

1.8.4. Protestantische Medienarbeit in der Weimarer Republik

Der Zusammenbruch der Monarchie und die damit einhergehende Proklamation der Weimarer Republik konfrontierte den Protestantismus mit der Staatsform der Demokratie, der gegenüber man bisher eher ablehnend gegenüberstand. Doch nun war es unausweichlich geworden, sich mit der neuen demokratischen Staatsform zu arrangieren. Durch die Weimarer Rechtsverfassung wurde das Verhältnis von Staat und Kirche neu definiert und beiden Religionsgemeinschaften der Status von öffentlich-rechtlichen Körperschaften verliehen. Dies erforderte für den Protestantismus zunächst eine frei von staatlichem Einfluss eigene Kirchenverfassung zu entwickeln. Fortan regelten Kircheverträge der jeweiligen Landeskirchen die Rechtsbeziehungen zwischen Staat und Kirche. Dennoch fühlten sich viele Protestanten weiterhin dem traditionsgebundenen monarchischen Staatsprinzip verbunden und lehnten die Demokratie ab. Dies spiegelte sich auch in der damaligen Publizistik wider, die aber dennoch nicht darum herumkam neue Akzente in der Medienarbeit zu setzen. Mit der Wiedereinführung der Pressefreiheit durch die Weimarer Reichsverfassung von 1919 entstanden eine Vielzahl neuer Zeitungen und Zeitschriften unterschiedlichster Gruppierungen, die zugleich ein "Spiegelbild des Pluralismus der Meinungen"[213] darstellten. Der Staat, der zuvor mit einschneidenden Maßnahmen die Presse in seinen Kriegsdienst zu stellen versucht hatte, wurde jetzt in seinem Einfluss zurückgedrängt. Wie Armand Mattelart schreibt, begann "ein außerordentliches Aufblühen der Künste und Literatur, zugleich aber auch neuer Formen der Presse. Es herrschte das goldene Zeitalter des modernen Fotojournalismus, in allen Großstädten erschienen Illustrierte."[214]

Angesichts dieser Entwicklungen sah sich auch die protestantische Pressearbeit vor die Aufgabe gestellt, neue Formen des Wirkens in der Öffentlichkeit zu erschließen. Dieser Herausforderung stellte sich vor allem der "Evangelische Pressverband für Deutschland", der seit 1918 unter neuer Leitung des Theologen August Hermann Hinderer (1877-1945) stand. Hinderer entwickelte ein neues Konzept protestantischer Öffentlichkeitsarbeit, das auf allen Gebieten massenmedialer Kommunikation zur Wirkung kommen sollte. Dazu war es in seinen Augen zunächst nötig, die säkulare Presse nicht länger misstrauend, sondern als gleichberechtigten Kooperationspartner anzusehen. Sein Ziel war die ernsthafte Zusammenarbeit der Kirche und Presse auf allen Gebieten des Pressewesens. Um dieses Ziel zu erreichen, sah er es zunächst einmal als notwendig, die kirchliche Nachrichtengebung zu revidieren und zeitgemäßere Methoden einzuführen. Hinderer übernahm deshalb die "Evangelische Korrespondenz" der Inneren Mission und gestaltete diese zum "Evangelischen Pressedienst" (epd) und einem leistungsstarken Nachrichtendienst um. Zudem gründete er eine überregionale, evangelische Wochenzeitung, die ab 1924 redaktionell von ihm selbst betreut als das "Evangelische Deutschland" erschien. Darüber hinaus wurden unter seiner Herausgeberschaft im selben Jahr der "Bilderbote für das evangelische Haus", sowie die Zeitschrift der "Eckart" publiziert. Der "Bilderbote" - eigentlich nur gedacht als monatliche Beilage zu den Gemeindeblättern - erreichte in kürzester Zeit eine Auflage von 300.000 und bereits nach einem Jahr die Auflage von einer Million Exemplaren.[215] August Hermann Hinderer engagierte sich auf dem

[213] Schwanebeck, *Evangelische Kirche und Massenmedien*, 224.
[214] Mattelart, *Kommunikation ohne Grenzen?*, 62.
[215] Vgl. Höckele, *August Hinderer*, 119f.

Gebiet kirchlicher Publizistik für ökumenische Zusammenarbeit und übernahm 1927 einen Lehrauftrag für "Protestantisches Pressewesen" an der Berliner Theologischen Fakultät. Letztendlich zielten alle massenmedialen Maßnahmen Hinderers, auf die in Punkt 1.8.5.3. nochmals eingegangen wird, auf einen grundlegenden Wandel des Verhältnisses von Kirche und Presse ab.

Bei vielen Protestanten blieben die alten Ressentiments gegenüber den Massenmedien weiterhin bestehen, so dass Hinderers Bemühungen um mehr Offenheit, Intensität und Kooperation auf innerkirchliche Widerstände stieß, die sich nur sehr langsam abbauen ließen. Dazu kam eine Berührungsangst im Umgang mit neuen Massenmedien, wie Film und Hörfunk, die sich in der Gesellschaft zunehmend etablierten. Dennoch wurde zur Zeit der Weimarer Republik, in erster Linie durch die Bemühungen August Hermann Hinderers, der Grundstein gelegt für eine zukünftige Zusammenarbeit des Protestantismus und der Medien, die sich Jahrhunderte lang als Repräsentanten von Religiosität und Säkularität verstanden, weg "von einem antipodischen zu einem kooperativen Verhältnis".[216] Der Protestantismus begann sich von nun an in einer neuen Ausrichtung des Christentums auf die Gesellschaft zu modifizieren.[217]

1.8.5. Die Zeit des Nationalsozialismus

1.8.5.1. Medien im Nationalsozialismus

Die nationalsozialistische Medienarbeit setzte nicht erst ein als Adolf Hitler 1933 die Regierung übernahm, sondern reichte bereits in die Weimarer Zeit zurück. Die NSDAP versuchte schon damals die Medien, das heißt in erster Linie die Presse, gezielt in ihren Dienst zu stellen und sie für politische Propaganda zu nutzen. Seit 1920 wurde der "Völkische Beobachter", der sich im Untertitel als "Kampfblatt der nationalsozialistischen Bewegung Großdeutschlands" bezeichnete, herausgegeben und wuchs langsam zu einem Zentralorgan der Nationalsozialisten heran. Darüber hinaus wurden in den folgenden Jahren weitere Zeitungen gegründet, die dem "Völkischen Beobachter" ähnlich waren und der Verbreitung nationalsozialistischen Gedankenguts dienten. Wie Kurt Koszyk und Karl H. Pruys schreiben, befanden sich 1930 bereits über 44 Tageszeitungen, 22 Wochenzeitungen und 4 Halbwochenzeitungen im in den Händen der

---

[216] Bühler, *Presse und Protestantismus in der Weimarer Republik*, 9.
[217] Vgl. ebd.

NSDAP.[218] Bei Hitlers Ernennung zum Reichskanzler im Januar 1933 verfügte die Partei bereits über 120 Tageszeitungen und Wochenblätter, mit einer Auflage von einer Million Exemplaren.[219]

Schon vor 1933 waren verschiedene Notverordnungen erlassen worden, die Eingriffe in die Presse- und Versammlungsfreiheit vornahmen, doch mit dem Erlass der Verordnung "Zum Schutz von Volk und Staat" am 28.03.1933 wurden alle suspendierbaren Grundrechte, wie die Freiheit der Person, das Recht auf freie Meinungsäußerung, die Presse-, Vereins- und Versammlungsfreiheit, sowie die Unverletzlichkeit des Brief-, Post- und Ferngesprächgeheimnisses außer Kraft gesetzt.[220] Mit der Gründung des Reichsministeriums für Volksaufklärung und Propaganda am 13.03.1933 begann der Reichspropagandaminister Joseph Goebbels (1897-1945), der in der Presse "ein ungeheuer wichtiges und bedeutsames Massenbeeinflussungsinstrument"[221] erkannte, mit der Gleichschaltung der Presse sowie der Unterdrückung jeglicher Pressefreiheit. Sein Ziel war es, wie er es selbst definierte, "dass die Presse so fein organisiert ist, dass sie in der Hand der Regierung sozusagen ein Klavier ist, auf dem die Regierung spielen kann".[222] Man zielte darauf ab, alle gegnerischen politischen und weltanschaulichen Meinungen zu ersticken, um dadurch der eigenen Propaganda eine Alleinstellung zu gewähren und die bestmögliche mediale Wirksamkeit zu erreichen. Mit dem Propagandaministerium gelang es nicht nur in kürzester Zeit, die gesamte Bevölkerung politisch zu beeinflussen, sondern auch das gesamte gesellschaftliche Leben zentral zu steuern und zu kontrollieren.[223] Das Ziel war eine publizistische Machtkonzentration des Staates und eine Monopolisierung und Beherrschung der öffentlichen Kommunikation, was schließlich zum Verfall der deutschen Presse führte.

---

[218] Vgl. Koszyk, *dtv-Wörterbuch zur Publizistik*, 256.
[219] Vgl. ebd.
[220] Vgl. Pürer/ Raabe, *Medien in Deutschland*, 1:68.
[221] Joseph Goebbels, *Das Klavier. Reichsminister Dr. Goebbels über die Aufgaben der Presse in Zeitungs-Verlag vom 18.03.1933. Auszüge*, in: Joseph Wulf, *Presse und Funk im Dritten Reich. Eine Dokumentation*, Gütersloh (Mohn) 1964, 63.
[222] Ebd.
[223] Dem Nationalsozialismus nicht entsprechende oder missliebige Zeitungen und ihre Herausgeber wurden eliminiert; die bürgerliche Presse in großen Auffanggesellschaften zusammengefasst und kontrolliert und Leser wurden durch ein Zwangsabonnement zum Lesen verpflichtet. Durch Gesetze und Verordnungen wurden die Zeitungen entweder der staatlichen Kontrolle unterworfen oder sie wurden vom nationalsozialistischen Franz Eher Verlag aufgekauft.

Neben der Presse griffen die Nationalsozialisten auch den Film auf, in dem sie ein weiteres Massenmedium für die Durchsetzung ihrer Propagandazwecke erkannten. Ähnlich wie bei der Presse, gründeten sie zuerst ihre eigene Filmgesellschaft, die so genannte Reichsfilmkammer, und versuchten durch staatliche "Sanierung" die deutsche Filmwirtschaft für sich und ihre Zwecke zu beanspruchen, indem sie sie schlichtweg zum Reichseigentum erklärten. Presse, Film und auch Hörfunk wurden der Kontrolle des Propagandaministeriums unterstellt. Jeder, der im Bereich des Filmes arbeitete, wurde gezwungen Mitglied der Reichsfilmkammer zu werden. Weigerung oder Ausschluss seitens der Nationalsozialisten bedeutete faktisch Berufsverbot oder sogar Verhaftung. Insgesamt wurden während des Nationalsozialismus 1200 Filme produziert; dazu kamen zusätzlich zahlreiche so genannte "Kulturfilme", sowie Sach- und Dokumentationsfilme.[224] Um die Produktionen in der Bevölkerung zu verbreiten, veranstalteten die NS-Organisationen eintrittsfreie Kinoabende und die Reichsfilmkammer verpflichtete private Kinobetreiber ihre Kinosäle nach Bedarf zur Verfügung zu stellen. Inhalte der Filme waren größtenteils der Verherrlichung des Nationalsozialismus, dem Führer und den Parteiunternehmungen gewidmet.[225]

Mit Beginn des Krieges gingen schließlich auch Themen wie Antisemitismus, Euthanasie und Feindpropaganda in die Filme mit ein. Als Beispiele können hier die Filme "Jud Süß" von Veit Harlan und "Der Ewige Jude" von Fritz Hippler genannt werden, die beide 1940 kurz nacheinander in die deutschen Kinos kamen und den perfiden Höhepunkt nationalsozialistischer antisemitischer Propaganda darstellen.[226] Sie sollten dem deutschen Volk glaubhafte Argumente für die Minderwertigkeit der jüdischen Rasse liefern und sind nur zwei Beispiele der massenmedialen Manipulationsversuche der Bevölkerung durch das nationalsozialistische Regime.

Besonderes Interesse zeigten die Nationalsozialisten an dem Medium des Hörfunks, das sie auf gleiche Weise wie Presse und Film in den Dienst ihrer totalitären Politik stellten. Bereits seit 1932 wurden durch die so genannte "Rundfunkreform" sämtliche Sender systematisch in die Handhabung des Staates überführt. In Deutschland existierte von nun an ein Staatshörfunk, der nach dem Führerprinzip ausgerichtet wurde. Der Hörfunk degenerierte immer mehr zu einem

---

[224] Vgl Bernd Kleinhans, *Propaganda im Film des Dritten Reichs*, Quelle: <http://www.propagandafilme.de/filmpropaganda.html> (19.01.2004).
[225] Vgl. dazu ausführlich ebd.
[226] Zur ausführlichen Darstellung vgl. Stefan Mannes, *Zwei antisemitische Propagandafilme im wissenschaftlichen Vergleich*, Quelle: <http://www.propagandafilme.de> (19.01.2004).

Propagandainstrument der Nationalsozialisten, bis schließlich nur noch ein Einheitsprogramm bestand. Durch den Krieg wurden zahlreiche Hörfunkanstalten zerstört, so dass 1945 lediglich nur noch zwei Sender in Hamburg und Flensburg ausstrahlten.[227]

1.8.5.2. Protestantische Medienarbeit zwischen 1933 und 1945

Von den staatlichen Repressionen gegenüber der Presse blieben auch die konfessionellen Medien nicht verschont. Zunächst setzten sich die Nationalsozialisten das Ziel die Kirchen, denen eine bedeutende Funktion in der Gesellschaft zukam, für ihre politischen Zwecke zu missbrauchen und propagierten zunächst eine engere Verbindung zwischen Staat und Kirche. Damit kam vorerst auch den konfessionellen Presseerzeugnissen eine Sonderbehandlung zu gute. Die kirchliche Entwicklung blieb somit nicht von der nationalsozialistischen Politik unbeeinflusst. Bereits in den Jahren 1932 und 1933 erschienen einige neue Zeitungen, die Mehnert als "kirchenpolitische Kampfblätter"[228] bezeichnet. Eine protestantische Glaubensbewegung, die sich selbst als "Deutsche Christen" (DC) bezeichnete, begann ab 1932 publizistisch aktiv zu werden und versuchte sich im Bereich der protestantischen Kirche zu manifestieren, indem sie sich dem Führerprinzip entsprechend für eine deutsche Reichskirche aussprach. Die Deutschen Christen bekannten sich öffentlich zum Nationalsozialismus, bezeichneten sich selbst als "Evangelische Nationalsozialisten" oder "SA Christi" und bemühten sich darum, auf den kirchenmedialen Weg die Interessen des totalitären Staates durchzusetzen.[229] Somit war die protestantische Medienarbeit während des Nationalsozialismus einerseits damit beschäftigt, die innerkirchlichen Divergenzen zwischen Deutschen Christen und der "Bekennenden Kirche" (BK) zu regulieren, und andererseits darum bemüht, sich Räume im medialen Bereich freizuhalten, die zunehmend von der totalitären Politik des Staates eingenommen wurden. Die Pressearbeit der Deutschen Christen begann 1932 mit der Veröffentlichung der Zeitschrift "Evangelium im Dritten Reich", der weitere Zeitschriften mit propagandistischen Intentionen folgten, wie zum Beispiel "Deutsche Theologie, Monatsschrift für die die Deutsche Evangelische Kirche" oder "Christenkreuz und Hakenkreuz".[230] In all diesen Publikationen unterstützten die

---

[227] Vgl. Peter Dahl, *Radio. Sozialgeschichte des Rundfunks für Sender und Empfänger*, Reinbek bei Hamburg (Rowohlt) 1983, 180.

[228] Mehnert, *Evangelische Presse*, 235.

[229] Vgl. Kurt Koszyk/ Karl H. Pruys, *Handbuch der Massenkommunikation*, München (dtv) 1981, 160.

[230] Vgl. ebd., 293.

Deutschen Christen die politischen Absichten des nationalsozialistischen Regimes. Damit agierte die traditionelle protestantische Presse, die bisher gegenüber politischen Themen eher zurückhaltend argumentiert hatte, erstmals politisch aktiv, wie Gottfried Mehnert schreibt, "ein ihr bisher fremdes Element kirchenpolitischer Propaganda"[231]. Neben der Veröffentlichung eigener Zeitungen waren die Deutschen Christen zudem darum bemüht, die traditionelle Pressearbeit im Sinne des Nationalsozialismus zu reformieren. Ziel war eine eigene Presseorganisation zu schaffen und die protestantische Presse vollständig der nationalsozialistischen Politik zu unterwerfen. Zahlreiche Bemühungen der Deutschen Christen dienten dem Ziel der Kontrolle der bisher freien protestantischen Pressearbeit. Der sich formierende Widerstand der Bekennenden Kirche erschwerte jedoch die Bemühungen um Gleichschaltung. Die Folge war eine weitere Verschärfung der Gesetze, die von der deutsch-christlichen Kirchenleitung erlassen wurden. Zahlreiche Zeitschriften wurden übernommen oder kurzerhand verboten. Es erwies sich jedoch als unmöglich, die gesamte protestantische Presse den Interessen der Deutschen Christen zu unterwerfen.

1.8.5.3. August Hermann Hinderer (1877-1945)

August Hermann Hinderer (1877-1945), der einen Beitrag dazu leistete, dass in den Jahren zwischen 1933 und 1945 nicht die gesamte protestantische Publizistik den nationalsozialistischen Interessen unterworfen wurde, muss an dieser Stelle genauer betrachtet werden. Dies mitunter nicht nur, weil Hinderer seine publizistische Arbeit nach 1933 in allen Medienbereichen fortsetzte und für die Freiheit der protestantischen Presse eintrat, sondern auch, weil er in Bezug auf die Medien neue Maßstäbe setzte und damit für die protestantische Medienarbeit nach 1945 von größter Wichtigkeit war.

August Hinderer widmete sich bereits während seiner theologischen Ausbildung zur Zeit der Weimarer Republik der protestantischen Presse- und Öffentlichkeitsarbeit. 1908 wurde er Schriftleiter des "Evangelischen Gemeindeblattes für Württemberg", gründete dort 1911 den Evangelischen Presseverband für Württemberg und fünf Jahre später den Evangelischen Pressverband für Süddeutschland. 1918 übernahm er in Berlin als Direktor die Leitung des Evangelischen Pressverbandes für Deutschland (EPD), den er zu einem verzweigten Medienkonzern ausbaute. Als Direktor des EPD war Hinderer Herausgeber vieler Publikationen mit zum Teil sehr hoher Auflagen wie zum Beispiel "Das Evangeli-

---

[231] Mehnert, *Die evangelische Presse*, 235.

sche Deutschland" oder "Bilderbote für das evangelische Haus". Im Jahre 1925 wurde er nicht nur Beisitzer der "Film-Oberprüfstelle" und gehörte damit der höchsten Stelle für Filmkontrolle in der Weimarer Republik an, sondern erhielt zudem an der Berliner theologischen Fakultät den Lehrauftrag für protestanti- sche Pressearbeit. Simone Höckele, die sich in ihrer Dissertation mit der Bio- graphie und den Leistungen August Hinderers auseinandersetzt, sieht die Bedeu- tung Hinderers vor allem in seiner Aufgeschlossenheit gegenüber den neuen Medien.[232] Tatsächlich erweiterte August Hinderer an der theologischen Fakultät Berlin den Lehrplan nicht nur um Fächer wie psychologische Grundlagen der Medienwirkung, sondern auch um Medienethik und bezog sich dabei bereits auch auf neue Medien wie Film und Rundfunk.[233] Ihm ist es somit zu verdanken, dass der Lehrplan, der sich bisher lediglich auf Pressearbeit konzentrierte, von nun an auf das ganze Gebiet der Publizistik erstreckte.[234]

Auch als Direktor der EPD setzte Hinderer neue Maßstäbe, indem er die Presse- arbeit entsprechend seiner universitären Tätigkeit zu Öffentlichkeitsarbeit und schließlich zu Kulturpolitik erweiterte. War die konfessionelle Publizistik bisher eher zurückhaltend gegenüber politischen Themen, suchte Hinderer den Kon- takt. Er war der Überzeugung, Einflussnahme sei erst dann möglich, wenn man an der Sache aktiv Anteil nehme und nicht nur aus Distanz kritisiere. Die Presse charakterisierte er als Ausdruck ihrer Zeit und folgerte, dass jede Zeit die Presse habe, die sie verdiene. Wer die Presse ändern wolle, so Hinderer, müsse die Zeit ändern.[235] Deshalb nutzte Hinderer alle neuen Medien, um die Botschaft des E- vangeliums an die Menschen zu bringen. Er ließ so zum Beispiel nicht nur Spielfilme drehen, die christliche Werte auf unterhaltsame Weise vermittelten, sondern führte im Hörfunk christliche Morgenfeiern ein und nutzte selbst Me- dien wie Lichtbild und Schallplatte für seine Zwecke. Darüber hinaus gründete er zahlreiche Arbeitsgemeinschaften und baute den EPD zu einem Netzwerk protestantischer Öffentlichkeitsarbeit aus. Auch politisch bewies er Weitblick, indem er führende Kirchenvertreter bereits 1933 davor warnte, dass der neue Staat keine evangelische Kirche neben sich dulden werde.[236]

---

[232] Vgl. Höckele, *August Hinderer*, 505.
[233] Vgl. Peter Groos, *Zeitungswissenschaft im Interessengeflecht von Politik und Publizistik - die Lehrsituation an der Friedrich-Wilhelms-Universität 1933-1945*, in: Gesine Bey (Hg.), *Berliner Universität und deutsche Literaturgeschichte. Studien im Dreiländereck von Wissen- schaft, Literatur und Publizistik*, Frankfurt a. M. (Lang) 1998, 166ff.
[234] Vgl. Walter Schwarz, *August Hinderer. Leben und Werk*, Stuttgart (Quell) 1951, 120.
[235] Vgl. ebd., 127.
[236] Vgl. Gerhard E. Stoll, *Die evangelische Zeitschriftenpresse im Jahre 1933*, Witten (Lu- ther) 1963, 181.

Die im Zuge des Nationalsozialismus sich etablierende Bewegung der Deutschen Christen beschuldigte ihn der Staatsfeindschaft und versuchten ihm die Leitung der EPD zu entziehen. 1934 wurde Hinderer verhaftet, entkam nur knapp dem Tode - weil er durch Beziehungen wieder freikam - und nahm daraufhin sofort die Arbeit des EPD wieder auf. Trotz zunehmender Einschränkungen seitens des NS-Staates, betreute Hinderer redaktionell die evangelische Wochenzeitung "Das Evangelische Deutschland", die als eine der wenigen konfessionellen Zeitungen noch bis 1945 erschien. Die gescheiterten Versuche der Deutschen Christen die protestantische Presse zu unterwerfen und die zunehmenden Auseinandersetzungen innerhalb des Protestantismus, führten dazu, dass die nationalsozialistische Führung sich immer mehr von den Deutschen Christen distanzierte, da sie zur Durchsetzung ihrer Ziel ihrer nicht mehr bedurfte. Die Deutschen Christen begannen sich allmählich aufzulösen, während der nationalsozialistische Staat nun darum bemüht war, die protestantische Presse völlig zu eliminieren.

Hinderer fügte sich den kirchlichen und staatlichen Pressegesetzen und dadurch gelang es ihm die protestantische Presse am Leben zu erhalten. Deswegen wurde er allerdings nicht nur von den Deutschen Christen, die ihn als Staatsfeind sahen, sondern auch von der Bekennenden Kirche, die ihn als Gegner betrachtete, abgelehnt. Öffentlich ließ August Hinderer weder Sympathie für die Bekennende Kirche - auch wenn er sich mit ihnen verbunden fühlte - geschweige denn für die Deutschen Christen erkennen, sondern versuchte auch kirchenpolitisch einen Kurs der Mitte zu fahren. An dieser Stelle wird deutlich, dass trotz der vielen Leistungen Hinderers, seine Person nicht zu wohlwollend gewertet werden darf, wie dies Simone Höckele in ihrer Dissertation tut. Auch die EPD konnte sich letztlich nicht dem Einfluss des Nationalsozialismus entziehen und propagierte mit christlicher Publizistik nationalsozialistisches Gedankengut. Zu erwähnen sind hier zum Beispiel das "Evangelische Deutschland" von 1933, das zufrieden das NS-Verbot der Zeugen Jehovas kommentierte oder die Sonderausgabe des "Bilderbogen für das evangelische Haus" zum 50. Geburtstag Adolf Hitlers am 20. April 1939, dessen Bild die Titelseite schmückt mit der Unterschrift "Gott segne den Führer". Simone erwähnt diese Ausgaben zwar, geht aber in ihrer Arbeit nicht näher darauf ein.[237] Sicherlich folgten einige Schriftleiter der EPD den Presseanweisungen der Reichspressekammer, weil sie sich dazu gezwungen sahen. Man darf allerdings auch nicht verschleiern, dass einige dies nicht unter Zwang, sondern mit Überzeugung und Hingabe taten.

---

[237] Vgl. Höckele, *August Hinderer*, 374.

Dennoch öffnete August Hinderer neue Wege für die protestantische Medienarbeit, indem er nicht nur organisatorisch und kirchenpolitisch mit großem Engagement wirkte und die protestantische Pressearbeit auch während des Nationalsozialismus sicherte, sondern auch universitär das Blickfeld für neue Bereiche
wie Medienethik und Medienwirkungsforschung öffnete. In diesen Leistungen
wird die Bedeutung seiner Person für das Thema dieser Arbeit ersichtlich. Mitunter deshalb, weil eines seiner stärksten Argumente für eine protestantische
Aufgabe an den Medien die Ethisierung war.[238] Darunter verstand Hinderer, dass
die protestantische Publizistik den Medien hilft, ihre Aufgaben wahrzunehmen.
Es gibt einen Ruf Gottes an die Presse, war seine Überzeugung.[239] Aus diesem
"Ruf Gottes an die Presse" leitete er sein Medienverständnis und die Aufgaben
ab. Die ethische Aufgabe verstand er nicht als Kritik und kirchlicherseits ausge-
übte Zensur von außen, sondern als Mitarbeit und Dienst.[240] Um dies zu ermöglichen, plädierte er für ein genaues Kennen lernen der Arbeitsbedingungen. Er
selbst ging dem beispielhaft voran, indem er intensive Kontakte zu Presse-,
Rundfunk- und Filmleuten pflegte und damit die protestantische Position als Gesprächspartner und nicht als Zensor einzubringen versuchte. Aber auch das Individuum sah er in der Verantwortung der genutzten Medien und rief dazu auf, sie
kritisch zu begeleiten. In seinen Vorlesungen an der Universität behandelte er
immer wieder ethische Fragestellungen.[241] Hinderer erkannte bereits damals,
dass die Kirchen als gesellschaftlich relevante Gruppen Sitz und Stimme in den
Medienräten haben und ihnen deshalb auch die Möglichkeit gegeben ist und sie
diese wahrnehmen müssen, um ethische Anliegen, wie zum Beispiel die Einhaltung der Jugendschutzbestimmungen, einzufordern.

---

[238] Vgl. August Hinderer, "Grundforderungen christlicher Pressearbeit, Vortrag auf dem 2.
Evangelischen Pressetag in Hannover vom 10.-12.9.1920, gehalten am 12.9.1920", Nachschrift in: "Evangelischer Pressedienst", Ausgabe B [nähere Angaben fehlen], EZA Berlin
1/A2/231, zit. nach Höckele, *August Hinderer*, 137.
[239] Vgl. August Hinderer, "Der Ruf Gottes an die Presse", in: "Vom Apostolat der Presse"
1929, 16 [im Original z.T. gesperrt], zit. nach Höckele, *August Hinderer*, 128.
[240] Vgl. Höckele, *August Hinderer*, 131.
[241] Ein großer Teil seiner Vorlesungsmanuskripte liegt dem Evangelischen Pressearchiv der
Ludwig-Maximilian-Universität München vor, die diesem zusammen mit zahlreichen Dokumenten, Fotographien und anderen Schriftstücken von der Enkelin August Hinderers erst vor
wenigen Jahren übergeben wurde. Anzumerken ist jedoch, dass die Vorlesungsmanuskripte
speziell zum Thema Medienethik verloren gegangen sind, auch wenn Hinderer sich in seinen
zahlreichen Aufzeichnungen immer wieder damit beschäftigt. Darüber hinaus ist ein Großteil
seiner Vorlesungsaufzeichnungen handschriftlich in einer eigenen stenographischen Kurz-
form verfasst, so dass eine vollständige Auswertung dieser Dokumente bisher nicht vorgenommen werden konnte. Kopien der wichtigsten Dokumente liegen der Autorin vor.

Für eine Medienethik seitens der Theologie ist August Hinderer auch heute noch von Bedeutung, indem er auf die Wichtigkeit verwies, dass ein kirchlicher Vertreter bereit sein muss, sich auf die Arbeitsweisen und Bedingungen eines Mediums einzulassen. Dies setzt die von ihm geforderte Kenntnis der Medien voraus. So kann man ihm zufolge zum Beispiel "nicht von der Zeitung reden, ohne sich zuvor um eine ernste Anschauung von ihr bemüht zu haben. Und man kann noch weniger Reformvorschläge für die Presse machen, ohne um ihr Gestaltungsgesetz zu wissen. Sonst riskiert man wie überall, dass man von dem, den man zu meistern unternimmt, nicht ernst genommen wird."[242] Aber auch im Bereich der Erwachsenenbildung und im Religionsunterricht muss Medienethik Thema kirchlichen Handelns sein. Die Frage der Medienethik darf nicht allein Aufgabe der christlichen Publizistik bleiben, sondern der Theologie insgesamt und damit auch der wissenschaftlichen. Eine theologisch begründete Medienethik muss nach dem Nächsten fragen, das heißt sowohl nach dem nächsten Medienmacher als auch nach dem nächsten Mediennutzer.

August Hinderer kommt im Verhältnis des Protestantismus und der Medien eine entscheidende und richtungweisende Bedeutung zu, indem er medienethische Überlegungen unternahm, bei denen er stets beide Bereiche im Blick hatte. Seine Aufgeschlossenheit gegenüber den neuen Medien seiner Zeit, wie Film und Rundfunk, verbindet ihn mit Martin Luther, dessen publizistisches Wirken nicht nur innerkirchliche, sondern für die Publizistik und Medienentwicklung insgesamt weit reichende Folgen gehabt hat. Von Hinderer gingen entscheidende Impulse für die Weiterentwicklung des Verhältnisses des Protestantismus zu den Medien aus, indem er verdeutlichte, dass neue Medien nicht nur kritische Aufmerksamkeit, vor allem von höherer kirchlicher Warte aus, verdienen, sondern gestaltende Mitarbeit. Wie Simone Höckele es formuliert, zeigte Hinderer auf, "dass Verkündigung nicht nur dem Wort Gottes verpflichtet ist, sondern auch den Gesetzen ihres Mediums unterliegt."[243]

1.8.5.4. Widerstand durch Neutralität und illegale protestantische Publizistik

Neben der herkömmlichen konfessionellen Medienarbeit, die weitestgehend mit dem totalitären Regime der Nationalsozialisten kooperierte, formierte sich in-

---

[242] August Hermann Hinderer, "Presse und Wahrheit", in: *Der Zeitungsspiegel* (1. Oktober 1929), Abschrift, 4, Dokumente Hinderers archiviert im Evangelischen Pressearchiv der LMU München. Kopie bei der Autorin.
[243] Höckele, *August Hinderer*, 510.

nerhalb der Bekennenden Kirche eine Art "Untergrund-Publizistik", die den Versuch unternahm in Rundbriefen und Flugblättern vor der NS-Ideologie und dem diktatorischen Staat zu warnen. Über Ausmaß und Verbreitung dieser illegalen Pressearbeit ist leider wenig bekannt. Als Beispiel können die "Grünen Blätter" genannt werden, die unter der Bezeichnung "Briefe zur Lage" von Gustav Heinemann, dem späteren Präsidenten der EKD-Synode und ehemaligem deutschen Bundespräsidenten herausgegeben wurden. Darüber hinaus engagierten sich einige Pfarrer und Pastoren in publizistischen Aktivitäten gegen das NS-Regime. Genannt werden kann so zum Beispiel der Pfarrer Hans-Friedrich Lenz, der sich zur protestantischen Widerstandsbewegung bekannte.

Jegliche Versuche einer Untergrundspublizistik unterlagen jedoch der strengen Überwachung der Geheimen Staatspolizei, so dass sich eine Untergrundorganisation nicht wirklich entwickeln konnte. Die publizistischen Aktivitäten der Bekennenden Kirche wurden durch zunehmende Verfolgung führender Mitglieder unterbunden. Martin Niemöller, sowie Dietrich Bonhoeffer wurden in Konzentrationslager verwiesen, zahlreiche Pfarrer wurden verhaftet, Seminare der Bekennenden Kirche geschlossen und damit ihren Bemühungen und Aktivitäten durch die Gestapo der Boden und Einfluss entzogen. Die illegale kirchliche Publizistik blieb somit lediglich bei Versuchen einzelner Persönlichkeiten und wurde, bevor sie sich entfalten konnte, eliminiert.

Die Existenz einer protestantischen Untergrundpublizistik als Organisation, wie bis 2002 in der Literatur angenommen wurde, ist zu bezweifeln. Bis 2002, weil in diesem Jahr Aussagen des EPD-Schriftleiters und Mitarbeiters Hinderers, Foko Lüpsen, der in der Literatur bisher als ein entscheidendes aktives Mitglied der Untergrundpublizistik angeführt wurde, nach intensiven Recherchen des Evangelischen Pressedienstes am 25.06.2002 öffentlich korrigiert werden mussten.[244] Foko Lüpsen, Chefredakteur des Evangelischen Pressedienstes Deutschland (epd), der ältesten deutschen protestantischen Nachrichtenagentur, nach dessen Aussagen der epd 1937 vom NS-Regime verboten und in die Illegalität gedrängt worden sei, wurden als Legende entlarvt, die Lüpsen verwendete, um 1947 die Lizenz der britischen Militärregierung für die Neugründung der Nachrichtenagentur zu erhalten.[245] Wie bewiesen werden konnte, erschien der epd-

---

[244] Vgl. "epd klärt Verbotslegende auf", in: *epd-Sonderheft* 48 (24.06.2002), hrsg. vom Gemeinschaftswerk der Evangelischen Publizistik.
[245] Nach intensiven Recherchen hat der Evangelische Pressedienst die bis dahin verbreitete Darstellung korrigiert, wonach der epd 1937 vom NS-Regime verboten worden sein soll. Dazu erschien das *epd-Sonderheft* 48 am 24. Juni 2002. Im Editorial hält der Chefredakteur Thomas Schiller gleich zu Beginn fest: "Die Behauptung, der epd sei in die Illegalität ge-

Dienst auch nach dem angeblichen Verbotsjahr 1937 ungehindert weiter und wurde erst 1941 eingestellt, allerdings nicht wegen Verbots, sondern aufgrund von Sparmaßnahmen der Kriegswirtschaft, die für den Zeitungsdruck kein Papier mehr bereitstellen wollte. Der epd war weder verboten, noch leistete Lüpsen irgendeine Form von Untergrund-Widerstand. Im Gegenteil: wie die ausführlichen Recherchen des heutigen epd-Medienredakteurs Volker Lilienthals zur eigenen Geschichte ergaben, leistete der epd die Propaganda, die verlangt wurde und unterstützte publizistisch die NS-Ideologie. Lüpsen, der sich nach 1945 selbst zum Widerstandskämpfer stilisierte und sich in dem 38-seitigem Dokument auf Lizenzantrag, den er 1946 bei der britischen Besatzungsmacht einreichte, selbst als Verfolgter des Naziregimes ausgab, verschwieg in diesem Papier nicht nur, dass er von 1940 bis 1945 Kriegsdienst geleistet hatte, sondern auch, dass er höchstwahrscheinlich Mitglied der NSDAP gewesen ist.

Anhand Foko Lüpsen, dessen Verbotslegende in fast allen Arbeiten zur Pressegeschichte Eingang gefunden hat, wird deutlich, wie kritisch die illegale protestantische Publizistik betrachtet werden muss. Insgesamt hat es wohl keine Untergrundorganisation gegeben, sondern lediglich Versuche einzelner Gruppen oder Personen Widerstand zu leisten. Dennoch bleibt Foko Lüpsen von entscheidender Bedeutung für den Wiederaufbau der protestantischen Medienarbeit nach 1945.

1.8.6. Der Neubeginn protestantischer Medienarbeit nach 1945

Mit der Kapitulation Deutschlands am 8. Mai 1945 und dem Ende des Krieges und des nationalsozialistischen Regimes übernahmen die alliierten Besatzungsmächte die jeweiligen Medien und begannen mit ihrem Wiederaufbau. Während zahlreiche gesellschaftliche Institutionen nach dem Ende des totalitären Staates über keine Organisationsstruktur mehr verfügten, hatten die Institutionen beider christlicher Kirchen in ihrer Struktur das Regime überlebt. So kam den Kirchen beim Wiederaufbau eine entscheidende Rolle zu, die weit über ihren kirchlichen Bereich hinausging. Viele Kirchenvertreter übernahmen die Funktion des

---

drängt worden, kann nicht mehr aufrecht erhalten werden" (Editorial, 2). In dem Sonderheft finden sich auch die Ergebnisse des epd-Medienredakteurs Volker Lilienthal (3-24), der ein Jahr lang Recherchen betrieb und alle Behauptungen Lüpsens über ein NS-Verbot des epd eindeutig widerlegen kann. Das Sonderheft enthält neben einer Zusammenfassung der Recherchen Lilienthals u.a. epd-Originaltexte von Foko Lüpsen, die Lizenzurkunde der Britischen Militärregierung von 1947, sowie ein Interview mit dem ehemaligen Ratsvorsitzenden Manfred Kock.

Sprachrohrs der Bevölkerung und andererseits suchten die Alliierten oft den Rat der Kirchen.[246] Innerhalb des Protestantismus übernahm nun die Bekennende Kirche die führende Rolle und begründete auf der Kirchenführerkonferenz von Treysa im August 1945 die Neuordnung der Kirche. Die Konferenz verabschiedete den vorläufigen Entwurf der "Evangelischen Kirche in Deutschland" (EKD) und beschloss in einer Erklärung alle Synthesen zwischen Christentum und Nationalsozialismus zu verwerfen.

Im Juli 1948 präsentierte die EKD auf der gesamtdeutschen Kirchenversammlung in Eisenach ihre Grundordnung und brachte damit den Zusammenschluss des gesamten deutschen Protestantismus zum Abschluss.[247] Bereits im Oktober 1945 erfolgte die Verkündigung des "Stuttgarter Schuldbekenntnisses", in dem sich die Protestanten selbstkritisch ihrer Mitverantwortung an der nationalsozialistischen Gewaltherrschaft bekannten. Dieses Eingeständnis nur Widerstand geleistet zu haben, wenn kircheninterne Belange bedroht schienen, trug wesentlich zur Neuorientierung des Protestantismus in der Nachkriegszeit bei, die sich auch auf das Medienverständnis auswirkte. Die Neuorientierung basierte auf dem neuen Verständnis der Rolle eines "Wächteramtes", das die protestantische Kirche gegenüber Staat und Gesellschaft einnehmen wollte. Dies beinhaltete die Selbstverpflichtung für alle Menschen einzutreten unabhängig von staatlicher Macht. Dieses neue Verständnis basierte auf dem alttestamentlichen Gotteswort an Hesekiel vom Wächteramt des Propheten (Hes 3,16-21; 33, 7-9). Für die protestantische Medienarbeit besaß dieses Verständnis des Wächteramtes ebenfalls richtungsweisende Wirkung. Im Bereich massenmedial vermittelter Kommunikation sollte die protestantische Kirche eine advokatorische Funktion einnehmen, die immer dann protestiert, wenn die Entwicklung der Massenmedien oder die von ihnen verbreiteten Inhalte sich gegen das Wohl der Menschen und der Gesellschaft richten. Damit war ein Grundstein für die Entwicklung protestantischer Medienethik gelegt.

Zunächst war man jedoch bemüht, die eigene publizistische Organisationsstruktur wiederherzustellen, die eigene Medienarbeit zu reaktivieren und schließlich einen neuen Weg für die Selbstdarstellung und Präsenz in den Medien zu finden. Den rechtlichen Rahmen bildeten die Gesetze und Kontrollen der alliierten Be-

---

[246] Vgl. Gebhard Diemer, *Die Schuld und die Kirchen. Versuche einer neuen ethischen Orientierung*, in: *30 Jahre Bundesrepublik Deutschland*, Band I: Auf dem Wege zur Republik 1945-47, hrsg. Jürgen Weber und der Bayrischen Landeszentrale für politische Bildungsarbeit, München 1978, 83.

[247] Vgl. Heussi, *Kompendium der Kirchengeschichte*, 528.

satzungsmächte, unter deren Protektorat sich die Reorganisation der protestantischen Medienarbeit vollzog. Die bisher zentrale Persönlichkeit protestantischer Publizistik August Hinderer starb im Oktober 1945, nachdem er in Stuttgart noch ein provisorisches Pressebüro für den EPD errichtet hatte. Die Nachfolge und Reorganisation übernahm der Theologe Walter Schwarz. Unter seiner Leitung bezog der EPD eine neue Geschäftsstelle in Göttingen. Die Reorganisation der bisher recht umfangreichen Arbeit des EPD gestaltete sich zunächst schwierig, da sich zum einen unter dem Einfluss der Alliierten die Struktur der Massenmedien veränderte und zum anderen die finanziellen Möglichkeiten sehr stark begrenzt waren. Dennoch gelang es Walter Schwarz bis zu seinem Tod im Jahre 1951 die Kooperation mit den evangelischen Landespresseverbänden wiederherzustellen, die Filmarbeit zu reaktivieren und Nachwuchskräfte protestantischer Publizistik zu fördern.

In ähnlicher Weise bemühten sich die Landespresseverbände um die Wiederaufnahme ihrer Arbeit. Durch die unterschiedlichen Besatzungszonen unterlagen sie jedoch verschiedenen organisatorischen Regelungen. Im sowjetischen Beatzungsgebiet konnten die kirchlichen Vereine aus politischen Gründen nicht neu gegründet werden. In den westlichen Besatzungszonen vollzog sich der Wiederaufbau der Evangelischen Presseverbände bis zur Gründung der Bundesrepublik Deutschland, so dass sie ab diesem Zeitpunkt wieder über eine Organisationsstruktur verfügten und damit ihren Öffentlichkeitsauftrag wahrnehmen konnten. Im Anschluss wurde der Versuch unternommen eine kirchliche Nachrichtenagentur wiederaufzubauen, deren Leitung der ehemalige Chefredakteur des Evangelischen Pressedienstes Foko Lüpsen übernahm. Mit der bereits erwähnten "Verbotslegende" gelang es ihm, 1947 die Lizenz zur Wiederzulassung des Evangelischen Pressedienstes (epd) zu erwirken und eine neue Zentralredaktion in Bethel bei Bielefeld zu gründen.

In den Jahren zwischen 1947 und 1949 war die Zentralredaktion darum bemüht, kirchliche Nachrichten, die durch einzelne Landesdienste verbreitet wurden, zu systematisieren und koordinieren. Darüber hinaus widmete man sich dem Bemühen der Modernisierung der Nachrichtenübermittlung nicht nur an die kirchliche und weltliche Presse, sondern auch an den Rundfunk. Die Bestrebungen galten dem Ziel, sich neue Kommunikationsmöglichkeiten durch die veränderte massenmediale Konstellation der Politik der Alliierten zu erschließen, um dadurch an den säkularen Medien zu partizipieren. So versuchte man auch in dem Bereich audiovisueller Kommunikation Fuß zu fassen, nachdem man den Wert filmischer Selbstpräsentation bereits zu Zeiten des Nationalsozialismus und das bisher eigene Defizit publizistischen Handelns in dem Sektor des Films erkannt hatte. Das Interesse galt dabei nicht nur der Frage, wie man das Medium Film zur Verkündigung und Selbstdarstellung nutzen könnte, sondern auch medienethischen Überlegungen, zum Beispiel wie man Rezipienten vor, von kirchlicher Seite als schädlich und unmoralisch empfundenen Filminhalten, bewahren und schützen könnte.

Filmzensur gab es in den ersten Jahren nach Kriegsende in Deutschland nicht, sondern lediglich eine Kontrolle seitens der Alliierten bereits vorhandener Filme nach ihrer politischen Zulässigkeit. Die protestantischen Kirchen dagegen stellten sich die Frage, ob alle produzierten Filme unkontrolliert an die Öffentlichkeit gelangen sollten oder ob es nicht einer Instanz bedurfte, die regulativ vor Aufführung tätig werden sollte. Der medienethischen Frage nach einer Kontrollinstanz für alle zukünftig zur öffentlichen Vorführung gedachten Filme kam höchste Priorität zu, noch bevor sich die protestantische Kirche um den Wiederaufbau der eigenen Filmorganisation bemühte.[248] Erstmalig benannte der neu gewählte Rat der Evangelischen Kirche in Deutschland mit Werner Hess 1949 einen Filmbeauftragten, der als Verbindungsperson zwischen Kirche und Film fungieren und bei der bereits in Planung befindenden Kontrollinstanz für Filmwirtschaft die Interessen der Kirche vertreten sollte. Gemeinsam mit dem Beauftragten der Filmwirtschaft Curt Oertel arbeitete er an der Möglichkeit zur Errichtung einer "Freiwilligen Selbstkontrolle der Filmwirtschaft" (FSK), die anstelle einer bisher staatlichen Filmzensur einer Selbstkontrolle nach dem Beispiel der Vereinigten Staaten von Amerika und England unterworfen sein sollte.

Im April 1949 wurde diese Freiwillige Selbstkontrolle mit Sitz in Wiesbaden errichtet, die in Zusammenarbeit mit Kirchen, Jugendorganisationen und Kultusministerien kooperativ tätig werden sollte. Damit konnten auch kirchliche medienethische Vorstellungen in die Fassung "Allgemeiner Bestimmungen" der FSK-Grundsätze von 1949 gewährt werden. So lautete ein Abschnitt, dass kein Film oder Bildträger "das sittliche und religiöse Empfinden oder die Würde des Menschen verletzen, entsittlichend oder verrohend wirken oder gegen den grundgesetzlich gewährleisteten Schutz von Ehe und Familie verstoßen, im besonderen brutale und sexuelle Vorgänge in übersteigerter, anreißerischer oder aufdringlich selbstzweckhafter Form schildern"[249] darf. Durch die Vertretung

---

[248] Vgl. Schwanebeck, *Evangelische Kirche und Massenmedien*, 419.
[249] Vgl. Grundsätze der freiwilligen Selbstkontrolle der Filmwirtschaft (FSK) vom 13.09.2000, Absatz 1 A §2a. Dazu auch die FSK-Grundsätze vom 01.04.1985, die dokumentieren, dass die Formulierung der Grundsätze von 1949 unverändert beibehalten wurde und

beider christlichen Kirchen im Ausschuss der FSK war die Möglichkeit gegeben die Einhaltung moralischer Wertmaßstäbe bei der Filmprüfung zu beeinflussen und zu kontrollieren. Wie gewichtig die Einflussnahme der christlichen Vertreter war, beweist das Verbot verschiedener Filme, exemplarisch sei hier nur das Importverbot des englischen Films "Black Narcissus" im Jahre 1949 erwähnt, der nach Auffassung der kirchlichen Vertreter die religiösen Gefühle verletzte.[250]

1951 kam es zu gravierenden Auseinandersetzungen, als die Freiwillige Selbstkontrolle den Film "Die Sünderin" in ungeschnittener Fassung zur Aufführung freigab. Die Filmbeauftragten beider Konfessionen erklärten daraufhin ihren Austritt, was entscheidende Wirkungen in der Öffentlichkeit hervorrief. Es kam zu örtlichen Polizeiverboten des Films und zu Prozessen, die gegen die staatliche Vorgehensweise der Filmwirtschaft protestierten. Die Kirchen boykottierten, soweit es ihnen möglich war, die Aufführung des Films und bewirkten eine Revision der FSK-Grundsätze. So traten beide Filmbeauftragte im August 1951 der FSK wieder bei, nachdem sie die Gründung eines Rechtsausschusses als zusätzlicher Instanz bewirkt hatten.

Um die protestantische Position gegenüber dem Medium Film und seinen Inhalten in der Öffentlichkeit stärkeren Nachdruck zu verleihen, versuchte man auch die spezifisch protestantische Filmpublizistik zu intensivieren und gründete zu diesem Zweck 1948 den "Evangelischen-Film-Beobachter" (EFB). Ziel war es, durch kritische Würdigung und Rezension die Urteilsfähigkeit christlicher Rezipienten nach protestantischem Selbstverständnis zu stärken, auf Gefahren hinzuweisen und auf ethisch wertvolle Werke aufmerksam zu machen.[251] Protestantische Kinobesucher sollten von als "schlecht" beurteilten Filmen ferngehalten und zu als "gut" befundenen Filmen animiert werden. Mit diesem Ziel wurde der EFB, wie Axel Schwanebeck schreibt, "in den Folgejahren zu dem wichtigsten filmpädagogischen Periodikum der evangelischen Kirche, in dem alle Berührungsängste und zum Teil heftigen Auseinandersetzungen zwischen Kirche und Film öffentlich zum Ausdruck kamen."[252]

---

somit auch heute noch unter Berücksichtigung kirchlicher Interessen Gültigkeit beansprucht. Die Grundsätze könne im Internet unter: <http://www.fsk.de> abgerufen werden.
[250] Robert Geisendörfer, "Ein Jahr Filmbeobachter", in: *Evangelischer Filmbeobachter* 24 (1949), 107.
[251] Vgl. ebd., 107f.
[252] Schwanebeck, *Evangelische Kirche und Massenmedien*, 423.

Während die katholische Kirche sich bei ihren Filmkriterien an ihrer Morallehre orientierte, blieb es auf protestantischer Seite dem subjektiven Empfinden der jeweiligen Filmkritiker überlassen, ein Werturteil zu fällen. Ein wirklicher Kriterienraster protestantischer Filmbeurteilung wurde nicht erstellt. Man warnte in erster Linie vor sittenverderbenden Einflüssen des Films auf Kinder und Jugendliche. Andere medienpädagogische Fragen, wie z.b. der Einfluss des persönlichen Umfelds oder der Gruppennormen beim Rezipieren von Filmen wurden bis in die 60er Jahre hinein nicht berücksichtigt.

Auch im Bereich der Hörfunkarbeit bemühte sich die protestantische Kirche um eine Wiederherstellung und Partizipation, einerseits um an neuen Sendeanstalten mitzuwirken und sich selbst und ihre christliche Botschaft medial zu vermitteln, andererseits um Hörfunkinhalte zu kontrollieren. In Zusammenarbeit beider Konfessionen entstand zunächst der "Bamberger Sender", eine bikonfessionelle Sendeanstalt, die unabhängig von weltlichem Einfluss ausschließlich in kirchlicher Verantwortung betrieben wurde.

Die Alliierten sahen in beiden Konfessionen nützliche Verbündete zur Schaffung einer geistigen Neuorientierung der deutschen Bevölkerung und so wurden auch die kirchlichen Interessen bei den Erlassen verschiedenster Rundfunkgesetze mitberücksichtigt. Damit war medienpolitisch die Rechtsgrundlage geschaffen, die die Mitarbeit beider Konfessionen am Hörfunk für die Zukunft garantierte. Beide Konfessionen hatten von nun an das Recht auf Sendezeit und darüber hinaus auf Mitwirkung bei der Kontrolle der Rundfunkinhalte. Die Rundfunkgesetze wirkten sich auch positiv auf Sendeanstalten aus, die sich erst nach der Gründung der Bundesrepublik konstituierten. Auch sie berücksichtigten die kirchlichen Interessen in ihren gesetzlichen Grundlagen, so dass auch heute noch alle Sendeanstalten kirchliche Programmbeiträge ausstrahlen. Durch die Unterstützung der alliierten Medienpolitik war es beiden Kirchen möglich, Gottesdienste und Morgenandachten über Rundfunkanstalten übertragen zu können. Darüber hinaus errichteten die Alliierten nach dem Vorbild ihrer eigenen Rundfunkorganisation eine bisher in Deutschland nicht existierende Programmabteilung "Kirchenfunk". Dadurch war eine zusätzliche Möglichkeit des medialen Wirkens und Handelns für beide Kirchen gegeben. Intention war es, die Öffentlichkeit über die Arbeit der Kirchen in Deutschland sowie über theologische Fragen und Sachverhalte zu informieren. Die personelle Besetzung fiel zwar in den Zuständigkeitsbereich der Hörfunkredakteure und nicht der Kirchen, doch wurde diesen ein umfassendes Mitspracherecht bei der Vorbereitung und Durchführung der Sendungen gewährt. Die Redakteure übernahmen zumeist lediglich die medienadäquate Aufarbeitung der Programme. Damit eröffnete sich für beide Kirchen eine neue Dimension über Medien auf zweierlei Weise in der Öffentlichkeit zu wirken: zum einen über die Kirchenfunkabteilung selbst als Objekt der Berichterstattung und zum anderen als selbst gestaltend über die kirchlichen Sender. Damit vervielfältigten sich die protestantischen, aber auch katholischen medialen Wirkungsmöglichkeiten.

Zusammenfassend lässt sich für die protestantische Medienarbeit nach 1945 festhalten, dass es ihr gelang, nicht nur eine Partizipation an den meinungsbildenden, informatorischen und kulturellen Leistungen der Massenmedien zu bewirken, sondern auch eine entscheidende Rolle in der Kontrolle massenmedial verbreiteter Inhalte einzunehmen. Darüber hinaus ermöglichte das eigene Mediensystem in vielerlei Hinsicht reglementierend in die weltliche Medienpolitik einzugreifen.

1.9. Medienethische Entwicklungen bis zu Beginn des 21. Jahrhunderts

Die bisherigen Darstellungen haben deutlich gezeigt, dass der Beginn medienethischer Reflexionen und Diskussionen weit zurückreicht und sich historisch nicht eindeutig fassen lässt. Somit ist die Medienethik-Diskussion die gegenwärtig geführt wird das Ergebnis einer komplexen Vorgeschichte, die sich aus gesellschaftlichen, politischen, technischen als auch religiösen Veränderungsprozessen ergab. Im Zusammenhang mit der Ausbildung der Presse als komplexe Institution und der Herausbildung des Berufbildes des Journalisten konkretisierten sich bereits Ende des 19. Jahrhunderts erstmals medienethische Fragestellungen, die mit dem Ausbau der journalistischen Ausbildung und der Frage nach den zu vermittelnden Inhalten in den 20er Jahren des 20. Jahrhunderts noch einmal zunahmen. Zur engeren Vorgeschichte der Medienethik, wie sie gegenwärtig diskutiert wird, gehört unter anderem die Wiederaufnahme mit konkreten normativen Fragestellungen seitens der Philosophie.

1.9.1. Die Wiederbelebung der normativen Ethik und der eigentliche Beginn der Medienethik-Debatte

Die Auseinandersetzung mit konkreten normativen Fragestellungen war in der Philosophie im 20. Jahrhundert immer mehr in den Hintergrund getreten.[253] Be-

---

[253] Zu einer der großen Denkbewegungen des 20. Jahrhunderts zählt beispielsweise die phänomenologische Philosophie, die in erster Linie mit dem Namen Edmund Husserl (1859-

dingt durch den Erfolg der Naturwissenschaften, vor allem der theoretischen Physik, befand sich die normative Ethik in einer Krise. Die Wissenschaftlichkeit der Naturwissenschaften stand außer Frage und schien das Modell für Wissenschaftlichkeit schlechthin zu liefern. Im Rahmen des logischen Positivismus tendierte man dazu die Wissenschaftstheorie mit der Theorie der Naturwissenschaften gleichzusetzen und diese wiederum mit Erkenntnistheorie zu identifizieren. Entsprechend wurden Wertungen und Sollensforderungen aus dem wissenschaftlichen Bereich überprüfbarer Gesetzmäßigkeiten und Erfassung von Tatsachen ausgegrenzt. Sie galten als nicht überprüfbar und nicht kontrollierbar. Die normative Ethik verlor ihren Boden. Die Folge war eine gesteigerte Auseinandersetzung mit moralischen Begrifflichkeiten und Normen an sich, das heißt mit Metaethik.[254]

Im Rahmen der Religionen fand aber dennoch die moralische Beurteilung konkreter Handlungsbereiche und Handlungsoptionen weiterhin mit wissenschaftlichem Anspruch statt, da sie sich mit der Begründungsproblematik der normativen Ethik nicht konfrontiert sahen.

In den sechziger und siebziger Jahren nahm jedoch die Wahrnehmung konkreter moralischer Problemstellungen zu, so dass auch in der Philosophie das Interesse an konkreten moralisch-normativen Fragestellungen wieder erwachte und die normative Ethik wieder an Boden gewann. Während in den Vereinigten Staaten on Amerika das Interesse eher entfachte, setzte die stärkere Auseinandersetzung mit angewandter Ethik in Deutschland erst Mitte der achtziger Jahre ein. Hinsichtlich einer angewandten Ethik in Bezug auf die Medien musste so zum Beispiel die Autorin Elisabeth Noelle-Neumann in der Einleitung zum Fischer-Lexikon Publizistik 1971 noch resigniert vermerken: "Das derzeit geringe - oder

---

1938) verbunden ist. Er forderte die Philosophen auf, sich der vorschnellen Weltdeutung zu enthalten und sich bei der analytischen Betrachtung der Dinge an das zu halten, was dem Bewusstsein unmittelbar erscheint. Die phänomenologische Maxime lautete "zu den Sachen selbst". In ihrem Namen betont die Phänomenologie die Ausrichtung auf die Phänomene, also auf das, was sich zeigt (gr. phainomenon) und zwar in der Rede (gr. logos). Um den wahren Wesensgehalt eines Gegenstandes zu erkennen, muss nach Husserl die Einstellung zu ihm geändert werden, indem man sich jeden Urteils ihm gegenüber enthält (phänomenologische Reduktion). Mit dieser Neutralität ist es möglich, zum Wesen einer Sache selbst vorzudringen. So sind nur noch Bewusstseinsakte selbst Gegenstand der Betrachtung (eidetische Reduktion). Auf dieser phänomenologischen Methode baut auch Husserls Schüler Martin Heidegger (1889-1976) auf.

[254] Die Metaethik entwickelte sich seit Anfang des 20. Jahrhunderts vor allem im anglo-amerikanischen Sprachraum. Gegenstand der Metaethik ist die philosophische Sprachanalyse ethischer Urteile. Den Anfang machte um die Jahrhundertwende George Edward Moore (1873-1958) mit dem Werk *Principia Ethica* (1903) und seiner Bedeutungsanalyse des Guten.

jedenfalls äußerst partielle - Interesse für ethische Fragen hat in den letzten zwei Jahrzehnten keine neuen Arbeiten zum Thema *Ethik des Journalismus* entstehen lassen. Wir haben darum auf einen Artikel dazu verzichtet."[255]

Der Beginn der eigentlichen Medienethik-Debatte in Deutschland fällt erst in die Zeit der späten siebziger Jahre. Die philosophische Initialzündung hierzu ging von Hans Jonas aus, der 1979 sein Buch *Das Prinzip der Verantwortung* veröffentlichte. Jonas ging darin von der These aus, dass die Verheißungen der modernen Technik in eine Bedrohung umgeschlagen seien und bemühte sich um eine Ethik für die technologische Zivilisation.[256] Dieses Gefühl ergriff auch die öffentliche Debatte in Bezug auf die neuen Informations- und Kommunikationstechnologien. Zunächst konzentrierte sich die Aufmerksamkeit jedoch auf den Journalismus und die Frage: Darf der Journalismus was er kann? Die rapide Entwicklung der neuen Medien öffneten für den Journalisten nicht nur ungeahnte Möglichkeiten, sondern rückten ihn auch in ein neues Bild. Der Journalismus verlor sich immer mehr in der Komplexität der Medienindustrie und erforderte zunehmend seine moralische und ethische Reflexion. Diese Debatte um eine journalistische Ethik hat bis heute angehalten und nimmt innerhalb der Medienethik-Debatte den größten Raum ein.[257] Die Folge war ein verstärktes medienethisches Interesse, dem sich auch einige Wissenschaftler aus unterschiedlichen Gebieten zuwandten. Die Entwicklungen veranlassten aber auch die Kirchen medienethische Erwägungen anzustellen.

1.9.2. Medienethische Erwägungen der Kirchen

Die katholische Kirche erstellte 1966 das Medien-Dokument "Inter mirifica" und 1971 die vom Konzil in Auftrag gegebene Pastoralkonstitution "Communio et Progressio". Der Rat der Evangelischen Kirche in Deutschland (EKD) gab ebenfalls eine Studie in Auftrag, die 1983 unter dem Titel "Die neuen Informations- und Kommunikationstechnologien. Chancen, Gefahren, Aufgaben verantwortlicher Gestaltung" erschien und zu den ausführlichsten Studien zu den Kommunikations- und Informationstechniken aus sozialethischer Perspektive

---

[255] Elisabeth Noelle-Neumann/ Winfried Schulz (Hg.), *Publizistik*, Frankfurt a. M. (Fischer) 1971, 9.

[256] Vgl. Hans Jonas, *Das Prinzip Verantwortung. Versuch einer Ethik für die technologische Zivilisation*, Frankfurt a. M. (Suhrkamp) ³1993, 7.

[257] Vgl. Andreas Greis, *Medienethik*, in: Thomas Laubach (Hg.), *Angewandte Ethik und Religion*, Tübingen/ Basel (A. Francke) 2003, 309-336, hier 315.

zählt.[258] Das Nachfolgedokument dieser Studie ist eine gemeinsame Erklärung beider Kirchen mit dem Titel "Chancen und Risiken der Mediengesellschaft", die 1997 erschien. Auf die konkreten Inhalte dieser kirchlichen Dokumente und ihre medienethischen Positionen wird in Teil II, Kapitel 3.3.4. dieser Arbeit genauer eingegangen.

1.9.3. Die medienethische Diskussion in Deutschland seit Beginn der 80er Jahre

Betrachtet man die gegenwärtige medienethische Diskussion, wie sie in Deutschland seit etwa Anfang der 80er Jahre geführt wird und sich in einem stetigen Zuwachs an medienethischen Publikationen nachweisen lässt, so konzentrierten sich auch hier anfänglich die Überlegungen auf das Berufsbild und die Person des Journalisten. Erst Anfang der 90er Jahre erkannte man, dass eine Fokussierung auf den Nachrichtenbereich der Medien nicht ausreicht und weitete die medienethischen Untersuchungen auch auf den Bereich der Unterhaltungsangebote aus. Die anfängliche Phase medienethischer Diskussionen in Deutschland mit dem Begriff der Journalismusethik zu bezeichnen ist daher aus heutiger Sicht sehr zutreffend.[259] Bald wurde jedoch klar, dass die Wirkursachen der Medien nicht allein auf ihre Macher zurückzuführen sind. So wurde der erste Schritt von einer Journalismusethik hin zu einer umfassenden Medienethik unternommen, indem zunächst die Bedingungen erhoben wurden, denen eine Medienethik gerecht werden muss.[260] Dabei wurde erkannt, dass eine umfassende Medienethik nicht nur die Relevanz der Medien im Alltag der Menschen wahrnehmen muss, sondern auch der Rezipient und dessen Entscheidungs- und Handlungsoptionen in die medienethischen Überlegungen mit einbezogen werden müssen.[261] Damit war die Grundlage gelegt für eine umfassende medienethische Diskussion im Sinne eines Gesamtkonzeptes, das sowohl die Rezipienten als auch das soziale Umfeld mit beachtet. Der Stand der gegenwärtigen Medienethikdebatte wird in Teil II, Kapitel 2.2.3. ausführlich behandelt.

---

[258] Rüdiger Funiok u.a. (Hg.), *Medienethik - die Frage der Verantwortung*, hrsg. von der Bundeszentrale für politische Bildung, Bonn 1999, 321.

[259] Vgl. David Biesinger, *Muss Kinderfernsehen gottlos sein? Bedeutung, Chancen und Grenzen des Kinderfernsehens in Deutschland für die religiöse Sozialisation. Eine religionspädagogische Untersuchung unter Berücksichtigung sozial- und medienwissenschaftlicher Erkenntnisse*, Münster (Lit) 2004, 113.

[260] Vgl. hierzu die Erhebung bei Gerfried W. Hunold, *Ethik der Information. Prolegomena zu einer Kultur medialer Öffentlichkeit*, 48, in: Werner Wolbert (Hg.), *Moral in einer Kultur der Massenmedien*, Freiburg/Schweiz (Universitätsverlag) 1994, 31-49.

[261] Vgl. ebd., 48.

1.9.4. Das Netzwerk Medienethik

Im Februar 1997 gründeten in Anschluss an ein Fachgespräch zum Thema "Medienethik als Wirtschafts- und Unternehmensethik?" in München zwanzig Vertreter aus Kommunikations- und Journalistikwissenschaft, aus Selbstkontrollgremien und Verbänden, sowie Wissenschaftler der philosophischen und theologischen Ethik das "Netzwerk Medienethik". Zum Ziel setzte sich dieses interdisziplinäre Gesprächsforum zu ethischen Fragen im Medienbereich die aktive Mitgestaltung ethischer Orientierungen im Medienbereich.

Wirft man einen Blick auf die Entstehungsgeschichte des Netzwerkes, erscheint interessant, dass eine internationale christliche Organisation nicht unwesentlich an der Entstehung beteiligt war.[262] Ende Oktober 1994 fand in München unter der Überschrift "Grundprinzipien der Kommunikationsethik" eine Veranstaltung statt, zu der zwei Institutionen eingeladen hatten: das Institut für Kommunikationsforschung und Medienarbeit (IKM) der Hochschule für Philosophie München, sowie die World Association for Christian Communication (WACC) in London[263]. Die WACC veranstaltete bereits seit 1991 in verschiedensten Ländern Konferenzen zum Thema Kommunikationsethik, geleitet von der Frage, ob sich universelle ethische Prinzipien angeben lassen, die Grundlagen für die Regelung im Bereich der öffentlichen Kommunikation bilden. Die Konferenzen waren dabei unter anderem unter den Aspekten der Wahrheitspflicht, der Achtung der Menschenwürde und der Solidarität mit den Schwachen und Marginalisierten veranstaltet worden. Die WACC suchte bei diesen Konferenzen die Kooperation mit ortsansässigen Institutionen und so bot sich die Möglichkeit, die speziellen Beiträge deutscher Wissenschaftler zu erfassen. Die schriftlichen Ausarbeitungen dieses Fachgesprächs erschienen 1996 unter dem Titel *Grundfragen der Kommunikationsethik* und wurden von Rüdiger Funiok herausgegeben.[264] Damit war der Grundstein für das Netzwerk Medienethik sowie für weitere Veranstaltungen und Zusammenarbeit gelegt.

---

[262] Vgl. dazu Funiok, *Grundfragen der Kommunikationsethik*, 10f.

[263] Die Gründung der WACC reicht zurück in das Jahr 1950 als christliche Kommunikatoren aus Europa und Nordamerika sich darum bemühten, Richtlinien für zukünftige religiöse mediale Übertragung aufzustellen. Unterschiedliche Organisationen arbeiteten zusammen und gründeten 1968 die WACC, die sich für Menschenrechte, Gerechtigkeit und Frieden einsetzt. Die WACC arbeitet ökumenisch, wird aber finanziell hauptsächlich von protestantischen Kirchen aus Europa und Nordamerika getragen. Zur WACC vgl. ausführlich: <http://www.wacc.co.uk/index.php> (14.03.2003).

[264] Auffällig ist auch hier, dass alle Beiträge - mit Ausnahme eines einzigen - von Autoren stammen, die entweder aus dem theologischen Bereich kommen oder ein theologisches Studi-

Im Jahre 2000 wurde schließlich von der Deutschen Gesellschaft für Publizistik- und Kommunikationswissenschaft (DGPuK) einem Antrag von Bernhard Debatin zugestimmt, eine neue Fachgruppe für Kommunikations- und Medienethik einzurichten, um der Medienethik einen festen institutionellen Ort zu geben. Damit war ein erster Schritt getan zur koordinierten Vernetzung von Praktikern und Theoretikern. Von diesem Zeitpunkt an wurden gemeinsame Tagungen veranstaltet.

Die ethischen Fragestellungen, die innerhalb des Netzwerkes behandelt werden, richten sich dabei sowohl an die senderseitige Bildproduktion, -bearbeitung und -distribution, wie auch an die Rezeption durch das Publikum. Das Netzwerk, das von Rüdiger Funiok und Bernhard Debatin koordiniert wird, veranstaltet einmal im Jahr eine Jahrestagung an der Münchner Hochschule für Philosophie und behandelt aktuelle medienethische Fragen und Probleme, die jährlich in einem Sammelband veröffentlicht werden.[265] Während sich so beispielsweise aus aktuellem Anlass im Jahre 2001 das Jahrestreffen mit dem öffentlichen Diskurs über Realitätsfernsehen und ähnliche Sendeformen beschäftigte, konzentrierte sich die Tagung 2004 auf die Frage "Medien und globale Konflikte. Wie werden globale Konflikte in den Medien behandelt?" und 2005 auf die Frage der bisherigen Umsetzung medienethischer Konzepte in die Praxis. Das Netzwerk, das hauptsächlich über das Internet arbeitet und kommuniziert[266], kann von Jahr zu Jahr nicht nur immer mehr Interessenten und Teilnehmer für die Jahrestreffen gewinnen, sondern erweitert auch ständig ihre Aktivitäten. So wurde beispielsweise im Anschluss an die Tagung 2004 ein "Verein zur Förderung der publizistischen Selbstkontrolle" gegründet.

Das Netzwerk stellt somit derzeit das wichtigste Forum zum Thema Medienethik dar. Innerhalb dieser Arbeit wird deshalb immer wieder darauf zurückzukommen sein. In erster Linie auch deshalb, weil die neuesten Untersuchungen und Reflexionen zum Thema Medienethik vorwiegend von Autoren stammen, die diesem Netzwerk angehören oder sich aktiv daran beteiligen.

---

um absolviert haben. Vgl. dazu Funiok (Hg.), *Grundfragen der Kommunikationsethik*, 133-138.

[265] Vgl. zuletzt den Sammelband *Kommunikations- und Medienethik*, hrsg. von Bernhard Debatin und Rüdiger Funiok, Konstanz (UVK Verlagsgesellschaft) 2003. Informationen zu allen Jahrestagungen von 1997-2005 lassen sich unter der Internetseite <http://www.netzwerk-medienethik.de> abrufen.

[266] Alle Informationen zum Netzwerk Medienethik finden sich im Internet unter: <http://www.netzwerk-medienethik.de>. Hier lassen sich nicht nur Hinweise zu aktuellen Veranstaltungen zum Thema Medienethik in Erfahrung bringen, sondern es besteht auch die Möglichkeit zahlreiche Dokumente herunter zuladen oder Literatur zu bestellen.

1.10. Zusammenfassung

Die Untersuchung der Verhältnisbestimmung von Protestantismus und Medien und einer sich entwickelnden Medienethik aus historischer Perspektive hat gezeigt, dass letztere nicht nur eng mit der Geschichte der Entwicklung der Medien verknüpft ist und sich mit dieser verzahnt, sondern auch mit der Sozialgeschichte wie auch mit politischen, gesellschaftlichen und religiösen Veränderungsprozessen. In diesem vielschichtigen Ineinandergreifen wirkte Medienethik zum größten Teil kritisch reaktiv, das heißt sie reagierte auf gegebene Zustände einzelner Medienentwicklungen hauptsächlich in Form von Kritik. Die Konsequenz, die sich daraus ergibt, ist dass man historisch betrachtet sehr lange Zeit mehr von einer kritischen als einer konkret ethischen Auseinandersetzung mit den Medien sprechen kann und der Anfang einer Medienethik letztendlich schwer festzumachen ist. Dennoch lässt sich ein Entwicklungsprozess aufzeigen. So lassen sich einzelne Ansätze medienkritischer Überlegungen bei Einzelpersonen bereits seit der Erfindung des Buchdruckes im 15. Jahrhundert nachweisen. Fasst man den Medienbegriff weiter und bezieht die Mediengeschichte vor Erfindung und Einsatz technischer Mittel mit ein, wie zum Beispiel den Übergang von der oralen zur Schriftkultur und die damit verbundenen Veränderungen, so lassen sich medienkritische Überlegungen bereits zur Zeit der Antike feststellen: So warnte beispielsweise schon Sokrates, wie anfänglich erwähnt, vor der Informationsspeicherung durch die Schrift anstatt durch das Gedächtnis.

Mit dem Einsatz technischer Mittel zur Informationsverbreitung vor allem in der Reformationszeit wurden sehr bald auch die Probleme erkannt, die das neue Medium des technischen Druckes mit sich brachte. So musste Martin Luther, der das neue Medium gekonnt für seine Zwecke zu nutzen wusste, bald feststellen, dass die Qualität seiner Werke und der Inhalt, den er verbreiten wollte und um den es ihm letztendlich ging, unter der Profitsucht der Drucker zu leiden hatte, die sich aus der Verbreitung seiner Werke größten Gewinn versprachen und mehr an Auflagenhöhe und Quantität als an der inhaltlichen Botschaft interessiert waren. Solche medienkritisch-ethischen Ansätze, die sich in Form von einzelnen kritischen Stimmen hauptsächlich auf Seite religiöser Vertreter formierten, bezeichneten auch die Entwicklung der Geschichte der Medienethik der folgenden Jahrhunderte und setzten sich im 17. und 18. Jahrhundert auch gegenüber dem neuen Medium der Presse fort.

Erst im 19. und 20. Jahrhundert entwickelte sich eine Medienethik im modernen Sinn bezogen auf die Massenmedien und wurden kritische Überlegungen auch explizit mit ethischen Gedanken in Verbindung gebracht. Ausschlaggebend dafür waren die Entwicklungen und Veränderungen im sozialgeschichtlichen, gesellschaftlichen, politischen, aber auch religiösen Leben. Die Aufklärung hatte eine Hinwendung zum Subjekt bewirkt und damit nicht nur Autonomie, sondern auch die Möglichkeit individueller als auch gesellschaftspolitischer Mitgestaltung gebracht. Hinzu kamen die Verbesserung des Lebensstandards, sowie ein höheres Bildungsniveau durch Alphabetisierung und Schulpflicht. Erst dadurch konnte sich eine Öffentlichkeit mit demokratischem Mitspracherecht entwickeln und ein Publikum entstehen, das die Medien in Massen nutzte. Dies wiederum begünstigte die Entfaltung der neuen Medien, die sich den Massen entsprechend dauerhaft etablieren konnten. Diese Entwicklung begann mit der Trivialliteratur zu Beginn des 19. Jahrhunderts und setzte sich über Rundfunk und Fernsehen des 20. Jahrhunderts bis zu den Informationstechnologien ins 21. Jahrhundert fort.

Die relativ späte Auseinandersetzung mit konkret ethischen Fragestellungen in Bezug auf die Medien lässt sich unter anderem auch auf eine Entwicklung innerhalb der Wissenschaften zurückführen: so herrschte lange Zeit die Auffassung, die Wissenschaft habe "werturteilsfrei" zu sein[267] und man folgte deshalb einer strikten Trennung von Wissenschaft und Ethik. Durch die Entwicklung der Atombombe, aber auch angesichts gentechnologischer Forschungen und damit einhergehender Fragen nach der Manipulierbarkeit menschlichen Lebens hat sich diese Auffassung mittlerweile - zumindest bedingt - geändert. Die relativ lange Ausklammerung medienethischer Fragestellungen aus den Wissenschaften mag ihre Ursache aber auch darin finden, dass es in Deutschland lange Zeit keine universitäre Journalistenausbildung gab, während diese beispielsweise in den USA längst an den Universitäten etabliert war und ethische Fragestellungen in den Lehrplan integriert und somit auch Gegenstand wissenschaftlicher Auseinandersetzung wurden.[268]

Hinzu kommen insgesamt die Schwierigkeiten, die sich allein aus der Begrifflichkeit medienethischer Auseinandersetzungen ergeben: nicht nur, dass Medien und Ethik sich wissenschaftlich schwer definieren lassen, sondern auch damit in Verbindung gebrachte Begriffe wie Kommunikation, Verantwortung, Freiheit, Wahrheit oder Objektivität.

---

[267] Vgl. Rüdiger Funiok, *Grundfragen der Kommunikationsethik*, Konstanz (Ölschläger) 1996, 7.
[268] Vgl. Christians, *An Intellectual History of Media Ethics*, in: Pattyn, *Media Ethics*, 15-46.

So hat in Deutschland, obwohl auf protestantischer Seite von August Hermann Hinderer bereits in den zwanziger Jahren erste medienethische Versuche auf wissenschaftlich-universitärer Ebene gemacht wurden, eine strukturierte wissenschaftliche Bearbeitung medienethischer Themen erst in den achtziger Jahren des 20. Jahrhunderts begonnen.

Langfristige gesellschaftliche Entwicklungsprozesse und damit verbundene sozialwissen-schaftliche Überlegungen, wie etwa die höhere Gewaltbereitschaft von Jugendlichen, führten dazu auch die Massenmedien einer genaueren und auch ethischen Betrachtung zu unterziehen. Ein weiterer Anlass war eine Reihe von Ereignissen, die Mitte der achtziger Jahre die Bedeutung der Massenmedien für die Gesellschaft verdeutlichte.[269] Die medienethische Diskussion wurde somit durch das Verhalten der Medienmacher und ihrer Inhalte selbst initiiert. Die ersten medienethischen Diskussionen konzentrierten sich deshalb auch nahezu ausschließlich auf diejenigen, die mediale Produkte herstellten, das heißt auf die Journalisten.[270] Wie David Biesinger schreibt, ist deshalb die Bezeichnung der anfänglichen medienethischen Diskussionsphase als Journalismusethik aus heutiger Sicht durchaus zutreffend.[271] Die medienethische Diskussion war zu dieser Zeit deshalb noch sehr eingeschränkt, da nicht alle am medialen Kommunikationsprozess Beteiligten mitberücksichtigt wurden.

Heute ist längst klar, dass die Gesamtbeschaffenheit der Medien in Produktion, Distribution und Rezeption im medienethischen Diskurs miteinbezogen werden müssen. Diese Erkenntnis machte jedoch auch deutlich, wie schwierig es bis heute ist sich ethisch mit den Medien auseinanderzusetzen, denn ein umfassendes Konzept müsste sowohl die Vielschichtigkeit der einzelnen Medien als auch die Vielschichtigkeit der Personengruppen, die am medialen Kommunikationsprozess beteiligt sind, erfassen.[272] Aufgrund der stetigen dynamischen Entwicklung der Medien stellt dies eine Sisyphosarbeit dar. Die eine Medienethik kann es daher nicht geben. Stattdessen muss eine Medienethik als Gesamtkonzept verstanden werden als eine ethische Grundlegung im Sinne einer Erfassung von Ausgangsbedingungen und allgemeinen Problemstellungen, da

---

[269] Vgl. Stephan Ruß-Mohl/ Berthold Seewald, *Die Diskussion über journalistische Ethik in Deutschland - eine Zwischenbilanz*, 22f., in: Michael Haller (Hg.), *Medien-Ethik. Beschreibungen, Analysen, Konzepte für den deutschsprachigen Journalismus*, Opladen (Westdeutscher Verlag) 1992, 22-36.

[270] Vgl. ebd., 24.

[271] Vgl. Biesinger, *Muss Kinderfernsehen gottlos sein?*, 113.

[272] Vgl. Hunold, *Ethik der Information*, in: Wolbert (Hg.), *Moral in einer Kultur der Massenmedien*, 31.

ihr zu behandelnder Themenbereich ständig expandiert. Dementsprechend stammen die Beiträge und Befunde, die seitdem in den medienethischen Diskurs eingebracht wurden, aus unterschiedlichsten Disziplinen, wie Soziologie, Medienwissenschaft, Philosophie, Politologie und auch der Theologie. Angesichts der Vielfalt medienethischer Fragestellungen und dem Anspruch dieser auch nur annähernd gerecht zu werden, erstaunt es nicht, dass der Diskurs von Anfang an disziplinübergreifend angelegt ist. Dass dabei auch innerwissenschaftliche Grenzen überschritten werden, ist evident. Denn die Medien haben sich heute nicht nur zu einem unverzichtbaren Bestandteil der heutigen Lebenswelt entwickelt, sondern die Etablierung und Durchdringung der Medien der Lebenswelt bewirkt auch eine Veränderung des Alltags, der Freizeit, der Arbeit, der Politik und der zwischenmenschlichen Kommunikation. Der Computer und seine telekommunikative Vernetzung im Internet kulminieren gegenwärtig diesen Veränderungsprozess, der die Gesellschaft als auch die Wissenschaft vor neue Herausforderungen in vielfältiger Weise stellt. Die mediale Vermittlung per Computer verändert nicht nur die klassischen Massenmedien, insofern zum Beispiel die Zeitung nicht mehr nur aus Papier besteht, sondern zugleich auch ein SMS-Dienst oder ein Internetangebot ist, zu dem wiederum Fernsehsendungen gehören, sondern auch die zwischenmenschliche Kommunikation durchläuft einen Wandlungsprozess durch neue Medien wie E-Mail, Chat, Mobile Phone, SMS oder andere Dienste. Eine mediengeschichtliche Untersuchung der Durchdringung der Medien der Lebenswelt und des Alltags, die bisher in der Forschung nicht vorgenommen wurde, stellt eine Aufgabe an die Soziologie und Kommunikationswissenschaft für die Zukunft dar.

Diese Andeutung wie auch die bisherigen Darstellungen haben zu verdeutlichen versucht, dass eine Auseinandersetzung mit Medienethik mehr erfordert, als lediglich eine Beschäftigung mit den Begriffen "Medien" und "Ethik". In der relativ jungen wissenschaftlichen Auseinandersetzung mit medienethischen Thematiken haben sich so bereits unterschiedlichste Richtungen in Bezug auf verschiedenste Ausgangs- und Fragestellungen entwickelt. Rüdiger Funiok hat dafür beispielsweise sechs unterschiedliche Ebenen ausgemacht, die nicht nur von verschiedensten Diskursteilnehmern, sondern auch von verschiedensten Disziplinen repräsentiert werden.[273] Da die vorliegende Arbeit sich der Frage nach dem Verhältnis der Medien und der protestantischen Religion zuwendet, wird auch hier

---

[273] Vgl. Funiok, *Grundfragen der Kommunikationsethik*, 8-10: Zu den Ebenen zählt er 1. die metaethische Ebene der Prinzipien, 2. die gesellschaftspolitische und demokratiegeschichtliche Ebene, 3. die medienpolitische Ebene, 4. die Organisationsebene, 5. die berufsethische Ebene und 6. die persönliche Ebene.

eine spezifische Richtung verfolgt, die sich im folgenden Teil den Herausforderungen widmet, vor die in erster Linie der Protestantismus angesichts der Medienentwicklungen gestellt ist.

Der Protestantismus hat, wie gezeigt wurde, in seiner gesamten Geschichte sowohl nicht nur ein medienkritisches als auch ein medienproduktives Motiv zur Wirkung gebracht - wenn durchaus nicht immer in ausgeglichener Weise und selten unter Beteiligung aller seiner Träger zugleich -, sondern auch wichtige Impulse für medienethische Überlegungen gegeben. Angesichts des besonderen Verhältnisses des Protestantismus und der Medien in der geschichtlichen Entwicklung, kommt der protestantischen Theologie deshalb auch in den gegenwärtigen medienethischen Diskussionen eine besondere Rolle und Aufgabe zu. Da das christliche Menschenbild von Freiheit, Würde und Selbstbestimmung geprägt ist, hat die Theologie auch die Aufgabe die Verantwortung für die Würde und Freiheit des Menschen in der heutigen Mediengesellschaft wahrzunehmen. Die protestantische Theologie muss sich deshalb den Risiken und Herausforderungen, die die modernen Medien mit sich bringen, in verantwortungsvoller Weise stellen als auch das Verhältnis der christlichen Botschaft und der modernen Medien neu überdenken. Vor welche Herausforderungen sich der Protestantismus angesichts der Medien in der Gegenwart gestellt sieht und worin der medienethische Beitrag bestehen kann, soll im Folgenden dargestellt werden.

TEIL II: GEGENWART

2. BEGRIFFLICHE ORIENTIERUNG UND THEORETISCHE POSITIONIERUNG

Wir leben gegenwärtig in einer gesellschaftlichen Situation, in der zunehmend der Ruf nach unterschiedlichsten Ethiken, so auch nach einer Medienethik, laut wird. Solch eine Forderung nach Ethik wird immer dann erhoben, wenn etwas außer Kontrolle zu geraten scheint. Ein von Kritikern beklagtes Moraldefizit der Medien - insbesondere bei Verstößen gegen journalistische Grundregeln oder bei Tabubrüchen durch Medienprodukte - führt immer wieder zu Forderungen nach ethischen Standards. Betrachtet man die Fülle an Publikationen der letzten Jahre zum Themenfeld Medienethik, so kann man geradezu von einem "Boom" medienethischer Fragestellungen sprechen.[274] Diese Diskussionen über die Medien und die Forderungen nach entsprechenden ethischen Konzepten erreichen dabei immer dann ihren Höhepunkt, wenn in spektakulären Einzelfällen Lügen, Fälschungen und Manipulationen in der Medienberichterstattung nachgewiesen werden können oder so genannte "Medienskandale" die Öffentlichkeit bewegen. Genannt seien hier beispielsweise Veröffentlichungen entwürdigenden Materials, wie etwa die Fotos des toten Uwe Barschel im STERN 1987, der 1997 verunglückten Lady Diana Spencer im amerikanischen TV-Sender CBS[275] oder des

---

[274] Vgl. z.B. die Sammelbeiträge von Lutz Erbring u.a. (Hg.), *Medien ohne Moral. Variationen über Journalismus und Ethik*, Berlin (Argon) 1988; Wolfgang Wunden (Hg.), *Medien zwischen Markt und Moral*, (Beiträge zur Medienethik 1), Stuttgart u.a. (Steinkopf) 1989; Werner Wolbert (Hg.), *Moral in einer Kultur der Massenmedien*, (Studien zur theologischen Ethik 61) Freiburg/ Schweiz (Universitätsverlag) 1994; Thomas Vadakkekara, *Medien zwischen Macht und Moral. Kritische Überlegungen zur Wertorientierung des Fernsehens. Eine Studie im Hinblick auf die neueste gesellschaftspolitische Entwicklung im Bereich der Fernsehkommunikation und daraus resultierende Herausforderung für die Kirche*, Alzey (Rheinhessische Drucker-Werkstätte) 1999; Reinhold Jacobi (Hg.), *Medien - Markt - Moral. Vom ganz wirklichen, fiktiven und virtuellen Leben*, Freiburg im Breisgau (Herder) 2001. Einen guten Überblick über Publikationen zum Thema Medienethik bietet die Internetseite des Netzwerks Medienethik <http://www.netzwerk-medienethik.de>.

[275] Sieben Jahre nach dem tödlichen Unfall veröffentlichte der amerikanische TV-Sender CBS am 21. April 2004 in der Dokumentation "48 Hours Investigates" Paparazzi-Fotos der sterbenden Lady Diana Spencer, die nach eigenen Angaben aus geheimen Ermittlungsakten der französischen Polizei stammten. Vgl. Raphael Honigstein, "Zehn Sekunden. Der amerikanische Sender CBS zeigt die tote Lady Diana", in: *Süddeutsche Zeitung* 94 (23.04.2004), 19. Der Deutsche Journalistenverband verurteilte den Tabubruch in einer Pressemitteilung und warnte davor, dem CBS-Beispiel zu folgen: "Die Veröffentlichung ist mit den Grundsätzen

toten ungarischen Nationalfußballspielers Miklos Feher 2004 in der BILD[276]; das direkte Involvierung einzelner JournalistInnen in einen kriminellen Handlungsablauf, wie zum Beispiel 1988 beim Gladbecker Geiseldrama oder der Einsatz der Medien bei Katastrophen und Unglücksfällen, die das Leid der Menschen vor die Kamera bringen, wie zum Beispiel beim Tunnelbrand in Kaprun im Jahr 2000.

Dass die Glaubwürdigkeit der Medienberichterstattung zunehmend in Frage gestellt wird, dazu haben auch nachgewiesene Fälschungen und Manipulationen einzelner spektakulärer Fälle ihren Beitrag geleistet. So etwa die 1993 vom STERN-Reporter Gerd Heidemann für rund 5Mio. DM erworbenen "Hitler-Tagebücher" des Fälschers Konrad Kujau, die von der Illustrierten als authentisches Zeitdokument präsentiert wurden. Auch im Bereich der Bildbearbeitung zeigt sich gelegentlich die moralisch-fragwürdige Vorgehensweise der Medien und ihrer Macher. Zwar hat die Bildmanipulation bereits eine lange Tradition - so haben politische Machthaber totalitärer Systeme bereits seit Beginn des 20. Jahrhunderts politische Gegner auf gemeinsamen Fotos einfach wegretouchieren lassen[277] -, aber im Zeitalter der digitalen Bildbearbeitung wird dies nicht technisch nicht nur immer einfacher, sondern andrerseits auch immer schwieriger für die Rezipienten diese Verfremdungen wahrzunehmen. Spielfilme wie "Forrest Gump" dokumentieren eindrucksvoll, wie historische Sequenzen authentisch in aktuelle Filmaufnahmen eingearbeitet werden können.

Besonders problematisch und umstritten ist die Rolle der Medien in der Kriegsberichterstattung. Auch hier zeigt sich fragwürdiges Verhalten, wenn beispielsweise Journalisten sich in die strategischen Absichten des Militärs einspannen

---

eines fairen und verantwortungsbewussten Journalismus nicht zu vereinbaren. Sie verstößt eindeutig gegen den Pressecodex", so der DJV-Bundesvorsitzende Michael Konken und weiter: "Die Presse hat nicht die Aufgabe, die Sensationsgier einzelner über die ethischen Grundsätze der Gesellschaft zu stellen." Quelle: <http://www.djv.de/aktuelles/presse/archiv/2004/ 22_04_04.shtml> (23.04.2004). Keine deutsche Zeitung druckte die Detailfotos. Spekulationen über das Leben und den Tod von Lady Diana Spencer hatten zuvor die Medien von Zeit zu Zeit die Diskussionen über ihren Tod neu aufleben lassen. So konnte man unter der online Seite der BILD-Zeitung Anfang April 2004 ihren tragischen Tod nochmals in Bildern "revue" passieren lassen mit dem Hinweis "Klicken Sie sich durch den Tod von Lady Di".
[276] Zur unzulässigen Berichterstattung der BILD vgl. z.B. Martina Minzberg, *BILD-Zeitung und Persönlichkeitsschutz. Vor Gericht und Presserat: Eine Bestandsaufnahme mit neuen Fällen aus den 90er Jahren*, Baden-Baden (Nomos) 1999.
[277] Vgl. z.B. Alain Jaubert, *Fotos, die lügen. Politik mit gefälschten Bildern*, Frankfurt a. M. (Athenäum) 1989; oder auch: David King, *Stalins Retuschen: Foto- und Kunstmanipulationen in der Sowjetunion*, Hamburg (Hamburger Edition) 1997.

lassen und eine Vermengung von Regierungs-PR und Nachrichtenmaterial erfolgt.[278] Die Grenzen zwischen Information, Desinformation und Manipulation verschwimmen häufig. Die Gründe dafür sind zahlreich und können an dieser Stelle nicht weiter ausgeführt werden. Feststellen lässt sich jedoch, dass auf der Jagd nach Einschaltquoten und Auflagenhöhen Tabugrenzen aus kommerziellen Gründen verschoben werden, die die Vorgehensweisen der Medienpraxis in die Kritik rücken. Dazu tragen auch immer wieder neue Unterhaltungsformate bei, wie Talk-Shows oder Real-Life-Sendungen, die einen voyeuristischen Einblick in das Leben anderer Menschen versprechen. Aber auch Vorfälle, wie der Amoklauf eines Jugendlichen am Erfurter Gutenberg-Gymnasium 2002, dessen Ursachen mit einem übermäßigen Konsum von Gewaltvideos und Computerspielen des jugendlichen Schützen in Verbindung gebracht werden, führen zu Diskussionen und Forderungen nach einer Regulierung und den verantwortungsbewussten Gebrauch von Medien.

Die Aufzählung an moralisch-fragwürdigen Beispielen aus der Medienpraxis ließe sich beliebig fortsetzen.[279] Dementsprechend vielfältig sind auch die Diskussionen, die über Medieninhalte, Mediennutzung, Mediendarstellung, Medienproduktion bis hin zur Medienwirkung reichen. Diffuse Vorstellungen und Meinungen von Wirkungs- und Einflussmöglichkeiten der Medien, allen voran des Fernsehens, sind weit verbreitet. Dies erscheint angesichts der scheinbar unbegrenzten Möglichkeiten der Medien auch nicht verwunderlich. Gleichzeitig haben diese vielfältigen Möglichkeiten, die uns die Medien bieten, längst aber auch das ungute Gefühl erzeugt, dass uns ihre Entwicklung aus den Händen zu gleiten droht. Die Forderungen nach ethischen Konzepten drückt dies deutlich aus. Dahinter steht nicht mehr nur die Frage, was die Medien uns alles ermögli-

---

[278] Die USA führten nach dem Vietnam-Krieg das so genannte "Pool-System" ein, d.h. ausgewählte Journalisten begleiten im Kriegsfall eine Truppe und werden so an das Geschehen herangeführt. Für die privilegierten Informationen müssen sie jedoch als Gegenleistung eine militärische Zensur hinnehmen. Dieses Verfahren wurde im zweiten Golfkrieg von 1991 intensiv praktiziert. Dadurch gelang es dem Militär den Nachrichtenfluss zu kontrollieren und in ihrem Sinne zu steuern. Erst nach Ende des Krieges ergab eine Nachrichtenanalyse, dass viele als unabhängig deklarierte Informationen faktisch aus dem Militärapparat stammten und Journalisten diese als Eigenleistung weitergegeben hatten. Im dritten Golfkrieg von 2003 wurde das Pool-System zugunsten des so genannten "embedded journalism" aufgegeben, bei dem ausgewählte Journalisten eingebettet in militärische Einheiten mit den Truppen vorrückten. Vgl. dazu Hans J. Kleinsteuber, *Die Weltsicht der US-amerikanischen Mediengesellschaft*, in: Michael Haller (Hg.), *Das freie Wort und seine Feinde. Zur Pressefreiheit in den Zeiten der Globalisierung*, Konstanz (UVK) 2003, 31-45, hier 37f.
[279] Zahlreiche Beispiele mit anschaulichem Bildmaterial finden sich z.B. bei Thomas Mehnert, *Schweinejournalismus? Wenn Medien hetzen, türken und linken*, München (FZ Verlag) 2002.

chen, als vielmehr die Frage, ob wir denn auch überhaupt alles wollen, was uns die Medien ermöglichen.

Auch die christliche Religion sieht sich mit dieser Situation konfrontiert: religiöse Symbole und Themen werden nicht nur in Talk-Shows, Unterhaltungssendungen, Kinofilmen und von der Werbebranche aufgegriffen und nach Belieben verarbeitet, sondern die Medienkultur weist ansatzweise auch religionsproduktive wie auch Funktionen religiöser Strukturen auf.[280] Die Frage und Suche nach Gott in dieser komplexen und bunten Medienwelt stellt auch die christliche Religion vor eine große Herausforderung und die Frage, wie damit umzugehen ist.

Im komplizierten Mediengeflecht ist aber längst nicht mehr klar, wen man eigentlich verantwortlich machen, geschweige denn nach welchen Entscheidungskriterien man sich orientieren soll. Die Schuldigen sind mit "den Medien" zwar meist schnell ausgemacht, geht man der Frage, wer denn nun eigentlich in der Diskussion über die Medien verantwortlich gemacht werden kann, jedoch etwas genauer nach, rücken zuallererst zwar die Journalisten und Medienproduzenten ins Blickfeld, diese wehren sich allerdings meist mit dem Gegenschlag, dass das Publikum es schließlich so wolle - ganz nach dem Motto "gesehen und gelesen hat es ja doch jeder" - , kontern mit dem Argument der Presse- und Meinungsfreiheit oder verweisen auf die komplexen Strukturen von Medienkonzernen, in denen sie selbst als Individuen verschwinden. Solche Diskussionen basieren letztendlich auf einem gegenseitigen Hin- und Herschieben von Schuld und Verantwortung. Sie zeugen aber auch von Orientierungsschwierigkeiten, die angesichts der unübersichtlicher werdenden Welt bei vielen Menschen zuzunehmen scheinen. Je größer und komplexer das Angebot wird, aus dem man eine Auswahl treffen kann, desto schwerer wird auch die Entscheidungsfindung und desto unklarer werden auch die Werte und Kriterien, die unbewusst unsere Entscheidungsprozesse bestimmen. Martens Ekkehard beschreibt die Situation sehr treffend, wenn er festhält: "Wir befinden uns im Dilemma der Moderne oder in einer sich öffnenden Scherenbewegung, dass wir immer mehr moralische Orientierung brauchen, aber gleichzeitig immer weniger Orientierung haben."[281] Gerade das Angebot, vor das uns die Medien heute stellen, verdeutlicht diese These, denn das Angebot ist derart groß, dass man schier den Überblick verliert. So bietet zum Beispiel das Fernsehen eine Selektionsmöglichkeit, die einen geradezu dazu verleitet, sich durch die einzelnen Kanäle zu "zappen". Dies macht

---

[280] Ausführlicher wird darauf in Kapitel 3.5.1. in dieser Arbeit eingegangen, 262ff.
[281] Martens, *Warum die Ethik auf den Hund gekommen ist*, in: Hartmann/ Heydenreich (Hg.), *Ethik und Moral in der Kritik*, 11.

es zwar möglich im Laufe eines Abends mehrere Sendungen gleichzeitig zu sehen, verhindert letztendlich andererseits aber auch Ganzheit. An die Stelle zusammenhängender Informationen tritt ein selbst zusammengestelltes Patchwork gestückelter und unzusammenhängender Informationsfetzen.

Diese Orientierungsschwierigkeiten spiegeln sich aber auch in den Auseinandersetzungen mit ethischen Fragen unterschiedlichster Art wider, so dass man sich in der Gegenwart mit einer Vielzahl von verschiedensten Ansätzen konfrontiert sieht. Das ist auch der Fall bei aktuell auftretenden Problemen, wie zum Beispiel den Herausforderungen, vor die uns die Medien stellen: unterschiedlichste medienethische Ansätze und Lösungsangebote scheinen miteinander zu konkurrieren.[282] Auch hierin spiegelt sich das Dilemma unserer modernen Lebenswelt wider, in der es zunächst scheint, als gäbe es keinen einheitlich verbindlichen Wertekanon mehr, auf den man zur Lösung von Problemen zurückgreifen könnte. Die moralischen Verunsicherungen und ideologischen Auseinandersetzungen in Bezug auf die Medien zeigen, dass unsere moralische Reflexionskompetenz den Entwicklungen kaum gewachsen ist.

Der mediale Entwicklungsprozess ist jedoch nicht mehr aufzuhalten, geschweige denn rückgängig zu machen. Wir leben in einer global vernetzten Medien- und Informationsgesellschaft, in der die Medien zukünftig zweifellos an Einfluss gewinnen werden. Für die konstruktive Gestaltung einer Mediengesellschaft der Zukunft ist es deshalb unabdingbar, dass man sich der Frage nach dem Entwurf einer Medienethik zuwendet und dass dabei alle verantwortbaren Kräfte zusammenarbeiten.

Nach der Darstellung des Verhältnisses von Protestantismus und Medien aus historischer Perspektive wendet sich die Arbeit nun konkret der Medienethik in der Gegenwart zu. In einem ersten Kapitel soll dazu zunächst eine Einbettung in ein theoretisches Umfeld erfolgen. Dabei müssen vorab die Grundlagen der Medienethikdiskussion erläutert und die unterschiedlichen medienethischen Ansätze und Konzepte der gegenwärtigen Diskussion betrachtet werden. Damit verknüpft ist die Frage, wie die Theologie in der Medienethik zu positionieren ist, beziehungsweise weshalb sich die protestantische Theologie überhaupt mit den Medien beschäftigen soll. Dies bedeutet auch, die Beziehungen zu den übrigen Forschungsfeldern der Medienethik kurz zu umreißen. Im Anschluss soll mitunter nicht nur der Frage nachgegangen werden, mit welchen Schwierigkeiten sich

---

[282] Vgl. z.B. Roland Rosenstock, *Medienethische Ansätze. Ein Überblick*, Quelle: <http://www.lrz-muenchen.de/~EvTheol-PT/medienethik.htm> (05.12.2003).

eine Medienethik grundsätzlich konfrontiert sieht und was eine Medienethik in Hinsicht auf die gesellschaftlichen Entwicklungen leisten kann, sondern auch was dies besonders für den Protestantismus bedeutet, beziehungsweise worin sein Beitrag bestehen kann und was eine theologische Medienethik mehr beitragen kann als eine allgemeine Medienethik.

2.1. Begriffsklärung und Grundlagen der Medienethikdiskussion

2.1.1. Die Begriffe "Ethik", "Ethos" und "Moral"

Nachdem im ersten Teil dieser Arbeit bei der historischen Verhältnisbestimmung von protestantischer Religion und Medien bereits der Begriff "Medium" einer genaueren Betrachtung unterzogen wurde, scheint es für eine theoretische Positionierung erforderlich an dieser Stelle auch auf die Begriffe "Ethik", "Ethos" und "Moral" einzugehen, die eng miteinander verbunden sind.

Der heute übliche philosophische Sprachgebrauch unterscheidet zwischen Moral und Ethik. Sprachgeschichtlich geht der Begriff "Ethik" (ήθική) auf die griechischen Etyma εθος *(ethos)* und ηθος *(äthos)* zurück, deren Bedeutung trotz gemeinsamen Wortstammes verschieden ist.[283] Während sich ersterer mit "Gewohnheit", "Wohnung", "Sitte" oder "Brauch" übersetzen lässt, bezeichnet letzterer den Charakter des Menschen. Diese Differenzierung wird erst verständlich, wenn man sich der griechischen Philosophie zuwendet, die den Begriff "Ethik" nicht nur prägte, sondern auch inhaltlich bestimmte.

Als philosophische Disziplin lässt sich die Ethik auf Aristoteles (384-323 v. Chr.) zurückführen, der eine Lehre vom sittlichen Verhalten des Menschen entwarf und sie *äthika theoria* ("ethische Theorie") nannte.[284] Aristoteles unterscheidet dabei zwei Arten von Tugenden, die den Charakter prägen: die Verstandestugenden und die ethischen Tugenden.[285] Er geht dabei vom verfassten Leben der Polis aus: Wer durch Erziehung sein Handeln an dem ausrichtet, was in der Polis Sitte ist, also die allgemein anerkannten Normen befolgt, handelt

---

[283] Vgl. Annemarie Pieper, *Einführung in die Ethik*, Tübingen/ Basel (Francke) ⁴2000, 27.

[284] Zur Herkunft und Bedeutung des Wortes "Ethik" vgl. ausführlicher ebd., 24ff. Oder auch Friedo Ricken, *Allgemeine Ethik. Grundkurs Philosophie 4,* Stuttgart (Kohlhammer) ⁴2003, 20f.

[285] Vgl. dazu ausführlicher Rafael Capurro, *Einführung in die Ethik*, Quelle: <http://www.capurro.de/ethikskript/kap1.htm> (10.05.2004), [o.S.].

ethisch. Während die Verstandestugenden durch Erziehung und Belehrung erworben werden, werden die ethischen Tugenden (vgl. ηθος) durch Übung und Gewohnheit (vgl. εθος) ausgebildet. Damit handelt in einem engeren Sinn derjenige ethisch, der überlieferte Handlungsregeln und Wertmaßstäbe nicht einfach fraglos übernimmt, sondern es sich zur Gewohnheit macht, aus Einsicht und Überlegung das jeweils erforderlich Gute zu tun. Dann wird εθος zu ηθος im Sinne von Charakter und "aus gleichen Einzelhandlungen erwächst schließlich die gefestigte Haltung"[286], das heißt es verfestigt sich zur Grundhaltung der ethischen Tugend. Die ethische Tugend ist folglich, wie Aristoteles in der *Nikomachischen Ethik* erläutert, nicht etwas vermittels Ordnung Vorgegebenes, in das man sich einzufügen hätte, sondern eine eigene Haltung, durch die die Menschen gut werden.[287] Dabei ist nicht eine Wiederholung vorgegebener Lebensmuster beabsichtigt, sondern die Befähigung zu eigenständiger Lebensführung. Ist beiden griechischen Begriffen dementsprechend gemeinsam, dass sie mit den Normen menschlichen Handelns zu tun haben, so unterscheiden sie sich insofern, dass ersterer den gesellschaftlichen, letzterer dagegen den individuellen Aspekt derselben bezeichnet. Ihrer doppelten griechischen Etymologie folgend, definiert "Ethik" zusammengefasst dementsprechend eine Art und Weise, mit anderen und mit sich selbst zu leben. Es geht es um die Übersichtlichkeit des gewohnten Raumes, den das Ethos herstellen soll.

Dieser, wenn auch nur sehr kurz umrissene Blick auf das aristotelische Ethikverständnis, bringt dennoch zwei wichtige Gesichtspunkte zum Ausdruck: Erstens weist der griechische Begriff "ethos" auf den Aspekt der "Beheimatung" hin. Das heißt Ethik zielt nicht auf Regeln, die dem Menschen fremd sind, sondern die eine Entsprechung in ihm finden.[288] Eine wichtige Aufgabe der Ethik ist demzufolge Orientierung zu ermöglichen. Vor diesem Hintergrund wird deutlich, weshalb gegenwärtig die Nachfrage nach Ethik und auch die Forderung nach einer Medienethik im Kontext der medialen Entwicklungen stetig an Zulauf gewinnen: Die Forderungen nach einer Medienethik drücken das Bedürfnis nach Wegweisung und geistigen Navigationshilfen in Bezug auf die Medien aus. Zweitens ist Ethik im aristotelischen Sinn selbst kein Handeln, sondern eine Re-

---

[286] Aristoteles, *Nikomachische Ethik*, übersetzt und kommentiert von Franz Dirlmeier, in: Ernst Grumach (Hg.), *Aristoteles. Werke in deutscher Übersetzung*, Band 6, Darmstadt (Wissenschaftliche Buchgesellschaft) ⁵1969, Buch II/Kap.1/1103b, 29.

[287] Vgl. ebd., Buch II/Kap.1/1103a-1104a, 28f.

[288] Vgl. Thomas Laubach, *Problemsichtung: Information, Orientierung, Beheimatung. Strukturen des Mediums Zeitung in ethischer Perspektive*, in: Andreas Greis u.a. (Hg.), *Medienethik. Ein Arbeitsbuch*, Tübingen/ Basel (A. Francke) 2003, 99-116, hier 114.

flexion, die das Handeln als Gegenstand hat. Sie ist nicht Praxis, sondern reflektiert, was gut, gerecht, angemessen und vorzugswürdig ist und was nicht. In diesem Sinne ist auch Medienethik, wie anfänglich in der Einleitung festgehalten wurde, als wissenschaftliche Reflexion des Handelns, das in den Medien, mit den Medien und durch die Medien selbst stattfindet, zu verstehen.

Der Begriff "Moral" lässt sich ursprünglich auf Ciceros Übersetzung in *De Fato* des aristotelischen *ethos*-Begriffes zurückführen. Cicero übersetzte den griechischen Begriff von Ethik mit *mores,* beziehungsweise mit *de moribus,* führte diesen als philosophischen Terminus ("philosophia moralis") ein und fasste somit beide griechischen *ethos*-Begriffe in einem Wort zusammen.[289] Die heute noch in der Alltagssprache häufige synonyme Verwendung der Begriffe Ethik und Moral lässt sich auf diese Übersetzung zurückführen, denn vom lateinischen *mores* wiederum leitet sich auch das deutsche Wort *Moral* her, das synonym auch für *Sitte* steht. Angesichts dieser Tatsache könnte man die Schlussfolgerung ziehen, dass auch der Begriff "Ethik" synonym für "Moral" steht. In der Wissenschaft wird diese ursprüngliche Synonymie jedoch heute nicht mehr aufrechterhalten. Zu differenzieren gilt zunächst die Bezeichnung "Moral" von "Moralität": während "Moral" das gesellschaftliche Phänomen bezeichnet, bezieht sich "Moralität" auf das individuelle Phänomen. Die deutsche Sprache bietet für diese Unterscheidung die Begriffe "Sitte" für Moral und "Sittlichkeit" für Moralität an. In ihrer Bedeutung stehen demnach Moral und Sitte eher dem ersten griechischen *ethos*-Begriff nahe, während Moralität und Sittlichkeit sich eher an den zweiten griechischen *ethos*-Begriff anlehnen. Die im deutschen Sprachgebrauch davon abgeleiteten Adjektive "moralisch" und "sittlich" sind dagegen doppeldeutig und lassen sich in ihrer Bedeutung auf beide griechischen Begriffe beziehen. Die Wörter "Ethik" und "ethisch" werden in der Umgangssprache, wie bereits erwähnt, häufig synonym mit "moralisch" und "sittlich" gebraucht. Bezieht man die lateinische Übersetzung mit ein, so ist die Verwendung dieses Sprachgebrauchs keineswegs unberechtigt, aber auf die griechische Herkunft der beiden *ethos*-Begriffe zurückverweisend nicht ganz korrekt. Die Sitte bezeichnet die geschichtlich gewachsene Lebensform einer Gemeinschaft und ermöglicht ein verlässliches Zusammenleben innerhalb eines bestimmten kulturellen Rahmens. Dagegen kennzeichnet Moral den Gegenstandsbereich der Ethik. Entsprechend wird Ethik als Reflexion auf die Moral verstanden, wobei unterschiedliche Konzeptionen in ethischen Reflexionen gegeneinander abgewogen und be-

---

[289] Vgl. Marcus Tullius Cicero, *Über das Schicksal. De Fato,* lateinisch-deutsch, hrsg. und übersetzt von Karl Bayer, Düsseldorf/ Zürich (Artemis & Winkler) [4]2000, I/1,8.

gründet werden. Moral, wie auch Moralität bilden somit den Gegenstand der Ethik.[290] Eine für das Verständnis vereinfachende Unterscheidung unternimmt Friedo Ricken, indem er formuliert: "Die gelebte Moral fragt nicht nach ihrer eigenen Richtigkeit; sie reflektiert nicht auf sich selbst; das ist vielmehr Aufgabe der Ethik."[291] Ricken schränkt diese vereinfachende Unterscheidung jedoch in der nachfolgenden Ausführung gleichzeitig selbst wieder ein, indem er einräumt, dass sich diese klare Unterscheidung in der Wirklichkeit nicht vorfindet, da jemand der eine Moral lebt, auch immer schon wenigstens eine verschwommene Vorstellung von deren Begründung hat, vermittelt durch die Gesellschaft in der er lebt.[292]

Die im Zusammenhang mit der Ethik verwendeten Begriffe lassen sich, wie deutlich wurde, nur schwer präzise voneinander trennen. Hinzu kommt, dass die Dimensionen und Bedeutungszusammenhänge, welche unterschiedlichste Disziplinen, allen voran die Philosophie, diesen Begriffen gegeben haben, eine solche Bandbreite erreicht haben, dass eine nach Vollständigkeit strebende Darstellung nicht nur den Rahmen dieser Arbeit bei Weitem sprengen würde, sondern auch insgesamt kaum mehr möglich erscheint.[293] Zusammengefasst lässt sich Ethik jedoch definieren als kritische Diskussion moralischen Verhaltens und Medienethik dementsprechend als wissenschaftliche Reflexion des Handelns, das in den Medien, mit den Medien und durch die Medien selbst stattfindet. Jegliche Ethik dient der Analyse, wie Menschen sich verhalten sollen. Trutz Rendtorff (*1931), der theologische und allgemeine Ethik in Relation zu bringen versucht, definiert Ethik als "Theorie der menschlichen Lebensführung"[294]. Rendtorffs liberaler Ansatz setzt ohne Rekurs auf dogmatische Sätze bei der Lebenswirklichkeit an, das heißt nicht bei der Gotteslehre, sondern bei der theologischen Anthropologie. Darauf wird in Punkt 2.5. noch zurückzukommen zu sein. Für das allgemeine Verständnis von Ethik ist in diesem Zusammenhang festzu-

---

[290] Peter Welsen (Hg.), *Ethik*, Freiburg/ München (Alber) 1999, 11.

[291] Ricken, *Allgemeine Ethik*, 17.

[292] Vgl. ebd.

[293] Verwiesen sei hier beispielsweise auf die philosophische Begriffsprägung von Moralität in der Neuzeit durch Immanuel Kant und die bedeutendste Kritik an diesem Begriff durch G.W.F. Hegel und der damit einhergehenden Ergänzung des Moralitätsbegriffs durch jenen der Sittlichkeit, die einer Wiedereinholung des aristotelischen Begriffs von Sittlichkeit entspricht. Denn während Kant die Begriffe noch weitgehend synonym verwendet, trennt Hegel sie voneinander. Einen Überblick bietet z.B. Wolfgang Erich Müller, *Argumentationsmodelle der Ethik. Positionen philosophischer, katholischer und evangelischer Ethik*, Stuttgart (Kohlhammer) 2003.

[294] Trutz Rendtorff, *Ethik. Grundelemente, Methodologie und Konkretionen einer ethischen Theologie*, Band 1, Stuttgart u.a. (Kohlhammer) ²1990, 9.

halten, dass sie Lebensgewohnheiten ersinnt und veränderbare, flexible "Sitten" hervorbringt. Dies geschieht auf der Grundlage dessen, was für richtig und gut gehalten wird.

Für die theologische Ethik sei hier vorweg angedeutet[295], dass dies auf der Überzeugung beruht, dass das Gute das ist, was dem Willen Gottes entspricht, wobei das Gute nicht als etwas Abstraktes, sondern dem Leben und der Freiheit Dienliches zu verstehen ist. Das Kriterium für das Gute ist nicht vorgegeben, sondern findet sich in der Zuversicht, dass Gott Gefallen an dem Werk findet. Die guten Werke sind nötig, aber nach evangelischem Verständnis nicht zur eigenen Rechtfertigung, sondern zum Dienst am Nächsten. Der Glaube ist kein Ergebnis von guten Taten, sondern das Empfangen der Verheißung Gottes, woraus Taten folgen. Evangelische Ethik ist deshalb reaktive Ethik, reagierend auf das vorgängige gnädige Handeln Gottes. Und alles Handeln geschieht unter der Vorausgesetztheit Gottes, dessen Willen in Christus offenbart ist. Der Wille Gottes dient als Urmaßstab für alles Sein und Werden.[296] Das christliche Menschenbild ist dabei geprägt von Freiheit, Würde und Selbstbestimmung. Christliche Ethik ist demzufolge die Reflexion von dem durch das göttliche Handeln bestimmte menschliche Handeln. Diese theologische Bezogenheit intendiert keine menschliche Autonomie, sondern Freiheit als Bindung an Gott, der allein das Gute bewirkt. Im Glauben empfangen wir die Verheißung Gottes. Daraus folgen Taten, die - nach evangelischem Verständnis - nicht der eigenen Rechtfertigung dienen, sondern dem Dienst am Nächsten. "Denn in Christus Jesus gilt (…) der Glaube, der durch die Liebe tätig ist." (Gal 5,6) Dabei sind wir aufgefordert uns am Vorbild Christi zu orientieren: "Tut nichts aus Eigennutz oder um eitler Ehre willen, sondern in Demut achte einer den anderen höher als sich selbst, und ein jeder sehe nicht auf das Seine, sondern auch auf das, was dem andern dient. Ein jeder sei gesinnt, wie Jesus Christus auch war." (Phil 2,3-5)

Die Ethik geht allgemein von der Voraussetzung aus, dass der Mensch ein freies und verantwortliches Wesen ist. Denn ohne Freiheit könnte der Mensch keine Wahl treffen und ohne Verantwortung hätte er keinen Maßstab für die Entscheidungen. Moral und Ethik können dabei unterschiedliche Formen annehmen. Gerade eine Ethik der Medien oder Medienethik, die im Prinzip analog zum medialen Entwicklungsprozess eine dynamische Diskussion ist, die immer wieder erweitert werden kann und muss, verdeutlicht dies. Eine Ethik der Medien, die ein

---

[295] Vgl. ausführlicher Punkt 2.4. dieser Arbeit, 170ff.
[296] Vgl. Hans Schwarz, *Martin Luther. Einführung in Leben und Werk*, Stuttgart (Quell) 1995, 107.

geschlossenes System darstellt, in dem alle Aspekte ihren logischen Platz haben, kann es daher nicht geben. Dies deutet bereits die Schwierigkeiten an, mit denen sich eine Medienethik grundsätzlich konfrontiert sieht, worauf in Punkt 2.2. noch näher eingegangen werden soll.

Auch das Alte und Neue Testament kennen keine geschlossene Ethik und an sich auch nicht den Begriff "Ethik", wohl aber die ihm zugrunde liegenden Begriffe *ethos* und *äthos* (vgl. z.B. 1. Kor 15,33), wie auch die Aufgabe, über sittliche Lebensführung nachzudenken und jeweils anzugeben, wie ihr entsprechendes Handeln aussehen soll. So hält im Neuen Testament Paulus in seinem Brief an die Thessaloniker die Gemeinde dazu an, sie möge bestrebt sein, in ihrem Leben noch vollkommener zu werden und das Bekenntnis zu Jesus durch glaubwürdiges Verhalten zu bezeugen (vgl. 1. Thess 4). Im Alten Testament findet man das Wort *ethos* meist in Bezug auf die von Mose überlieferten Weisungen des Alten Testaments, das heißt im Zusammenhang mit dem Tora-Verständnis. Die Vorstellungen vom rechten menschlichen Handeln, die sich im Alten Testament finden, sind insgesamt zeitlich, räumlich, kulturell, sozial und auch ihrem Sitz im Leben entsprechend verschiedener Herkunft, so dass eine zusammenhängende Reflexion im abendländischen Sinne fehlt. Das wichtigste Charakteristikum liegt jedoch in der Rückführung aller sittlichen Forderungen auf Jahwe, den Gott Israels, der der Gott der ganzen Welt ist (vgl. Mi 6,8: "Es ist dir gesagt, Mensch, was gut ist und was der HERR von dir fordert, nämlich Gottes Wort halten und Liebe üben und demütig sein vor deinem Gott."). Denn Sünde liegt gerade in der Sicherheit, Gut und Böse definitiv zu kennen und Herr über diese Entscheidung sein zu wollen (vgl. Gen 3,3). Um von der Herrschaft dieses Hochmuts frei zu werden, sollen wir uns einem Herrn unterstellen. Unter ihm zu leben, bedeutet nachzufolgen.

Die Ethik des Neuen Testaments ist für Christen nur in Zusammenhang mit dem Alten Testament zu verstehen, das es ethisch sowohl bestätigt als auch relativiert. Demzufolge zeigt auch neutestamentliche Ethik einen Wandel, der von zwei Schwerpunkten geleitet ist, nämlich der Verheißung der Nähe Gottes und der Liebe.[297] Insgesamt lässt sich festhalten, dass Religion und Ethik hier prinzipiell eine Einheit bilden. Demnach unterscheidet sich das biblische Verständnis grundsätzlich vom griechisch philosophischen Verständnis.[298] Denn während

---

[297] Vgl. Christopher Frey, *Theologische Ethik*, Neukirchen-Vluyn (Neukirchener) 1990, 81.
[298] Vgl. dazu die ausführlichen Artikel über "Ethik" in *TRE* 10, v.a. die Kapitel "Griechisch-römische Antike" von Günther Bien (10:408-423), "Altes Testament" von Rudolf Smend (10:423-435) und "Neues Testament" von Wolfgang Schrade (10:435-462). Des Weiteren

letzteres eher statisch verstanden wird, als gleich bleibende Gewohnheit oder Sitte, die oftmals mit der unveränderlichen Ordnung des Universums oder der Ideen verbunden wird, ist das biblische Verständnis dynamisch, indem es ein geschichtlich-situationsbezogenes Verhalten beschreibt, das den Gehorsam gegenüber der Weisung Gottes fordert.[299] Der christlichen Ethik liegt daher die für den medienethischen Diskurs erforderliche Dynamik als Grundgedanke einer Lebensführung im Sinne der Formulierung von Trutz Rendtorff oder aber auch von Klaus Bockmühl, der von verantwortlicher Lebensführung spricht, generell zugrunde.[300]

2.1.2. Die Mehrdimensionalität ethischer Reflexion

Um der Mehrdimensionalität des Moralischen gerecht zu werden, haben sich unterschiedliche Möglichkeiten herausgebildet, ethische Ansätze zu unterteilen und zu verstehen. Bevor genauer auf die theologische Ethik innerhalb der Ethik einzugehen ist, soll an dieser Stelle deshalb auch ein Blick auf die philosophische Ethik geworfen werden.

Die moderne philosophische Ethik unterscheidet erstens zwei Ebenen ethischer Reflexion[301]:

Die Ethik des "guten Lebens" beziehungsweise "Strebensethik" ist auf das Gelingen des Lebens Einzelner und auf ein gutes Zusammenleben in einer Gesellschaft ausgerichtet. Indem sie unter anderem nach Vorbildern und Modellen menschlicher Erfahrungen fragt, gilt sie als Ethik im weiteren Sinne und hat empfehlenden Charakter. Im Zentrum stehen auf Individuen bezogene Tugenden und Ideale sowie Wertvorstellungen und Ziele gemeinschaftlichen Lebens. Damit ist sie dem Ansatz nach deskriptiv. In Bezug auf die Medien heißt dies, dass

---

z.B. auch W. Gass, *Geschichte der christlichen Ethik*, 1. Band, Berlin (Reimer) 1881, 7-48. Oder: Eduard Lohse, *Theologische Ethik des Neuen Testaments*, Stuttgart u.a. (Kohlhammer) 1988, 13-23.

[299] Vgl. Helmut Burkhardt, *Einführung in die Ethik. Teil I Grund und Norm sittlichen Handelns (Fundamentalethik)*, Giessen (Brunnen) 1996, 17.

[300] Vgl. Klaus Bockmühl, *Christliche Lebensführung. Eine Ethik der Zehn Gebote*, Giessen (Brunnen) 1993.

[301] Vgl. Hans Krämer, *Integrative Ethik*, Frankfurt a. M. (Suhrkamp) 1995, 75-87. Diese Auffassung von Ethik bzw. diese Verhältnisbestimmung der beiden Ebenen ist allerdings nicht durchgängig üblich, aber durchaus häufig. Vgl. so z.B. auch Urs Thurnherr, *Vernetzte Ethik. Zur Moral und Ethik von Lebensformen*, (Alber Reihe Praktische Philosophie 70), Freiburg/München (Karl Alber) 2001, 32-52.

eine deskriptive Form der Ethik das Verhalten des Menschen unter medialen Bedingungen beschreibt. Sie gibt damit weniger Antworten auf die Frage, was man angesichts der neuen und veränderten Bedingungen tun soll, als vielmehr, was man unter medial veränderten Bedingungen berücksichtigen muss.

Die normative Ethik beziehungsweise "Sollensethik" bezieht die Interessen und Rechte anderer Menschen in die Betrachtungen mit ein. Weil sie das Handeln mit Blick auf berechtigte Ansprüche anderer Menschen erörtert, gilt sie als Ethik im engeren Sinn. Die normative Ethik fragt nach der moralischen Richtigkeit individueller Handlungen und nach der Richtigkeit von Institutionen, deren Strukturen und Regeln. Diejenigen Ansprüche - oft als Rechte und Pflichten gefasst -, die sich als begründet ausweisen lassen, gelten für alle Menschen in gleicher Weise und müssen unbedingt befolgt werden. Dieser auf Allgemeingültigkeit gerichtete Verbindlichkeitsanspruch ist also ein kategorischer, das heißt allen anderen Ansprüchen vorgeordneter. Insofern hat die normative Ethik vorschreibenden Charakter und ist vom Ansatz her präskriptiv.

Diese beiden Ebenen der Moralität lassen sich wiederum sowohl aus einer individualethischen als auch einer sozialethischen Perspektive betrachten[302]:

Bei einer individualethischen Perspektive stehen einzelne Menschen mit ihrem Handeln und ihren Lebensplänen im Vordergrund. Die Individualethik klärt über moralisch richtiges Handeln oder über Vorstellungen vom "guten Leben" auf, das heißt zum einen darüber, welche Rechte Einzelnen zukommen und von den anderen zu respektieren sind und zum anderen darüber, was eine gute Lebensführung ausmacht.

Die Sozialethik richtet ihr Interesse auf soziale Strukturen und Regeln, in denen das Handeln und Leben von Individuen stattfindet. Die institutionellen Rahmenbedingungen bestimmen und gestalten dabei das individuelle und gesellschaftliche Leben und Handeln. Diesbezüglich stehen neben Fragen der Gerechtigkeit auch Fragen nach den Bedingungen, die für ein gutes Zusammenleben förderlich sind, im Vordergrund.

Diese Unterscheidung in Individual- und Sozialethik, die sich mittlerweile eingebürgert hat, ist insgesamt nicht unumstritten. Der Vorwurf lautet, dass individuelles Handeln immer schon in einem sozialen Kontext steht und auch die jeweils handelnde Person sozial konstituiert und in ihrer sittlichen Überzeugung

---

[302] Vgl. Krämer, *Integrative Ethik*, 393-401.

sozial geprägt ist. Deshalb sei Ethik immer schon Sozialethik.[303] Tatsächlich lässt sich eine scharfe Unterscheidung in vielen Beiträgen nicht finden, wie zum Beispiel in Martin Honeckers *Grundriss der Sozialethik*, bei dem die Übergänge zur Individualethik teils fließend sind.[304] Der Vorwurf trifft jedoch nicht den zentralen Punkt: die Unterscheidung in Sozial- und Individualethik ist nicht als Einteilung in zwei voneinander getrennte Bereiche zu verstehen, sondern als zwei verschiedene Arten Erwägungen vorzunehmen. So besteht zum Beispiel ein Unterschied darin über die Gestaltung der Rahmenbedingungen der Medien nachzudenken oder aber über die moralischen Normen für das individuelle Handeln einzelner Medienmacher. Dass sozial- und individualethische Erwägungen ineinander greifen ist Fakt, doch es handelt sich dennoch um unterschiedliche Arten von Erwägungen. Diese Unterscheidung legt sich gerade durch die protestantische Tradition der Rechtfertigungslehre und ihre Unterscheidung in die Person des Christen einerseits und den weltlichen Ordnungen mit ihren Ämtern und Aufgaben andererseits nahe. Doch auch die theologische Sozialethik kann ihrer selbst nur gerecht werden, wenn sie die Individualethik mit einschließt. Denn wenn man über die Gestaltung sozialer Strukturen nachdenkt, muss man sich auch der Frage nach den für solche Gestaltung notwendigen vorausgesetzten Individuen fragen.

Bei Paulus in seinem ersten Brief an die Thessaloniker, in der der Apostel die Gemeinde dazu anhält, bestrebt zu sein, in ihrem Leben noch vollkommener zu werden (1. Thess 4,1), den Geboten entsprechend zu wandeln (1. Thess 4,2) und zwar analog dem Vorbild Christi, ist der Inhalt christlicher Ethik kurz zusammengefasst. Und dabei bezieht sich Paulus sowohl auf das Verhalten des Einzelnen (Individualethik) wie auch auf das Zusammenleben in der Gemeinschaft (Sozialethik), ohne das eine von dem anderen zu trennen. Denn diese Aufforderung gilt für alle Bereiche im Leben der Glaubenden. Hierauf bauen theologische Grundbestände, die erst zu einer sachgemäßen Wahrnehmung sittlicher Verantwortung befähigen. Deshalb muss die Frage nach dem Menschen, der Gesellschaft gestaltet und darin sozialethische Verantwortung wahrnehmen soll, aus theologischer Sicht im Vordergrund stehen. Die Perspektive individueller Lebensgestaltung bildet daher den Rahmen für sozialethische Verantwortung, die darin verankert ist. "Sozialethik als Verantwortungsethik"[305] bezeichnet die

---

[303] Vgl. Eilert Herms, *Gesellschaft gestalten. Beiträge zur evangelischen Sozialethik*, Tübingen (Mohr) 1991, xii.
[304] Vgl. Martin Honecker, *Grundriss der Sozialethik*, Berlin (de Gruyter) 1995.
[305] Vgl. Wolfgang Huber, *Sozialethik als Verantwortungsethik*, in: ders., *Konflikt und Konsens. Studien zur Ethik der Verantwortung*, München (Kaiser) 1990, 135-157.

programmatische Ausrichtung. Darauf wird in Punkt 2.4. auch hinsichtlich einer Medienethik in diesem Kapitel noch zurückzukommen zu sein.

Zunächst ist jedoch festzuhalten, dass diese Mehrdimensionalität und Komplexität des Begriffs Ethik für die medienethische Reflexion hilfreich sein kann: so stellen die unterschiedlichen Dimensionen ein Problemerschließungsinstrument dar. Der Bereich der Medien oder aber auch eine konkrete Konfliktsituation unter Berücksichtigung unterschiedlicher Dimensionen systematisch zu erschließen, trägt zur Schärfung der Wahrnehmung beim Erkennen und Analysieren komplexer ethischer Probleme bei. Weiterhin lassen sich bei der ethischen Analyse Engführungen eher vermeiden, indem zum Beispiel bei Konflikten und ihren Ursachen nicht allein auf das Handeln der beteiligten Individuen, sondern ebenso auf strukturelle Faktoren und Zwänge geachtet wird. Zusätzlich können die unterschiedlichen Dimensionen für die weitere Bearbeitung eines Bereiches oder eines ethischen Problemfalls herangezogen werden. Zwar kann letztlich keine Ebene oder Perspektive gänzlich unabhängig von den anderen thematisiert werden, da die skizzierten Dimensionen ethischer Reflexion aufeinander verwiesen sind, doch lassen sich reflektiert durchaus Schwerpunktsetzungen vornehmen und noch offene Fragen kennzeichnen.

Diese Mehrdimensionalität ethischer Reflexion spiegelt sich im gegenwärtigen medienethischen Diskurs wider, in den nicht nur Beiträge aus unterschiedlichsten wissenschaftlichen Disziplinen eingebracht werden, sondern sich auch völlig unterschiedliche Richtungen hinsichtlich ihrer Fragestellungen herausgebildet haben. Dabei muss auch nach der Verortung der theologischen Ethik gefragt werden.

2.1.3. Die theologische Ethik innerhalb der Ethik

Die Verortung der theologischen Ethik innerhalb der Ethik und damit auch der Medienethik wirft häufig Probleme auf. Fasst man den Begriff Ethik sehr weit, das heißt verstanden als die Reflexion sittlicher Orientierung menschlichen Lebens und Handelns, läst sich dies ohne Probleme auf die theologische Ethik beziehen. Sie beschäftigt sich mit der sittlichen Orientierung des Lebens und Handelns einer Gemeinschaft von Menschen, denen der christliche Glaube gemeinsam ist, und darüber hinaus in ihrer öffentlichen Funktion mit allgemeinen moralischen und ethischen Fragen. Fasst man das verständnis jedoch enger, so ergeben sich Probleme. So gibt es die Ansicht, die Aufgabe der Ethik bestehe darin, ethische Normen zu begründen. Analytisch betrachtet gehört zum Begriff der Norm der Anspruch der Allgemeingültigkeit, das heißt, dass eine Norm jedermann rational einsichtig gemacht werden kann. Dabei sieht sich die theologische Ethik mit einem Problem konfrontiert: Zunächst ist die theologische Ethik als Disziplin Teil der Theologie und die theologische Medienethik wiederum Teil der theologischen Ethik. Als Ethik kommt der Theologie die Aufgabe zu, ihre Argumente rational zu begründen. Das Theologische steht dabei nicht für eine exklusive Begründungsweise gegenüber anderen Ethiken. Damit ist die theologische Ethik genauso kommunikations- und diskursfähig wie alle anderen Ethiken. Als Disziplin innerhalb der Theologie ist die theologische Ethik und damit auch die Medienethik allerdings immer auch Glaubenswissenschaft. So kann es, wie es keine christliche Theologie ohne Glauben gibt, auch keine theologische Ethik ohne Glauben geben. Gegenstand und letzter Gewissheitsgrund theologischer und christlicher Erkenntnis ist die im Glauben erfasste Offenbarung. Da theologische Begründungen auf Glaubensvoraussetzungen beruhen, die nicht jedermann einsichtig sind, kann die theologische Ethik zu einer Normethik, die ihre Aufgabe in der rationalen Einlösung von Allgemeingültigkeitsansprüchen sieht, nichts beitragen. Der normative Ansatz theologischer Ethik basiert auf der Frage nach der Gültigkeit theonomer Werte. Daraus folgen nicht nur andere Problembestände, sondern auch ein anderes Verständnis des menschlichen Lebens.

Andererseits ist theologische Ethik jedoch auch nicht nur normativ, da sie dadurch die Verantwortung des Menschen verneinen würde, sondern verfolgt auch einen deskriptiven Ansatz. Sie ist weniger Normen begründend, als vielmehr Verantwortlichkeit sensibilisierend. Sie zielt auf eine umfassende die Lebenswelt und Identität umschließende Perspektive. Insofern dient auch eine Medienethik der Schärfung des Verantwortungspotentials. Um die sittliche Orientierung des christlichen Glaubens explizieren zu können, muss die theologische Ethik zunächst die darin enthaltene Auffassung vom menschlichen Leben und Handeln explizieren. In Blick auf das christliche Ethos ist entscheidend, dass man nicht ausschließlich an Werte und Normen denkt. Es handelt sich vielmehr um eine sittliche Ausrichtung des gesamten menschlichen Lebens und Handelns. Damit ist die theologische Ethik sowohl de- als auch präskriptiv. Die theologische Ethik ist somit durch eine Dialektik von Abgrenzung und Anknüpfung charakterisiert, die die Theologie insgesamt seit ihren Anfängen bezeichnet.[306]

---

[306] Christliche Theologie entwickelte sich als Erläuterung des Wirklichkeitsverständnisses christlichen Glaubens mittels Denkvoraussetzungen und Begriffe der antiken Philosophie.

Die theologische Ethik ist aber auch, indem sie sich als Ethik versteht, in der Pflicht, sich innerhalb der allgemeinen Ethik auszuweisen und verständlich zu machen. Andererseits kann und darf sie sich innerhalb dieses Rahmens nicht einfach fügen, da die sittliche Orientierung des christlichen Glaubens für sie normativ bleibt. Damit ist die theologische Ethik von der allgemeinen und philosophischen Ethik zu unterscheiden. Die Verpflichtung zum christlichen Ethos ist letztendlich das, was die theologische Ethik von der philosophischen und allen anderen Ethiken unterscheidet und dadurch auch eine eigene Konzeption von Ethik zur Konsequenz hat. Dies gilt ebenso für eine theologische Medienethik.

Innerhalb der gegenwärtigen Medienethikdiskussion sind die theologischen E-thiker ebenso wie alle anderen Ethiker gefragt. Häufig jedoch mehr in ihrer Rolle als Ethiker, als in ihrer Rolle als Theologen. Das erzeugt das Gefühl, dass der theologische Ethiker gerade für das Fach, für das er kompetent ist, eigentlich nicht gewünscht wird. Dies hat zur Folge, dass viele protestantische Theologen sich in ihren Beiträgen der allgemeinen Ethik-Debatte angepasst haben in der Sorge, die theologische Ethik könne zu sehr in die Isolation geraten, wenn sie sich zu theologisch gibt, weil sie dann als allgemein nicht kommunikationsfähig betrachtet wird. Der Versuch der theologischen Ethik die Existenzberechtigung abzusprechen, da diese nur für diejenigen interessant sei, die dem christlichen Glauben nahe stehen[307], wurde zum Teil selbst durch das Verhalten vieler Theologen, die sich gegenüber den allgemeinen Ethikdebatten vor allem seitens der Philosophie isolierten, bewirkt, indem sie nach außen den Schein der Gesprächsunfähigkeit erzeugten. Folgt die theologische Ethik dieser Auffassung, muss sie sich zwangsläufig zu einer Bereichsethik mit Sonderstatus entwickeln, die in Hinblick auf die zahlreichen öffentlichen Ethik-Debatten und Ethik-Kommissionen als solche wenig hilfreich sein kann. Gerade die Entwicklung der Medien stellt unsere Gesellschaft aber vor Herausforderungen, die alle gemeinsam zu bewältigen versuchen müssen. Der theologischen Ethik kommt dabei die Aufgabe zu, aktuelle ethische Fragen aus der Perspektive des christlichen Ethos zu reflektieren, nach Möglichkeit einer Entscheidung zuzuführen und dadurch einen Beitrag zur allgemeinen Ethik-Debatte zu leisten.

Exemplarisch sei hier auf die scholastische Erweiterung der aristotelischen Tugendlehre durch Thomas von Aquin verwiesen.

[307] Vgl. z.B. Cees J. Hamelink, *Can Human Rights be a foundation for media ethics?*, in: Bart (Hg.), *Media Ethics*, 115-123, hier 116. Oder auch: Matthias Karmasin, *Das Oligopol der Wahrheit. Medienunternehmen zwischen Ökonomie und Ethik*, Weimar (Böhlau) 1993, 46.

Von einigen theologischen Ethikern wird dabei die Auffassung vertreten, die theologische Ethik dürfe sich in ihrer Begrifflichkeit nicht grundsätzlich von anderen Ethiken unterscheiden.[308] Diese Abschwächung des Theologischen wirft jedoch die kritische Frage auf, ob denn der theologischen Ethik innerhalb der allgemeinen Ethikdebatten überhaupt irgendeine Relevanz zukommt. Die theologische Ethik erweist sich nach Ansicht der Autorin für andere Diskurspartner gerade erst deshalb als interessant, da sie einen anderen Weg einschlägt. Sie eröffnet nicht nur einen anderen Blick auf das menschliche Leben und Handeln, sondern fordert auch eine andere Weise des Nachdenkens, wodurch sich neue Zugangs- und Handlungsmöglichkeiten erschließen lassen. Zudem besteht das grundlegende Moment theologisch-ethischer Reflexion nicht darin, ein Exklusivrecht zu beanspruchen, sondern das christliche Ethos für jeden als kommunikationsfähig zu erweisen. Denn wie Gregor M. Jansen schreibt, widerspräche es "dem christlichen Menschenbild, eine reine Binnenmoral oder Minderheitenethik für 'Insider' aufzustellen, die mit der Realität 'außerhalb' nichts oder nur wenig zu tun hätte"[309]. Damit kommt der theologischen Ethik eine wichtige Relevanz auch im medienethischen Diskurs zu, da ein ethischer Dialog erst durch unterschiedlichste Reflexions- und Handlungskonzepte fruchtbar wird. Wie Rüdiger Funiok und Udo F. Schmälzle feststellen, "versteht sich Ethik als Reflexionstheorie zur Entscheidung zwischen Handlungsalternativen"[310]. Ethik und damit auch Medienethik können nur als multiperspektivischer und interdisziplinärer Diskurs vollzogen werden und dazu gehört auch die christliche Sichtweise. Eine theologische Ethik muss sich deshalb keineswegs darum bemühen, die fundamentalen Differenzen zu anderen Ethiken abzuschwächen, um in der allgemeinen Ethik-Debatte Akzeptanz zu finden, sondern sie kann und muss ihre Sache orientiert am christlichen Ethos vertreten: "Denn Moral ist nicht ohne Ambivalenz zu haben, Ethik nicht ohne Widerspruch."[311]

---

[308] Vgl. z.B. Honecker, *Einführung in die Theologische Ethik*, 20.

[309] Gregor M. Jansen, *Mensch und Medien. Entwurf einer Ethik der Medienrezeption*, in: Gerfried W. Hunold, (Hg.), *Forum Interdisziplinäre Ethik. Band 30*, Frankfurt a. M. u.a. (Peter Lang) 2003, 24f.

[310] Rüdiger Funiok/ Udo F. Schmälzle, *Medienethik vor neuen Herausforderungen*, in: Funiok u.a. (Hg.), *Medienethik - Die Frage der Verantwortung*, 15-31, hier 17.

2.1.4. Der Ethikbedarf der Medien

Dass die Medien einen Ethikbedarf haben, kann auf unterschiedliche Weise begründet werden und soll an dieser Stelle in Anlehnung an Andreas Greis zusammengefasst aufgezeigt werden[312]:

- Das Grundgesetz der Bundesrepublik Deutschland legt mit dem Artikel 5 die Meinungs- und Pressefreiheit fest und eröffnet dadurch zugleich einen Gestaltungsfreiraum, der, hinsichtlich der Inhalte (abgesehen von Straftatbeständen, wie beispielsweise Verherrlichung des Nationalsozialismus), frei von rechtlicher Regelung ist. Dieser Gestaltungsfreiraum impliziert auch die Freiheit missbrauchender Handlungsweisen und bedarf deshalb ethischer Reflexion.

- So unterschiedlich die Hypothesen über Medienwirkungen auch sein mögen, es gilt als unumstritten, dass Medien etwas bewirken. Sie beeinflussen unser Handeln und Leben. Die Unsicherheit über die möglichen Wirkungen von Medien bietet Anlass für eine Risikoabschätzung unter dem Kriterium der Verantwortlichkeit für Handlungen. Eine solche Abschätzung erfordert ethische Reflexion.

- Medienskandale und fragwürdige Berichterstattung bieten Anstoß für eine breite Diskussion über das, was Medien sollten und dürfen. Journalistische Vorgehensweisen, die Glaubwürdigkeit der Berichterstattung, die Kommerzialisierung der Medien, Aktualitätszwang, Korrumpierbarkeit und Manipulation drängen Fragen nach der Qualität des Medienprodukts auf, die zum ethischen Kriterium wird.

- Medien erfüllen aus anthropologischer Sicht eine Reihe von Funktionen, wie Unterhaltung, Information, Verständigung etc. Werden Menschen allerdings beispielsweise ausgenutzt oder von anderen verzweckt, gilt es auch diese Funktionen medienethisch zu reflektieren und nach ihren Grenzen zu fragen.

---

[311] Hans A. Hartmann/ Konrad Heydenreich (Hg.), *Ethik und Moral in der Kritik. Eine Zwischenbilanz*, Edition Ethik Kontrovers 4, eine Publikation der Zeitschrift "Ethik & Unterricht", Frankfurt a. M. (Diesterweg) 1996, 2.

[312] Vgl. Andreas Greis, *Die immanenten Strukturen medialer Kommunikation als Fokus medienethischer Anstrengung. Eine Methodologie*, in: ders. u.a. (Hg.), *Medienethik*, 4ff.

- Der Ethikbedarf der Medien resultiert weiterhin aus der öffentlichen Aufgabe der Medien, in einer Demokratie Meinungsvielfalt und politischen Diskurs zu ermöglichen. Auch diese Aufgabe muss ethisch reflektiert werden.

- Weiterhin beschreibt Ulrich Saxer den Ethikbedarf der Medien als Folge gesellschaftlicher Ausdifferenzierungsprozesse in Subsysteme.[313] Die Gesellschaft entwickelt sich zu einer Mediengesellschaft, die einen Steuerungsbedarf hat und ethische Reflexion erfordert.

Der Ethikbedarf der Medien lässt sich somit auf vielfältige Weise begründen. Zudem werden durch fortwährende technologische Innovationen und sich verändernde wirtschaftliche und politische Rahmenbedingungen des Mediensystems ständig neue ethisch relevante Fragen aufgeworfen. Dies macht die Notwendigkeit einer Medienethik deutlich. Zugleich wird aber auch erkennbar, dass eine Medienethik eine Vielzahl von unterschiedlichen Gesichtspunkten zu berücksichtigen hat. Durch Internet und Digitalisierung müssen in der Medienethik nicht mehr nur mediale Kommunikation, sondern auch interpersonale Kommunikation via Medien berücksichtigt werden. Von daher scheint es immer wieder notwendig Einschränkungen vorzunehmen, um den zu bearbeitenden Stoff überschaubar zu machen. Manche Aspekte können deshalb auch in der vorliegenden Arbeit nur angedeutet werden.

2.1.5. Aufgaben und Wirksamkeit einer Medienethik

Diskussionen über Medienethik beginnen häufig mit trivialen Missverständnissen, wie beispielsweise der Auffassung, die Medien seien doch nur Mittel und folglich an sich überhaupt nicht ethisch, also kann es gar keine Medienethik geben oder sie ist zumindest sinnlos.[314] Aus der Tatsache, dass Medienethik nicht immer oder nicht unmittelbar Wirksamkeit zeigt, werden sofort ihre Existenzberechtigung wie auch ihre Wirksamkeit in Frage gestellt. Medienethik versucht

---

[313] Vgl. Ulrich Saxer, *Strukturelle Möglichkeiten und Grenzen von Medien- und Journalismusethik*, in: Haller/Holzhey (Hg.), *Medien-Ethik*, 104-128, hier 105.

[314] Dem könnte man zunächst entgegenhalten, dass selbst eine Atombombe oder eine Pumpgun an sich unethisch sind. Bernhard Debatin hat in einem Artikel insgesamt zehn populäre Missverständnisse über Medienethik aufgelistet und versucht darauf Antworten zu geben. Vgl. dazu Bernhard Debatin, *Ethik und Medien. Antworten auf zehn populäre Missverständnisse über Medienethik*, Internetquelle: <http://www.gep.de/medienethik/netzet23.htm> (13.04.2002), [o.S.].

jedoch durch Reflexion zu einem besseren sittlich-moralischen Handeln in, mit und durch die Medien beizutragen. Medienethik sollte dabei nicht nur etwas sagen, das heißt analysieren oder feststellen, oder etwas tun, das heißt auffordern oder warnen, sondern auch etwas bewirken. Ethik und damit auch Medienethik ist im aristotelischen Sinn zwar nicht Praxis, aber praktische Wissenschaft. Sie kann zwar nie in einem direkten Sinne Handlungsanleitungen geben und Menschen bessern - Ethik erzeugt nicht Moral -, sie kann aber moralisch sensibilisieren, unterscheidungs- und urteilsfähiger machen und somit zumindest Menschen indirekt bessern. Ethik kann nicht Moral, aber moralische Kompetenz und somit auch moralische Praxis verbessern. Sie kann zwar, wie Klaus Wiegerling schreibt, "keineswegs Missstände und Fehlentwicklungen verhindern, aber ihr Zustandekommen erschweren"[315].

Wie aber kann Ethik und speziell eine Ethik, die sich mit den Medien beschäftigt, zumindest indirekt moralische Praxis verbessern? Als wissenschaftliche Disziplin, die gelebte Moral reflektiert, kann sie die Menschen zum Handeln anleiten, indem sie zum einen deutlich macht, was tatsächlich in ihrer Macht liegt und zum anderen darüber aufklärt, welche Folgen Handlungen haben können wie auch welche Annahmen Handlungen vorausliegen. Medienethik weist somit auf anthropologische Fragestellungen hin, insofern das Selbstverständnis des Menschen und damit auch die Grundlagen seines Handelns über die Medien bestimmt werden. Ein deutliches Verständnis von Medienethik lässt sich an sich nicht aus dem Wort selbst gewinnen. Vielmehr muss man sich dafür auf die Frage nach Ursachen und Motiven einlassen, die für das Entstehen von Medienethik ausschlaggebend sind. Dazu gilt es zunächst einmal die Ausgangsbedingungen, mit denen sich eine Medienethik in unserer heutigen Gesellschaft konfrontiert sieht, zu betrachten und zu bestimmen.

2.2. Bestandsaufnahme der Mediengesellschaft als Ausgangsbedingung einer Medienethik

2.2.1. Die Mediatisierung der Lebenswelt

Mit den meisten Menschen, mit denen wir kommunizieren, kommunizieren wir auch über Medien, über Medieninhalte oder nutzen gemeinsam mit diesen Medien. Medienkommunikation findet ständig statt. Wir leben in und mit einer Medienvielfalt, in der die Medien nicht nur zugänglich, sondern üblich und all-

---

[315] Klaus Wiegerling, *Medienethik*, Stuttgart/Weimar (Metzler) 1998, 4.

täglich geworden sind. Mario Gmür geht sogar noch einen Schritt weiter, wenn er schreibt:

"Die Allgegenwärtigkeit der Medien wird immer aufdringlicher. Publikumszeit wird über die stetig steigende Erscheinungshäufigkeit und Erscheinungsvielfalt von Zeitungen bis hin zur Bereitstellung einer Programm-Endloszeit vereinnahmt. In dieser bieten die verschiedensten Medienunternehmen jederzeit und überall, nachts im Auto, morgens am Frühstücktisch, abends im Wohnzimmer, attraktive Angebote für alle erdenklichen Situationen und Bedürfnisse an. Alle diese Strategien einer umfassenden Vereinnahmung und Rekrutierung von Medienkonsumenten verleihen den Medien eine Dominanz, der sich keiner, der etwas zu sagen hat oder bewirken möchte, entziehen kann."[316]

Diese Alltäglichkeit und Allgegenwärtigkeit der Medien führt auch zu Veränderungen der menschlichen Lebensgewohnheiten und Kommunikationsformen. Unser Wissen, das wir uns aneignen, entnehmen wir nicht nur zum größten Teil durch und aus den Medien, wie Niklas Luhmann in seiner berühmten Schrift *Die Realität der Massenmedien* einleitend mit den Worten "Was wir über unsere Gesellschaft, ja über die Welt, in der wir leben, wissen, wissen wir durch die Massenmedien"[317] festhält, sondern auch unser Handeln und unsere Kommunikation in der Welt folgen den Strukturen der Mediengesellschaft. Wenn das Mobiltelefon klingelt, erwartet man automatisch die Frage "Wo bist du?" und was von Jugendlichen als modisch für hipp erklärt wird, richtet sich nach den Modellvorgaben aktueller Hochglanzmagazine, Daily Soaps und Videoclips. Politiker unterscheiden sich immer weniger von Medienstars, die wiederum den Takt vorgeben, wie Politik, aber auch Wissenschaft medial zu kommunizieren ist. Die Vorstellung, dass wir in eine "Mediengesellschaft" oder "Informationsgesellschaft" hineinwachsen, drückt dies treffend aus.[318] Friedrich Krotz spricht im Zusammenhang mit diesem Wandel von einem "Prozess der Mediatisierung"[319].

---

[316] Mario Gmür, *Der öffentliche Mensch. Medienstars und Medienopfer*, München (dtv) 2002, 31.
[317] Niklas Luhmann, *Die Realität der Massenmedien*, Opladen (Westdeutscher Verlag) ²1996, 1.
[318] Vgl. Enquete-Kommission "Zukunft der Medien in Wirtschaft und Gesellschaft", in: *Deutschlands Weg in die Informationsgesellschaft*, hrsg. vom Deutschen Bundestag, Bonn (ZV) 1998.
[319] Friedrich Krotz, *Kommunikation im Zeitalter des Internet*, in: Joachim R. Höflich/ Julian Gebhardt (Hg.), *Vermittlungskulturen im Wandel. Brief, E-mail, SMS*, Frankfurt a. M. (Lang) 2003, 21-37, hier 31.

Gemeint ist damit die gegenwärtige gesellschaftliche Entwicklung, in der sich Kommunikation durch immer neue Medien immer weiter in verschiedene Formen ausdifferenziert.[320] Das heißt neue Medien ersetzen nicht die alten Medien oder verdrängen diese (sog. Riepl'sches Gesetz)[321], sondern bewirken eine immer wieder neue Vermischung von Medientypen, die ihrerseits wiederum einen Einfluss auf die menschliche Kommunikation ausübt und sich mit dieser verschränkt. So ist eine Zeitung heute nicht einfach mehr nur ein Printmedium, sondern kann so zum Beispiel per Internet abgerufen, per SMS auf dem Mobiltelefon empfangen, als MP 3 im Audioformat abgehört oder als Fernsehsendung gesehen werden.

Die Bezeichnung von Krotz dieses gesellschaftlichen Wandels als "Prozess der Mediatisierung" hat jedoch noch einen interessanten zweiten Aspekt, wenn man die ursprüngliche Bedeutung des Wortes "mediatisieren" in Betracht zieht, die paradoxerweise das Gegenteil von "kommunizieren" bezeichnete. Denn bis in das 20. Jahrhundert hinein bedeutete "mediatisiert zu sein" soviel wie seiner unmittelbaren Rechte beraubt zu sein.[322] So mediatisierte zum Beispiel Napoleon I. während seiner Eroberungen bestimmte Erbprinzen, indem er ihnen zwar die äußerlichen Zeichen ihrer Macht ließ, ihnen aber ihre Handlungs- und Entscheidungsfreiheit nahm.

Vor diesem Hintergrund wird ein weiterer Aspekt deutlich, der mit dem gesellschaftlichen Prozess der Mediatisierung der Lebenswelt angesprochen ist: unsere Kommunikation differenziert sich nicht nur in immer mehr verschiedene Formen durch Medien aus, sondern diese entmachten uns dadurch auch. Die Möglichkeiten, die uns die Medien bieten implizieren eine scheinbare Zunahme an Freiheiten. Scheinbar, weil dieser Zugewinn an persönlicher Freiheit durchaus ambivalent erfahren wird. Denn die vermeintliche Freiheit des Könnens wird auch zugleich als Zwang des Müssens erlebt, aus einer Vielzahl neu gewonnener Möglichkeiten eine Auswahl zu treffen. So bietet uns gerade das der-

---

[320] Friedrich Krotz, *Die Mediatisierung kommunikativen Handelns. Der Wandel von Alltag und sozialen Beziehungen, Kultur und Gesellschaft durch die Medien*, Wiesbaden (Westdeutscher Verlag) 2001, 34f.

[321] Vgl. Wolfgang Riepl, *Das Nachrichtenwesen des Altertums - mit besonderer Berücksichtigung auf die Römer*, Leipzig/Berlin (Teubner) 1913, 4: "[Es] ergibt sich gewissermaßen als ein Grundsatz der Entwicklung des Nachrichtensystems, dass die einfachsten Mittel, Formen und Methoden, wenn sie nur einmal eingebürgert und brauchbar befunden worden sind, auch von den vollkommensten und höchst entwickelten niemals wieder gänzlich und dauernd verdrängt und außer Gebrauch gesetzt werden können, sondern sich neben diesen erhalten, nur dass sie genötigt werden, andere Aufgaben und Verwendungsgebiete aufzusuchen."

[322] Vgl. Wahrig-Burgfried, *Bertelsmann Universal Lexikon*, 438.

zeitige Medienangebot eine Vielzahl von Auswahl- und Handlungsmöglichkeiten, gibt dabei aber weder eine konkrete Richtung voraus, noch die Richtigkeit einer Richtung, so dass man schier den Überblick verliert. Tatsächlich scheinen immer weniger Menschen mit dieser Multioptionalität zurechtzukommen. Die Forderungen nach einer Medienethik drücken das Bedürfnis nach Wegweisung und geistigen Navigationshilfen aus. Doch während in vormodernen Gesellschaften noch die Religion unter anderen die Funktion der Koordinierung individueller Interessen sowie der Stabilisierung gesellschaftlicher Kontingenzen innehatte, ist dies heute nicht mehr der Fall, so dass sich die ethische Urteilsfindung zunächst mit einer schwierigen gesellschaftlichen Situation konfrontiert sieht:

2.2.2. Die Pluralisierung und Individualisierung der Lebenswelt

Pluralisierung und Individualisierung stellen Schlüsselbegriffe dar, die unsere heutige Gesellschaft situationsanalytisch charakterisieren. Beide gelten dabei als gesellschaftsbedingte Phänomene der Moderne, beziehungsweise Postmoderne. Die Theorie von der gesellschafts-bedingten Individualisierung des Einzelnen ist heute zu einer weitgehend geteilten These unter Soziologen und Soziologinnen geworden. Als ihr Hauptvertreter kann Ulrich Beck gelten, der vor allem mit seinem Buch *Risikogesellschaft* maßgeblich zur Verbreitung der These beigetragen hat.[323] Demgegenüber gibt es aber mittlerweile auch kritische Stimmen, die den analytischen Wert der These in Zweifel ziehen.[324] Die Kritik lautet, die These erfülle den Tatstand einer "unkritischen Theorie", die keine wesentlichen Erkenntnisse liefere.[325] Dennoch steht die Mehrheit der Soziologen und Soziologinnen hinter dieser These.[326]

Die Theorie von der Individualisierung interpretiert die Vereinzelung des heutigen Menschen als Folgeerscheinung der gesellschaftlichen Pluralisierung und

---

[323] Vgl. Ulrich Beck, *Risikogesellschaft. Auf dem Weg in eine andere Moderne*, Frankfurt a.M. (Suhrkamp) 1986; ders./ Elisabeth Beck-Gernsheim (Hg.), *Riskante Freiheiten. Individualisierung in modernen Gesellschaften*, Frankfurt a. M. (Suhrkamp) 1994.
[324] Vgl. z.B. Christian Geyer, "Einfach näher dran. Masse und Deutungsmacht: Der Soziologentag in Dresden", in: *Frankfurter Allgemeine Zeitung* 239 (14.10.1996), 37.
[325] Vgl. ebd.
[326] Vgl. z.B. Franz-Xaver Kaufmann, *Religion und Modernität. Sozialwissenschaftliche Perspektiven*, Tübingen (Mohr) 1989; Karl Gabriel (Hg.), *Religiöse Individualisierung oder Säkularisierung. Biographie und Gruppe als Bezugspunkte moderner Religiosität*, Gütersloh (Kaiser) 1996.

Differenzierung. Das heißt, wenn die verschiedenen Lebensbereiche sich gegeneinander immer weiter ausdifferenzieren, findet sich der Einzelne in einer neuen Freiheitssituation wieder. Denn während in relativ statischen Gesellschaften noch allgemein anerkannte universale Norm- und Wertestrukturen das gesamte soziale Geschehen zusammenhielten, können diese Voraussetzungen in modernen Gesellschaften nicht mehr angenommen werden. In der pluralen Gesellschaft von heute finden sich verschiedene und oft einander widersprechende Wertvorstellungen nebeneinander, die für sich jeweils gleiche Gültigkeit beanspruchen. In dieser neuen Freiheitserfahrung entbehrt der Einzelne jedoch alte Verlässlichkeiten und Sicherheiten.

Nach Ulrich Beck weist diese Individualisierung drei Strukturmerkmale auf: Erstens setzt sie das Individuum frei, so dass dieses über eine gegenüber früheren klassenbedingten, beruflichen, institutionellen oder konfessionellen Bindungen größere Freiheit verfügt. Diese Freisetzung geht zweitens mit einem Stabilitätsverlust einher, wodurch sich drittens neue, die neuen Freiheitsräume bindende Kontrollstrukturen etabliert haben, die zugleich Chancen aber auch Gefährdungen implizieren.[327] Nicht wenige Menschen scheinen unter dieser Situation zu leiden und sich durch Flucht, sei es zum Beispiel durch Konsum oder Körperkult, entziehen zu wollen. Dies scheint nicht weiter verwunderlich, da sich angesichts dieser Pluralität die Frage stellt, was als verbindlich gelten und Orientierung vermitteln kann. Autonome Selbstbestimmung und individuelles Glück zählen zu konsensfähigen Werten in unserer Gesellschaft, so dass selbst in wesentlichen Grundfragen menschlichen Lebens keine Einigkeit besteht.[328] Jeder entscheidet selbst, was seinem Leben nützlich erscheint und letztlich seinem eigenen Glück dient, so dass das eigene Ich als einziges Kriterium ethischer Entscheidung angesehen wird. Doch bereits alltägliche Beispiele im Umgang mit den Medien verdeutlichen, dass eine uneingeschränkte Selbstverfügung nicht nur Positives bringt. Die bunte Informations- und Bilderflut mit der uns die Medien tagtäglich überschütten, ermöglichen uns zwar zum Beispiel an einem Abend mehrere Sendungen zu unterschiedlichsten Themen gleichzeitig zu sehen, verhindern aber letztendlich Ganzheit. Das Ergebnis sind zusammengestückelte Informationen ohne Kontext, die keine Orientierung bieten. Die Selektionsmöglichkeit ist die konsequente Folge der Pluralisierung. Doch je größer diese Auswahlmöglichkeiten sind, desto unklarer werden auch die Kriterien, nach denen man die Auswahl trifft. Viele Menschen suchen im Alleingang ihren Weg

---

[327] Vgl. Beck, *Risikogesellschaft*, 205-210.
[328] Vgl. Afflerbach, *Handbuch christliche Ethik*, 20.

und manche Jugendliche machen aus dieser Orientierungslosigkeit bereits eine Tugend, die "Tugend der Orientierungslosigkeit"[329].

Dass die christliche Religion und ihre Morallehre nicht mehr die Potenz besitzt, der Gesellschaft eine organisierende und integrierende Orientierung zu geben, ist sicherlich ein Ergebnis der Prozesse der Säkularisierung, der Individualisierung und der Privatisierung; bedingt zum einen dadurch, dass gesellschaftliche Teilsysteme von religiösen Aufgaben entlastet wurden und zum anderen, dass der Zugang zu Religion immer mehr zur Privatsache wurde. Die Zunahme der Privatisierung der Religion, die letztendlich ihren Ausgangspunkt in der Reformation des 16. Jahrhunderts findet, initiierte eine gesellschaftliche Bewegung und signalisierte eine neue Unabhängigkeit von religiösen Institutionen. Göttliche Autorität war von da an nicht länger ausschließlich in der Institution der Kirche verwurzelt. Dies initiierte einen Prozess zunehmender Privatisierung der Religion, der sich über die folgenden Jahrhunderte erstreckte und in den heutigen gesellschaftlichen Entwicklungen ihren Höhepunkt gefunden hat. Diese Zunahme der Privatisierung der Religion seit der Reformation steht in engem Zusammenhang mit einem Anstieg der Betonung der persönlichen Unabhängigkeit. Dazu gehört auch das Gefühl, dass das Individuum letztendlich selbst die ultimative Autorität darüber ist, was sein Verständnis von Religion als auch von Moral ist. So werden heute Identitäten und Sinnstiftungen jeweils aus den vielfältigen Angeboten - nicht zuletzt der Medien - individuell selbst zusammengestellt. Dies ist eine Ausgangsbedingung mit der sich jede Ethik heute konfrontiert sieht.

Viel problematischer als die von theologischer Seite häufig beklagte Säkularisierung erscheint deshalb - darauf verweist auch der Religionssoziologe Peter L. Berger in seinen Untersuchungen mehrfach[330] - die Pluralisierung. Bezieht sich dieser Pluralismus auf die Werte, wie es in unserer Gesellschaft der Fall ist, dann ist die Rede von einem Wertepluralismus. Zu differenzieren ist dabei Pluralität als Vielfalt, die eine Einheit nicht ausschließt, und Pluralismus, der viele ko-existierende Aussagen und Interessen, die sich teilweise einander ausschließen, gleichberechtigt nebeneinander anerkennt.

---

[329] Vgl. Johannes Goebel/ Christoph Clermont, *Die Tugend der Orientierungslosigkeit*, Reinbek bei Hamburg (Rowohlt) 1999.
[330] Vgl. Peter L. Beyer, *Sehnsucht nach Sinn: Glauben in einer Zeit der Leichtgläubigkeit*, Frankfurt a.M./ New York (Campus) 1994, 43 ff. Oder: ders., *Der Zwang zur Häresie: Religion in der pluralistischen Gesellschaft*, Frankfurt a. M. (Fischer) 1980.

Liefert dieser Gesellschaftsbefund schon Stoff genug, so wird die Anforderung der Mediengesellschaft als Ausgangsbedingung einer Medienethik noch deutlicher, wenn neben der Individualisierungsthese auch noch die Diskussion um die Potsmoderne berücksichtigt wird.[331] Auch wenn in theologischen Kreisen die Neigung besteht, über die Postmoderne-Diskussion ein negatives Urteil zu fällen[332], muss sie hier dennoch erwähnt werden, da Wolfgang Welsch eine Erklärung der Postmoderne-Diskussion beigetragen hat, aus der sich nicht nur theologische, sondern auch medienethische Folgerungen ziehen lassen. Denn seine Theorie der Postmoderne beobachtet am Menschen eine zur vorher skizzierten Ausdifferenzierung und Pluralisierung der Lebenswelt gegenläufige Tendenz der "Rekombination" und "Reintegration"[333] differenter Stile, Moden und Interessenbereiche mit dem Ziel der Ausdifferenzierung und Individualisierung des Lebens entgegenzuwirken. Durch das Zusammentragen und Kombinieren verschiedener Elemente wird so eine eigen verantwortete und übersichtliche Welt im Kleinformat geschaffen. Mode und Musik liefern dafür anschauliche Beispiele und die Medien vermitteln dies: es gibt heute keinen Einheitslook mehr und auch die Musik ist eine Zusammenstellung aus unterschiedlichsten Epochen. Schlaghosen aus den 70ern treffen auf Frisuren aus den 80ern, klassische Musik vermischt sich mit elektronischer Computermusik und Gitarrenriffs aus den 60ern. Das dahinter stehende Prinzip dieser Vielfalt des Lebens ist, wie Welsch schreibt, weder irrational noch huldigt es einem "anything goes"[334], sondern folgt dem Wunsch nach einer noch nicht gefundenen, aber erhofften, noch ausstehenden Ganzheit. Die Postmoderne zeichnet sich demzufolge durch ein Streben nach einem Ganzheitskonzept aus, das sich als noch ausstehendes Ereignis offener Kommunikationen individueller Einzelerfahrungen auszeitigen wird. Der Begriff des "Offenhaltens" stellt für Wolfgang Welsch deshalb einen wichtigen Komplementärbegriff zur Pluralität dar.[335] Die postmoderne Vielheit ist nach Welsch insgesamt "als grundlegend positives Phänomen zu begreifen"[336] und als "Epoche neuer Ganzheitlichkeit"[337]. Dabei kommt der Selektion nach

---

[331] Vgl. Jean-François Lyotard, *Das postmoderne Wissen. Ein Bericht*, hrsg. von Peter Engelmann, Graz u.a. (Böhlau)1986; Wolfgang Welsch (Hg.), *Wege aus der Moderne. Schlüsseltexte der Postmoderne-Diskussion*, Weinheim (Acta Humanoria) 1988; ders., *Unsere postmoderne Moderne*, Berlin (Akademie) ⁶2002.

[332] Vgl. z.B. Kuno Füssel, *Die Sowohl-als-auch-Falle. Eine theologische Kritik des Postmodernismus*, Luzern (Edition Exodus) 1993.

[333] Heinz-Günter Vester, *Soziologie der Postmoderne*, München (Quintessenz) 1993, 29.

[334] Vgl. Welsch, *Unsere postmoderne Moderne*, 3.

[335] Vgl. Welsch, *Wege aus der Moderne*, 7-13.

[336] Welsch, *Unsere postmoderne Moderne*, 40.

[337] Ebd., 42.

Welsch eine neue Aufgabe zu: "Es geht nicht mehr um Anpassung an eine Welt, sondern um Wahl der passenden Welt. In der Vielfalt der Möglichkeiten gilt es diejenigen zu finden, die zu einem passen und zu denen man passt. Man muss auswählen in einem doppelten Sinn: Man hat auszusondern, was einem produktive Umwelt nicht zu sein vermag, und man soll erwählen, was Entfaltungsraum sein kann."[338] Diesen Entfaltungsraum zu finden geschieht unter Freiheit, aber auch unter Druck.

Diese Ausgangsbedingungen stellen jede Ethik heute vor eine schwierige Situation. Es stellt sich prinzipiell die Frage, was angesichts einer Vielzahl gleich geltender, aber durchaus einander inkompatibler Konzeptionen noch als verbindlich gelten und Orientierung schaffen kann. Die gegenwärtige "Ethikexplosion" ist damit, wie Alberto Bondolfi und Hans J. Münk sehr zutreffend die Situation beschreiben, durchaus Ausdruck eines echten Bedürfnisses, aber zugleich auch Zeichen einer gewissen Schwäche und Ohnmacht.[339] Dies betrifft auch den Bereich medienethischer Auseinandersetzungen, in denen Konzepte aus unterschiedlichsten Perspektiven diskutiert werden. Eine allgemein einheitliche akzeptierte Medienethik gibt es bislang nicht. Vor diesem Hintergrund stellt sich natürlich die Frage, ob es denn überhaupt möglich ist in der Medienethik-Debatte zu einem Konsens zu kommen oder ob diese nicht schon von vornherein zum Scheitern verurteilt ist. Dementsprechend entfällt auch die Kritik, die die Leistung der Medienethik in Frage stellt, da sie vielen Menschen grundsätzlich als unnötig, weil uneffektiv, oder lediglich als nachgereichte Legitimation erscheint.

Aber was lässt sich außer dem beklagten Ethikdefizit entgegenhalten und antworten, beziehungsweise welche Ethik brauchen wir denn? Dabei stellt sich auch die provokante Frage, ob eine theologische Ethik überhaupt noch Anteil an Entscheidungen hat, das heißt Relevanz beim Menschen, die handeln und entscheiden. Dass wir Ethik brauchen belegt allein schon der anhaltende Ethik-Boom der Ethik-Kommissionen, der öffentlichen Reden usw. generell. Niemand kann ohne Moral auskommen. Eine Ethik darf sich aber nicht lediglich auf eine Reflexion beschränken, sie muss auch etwas bewirken. Wie Martens schreibt, brauchen wir "nicht nur humane Orientierung, sondern auch [eine, Anm. d. A.]

---

[338] Welsch, *Unsere postmoderne Moderne*, 205.
[339] Vgl. Alberto Bondolfi/ Hans J. Münk (Hg.), *Theologische Ethik heute. Antworten für eine humane Zukunft. Hans Halter zum 60. Geburtstag*, Zürich (NZN) 1999, 7.

humane Orientierungsweise"[340]. Dass hier gerade die Theologie einen Beitrag leisten kann, soll noch gezeigt werden. Zunächst aber muss dazu ein Blick auf die gegenwärtige Medienethikdiskussion in Deutschland geworfen werden, um die Möglichkeiten zu verdeutlichen.

2.3. Die gegenwärtige Medienethikdiskussion

Unsere heutige Gesellschaft zeichnet sich durch einen Wertepluralismus aus, in der der Staat auf weltanschauliche Neutralität verpflichtet ist. Dies betrifft auch den Bereich medienethischer Auseinandersetzungen, in denen Konzepte aus unterschiedlichsten Perspektiven diskutiert werden. Eine allgemein einheitliche akzeptierte Medienethik gibt es bislang nicht. Das Interesse an medienethischen Themen scheint zwar stetig an Zulauf zu gewinnen, dennoch steht diese immer noch am Anfang und sieht sich, wie vorangehend gezeigt wurde, grundsätzlich mit einer schwierigen Situation konfrontiert. Dementsprechend entfällt auch die Kritik, die die Leistung der Medienethik in Frage stellt, da sie Vielen grundsätzlich als unnötig, weil uneffektiv, oder lediglich als nachgereichte Legitimation erscheint.

Die zunehmende Medienkomplexität vermehrt nicht nur die Probleme, sondern macht diese auch wesentlich komplizierter. Eine Ursache dafür liegt in den komplexen Systemzusammenhängen des Mediengeschehens selbst, in welchem das Handeln Einzelner nicht mehr ausgemacht werden kann. Hinzu kommt nicht nur die Schwierigkeit einer Wertorientierung angesichts heutiger gesellschaftlicher Umbrüche wie zunehmende Pluralisierung, sondern damit auch die Schwierigkeit Wertorientierung in die Praxis zu implementieren. In der Auseinandersetzung mit der Thematik stehen sich deshalb unterschiedliche Ansätze und theoretische Zugangsweisen gegenüber.

2.3.1. "Medien-Apokalyptiker" versus "Medien-Evangelisten"

In der Debatte um die neuen Medien lassen sich grundsätzlich zwei unterschiedliche Richtungen unterscheiden, die der provokative Essayist und Lyriker Hans Magnus Enzensberger symbolisch mit einem biblischen Bild in Apokalyptiker

---

[340] Martens, *Warum die Ethik auf den Hund gekommen ist*, in: Hartmann/ Heydenreich (Hg.), *Ethik und Moral in der Kritik*, 11.

und Evangelisten unterteilt.[341] Gemeint ist damit zum einen die Richtung, die in den Medienentwicklungen lediglich das Negative sieht: Die Rede ist von zunehmender Verdummung und Verkümmerung geistiger als auch sozialer Fähigkeiten durch übermäßigen Medienkonsum, von den negativen Auswirkungen der Gewaltdarstellungen in den Medien auf Jugendliche und die Gesellschaft im Allgemeinen, von möglicher Vereinsamung, Isolation, Bewusstseinsmanipulation, Werteverlusten, etc. All diesen Kritiken pessimistischer Couleur ist eines gemeinsam: sie thematisieren Verlust. In der Undurchschaubarkeit des Mediensystems sehen sie den Menschen verschwinden und alle Wertorientierungen in Relativismus verlieren. Die Wirklichkeit löst sich in Nichts auf, ist nur noch Schein und Simulation und die Schuld wird den Medien zugeschrieben. Nach Peter Glotz beschwören diese Medienpessimisten "die desintegrierte, auseinanderfallende Gesellschaft, die betäubten Sinne, die Zerstörung der Würde des Zwiegesprächs."[342]

Zu den Bekanntesten, die diese Richtung eines hoffnungslosen Pessimismus vertreten, gehört zum Beispiel der Medienphilosoph Paul Virilio (*1932), der uns nicht nur darauf hinweist, dass uns Raum und Zeit längst abhanden gekommen und wir Mutanten geworden sind, sondern dass wir uns in einem Beschleunigungsprozess des "rasanten Stillstandes" befinden, in dem die Menschheit, im Zeitalter der alles beherrschenden Telekommunikation, auf ihren Endpunkt zurast.[343] Mit "rasendem Stillstand" bezeichnet Virilio den Zustand der Gesellschaft, die zwar Raum und Zeit hochtechnologisch zu beherrschen scheint, aber dadurch zugleich an der Auslöschung ihrer selbst arbeitet. Übertroffen wird Virilio noch von dem französischen Philosophen Jean Baudrillard (*1929), demzufolge alles, was wir für wirklich halten, längst verschwunden ist und die Medien uns die Möglichkeit zwischen Sein und Schein zu unterscheiden längst genommen haben. Reale Ereignisse verlieren durch die mediale Repräsentation ihren komplexen Kontext und damit auch ihre erschütternde und provozierende Kraft, so dass der Rezipient nicht mehr weiß, welche Bedeutung das Ereignis für ihn haben soll.[344] Tod und Katastrophen verlieren durch die mediale Repräsentation

---

[341] Vgl. Hans Magnus Enzensberger, *Das digitale Evangelium. Propheten, Nutznießer, Verächter*, in: Peter Glotz (Hg.), *Christoph Martin Wieland Vorlesungen*, Erfurt (Sutton) 2000, 12.

[342] Peter Glotz, *Die beschleunigte Gesellschaft. Kulturkämpfe im digitalen Kapitalismus*, München (Kindler) 1999, 180.

[343] Vgl. Paul Virilio, *Rasender Stillstand*, Frankfurt a. M. (Fischer) 1997.

[344] Vgl. Volker Hummel, *Die permanente Katastrophe in Theorie und Literatur. Versuch einer Begriffsbestimmung*, Quelle: <http://www.home.foni-net/~vhummel/Katastrophe/inhalt. html> (17.06.2004), [o.S.].

ihre Sprengkraft, die sie haben würden, wenn die dem Subjekt direkt widerfahren würden. Die Realität wird somit nur noch voyeuristisch wahrgenommen. Der Rezipient unternimmt keine Anstrengung mehr, um sie zu ändern, denn sie betrifft ihn ja nicht. Das durch die Massenmedien geformte Bewusstsein nimmt schließlich die gesamte Realität nur noch mit dem voyeuristischen Blick wahr. Baudrillard geht deshalb so weit, dass er von der Welt als einer Simulation spricht.[345] Dabei haben die Medien seiner Überzeugung nach "keine andere Aufgabe als die Illusion der Ereignishaftigkeit bzw. die Illusion der Realität von Einsätzen und der Objektivität von Fakten aufrechtzuerhalten."[346] Mit der abschließenden Feststellung Baudrillards, dass wir von der Simulation beherrscht werden[347], erübrigt sich jegliche Frage nach dem Sinn.

Zu diesen "Apokalyptikern" kann man auch Neil Postman (1931-2003) zählen, der mit seinem durchaus umstrittenen Buch *Wir amüsieren uns zu Tode. Urteilsbildung im Zeitalter der Unterhaltungsindustrie* bereits 1985 ein fast hoffnungsloses Bild der von Medien gesteuerten Gesellschaft entwarf und in Parallele zu Aldous Huxleys *Schöne neue Welt* auf die Steuerung und Manipulation der Menschheit durch Unterhaltungsmedien hinwies.[348] Dass die elektronische Bildübertragung per Fernsehen eine Machtpotenz besitzt, die durchaus auch eine Gefahr impliziert, ist von Postman korrekt erkannt, aber zu kulturpessimistisch ausgelegt worden. Seine Klage vom Verfall der Schriftkultur angesichts des Fernsehens, dessen Bilderflut uns nicht nur dümmer mache, sondern auch den öffentlichen Diskurs zerstört, kann so nicht stehen bleiben. Die Sprache ist nach wie vor das Medium, das unsere Auffassung von der Welt prägt.

Ähnliche pessimistische Sichtweisen bringt immer wieder die Ausstrahlung neuer Sendeformate wie Psycho-Shows oder Real Life Formate hervor. So löste zum Beispiel in Deutschland die Ausstrahlung der ersten Real Life TV Staffel von "Big Brother" am 1. März 2000 bereits im Vorfeld heftige Diskussionen aus, die grundsätzlich einer kritischen Verwerfung - die Rede war von "Menschenversuch" und "Sozialporno"[349] - gleichkam und ein Sendeverbot vor Aus-

---

[345] Vgl. Jean Baudrillard, *Agonie des Realen*, Berlin (Merve) 1978, 19.

[346] Vgl. ebd., 62.

[347] Vgl. ebd., 63.

[348] Vgl. Neil Postman, *Wir amüsieren uns zu Tode. Urteilsbildung im Zeitalter der Unterhaltungsindustrie*, Frankfurt a. M. (Fischer) 1985.

[349] Martina Thiele, *"Das versendet sich!" - vom Umgang mit dem Fernsehereignis Big Brother*, in: *"Realität maßgeschneidert - Schöne, neue Welt für die Jugend?" Real life Formate - Fernsehen der Zukunft oder eine Eintagsfliege?*, Dokumentation der Tagung der Niedersächsischen Landesanstalt für privaten Rundfunk im Juni 2001, (Schriftenreihe der NLM 13), Berlin (VISTAS) 2002, 23.

strahlungsbeginn von kirchlichen und politischen Meinungsführenden aller Couleur forderte. Die Aufregung legte sich jedoch schnell mit jeder weiteren Staffel und dem Rückgang der Zuschauerquoten, so dass auch das Interesse der Meinungsführenden daran wieder nachließ.[350] In Frankreich, wo die Endemol-Produktion dieses Reality-TV-Sendeformats unter dem Titel "Loft Story" im Vergleich zu anderen europäischen Ländern mit 2002 erst sehr spät ausgestrahlt wurde, löste die Erstausstrahlung eine heftige Diskussion auch in intellektuellen Kreisen aus, die einem intellektuellen Radikalismus gleichkam. Das heißt "Loft Story" wurde nicht nur kritisiert, sondern in intellektuellen Kreisen zunächst prinzipiell abgelehnt.

Die Forderungen, die mit solchen Diskussionen einhergehen, äußern sich meist in dem Verlangen nach Zensurmaßnahmen. Ähnliche Reaktionen löste der Amoklauf in Erfurt in breiten Kreisen der Gesellschaft in Deutschland aus. Politiker, Lehrer und Eltern forderten Zensurmaßnahmen gegen die Mediengewalt. Der Medienethiker Thomas Hausmanninger warnte daraufhin zu Recht vor solch einer pauschalen Verurteilung und Forderung, die letztendlich aus eigener Hilflosigkeit von einem extrem psychischem Ausnahmephänomen kausalmechanisch Regeln für den Normalzustand abzuleiten versucht, die gefährliche Konsequenzen für das demokratische Gut der Medienfreiheit nach sich ziehen kann. In seinem Artikel "Keine Hexenjagd auf Medien!" warnt Hausmanninger vor der pauschalen Verurteilung der Medien und einer Forderung nach Zensurmaßnahmen.[351] Gewaltprävention zu betreiben, so Hausmanninger, indem man Zensurmaßnahmen auf der populären These der Gewaltwirkung der Medien fordert, geht in doppelter Weise in die Irre, denn erstens ist die These medienwissenschaftlich längst widerlegt und zweitens verfehlt diese Art der Therapie die eigentlichen Ursachen und dient lediglich der eigenen Beruhigung ohne eine Lösung zu bringen.[352] Hausmanningers Besorgnis macht deutlich, dass eine kritische Sichtweise gegenüber den Medien, die sich in einer ablehnenden und Zensurmaßnahmen fordernden Haltung formiert, nicht angebracht ist, um die Probleme und Herausforderungen, vor die uns die neuen Medien stellen, zu lösen.

---

[350] Der Marktanteil ging von 21% der ersten Staffel auf 11% der dritten Staffel innerhalb von einem Jahr zurück. Vgl. dazu Holger Gertz, "Ausgespannt. Ein bisschen Bettdeckengeraschel, von Infrarotkameras observiert, ist nicht genug auf Dauer: Ein Nachruf aufs Reality TV", in: *Süddeutsche Zeitung* 10 (11.02.2001), 22.

[351] Vgl. Thomas Hausmanninger, *Keine Hexenjagd auf Medien! Medienethiker besorgt über die Zensurmaßnahmen in der Debatte über den Erfurter Amoklauf (02.05.2002)*, Quelle: <http://www.presse.uni-augsburg.de/unipressedienst/2002/pm2002_052.rtf> (02.02.2004).

[352] Vgl. ebd.

Gerade der Fall des 19-jährigen Robert Steinhäuser verdeutlicht, dass die Probleme weit tiefer liegen als in dem Zugang und Konsum des Jugendlichen von gewalttätigen Video- und Computerspielen. Die Probleme reichen hier weit in das persönliche schulische und familiäre Umfeld des Jugendlichen hinein. Der 19-jährige, der als "auffallend unauffällig" beschrieben wurde und den keiner wirklich kannte[353], war nicht nur ein Einzelgänger, der weder zu Mitschülern noch zu seinen Eltern in einem intensiven Verhältnis stand, sondern auch kurz vor dem Abschluss - ohne Wissen der Eltern - durch das Schulsystem gefallen. Orientierungslosigkeit, Hoffnungslosigkeit, Hilflosigkeit, Sinnlosigkeit und Zukunftspanik sind Schlagwörter, die einem dazu einfallen. Fragen, die sich hier aufdrängen, sind vielmehr aus welchen Gründen der Jugendliche seine Freizeit hauptsächlich mit Computerspielen und Videos - also mit Medien - verbracht hat und wie es dazu kam. Mit einem Verbot gewaltdarstellender Medien ist diesen Problemen nicht beizukommen. Die Ursachen liegen hier tiefer, so dass Thomas Hausmanninger durchaus zuzustimmen ist, wenn er darauf hinweist, dass die Zensurmethode die eigentlichen Ursachen verfehlt und lediglich der eigenen Beruhigung dient.[354] Eine nachgereichte Zensur kann einer Prävention nicht gleichkommen.

Wie die historische Darstellung aber bereits angedeutet hat, ist solch eine Haltung keineswegs neu, sondern lässt sich bis in die Antike zurückverfolgen, ohne wirkliche Lösungen erzielt zu haben. Gerade die lange Zeit vertretene Haltung der Kirchen, vor allem der katholischen, gegenüber den Medien und ihre Zensurmaßnahmen verdeutlicht dies. Doch die Theologen und Kirchen haben aus vergangenen Fehlern gelernt, wie vor allem die unterschiedlichen Medienkonzepte, die in den letzten Jahrzehnten entworfen wurden, verdeutlichen. Während die politischen Diskussionen vor allem im Fall des Amoklaufs von Erfurt bei der Kritik stehen zu bleiben scheinen und eine Linie verfolgen, wie sie die Kirchen und Theologen größtenteils in der Vergangenheit einschlagen haben, sind es heute gerade Medienethiker aus theologischen Kreisen, wie Thomas Hausmanninger, die vor solch einer "Hexenjagd auf die Medien" warnen. Dies heißt jedoch nicht, dass Kritik nicht angebracht ist. Im Gegenteil: jede vernünftige medienethische Diskussion hat immer Kritik zur Voraussetzung. Sie darf jedoch weder pauschal verurteilend sein, noch bei der Kritik stehen bleiben. Die Zensurmaßnahmen, vor allem der katholischen Kirche, mussten sich deshalb zu

---

[353] Vgl. Holger Gertz, "Mutmaßungen über Robert S.", in: *Süddeutsche Zeitung* 99 (29.04.2002), 3.
[354] Vgl. Hausmanninger, *Keine Hexenjagd auf Medien*, Quelle: <http://www.presse.uni-augsburg.de/unipressedienst/2002/pm2002_052.rtf> (02.02.2004).

Recht der Kritik unterziehen. Doch die Theologen und Kirchen haben aus vergangenen Fehlern gelernt, wie die unterschiedlichen medienethischen Beiträge verdeutlichen. Eine kritische Haltung ist sicherlich angebracht, aber nicht eine verurteilende, pessimistische und ablehnende. Die neuen Medien bringen nicht nur Negatives oder bergen Risiken. Sie beinhalten durchaus auch Chancen und Möglichkeiten.

Dies führt zur anderen Richtung in der gegenwärtigen Mediendiskussion, die in den Medienentwicklungen lediglich das Positive sieht. Enzensberger bezeichnet sie als die "Evangelisten" oder "Medienpropheten". Die Rede ist dabei häufig von ungeahnten Möglichkeiten der Medien in Bezug auf Globalisierung, Chancengleichheit, uneingeschränktem Informationszugang für alle, Abbau von Hierarchien, Nutzung von Ressourcen, etc. Diese optimistische Sichtweise, die in der "globalen Dorfgemeinschaft" die Lösung aller Probleme sieht, gleicht eher einer naiven Zukunftseuphorie, die an den naiven Glauben der Nachkriegszeit erinnert, die in der so genannten friedlichen Nutzung der Kernspaltung die Lösung aller Energieprobleme sah.

Als Vertreter dieser Richtung wäre zum Beispiel Nicholas Negroponte (*1943) zu nennen, der das Postinformationszeitalter postuliert und in seinem Buch *Total digital* die Vorzüge des digitalen Lebens aufzeigt.[355] In einer durch und durch optimistischen Sichtweise, entwirft Negroponte ein Zukunftsbild der Gesellschaft, in dem durch Digitalisierung Raum und Zeit nicht mehr wichtig sind. Er spricht sich für ein "Immer und überall"-Fernsehen aus und ist der Überzeugung, dass das Internet ein vollkommen neues und weltweites Sozialgefüge zum Positiven schafft.[356] Aber auch diese Sichtweise ist zu pauschal und einseitig und verkennt die Probleme und Risiken, die die Medienentwicklung in sich bergen. Gerade hinsichtlich der Globalisierung bringen die neuen Medien nicht nur Chancen mit sich, sondern auch Gefahren. Demzufolge ist es äußerst wichtig, dass eine Medienethik sowohl die Risiken als auch die Chancen, die als Herausforderungen verstanden werden müssen, aufzeigt und reflektiert. Dies ist keine einfache Aufgabe, da die Medien ein komplexes System darstellen, indem politische, wirtschaftliche und gesellschaftliche Faktoren als ineinander verwoben jeweils entscheidende Rollen spielen. Deshalb ist es umso dringlicher erforderlich, dass eine Medienethik, die ihrer selbst gerecht werden will, eine Zusammenarbeit von Vertretern unterschiedlichster Richtungen verfolgt, die die Me-

---

[355] Vgl. Nicholas Negroponte, *Total digital. Die Welt zwischen 0 und 1 oder Die Zukunft der Kommunikation*, München (Bertelsmann) 1995.
[356] Vgl. ebd., 214 und 224.

dien aus ihrer jeweiligen Position heraus beleuchten und die Ergebnisse mit anderen zusammenarbeiten. Eine plurale medienethische Diskussion kann daher nur von Vorteil sein. Diese spiegelt zwar den Wertepluralismus unserer modernen Gesellschaft, in der wir leben und in der wir uns zu Recht finden müssen, wieder, aber dies darf jedoch nicht nur negativ gesehen werden, sondern muss auch als Chance begriffen werden. Der Wertepluralismus ist die Voraussetzung für die Freiheit und Selbstbestimmung eines jeden Menschen.

Damit das Zusammenleben in der Gemeinschaft funktionieren kann, müssen bestimmte Werte beachtet werden. An erster Stelle steht hier die Achtung der Würde eines jeden Menschen, wie sie im ersten Artikel des Grundgesetzes formuliert ist.[357] Dies gilt ebenso für die Allgemeine Menschenrechtserklärung. Solch eine Festlegung reicht jedoch für ein gelingendes Zusammenleben der Gesellschaft in Bezug auf medienethische Fragestellungen nicht aus. Die Lösung der Probleme, vor die uns die Medien stellen, lassen sich nicht in einem Wertekatalog zusammenstellen oder von Menschenrechten ableiten. Dazu bedarf es eines gesellschaftlichen Dialogs, an dem grundsätzlich jeder Mensch unter Einhaltung der Werte, die unsere Gesellschaft überhaupt erst ermöglichen, gleichberechtigt teilnehmen kann. Dazu gehört auch die Teilnahme der Theologen und Kirchen. Dass sie wie jeder andere das Recht dazu haben steht außer Zweifel. Dass sie die Pflicht dazu haben, wurde im ersten Kapitel aus historischer Perspektive zu zeigen versucht. Dabei wurde verdeutlicht, dass die Forderung nach einer Ethik immer auch eng verbunden ist mit Kritik, beziehungsweise diese zur Voraussetzung hat. Der Protestantismus hat von Beginn an die Möglichkeit der Medien zur Verbreitung seiner Interessen ohne anfängliche Bedenken genutzt. Erst als Martin Luther bemerkte, dass etliche Drucker seine Werke ohne Achtung auf Qualität, sondern lediglich aus gewinnbringenden Gründen möglichst schnell und in hohen Auflagen verbreiteten, wurde auch er skeptisch und kritisch. Bereits hier begann ein Prozess, von dem an die Medien fortan eine immer größer werdende Eigendynamik zu entwickeln begannen und die zu vermittelnde Botschaft, zu deren Verbreitung die Medien eigentlich gedacht und von den Protestanten gefördert wurden, immer mehr in den Hintergrund trat. Dieser Prozess erstreckt sich bis in die Gegenwart, so dass Gerfried W. Hunold heute in Bezug auf die Massenmedien feststellt: "Sie formulieren und vermitteln nicht nur Botschaften, sondern ihre gesellschaftliche Existenz fungiert als Botschaft: schwer berechenbar, aber noch schwerer kontrollierbar."[358]

---

[357] Vgl.GG, Art. 1.
[358] Hunold, *Ethik der Information*, in: Wolbert (Hg.), *Moral in einer Kultur der Massenmedien*, 33.

Betrachtet man die gegenwärtige Diskussion um die mediale Berichterstattung nach den Terroranschlägen des 11. Septembers 2001 kehrt die Skepsis, die bereits Luther hegte mit denselben kritischen Vorwürfen wieder. So bemängelte der damalige Vizepräsident des Zentralrats der Juden, Michel Friedmann, bei einem internationalen Medien-Symposium des Deutschen Journalisten-Verbandes (DJV) im italienischen Montepulciano 2001, dass bei der Berichterstattung zunehmend Qualität durch Masse kompensiert werde.[359]

Aus diesen gegensätzlichen Positionen in der Auseinandersetzung mit der Thematik um die Medien haben sich in jüngster Zeit auch unterschiedliche medienethische theoretische Zugangsweisen herausgebildet, auf die ein kurzer Blick geworfen werden muss.

2.3.2. Medienethische Theorieversuche

Zunächst ist festzuhalten, dass es bislang weder eine einheitlich akzeptierte Medienethik noch eine medienethische Systematik oder Theorie gibt. Vor dem bisher skizzierten Hintergrund wurde bereits ersichtlich, dass dies in Zusammenhang mit der Komplexität der Grundstruktur medienethischer Reflexion steht. Die anfänglichen medienethischen Überlegungen konzentrierten sich, wie die historische Darstellung vorangehend zeigte, hauptsächlich auf die Person des Journalisten und den Nachrichtenbereich der Medien. Dass eine Medienethik allein mit Fokus auf den Journalismus zu kurz greift, wurde in der Zwischenzeit erkannt. Stattdessen muss eine Medienethik, wie Thomas Hausmanninger es formuliert, sowohl struktur-, als auch inhalts- und unterhaltungsethische Elemente beinhalten.[360] Gleichzeitig wurde erkannt, dass eine medienethische Reflexion einen interdisziplinären Diskurs erfordert, um so sachimmanent die relevanten Fragestellungen erkennen zu können.[361] Dies führte zur Erkenntnis, dass eine medienethische Reflexion zum einen die gesamte Struktur der Bereiche Produktion, Distribution als auch der Rezeption betrachten muss, als auch die wechselseitigen Bedingungsverhältnisse von Medien und Gesellschaft, Medien und Politik und Medien und Wirtschaft. Dies bestimmt bislang die methodologi-

---

[359] Vgl. Heise Zeitschriftenverlag Online, [N.N.], "Medienkritik nach den Terroranschlägen" (16.09.2001), Quelle: <http://www.heise.de/bin/nt.print/news...09.01-001/?id=39c21d3a& todo=print> (10.04.2004).
[360] Vgl. Thomas Hausmanninger, *Kritik der medienethischen Vernunft. Die ethische Diskussion über den Film in Deutschland im 20. Jahrhundert*, München (Fink) 1993, 532.
[361] Vgl. Gerfried W. Hunold, *Öffentlichkeit um jeden Preis? Überlegungen zu einer Ethik der Information*, in: *Forum Medienethik* 1 (1994), 7-18.

schen Fundamente medienethischer Theorie. Dazu erschienen in jüngster Zeit mit Rainer Leschkes *Einführung in die Medienethik* (2001) und Felix Weils Dissertation *Die Medien und die Ethik. Grundzüge einer brauchbaren Medienethik* (2001) zwei einschlägige Werke, die sich aus philosophischer Sicht um eine Grundlegung medienethischer Theorie bemühen. Diese beiden angeführten Arbeiten, auf die an dieser Stelle nicht näher eingegangen werden soll[362], finden hier zunächst Erwähnung, weil sie ein theoretisches Grundgerüst für medienethische Reflexionen skizzieren, auf denen zukünftige medienethische Theorien aufbauen werden. Andererseits ist gerade Rainer Leschkes *Einführung in die Medienethik* für diese Arbeit interessant, da er, trotz der Einsicht und Forderung eines möglichst breit angelegten interdisziplinären Diskurses, so wie er auch gegenwärtig die Medienethikdebatte bestimmt, gerade der Theologie hinsichtlich medienethischer Fragestellungen die Kompetenz abspricht.[363] An dieser Stelle ist deshalb zunächst ein Blick auf die theologische Beteiligung am gegenwärtigen medienethischen Diskurs zu werfen, um im Anschluss die Notwendigkeit und den Beitrag genauer darzustellen.

2.3.3. Theologische Beiträge

Wie der Versuch einer Annäherung an die historische Verhältnisbestimmung von Medien und Protestantismus im ersten Kapitel gezeigt hat, steht nicht nur der Protestantismus, sondern das Christentum insgesamt in seiner ganzen Geschichte in einer besonderen Beziehung zu den jeweils verfügbaren Medien. Bei vielen Zeitgenossen ist aber gerade dieses lange Verhältnis der Medien und des Christentums ein Argument, den Theologen und Kirchen ihre Kompetenz in medienethischen Fragen abzusprechen. Gerade die Geschichte verdeutliche, dass die Theologen und Kirchen den Medien immer mit Misstrauen begegnet sind und nach wie vor kein ausgesöhntes Verhältnis zur modernen Welt und den Medien haben. Selbst bei gegenwärtigen Autoren wie Rainer Leschke kommt dieser Vorwurf des Misstrauens zur Ansprache, indem er der Theologie als Interesse an Medienethik unterstellt, sie wolle dadurch lediglich der Bedrohung des Wertemonopols der Kirchen durch die Massenmedien entgegenwirken.[364] Dass dieser Vorwurf nicht völlig unberechtigt, aber dennoch zu pauschal ist, hat die historische Darstellung des ersten Teils zum Beispiel an der Person August

---

[362] Zur genaueren inhaltlichen Darstellung vgl. Greis, *Medienethik,* in: Laubach (Hg.), *Angewandte Ethik und Religion,* 321-324.
[363] Vgl. Rainer Leschke, *Einführung in die Medienethik,* München (Fink) 2001, 139.
[364] Vgl. ebd.

Hermann Hinderer, dessen Wirken bis in unsere heutige Zeit hineinreicht, demonstriert und trifft vor allem gegenwärtig nicht mehr zu. Der Protestantismus hat in seiner gesamten Geschichte, wenn auch nicht immer in ausgeglichener Weise und selten unter Beteiligung aller seiner Träger zugleich, zwar ein medienkritisches, aber auch ein medienproduktives und -ethisches Motiv zur Wirkung gebracht. August Hinderer öffnete lange vor der medienethischen Diskussion wie sie gegenwärtig geführt wird, während seiner Zeit an der Berliner theologischen Fakultät, universitär das Blickfeld für neue Bereiche wie Medienethik und Medienwirkungsforschung und ließ dabei auch erste Forderungen nach einer Rezipientenethik erkennen.[365] Auch in kirchlichen Dokumenten spielten medienethische Erwägungen seit jeher eine besondere Rolle. Hier sind zunächst auf katholischer Seite das Medien-Dokument des Zweiten Vatikanischen Konzils *Inter mirifica* (1966)[366], sowie die vom Konzil in Auftrag gegebene Pastoralinstruktion *Communio et Progressio* (1971)[367] zu nennen. Von protestantischer Seite ist der Text *Die neuen Informations- und Kommunikationstechniken*[368] anzuführen, der eine ausführliche Studie aus sozialethischer Perspektive darstellt, die vom Rat der Evangelischen Kirche in Deutschland (EKD) in Auftrag gegeben und 1985 veröffentlicht wurde. Schließlich erschien 1997 mit *Chancen und Risiken der Mediengesellschaft*[369] eine gemeinsame Erklärung beider großen christlichen Kirchen, die in Zusammenarbeit mit namhaften Wissenschaftlern, wie unter anderen Winfried Schulz (Universität Nürnberg), Jürgen Wilke (Universität Mainz) und Klaus Tanner (Universität Dresden) entstand. Auf dieses Dokument wird in Kapitel 3 noch genauer eingegangen.

Neben den kirchlichen Dokumenten ist noch auf weitere Beiträge von theologischer Seite hinzuweisen. Bestanden zwar von Seiten der evangelischen Theologie lange Zeit im Allgemeinen eher Vorbehalte, sich mit dem Thema Medien

---

[365] Vgl. Teil I: 1.8.5.3. in dieser Arbeit, 107-111.

[366] *Inter mirifica. Dekret über die sozialen Kommunikationsmittel*, in: *LThK*, 1:111-135.

[367] *Pastoralinstruktion "Communio et Progressio"*, lateinisch-deutsche Textausgabe, hrsg. von der Päpstlichen Kommission für die Instrumente der sozialen Kommunikation, Trier 1971.

[368] *Die neuen Informations- und Kommunikationstechniken. Chancen, Gefahren, Aufgaben verantwortlicher Gestaltung. Eine Studie der Kammer der Evangelischen Kirche in Deutschland (EKD) für soziale Ordnung und der Kammer für publizistische Arbeit*, hrsg. vom Kirchenamt im Auftrag des Rates der EKD, mit einem Vorwort vom Ratsvorsitzenden Eduard Lohse, Gütersloh 1985.

[369] Evangelische Kirche in Deutschland/ Sekretariat der Deutschen Bischofskonferenz (Hg.), *Chancen und Risiken der Mediengesellschaft. Gemeinsame Erklärung der Deutschen Bischofskonferenz und des Rates der Evangelischen Kirche in Deutschland*, Hannover/ Bonn 1997.

und mit den Nachbardisziplinen der Kommunikations- und Medienwissenschaft auseinanderzusetzen[370], so wird nun zunehmend - nach langer Abstinenz - auch auf Seite der evangelischen Theologen eine ethische Orientierung in Hinblick auf die Entwicklung der Medien eingefordert.[371] Sind Beiträge zum Thema Medienethik bislang hauptsächlich von katholischen Autoren, wie zum Beispiel Alfons Auer, Elmar Kos, Gregor M. Jansen oder Thomas Hausmanninger diskutiert worden, so scheint sich nun auch die evangelische Seite verstärkt mit Beiträgen an der Diskussion zu beteiligen. Als Vertreter wären hier neben dem 2005 verstorbenen Michael Schibilsky, unter anderen Reinhard Schmidt-Rost, Reiner Preul und Roland Rosenstock zu nennen. Davon zeugt auch die anlässlich des 65. Geburtstags des damaligen Ratsvorsitzenden der Evangelischen Kirche in Deutschland Manfred Kock 2001 erschienene Festschrift *Medienethik* mit unter anderen Beiträgen protestantischer Theologen, Kirchenvertreter, Wissenschaftler und Praktiker aus unterschiedlichsten Bereichen. Auch am 1997 gegründeten interdisziplinären Projekt "Netzwerk Medienethik" sind Vertreter der protestantischen Theologie beteiligt. Somit hat die protestantische Theologie mittlerweile nicht nur erkannt, dass eine Ethik der menschlichen Lebensführung, wie sie Trutz Rendtorff beschrieben hat, auch die Lebensführung in einer durch Medien geprägten Gesellschaft umfasst, sondern auch dass ein gesellschaftlicher Diskurs über den verantwortlichen Umgang mit den Medien dringend notwendig ist und theologische Beteiligung erfordert. Richtungweisend kann hier der grundlegende Vortrag Manfred Kocks vom 9. Mai 2000 an der Universität Bonn angeführt werden, in dem er die Beschäftigung mit Medienethik zur Chefsache erklärte.[372] Dass Theologie und Kirche einen Beitrag zum medienethischen Diskurs leisten können und worin dieser bestehen kann, soll im Folgenden gezeigt werden.

---

[370] Vgl. dazu Michael Schibilsky, *Kirche in der Mediengesellschaft*, in: Reiner Preul/ Reinhard Schmidt-Rost (Hg.), *Kirche und Medien*, Gütersloh (Mohn) 2000, 51-71.
[371] Medienethische Überlegungen spielen weder bei Trutz Rendtorff [*Ethik. Grundelemente, Methodologie und Konkretionen einer ethischen Theologie*, 2 Bände, Stuttgart u.a. (Kohlhammer) ²1990-1991], noch bei Eilert Herms [*Gesellschaft gestalten. Beiträge zur evangelischen Sozialethik*, Tübingen (Mohr) 1991] oder Martin Honecker [*Grundriss der Sozialethik*, Berlin/ New York (de Gruyter)1995] eine Rolle.
[372] Vgl. Manfred Kock, *Medien und Menschenwürde - Gedanken zur aktuellen Lage in den Medien*, Vortrag des Ratsvorsitzenden der Evangelischen Kirche in Deutschland am 9. Mai

2.4. Christliche Begründung einer Medienethik

"Da ergibt sich, dass Moral-Predigen leicht, Moral-Begründen schwer ist."[373]

Man könnte diese bedeutende Aussage Arthur Schopenhauers (1788-1869) noch weiterführen mit dem Satz, Moral zu verwirklichen ist nicht selten noch schwerer.

Theologische Reflexionen über Moral sind zahlreich, aber in Bezug auf die Medien, obwohl in den letzten Jahren sich ein zunehmendes Interesse abzeichnet, in Relation zu anderen ethischen Auseinandersetzungen dennoch gering. Der Präsident der Evangelischen Akademie in Berlin Robert Leicht erklärt das Desinteresse an dem Thema "Medienethik" aus eigener Perspektive mit folgender Feststellung: "Über das Thema 'Medienethik' habe ich noch nie ausführlich nachgedacht (…). Weshalb nicht? Weil die Sache mir als Praktiker, da zu einfach gelegen, keinen komplizierten Gedanken abnötigte."[374] Ganz in Schopenhauers Überzeugung, dass die Ethik "in Wahrheit die leichteste aller Wissenschaften"[375] sei, erklärt Leicht anfänglich mit biblischer Fundierung: "Mir reichen zwei Gebote vollends aus - das siebte und das achte. 'Du sollst nicht stehlen' und (etwas einfacher noch als bei Luther) 'Du sollst nicht lügen!' Und fertig ist die Medienethik."[376]

Dass die ethische Urteilsfindung in Bezug auf die Medien erst bei genauerem Nachdenken eine, wie Leicht schreibt "höchst verzwickte Angelegenheit"[377] ist, ist eine Erkenntnis, zu der der Autor erst in der Auseinandersetzung mit der Thematik gelangt und die Komplexität medienethischer Reflexionen erkennt. Denn die ethische Urteilsfindung sieht sich heute - im Gegensatz zu Schopenhauers Ansicht - mit einer schwierigen Situation konfrontiert: durch Werteplura-

---

2000 in der Universität zu Bonn, Quelle: <http://www.ekd.de/vortraege/kock5.html> (17.06.2004).

[373] Arthur Schopenhauer, *Sämtliche Werke. Schriften zur Naturphilosophie und Ethik. Über den Willen der Natur*, hrsg. und neu bearbeitet von Arthur Hübscher nach der ersten Gesamtausgabe von Julius Frauenstädt, F.A. Leipzig (Brockhaus) 1938, 140.

[374] Robert Leicht, *Du sollst nicht falsch Zeugnis reden wider deinen Nächsten! Zur Auslegung des achten Gebots*, in: Drägert/ Schneider (Hg.), *Medienethik*, 337-346, hier 337.

[375] Arthur Schopenhauer, *Über die Grundlage der Moral*, in: ders., *Die beiden Grundprobleme der Ethik behandelt in zwei akademischen Preisschriften*, Leipzig (Zenith) 1927, (§18) 302.

[376] Leicht, *Du sollst nicht falsch Zeugnis reden wider deinen Nächsten!*, in: Drägert/ Schneider, *Medienethik*, 2001, 337.

[377] Ebd., 338.

lismus und Individualisierung werden autonome Selbstbestimmung und individuelles Glück zu konsensfähigen Werten in der Gesellschaft, so dass selbst in wesentlichen Grundfragen menschlichen Lebens, wie zum Beispiel der Geltung des Tötungsverbots, keine Einigkeit mehr zu erzielen ist. Die Vorstellung von der uneingeschränkten Selbstverfügung über das eigene Leben zeigt sich deutlich in den gentechnischen Debatten, aber durchaus auch im Bereich der Medien. Jeder will selbst darüber entschieden, wie er die Medien nutzt und sich gegebenenfalls in und durch sie inszeniert. Dabei stellt sich jedoch die Frage, ob das eigene Ich als einziges Kriterium ethischer Entscheidungen ausreichen kann. Je größer das Auswahlangebot wird, desto schwerer fällt auch die Entscheidungsfindung und desto unklarer werden auch die Kriterien, nach denen man eine Auswahl trifft. Viele Menschen scheinen mit dieser multioptionalen Auswahlmöglichkeit nicht mehr zu Recht zu kommen. Auf diese Problematik der Pluralisierung wurde bereits verwiesen. Im Bereich der Medien lassen sich zahlreiche alltägliche Beispiele anführen, die die Relevanz dieser These verdeutlichen: Das Angebot, vor das uns die Medien heute stellen, ist derart groß, dass man den Überblick verliert. Selbst das informative Nachrichtenangebot mit ständig aktualisierten Newstickern aus dem politischen Weltgeschehen verleitet dazu zwischen den einzelnen Sendern "hin- und herzuzappen". Das ständige Gefühl etwas verpasst zu haben schleicht sich ein. Dieses Gefühl, ständig etwas zu verpassen und von seinen Möglichkeiten nicht den rechten Gebrauch gemacht zu haben, wird in der Psychologie als "Multiphrenie" bezeichnet.[378] Eine häufig zu beobachtende Folge ist übermäßiger Fernsehkonsum, der Formen eines Suchtverhaltens annehmen kann. Auf subjektiver Ebene treten immer häufiger Erscheinungen der Desorientierung, Verhaltensunsicherheit, der Apathie, des Pessimismus oder Gefühle der Sinnlosigkeit auf. Vor diesem Hintergrund verwundert eine gesteigerte Nachfrage nach einer Medienethik, nach Orientierung und Beheimatung - wenn man sich an die etymologische Bedeutung des griechischen Wortes "ethos" erinnert - nicht. Gefragt sind dabei auch die theologischen Ethiker. Aber was lässt sich aus theologischer, beziehungsweise christlicher Perspektive zu einer Medienethik beitragen und wo liegen die Motive?

---

[378] Vgl. Heiko Ernst, "Das Ich der Zukunft", in: *Psychologie heute* 12 (1991), 25.

2.4.1. "Homo sapiens communicans" oder Kommunikation als Lebensgrundlage

"Im Anfang war das Wort,
und das Wort war bei Gott,
und Gott war das Wort."
(Joh 1,1)

Im ersten Kapitel wurden bereits unterschiedliche Verständnisse und Definitionen zum Be-griff "Medium" dargestellt und auf die Notwendigkeit einer ausdifferenzierten Begriffsbestimmung hingewiesen. Will man auf die Herausforderungen vor die uns die neuen Medien heute stellen eingehen, ist es erforderlich nicht nur den Medienbegriff, sondern auch den Kommunikationsbegriff mit einzubeziehen, denn wenn wir kommunizieren, kommunizieren wir häufig über Medien aber auch über Medieninhalte.

Das Christentum basiert im Wesentlichen auf Vermittlung, Verständigung folglich auf Kommunikation. Damit ist eines der Grundbedürfnisse des Menschen formuliert. Kommunikation geschieht heute aber nicht mehr nur allein durch Beziehungen zwischen real anwesenden Subjekten, sondern wird wesentlich bestimmt durch den Informationsprozess der Medien. Diese sind als Träger vielfältiger Kommunikationsprozesse wesentlicher Lebensbestandteil der modernen Welt geworden. Der Mensch nutzt die Medien zur Kommunikation, die damit zum Hilfsmittel werden, um menschliche Grundbedürfnisse zu erfüllen. Die Medien dienen daher als Hilfsmittel der Lebensführung des Einzelnen und seiner Zurechtfindung in einer pluralen Welt. Der richtige Umgang mit den Medien wird daher auch zur Kompetenz der eigenen Lebensführung. Thomas Hausmanninger teilt diese Position, indem er vor einem anthropologischen Hintergrund als medienethisches Ziel die "Ermöglichung, Wahrung und Förderung menschlichen Personseins" formuliert.[379] Damit wird das "unmittelbare Miteinander von Menschen (…) zum Fokus der Kommunikation."[380] Wird dieses Miteinander von Menschen, das durch Kommunikation ermöglicht wird und damit auch das menschliche Personsein durch die Medien und Medienentwicklung in irgendeiner Weise beeinträchtigt oder behindert, ergeben sich damit nicht nur medienethische, sondern auch grundlegende Fragen von theologischer Bedeutung. Das Wort "Kommunikation", abgeleitet vom lateinischen "communis" und "commu-

---

[379] Vgl. Thomas Hausmanninger, *Ansatz, Struktur und Grundnormen der Medienethik*, in: ders./ T. Bohrmann (Hg.), *Mediale Gewalt. Interdisziplinäre und ethische Perspektiven*, München (Fink) 2002, 287-309, hier 304.
[380] Hunold, *Ethik der Information*, 41.

nicare", das übersetzt soviel bedeutet wie eine Kommunität aufbauen oder teilen, impliziert eine soziale Dimension, indem sie eine Verbindung zu den Regeln und Normen, unter denen Gesellschaft konstituiert ist, herstellt. Theologisch beginnt und endet Kommunikation mit der Dimension des Dialogs. Das Bemühen um das Gelingen zwischenmenschlicher Kommunikation auch über die Medien gehört demzufolge theologisch betrachtet zur Aufgabe des Menschen. Denn mediale und personale Kommunikation stehen nicht in einem Gegensatz zueinander. Beide sind einander grundsätzlich komplementär zugeordnet und unterliegen analogen Gefährdungen. Sowohl personale als auch mediale Kommunikation können gelingen aber auch gestört oder zerstört werden. Die biblischen Geschichten in Genesis, wie beispielsweise die Geschichte von Kain und Abel oder aber auch der Turmbau zu Babel, geben anschauliche Beispiele destruktiver Kommunikation. In Hass, Machtstreben und Sprachverwirrung schildern sie exemplarisch die Wirkkräfte menschlichen Verhaltens, die in keiner Kommunikationssituation völlig ausgeräumt werden können.

Gerade durch die Integration anthropologischer Gesichtspunkte kann die Theologie nicht nur am medienethischen Diskurs teilnehmen, sondern diesen auch befördern. Denn der Prozess der Mediatisierung verändert unsere Lebenswelt und unseren Alltag, als auch unsere zwischenmenschliche Kommunikation. Dieser Wandel stellt uns vor vielfältige neue Herausforderungen, bei denen eine Konzentration auf die Massenmedien zu kurz greift und nicht mehr ausreicht. Die mediatisierte zwischenmenschliche Kommunikation, die soziale und kulturelle Bedeutung der Medien und der Kommunikation für den Alltag und die sozialen Beziehungen der Menschen müssen mitberücksichtigt werden. Dazu reicht eine Konzentration auf den Begriff der Medien nicht aus, sondern erfordert die Einbeziehung des Begriffs der Kommunikation. Dies gilt nicht nur für die Kommunikationswissenschaft, sondern auch für medienethische Ansätze. Medien sind Mittel zur Kommunikation und jegliche Kommunikation geht vom Menschen aus, das heißt kurz gesagt: keine Menschen - keine Kommunikation, keine Kommunikation - keine Medien. Ausgangspunkt und Mittelpunkt muss deshalb der Mensch, beziehungsweise die zwischenmenschliche Kommunikation sein. Nach Joachim R. Höflich bezeichnet Kommunikation einen "Basisprozess, über den sich Menschsein definiert und über den Realität hergestellt wird"[381] Da sich das Christentum im Wesentlichen über Kommunikation definiert, kommt ihr deshalb nicht nur eine entscheidende Rolle im medienethischen

---

[381] Joachim R. Höflich, *Mediatisierung des Alltags und der Wandel von Vermittlungskulturen*, in: ders./ Julian Gebhardt (Hg.), *Vermittlungskulturen im Wandel. Brief, E-Mail, SMS*, Frankfurt a. M. (Peter Lang) 2003, 24.

Diskurs zu, sondern kann sie auch aufgrund ihrer Erfahrungs- und langen Reflexionsgeschichte einen Beitrag leisten. Dazu gilt es zunächst sich den theologischen Grundlagen zuzuwenden.

2.4.2. Theologische Grundlagen

2.4.2.1. Der Mensch als Ebenbild Gottes

> "Und Gott schuf den Menschen zu seinem Bilde"
> (Gen 1,27)

Der Hauptgrund für die Begründung einer christlichen Medienethik liegt in dem biblisch-theologischen Verständnis des Menschen als Ebenbild Gottes. Hierin liegt das entscheidende Proprium christlichen Menschenverständnisses. Nach Gen 1,26/27 hat Gott den Menschen - im Unterschied zu allen anderen Geschöpfen - zu seinem Bild in Liebe und Freiheit geschaffen. Dieser Akt der Schöpfung verleiht dem Menschen eine herausragende Stellung in der gesamten Schöpfung. Gottesebenbildlichkeit bezeichnet jedoch nicht eine besondere Qualität am Menschen, sondern die Würde, die dem Menschen als Gottes Geschenk gegeben ist und selbst durch die Sünde des Menschen nicht aufgehoben wird. Doch zugleich impliziert dies auch, dass der Mensch als Geschöpf von Gott her bestimmt ist und nicht von der Welt. Der Mensch erschafft sich nicht selbst, sondern er ist und bleibt Geschöpf. Sein Leben ist geschaffenes Leben, das gegebenes Leben voraussetzt. Damit hat der Mensch sich nicht aus innerweltlichen Bezügen zu verstehen, sondern aus seiner Beziehung zu Gott. Die Grunddaten des Menschseins müssen von dieser Beziehung des Menschen zu Gott beleuchtet werden. Damit ist des Menschen Leben Gabe und Aufgabe zugleich. Aus diesem theologischen Grundverständnis folgen einige wichtige weitere Aspekte, die für eine theologische Ethik als auch eine Medienethik von zentraler Bedeutung sind:

2.4.2.2. Der Mensch als soziales Beziehungswesen

> "Und Gott der HERR sprach: Es ist nicht gut, dass der Mensch allein sei" (Gen 2,18)

Indem Gott den Menschen in seinem Bilde geschaffen hat, steht der Mensch wesenhaft in Beziehung zu seinem Schöpfer. Weil er in seinem Bild in Liebe und Freiheit geschaffen ist, ist dem Menschen die ethische Entscheidungsfreiheit des Ja-oder-Nein-Sagen-Könnens mitgegeben. Das Besondere menschlicher Existenz liegt darin, dass der Mensch ein von Gott anzuredendes Du und gleichzeitig ein vor Gott verantwortliches Ich ist. Die Gottesebenbildlichkeit verweist auf die Beziehung des Menschen zu seinem Schöpfer. Aber der Mensch steht nicht nur in Beziehung zu seinem Schöpfer, sondern auch zu seiner Mitwelt und zu seinen Nächsten. Der Mensch wurde als soziales Wesen erschaffen. Dies bedeutet, dass der Mensch nicht allein, sondern mit anderen Menschen in Gemeinschaft sein Leben verbringt. Auch der Dekalog ist auf dieses Beziehungsgeflecht hin angelegt: "Das Menschenbild des Dekalogs ist nur die Entsprechung eines Gottesbildes. Jedes Gebot der zweiten Tafel weist weg von dem Menschen, der ihm gerecht werden soll, auf den Menschen, dem er gerecht werden soll. Beide Menschen, der, an den sich das Gebot richtet, und jener, auf den das Gebot verweist, beide sind ein Ebenbild Gottes, der ihnen selber gerecht werden will."[382] Alle Gebote sind soziale Beziehungsgebote, die immer auf den anderen verweisen. Denn da Gott den Menschen nach seinem Bilde geschaffen hat, verlangt er auch einen Respekt vor anderen Menschen, der dem Respekt vor Gott ähnlich ist. Gott soll um seiner selbst willen geachtet werden und dies gilt ebenso für alle Menschen, da sie nach Gottes Bild geschaffen sind.

Dieses Zusammenleben mit anderen Menschen in der Gemeinschaft muss, damit es funktionieren kann, nach bestimmten Regeln verlaufen. Eine Voraussetzung dafür ist, dass der Mensch in der Lage ist, sich sprachlicher Zeichen zu bedienen. Der Sprache kommt deshalb eine besondere Bedeutung zu. Sie ermöglicht dem Menschen, sich in der Welt, in der er lebt, mit anderen auszutauschen, diese zu deuten und auf diese Weise Realität zu bewältigen. Mit der sprachlichen Kommunikation ist zugleich aber auch die Notwendigkeit eines "sich verantwortens" gesetzt, insofern jede Anrede auch eine Antwort oder Erwiderung verlangt, auch wenn diese sich in Ablehnung äußert.[383] Nach diesem Verständ-

---

[382] Leicht, *Du sollst nicht falsch Zeugnis reden*, in: Drägert/ Schneider (Hg.), *Medienethik*, 346.
[383] Der Gedanke, dass der Mensch eine dialogische Existenz und als solche in seinem Denken, Sprechen und Handeln stets auf die Struktur von Wort und Antwort ausgelegt ist, wurde besonders von Ernst Lange (1927-1974) betont, der der Auffassung war, dass wie Verantwortung geübt und übernommen wird, sich aus der Art und Weise, wie geantwortet wird, ergibt. Zu Ernst Langes Verantwortungsverständnis vgl. Markus Ramm, *Verantwortlich leben. Entwicklungen in Ernst Langes Bildungskonzeptionen im Horizont von Theologie, Kirche und Gesellschaft*, Inaugural-Dissertation, Universität Regensburg (masch.) 2005, 326-328.

nis muss sich das ver-antwortliche Handeln des Menschen nicht nur vor Gott erweisen, sondern auf insgesamt vier Ebenen, die miteinander jeweils in Beziehung stehen: Gott, sich selbst, seinem Nächsten und seiner Welt, beziehungsweise dem Leben gegenüber. In diesem Geflecht lebt der Mensch als Beziehungswesen. Er steht zu allem in Beziehung. Die Grundbeziehung zu Gott steht aber letztendlich obenan. Diese Bezogenheit auf Gott beinhaltet aber auch alle anderen Ebenen. Diese verantwortlich zu gestalten ist des Menschen Aufgabe.

2.4.2.3. Der Mensch in der Verantwortung

> "Und Gott der HERR sprach: Siehe,
> der Mensch ist geworden wie unser-
> einer und weiß, was gut und böse
> ist." (Gen 3,22)

Die Theologie begreift den Menschen als Geschöpf Gottes. Gott als der Schöpfer hat als solcher auch das Recht für den Umgang mit seiner Schöpfung, das heißt mit der Umwelt, mit sich selbst als Geschöpf als auch mit den Mitgeschöpfen, Rechenschaft zu fordern. In Gen 4,9 stellt Gott die zugleich retrospektive als auch vorausschauende Frage "Wo ist dein Bruder?" und dies gerade im Namen derer, die ihre Stimme nicht mehr erheben können.

Verantwortung besteht dementsprechend auch nicht nur gegenüber anderen, sondern auch für andere. Zudem ist aber auch das unserem Handeln immer schon zuvorkommende, aus diesem nicht abzuleitende Gute, thematisiert. Der Mensch wurde von Gott zwar zur Freiheit und Vollkommenheit geschaffen, befindet sich aber in einem Zustand der Entfremdung von seiner eigentlichen Bestimmung. Zwar wurde durch Gottes Gnaden dieser Zustand im Christusgeschehen überwunden, aber die vollständige und endgültige Überwindung kann erst im Eschaton erhofft werden. Da der Mensch aber um diesen Zustand weiß, erkennt er auch, dass er diesen ändern kann und soll. Dies ist der Ursprung jeglicher christlichen Ethik.

2.4.3. Sozialethik als Verantwortungsethik

Der theologische Begriff der Verantwortung wird nicht nur anders begründet, sondern auch inhaltlich anders gefüllt als etwa der philosophische. Ob eine Verantwortungsethik auf jegliche religiöse Begründung verzichten kann, ist umstritten und sei dahingestellt. Begriffsgeschichtlich entstammt die Bezeichnung "Verantwortung" zwar nicht der Bibel, sondern der Sphäre der Gerichtsbarkeit und findet entsprechenden Ausdruck im römischen Recht[384], aber der damit gemeinte Sachverhalt ist sowohl im Alten als auch Neuen Testament beschrieben[385]. "Sich verantworten" heißt ursprünglich "sich vor Gericht verteidigen" und geht auf das lateinische "respondere" zurück. Hiervon ist wiederum die Bedeutung "sich rechtfertigen" abgeleitet. Erst seit der zweiten Hälfte des 15. Jahrhunderts ist das Substantiv "Verantwortung" nachweisbar.[386] Die Rechtfertigung wird nun auch auf die Rechtfertigung vor dem Richterstuhl Gottes bezogen. In späterer Zeit bezeichnet der Begriff allgemein die Rechtfertigung als auch den Zustand der Verantwortlichkeit.

Der Begriff der Verantwortungsethik geht zurück auf den Soziologen Max Weber (1864-1920), der diesen in der Gegenüberstellung zum Begriff der Gesinnungsethik entwickelte. Im religiösen Chargen bestimmt Weber die Maxime der Gesinnungsethik mit dem Satz: "Der Christ tut recht und stellt den Erfolg Gott anheim"[387], die Verantwortungsethik dagegen mit: "dass man für die (voraussehbaren) *Folgen* seines Handelns aufzukommen hat"[388]. Dieser Unterscheidung liegt folglich eine andere Beurteilung zugrunde: während es die Gesinnungsethik mit Handlungsabsichten zu tun hat, fokussiert die Verantwortungsethik die Handlungsfolgen. Diese Differenzierung und Gegenüberstellung, die Schule gemacht hat, muss laut Wolfgang Huber jedoch aus zwei Gründen scheitern: zum einen, weil eine Ethik, die sich jeweils nur auf die Handlungsabsichten oder auf die Handlungsfolgen konzentriert, unzureichend ist, weil beide in Zusammenhang stehen; zum anderen, weil die Gegenüberstellung eine gefährliche Verkürzung Webers Position darstellt, da Weber selbst auf die nicht-

---

[384] Zu Herkunft des Verantwortungsbegriffs vgl. ausführlich Ludger Heidbrink, *Kritik der Verantwortung. Zu den Grenzen verantwortlichen Handelns in komplexen Kontexten*, Weilerswist (Velbrück) 2003, 59-62.

[385] Vgl. Wolfgang Erich Müller, *Der Begriff der Verantwortung in der gegenwärtigen theologischen und philosophischen Diskussion*, in: ders./ Hartmut Kreß (Hg.), *Verantwortungsethik heute. Grundlagen und Konkretionen einer Ethik der Person*, Stuttgart u.a. (Kohlhammer) 1997, 11-113, hier 22ff.

[386] Vgl. Ulrich H.J Körtner, *Freiheit und Verantwortung. Studien zur Grundlegung theologischer Ethik*, Freiburg/ Schweiz u.a (UVK) 2001, 102.

[387] Max Weber, *Gesammelte politische Schriften*, mit einem Geleitwort von Theodor Heuss, hrsg. von Johannes Winckelmann, Tübingen (Mohr) [3]1971, 551.

[388] Ebd., 552.

kontradiktorische Gegensätzlichkeit, sondern auf das gegenseitige Ergänzungs-verhältnis hingewiesen hat.[389]

Der Theologe Dietrich Bonhoeffer (1906-1945) griff Webers Begriff der Ver-antwortung auf, skizzierte ihn aber schärfer.[390] Für Bonhoeffer lassen sich Sozi-alethik und Verantwortungsethik nur als Synonyme verstehen. Denn es geht nicht nur um das Individuelle, sondern das Gemeinsame innerhalb der Gesell-schaft. Laut Bonhoeffer lässt sich die religiöse Herkunft des Verantwortungs-begriffs nicht tilgen, da der Begriff es immer mit einem doppelten Verweisungs-zusammenhang zu tun hat, indem es nicht nur um die Frage der Verantwortung vor, sondern auch um die Verantwortung für geht. Das letzte Forum, vor dem sich der Mensch zu verantworten hat, ist und bleibt Gott.

2.4.4. Folgen für eine Medienethik

Nach dieser Skizzierung der theologisch-ethischen Grundlagen lassen sich eini-ge Folgen für eine Medienethik aus theologischer Perspektive ableiten:

Die heutige ethisch-theoretische Reflexion stellt sich durch ihre Mehrdimensio-nalität nicht als einheitlicher Gesprächspartner dar, demgegenüber zum Beispiel die Theologie als Gesprächspartner ihre moralischen Positionen lediglich durch Kommunikabilität und rationale Vermittlung in den Diskurs fruchtbar einbrin-gen kann. In der Differenzierung unterschiedlichster Ethostypen wie zum Bei-spiel Utilitarismus, Tugendethik, Existentialethik oder Ethik des kommunikati-ven Handelns spiegelt sich nicht nur unsere moderne pluralistische Gesellschaft wieder, sondern wird auch versucht der unreduzierbaren Vielfalt heute mögli-cher Lebensstile und persönlicher Präferenzen gerecht zu werden. Innerhalb die-ses Differenzierungsprozesses ethischer Reflexion muss sich, wie Josef Römelt fordert, die christliche Ethik zunächst im pluralistischen Kontext verstehen.[391] Damit sind durchaus Schwierigkeiten verbunden, aber auch Chancen und Her-ausforderungen. Gerade in einer Zeit, die gekennzeichnet ist durch eine Mei-nungsvielfalt und einer Vielzahl an Handlungsmöglichkeiten wie niemals zuvor und in der Menschen, hoffnungslos überfordert von diesen Möglichkeiten, sich entweder resigniert zurückziehen oder orientierungslos auf der Suche nach dem

---

[389] Wolfgang Huber, *Konflikt und Konsens. Studien zur Ethik der Verantwortung*, München (Kaiser) 1990, 139.
[390] Vgl. dazu ausführlicher Huber, *Konflikt und Konsens*, 142-145.
[391] Vgl. Josef Römelt, *Christliche Ethik im pluralistischen Kontext. Eine Diskussion der Me-thode ethischer Reflexion in der Theologie*, Münster (Lit) 2000.

Sinn durchs Leben hetzen, ist die Rückbesinnung auf die Fundamente des Glaubens und die ethischen Fundamente der Gesellschaft ein wichtiger Beitrag zur Orientierung und zum zukünftigen Gelingen des gesellschaftlichen Zusammenlebens. Angesichts der heutigen komplexen und sich rasant verändernden Wirklichkeit ist gerade das biblische Ethos relevant wie nie zuvor. Auch das biblische Ethos traf damals wie heute auf einen multikulturellen und multireligiösen Kontext, das gekennzeichnet war von divergierenden Kulturen und religiösen Kulten. Mitten in dieser Welt lebten Menschen, die ihren Glauben zu Christus bekannten und daraus ihre ethische Kraft bezogen, die zu einem konkreten Handeln führte. Christen waren zu allen Zeiten herausgefordert eine christliche Ethik zu beschreiben und diese zu leben. Dies gilt auch für die gegenwärtigen Entwicklungen und auch in Bezug auf die Medien. Dabei kann sich das biblische Ethos als wichtiges Hilfsmittel in der unübersichtlichen Landschaft des Wertepluralismus und der Mediengesellschaft erweisen. Die Bibel ist als Grundlage aller christlichen Ethik ein für unsere Zeit bedeutungsvolles Zeugnis.

Die christliche Ethik ist dabei jedoch nicht als Kasuistik zu verstehen, die für jeden Fall des Lebens von vornherein eine Antwort bereitstellt. Wer diese Auffassung vertritt, gibt die Verantwortung für sein Leben ab, da ihm jede Entscheidung letztendlich durch einen ethischen Regelkanon vorgegeben ist. Dies entspricht aber nicht der Absicht Gottes, denn: "Zur Freiheit hat uns Christus befreit! Steht nun fest und lasst euch nicht wieder durch ein Joch der Sklaverei belasten!" (Gal 5,1) Denn nach biblischem Verständnis ist der Mensch ein zur Freiheit berufenes Gegenüber Gottes. In dieser Freiheit Gott verantwortlich zu leben, ist, wie die theologische Grundlagendarstellung gezeigt hat, der Ansatz jeglicher christlichen Ethik. Die Herausforderung für die Theologie besteht darin, die theologisch möglichen Zusammenhänge und Bezüge für die moralischen Konflikte der modernen Gesellschaft fruchtbar zu machen. Die Chance besteht darin, aus dem theologisch reichen Potential ethischer Reflexion und moralischer Deutung der Gesellschaft eine Hilfe zu sein in der Unübersichtlichkeit ihrer Entwicklung und Ausdifferenzierung moralische Orientierung zu finden.

Die Ethik und das Ethische gehören in den Bereich der Wahrheit der Welt. Für den Christen ist jene Wahrheit jedoch durch das Wort der Schöpfung als Grundgesetz, Sinn und Ordnung in die Welt hineingestiftet worden. Dazu gehören auch menschliche Erkenntnisse und moralische Einsichten. Der Christ erfährt den Zustand der Welt, wie sie ist und den Zustand, den Gott der Welt zugedacht hat. Dabei ist die christliche Lebensorientierung geleitet durch das Endziel der geschichtlichen Erfüllung. Der Mensch erkennt, dass er diesen Zustand ändern kann und soll. Dies ist der Ursprung der christlichen Ethik. Weil der Christ diesen Zustand erkennt, ist er auch verpflichtet, diesen Zustand zu ändern. Damit ist auch der Ursprung der christlich ethischen Verpflichtung umrissen. Daraus ergibt sich auch der Unterschied zu einer allgemeinen Ethikdebatte: Die christliche Ethik ist motiviert durch die verheißene Erfüllung der menschlichen Existenz. Gott hat den Menschen durch Jesus Christus die Möglichkeit einer ewigen Gemeinschaft mit ihm gegeben. Durch ihn wurde den Menschen eine neue Wirklichkeit gebracht, woraus auch ein neues Weltverständnis resultiert. Der Christ kann und soll die Welt zur Entfaltung und Vollendung bringen. Er muss sich mit Engagement für die Verbesserung der Zustände dieser Welt einsetzen. Sein Glaubenswissen stellt ihn in eine persönliche Verantwortung gegenüber der Schöpfung und dem Schöpfer. Der Christ sieht nicht nur die geschichtliche Zukunft, sondern die verheißene, absolute Zukunft, auf die sich die christliche Existenz hinbewegt. Diese persönliche Verantwortung, in die sich der Christ eingebunden sieht, unterscheidet ihn und sein Handeln von Nicht-Gläubigen.

Das spezifisch christlich Ethische liegt somit nicht in bestimmten biblischen Verhaltensnormen, wie man sie im Neuen Testament in den Weisungen Jesu vorfindet und die, wie der Vorwurf lautet, nur den Gläubigen zugänglich sind, sondern liegt in einer neuen Gesinnung der Verbundenheit zu Gott. Der Christ ist aufgefordert und verpflichtet im ethisch richtigen Handeln seine Liebe zu Gott zu bezeugen. Die christliche Ethik unterscheidet sich von der allgemeinen Ethik in der Hinsicht, dass der Christ das Leben in Hinsicht auf eine absolute Zukunft gestaltet. Das Ringen um ethische Richtlinien gehört zum christlichen Lebensverständnis. Die Motivation, aus der eine christliche Ethik heraus entspringt, unterscheidet sie somit von aller anderen Ethik und bietet dadurch die Möglichkeit hilfreiche Modelle für die Bewährung der Lebensexistenz aus anderer Perspektive vorzustellen.

Da die modernen Medien aus dem Leben nicht mehr wegzudenken sind, gehört es auch zur Aufgabe einer christlichen Ethik sich diesem Bereich zuzuwenden und ethische Richtlinien zu entwerfen, um das Zusammenleben der Gemeinschaft auch für die zukünftige Entwicklung zu sichern. Denn zum christlichen Verständnis gehört nicht das Gegebene bloß zu bewahren, sondern mit Engagement zu entwickeln und weiterzubilden. Dies erfordert von den Christen als auch der Theologie und Kirchen, dass sie zunächst die gestiegene ethische Verantwortung hinsichtlich der Medienentwicklung begreifen.[392] Die gesteigerte

---

[392] Vgl. Peter Steinacker, *Die ethische Herausforderung der modernen Medien und die Kirchen*, in: Drägert/ Schneider (Hg.), *Medienethik*, 447-462, hier 459.

Verantwortung ergibt sich nicht aus der eigenen schwindenden religiösen Prägekraft, sondern in erster Linie aufgrund ganz neuer menschlicher Handlungsmöglichkeiten, die es so bisher nicht gab, und die daraus resultierende Notwendigkeit Entscheidungskriterien zu entwickeln. Ist diese gesteigerte Verantwortung begriffen, so erfordert es in einem nächsten Schritt diese auch wahrzunehmen. Diese Wahrnehmung erfordert ein vertieftes Verstehen der Medien und Menschen. Eine dynamisch anthropologisch-theologische Vergewisserung bringt dabei einen pointierten Standpunkt ins Spiel. Durch die Kontextualisierung der Medien und Menschen in anthropologische Zusammenhänge, worin aus theologischer Sicht auch die ethische Verantwortung mit eingeschlossen ist, kann die Theologie einen wichtigen Beitrag zur Medienethik erbringen. Dabei sind anthropologische Versuche nicht als eigenständiger Bereich der Medienethik zu begreifen, sondern als wichtige Grundlage medienethischer Konzepte. Wer über Medien, Mediatisierung und Mediengesellschaft reflektiert, muss sich unweigerlich auch dem dabei zugrunde liegendem Menschenbild zuwenden und dies diskutieren. Für eine Medienethik bedeutet dies:

1. Der Mensch als Ebenbild Gottes hat die Gabe als zur Freiheit geschaffenes Wesen die Medien zu gestalten und zu nutzen, aber auch zugleich die Aufgabe verantwortungsvoll damit umzugehen. In der Mediengesellschaft von heute kommt deshalb jedem Einzelnen, das heißt sowohl den Medienmachern als auch den -nutzern die Aufgabe zu, sich kritisch mit den Medien auseinanderzusetzen.

2. Die ethische Entscheidungsfreiheit des Ja-oder-Nein-Sagen-Könnens, in die wir von Gott gestellt wurden, ist eine Entscheidungs- und Wahlfreiheit, die wir auch in den verschiedenen Medienangeboten verantwortungsvoll wahrnehmen müssen. Dazu gehört nicht nur eine kritische Auseinandersetzung mit den Medien, sondern auch eine deutliche Entscheidung gegen Menschenverachtung, Verletzung der Würde, des Respekts und der Freiheit anderer Personen.

3. Eine Rückbesinnung auf das biblische Ethos kann in Zeiten ethischer Verunsicherung auch hinsichtlich der Medienentwicklung ethische Kraft geben, die zum Handeln anleitet, indem sie nach der Stellung des Menschen in der Medienwelt fragt. Die Medien dürfen den Menschen nicht entmachten. Die Freiheit des Menschen in der Mediengesellschaft ist nur möglich, wenn diese in Verbindung gebracht wird mit einer wertorientierten Verantwortung.

Was ein christliches Menschenbild für medienethische Fragestellungen leisten kann und wie daraus ein Ansatz einer Medienethik entwickelt werden kann, soll im Folgenden genauer betrachtet werden.

2.5. Theologische Aspekte zu einer anthropologischen Medienethik

Versucht man den Stellenwert einer Medienethik zu bestimmen, so bieten sich, wie der Umriss der gegenwärtigen Medienethikdebatte gezeigt hat, je nach Perspektive und ausgehender Fragestellung, unterschiedlichste Möglichkeiten der Wegbeschreitung an. In jüngster Zeit hat dabei besonders das Interesse an anthropologischen Fragen in Teilen der Medien- und Kommunikationswissenschaft zugenommen.[393] Dieses zunehmende Interesse ist als Einsicht zu deuten, dass die Medienkommunikation auch in ihrer Bedeutung für den Menschen und die Kultur erfasst werden muss. Denn wie die bisherigen Darstellungen angedeutet haben, konfrontieren uns die Medienentwicklungen auch mit zunehmenden Veränderungen unserer Lebens- und Alltagswelt, in der sich immer weniger Menschen zu Recht zu finden scheinen.[394] Mit der Forderung nach medienethischen Konzepten geht auch die konkrete ethische Frage nach dem Einfluss der Medien auf unsere Lebenswelt einher. Die Feststellung, dass die Medien unseren Alltag immer mehr durchdringen und auch verändern, führt Friedrich Krotz zu der These, dass der aktive Teil dabei nicht den Medien, sondern den Menschen in ihrem Umgang mit den Medien zukommt, insofern sie diese Veränderungen konstituieren, indem sie "immer mehr Medien für immer neue Aktionen und Prozesse in ihren Alltag einbeziehen"[395].

Eine Hinwendung zu anthropologischen Fragestellungen legt sich daher nahe und kann von theologischer Seite nur begrüßt werden. Der katholische Theologe Alfons Auer unternahm bereits Anfang der achtziger Jahre erste Schritte in diese Richtung und entwickelte Ansätze einer Medienethik, die das Sinnverständnis der Medien- und Kommunikationsprozesse von generell anthropologischen

---

[393] Vgl. dazu z.B. die Beiträge in dem Sammelband von Manfred L. Pirner/ Matthias Rath (Hg.), *Homo medialis. Perspektiven und Probleme einer Anthropologie der Medien*, München (KoPäd) 2003.
[394] Vgl. dazu auch Gerhard Schmidtchen, *Ist Glaube altmodisch? Zur Orientierungskrise der Informationsgesellschaft*, Köln (Bachem) 2001.
[395] Pirner/Rath, *Homo medialis*, 19.

Eckdaten her zu deuten versuchte.[396] Auch die gemeinsame Erklärung der beiden großen christlichen Kirchen *Chancen und Risiken der Mediengesellschaft* von 1997 legt eine grundlegende ethische und anthropologische Orientierung nahe, indem sie die Medien aus Ausdruck menschlicher Kommunikation bestimmt und die ethische Aufgabe darin sieht, die Chancen und Risiken der Medien mit den anthropologischen Voraussetzungen eines christlichen Menschenbildes sowie mit den Zielen eines sozialen Gemeinwesens zu verbinden.[397] Mit der Kontextualisierung der Medien und Menschen in einem anthropologischen Zusammenhang ist eine wichtige Aufgabe theologischer Medienethik formuliert, denn das Mediensystem darf nicht einfach als autonomes System verstanden werden, indem die Frage nach der Bedeutung für den Menschen untergeht.

Der Versuch eine theologische Medienanthropologie zu entwerfen ist jedoch vorweg gleichzeitig zu relativieren, denn die Antworten auf existentielle Fragen, die den Sinn des Wesens des Menschen betreffen, sind nach theologischer Überzeugung Gott allein vorbehalten. Deshalb kann sich eine theologische Anthropologie letztlich nur auf einen Ansatz beschränken und nicht auf einen vollständigen Konzeptentwurf, der auf alle Fragen eine Antwort bietet. Allerdings ist mit dieser zunächst scheinbaren Einschränkung gleichzeitig aber auch ein wichtiger und grundlegender Aspekt in Bezug auf die Medien angesprochen, denn dieser Vorbehalt impliziert zugleich, dass das Bild des Menschen nicht konkret festgelegt werden kann noch darf. Medienethisch schließt sich hier die Frage nach den geformten und vermittelten Menschenbildern der Medien an. Die Theologie gewinnt dabei durch ihre fundamentale Unterscheidung von Gott und Mensch hinsichtlich einer Anthropologie und den Medien ihre ganz eigene Perspektive. Sie kann dadurch zu einer verschärften Wahrnehmung und zu einem vertieften Verständnis der Medien und Menschen beitragen. Durch diese anthropologischen Zusammenhänge ist aus theologischer Sicht auch die ethische Verantwortung des Menschen einbegriffen.

---

[396] Vgl. Alfons Auer, "Besorgtheit um den Menschen. Ethische Überlegungen zu den technischen Entwicklungen bei Rundfunk und Fernsehen", Rede gehalten zum Jahresempfang der Stadt Friedrichshafen am 17.01.1982, gedruckt von der Stadt Friedrichshafen; oder auch: ders., *Anthropologische Grundlegung einer Medienethik*, in: *HCE* 3:535-546.
[397] Vgl. Evangelische Kirche in Deutschland/ Sekretariat der Deutschen Bischofskonferenz, *Chancen und Risiken der Mediengesellschaft*, 47ff.

2.5.1. Medienkommunikation als soziale Kommunikation

Im ersten Kapitel wurden unter 1.3.1. bereits unterschiedliche Verständnisse und Definitionen zum Begriff "Medium" dargestellt und auf die Notwendigkeit einer ausdifferenzierten Begriffsbestimmung hingewiesen. Wenn eine Anthropologie für die Medien hilfreich sein soll, so muss neben der bereits mehrdimensionalen ethischen Reflexion auch der Medienbegriff mehrdimensional herangezogen werden. Deshalb ist es erforderlich, wenn man auf die Herausforderungen, vor die uns die neuen Medien heute stellen, eingehen will, sich nicht nur mit dem Medienbegriff, sondern auch mit dem Kommunikationsbegriff auseinanderzusetzen und diesen mit einzubeziehen.

Medien und Kommunikation sind nicht nur nach theologischem Verständnis eng miteinander verbunden und grundsätzlich kontextuell schwer zu definieren. Auch die Kommunikationswissenschaft hat unterschiedlichste Definitionsmodelle vorgelegt[398], die sich jedoch durch Abstraktheit auszeichnen und in Bezug auf die Wirklichkeit ihrerseits Probleme aufwerfen. Das traditionelle Modell des massenmedialen Kommunikationsprozesses geht, wie die nachfolgende Darstellung zeigt, so beispielsweise von einer linearen Wirkung aus[399]:

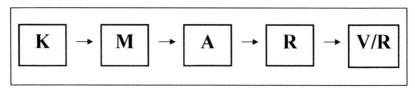

Abbildung 3: Lineares Kommunikationsmodell[400]

---

[398] Vgl. dazu z.B. Siegfried J. Schmidt/ Guido Zurstiege, *Wissenschaftliche Kommunikationsmodelle*, in: Irene Neverla u.a. (Hg.), *Grundlagentexte zur Journalistik*, Konstanz (UVK) 2002, 89-99.

[399] Das lineare Kommunikationsmodell haben 1949, basierend auf der Lasswell-Formel (wer sagt was zu wem über welchen Kanal und mit welchen Auswirkungen?), Claude Shannon und Warren Weaver als mathematisches oder technisches Modell vorgestellt. Vgl. Claude E. Shannon/ Warren Weaver, *The mathematical theory of communication*, Urbana (University of Illinois Press) 1949, 5. Auf dieses Model wurde in der Kommunikationswissenschaft immer wieder zurückgegriffen.

[400] Die Graphik ist entnommen aus: Karsten Renckstorf, *Media use as social action: a theoretical perspective*, 21, in: ders. u.a. (Hg.), *Media use as a social action. A European approach to audience studies*, London u.a. (Libbey) 1996, 18-31.

Die lineare Wirkung nimmt dabei ihren Ausgang beim Kommunikator [K], vollzieht sich über das Medium [M] und dessen Aussagen [A] hin zum Rezipienten [R] und spiegelt sich abschließend im Verhalten des Rezipienten wider [V(R)].[401] Bei diesem Modell steht das Medium im Zentrum, da diesem die größte Bedeutung zugeschrieben wird. Ihm entspricht auch das so genannte Reiz-Reaktions-Schema. Beide Modelle verdeutlichen, dass dem Rezipienten gegenüber dem Medium und den dadurch vermittelten Inhalten eine passive Rolle zukommt. Durch die Linearität sind Rückwirkungsmöglichkeiten weitgehend ausgeschlossen. Stattdessen stehen die Ziele und Absichten der Medien und der diese produzierenden Medienmacher im Zentrum der Überlegungen. Dieser Mangel wurde jedoch innerhalb der Kommunikationswissenschaft bald erkannt, so dass man sich darum bemühte, weitere Modelle zu entwickeln.[402] 1977 hat Klaus Merten einen Versuch unternommen unterschiedliche Kommunikationsdefinitionen zusammenzutragen und ihre Gemeinsamkeiten zu finden, ohne jedoch zu allgemein akzeptierten Ergebnissen zu gelangen.[403] Eine Ursache dafür liegt in der Beschränkung der Kommunikationswissenschaft mit Fokus auf die Massenmedien, wie sie das dargestellte Modell in Abbildung 3 zeigt.

Auch die berühmte Lasswell-Formel des US-amerikanischen Politik- und Kommunikationswissenschaftlers Harold D. Lasswell (1902-1976) von 1948, an der sich die Kommunikationswissenschaft orientiert (verkürzt: Wer sagt was zu wem über welchen Kanal und mit welchen Auswirkungen?), benennt ihr Aufgabengebiet, aber zugleich jedoch auch ihre Selbstbeschränkung. Die Kommunikation wird hier nicht anders verstanden als ein kausal erklärbarer Mechanismus, der sich lediglich auf Einzelereignisse beschränkt. Kommunikative Akte werden isoliert betrachtet und soziale Kontexte und individuelle Lebenserfahrungen ausgeblendet. Das Ergebnis ist, dass der Rezipient zum passiven Empfänger reduziert wird, was der tatsächlichen Mediensituation nicht gerecht wird. Hiermit

---

[401] Vgl. Renckstorf, *Media use as social action*, in: ders. u.a. (Hg.), *Media use as a social action*, 21.

[402] Beispielsweise das Publikumszentrierte Modell, das nicht von der Frage "Was machen die Medien mit den Menschen?", sondern von der Frage "Was machen die Menschen mit den Medien?" ausgeht und damit den Schwerpunkt nicht auf die Wirkung der Medien, sondern auf die Konsequenzen, die Medienkommunikation zur Folge haben, legt. Oder das Kulturzentrierte Modell, das darüber hinaus auch die gesellschaftlichen und sozialen Umstände einzubeziehen versucht. Vgl. dazu ebd., 21ff. Oder aber auch das symmetrische Modell von Horst Reimann, das mehrere Stufen des Kommunikationsprozesses unterscheidet. Vgl. Horst Reimann, *Kommunikation*, in: ders. (Hg.), *Basale Soziologie. Hauptprobleme*, Band 2, München ²1979, 192-197.

[403] Klaus Merten, *Kommunikation. Eine Begriff- und Prozessanalyse*, Opladen (Westdeutscher Verlag) 1977, 26ff.

ist eine fundamentale Schwäche der Medienforschung angezeigt, die von einer unzureichenden Thematisierung des Zusammenhangs von Lebenswelt und Medienrezeption gekennzeichnet ist. Zwar wurde dieses Defizit von der Medienforschung selbst erkannt und versucht dies in weiterentwickelten Modellen[404] zu berücksichtigen, doch mit keinem befriedigenden Ergebnis.[405] Dies ist mitunter ein Grund dafür, dass in der Medienforschung nicht nur eine Vielfalt an zusammenhanglosen Einzelergebnissen und Widersprüchlichkeiten vorzufinden ist, sondern die Medienforschung auch den zunehmenden ethischen Fragen weitgehend sprachlos gegenübersteht. So stellt auch Gregor M. Jansen fest:

"Die frühere Medienwirkungsforschung basierte wesentlich auf einem falschen Menschenbild und darin begründet sich ihre weitgehende Ergebnislosigkeit und Untauglichkeit zur adäquaten Erklärung der Phänomene massenmedialer Rezeption. Generalisierbare Wirkungen medialer Inhalte sind nicht nachweisbar und wohl auch nicht vorhanden."[406]

Im Prozess der Kommunikation - das hat mittlerweile auch die Kommunikationswissenschaft erkannt -, geschieht eindeutig mehr als lediglich eine Reaktion seitens des Rezipienten auf einen Reiz seitens des Kommunikators. Kommunikation ist nicht nur ausschließlich als individuelle kausale Reaktion zu verstehen, sondern als "soziale Kommunikation", die ein Handeln aufgrund vieler wechselseitiger Beziehungen darstellt.[407] Ausgangspunkt ist dabei der Rezipient, der als aktives Handlungssubjekt dazu fähig ist, über sein Leben im Rahmen gesellschaftlicher Bedingungen in Selbstverantwortlichkeit zu entscheiden und sein mediales Handeln intentional gestalten kann.[408] Dabei spielen der soziale Kontext und das jeweilige Normensystem, in die das Individuum eingebunden ist, eine maßgebliche Rolle.

---

[404] Vgl. dazu die Anmerkungen 402 und 403.
[405] Vgl. Jürgen Fritz, *Wie virtuelle Welten wirken*, Quelle: <http://www.bpb.de/themen/F9RBMC,0,0,Wie_virtuelle_Welten_wirken.html> (27.11.2003), [o.S.].
[406] Jansen, *Mensch und Medien*, 91.
[407] Vgl. Alfons Auer, *Verantwortete Vermittlung. Bausteine einer medialen Ethik*, in: Jürgen Wilke (Hg.), *Ethik der Massenmedien*, Wien (Braumüller) 1996, 41-52, hier 42.
[408] Vgl. Michael Charlton/ Klaus Neumann-Braun, *Medienthemen und Rezipiententhemen. Einige Ergebnisse der Freiburger Längsschnittuntersuchung zur Medienrezeption von Kindern*, in: Winfried Schulz (Hg.), *Medienwirkungen. Einflüsse von Presse, Radio und Fernsehen auf Individuum und Gesellschaft*, Forschungsbericht der Deutschen Forschungsgemeinschaft (DFG), Weinheim (Acta Humaniora) 1992, 9-24, hier 10.

Der Versuch den Kommunikationsprozess in einem Modell darstellen zu wollen, muss deshalb von vornherein als defizitär erscheinen, denn jeder Modellversuch muss zwangsläufig früher oder später einen Vorgang als Ablauf rein isoliert betrachten, wobei wesentliche Einflüsse, wie zum Beispiel die individuelle Emotion der beteiligten Person unberücksichtigt bleiben muss. Das theologisch bestimmte Beziehungsgeflecht, das im vorangehenden Punkt 2.4.2.2. dieser Arbeit genauer bestimmt wurde und in das der Mensch als Geschöpf Gottes eingebunden ist, beschreibt diese komplexe Beziehungen und könnte deshalb auch durchaus in der Kommunikationswissenschaft als Hilfe herangezogen werden. Denn Medienkonsum bewirkt nicht nur eine Interpretation, die der individuellen Interpretation unterliegt, das heißt von individuellen Erfahrungen und Stimmungen abhängig ist, sondern eben auch vom sozialen Umfeld, d.h. in dem Beziehungsgeflecht, in dem der Mensch lebt. Damit rückt der Rezipient in den Mittelpunkt. Dabei ist auch, hinsichtlich der zahlreichen Kommunikationsmodelle, kritisch anzufragen, ob der vom Sender vermittelte und intendierte Sinn mit dem vom Rezipienten verstandenen Sinn überhaupt übereinstimmt. Möglicherweise versteht der Empfänger den Sinn ganz anders oder überhaupt nicht. Es ist folglich davon auszugehen, dass die Herstellung des Sinnzusammenhangs auch auf Seiten des Empfängers liegt. "Die Sinnsymboliken der Medienproduzenten werden vom Medienrezipienten sinndeutend und sinninterpretierend verarbeitet."[409] So kommt dem Rezipienten eine aktive Rolle im Kommunikationsprozess zu, indem "der Rezipient im Kommunikationsprozess nicht reiner 'Empfänger' bleibt, sondern im Vorgang des Verstehens eine eigene Interpretationsleistung erbringt - für die er auch selbst verantwortlich ist"[410].

Diese Auffassung gegen die gängigen Kommunikationsmodelle wird auch von Niklas Luhmann vertreten.[411] Durch die Herstellung eines Sinnzusammenhangs behält der Rezipient seine aktive Rolle, selbst wenn er nicht die Möglichkeit zu einer direkten Reaktion, zum Beispiel einem Feedback gegenüber dem Sender,

---

[409] Charlton/Neumann-Braun, *Medienthemen und Rezipiententhemen*, in: Schulz (Hg.), *Medienwirkungen*, 10.

[410] Jansen, *Mensch und Medien*, 47.

[411] Vgl. Jürgen Habermas/ Niklas Luhmann, *Theorie der Gesellschaft oder Sozialtechnologie - Was leistet die Systemforschung?*, Frankfurt a. M. (Suhrkamp) 1971, 42: "Kommunikation ist keineswegs [...] ein Vorgang der 'Übertragung' von Sinn bzw. Information; sie ist gemeinsame Aktualisierung von Sinn [...]. Die Vorstellung einer Übertragung scheitert schon daran, dass sie die Identität des zu Übertragenden und damit die Aufgabe des Besitzes bei Weitergabe, also irgendeine Form von Summenkonstanz voraussetzt. Als Identisches fungiert in der Kommunikation indes nicht eine übertragene, sondern eine gemeinsam zugrunde gelegte Sinnstruktur [...]."

hat oder diese nicht wahrnimmt. Die Medienrezeption ist deshalb durchaus als aktives Handeln der Nutzer zu qualifizieren.

Die Vernachlässigung des Rezipienten kann aber nicht nur in der Kommunikationswissenschaft, sondern auch in der Medienethik kritisiert werden. Nach wie vor widmet sich der größte Teil medienethischer Publikationen und Angebote mehr den Bereichen der Medienproduktion, wie zum Beispiel dem journalistischen Berufsethos oder den Eigenstrukturen der Massenmedien, und weniger der "Gegenseite", nämlich den Rezipienten.[412] Dies erscheint umso erstaunlicher, als doch die Adressaten der medialen Kommunikation das eigentliche Ziel darstellen, indem die Medien letztendlich darum bemüht sind, den Rezipienten, also den Leser, Hörer oder Zuschauer, zu "erreichen". Erst in letzter Zeit scheint sich diese Erkenntnis auch in den medienethischen Publikationen vermehrt abzuzeichnen, indem man sich spezifisch dem Versuch eines Entwurfs einer Rezipientenethik zuwendet.[413] Dabei stammen die Beiträge vorwiegend von theologischen Vertretern.[414] Bedenkt man die theologische Grundlage des Beziehungsgeflechts, in das der Mensch als Ebenbild Gottes eingebunden verstanden wird, so erscheint dies nicht weiter überraschend. Gerade eine theologische Anthropologie kann in Bezug auf die Bewertung der Medien nicht nur für die Kommunikationswissenschaft, sondern auch für die Medienethik hilfreich sein. Denn wenn man wissen will, wie man sich richtig - zum Beispiel in Bezug auf Medien - verhalten soll, muss man wissen, was Medien für das menschliche Le-

---

[412] Vgl. z.B. Rüdiger Funiok, *Grundfragen einer Publikumsethik*, in: ders. (Hg.), *Grundfragen der Kommunikationsethik*, Konstanz (UVK) 1996, 107-122: "Spricht man von Medienethik, so denkt man zunächst an die journalistische Berufsethik und an die Ethik des Organisationskontextes, in welchem Journalisten arbeiten. [...] Dass auch die Mediennutzung der Rezipienten ethische Überlegung verdient, ist weniger üblich [...].", 107. Eine Rezipientenethik ist deshalb "ein oft vergessener Teil der Medienethik", 107; vgl. ferner auch Wolfgang Wunden, *Auch das Publikum trägt Verantwortung*, in: Funiok (Hg.), *Grundfragen der Kommunikationsethik*, 123-132.
[413] Vgl. z.B. Jansen, *Mensch und Medien*. Der Ansatz einer an Nutzern orientierten Medienethik wird jedoch nach wie vor in Frage gestellt, vgl. beispielsweise Eike Bohlken, *Medienethik als Verantwortungsethik. Zwischen Macherverantwortung und Nutzerkompetenz*, in: Debatin/ Funiok (Hg.), *Kommunikations- und Medienethik*, 35-49: "Eine Rezipientenethik bildet zwar unbestreitbar einen Teilbereich der Medienethik, vermag aber allenfalls einen kleinen Beitrag zu deren Begründung zu leisten und bildet daher nicht den richtigen Ansatzpunkt für eine Begründung der Medienethik. Besondere Verantwortlichkeiten entstehen weniger auf Seiten der Mediennutzer als vielmehr auf Seiten der Medienmacher.", 42. Bohlken bezieht sich jedoch auf eine überholte Sicht des Massenkommunikationsprozesses, welche den Rezipienten im Wesentlichen, wie in den oben dargestellten Modellen, auf den Empfänger medialer Inhalte im Sinne eines passiven Teilnehmers reduziert.
[414] Vgl. z.B. die in dieser Arbeit häufiger zitierten Beiträge von Thomas Hausmanninger, Gregor M. Jansen und Elmar Kos.

ben bedeuten, welche Sinnwerte sie bieten und welchen Ordnungsgesetzen sie folgen. Erst wenn man darum weiß, kann man auch wissen, wie man sich in dem Bereich verhalten sollte, damit dieser Bereich seine Bedeutung für einzelne Menschen und für die menschliche Gemeinschaft in optimaler Weise erfüllen kann. Dabei ist aber ebenso auf die Motivation hinzuweisen, die jeder ethischen Reflexion zugrunde liegt und mitbedacht werden muss. Wie Arthur F. Holmes schreibt, sind die Motive und Intentionen "nicht weniger als Handlungen ethisch von Bedeutung"[415]. So kann man sich zwar ethisch richtig verhalten, aber aus falschen moralischen Motiven. Veröffentlicht zum Beispiel ein Journalist einen Artikel über den unerklärlichen Tod eines Leistungssportlers, verhält er sich zwar in dem Sinne ethisch richtig, indem er versucht auf die umstrittenen Methoden im Leistungssport hinter den Kulissen aufmerksam zu machen, geschieht dies aber, weil er sich eine höhere Gage oder mehr Reputation erwartet, geschieht das ethisch richtige Handeln aus den falschen moralischen Motiven. Dementsprechend gibt es auch eine spezifisch christliche Motivation, aus der ethisches Handeln heraus erfolgt und die die christliche Ethik von jeder anderen Ethik unterscheidet, so wie dies in den vorausgehenden Darstellungen verdeutlicht wurde. Auch eine theologische Anthropologie ist so geprägt, kann aber dennoch, wenn sie für das Verstehen und Bewerten der heutigen Medien hilfreich sein soll, von unterschiedlichen Ansatzpunkten gewonnen werden.

Den Begriff der "sozialen Kommunikation" haben auch Wolfgang Wunden und Elmar Kos aufgegriffen und ihn, in Rückgriff auf die Päpstliche Pastoralinstruktion *Communio et Progressio* von 1971 mit dem theologischen Personenbegriff in Beziehung gesetzt. Elmar Kos, der in seiner Dissertation nach der medialen Vermittlung und ihrer Bedeutung für die Orientierung des Rezipienten fragt, entwickelt seine Untersuchung mit dem Titel *Verständigung oder Vermittlung?* in Analogie zur Pastoralinstruktion ausgehend von der Auffassung, dass das "Urbild aller Kommunikation und damit aller Gemeinschaft (…) die innertrinitarische Communio"[416] ist. Zum ethischen Kriterium wird die Frage, ob die Medien der menschlichen Kommunikation und damit letztendlich der Gemeinschaft, d.h. der sozialen Kommunikation dienlich sind. Die Bestimmung der medialen Kommunikation als soziale Kommunikation, d.h. als Gespräch der Gesellschaft, in dem Rezipienten und Kommunikatoren wechselseitig aufeinander bezogen sind, lässt sich auf die theologisch-anthropologische Bestimmung des

---

[415] Arthur F. Holmes, *Wege zum ethischen Urteil: Grundlagen und Modelle*, Wuppertal (Brockhaus) 1987, 115.
[416] Vgl. Elmar Kos, *Verständigung oder Vermittlung? Die kommunikative Ambivalenz als Zugangsweg einer theologischen Medienethik*, Frankfurt a. M. u.a. (Peter Lang) 1997, 20.

Menschen als Ebenbild Gottes, als freiheitliche eigenständige Person und doch als soziales Beziehungswesen zurückführen. Durch dieses wechselseitige Verhältnis könne die Trinität zum Modell der medialen Kommunikationsgemeinschaft herangezogen werden, indem sie auf Reziprozität, Vermittlung als Verständigung und soziale Kommunikation ausgerichet ist. Diesem Ansatz folgt auch Elmar Kos in seiner Arbeit.[417]

Ein ähnlicher Ansatz legt sich durch die Darstellungen im vorausgehenden Kapitel auch für die vorliegende Arbeit nahe, doch wurde dabei bewusst auf die innertrinitarische Gottesvorstellung verzichtet. Solch ein theologisch-anthropologischer Ansatz birgt nämlich die Gefahr, personalistisch verengt zu werden und die Welt an sich aus dem Blick zu verlieren. Die vorliegende Arbeit bezieht daher die schöpfungstheologische Perspektive mit ein, da sich nur dadurch die gesamte Wirklichkeit der Kommunikations- und Medienprozesse, in der sich auch der Mensch vorfindet, verstehen lässt.

2.5.2. Die Medialität des Menschen

Mit der Medialität des Menschen in der Welt ist nicht ein neues anthropologisches Charakteristikum bestimmt, dass den Menschen im modernen Medienzeitalter bestimmt, sondern den Menschen vielmehr von Beginn seiner Existenz an immer schon in Medien "eingewoben" beschreibt[418] und somit durch eine grundlegende "Medialität" charakterisiert.[419] Eine Anthropologie der Medien hat sich dabei mit zwei Fragen zu beschäftigen: zum einen mit der Frage, welches Menschenbild in den Medien vermittelt wird und zum anderen - durchaus auch damit einhergehend - mit der Frage, welche Veränderungen des Menschen, z.B. hinsichtlich seiner Kommunikation, sich in der Mediengesellschaft beobachten lassen. Dem soll vor allem im nächsten Kapitel nachgegangen werden. Hier ist jedoch zunächst darauf aufmerksam zu machen, dass der Mensch aus schöpfungstheologischer Perspektive von Gott in Medialität geschaffen und berufen worden ist. Die Sprache ermöglicht ihm sich in der Welt zurechtzufinden, Macht auszuüben, aber auch gleichzeitig Verantwortung wahrzunehmen. In Genesis 2 erhält der Mensch so zunächst die Aufgabe die Schöpfung zu bewahren (vgl. Gen 2,15) und durch die Sprache ist es ihm möglich, dass er den von Gott geschaffe-

[417] Vgl. Kos, *Verständigung oder Vermittlung?*, 20ff.
[418] Vgl. Wiegerling, *Medienethik*, 234.
[419] Vgl. Wolfgang Müller-Funk, *Ouvertüren zu einer Medialität des Menschen*, in: ders./ Hans Ulrich Reck (Hg.), *Inszenierte Imagination. Beiträge zu einer historischen Anthropologie der Medien*, Wien u.a. (Springer) 1996, 63-86.

nen Tieren einen Namen gibt (vgl. Gen 2,19): Kommunikation und Medialität des Menschen sind damit als Grund seiner Freiheit wie auch seiner Pflicht zur Verantwortung zu begreifen, indem der Mensch als sozial geschaffenes Wesen in Beziehung zu Gott, der Welt und allem Sein steht. Zu seiner Freiheit gehört folglich auch die Aufgabe, Verantwortung für alle medialen Kommunikationshandlungen zu übernehmen. Hier ist die Herausforderung der modernen Medien für den Menschen angedeutet, indem er dem Humanen im sozialen als auch im mitgeschöpflichen Sinne nachgehen muss. Durch Freiheit, Eigenverantwortung und Beziehungsfähigkeit muss der Mensch seine Medialität und damit auch sein Verhältnis zu den Medien bestimmen. Denn er hat die Möglichkeit sein Verhältnis zu sich selbst, zu seinen Mitmenschen und zu seiner ihn umgebenden Welt auch durch die Medien zu gewinnen. Dazu ist er allerdings nicht geboren. Das Fundament jeglicher Medienverwendung muss erlernt werden. Diese Aufgabe kommt der Erziehung zu. Darauf wird in Kapitel 4 genauer eingegangen. Angedeutet sei hier lediglich, dass eine tiefer gehende anthropologische Betrachtung des Verhältnisses von Mensch und Medien das entscheidende Fundament für die unterschiedlichsten disziplinären Zugänge zur Medienproblematik bilden kann.

2.5.3. Ethik der Medienrezeption

Der Diskurs über eine Ethik der Medienrezeption ist innerhalb der Medienethikdebatte vergleichsweise jung. Angesichts der bisherigen Darstellungen erscheint es nicht weiter verwunderlich, dass viele Beiträge dazu vorwiegend von theologischen Vertretern stammen. Die neuerlichen Versuche sich solch einer ethischen Betrachtung zuzuwenden, mögen mit der Tatsache einhergehen, dass der medienethische Diskurs anfänglich eher kommunikationswissenschaftlich geprägt war, während sich nun aber auch verstärkt geisteswissenschaftliche Disziplinen daran beteiligen. Die relativ späte Hinwendung mag ihre Ursache aber auch darin finden, dass sich hier Fragen auftun, die komplexer sind als anderswo. Dies beginnt bereits bei der grundlegenden Frage, wer oder was überhaupt mit "Öffentlichkeit" gemeint ist, auf die die Medieninhalte treffen. Eine klare Definition von "Öffentlichkeit" fällt nämlich trotz zahlreicher wissenschaftlicher Auseinandersetzungen zu dieser Thematik auch heute noch schwer.[420] Hinsicht-

---

[420] Von Öffentlichkeit wird heute selbstverständlich in alltagssprachlichen Zusammenhängen gesprochen. Die Begriffsverwendung bezeichnet dabei zunächst die Unterscheidung von privat und öffentlich, d.h. als öffentlich gilt, was allgemein bekannt ist. In einem engeren Sinn dagegen meint Öffentlichkeit das, was von den Medien als Information vermittelt und damit zur Diskussion gestellt wird. Was öffentlich wird, ist somit einerseits in modernen Gesellschaften zu einem großen Teil mediengesteuert, andererseits wird es zugleich vom Interesse

lich einer Medienrezeption schließt sich daran sofort die nächste grundlegende Frage an, die ebenso problematisch erscheint, nämlich welche Rolle diese schwer zu bestimmende "Öffentlichkeit" im Medienprozess spielt. Diese und ähnliche Fragen stellen sich insbesondere dann, wenn an diese "Öffentlichkeit" ethische Herausforderungen gestellt und in die Pflicht der Verantwortung genommen werden soll. Insgesamt stellt sich jedoch auch eine begriffliche Schwierigkeit ein, wenn danach zu fragen ist, wie sozusagen "die andere Seite" der Medienkommunikation bezeichnet werden soll. Wolfgang Wunden kritisiert beispielsweise sowohl den Begriff Rezipient, weil damit das Bild einer zu passiven Rolle assoziiert wird - ähnliches legt auch die Bezeichnung Konsument nahe -, wie auch den des Publikums, da dieser einen Kollektivbegriff darstellt. Er schlägt demgegenüber den Begriff "Medienteilnehmer" vor, um ihren aktiven Charakter zu verdeutlichen, wenngleich er eingestehen muss, dass dieser Begriff doch "sehr spröde"[421] ist und er selbst an anderer Stelle wiederum von "Rezeptionsethik" spricht.[422]

Darüber hinaus gewinnt auch die Frage nach der Kommunikation einen neuen Stellenwert, denn es ist auch danach zu fragen, wie die Medien mit den Medienteilnehmern kommunizieren oder ob man dabei überhaupt von Kommunikation

---

des Publikums bestimmt, d.h. es muss interessant sein und als wichtig rezipiert werden können. Die von den Medien bestimmte Öffentlichkeit stimuliert u.a. auch den politischen Diskussionsprozess und bildet damit die öffentliche Meinung. Öffentlichkeit und öffentliche Meinung sind deshalb zu unterscheiden. Zum Begriff der Öffentlichkeit vgl. z.B. die Beiträge in Peter Szyszka (Hg.), *Öffentlichkeit. Diskurs zu einem Schlüsselbegriff der Organisationskommunikation*, Opladen/Wiesbaden (Westdeutscher) 1999. Oder auch: Jürgen Schiewe, *Öffentlichkeit. Entstehung und Wandel in Deutschland*, Paderborn u.a. (Schöningh) 2004. Der Vollständigkeit wegen ist an dieser Stelle auch auf die Debatte um den Strukturwandel der Öffentlichkeit zu verweisen, mit der Jürgen Habermas Anfang der sechziger Jahre dem Begriff der bürgerlichen Öffentlichkeit Eingang in das sozialwissenschaftliche Begriffsinventar verschaffte. Vgl. Jürgen Habermas, *Strukturwandel der Öffentlichkeit. Untersuchungen zu einer Kategorie der bürgerlichen Gesellschaft*, Neuwied (Luchterhand) 1962. Habermas' Konzept des Strukturwandels der Öffentlichkeit wird auch heute noch rege diskutiert. Vgl. dazu z.B. die Beiträge in dem Sammelband von Lennart Laberenz (Hg.), *Schöne neue Öffentlichkeit. Beiträge zu Jürgen Habermas' Strukturwandel der Öffentlichkeit*, Hamburg (VSA) 2003.
[421] Wolfgang Wunden, *Wahrheit als Medienqualität*, hrsg. vom Gemeinschaftswerk der Ev. Publizistik, Frankfurt a. M. 1996, 124.
[422] Vgl. Wolfgang Wunden, *Medien zwischen Markt und Moral*, Stuttgart (Steinkopf) 1989, 273. Auch in der weiteren Fortführung dieser Arbeit soll der Begriff "Medienteilnehmer" vorgezogen werden, um die Aktivität der Menschen im Medienprozess hervorzuheben. Allerdings kann und soll auch auf den Begriff des Rezipienten nicht ganz verzichtet werden.

sprechen kann.[423] Die Kommunikationsforschung hat mittlerweile diesen Perspektiven- und Paradigmenwechsel hin zur Rezipientenforschung vollzogen, kommt aber nach wie vor nur zu recht diffusen und unbefriedigenden Ergebnissen.[424] Dies ist aber auch nicht weiter verwunderlich, wenn man bedenkt, dass sich bei der Auseinandersetzung mit individuellen Medienwirkungen zwei komplexe Faktoren gegenüberstehen. Denn auf der einen Seite gilt es ein sich beständig weiterentwickelndes und ausdifferenzierendes Medienangebot zu berücksichtigen und zu analysieren, und auf der anderen Seite stehen die nicht minder komplexen Rezipienten mit ihren unterschiedlichen Eigenschaften, Fähigkeiten und Interessen. Medienwirkungen und Rezipientenmerkmale verbinden sich auf komplizierte Weise miteinander. Dabei ist die Rezeption von Medien auch nicht als einmaliges Ereignis zu verstehen, sondern als Prozess, der sich über einen längeren Zeitraum erstreckt. So werden beispielsweise vorherige Medienwirkungen in die aktuelle Rezeption mit eingebracht und bestimmten auch die Auswahlentscheidung.[425] Darüber hinaus spielt auch die individuelle Rezeptionssituation eine Rolle. Menschen haben sehr unterschiedliche Motive, sich den Medien zuzuwenden und gehen deshalb auch sehr unterschiedlich mit den Medieninhalten um. Schon allein der Unterschied zwischen aktiver und passiver Mediennutzung lässt sich wissenschaftlich nicht genau festmachen. Darauf wird hinsichtlich medialer Erfahrungen im nächsten Kapitel nochmals zurückzukommen sein. Zunächst soll dieser, zugegebenermaßen äußerst kurze Diskurs zu einer komplexen theoretischen Fragestellung, an dieser Stelle jedoch primär verdeutlichen, wie unklar alle Bestimmungen hinsichtlich der Medienteilnehmer sind. Dieser Aspekt bleibt innerhalb medienethischer Debatten weitgehend unberücksichtigt und kann auch im Rahmen der vorliegenden Arbeit nicht ausreichend diskutiert werden. Es soll jedoch die Frage nach der Verantwortung an ein Medienpublikum gestellt werden, beziehungsweise wie an die Medienteilnehmer Verantwortung herangetragen werden kann. Diese Thematisierung der angedeuteten Fragen erfolgt derzeit im Wesentlichen auf vier Ebenen: Diese sind erstens die Ebene der "Staatsbürgerlichen Mitverantwortung für Medien", zweitens die "Verantwortung für sich selbst und die eigene Freizeit", drittens die Ebene der "Verantwortung für Heranwachsende in der Erziehungsarbeit" und viertens eine Ebene, auf der es um die Begründung von und die Forderung nach

---

[423] Vgl. Larissa Krainer, *Medien und Ethik. Zur Organisation medienethischer Entscheidungsprozesse*, München (KoPäd) 2001, 179: "Zu fragen ist nämlich nicht nur: 'Wer ist das Publikum?', sondern auch: 'Wie wird von Massenmedien mit diesem kommuniziert?'"
[424] Vgl. in diesem Kapitel Punkt 2.5.1., 184ff.
[425] Vgl. Monika Suckfüll, *Rezeptionsmodalitäten. Ein integratives Konstrukt für die Medienwirkungsforschung*, München (Fischer) 2004, 13.

einer kollektiven Verantwortung im Umgang mit Medien geht. Auf allen Ebenen wird der Versuch unternommen, Forderungen für die Wahrnehmung individueller Verantwortung zu erstellen. Eine Darstellung dieser Ansätze anhand dieser Ebenen gibt Larissa Krainer in ihrem Buch *Medien und Ethik*.[426] Dabei verweist sie zunächst hinsichtlich der staatsbürgerlichen Mitverantwortung[427] darauf, dass diese Mitverantwortung nicht nur alle mündigen Bürger und Bürgerinnen trifft, sondern auch weit über ein bloßes Wahlverhalten hinausgeht.[428] Politisches Handeln ist mehr als nur ein Zusammentreffen, um zu diskutieren, beraten und zu beschließen, sondern es ist auch ein gemeinsames Handeln.[429] Im individuellen Bereich umfasst die Verantwortungsübernahme zunächst einmal die bewusste Entscheidung für Mediennutzung und andererseits aber auch die bewusste Wahrnehmung der Tatsache, dass eine Entscheidung für ein spezielles Programm auch einen partiellen Verzicht auf andere nicht-gewählte Medieninhalte mit sich bringt.[430] Sie betont hier wie wichtig es ist, Entscheidungen zu treffen, eine Auswahl vorzunehmen und Nachfrage nach bestimmten Produkten oder Inhalten zu erzeugen.

Ähnlich argumentiert auch Rüdiger Funiok, dessen Interesse den Wahlentscheidungen von Mediennutzer und Mediennutzerinnnen gilt. Um nicht in die Falle des Moralisierens zu geraten, stellt er seinen Ausführungen eine "Anthropologie des Publikums" voran, die im Wesentlichen drei Aspekte umfasst: die aktive und bewusste Auswahl in der Medienrezeption (wobei diese vom jeweiligen sozialen Kontext abhängig ist), die Divergenz innerhalb des Nutzungsverhaltens (das einerseits sehr privat, andererseits aber auch via Einschaltquoten öffentliche Bedeutung erlangt) und drittens die Forderung nach einer positiven Sichtweise des Bedürfnisses nach Unterhaltung, die sich gegen ethische Urteile verwehren muss, die nur hochqualitative Inhalte gelten lassen. Funioks Plädoyer gilt einer "menschenfreundlichen" Theorie der Mediennutzung, in der nicht nur Bildung,

---

[426] Vgl. Krainer, *Medien und Ethik*, 182-206. Die Autorin verweist jedoch auch zu Recht darauf, dass ethische Entscheidungen nicht allein den Individuen zugemutet werden können, denn die Komplexität allein deutet auf die Grenzen individueller Entscheidungskompetenz hin. Sie plädiert für und orientiert sich deshalb in ihrer Arbeit an einer Etablierung kollektiver Organisationsformen zur Diskussion medienethischer Fragen; vgl. dazu 18-19.

[427] Vgl. GG Art. 20 (2): "Alle Staatsgewalt geht vom Volke aus. Sie wird vom Volke in Wahlen und Abstimmungen und durch besondere Organe der Gesetzgebung, der vollziehenden Gewalt und der Rechtsprechung ausgeübt." Und GG Art. 33 (1): "Jeder Deutsche hat in jedem Lande die gleichen staatsbürgerlichen Rechte und Pflichten." Das Grundgesetz kann im Internet abgerufen werden unter: <http://www.bundesregierung.de>.

[428] Vgl. Krainer, *Medien und Ethik*, 182f.

[429] Vgl. ebd., 183.

[430] Vgl. ebd., 187.

sondern auch Spiel und Unterhaltung positiv gesehen werden.[431] Solch eine grundsätzlich positive Bewertung sieht er als wichtige Voraussetzung für eine ausgewogene Publikumsethik.[432]

Es wird hier deutlich, dass anders als in der klassischen Medienwirkungsforschung, ein Ansatz, der sich am Medienteilnehmer orientiert, die aktive Nutzung der Medien durch den Rezipienten in den Blick nimmt. In diesem Zusammenhang erscheint vor allem das Medium Fernsehen nicht nur als vermittelnde Instanz, sondern auch als unmittelbarer sozialer Erfahrungsbereich. Vor allem in der Verantwortung für Heranwachsende wird hier bereits die Nähe zur Medienpädagogik evident. Dabei stellt sich die Frage, wie Medienerziehung in den Institutionen verankert werden muss und welchen Inhalten sie verpflichtet sein soll. Insgesamt geht es bei der Verantwortung der Erziehungsarbeit im Kontext der Medienethik einerseits um die Förderung der Medienkompetenz und andererseits um die zunehmende Wichtigkeit, Kindern und Heranwachsenden die Divergenz zwischen virtueller und praktischer Realität aufzuzeigen. Rüdiger Funiok hält die Medienethik dabei für eine "Basiswissenschaft der Medienpädagogik"[433]. Hier sind im Wesentlichen bereits die Aspekte angesprochen, mit denen sich das nächste Kapitel beschäftigen wird. Denn durch den Fokus auf die aktive Nutzung des Mediums durch den Rezipienten rücken nicht nur Fragen nach der Nutzung in den Vordergrund, sondern zum Beispiel auch Fragen danach, ob die Medien im Alltag etwas bedienen, was religiösen Erfahrungen und Vollzügen entspricht und wie damit umzugehen ist. Diese und andere Fragen stehen im Zentrum der Betrachtungen des nächsten Kapitels. Doch zunächst soll noch ein zusammenfassender Überblick über dieses Kapitel gegeben werden.

2.6. Zusammenfassung und Schlussfolgerungen

Die theologischen Ausführungen und Überlegungen zu einer Medienethik führten zu einem anthropologischen Ansatz, der auf einem schöpfungstheologischen Fundament basiert. Diese anthropologischen Versuche sind dabei nicht als eigenständiger Bereich einer Medienethik zu verstehen, sondern als wichtige Grundlage medienethischer Konzepte. Denn wer über Medien und Mediengesellschaft reflektiert, muss sich auch unweigerlich dem dabei zugrunde liegen-

---

[431] Vgl. Funiok, *Grundfragen einer Publikumsethik*, in: ders. (Hg.), *Grundfragen der Kommunikationsethik*, 110f. Zu Medien und Unterhaltung vgl. ausführlicher Kapitel 4.3.3. in dieser Arbeit, 361ff.

[432] Vgl. Funiok, *Grundfragen einer Publikumsethik*, 108.

[433] Ebd., 119.

dem Menschenbild zuwenden. Die Theologie gewinnt dabei, aus ihrer fundamentalen Unterscheidung zwischen Gott und Mensch, ihre ganz eigene Perspektive, die für medienethische Reflexionen äußerst hilfreich sein kann. Denn innerhalb der Medienethikdebatte ist nicht nur nach den Medien und ihren komplexen Systemen zu fragen, sondern auch nach medialer Kommunikation und damit letztendlich nach dem Menschen, der durch Medialität charakterisiert ist. Der Mensch ist aus schöpfungstheologischer Sicht als Ebenbild Gottes Geschöpf aber auch selbst Schöpfer. Als freiheitlich geschaffenes Wesen hat er die Möglichkeit, Medien selbst zu schaffen. Als Geschöpf muss er jedoch für dieses Handeln auch Verantwortung tragen. Diese Verantwortung ist letztendlich als Gestaltung seiner eigenen Freiheit zu begreifen. Denn des Menschen Freiheit ist immer wieder gefährdet oder bedroht von Einschränkung, zum Beispiel durch die Medien. Verantwortung impliziert, um der eigenen Freiheit willen, somit auch die Aufgabe der Gefährdung oder Einschränkung dieser Freiheit zu begegnen. Dabei müssen die verantwortliche Gestaltung und der Gebrauch der Freiheit selbst wiederum dem Prinzip der Freiheit und der Würde des Menschen gerecht werden. Dazu gilt es eine Kompetenz im Umgang mit den Medien zu entwickeln, die letztendlich als verantwortungsvolle Lebens- und Weltgestaltung insgesamt zu verstehen ist. Denn die meisten Menschen gehen mit den Medien in ihrem Leben sehr kompetent um, das heißt sie besitzen bereits eine Medienkompetenz. Eine Medienkompetenz geht deshalb über die Medien hinaus und ist vielmehr als kommunikative Kompetenz zu verstehen, die als Ausdruck verantwortlicher Lebens- und Weltgestaltung Ziel einer Medienethik sein muss. Dabei kann die Theologie in der Schärfung der Wahrnehmung und des Verantwortungspotentials mit dem Ziel verantwortlicher Lebens- und Weltgestaltung einen wesentlichen Beitrag zum medienethischen Diskurs leisten, denn:

"Die christliche Tradition war und ist ein Medium solcher Lebensinterpretation und -gestaltung. In ihrer Sprache, ihren Bildern, Symbolen und Riten werden die elementaren Sachverhalte des Lebens dargestellt, in einen Gesamthorizont eingeordnet und so eine bestimmte Orientierung in der zunächst chaotisch erscheinenden Mannigfaltigkeit des Lebens angebahnt."[434]

Das vorrangige Interesse der Theologie kann deshalb nicht den technischen oder finanziellen Fragen der Medien gelten, sondern der Wahrnehmung und Verantwortung und einer daraus zu entwickelnden Kompetenz.

---

[434] Vgl. Evangelische Kirche in Deutschland/ Deutsche Bischofskonferenz, *Chancen und Risiken der Mediengesellschaft*, 50.

Die Forderung nach einem kompetenten Umgang mit den Medien oder einer Medienkompetenz wird in der medienethischen Debatte gegenwärtig vermehrt von Seiten der Medienpädagogik und -didaktik eingebracht. Dahinter steht aber durchaus mehr als nur ein Schlagwort, das in Zeiten PISA-orientierter Bildungspolitik die Debatten anführt. Denn der Umgang mit den Medien muss durchaus auch nach dem "gesollten" Umgang mit den Medien fragen.[435] Hier treffen Anthropologie und Ethik mit der Erziehung zusammen.

Wie so eine Kompetenz im Umgang mit den Medien entwickelt werden kann, soll im Folgenden und zwar spezifisch in der Frage nach dem Umgang mit Religion und Medien betrachtet werden. Denn durch die Medienentwicklung verändert sich nicht nur das Vorkommen von Religion wie auch der Kirche in den Medien, sondern die Medienkultur weist ansatzweise auch religionsproduktive und sogar Funktionen religiöser Strukturen auf.

Eine Theologie, die sich mit der heutigen Lebenswelt auseinandersetzt, hat auch die Aufgabe zu untersuchen, in welche gesellschaftlichen und kulturellen Phänomene die Religion ausgewandert ist. Die Frage und Suche nach Gott in der komplexen und bunten Medienwelt ist eine der größten Herausforderungen für die christliche Religion, denen sie sich stellen muss, wenn sie nicht in ein Ghetto gedrängt werden, sondern auch in Zukunft für die Menschen tragend bleiben will.

---

[435] Vgl. Rüdiger Funiok, *Stichwort Medienethik*, Quelle: <http://www.netzwerk-medien-ethik.de/netzet10.htm> (13.10.2004), [o.S.].

3. MEDIEN UND PROTESTANTISMUS IN DER GEGENWÄRTIGEN MEDIENGESELLSCHAFT AUS ETHISCHER PERSPEKTIVE

Kommunikation geschieht heute nicht mehr nur allein durch Beziehungen zwischen real anwesenden Subjekten, sondern sie wird wesentlich bestimmt durch den Informationsprozess der elektronischen Medien. Als Träger vielfältiger Kommunikationsprozesse sind diese längst zu Mitgestaltern der Gesellschaft und zu einem wesentlichen Lebensbestandteil der modernen Welt insgesamt geworden. Auch religiöse Komponenten werden auf unterschiedlichste Weise in den Medien vertreten. So zeichnen sich beispielsweise Filme wie "Luther" von Eric Till und "Die Passion Christi" von Mel Gibson nicht nur durch die Behandlung von explizit religiösen Themen aus, sondern beide bewirkten auch innerhalb kürzester Zeit nacheinander eine Flut medialer Bearbeitung religiöser und religionsgeschichtlicher Stoffe unterschiedlichster Art. Kirchen, Religion und Theologie finden sich so insgesamt in einer neuen Kommunikationssituation wieder, die es erforderlich macht, sich genauer damit auseinanderzusetzen. Nicht nur der Stellenwert, den die elektronischen Medien mittlerweile in der Gesellschaft einnehmen macht dies notwendig, sondern auch die Tatsache, dass Medien auf symbolischer Ebene u.a. auch religiöse Sinndeutungen der Alltagskultur formieren. Sie führen uns tagtäglich - angefangen bei den Nachrichten bis hin zum großen Kinofilm - das Fragmentarische und Zerbrechliche vor Augen, sprechen andererseits aber auch unsere Sehnsucht nach Vollkommenem, nach Glück, Liebe, Freiheit und Erlösung an. Die Theologie sollte sich deshalb verstärkt mit den Medien auseinandersetzen, nicht nur um medienethisch zu fragen, wie damit umzugehen ist, sondern auch um daraus Konsequenzen für ihre eigene Arbeit zu ziehen.

Die Formen der Begegnung zwischen Kirchen, Religion und Medien lassen sich dabei mit den drei Begriffen Koexistenz, Konkurrenz oder Kooperation festmachen. Während allerdings das früher durchaus ambivalente Verhältnis aufgrund der unterschiedlichen Mediensituationen vielleicht noch nachvollziehbar war, weil sich die einen der Aktualität verschrieben hatten, während sich die anderen der Ewigkeit verpflichtet fühlten, ist dieses Spannungsverhältnis heute nicht mehr so einfach zu bestimmen. Selbst Religion und Unterhaltung, die auf den ersten Blick gar nicht zusammenzupassen scheinen, stellen heute, wie die Untersuchung von Elisabeth Hurth *Zwischen Religion und Unterhaltung* zu zeigen versucht, keine unüberwindbaren Gegensätze mehr dar.[436]

Das Verhältnis von Medien, Religion, Kirche und Theologie bietet zahlreiche Chancen und Möglichkeiten, fordert allerdings Theologie und Kirche auch zu Interpretation und Reaktion heraus. Die Konzentration auf die Verbesserung der eigenen Medienarbeit - obwohl diese ebenfalls notwendig ist - kann dabei nicht ausreichen. Die Anstrengungen, welche die Theologie unternehmen muss, um in der Auseinandersetzung mit der religiösen Praxis in den Medien hilfreich zu sein, müssen sehr viel weiter gehen und auch eine medienethische Reflexion umfassen. Denn Theologie, die alles unter dem besonderen Gesichtspunkt der Wirklichkeit Gottes betrachtet, ist auch eine Wahrnehmungswissenschaft, die sich als solche mit der Lebenswirklichkeit der Menschen auseinandersetzen muss und als Teil der religiösen Gegenwartskultur sich vor die Aufgabe gestellt sieht, den Glauben und die Kirche der Gegenwart theologisch zu orientieren. Als Wahrnehmungswissenschaft muss sie deshalb auch der Frage nachgehen, in welcher Weise Religion und Kirche in der Mediengesellschaft begegnen und wie die Inhalte des christlichen Glaubens unter diesen Bedingungen in eine kommunikable Form zu bringen sind.

Um dabei der Bedeutung des Verhältnisses von christlicher Religion, genauer der protestantischen Religion, und des Medien- und Kommunikationsphänomens auch nur annähernd gerecht werden zu können, müssen aus verschiedenen Perspektiven thematische Schwerpunkte gesetzt werden. Dabei ist nicht nur danach zu fragen, welche Funktionen die Medien im gesellschaftlichen Miteinander übernehmen und welche Relevanz dem Religiösen in der medialen Alltagswelt zukommt, sondern auch ob es auch religiöse Strukturen in den Medien gibt, was die kirchlichen Dokumente hinsichtlich des Medien- und Kommunikationsphänomens sagen und welche Rolle dabei theologisch-medienethische Überlegungen spielen.

3.1. Die Relevanz des Religiösen in der medialen Alltagswelt

3.1.1. Das neu erwachte Interesse an Religion

Dietrich Bonhoeffer (1906-1945) prognostizierte während seiner Gefangenschaft vor 60 Jahren, dass wir einer "völlig religionslosen Zeit" entgegensteu-

---

[436] Vgl. Elisabeth Hurth, *Zwischen Religion und Unterhaltung. Zur Bedeutung der religiösen Dimension in den Medien*, Mainz (Matthias-Grünewald) 2001.

ern.[437] Dieser Gedanke löste in der Bonhoeffer-Rezeption nicht nur eine enorme Auseinandersetzung aus und evozierte eine Fülle an Sekundärliteratur[438], sondern prägte auch einige Theologen späterer Zeit. So beginnt beispielsweise der Bestseller *Religion in the secular city* (zu deutsch: *Stadt ohne Gott?*) von Paul Tillichs Schüler Harvey G. Cox von 1965 einleitend mit der Feststellung, dass die "Heraufkunft einer urbanen Zivilisation und der Zusammenbruch der traditionellen Religion (...) die beiden bestimmenden Kennzeichen unserer Zeit" seien und zieht daraus die Schlussfolgerung: "Alle geschlossenen Weltanschauungen werden gesprengt, alle supranaturalen Mythen und geheiligten Symbole zerbrechen."[439]

Betrachtet man den Medienalltag der Menschen und die Faszination, die Religion hier hervorruft, erscheinen diese Aussagen wie eine Fehleinschätzung. Spätestens seit den Terroranschlägen auf das World Trade Center und das Pentagon am 11. September 2001 in New York und Washington hat sich gezeigt, dass sich in der Gesellschaft ein breites Bedürfnis nach Religion abzeichnet[440]; und dies in zweifacher Hinsicht, nämlich einerseits als persönliches Bedürfnis und andererseits als allgemeines Bedürfnis nach Wissen über Religionen. Selbst Autoren wie Florian Illies, der Anfang der 90er Jahre mit seinem Buch *Generation Golf* die Bestsellerlisten anführte und damals den neuen europäischen Menschen als ironisch, unempfänglich für jede Art von Utopie und unmetaphysisch beschrieb, revidierte sein Generationenportrait nach den Anschlägen des 11. September 2001 und überraschte im Mai 2004 bei einer Diskussionsrunde der Daimler Chrysler AG in Berlin mit einer Rede über "Leben mit beschränkter Wertehaftung" mit seiner Prognose, dass wohl die Religion das große Thema seiner Ge-

---

[437] "Wir gehen einer völlig religionslosen Zeit entgegen; die Menschen können einfach, so wie sie nun einmal sind, nicht mehr religiös sein", so Bonhoeffer am 30.April 1944, in: Dietrich Bonhoeffer, *Widerstand und Ergebung. Briefe und Aufzeichnungen aus der Haft*, in: Eberhard Bethge u.a. (Hg.), *Dietrich Bonhoeffer Werke*, Band 8, Gütersloh (Kaiser) 1998, 403.
[438] Ein repräsentativer Querschnitt findet sich z.B. bei Peter H.A. Neumann (Hg.), *"Religionsloses Christentum" und "Nicht-Religiöse Interpretation" bei Dietrich Bonhoeffer*, (Wege der Forschung 304), Darmstadt (Wissenschaftliche Buchgesellschaft) 1990. Oder auch Eberhard Betghe, *Ohnmacht und Mündigkeit. Beiträge zur Zeitgeschichte und Theologie nach Dietrich Bonhoeffer*, München (Kaiser) 1969, 57f.
[439] Harvey Gallagher Cox, *Stadt ohne Gott?*, Stuttgart (Kreuz) [6]1971, 10.
[440] Ein neues Interesse an Religion und Glaube zeichnete sich aber auch schon vor den Terroranschlägen ab. Der evangelische Theologe und Religionssoziologe Prof. Dr. Klaus-Peter Jörns beschäftigt sich seit mehreren Jahren mit dieser Thematik. In der FLIEGE-Sendung am 22.04.2004 zum Thema "Ich habe der Kirche den Rücken gekehrt" meinte er: "Wir haben den Leuten immer gesagt, was Sie glauben sollen, aber nie gefragt, was Sie glauben." Vgl. dazu: Klaus-Peter Jörns, *Die neuen Gesichter Gottes. Was die Menschen heute wirklich glauben*, München (Beck) 1997.

neration sein werde.[441] Illies ist nicht der einzige, der dies prognostiziert. In Feuilletons und wissenschaftlichen Büchern häufen sich Aussagen, die mit neuer Selbstgewissheit die Rückkehr der Religion verkünden[442] und selbst Jürgen Habermas, der sich nach eigener Aussage bezüglich Religion als "unmusikalisch"[443] einstuft und in seinen früheren Schriften das Aussterben der Religion postulierte, denkt neuerlich darüber nach, ob der Mensch nicht doch eine Bindung braucht, die über die Rationalität der radikal innerweltlichen Kommunikationsgesellschaft hinausgeht, für die er sich seit Jahrzehnten einsetzt.

Bevor man allerdings vorschnell ein neu erwachtes Interesse an Religion prognostiziert, muss man sich zunächst dem Begriff Religion genauer zuwenden. Hier fällt auf, dass eine präzise Definition der Begriffe "Religion" und "Religiosität" einige Schwierigkeiten zu bereiten scheint, bzw. es solch eine Flut von Definitionsversuchen gibt, dass beispielsweise die 16-bändige *Encyclopedia of Religion* es schlicht für "unpraktisch" hält, diese auch nur aufzulisten.[444] Etymologisch bezeichnen die Begriffe zum einen die gemeinschaftlich-rituelle Verehrung Gottes, aber zum anderen auch die persönliche und freie Glaubensentscheidung.[445] Damit steht Religiosität in einer Spannung zwischen institutioneller Form und individueller Gestaltungsfreiheit. In der modernen Gesellschaft ist dieses Spannungsverhältnis Wandlungsprozessen unterworfen. Die Kirche als Institution ist ein Teil der Gesellschaft, die über ihrer Gemeindearbeit hinaus zum Beispiel durch Religionsunterricht und Bildungsarbeit an staatlichen Einrichtungen auch zur Sinn- und Wertorientierung in der Gesellschaft beiträgt. Kirche und Gemeinde sind aber nicht der einzige Ort religiöser Kommunikation und christlicher Praxis in der Gesellschaft. Christliche Religion reicht über die Kirche und ihre Gemeinschaft hinaus. So werden beispielsweise wesentliche Sinngehalte des Christentums auch durch die Medien repräsentiert und vermittelt. Dadurch haben sich auch die Ausdrucksformen von Religion und die in ihr

---

[441] Vgl. Eckhard Fuhr, "Florian Illies liest am Kamin", in: *Die Welt* vom 03.05.2004, Quelle: <http://www.welt.de/data/2004/05/03/272656.html> (20.06.2004).
[442] Vgl. Eckhard Fuhr, "Kehrt die Religion zurück?", in: *Neue Gesellschaft/ Frankfurter Hefte* 51, (6/2004), hrsg. u.a. von Anke Fuchs für die Friedrich-Ebert-Stiftung, Bonn (Dietz) 2004, 20-23.
[443] Vgl. Jürgen Habermas, *Glauben und Wissen. Friedenspreis des deutschen Buchhandels 2001*, Sonderdruck Edition, Frankfurt a. M. (Suhrkamp) 2001, 30: "Diese Geschöpflichkeit des Ebenbildes drückt eine Intuition aus, die in unserem Zusammenhang auch dem religiös Unmusikalischem etwas sagen kann."
[444] Vgl. Mircea Eliade (Hg.), *The Encyclopedia of Religion*, Volume 12, New York u.a. (Macmillan) 1987, 283.
[445] Vgl. Maria Widl, *Religiosität*, in: Herbert Haslinger (Hg.), *Handbuch Praktische Theologie. Band 1. Grundlegungen*, Mainz (Matthias-Grünewald) 1999, 352-362, hier 352.

enthaltenen Werte grundlegend gewandelt[446], so dass "heute ganz anders von ihr die Rede [ist] als vor 30 Jahren"[447]. Dementsprechend muss sich auch ein Nachdenken über Bonhoeffers Aussage vom "religionslosen Zeitalter" an dem Verständnis orientieren, das seinen damaligen Überlegungen zugrunde lag.[448] Dies gilt auch für die Aussagen von Harvey G. Cox, der beispielsweise später ausdrücklich die Rückkehr der Religion in die Stadt thematisiert hat.[449] Am Ende des 20. Jahrhunderts kann Arno Schilson so zum Beispiel sogar von einem "Jahrhundert der Religion"[450] sprechen. Denn heute meint Religion nicht mehr so sehr institutionalisierte Religion, die sich in dem abgegrenzten Bereich der Kirche vollzieht, sondern wird häufig gleichgesetzt mit einem unbestimmten Lebensgefühl. D.h. in der Verbindung der eigenen Lebenssituation mit unterschiedlichsten religiösen Sinnangeboten entsteht in gewisser Weise eine neue Form von Religion, die losgelöst ist von allen Traditionen. Auch Elisabeth Hurth greift diesen Gedanken auf, wenn sie festhält: "Jeder einzelne muss eigenverantwortlich seine Religiosität aus einer Vielzahl von Sinnangeboten wählen und zusammenstellen. So entstehen biographiebezogene Sichtweisen von Religion, in denen die individuelle spirituelle Kompetenz zählt: Jeder einzelne

---

[446] Vgl. Hans Joachim Schliep, "Kirche in der Erlebnisgesellschaft. Soziologische Beobachtungen und theologische Bemerkungen", in: *Pastoraltheologie* 85 (1996), 212.

[447] Dietrich Rössler, *Grundriß der Praktischen Theologie*, Berlin/New York (de Gruyter) 1986, 65.

[448] Zu Bonhoeffers Verständnis von Religion vgl. Sabine Dramm, *Dietrich Bonhoeffers "religionsloses Christentum" - eine überholte Denkfigur?*, in: Christian Gremmels/ Wolfgang Huber (Hg.), *Religion im Erbe. Dietrich Bonhoeffer und die Zukunftsfähigkeit des Christentums*, Gütersloh (Kaiser) 2002, 310-312. Oder auch: Eberhard Bethge, *Dietrich Bonhoeffer. Theologe - Christ - Zeitgenosse*, München (Kaiser) 1970, 977-979; Bethge, *Ohnmacht und Mündigkeit*, 63-66. Bethge verweist darauf, dass Bonhoeffer, beeinflusst von Karl Barth, nicht zwischen wahrer und falscher Religion unterschied, sondern zwischen Glaube und Religion und die Begriffe "Religion" und "religiös" für ihn rein negative Termini waren (63), so "dass Bonhoeffers 'nichtreligiöse Interpretation' zuerst und zuletzt 'christologische Interpretation' ist" (57).

[449] Vgl. Harvey G. Cox, *Religion in the Secular City. Toward a Postmodern Theology*, New York (Simon and Schuster) 1984. Vgl. dazu auch Wolfgang Grünberg, *Die Sprache der Stadt. Skizzen zur Großstadtkirche*, Leipzig (Ev. Verlagsanstalt) 2004, 22.

[450] Arno Schilson, *Medienreligion. Zur religiösen Signatur der Gegenwart*, Tübingen (Francke) 1997, vii. Schilson fährt fort: "Außerhalb der Kirche und religiösen Institutionen, nämlich mitten im Säkularen bricht das Religiöse mit ungeahnter Macht und breiter Akzeptanz auf." In seinem Buch versucht Schilson in mehreren Thesen die Gründe für die Moderne als einer religions-produktiven Epoche herauszuarbeiten. Er führt dies u.a. auf die wachsende Differenzierung sowie "Erfahrungen wachsender Zerrissenheit" (34) unserer Zeit und die wachsende Beschleunigung der Lebensabläufe und den damit einhergehenden Verlust des Beständigen zurück. Dies führe zu einer "Suche nach neuer Einheitlichkeit angesichts der unübersehbaren Differenzierung und des damit drohenden Verlustes der Identität des Individuums" (44).

legt für sich selbst fest, was er für wichtig und sinngebend hält und bestimmt somit selbst, was als religiös zu gelten hat."[451] Diese Art von "Patchwork-Religion"[452] findet ihre Bestätigung in den Ergebnissen der Shell-Studie von 2001, nach der sich Jugendliche eine "Patchwork-Identität"[453] zusammenstellen. In ihrer Entwicklung der eigenen Identität, die eine Suchbewegung impliziert, unterliegt den Jugendlichen selbst die Steuerung dieser Suche, die auch das Religiöse umfasst und zu unterschiedlichsten Deutungsmustern führen kann. "Religion wird privatisiert und notwendigerweise subjektiviert"[454], wie Thomas Luckmann schreibt.

Eine Abwendung von den Kirchen bedeutet deshalb nicht gleichermaßen ein Desinteresse an Religion, sondern ein Desinteresse an institutionalisierter Religion. Das heißt eben auch, dass Menschen, die der traditionellen Religiosität den Rücken kehren oder sich als stille Mitläufer ihre eigenen Gedanken über Fragen nach dem Sinn des Lebens machen, sich von der Religion als letztem Bezugspunkt nicht verabschiedet haben. Hans Schwarz ist deshalb zuzustimmen, wenn er hinsichtlich Bonhoeffers Prognose eines religionslosen Zeitalters schreibt, dass man diese als Mythos abtun darf.[455]

Die Abwendung von institutionalisierter Religion macht es jedoch auch schwer, den Erscheinungsformen von Religion in der Gesellschaft nachzugehen, denn Religion begegnet heute in vielen Bereichen des Lebens, wie zum Beispiel in den Medien. Die Distanzierung von den Kirchen lässt nämlich auch ein Vakuum entstehen, das sich für die Füllung aus anderen Bereichen geradezu anbietet. So kommen die Medien durch ihr vielfältiges Angebot nicht nur dem Interesse an Religion der Menschen entgegen, sondern bieten auch die Möglichkeit, die bestehende Pluralität von konkurrierenden Sinn- und Lebensdeutungen zu vermit-

---

[451] Hurth, *Zwischen Religion und Unterhaltung*, 136.
[452] Vgl. dazu auch Michael Meyer-Blanck/ Birgit Weyel, *Arbeitsbuch Praktische Theologie. Ein Begleitbuch zum Studium und Examen in 25 Einheiten*, Gütersloh (Kaiser u.a.) 1999, 40, die anstelle von "Patchwork-Religion" den Begriff "Synkretismus" benutzen: "Mehr noch als der häufig gebrauchte Begriff der 'Patchwork-Religion' bedeutet der Begriff Synkretismus, dass es sich nicht nur um eine kreative Zusammenstellung, sondern um eine Amalgamisierung einzelner Elemente handelt, die zu etwas Neuem verschmolzen und deren Herkünfte schließlich unkenntlich gemacht werden."
[453] Deutsche Shell (Hg.), *13. Shell Studie 2001*, Opladen (Leske&Budrich) 2001, 94.
[454] Thomas Luckmann, *Über die Funktion der Religion*, in: Peter Koslowski (Hg.), *Die religiöse Dimension der Gesellschaft. Religion und ihre Theorien*, Tübingen (Mohr) 1985, 26-41, hier 39.
[455] Vgl. Hans Schwarz, *Glaubwürdig. Die christliche Botschaft auf dem Prüfstand*, Moers (Brendow) 1990, 29.

teln. Tagtäglich transportieren sie auf vielfältige Weise religiöses Gedankengut in die Alltagswelt der Menschen hinein. Sie bieten einen religiösen Markt, auf dem es immer schwieriger wird zwischen Ernsthaftigkeit und Scharlatanerie zu unterscheiden. Ein neues Interesse oder eine Renaissance des Religiösen zu proklamieren, sagt deshalb an sich noch nichts darüber aus, wie dieses Phänomen in seinen Wirkungen zu bewerten ist. Es macht nämlich wenig Sinn zu fragen, ob Religion oder nicht, sondern vielmehr muss danach gefragt werden, welche Religion. Hier sind Theologie und Kirche herausgefordert, denn innerhalb und außerhalb der Kirche begegnen unterschiedlichste Formen gelebten Christentums, die von individuellen religiösen Synkretismusformen bis zum Medienreligiösen reichen. Theologie und Kirche müssen sich diesen Formen von Religion, wie sie alltagsweltlich angetroffen werden, d.h. dem Verhältnis von Religion und heutiger Kultur, zuwenden, diese wahrnehmen und auch nach der Rolle der Medien diesbezüglich fragen. Dabei kann der Ausgang, wie Wilhelm Gräb es zutreffend formuliert, von "dogmatisch-ekklesiologischen Bekenntnisformeln der Reformationszeit"[456] nicht ausreichen, denn die religiösen Wandlungen des neuzeitlichen Christentums sind so gravierend, dass sie eine "*phänomenologische* und *kulturhermeneutische* Ausrichtung" erforderlich machen, die Religion und Christentum nicht nur in der Kirche, sondern in allen Bereichen der Kultur und insbesondere in den Medien, zu ihrem grundlegenden Thema macht.

Paul Tillich (1886-1965) hat dazu Anregungen gegeben und kann in der Auseinandersetzung mit der heutigen Medienwelt auch heute noch als der bedeutendste Theologe angesehen werden. Mit seinem kritisch-konstruktiven hermeneutischen Ansatz des Religiösen hat Tillich versucht, das explizite und implizite Vorkommen von Religion in den verschiedenen Bereichen von Kultur und Gesellschaft zu beschreiben und zu verstehen. Tillich definiert Religion theologisch vereinfacht gesagt als Richtung einer Zuwendung, schlicht als Frage nach dem Höheren, nach Gott.[457] Für ihn ist mit dem allgegenwärtigen Gott auch die Religion allgegenwärtig. Indem Gott, seiner Auffassung zufolge in allem gegenwärtig ist, müssen auch die Bereiche Religion und weltliche Kultur in keinem Ge-

---

[456] Wilhelm Gräb, *Sinn fürs Unendliche. Religion in der Mediengesellschaft*, Gütersloh (Kaiser) 2002, 41f., für dieses und folgendes Zitat.

[457] Vgl. Paul Tillich, *Die religiöse Substanz der Kultur. Schriften zur Theologie und Kultur,* in: *Gesammelte Werke*, Band IX., hrsg. von Renate Albrecht, Stuttgart (Ev. Verlagswerk) 1967, 34f.: "Wir nennen dieses Objekt des schweigenden Glaubens an sie Sinnhaftigkeit alles Sinnes, diesen alles Fassbare, Einreihbare übersteigenden Grund und Abgrund des Sinnes Gott. Und wir nennen die Richtung des Geistes, die sich ihm zuwendet, Religion."

gensatz stehen.[458] Religion sieht Tillich als Bestandteil von Kultur und wer die Gegenwartskultur verstehen will, muss folglich auch die Religion ins Auge fassen. Er verweist jedoch darauf, dass die Lage des Menschen dennoch geradezu bestimmt ist durch ein Neben- und Gegeneinander von Religion und Kultur. Dieses Neben- und Gegeneinander, v.a. die Existenz der Religion als eigenständiger Bereich, ist für Tillich der Ausdruck der Entfremdung des Menschen von seinem wahren Wesen und der Beweis für seinen gefallenen Zustand. Religion muss als Bestandteil von Kultur erkannt werden und Eingang in den öffentlichen Diskurs finden, damit dass Missverständnis ausgeräumt wird, Religion sei nur Privatsache. Die Verwirklichung des wesensmäßigen Ineinander von Religion und Kultur ist für ihn das Reich Gottes. Dieses Verständnis der Religion wirkt sich auch auf sein Theologieverständnis aus. Theologie darf sich nach Tillich nicht lediglich auf religiöse Dinge beschränken. Kunst, Physik, Psychologie, Politik, etc., alles können Gegenstände der Theologie sein.[459] Dementsprechend auch die Medien. Hier wird deutlich, welche Bedeutung der Theologie Tillichs in der Auseinandersetzung mit der heutigen Medienwelt zukommt. Auch sein Symbolverständnis kann hier herangezogen werden, denn mit Aussagen wie: "Der religiöse Wert eines Symbols hängt (…) davon ab, in welchem Maße es das letzte menschliche Anliegen in einem konkreten Menschenleben zum Ausdruck bringt"[460], ist bereits das Wesentliche über Religion in den Medien formuliert. Damit ist nämlich die Aufgabe gestellt, das Verhältnis von Religion und Medien genauer zu bestimmen. Auch wenn Paul Tillich in seinem Werk die Medien und die populäre Kultur nicht explizit anspricht[461], schließt er diese auf-

---

[458] Vgl. Paul Tillich, *Über die Idee einer Theologie der Kultur*, in: *Gesammelte Schriften*, Band IX, 94f.: "Beide, Kultur und Religion, sind ineinander, das eine im anderen (…). Religion ist der Grund aller Kultur."

[459] Vgl. ebd., 101: "Wenn Religion das Ergriffensein von dem ist, was uns unbedingt angeht, so kann sich dieser Zustand nicht auf einen bestimmten Bereich beschränken. Der unbedingte Charakter unseres letzten Anliegens bedeutet, dass es sich auf jeden Moment unseres Lebens richtet, auf jeden Ort und jeden Bereich"

[460] Paul Tillich, *Die Frage nach dem Unbedingten. Schriften zur Religionsphilosophie*, in: *Gesammelte Schriften*, Band V., 243.

[461] Auf dieses Defizit hat bereits 1973 sein Schüler Harvey G. Cox in seinem Buch *Verführung des Geistes* hingewiesen: "Er schrieb sehr wenig über das Kino und meines Wissens nichts über die Photographie, über Comics, über kommerzielle Kunst (…). Sein Geschmack war verfeinert, wenn nicht sogar aristokratisch (…). Er verachtete das Fernsehen." Und er zog die Schlussfolgerung: "Aber das Strandgut der Massenkultur sagt uns etwas genauso Wichtiges über die Grundempfindungen einer Kultur wie die Schöpfungen ihrer Elite. Wir ignorieren Micky Mouse und Frankensteins Monster zu unserem eigenen Schaden", Harvey G. Cox, *Verführung des Geistes*, Stuttgart (Kreuz) 1974, 265. Cox hat selbst versucht diesen Mangel zu beheben und sich sowohl mit populärer Kultur wie auch mit Rezeption der religiösen Botschaften der Medien auseinandergesetzt (vgl. Cox, *Verführung des Geistes*, v.a. Teil 3: "Die

grund eines umfassenden Kulturbegriffs nicht aus. Die Überlegungen der Angewiesenheit der Religion auf die Kultur ermöglichen auch einen Bezug zur religiösen Situation der Medien in der Gegenwart. Tillichs eigene Analysen beschränken sich zwar fast ausschließlich auf die bildende Kunst, er gab aber auch Anstoß zu einer Vielzahl von Auseinandersetzungen zum Verhältnis von Religion und Kultur.[462] Sein Anliegen war es, wie Wilhelm Gräb formuliert, "darauf aufmerksam zu machen, dass die Religion sich im kulturellen Wandel *neu* zeigt."[463]

Tillichs Beschreibung der Wechselwirkung zwischen Kultur und Leben ist heute vor allem hinsichtlich der Medien aktueller denn je: "Während er [der Mensch] in den Formen lebt, die er selbst schafft, schafft er sich selbst durch sie um."[464] Diese Aussage Tillichs lässt sich direkt auf die modernen Medien übertragen. Im Zeitalter der modernen Medien ist der Mensch nicht nur Schöpfer dieser, sondern er wird einmal mehr zum Schöpfer seiner selbst. Die neuen medialen Möglichkeiten bieten ihm zahlreiche neue Selbstgestaltungsmöglichkeiten, deren Grenzen durch technischen Fortschritt nicht abzusehen sind. Für die Theologie ergibt sich daraus deshalb ein umfangreicher Reflexionsbedarf.

3.1.2. Gesellschaftliche und religiöse Wandlungsprozesse und die Medien

Die Wandlungsprozesse, denen Kirche und Religiosität sowie ihr Verhältnis zueinander unterworfen sind - das wurde bereits angedeutet - sind vielfältig. Die Theoriediskussion ist heute geprägt durch die Kontroverse um das Paradigma der Säkularisierung und der Erweiterung oder sogar Ablösung durch die Individualisierung des Religiösen. Die Säkularisierungsthese postuliert die Entkirchlichung der Gesellschaft und versteht darunter verfallstheoretisch die Abwendung

---

elektrische Ikone", 259-315). Bei aller Offenheit weist er jedoch in aller Regel die Religiosität, die einem in den Medien begegnet, als entfremdet und unauthentisch ab und bietet in *Verführung des Geistes* und seinen Beobachtungen zum Fernsehen nicht mehr als einige anregende Eindrücke.
[462] Vgl. zum Beispiel u.a. die theologischen Reflexionen zur Ästhetik von Wolfgang Erich Müller, *Kunst-Positionen: Kunst als Thema evangelischer und katholischer Theologie*, Stuttgart u.a. (Kohlhammer) 1998. Oder aber auch die kulturtheologische Studie für den Bereich der Literatur von Dorothee Sölle, *Das Eis der Seele spalten: Theologie und Literatur in einer sprachlosen Zeit*, Mainz (Matthias-Grünewald) 1996.
[463] Gräb, *Sinn fürs Unendliche*, 28. Zu Paul Tillichs Kulturhermeneutik und seiner Bedeutung für die gegenwärtige Theologie vgl. ausführlich auch ebd., 27-33.
[464] Paul Tillich, *Systematische Theologie/1*, hrsg. vom Evangelischen Verlagswerk, Frankfurt a. M., [2]1956, 1:214.

von Kirchen und christlichem Glauben und fortschrittstheoretisch die Emanzipation von kirchlicher Bevormundung.[465] Das heißt sie verzeichnet eine steigende Differenz zwischen institutioneller Form christlicher Religion einerseits und dem Bedürfnis des einzelnen andererseits, die eigene Religion institutionell unbestimmt zu lassen. Tatsächlich sprechen einige Hinweise für die Säkularisierungsthese: So lässt sich beispielsweise aus den Untersuchungen zur Kirchenmitgliedschaft, die die EKD alle zehn Jahre durchführt, im Vergleich erkennen, dass die evangelische Kirche im Zeitraum der bisherigen Mitgliedschaftsuntersuchungen, d.h. seit 1972, durch Kirchenaustritte 5,2 Mio. Mitglieder verloren hat.[466] Zwar erweist sich die Struktur der Kirchenmitgliedschaft über Jahrzehnte hindurch als relativ konstant[467], die Erhebung ergab jedoch auch, dass die evangelischen Kirchenmitglieder die Art und Weise, wie sie ihr Christsein sehen und leben, eigenständig bestimmen.[468] Dabei lösen sie traditionelle Erwartungen in vielen Hinsichten nicht ein, wie beispielsweise an der Kirchgangshäufigkeit oder den inhaltlichen Bestimmungen des Glaubens an Gott deutlich wird. Das Bild der relativen Stabilität der Kirche geht also auch mit unterschiedlichsten Formen von Kirchenmitgliedschaft einher, die die Kirche, will sie die Stabilität positiv würdigen, akzeptieren muss. Mit Verweis auf die 5,2 Mio. Kirchenaustritte seit 1972 und die durchaus kontroversen Bewertungsmöglichkeiten der Untersuchungsergebnisse, stellte der damalige EKD-Vorsitzende Manfred Kock in seiner Rede zur Veröffentlichung der vierten Untersuchung 2003 die Frage, ob "die Tatsache, dass sich die Struktur der Kirchenmitgliedschaft Jahrzehnte hindurch als erstaunlich konstant erwiesen hat, eher beruhigend oder beunruhigend"[469] sei. Seinem Vortrag ist zu entnehmen, dass Kock hinsichtlich der Untersuchungsergebnisse beides empfindet und dafür plädiert, auch die Fakten über Kircheaus-

---

[465] Vgl. z.B. Hermann Lübbe, *Religion nach der Aufklärung*, Graz u.a. (Styria) 1986, 91-106.

[466] So der damalige EKD-Vorsitzende Manfred Kock in einer Rede zur Veröffentlichung der vierten EKD-Erhebung über Kirchenmitgliedschaft am 14.10.2003 in Berlin. Quelle: <http://www.ekd.de/vortraege/154_031014_kock_kmu_4.html> (07.09.2004).

[467] Die Ergebnisse der vierten Kirchenmitgliederuntersuchung der EKD zeigen, dass der Anteil der mit der Kirche eher stark verbundenen Kirchenmitglieder relativ hoch bleibt und sich auch in den letzten Jahren kaum verändert hat. Erhöht hat sich dagegen die Anzahl derjenigen, die einen mittleren Verbundenheitsgrad bekunden und zwar auf Kosten des Anteils der überhaupt nicht Verbundenen. D.h., dass der Prozentsatz der überhaupt nicht Verbundenen im Zeitraum von 1972-2002 von 12% auf 6 % gefallen ist. Darüber hinaus ist die Taufbereitschaft evangelischer Eltern im Blick auf ihre Kinder zwischen 1972 und 2002 kontinuierlich gewachsen. Vgl. <http://www.ekd.de/vortraege/154_031014_kock_kmu_4.html> (07.09.04).

[468] Ebd.

[469] So Manfred Kock in seiner Rede zur Veröffentlichung der vierten EKD-Erhebung über Kirchenmitgliedschaft 14.10.2003 in Berlin. Quelle: <http://www.ekd.de/vortraege/154_031014_kock_kmu_4.html> (07.09.2004).

tritte ernst zu nehmen. Die EKD setzte sich darauf mit ihrer Kirchenmitgliedsuntersuchung zwei neue Schwerpunkte, um zum einen das Phänomen der Kirchenfernen und zum anderen auch das Phänomen der Religion außerhalb der Kirche noch genauer zu erfassen.[470]

Die Kirchenaustrittszahlen könnten folglich durchaus im Sinne der Säkularisierungsthese interpretiert werden. Aber die Schlussfolgerung, dass damit auch ein Rückgang an religiösen Themen in der Gesellschaft einhergeht, greift fehl. Gerade die elektronischen Medien, allen voran das Fernsehen, sind voll von religiösen Motiven und Symbolen, die auf Interesse seitens der Rezipienten schließen lassen.[471] So werden beispielsweise allein im Segment der Werbung Engel, Teufel, Nonnen, Mönche, Pfarrer und Gott selbst als Schöpfer verwendet, um manche Produkte wirksam an die Leute zu bringen.[472] Darüber hinaus wird mit Inszenierungen gespielt, die sich erst bei näherer Betrachtung als religiöse Erzählstruktur und biblisch fundiert erweisen, wie zum Beispiel das Paradies- oder auch das Erlösermotiv. Neben Werbung, Kino und Fernsehspielfilmen ist aber auch die mediale Berichterstattung spätestens seit dem 11. September geprägt von Beiträgen zum Thema Religion. Insgesamt scheint somit dem Religiösen in der medialen Alltagswelt eine zunehmende Bedeutung zuzukommen. Da sich die von der EKD seit 1972 verzeichneten Kirchenaustrittszahlen in gewisser

---

[470] Die differenzierte Auswertung der Ergebnisse des qualitativen Teils der vierten EKD-Erhebung, die über diese Phänomene genauer Aufschluss geben soll, steht zum gegenwärtigen Zeitpunkt noch aus.

[471] Vgl. dazu z.B. die Arbeit von Elisabeth Hurt, *Zwischen Religion und Unterhaltung*. Die Autorin gibt einen Einblick in verschiedenste Bereiche des Unterhaltungsformats, wie z.B. Fernsehserien, Talkshows und Popmusik, die religiöse Thematiken behandeln oder Motive und Symbole aufgreifen.

[472] Auf das spezielle Segment der Werbung wird in dieser Arbeit nicht explizit eingegangen. Zu religiösen Symbolen in der Werbung vgl. z.B. Manfred L. Pirner, *"Nie waren sie so wertvoll wie heute." Religiöse Symbole in der Werbung als religionspädagogische Herausforderung. Sieben Thesen*, in: Gerd Buschmann/ ders., *Werbung, Religion, Bildung. Kulturhermeneutische, theologische, medienpädagogische und religionspädagogische Perspektiven*, hrsg. vom Gemeinschaftswerk der Ev. Publizistik, Frankfurt a. M. 2003, 55-70. Oder auch: Franz Josef Röll, *Religionspädagogische Symboldidaktik aus der Perspektive einer wahrnehmungsorientierten Medienpädagogik*, in: Manfred L. Pirner/ Thomas Breuer (Hg.), *Medien - Bildung - Religion. Zum Verhältnis von Medienpädagogik und Religionspädagogik in Theorie, Empirie und Praxis*, München (KoPäd) 2004, 103-111. Des Weiteren auch Michael Jäckel/ Jan D. Reinhardt, *Provokante Werbung unter dem Gesichtspunkt einer Ethik der Massenkommunikation*, in: Bernhard Debatin/ Rüdiger Funiok (Hg.), *Kommunikations- und Medienethik*, Konstanz (UVK Verlagsgesellschaft) 2003, 203-218. In einer Tabelle geben die Autoren einen Überblick über die verschiedenen Formen provokanter Werbung, darunter auch die Verwendung religiöser Symbole, Würdenträger und die Verweise auf religiöse Institutionen (209).

Weise zur Entwicklung der Medien, vor allem des Fernsehens, das sich seit den sechziger Jahren immer stärker etablierte, in gegenläufiger Korrelation verhält, kann man durchaus danach fragen, ob es vielleicht eine Verbindung gibt zwischen den Medien und den religiösen Entwicklungen der Gesellschaft. Gerade das Untersuchungsergebnis der EKD-Erhebung hinsichtlich der Tatsache, dass Kirchenmitglieder selbst ihr Christsein bestimmen und diese Selbstbestimmung häufig nicht den traditionellen Erwartungen entspricht, scheint interessant und ähnelt in gewisser Weise den Ergebnissen der Shell-Studie jugendlicher "Patchwork-Identitäten"[473]. Aufgrund solcher Feststellungen wurde mittlerweile auch in der Religionssoziologie die Säkularisierungsthese weitgehend von der "Individualisierungsthese" abgelöst.[474] Diese besagt, dass ob, wie und was geglaubt wird, entscheidend von der individuellen Lebenssicht und der persönlichen Entscheidung bestimmt wird und diese zudem einem biographischem Wandel unterworfen ist. Während Religion, Moral und Recht in der vormodernen Gesellschaft die Funktion der Koordinierung individueller Interessen sowie der Stabilisierung gesellschaftlicher Kontingenzen innehatten, kommt es in den gegenwärtigen Entwicklungen zu einem Monopolverlust der Kirchen auf Religiosität, indem zum einen die Lehren und Lebenshaltungen nicht mehr selbstverständlich übernommen, sondern nach persönlicher Wahl selektiv herausgesucht werden, zum anderen Aspekte der christlichen Ethik als Teil der demokratischen Gesellschaft öffentlich wirksam und so dem kirchlichen Deutungseinfluss entzogen sind, aber auch indem religiöse Motive und Symbole ohne Tabus öffentlich benutzt und beliebig gehandhabt werden. Dadurch verändern und vervielfältigen sich die Sozialformen des Religiösen in der medialen Alltagswelt. Dem Alltag geht durch die Aufhebung der Gewohnheiten insgesamt eine Struktur verloren, die durch eine neue ersetzt und in der individualisierten Gesellschaft vom Einzelnen entworfen und umgesetzt wird. Diese Individualisierung erfordert die eigenständige Zusammenschau und Integration verschiedener Lebensbereiche, die den einzelnen oft auch überfordern. Gerade die Medien bieten sich hier zunehmend als Hilfsmittel zur Strukturierung des Alltags an. So "sorgen sie in beträchtlichem Ausmaß für den gesellschaftlichen Zusammenhalt im postmodernen Pluralismus, indem sie nahezu allen Menschen weltanschauliche und ethi-

---

[473] Vgl. Anmerkung 452.
[474] Vgl. in dieser Arbeit Kapitel 2.2.2. Bestandsaufnahme der Mediengesellschaft als Ausgangbedingung einer Medienethik, 154ff. Die Säkularisierungsthese wurde bereits in den sechziger und siebziger Jahren von Thomas Luckmann, Joachim Matthes, Trutz Rendtorff u.a. kritisiert, da sie für die Erfassung der Wandlungsprozesse des Religiösen in der Moderne nicht ausreicht.

sche Orientierung vermitteln."[475] Vor allem das Fernsehen ist hier zu nennen, dem in der Deutung von Alltagssituationen wachsende Bedeutung zukommt. So spiegeln sich heute im Medium Fernsehen wesentliche Auswirkungen der Individualisierung wider[476]: Zum einen entspricht das wachsende Programmangebot den vielschichtigen Einzelinteressen, wobei besonders das Programm der Spartensender auf die individuellen Interessen eines bestimmten Gesellschaftssegments, das heißt einer Teilkultur, ausgerichtet ist. So machen beispielsweise Sportsender das Thema Sport zum Hauptthema für die Teilkulturen, in deren Interesse dies liegt. Das Rezeptionsverhalten entspricht wiederum dem individuellem Interesse des Einzelnen als Mitglied einer oder auch mehrerer Teilkulturen. Die stärkere Zielgruppenorientierung zeigt sich dabei insbesondere in primär unterhaltungs- oder informationsorientierten Spartenkanälen, wie sie beispielsweise einerseits durch RTL2 oder PRO7 und andererseits durch Euronews oder NTV vertreten sind.[477] David Biesinger führt dies zu der These, dass Mediatisierung und Individualisierung in einem gegenseitigen Abhängigkeits- und Bedingungsverhältnis stehen, indem sie sich gegenseitig beeinflussen und in der Schnelligkeit ihrer Entwicklung unterstützen.[478] Dabei begünstige die Mediatisierung einerseits den Prozess der Individualisierung und andererseits bilde sie diese in den einzelnen Interessen, Themen und Angeboten verschiedenster Teilkulturen ab.[479]

Die Unterscheidung zwischen institutioneller Religion und einer subjektiven Sozialform der Religion wird von Religionssoziologen bis in die jüngste Zeit herangezogen, um die Gültigkeit der Säkularisierungsthese zu bezweifeln.[480] Auffällig ist jedoch, dass, obwohl die Debatten in Deutschland von der These der Individualisierung oder Privatisierung der Religion bestimmt wird, die Me-

---

[475] So Manfred L. Pirner in seiner Einleitung in: ders./ Brauer, *Medien - Bildung - Religion*, 11.

[476] Vgl. die Zusammenfassung bei Biesinger, *Muss Kinderfernsehen gottlos sein?*, 163f.

[477] Dass die Produktion von Medienangeboten in wachsendem Maße an den Interessen kleiner werdender Publikumsgruppen ausgerichtet ist, ist ein Trend, der bereits Anfang der 70er Jahre von dem US-Medienwissenschaftler Richard Maisel festgestellt wurde. Vgl. dazu auch: Martin Löffelholz/ Klaus Dieter Altmeppen, *Kommunikation in der Informationsgesellschaft*, in: K. Merten u.a. (Hg.), *Die Wirklichkeit der Medien. Eine Einführung in die Kommunikationswissenschaft*, Opladen (Westdeutscher Verlag) 1994, 570-591, hier 584.

[478] Vgl. Biesinger, *Muss Kinderfernsehen gottlos sein?*, 162.

[479] Vgl. ebd., 163f.

[480] Vgl. Detlef Pollack, *Individualisierung statt Säkularisierung? Zur Diskussion eines neueren Paradigmas in der Religionssoziologie*, in: Karl Gabriel (Hg.), *Religiöse Individualisierung oder Säkularisierung. Biographie und Gruppe als Bezugspunkte moderner Religiosität*, Gütersloh (Kaiser) 1996, 57-85, hier 58.

dien in den Überlegungen meist ausgespart werden. Symptomatisch ist beispielsweise das umfangreiche Werk von Dietrich Rössler *Grundriss der Praktischen Theologie*, in dem Rössler das Kapitel "Religion" unter der Überschrift
"Der Einzelne" darstellt und "eine nahezu unbegrenzte Individualisierung von
religiösen Vorstellungen und Lebensformen" konstatiert[481], die Medien aber
ausgespart werden. Obwohl es in Rösslers 573 Seiten umfassendem Werk ausdrücklich auch um "das Verständnis des religiösen Alltags"[482] geht, werden die
Medien nicht explizit behandelt. Aber auch religionssoziologische Untersuchungen neigen dazu, das Thema Medien auszusparen. So beschäftigt sich Franz-
Xaver Kaufmann in seinem Buch *Religion und Modernität* in einem Kapitel mit
der Kunst von Joseph Beuys und ein weiteres trägt den Titel *Über die Schwierigkeiten des Christentums in der modernen Kultur*, auf die Medien geht er allerdings nicht ein.[483] Stattdessen heißt es auch hier: "Der systematische Ort von
'Religion' hat sich (…) aus dem Bereich der 'Christenheit' in denjenigen des Individuums verschoben."[484] Übersehen wird hier die Tatsache, dass Religion ein
gesellschaftliches Phänomen ist und der Glaube der vielen einzelnen Menschen
heute zu einem großen Teil von den Medien geprägt wird. Das Entscheidende
ist, dass der Glaube der meisten Deutschen heute wohl keine Leistung des Einzelnen ist, sondern eher eine Überzeugung, die sie von ihrer Umgebung übernehmen und mit dieser teilen. Für die meisten Menschen stellen Religion und
Kirche eher eine Art Lebenshintergrund dar, auf die dann und wann, beispielsweise in Krisen, zurückgegriffen werden kann. Im Vordergrund stehen Familie,
Beruf, Freizeit, Erholung, Bekannte, nicht aber Religion und Kirche. Der Glaube
soll jedoch eben gerade nicht unentschlossen oder unbestimmt, sondern ent-
schlossen und bestimmt sein. Hier müssen Theologie und Kirche ihr Verhältnis
zur Lebens- und Alltagswelt der Menschen, in denen Medien eine entscheidende
Rolle spielen, überdenken. Dabei nutzt es wenig mit Überheblichkeit einen
Glauben, der sich in gewisser Weise von anderen oder aber auch von den Medien beeinflussen oder bestimmen lässt, zu ignorieren. Der Frage, ob Medien
etwas transportieren, was religiösen Funktionen gleichkommt, muss nachgegangen werden. Es hilft der Theologie wenig, religiöse Erscheinungen der Medien
als Randphänomen oder Parareligion zu deklarieren oder in den Bereich des Privaten abzudrängen. Eine große Herausforderung für die Theologie ist es des-

---

[481] Rössler, *Grundriss der Praktischen Theologie*, 64.
[482] Ebd., 69.
[483] Vgl. Franz-Xaver Kaufmann, *Religion und Modernität. Sozialwissenschaftliche Perspektiven*, Tübingen (Mohr) 1989.
[484] Ebd., 267.

halb, wie Horst Albrecht festhält, "die Religion der Medien aus sich selbst zu begreifen, sie als Bestandteil der Medienwelt zu verstehen"[485].

3.1.3. Herausforderungen für den christlichen Glauben und die Kirche

Die Bedingungen und Auswirkungen von Individualisierung als gesamtgesellschaftlichem Prozess sowie das Zusammenwirken von Individualisierung und Mediatisierung zeigen wichtige Rahmenbedingungen auf, die für die Frage nach der Relevanz des Religiösen in der medialen Alltagswelt von Bedeutung sind. Verbindet man die bisherigen Überlegungen, so ist hier von zentraler Bedeutung, dass religiöse wie auch mediale Kommunikation sich nicht losgelöst von den sozialen Kontexten vollzieht, sondern als Teil desselben zu sehen ist. Dies stellt Theologie und Kirche gleichermaßen vor Herausforderungen. Bevor auf die Theologie eingegangen werden soll, ist an dieser Stelle vorweg auf die Kirche einzugehen.

Die größte Herausforderung der Kirche für die Zukunft wird darin bestehen, das Religiöse im Kirchlichen neu zu verorten. Dies wird an der Vermittlung der Botschaft festzumachen sein. Dies erfordert, wie es die hannoversche Bischöfin Margot Kässmann fordert, eine kritische Selbsthinterfragung der Kirchen und zwar nicht nur in Bezug darauf, wie es zum Beispiel kommt, dass Fernsehen in vielen Bereichen eine Art Kirchenersatz geworden ist, sondern auch dahingehend ob sich die Kirche genügend in die Medienwelt einbringt.[486] Da die Medien, wie Kässmann an einigen Beispielen zeigt[487], durchaus positiv genutzt werden können, fordert sie zur aktiven Gestaltung der Medien auf und hält in einem Schlusswort fest: "Unsere Kirche wird die Medien nutzen können und nutzen müssen, um ihre eigene Wahrheit, ihre eigene Botschaft in der Gesellschaft öffentlich zu machen."[488] Dem Evangelium als "die frohe Botschaft" und der Kirche in ihrem Auftrag diese zu verkünden, kommt hier große Bedeutung zu.

Die gegenwärtigen wirtschaftlichen Umstrukturierungen führen bei vielen Menschen dazu, dass die Aussicht auf eine lebenslange Karriere verloren gegangen

---

[485] Vgl. Horst Albrecht, *Die Religion der Massenmedien*, Stuttgart u.a. (Kohlhammer) 1993, 142.
[486] Vgl. Margot Kässmann, *Möglichkeiten und Unmöglichkeiten der Medien*, in: Drägert/ Schneider (Hg.), *Medienethik*, 99-106, hier 104.
[487] Vgl. ebd., 100f.
[488] Ebd., 106.

ist und stattdessen durch ein ständiges Gefühl der Unsicherheit ersetzt wurde. In Zeiten, in denen materieller Erfolg und die Sicherheit eines Arbeitsplatzes nicht mehr zu garantieren sind, wird es immer schwieriger dem eigenen Leben einen Sinn und ein Ziel zu geben. Drei gegenwärtige Trends der Verunsicherung - nämlich der zunehmende Verlust von Glaube an den Fortschritt, das intensivierte Gefühl der eigenen Bedeutungslosigkeit angesichts der Moderne und die Zunahme des Konsums, mit der eine Unfähigkeit zu kompensieren einhergeht - haben den Bereich vergrößert, in dem die Religion den "mainstream" von privatem und öffentlichem Leben wieder betreten kann. Die Medien können dabei vielleicht etwas gegen Langeweile bieten, vom Alltag ablenken und auch unterhalten, aber sie können nicht den Verlust von menschlicher Würde und Selbstwertgefühl im Lebensalltag der Menschen ersetzen.

Das Wichtigste bei der Vermittlung des Evangeliums sind dabei die Menschen, denen die Botschaft vermittelt wird. Dementsprechend sind das Wichtigste einer Kirche die Mitglieder, denn sie besteht nach evangelischem Verständnis nicht aus Hierarchie, sondern aus denen, die sich um Gottes Wort scharen. Damit Gottes Wort gehört wird, muss sich die Kirche auf die neuen Kommunikationssituationen einlassen. Die Kirche ist also herausgefordert sich der modernen Gesellschaft anzupassen, ohne sich ihr anzugleichen. Dabei kann die Botschaft des Evangeliums dazu verhelfen, dass die Menschen in der fragmentierten Gesellschaft von heute und morgen ihr Leben daran zu orientieren vermögen. Es muss folglich verstärkt überlegt werden, wie Glaubenswissen in die Lebenswelt eingebunden werden kann, in der zunehmend auch die Medien eine entscheidende Rolle spielen.

Ein großes Problem stellt dabei dar, dass vielen Menschen heute die traditionelle Sprache der Kirche, beispielsweise die Rede von Sünde und Schuld, Gnade und Rechtfertigung, befremdlich erscheint. Allein der Vergleich des theologischen Sündenbegriffs und der alltagsweltlichen Begriffsverwendung zeigt, wie sehr das Verständnis auseinanderklappt.[489] Im Brief des Paulus an die Römer heißt es: "So kommt der Glaube aus der Predigt, das Predigen aber durch das Wort

---

[489] Im alltagsweltlichen Sprachgebrauch verwendet man den Begriff zum Beispiel für "Verkehrssünder" und "Umweltsünder", bezeichnet die Hamburger Reeperbahn als "sündigste Meile der Welt", "sündigt" wenn man gegen Diätvorsätze verstößt oder kennt eine Erotik-Talk-Show mit dem Titel "Liebe Sünde". Der Sprachgebrauch macht deutlich, dass zwar einerseits ein Verstoß gegen moralische Normen ausgedrückt wird, andererseits jedoch auch eine Bagatellisierung der Verbindlichkeit dieser Normen, indem der Begriff geradezu kariert wird, vor allem wenn es um Sexualität oder Sinnlichkeit geht. Der Begriff ist in der Alltagssprache also durchaus doppeldeutig.

Christi" (Röm 10,17). Das heißt, dass nach Paulus der Glaube aus dem Hören und zwar "hören" im Sinne von "angesprochen sein" durch das Wort Gottes kommt.[490] Was aber, wenn das Reden von Gott in diesem Sinne nicht "gehört" werden kann, weil es in einer Begrifflichkeit vermittelt wird, die den Menschen nichts sagt, beziehungsweise die sie selbst nur in einem völlig anderen Alltagskontext verwenden? Die Kirche steht hier vielmehr vor einem Vermittlungsproblem als vor dem Problem, dass die Botschaft und der Inhalt des christlichen Glaubens nicht mehr gegenwartstauglich scheinen. Die Übersetzung der traditionellen Sprache der Theologie in die Gegenwartssprache, ohne dabei die eigentlichen Inhalte aufzugeben, ist deshalb dringend erforderlich und wurde bisher nur selten gut gelöst. Deshalb bleibt die christliche Botschaft weithin ungehört.

Ein weiterer Aspekt, der darüber hinaus mitbedacht werden muss, ist auch die Wahrnehmung. In der von Medien geprägten Welt haben die Menschen sich daran gewöhnt die Dinge nicht mehr wirklich wahrzunehmen, sondern sie mit den Augen zu konsumieren. Die Verarbeitung des mit den Augen Konsumierten ist nachgestellt oder bleibt ganz aus. Notwendig ist deshalb auch das Sehen neu zu lernen. Dies ist die neue Situation mit der sich auch Theologen und Kirchen auseinandersetzen müssen. Zwar mögen gerade die Protestanten als Buch- und Wortreligion im klassischen Sinne hier einwenden, dass der Glaube allein vom Hören kommt, aber es ist nicht zu übersehen, dass sowohl das Alte als auch das Neue Testament nicht an bildhaften Ausdrücken sparen. Gerade im Alten Testament ist das gelingende Leben an alle Sinne gebunden und auf eine ganzheitlich erfasste Welt bezogen gewesen.[491] Zwar wird das Hören besonders hervorgehoben, aber das Sehen keineswegs vergessen.[492] So steht auch in Spr 20,12 geschrieben: "Ein hörendes Ohr und ein sehendes Auge, die macht beide der Herr". Der Glaube kommt daher ebenso vom Sehen oder wie schon der Volksmund weiß, ein Bild sagt mehr als tausend Worte. Eine moderne Theologie hat den alten Wort-Bild-Gegensatz längst überwunden und weiß, dass beides wichtige Faktoren einer ganzheitlichen Gottesbeziehung sind. Der Sehsinn ist einer unserer wichtigsten Sinne und die Augen sind das scheinbare Tor zur Wirklichkeit. Sehen und Hören über mediale Kommunikation, beispielsweise durch das Fernsehen, kann jedoch die persönliche Kommunikation nicht ersetzen, sondern soll zu dieser hinführen. Mediale und personale Kommunikation müssen sich

---

[490] Vgl. dazu ausführlicher die Darstellungen von Hans Schwarz zum Thema "Authentischer Glaube" in: Schwarz, *Glaubwürdig*, 118.

[491] Vgl. Karl Ernst Nipkow, *Bildung als Lebensbegleitung und Erneuerung. Kirchliche Bildungsverantwortung in Gemeinde, Schule und Gesellschaft*, Gütersloh (Mohn) [2]1992, 553.

[492] Vgl. Hans W. Wolff, *Anthropologie des Alten Testaments*, Gütersloh (Kaiser) [6]1994, 116f.

gegenseitig durchdringen, denn der Mensch ist ein soziales Wesen. Allein die Gemeinschaft kann verhindern, dass es zu einer Flucht aus der Wirklichkeit kommt.

3.1.4. Wahrnehmung und Aufmerksamkeit

Auf den Aspekt der Wahrnehmung soll an dieser Stelle noch genauer eingegangen werden, da diesem gerade hinsichtlich der Medien eine entscheidende Bedeutung zukommt. Die Medien können nämlich durch Reizüberflutung zu einer Abstumpfung führen. Der menschliche Körper ist so angelegt, dass er sich vor überfordernden Reizen durch Abstumpfen schützt. Das gilt sowohl für das Sehen wie auch für das Hören. Man "schaltet ab", hört nicht mehr zu, sieht nicht mehr genau hin, nimmt nicht mehr wahr. Forschungen über Medienwirkungen und die Medienpsychologie beschäftigen sich bereits seit längerer Zeit damit. Auch Augustin M. Pötscher hält fest: "Das Publikum ist heute oft nur mehr Objekt der medialen Reizüberflutung und reagiert mit Apathie".[493] In jüngster Zeit rückte deshalb die menschliche Wahrnehmung auch in der medienethischen Debatte ins Blickfeld. Günter Thomas lieferte mit der Studie "Umkämpfte Aufmerksamkeit. Medienethische Erwägungen zu einer knappen kulturellen Ressource" einen interessanten Beitrag in der *Zeitschrift für Evangelische Ethik* 2003, der hinsichtlich einer anthropologisch orientierten Medienethik einen Anstoß zu weiteren Untersuchungen bietet.[494] Thomas verweist in seinem Artikel darauf, dass die ausschließliche Konzentration auf den Umgang mit natürlichen Ressourcen im Horizont umweltpolitischer Wahrnehmung für das zukünftige Gelingen der Gesellschaft nicht ausreicht, sondern stattdessen auch die kulturellen Ressourcen von Gesellschaften ins Blickfeld der Diskussionen rücken müssen. Die Diskussion über die Grenzen des natürlichen Wachstums überträgt er auf die menschlichen Ressourcen. Dabei zählt, seiner These zu Folge, die menschliche Aufmerksamkeit zu den wertvollsten, knappsten und unentbehrlichsten Ressourcen. In Anlehnung an die aktuelle Aufmerksamkeitsdiskussion, die eine Ökonomie der Aufmerksamkeit entwirft[495], versucht er deshalb eine Ökologie der Aufmerksamkeit als Teil einer Medienethik vorzustellen.

---

[493] Augustin M. Pötscher, *Medienethik*, Thaur u.a. (Thaur) 1998, 151.
[494] Vgl. Günter Thomas, "Umkämpfte Aufmerksamkeit. Medienethische Erwägungen zu einer knappen kulturellen Ressource", in: *Zeitschrift für Evangelische Ethik* 47 (2003), 89-104.
[495] Vgl. Georg Franck, *Ökonomie der Aufmerksamkeit. Ein Entwurf*, München (Hanser) 1998. Der Autor proklamiert die Ökonomie der Aufmerksamkeit, die seiner Überzeugung nach mit der Ökonomie des Geldes zu vergleichen ist. Da Ökonomie soziale Konsequenzen nach sich zieht, versucht Franck in seinem Buch einen Grundriss der Ethik der Aufmerksamkeit zu ent-

Während die Ökonomie der Aufmerksamkeit darauf verweist, dass sich der Wert einer Sendung an der Aufmerksamkeit bemisst, die ihr entgegengebracht wird, das heißt die Aufmerksamkeit sozusagen zur Währung wird, führt Günter den Gedanken medienethisch mit einer Ökologie der Aufmerksamkeit weiter, indem er danach fragt, wie mit dieser menschlichen Ressource umzugehen ist. Zunehmende Selektivität und ethische Kriterien stellen dabei unabdingbare Voraussetzungen dar, damit sich diese menschliche Ressource regenerieren kann. Einen wichtigen Beitrag kann dazu, nach Günter auch die Theologie leisten. Denn Aufmerksamkeit wird hier in der Gottesperspektive betrachtet und ist durch die drei Faktoren Glaube, Liebe und Hoffnung geprägt. Für eine Ökonomie der Aufmerksamkeit ist sie eine provozierende Herausforderung, weil Aufmerksamkeit ohne Reziprozitätserwartung zugewandt wird und dies ohne medialer Aufmerksamkeitslenkung zu unterliegen. Indem Theologie prinzipiell denen Aufmerksamkeit zuwendet, die sie beispielsweise nicht anziehen können, kann sie durch ihre konstruktive Eigenständigkeit einseitiger Ausbeutung der Aufmerksamkeitslenkung entgegenwirken und dazu beitragen "wieder Ausgangsbedingungen für Sozialformen mit Reziprozität zu schaffen."[496]

Der christliche Glaube kann darüber hinaus zum konzentrierten Sehen und Hören anleiten. Er kann die Sinne schärfen, so dass das Entscheidende nicht überhört und übersehen wird, nämlich Gott selbst. Bei aller Bedeutung, die den Bildern in der Mediengesellschaft beigemessen wird, bleibt deshalb doch das deutende Wort der Schlüssel zum Verständnis. Voraussetzung dazu ist jedoch die Fähigkeit konzentriert zu hören und zu sehen und in Anlehnung an Thomas Günter verantwortungsvoll mit unserer knappen menschlichen Ressource Aufmerksamkeit umzugehen. Der christliche Glaube kann dazu beitragen, denn Hören und Sehen sind nicht selbstverständlich. Man kann hören und doch nicht hören, sehen und doch nicht sehen (Mt 13,13). Eine entfaltete Medienethik muss deshalb neben der interdisziplinär durchgeführten Situationsanalyse auch einen Beitrag der Theologie und Kirchen umfassen, die ihre Aufmerksamkeit den Menschen entgegenbringen und das Leben als Geschenk Gottes reflektieren und Würdigung entgegenbringen.

---

werfen. Zur Debatte der Ökonomie der Aufmerksamkeit vgl. z.B. auch Aleida Assmann, "Druckerpresse und Internet - von einer Gedächtniskultur zu einer Aufmerksamkeitskultur", in: *Archiv und Wirtschaft* 36 (1/2003), im Internet unter: <http://www.wirtschaftsarchive.de /zeitschrift/m_assmann.htm> (10.02.2005), [o.S.].
[496] Thomas, "Umkämpfte Aufmerksamkeit", in: *ZEE* 47 (2003), 99.

3.2. Theologische Ethik im Kontext einer Mediengesellschaft

Religion, Glaube und Kirche werden heute in den Medien auf vielfältigste Weise thematisiert und verarbeitet. Die Bandbreite reicht dabei von Informationsbeiträgen, beispielsweise über kirchliche historische Ereignisse, über spezifisch religiöse Sendungen, wie zum Beispiel die Übertragung von Gottesdiensten, Unterhaltungsformate, wie Talk-Shows (z.b. "Fliege") oder Serien (z.b. "Mit Leib und Seele"), bis hin zu eigenen kirchlich-religiösen Sendern, wie der seit 2002 existierende Digitalsender Bibel-TV. Darüber hinaus ist eine stetige Präsenz christlich-religiöser Symbole und Motive in Kinofilmen, Werbespots oder Musikvideos zu erkennen.[497] Diese Präsenz auf die Wirksamkeit christlicher Tradition zurückzuführen ist jedoch fraglich. Häufig erfahren die Symbole, Motive und Bilder eine Bedeutungsverschiebung, indem sie theologisch entstellt und verzerrt und aus ihren christlichen Kontext herausgerissen werden. Bedenklich wird es, wenn dazu auch noch eine Rückwirkung an die christlichen Kirchen aus den Augen verloren wird. Dass sich christlich-religiöse Elemente, wie sie über die Massenmedien vermittelt werden, bereits weit von den christlichen Ursprüngen dieser Gesellschaft entfernt haben, zeigt Horst Albrecht in seinem Buch *Die Religion der Massenmedien.*[498] Dass diese Elemente, so wie sie über die Medien vermittelt werden, aber auch noch zugleich die Menschen zutiefst prägen, ist der eigentlich entscheidende Punkt. Theologie und Kirche haben sich dieser Herausforderung bisher kaum gestellt. Die Auseinandersetzung äußert sich in seltenen Fällen als Protest, wenn ihr öffentliches Ansehen allzu dreist für Werbezwecke missbraucht wird[499] und beschränkt sich im Wesentlichen auf die eigene kirchliche Öffentlichkeitsfrage. Wie der Züricher systematische Theologe Ingolf Ulrich Dalferth in seinem Artikel "Kirche in der Mediengesellschaft - Quo vadis?" von 1985 festhält, ist die Medienfrage von der Theologie besonders dürftig wahrgenommen worden.[500] Daran hat sich auch seitdem nicht sehr viel geändert. Seine Befürchtung, dass sich "die evangelische Kirche durch die irreversible Faktizität der neuen Medien theologisch unreflektiert überrollen"[501] lässt, ist angesichts der Bedeutung, die die Medien gegenwärtig im Leben der Menschen

---

[497] Vgl. z.B. Hurth, *Zwischen Religion und Unterhaltung.*
[498] Vgl. Horst Albrecht, *Die Religion der Massenmedien*, Stuttgart u.a. (Kohlhammer) 1993.
[499] In solchen Fällen wird Protest beim Deutschen Werberat eingelegt. So musste beispielsweise die Dortmunder Union Brauerei ihre Werbeanzeigen zurückziehen, in denen sie ihr "Siegel-Pils" als "Unser Wort zum Sonntag" anpries. Dieses und weitere Beispiele vgl. ebd. 139.
[500] Ingolf Ulrich Dalferth, "Kirche in der Mediengesellschaft - Quo vadis?", in: *Theologia Practica* 20 (2/1985), 183-194, hier 183.
[501] Ebd.

und der Gesellschaft einnehmen, auch heute noch aktuell. Deshalb ist Horst Albrecht zuzustimmen, wenn er in seinem Fazit festhält, dass die eigentliche Herausforderung darin besteht, das Verhältnis von heutiger Kultur und Religion zu analysieren.[502] Vor allem die Theologie ist deshalb herausgefordert eine konstruktive und differenzierte Sichtweise auf die Medien zu entwickeln. Der ethischen Reflexion kommt dabei eine entscheidende Rolle zu.

3.2.1. Anforderungen an eine theologische Medienethik

Bei einem Medienformat wie Bibel-TV ist die Kirche selbst Mediennutzer bzw. -anbieter. Diese Nutzung erstreckt sich nicht nur über das Medium Fernsehen, sondern auch über zahlreiche Zeitschriften, Radiosender und Internet. Einer Medienethik aus theologischer Perspektive kommt deshalb zunächst die Aufgabe zu, die eigene Rolle als Mediennutzer und -anbieter zu reflektieren. Dazu gehört die Auseinandersetzung mit der Frage nach dem kirchlichen Umgang mit den Medien, mit der Öffentlichkeitsfrage und der eigenen Identitätsverwirklichung. Die Konkretisierung der Frage nach der Öffentlichkeitsaufgabe der Kirche, ihre theologische Grundlegung und wie diese mit Hilfe der modernen Kommunikationsmedien wahrzunehmen sei, beschäftigte und beschäftigt auch heute noch, wenn es um Medien geht, primär viele Theologen.[503] Obwohl sich das Verhältnis von Medien und christlichen Kirchen in den letzten Jahrzehnten sichtlich verbessert hat - das zeigt nicht nur die Existenz des Digitalsenders Bibel-TV, sondern beispielsweise auch der Vatikan, der seit 1995 ein eigenes Internetportal betreibt -, scheint es in kirchlichen Kreisen, wie Margot Kässmann festhält, dennoch vielfach eine Scheu zu geben, die Medien offensiv zu nutzen.[504] Auch im Vorfeld der Erstausstrahlung von Bibel-TV wurden kirchliche Stimmen laut, die dem Projekt mit "kritischer Sympathie" eher reserviert gegenüberstanden.[505] Die Zurückhaltung galt aber weniger der Mediennutzung an sich als vielmehr der Befürchtung ein "Ghetto-Fernsehen" zu schaffen, das nur

---

[502] Vgl. Albrecht, *Die Religion der Massenmedien*, 129.

[503] Hier sei beispielsweise auf den Tübinger Pastoraltheologen Ottmar Fuchs verwiesen, der sich in mehreren Beiträgen mit der Öffentlichkeitswirksamkeit der Kirche und des christlichen Glaubens in den Medien auseinandersetzt. Er vertritt die Auffassung, dass die Nutzung der Medien immer rückgebunden bleiben muss an ihren Beitrag zur Verwirklichung des Reiches Gottes. Vgl. Ottmar Fuchs, "Kirche und Medien auf dem Weg in das Jahr 2000", in: *Stimmen der Zeit* 106 (1991), 411-421. Oder: ders., "Kirchlicher Umgang mit den Medien", in: *Concilium Internationale Zeitschrift für Theologie* 29 (1993), 518-524.

[504] Vgl. Kässmann, *Möglichkeiten und Unmöglichkeiten der Medien*, in: Drägert/ Schneider (Hg.), *Medienethik*, 99.

[505] Vgl. Lars Langenau, "Gott vergelt's", in: *Süddeutsche Zeitung* 226 (30.09.2002), 19.

Fromme anspricht, wie es David Hober, Mediensprecher der Deutschen Bischofskonferenz, formulierte.[506] Auch Augustin M. Pötscher verweist auf dieses Problem, wenn er festhält, dass gerade mit eigenen medialen Publikationen häufig nur "das Aktivsegment" erreicht wird, das man sowieso auf seiner Seite weiß.[507] Ein Problem, das auch Hans-Joachim Girock, ein engagierter Journalist, der seit Jahrzehnten darum bemüht ist, die Sache der Christen in den Medien zu vermitteln, feststellt, wenn er schreibt:

"Die kirchlichen Angebote sind immer weniger gefragt; Kirchenzeitungen kriegen keine neuen Abonnenten (und die alten sterben aus); Kirchensendungen bringen keine Einschaltquoten; und nur wenige Tageszeitungen leisten sich noch den Luxus eines kirchlich versierten Fachredakteurs. Mag sein, dass hier und da Vorurteile im Spiel sind. Bei den Medien ebenso wie bei ihren Kunden. Der Effekt aber ist eindeutig: Was die Kirche zu sagen hat, gilt als nicht mehr interessant. Ihr Wort hat an Gewicht verloren; ihr Ansehen und ihre Bedeutung sind auf eine im öffentlichen Kommunikationsprozess zu vernachlässigende Größenordnung geschrumpft."[508]

In diesem Zusammenhang stellt sich allerdings grundsätzlich die Frage, ob es denn überhaupt eine eigene kirchliche Medienarbeit geben soll oder ob damit nicht schon in gewisser Weise so etwas wie ein Ghetto vorgezeichnet ist, indem man sich von der gesellschaftlichen Realität abschneidet.[509] Dennoch kann eine so große Gemeinschaft wie die christliche Kirche auf diese Kommunikationswege nicht verzichten. Kirche und Theologie müssen sich deshalb vielmehr noch verstärkt überlegen, wie in einer bestehenden Pluralität konkurrierender Angebote der Sinn- und Lebensdeutung durch eine sinnvolle Nutzung der Medien die Präsenz christlicher Religion gestaltet werden kann. Dass es zwischen bedingungsloser Begeisterung und Verteufelung der Möglichkeiten neuer Medien auch differenzierte Erörterung der Vor- und Nachteile geben kann, soll in dieser Arbeit vor allem im nächsten Kapitel deutlich werden. Zunächst ist noch Wolfgang Huber zuzustimmen, wenn er festhält, dass es "wenig Sinn [macht],

---

[506] Vgl. Langenau, "Gott vergelt's", in: *Süddeutsche Zeitung* 226 (30.09.2002), 19.
[507] Vgl. Pötscher, *Medienethik*, 165.
[508] Hans-Joachim Girock zit. nach Frank Kürschner-Pelkmann, *Von Gutenberg bis Internet. Kirchen und soziale Kommunikation*, hrsg. vom Evangelischen Missionswerk in Deutschland, Hamburg 1997, 111.
[509] Ähnlich fragt auch Karl Lehmann zum Thema kirchliche Präsenz in den Medien, wobei er seine Fragestellung nur auf eine eigene Kirchenpresse bezieht. Vgl. Karl Lehmann, *Kirche im öffentlichen Raum*, in: Drägert/Schneider (Hg.), *Medienethik*, 107-124, hier 113.

von einem Öffentlichkeitsauftrag der Kirche zu sprechen, wenn die Kirche in der Öffentlichkeit nicht vorkommt".[510] Vor allem junge Menschen werden heute nicht mehr über Gottesdienste oder kurze Konfirmandenunterrichtszeiten erreicht. Deshalb gilt es auch dem evangelischen Religionspädagogen Karl Ernst Nipkow beizupflichten, wenn er betont: "Da das Evangelium öffentlich wirksam werden will, sind alle geeigneten neuen Orte und Mittel der gesellschaftlichen Begegnung, Bildung und Kommunikation aufzusuchen bzw. zu nutzen."[511] Dazu gehören auch alle Formen der neuen Kommunikationsmedien.

Wollen sich Kirche und Theologie nicht selbst in die Isolation begeben, gehört allerdings zu einer Medienarbeit mehr als nur die Auseinandersetzung mit den Problemen und Herausforderungen, vor die sich die Kirche und der christliche Glaube in ihrer eigenen Mediennutzung und Öffentlichkeitswirkung gestellt sehen. Zu einer sinnvollen Medienarbeit gehört ebenso eine ethische Reflexion der Medien aus theologischer Perspektive, die mehr als die eigene Mediennutzung und Öffentlichkeitsarbeit umfasst. Dazu gehört auch, die Medien nicht lediglich nur als technische Mittel zu begreifen, denn soweit sie ausschließlich in diesem Sinne verstanden werden, tangieren sie die theologische Behandlung genauso wenig oder so sehr wie etwa moderne Verkehrsmittel. Die Wirkungsweisen der modernen Medien reichen eindeutig darüber hinaus. Sie sind ein nicht mehr wegzudenkender Bestandteil unseres Lebens geworden und prägen unsere Lebens- und Weltsicht zu einem nicht unerheblichen Teil. Weitet man die Fragestellung auf die funktionale Bedeutung, die diese Mittel für die moderne Gesellschaft besitzen aus, so ergibt sich deshalb auch eine theologische Relevanz. Einer Theologie, die sich mit Medienethik beschäftigt, kommt so zum Beispiel auch die Aufgabe zu, die indirekte Thematisierung von Religion und religiösen Formen, Glaube und Kirche zu entschlüsseln.[512] Einer theologischen Medienethik kommt zudem darüber hinaus auch die Aufgabe zu, sich am gesellschaftli-

---

[510] Wolfgang Huber, *Kirche als intermediäre Institution*, in: Drägert/Schneider (Hg.), *Medienethik*, 137-150, hier 148.

[511] Karl Ernst Nipkow, "Folgerungen aus den Empfehlungen der Enquetekommission für die kirchliche Bildungsarbeit", Vortrag auf dem Bildungskonvent der Ev. Lutherischen Kirche in Thüringen am 7.Juli 2004 in Erfurt, Augustinerkloster, Quelle: <http://www.schulwerk-cms.de/attachment/7b5a55540dde7fd81b33c01ac7eef6f5/1dc0aeec029822c91c8b355ecdae80 4d/VortragNipkow.pdf> (04.10.2004), 3f.

[512] Andreas Greis weist so zum Beispiel auf die religiöse Symbolik und Codierung in der Sendung "Deutschland sucht den Superstar" hin, in der es einen "Messias" als Gewinner, den verstoßenen Judas wie auch den Narren Daniel Küblböck gibt. Angesichts dieses Beispiels verweist Greis auf die Bedeutung der Theologie, der die Aufgabe der Entschlüsslungskompetenz solcher medialen Codes und Symboliken zukommt. Vgl. Greis, *Medienethik*, in: Laubach (Hg.), *Angewandte Ethik und Religion*, 328.

chen Diskurs zu beteiligen, das heißt ihr Augenmerk nicht nur auf rein theologische Problem- und Fragestellungen zu richten, sondern sich am allgemeinen
Diskurs zu beteiligen und die theologische Position darzustellen. Hier ist eine
Medienethik als christliche Medienethik gefragt. Sie rechtfertigt sich aus dem
christlichen Verständnis, sich als Geschöpf Gottes in verantwortungsvoller Weise um die Schöpfung zu kümmern. Der Mensch ist von Gott in die Verantwortung und damit in den verantwortlichen Umgang mit sich selbst, mit anderen
und mit seiner Welt und Umwelt gerufen worden. Das christliche Menschenbild
ist geprägt von Freiheit, Würde und Selbstbestimmung, gemäß des Paulusbrief
an die Galater 5,1: "Ihr seid zur Freiheit berufen worden!" Dazu gehört auch die
Aufgabe die Verantwortung für die Würde und Freiheit des Menschen in der
heutigen Mediengesellschaft wahrzunehmen. Gerfried W. Hunold ist zuzustimmen, wenn er grundlegend festhält: "Medienethik kann keine Sonderethik sein,
sondern müsste grundsätzlich als Entfaltungsmoment verantwortlicher Lebensgestaltung überhaupt verstanden werden"[513]. Als Medienethik mit theologischen
Vorzeichen kann und muss sich die christliche und theologische Ethik in den
medienethischen Diskurs einbringen, indem sie sich der Wirklichkeitsauseinan-
dersetzung in verantwortungsvoller Weise stellt. Die Theologie verfügt dabei
über kein geheimes Wissen, aus dem sie die ausschließlich einzigen "richtigen"
Argumente hervorbringt oder davon Normen ableitet, die für den Nicht-
Gläubigen nicht zugänglich sind. Wie Dietmar Mieth schreibt, ist die Theologie
"relevant für die Entdeckung ethischer Probleme, für die Sensibilisierung der
Moral, für die moralische Motivation und für die Relativierung der Moral in der
Beurteilung von Menschen"[514]. Der christlichen Religion, um einen zentralen
Gedanken von Karl Ernst Nipkow aufzugreifen, geht es immer um das Ganze,
um die Interpretation des Lebens, das heißt die Interpretation von Mensch, Welt
und Gott und um die moralische Dimension dieser Interpretation.[515] Dabei ist
der christliche Glaube "nicht ohne ein Weltbild"[516]. Dieses welt-anschauliche
Moment, - vom Autor absichtlich mit einem Bindestrich versehen, um das Gemeinte vor der Verwechslung mit einer "Weltanschauung" als geschlossener I-
deologie zu schützen[517] - das Nipkow hier anspricht ist wichtig, hat aber auch

---

[513] Gerfried W. Hunold, *Medienethik*, in: Johannes Gründel (Hg.), *Leben aus christlicher
Verantwortung. Ein Grundkurs der Moral 2. Schöpfung - Wirtschaft - Gesellschaft - Kultur*,
Düsseldorf (Patmos) 1992, 217-230, hier 226.
[514] Dietmar Mieth, *Biopolitik, Bioethik, Theologie*, in: Th. Faulhaber/ B. Stillfried (Hg.), *Auf
den Spuren einer Ethik von morgen*, Freiburg im Breisgau (Herder) 2001, 151-179, hier 175.
[515] Vgl. Karl Ernst Nipkow, *Bildung als Lebensbegleitung und Erneuerung*, 292.
[516] Ebd., 264.
[517] Vgl. Nipkow, "Folgerungen aus den Empfehlungen der Enquetekommission für die kirchliche Bildungsarbeit", Quelle: <http://www.schulwerk-cms.de/attachment/7b5a55540dde7fd

entscheidende Konsequenzen für einen ethischen Diskurs: Der christliche Glaube lässt die Welt mit anderen Augen sehen und ist folglich eine bestimmte Anschauung der Welt:

"Die entscheidende theologische Grundlage ist hierbei die Einsicht, dass ein Christ seine *Glaubenswahrheit* nicht etwa nur aus dem Hören hat, während derselbe Christ als Mensch sein *Weltwissen* nur der Wahrnehmung der Dinge unabhängig vom Glauben verdankt, sondern dass der Glaube *in eins* mit dem gehörten Wort Gottes auch eine *neue Wahrnehmung der Welt* einschließt, die veränderte eigentümliche Anschauung der Welt aus Glauben, christliche Welt-Anschauung."[518]

Christen entwickeln aus ihren Kriterien ein eigenes Urteilsvermögen. Das heißt aber auch, dass der christliche Glaube innerhalb der pluralen Gesellschaft, in der wir leben, als Welt-anschauung verstanden werden muss, die neben anderen existiert. Auf der Suche nach ethischen Lösungsmöglichkeiten sind alle Diskursteilnehmer aufgefordert ihre Weltanschauungen darzulegen, um so den Diskurs fruchtbar zu machen.

Angesichts der gegenwärtigen Konflikte um das ethisch Richtige und sittlich zu Verantwortbare ist der Dialog, an dem sich unterschiedlichste plurale Weltanschauungen beteiligen, dringend notwendig, da diese unterschiedliche lebenspraktische und theoretische Einstellungen, Positionen, Überzeugungen und Erfahrungen mit einbringen. Solch eine breit angelegte Diskussion ermöglicht die Abwägung ethischer Probleme nicht nur aus unterschiedlichen, sondern auch aus einer globalen Perspektive, auf die am Ende der Arbeit zurückzukommen sein wird. Diesbezüglich gilt es aber auch für Christen sich dem ethischen Diskurs mit der gleichen Ernsthaftigkeit und Offenheit zu nähern, denn dann erübrigt sich auch die Frage, was die Theologie in der Medienethik verloren hat.

Eine Theologie, die sich mit Ethik beschäftigt, darf nicht von einer apriorischen Wahrheit ausgehen, sondern sie muss von der Wirklichkeit ausgehen. Wahrheit ist nur über die Wirklichkeitserfahrung erreichbar. Ethik findet ihren Rahmen in der Wirklichkeit, die die menschliche Person beansprucht. Das heißt, wenn man wissen will, wie man sich richtig - zum Beispiel in Bezug auf Medien - verhalten soll, muss man wissen, was Medien für das menschliche Leben bedeuten,

---

81b33c01ac7eef6f5/1dc0aeec029822c91c8b355ecdae804d/VortragNipkow.pdf>(04.10.2004), 6.
[518] Nipkow, *Bildung als Lebensbegleitung und Erneuerung*, 540f.

welche Sinnwerte sie bieten und welchen Ordnungsgesetzen sie folgen. Erst wenn man darum weiß, kann man auch wissen, wie man sich in dem Bereich verhalten sollte, damit dieser Bereich seine Bedeutung für einzelne Menschen und für die menschliche Gemeinschaft in optimaler Weise erfüllen kann. Dies ist kein neuer Gedanke, er geht bereits zurück auf Thomas von Aquin (1224-1274), der die These vertrat, dass das Gute das Wirklichkeitsgemäße ist, das Gott gemäß den Ideen geschaffen hat.[519] Die Findung des ethisch Richtigen ist Sache der Gemeinschaft. Dabei haben auch Theologie und Kirchen die Pflicht, sich am Dialog um die Findung ethischer Richtlinien aktiv zu beteiligen. Denn, wie es Nipkow formuliert, lehrt der Glaube "nicht nur, Gott und Welt voneinander zu unterscheiden, sondern auch miteinander zu verbinden. In diesem Sinne sind theologische Aussagen auch weltanschauliche Aussagen (…)."[520]

3.2.2. Unterschiedliche Arten der Vermittlung von Religion und Medien

Die Behandlung von Themen wie Glaube, Religion und Kirche in den Medien ist zunächst primär von Bedeutung für eine Medienethik aus theologischer Perspektive. Hier gilt es unterschiedliche Arten medialer Vermittlung von Religion in den Medien zu unterscheiden, die verschiedenen Verantwortlichkeiten unterliegen und aufgrund derer auch unterschiedliche Intentionen in der Gestaltung festgemacht werden können:

Zum einen lässt sich eine Differenzierung vornehmen in theologische und kirchliche Verkündigungssendungen, die durch den jeweiligen Beauftragten der Kirche verantwortet werden. Im *Handbuch Praktische Theologie* findet sich hierfür die Bezeichnung Sendungen in "eigener redaktioneller Verantwortung".[521] In der Literatur wird dafür oft die Bezeichnung "Selbstdarstellung" verwendet.[522] Dazu ist jedoch anzumerken, dass er auf die Kirchen nur bedingt zutrifft, insofern die Kirchen nicht primär sich selbst darstellen wollen, sondern ihrem Selbstver-

---

[519] Vgl. Monika Sänger, *Kurswissen Praktische Philosophie/Ethik. Grundpositionen der normativen Ethik*, Stuttgart u.a. (Klett) 1993, 74.

[520] Nipkow, *Bildung als Lebensbegleitung und Erneuerung*, 554.

[521] Willi Anderau, *Konkretion: Medien*, in: Herbert Haslinger u.a. (Hg.), *Handbuch Praktische Theologie. Band 2. Durchführungen*, Mainz (Matthias-Grünewald) 2000, 333-347, hier 342.

[522] Vgl. beispielsweise Thomas Günter, *Medienreligion. Religionssoziologische Perspektiven und theologische Deutungen*, in: Anna-Katharina Szagun (Hg.), *Jugendkultur - Medienkultur. Exemplarische Begegnungsfelder von Christentum und Kultur*, Münster (Lit) 2002, 83-114, hier 86.

ständnis zufolge sich als Mittel im Dienst der Menschen verstehen. Man spricht bei Gottesdienst-Übertragungen und beim "Wort zum Sonntag" daher besser von Sendungen, die gemäß kirchlichem Selbstverständnis gestaltet sind. Den Sendeanstalten kommt dabei lediglich eine Beraterfunktion zu, die sich auf die fernsehgerechte Umsetzung einzelner Themen beschränkt. Gottesdienstübertragungen im Fernsehen oder Radioandachten sind hierzu ebenfalls zu zählen. Auf diese Ebene konzentrieren sich auch primär kirchliches Medienengagement sowie kirchliche Ausbildungsbemühungen.

Demgegenüber stellen beispielsweise Serien über Pfarrer, Magazinbeiträge zu Kirchentagen, Reportagen oder gar Talksendungen über beispielsweise exkommunizierte Theologieprofessoren Fremddarstellungen dar, d.h. in aller Regel von den Medienverantwortlichen selbstgesteuerte Präsentationen.

Darüber hinaus werden viele christlich-religiöse Motive, Symbole, Themen und Bilder in verschiedenste fiktionale und nichtfiktionale Sendungen aufgenommen. So durchziehen beispielsweise Paradiesmotive auf vielfältige Weise allein das Segment der Werbung[523], Vergänglichkeitsmotive sind in Fernsehsendungen eingestreut und immer wieder bearbeiten Spielfilme Themen wie Leben und Tod, Sünde, Schuld und Versöhnung etc. In unendlicher Wiederholung stellen sie Inszenierungen zwischen guten und bösen Mächten dar und die Themen Versöhnung und Erlösung durchziehen subtil das Fernsehvorabendprogramm. Die Motive, Symbole, Themen und Bilder können dabei zwar von den Rezipienten meist durchaus auf die spezifische Religion zurückgeführt werden, aber dieser Rückverweis geschieht zumeist nicht durch die Sendung oder das Medienformat selbst.

Günter Thomas, der sich in mehreren Arbeiten mit dem Thema "Medienreligion" auseinandersetzt, verweist darüber hinaus auf zwei weitere Beziehungsformen zwischen Medien und Religion, nämlich einerseits eine, die durch eine Adaption und Transformation religiöser Rituale gekennzeichnet ist, und eine weitere, die religiöse Formen und Funktionen betrifft.[524] Ersteres bedeutet, dass ein ursprünglich religiöses Ritual oder eine religiöse Praxis strukturbildend, form-

---

[523] Auf das spezielle Segment der Werbung wird in dieser Arbeit nicht explizit eingegangen. Zu religiösen Symbolen in der Werbung vgl. z.B. Manfred L. Pirner, *"Nie waren sie so wertvoll wie heute"*, in: Buschmann/ ders., *Werbung, Religion, Bildung*, 55-70. Oder auch: Franz Josef Röll, *Religionspädagogische Symboldidaktik aus der Perspektive einer wahrnehmungsorientierten Medienpädagogik*, in: Pirner/Breuer (Hg.), *Medien - Bildung - Religion*, 103-111.
[524] Vgl. Thomas, *Medienreligion*, in: Szagun (Hg.), *Jugendkultur - Medienkultur*, 87.

gebend und funktionsstützend in ein Genre aufgenommen wird.[525] So sind beispielsweise einige Sendungen darauf ausgerichtet, dass Menschen öffentlich ihre Schuld bekennen, um Versöhnung bitten und diese im Anschluss dann häufig auch zelebrieren. Zweites besagt, dass religiöse Formen und Funktionen in der Verarbeitung, Präsentation und Konstruktion der Medien, vor allem des Fernsehens, greifbar sind. So begleiten Fernsehprogramme beispielsweise durch ihre liturgische Ordnung den Alltag der Menschen mit der Möglichkeit einer individuellen Zeitordnung der Lebenswelt der Rezipienten.

Sicherlich ist Günter zuzustimmen, dass es bei der Bestimmung des Verhältnisses von Medien und Religion mehrere Ebenen der Interaktion und Analyse zu unterscheiden gilt, wie dies vorangegangen gezeigt wurde. Dass dabei allerdings auch die Rezeptionsrichtung zu unterscheiden sei, das heißt von welcher Seite, vom Christentum oder von den Medien, die Rezeptionsrichtung betrachtet wird[526], scheint für eine theologisch-medienethische Betrachtung eher unerheblich zu sein. Denn wie im vorausgegangenen theoretischen Teil bereits gezeigt wurde, wird Sinn nicht allein durch mediale Kommunikation übertragen, sondern die Herstellung des Sinnzusammenhangs liegt vielmehr auf Seite des Empfängers. Das Augenmerk muss nicht auf der Rezeptionsrichtung liegen, sondern vielmehr auf dem Rezipienten als aktiver Medienteilnehmer. Eine Theologie, die der heutigen Lebenswelt gerecht werden will, muss beim Menschen ansetzen und hier ist Günter durchaus zuzustimmen, wenn er darauf verweist, dass dazu ebenso gehört, danach zu fragen, in welche gesellschaftlichen und kulturellen Phänomene die Religion ausgewandert ist.

Es wird hier bereits deutlich, dass das Verhältnis von Medien, Kirche, Theologie und Religion ein kompliziertes Geflecht ist, das über eigene Mediennutzung nach eigenem Selbstverständnis, aber auch über Fremddarstellungen hinausreicht und zahlreiche Fragen aufwirft, die sorgfältig erörtert werden müssen.

Die Forderung des Religionspädagogen Karl Ernst Nipkow nach einem dreifachen bereichsbezogenen Interpretationshorizont für die Praktische Theologie lässt sich auch auf eine Medienethik aus theologischer Perspektive anwenden. Nipkow fordert für die Praktische Theologie eine Dreiteilung, wobei die analytische Aufmerksamkeit zum einen der Kirche und der Gemeinschaft zu gelten hat, zum anderen dem Christentum außerhalb der Kirche und schließlich auch dem

---

[525] Vgl. Thomas, *Medienreligion*, in: Szagun (Hg.), *Jugendkultur - Medienkultur*, 87f.
[526] Vgl. ebd., 83f.

allgemeinen Wandel der Religion in der Gesellschaft.[527] Auf eine Medienethik aus theologischer Perspektive bedeutet dies ein dreifacher Interpretationshorizont zum einen bezüglich Kirche und Gemeinschaft als Mediennutzer, zum anderen Christentum und Medien außerhalb der Kirche und darüber hinaus auch der allgemeine Wandel der Religion in einer Mediengesellschaft.

Bevor deshalb genauer auf das komplexe Geflecht von Religion und Medien und ihre ethische Betrachtung eingegangen wird, ist es vorweg erforderlich, ohne dabei den Anspruch auf Vollständigkeit zu erheben, kurz die grundlegenden medienethischen Problemfelder der gegenwärtigen Mediengesellschaft zu betrachten und einige ethische Fragen, die sich grundsätzlich hinsichtlich der Medien in der Gegenwart ergeben, anzudeuten.

3.3. Grundlegende medienethische Problemfelder: Zeitung, Fernsehen, Internet

3.3.1. Zeitung

Die Zeitung, das hat bereits der historische Teil gezeigt, ist das älteste der modernen Medien, zu dem in immer kürzeren Abständen weitere Medien, wie Telefon, Radio, Film, etc. hinzukamen. Die Zeitung scheint, wenn auch immer mehr in Verbindung mit anderen Medien, wenig an Bedeutung verloren zu haben. Empirische Studien verweisen darauf, dass die Zeitung immer noch zu den am meist verbreiteten Informationsmedien und relevanten meinungsbildenden Instrumenten zählt. Die Zeitung informiert zwar nicht so schnell wie andere neue Medien und erfordert eine intensivere Zeitnutzung, sie ermöglicht aber auch eine andere Art des Diskurses über Themen, die in aller Regel differenzierter, ausführlicher und zugleich sortierter ist. Sie bietet nicht nur eine umfassendere Sicht auf die Welt, sondern kann beispielsweise im Vergleich zum Internet mit einer kompetenten Vorsortierung der Nachrichten und Hintergründe aufwarten. Dafür verlangt die Zeitung als Medium aber auch mehr als andere Medien die Konzentration des Lesers.

Im medienethischen Diskurs werden der klassische Print-Journalismus und damit auch Zeitungen und Zeitschriften weitgehend ausgeblendet. Im Vordergrund

---

[527] Vgl. Karl Ernst Nipkow, *Praktische Theologie und gegenwärtige Kultur - Auf der Suche nach einem neuen Paradigma*, in: ders. u.a. (Hg.), *Praktische Theologie und Kultur der Gegenwart. Ein internationaler Dialog*, Gütersloh (Mohn) 1991, 132-151, hier 149.

stehen vor allem Probleme der audiovisuellen Medien wie Fernsehen oder Internet. Da die Zeitung allerdings nach wie vor ein wichtiges Medium ist, soll in dieser Arbeit nicht darauf verzichtet werden, medienethisch kurz einen Blick darauf zu werfen.

Strukturethisch betrachtet ist die Zeitung ein grundsätzlich demokratisches Instrument, das Mündigkeit, Selbstbestimmtheit und Informiertheit fördert und ermöglicht. Dabei bedarf dieses Medium im Gegensatz zu anderen Medien keiner speziellen Kenntnisse oder technischer Voraussetzungen abgesehen von Alphabetisierung. Nähert man sich dem Medium Zeitung aus medienethischer Perspektive, so rückt nicht nur das Ethos einzelner Akteure in das Blickfeld, sondern systemische ethikrelevante Dimensionen und Probleme, wie Produktion, Distribution, Rezeption, Markt und Politik. Wie sich Politik und Medienethik vermischen, zeigte sich 2002 kurz vor der Wahl zum Deutschen Bundestag, als eine kleine Lokalzeitung in Tübingen weltweit Aufsehen erregte mit der Schlagzeile: "Däubler-Gmelin: Bush will ablenken. Die Justizministerin: Beliebte Methode seit Hitler."[528] Unabhängig davon, was die damalige Bundesjustizministerin tatsächlich gesagt hatte, löste der Bericht heftige Diskussionen aus und das Weiße Haus erklärte die Beziehungen zwischen Washington und Berlin als empfindlich gestört. Viele Fragen wurden in diesem Zusammenhang gestellt, wie beispielsweise musste der Redakteur diese Aussage abdrucken, war er vielleicht dazu verpflichtet, davon zu berichten, muss eine Redaktion die politischen Auswirkungen ihrer Berichterstattung berücksichtigen oder wann fängt der Missbrauch der vierten Macht im Staat an? Diese Fragen sind nicht nur aus politischer, sondern auch aus medienethischer Perspektive brisant. Zugespitzt formuliert könnte man sagen, wer Zeitung macht, bewegt sich nicht nur auf politischem, sondern immer auch auf ethischem Feld, denn die Inhalte, die eine Zeitung liefert, beabsichtigt ein bestimmtes Handeln und Entscheiden zu fördern, provozieren oder zu begleiten.

Problematisch ist, wenn aus einer Meinungsvielfalt eine Meinungseinheit wird. Die Zeitung kann ihrer Rolle als vierter Macht im Staate gerecht werden, indem sie der Vielfalt möglicher Informationen Rechnung trägt und durch eine kompetente Vorsortierung der Orientierungslosigkeit im Informationschaos entgegenwirkt. Dieser Auftrag kann natürlich auch in missbräuchlicher Form benutzt werden. Doch indem die Zeitungen sich ihrer Stärke bewusst werden, können sie auch ihrem ethischen Charakter gerecht werden.

---

[528] Vgl. Quelle: <http://www.bueso.de/bw/daeubler-gmelin.html> (10.10.2004).

Ingesamt zeigt sich, dass die Abhängigkeit der Zeitungen von politischen und wirtschaftlichen Lagen immer wieder neue ethische Fragen nach den Möglichkeiten und Grenzen dieses Mediums stellt.

3.3.2. Fernsehen

> "Die optische Täuschung von 24 Einzelbildern in der Sekunde, die dem Zuschauer ein bewegtes Abbild der Wirklichkeit schafft, erfüllte dem Menschen einen lang gehegten Traum: die nahezu perfekte audiovisuelle Reproduktion der Wirklichkeit."[529]
>
> Peter Kottlorz

Am 20. Februar 1962 verfolgten mehr als 135 Millionen Amerikaner den Weltraumstart des Astronauten John Glenn in Cape Canaveral vor Fernsehbildschirmen. Kein Medium in der Geschichte hat je zuvor so viele Menschen zur gleichen Zeit über ein Ereignis informiert. Heute ist es prinzipiell möglich, den gesamten Globus mit Nachrichten via Fernsehen zu versorgen. Das Fernsehen etablierte sich im 20. Jahrhundert zum führenden Medium der Gesellschaft. In nur einem halben Jahrhundert haben sich das Fernsehangebot und die Fernsehnutzung um ein Vielfaches erhöht, Tendenz nach wie vor steigend.[530] Die tägliche durchschnittliche Sehdauer eines Erwachsenen in Deutschland ab 14 Jahre, die 1999 bei 3 1/4 Stunden lag[531], liegt im Jahre 2004 bereits bei fast 5 Stunden täglich.[532]

---

[529] Peter Kottlorz, *Fernsehmoral. Ethische Strukturen fiktionaler Fernsehunterhaltung*, Berlin (Spiess) 1993, 102.
[530] Eine aktuelle Online-Studie von ARD und ZDF, die seit 1997 jährlich durchgeführt wird, zeigt, dass 2004 erstmals die Internetnutzung in Deutschland stagnierte, während die Fernsehnutzung seit 1997 stetig und in den letzten Jahren sogar wieder in größeren Schüben ansteigt. Vgl. ARD/ZDF-Online-Studie 2004, veröffentlicht in: *MEDIA PERSPEKTIVEN* 08/2004, 350-371; oder unter: <http://www.daserste.de/service/ardon/04.pdf> (10.09.2004), 362.
[531] Vgl. Knut Hickethier, *Film- und Fernsehanalyse*, Stuttgart/Weimar ³2001, 12.
[532] Ebd., 362: "Die Sehdauer der Gesamtbevölkerung ab 14 Jahre steigt (im ersten Halbjahr 2004) um 9 auf 230 Minuten. Die Verweildauer der Zuschauer steigt ebenfalls um neun auf 299 Minuten. Das heißt: Wer fernsieht, tut dies an einem Tag fast fünf Stunden lang."

Das Medium Fernsehen vermittelt im Gegensatz zur Zeitung einen viel höheren Grad an Authentizität, d.h. an Glaubwürdigkeit.[533] Dies mitunter deshalb, weil visuelle Darstellungen im allgemeinen Bewusstsein noch immer eher als Wirklichkeitsbeleg akzeptiert werden als rein begriffliche Analysen von Sachverhalten, wobei, spätestens seit dem Golfkrieg und erneut durch den Irakkrieg, sich eine Entwicklung abzeichnet, in der auch das Visuelle an Glaubwürdigkeit einbüßt. Dennoch ist nicht zu übersehen, dass Bilder mit dokumentarischem Anspruch im öffentlichen Bewusstsein nach wie vor einen entscheidenden Wahrheitsbeleg darstellen. Was man mit den Augen sieht, gilt normalerweise als verlässlich. D.h. das, was man wahrnimmt, gilt als wirklich und damit auch als wahr. Dabei wirkt das Abgebildete realistisch, wenngleich es vielleicht gar nicht real im Sinne einer Abbildung alltäglicher Realität ist. Die Berichterstattung im Fernsehen beispielsweise gibt nur einen Ausschnitt realer Ereignisse, der zudem - beispielsweise von der Redaktion - selektiert, in einen neuen Kontext einfügt, interpretiert und womöglich nach künstlerischen Vorgaben gestaltet wird. D.h. das Fernsehen inszeniert selbst, wenn es informiert oder dokumentiert. Darüber hinaus gestattet das digitale Zeitalter Bildersimulationen und Manipulationen, die Realitäten bewusst fingieren. Ein traditionelles Thema der Moralphilosophie, nämlich Wahrheit, Wahrhaftigkeit, Authentizität, Lüge und Täuschung wird somit auch hinsichtlich des Fernsehens wie auch im Medienkontext insgesamt aktuell. In den Blick rücken Medienrealität und die sie konstruierenden Medien, bzw. die Menschen, die von ihnen Gebrauch machen und in ihnen tätig sind, genauso wie diejenigen, die mit dieser Medienrealität konfrontiert werden. Der Wahrheitsgehalt der Medien, insbesondere des Fernsehens, erfordert medienethische Reflexion.[534]

---

[533] Authentizität leitet sich vom gr. Wort "authentikos" ab, das für Urheber, Ausführer, Glaubwürdigkeit, Echtheit und Zuverlässigkeit steht. Dadurch lässt sich Authentizität unterschiedlich interpretieren: so bedeutet authentisch, bezogen auf Kommunikation, einerseits, dass eine Äußerung tatsächlich von dem angegebenen Autor stammt und andererseits gilt eine Äußerung auch als authentisch, wenn ein Sprecher vermitteln kann, dass er das, was er sagt, auch meint, d.h. wenn er Glaubwürdigkeit vermittelt. Bezogen auf das Handeln gilt als authentisch, wenn eine Handlung mit Wesen und Charakter des Ausführenden kongruent ist. Aus theologischer Betrachtung steht Authentizität für die Echtheit von Glaubenszeugnissen. So steht beispielsweise der Prozess der Kanonbildung für den Versuch der Organisation von Authentizität, d.h. die Bücher, die in den Kanon Eingang gefunden haben, wurden in ihrem Inhalt als authentische Glaubenserfahrungen gedeutet. Zur theologischen Begriffsbedeutung von Authentizität vgl. ausführlicher Andres Greis, *Identität, Authentizität und Verantwortung. Die ethischen Herausforderungen der Kommunikation im Internet*, München (KoPäd) 2001, 221-224.

[534] Dazu gibt es bereits zahlreiche medienethische Auseinandersetzungen unterschiedlichster Autoren. Vgl. so z.B. die Beiträge in dem Sammelband von Wolfgang Wunden (Hg.), *Wahr-*

Durch die Kombination von Aktualität, Visualität und leichter Verfügbarkeit des Mediums besitzt das Fernsehen anders als etwa Zeitungen eine immense Breitenwirkung, die andere Medien, wie beispielsweise das Internet, nicht erreichen. Auch neuste Studien belegen nach wie vor eine Ausweitung des Fernsehkonsums.[535] Dennoch wird das Fernsehen trotz der Beliebtheit und Verbreitung auch als ambivalent empfunden. Häufig wird es für negative gesellschaftliche Entwicklungen verantwortlich gemacht. Diese Ambivalenz drückt sich auch in der verbreiteten Auffassung aus, das Fernsehen einerseits als Rückzugs- und Entspannungsmittel zu sehen, das einem beispielsweise nach der Arbeit von dieser ablenkt - man schaltet sozusagen an um "abzuschalten" -, andererseits diesem aber auch mit Unbehagen und einem Gefühl des Ausgeliefertseins konstruierter Wirklichkeiten gegenüberzustehen. Dieses Gefühl des Unbehagens scheint jedoch zuzunehmen. Neben dem Authentizitätsproblem, beispielsweise der Berichterstattung, ist eine Ursache dafür mitunter auch in der Deregulierung des Fernsehsystems zu suchen, die einerseits mit einer quantitativen Zunahme des Programmangebots einhergeht, andererseits aber auch mit einem deutlichen Trend zur qualitativen Popularisierung des Programms. Während die Informations- und Bildungsfunktion des Fernsehens zunehmend an Bedeutung zu verlieren scheint, rückt die Unterhaltungsfunktion immer mehr in den Vordergrund. Selbst politische Informationssendungen werden zunehmend im Unterhaltungsformat angeboten, wie z.B. das Duell zwischen Gerhard Schröder und Edmund Stoiber vor den letzten Bundestagswahlen 2002.[536] Aber auch Gewalt und Intimität werden als Unterhaltung angeboten.[537] Der Kampf um die Einschaltquoten zwingt dazu Informationen möglichst unterhaltsam zu gestalten. Das heißt aber auch, dass insgesamt die quantitative Ausweitung nicht mit einer qualitativen Verbesserung einherzugehen scheint. Aus ethischer Sicht bleibt deshalb die Frage, wie der Zuschauer in Stand gesetzt werden kann, mit dieser quantitativen Ausweitung des Fernsehprogramms umzugehen. Darüber hinaus ist auch die

---

heit als Medienqualität. Beiträge zur Medienethik Bd.3, hrsg. vom Gemeinschaftswerk der Ev. Publizistik, Frankfurt a. M. 1996.
[535] Vgl. ARD/ZDF-Online-Sudie 2004, in: MEDIA PERSPEKTIVEN 08/2004, 350-371; im Internet unter: <http://www.daserste.de/service/ardon/04.pdf> (10.09.2004), 362.
[536] Im deutschen Wahlkampf 2002 wurde erstmals ein Fernsehduell der beiden Kandidaten nach amerikanischem Vorbild veranstaltet. Dieses erste deutsche Kanzler TV-Duell wurde von SAT.1 und RTL live ausgestrahlt. Den "Kandidaten" wurden Fragen gestellt, zu denen sie sich jeweils 90 Sekunden lang äußern konnten. Im Anschluss wurden Punkte vergeben. Entscheidend war hier vor allem das mediale Auftreten, wie Körper- und Kopfhaltung, Mimik und Gestik und weniger die Inhalte.
[537] Vgl. dazu z.B. Wolfgang Huber, "Gewalt und Intimität als Unterhaltung", in: ders., Die tägliche Gewalt. Gegen den Ausverkauf der Menschenwürde, Freiburg u.a. (Herder) 1993, 18-34.

Frage nach der Qualität der Inhalte von Fernsehprogrammen von ethischem Reflexionsbedarf.[538]

Fernsehen lässt sich nicht, wie es lange der Fall war, als eindimensionales Input-Output-Geschehen verstehen, bei dem ein Inhalt über einen audiovisuellen Kanal an den Empfänger und Rezipienten transportiert wird. Vielmehr handelt es sich beim Fernsehen um einen vielschichtigen Wahrnehmungsprozess, der auf jeder Ebene verändert wird. So selektiert beispielsweise bei einer Berichterstattung zunächst der Journalist, dann die Redaktion und schließlich auch der Rezipient, wobei die Wahrnehmung jedes Mal eine andere ist. Deshalb muss eine Medienethik auch nach den qualitativen Aspekten des Fernsehens, nach dem Was und Wie der Wahrnehmungsprozesse und ihrer ethischen Relevanz fragen. Die Frage nach der Qualität des Fernsehens resultiert aus der Frage nach dem Warum des Fernsehens, aus seiner Funktion für den Menschen und die Gesellschaft. Ethisch von Bedeutung ist somit die Frage, welchen Anteil das Fernsehen an der Selbstwerdung des Menschen hat, bzw. inwiefern es den Rezipienten ihm adäquate Möglichkeiten zur Identifikation und Auseinandersetzung bietet. Der Rezipient bestimmt in einem marktwirtschaftlich ausgerichteten und weitgehend privatisierten Medienmarkt durch seine Nachfrage, d.h. durch sein Marktverhalten, das Angebot. Es ist sicher umstritten, inwieweit die Nachfrage das Angebot bestimmt oder das Angebot die Nachfrage, aber man kann wohl davon ausgehen, dass beide sich gegenseitig bedingen. Dennoch entscheidet die Akzeptanz eines Angebots, zumindest im privaten Medienbereich, darüber, ob es weiterhin angeboten wird. Der Rezipient kann, egal wie seine Nachfrage entsteht, bestimmte Angebote evozieren oder ablehnen. Dies führt zu einem zentralen Aspekt der Rezipienten-Verantwortung. Der Rezipient ist den Medien nicht nur ausgeliefert, zumindest ist der Ausschaltknopf ein Zeichen medialer Souveränität des Rezipienten. Die Frage bleibt natürlich, wann er ausschaltet. Vor allem die Frage der Kinder als Mediennutzer bleibt ein ethisches Thema. Eltern haben hier die stellvertretende Rezipientenverantwortung wahrzunehmen. Die medienethische Medienbildung ist immer auch Selbstauftrag, beziehungsweise Selbstbildungsauftrag.

---

[538] Zur Frage der Medienqualität vgl. z.B. Matthias Rath, *Medienqualität zwischen Empirie und Ethik. Zur Notwendigkeit des normativen und empirischen Projekts "Media Assassement" (2002)*, Internetquelle: <http://www.ph-ludwigsburg.de/insphiltheo/hpg_phil/medqual.html> (03.03.2005), oder auch abrufbar unter der Internetseite des Netzwerks Medienethik <http://www.netzwerk-medienethik.de> in der digitalen Bibliothek.

3.3.3. Internet

Das Internet gilt als das jüngste Massenmedium und geht zurück auf eine Initiative des US-Verteidigungsministeriums Mitte der sechziger Jahre mit dem Ziel ein Netz zu schaffen, das auch nach Zerstörung zentraler Schaltstellen infolge eines atomaren Angriffs die Aufrechterhaltung des Informationsaustausches sicherstellen sollte.[539] So entwickelte Paul Baran (*1926) ein "Distributed Network", das die Abhängigkeit bei Datentransfers von einem einzigen Zentralrechner aufhob. 1969 gründete die dem US-Verteidigungsministerium angeschlossene *Advanced Research Projects Agency* (ARPA) das *ARPANET* als ein Netzwerk von Rechnern, das zunächst vier Universitäten miteinander verband, kontinuierlich erweitert wurde und hauptsächlich für den Transport wissenschaftlicher Daten genutzt wurde. 1975 griff es nach Europa über, wo als erstes das University College London angeschlossen wurde. Inzwischen sind alle Kontinente miteinander vernetzt. Die endgültige Veränderung vom Wissenschafts- zum Unterhaltungsmedium vollzog sich Anfang der 90er Jahre, als die ersten "Internet-Provider" auftraten und Privatpersonen einen Netzzugang gegen Gebühren ermöglichten. Der entscheidende Durchbruch erfolgte 1991 durch die Erfindung des Hyperlink-Systems, das das Springen von Seite zu Seite ermöglichte und damit das "World Wide Web" (WWW), dessen neue Zugangssoftware auch die Übertragung von Farbe, Bild, bewegten Bildern, Graphiken, Ton und Sprache ermöglichte, entstehen ließ. Von da an war es möglich ungeachtet der Entfernung oder geographischen Lage des Rechners, von dem Informationen abgerufen werden sollten, plattformübergreifend zu "surfen".

In der Zwischenzeit ist das Internet zu einem unverzichtbaren Werkzeug sowohl im Berufs- als auch im Privatleben geworden. Kein Medium hat sich so rasant verbreitet und ist so schnell in das gesellschaftliche wie private Umfeld integriert worden wie das Internet. Mittlerweile sind mit 55,3 Prozent aller Erwachsenen ab 14 Jahren in Deutschland "online".[540] Dabei übertrifft das Internet, das

---

[539] Historisch geht die Entwicklung des Internets auf die Umstände des Kalten Krieges zurück: 1957 hatten die Sowjets mit Sputnik den ersten geostationären Satelliten ins All befördert und den USA ihren technischen Vorsprung demonstriert. Da es denkbar war, dass die Sowjets ihre Kenntnisse über Satelliten auch militärisch einsetzen könnten, versuchten die USA die technische Vorherrschaft zurück zu gewinnen und gründeten die *Advanced Research Projects Agency* (ARPA) mit dem Ziel neuartige Technologien zu entwickeln. Zur Entstehung und Geschichte des Internets vgl. ausführlich Tobias Vetter, *Die Geschichte des Internets*, Quelle: <http://www.phil-fak.uni-duesseldorf.de/mmedia/web/index1.html> (07.09.2004).

[540] Dies ergibt die ARD/ZDF-Online-Studie 2004, in: *MEDIA PERSPEKTIVEN* 08/2004, 350-371, im Internet unter: <http://www.daserste.de/service/ardon/04.pdf> (10.09.2004), 351.

den Rahmen der Netzkommunikation darstellt, an Komplexität und Differen-
ziertheit alle anderen Medien. Dies gilt sowohl für die Kommunikationsmöglichkeiten als auch für die Handlungsfelder und Funktionen. Wir nutzen es für
Bankgeschäfte, Behördengänge, für den Einkauf und das Reisen oder auch zur
Information, Kommunikation und Unterhaltung. Das Internet fungiert nicht nur
als Ort zur Verbreitung bisheriger Medien wie Zeitung, Hörfunk oder Fernsehen, sondern potenziert Formen und Inhalte der Vorgängermedien in ein eigenes
Angebot und bietet in Form von E-Mails eine Kommunikationsmöglichkeit e-
lektronischer Individualkommunikation. Somit ist das Internet in Form des
"World Wide Web" als Kommunikationsraum sowohl ein Massenmedium als
auch, in Form von E-Mails, ein Individualmedium. Damit ist bereits eine entscheidende Neuerung angedeutet, die dieses Medium im Gegensatz zu anderen
Massenmedien mit sich bringt und auch eine neue medienethische Herausforderung darstellt, nämlich die Aufhebung der Trennung zwischen Medienmacher
und Medienrezipient. Das heißt, dass prinzipiell jeder Internetnutzer nicht
nur Inhalte und Informationen abrufen kann, sondern auch ebenso leicht solche
in das "Netz" hineinstellen und in Umlauf bringen kann. Das Internet, dem im
Vergleich zu anderen Medien ein vorgegebener Strukturrahmen fehlt, bietet dem
Mediennutzer die Möglichkeit zum Mediengestalter zu werden, indem er nahezu
völlig frei mit Informationen und Inhalten umgehen kann. Dabei können unterschiedlichste Funktionen gleichzeitig oder auch getrennt erfüllt werden. So lassen sich beispielsweise Datentransfers zeitgleich (synchron) oder zeitversetzt
(asynchron) durchführen, digitale Informationen erzeugen, speichern oder übertragen und virtuelle Welten simulieren. Durch seine multidimensionale Struktur
bietet das Internet Möglichkeiten, die sich in zahllose Bereiche mit jeweils unterschiedlichsten Anwendungen zergliedern.

Diese Neuerungen, sowie die Doppelwirkung in Form von Massenkommunika-
tion und privater Kommunikation, können mitunter als Gründe der immensen
Breitenwirkung dieses Mediums angesehen werden. Aufgrund dieser von ande-
ren Medien erheblich abweichenden Struktur des Internets, z.B. durch die Ver-
mischung von Produzent und Konsument, ergeben sich auch zahlreiche ethische
Fragestellungen. Bisher wurden allerdings nur wenige Arbeiten zu ethischen
Fragestellungen des Internets publiziert.[541] Rafael Capurro hat sich in mehreren
Beiträgen mit der Frage nach einer Informationsethik auseinandergesetzt.[542] Sein

---

[541] Einen Überblick findet sich bei Andreas Greis, *Identität, Authentizität und Verantwortung*,
43-49.
[542] Vgl. u.a. Rafael Capurro, *Leben im Informationszeitalter*, Berlin (Akademie-Verlag) 1995;
ders., *Informationsethik*, hrsg. von der Gesellschaft für Angewandte Informationswissenschaft

Ansatzpunkt ist ein Weltinformationsethos, das den Zugang zu Informationen für jedermann sicherstellen soll. Dies betrachtet er als größte Herausforderung der aktuellen Medienentwicklung.[543] Von diesem Standpunkt aus benennt Capurro einige Problemfelder, die sich hinsichtlich des Internets ergeben, wie z.b. informationelle Selbstbestimmung, Schutz vor geistigem Eigentum, Informationsgerechtigkeit und informationelle Grundversorgung. Dazu kommen jedoch noch zahlreiche andere Fragestellungen und ethische Herausforderungen, die hier kurz angedeutet werden sollen:

3.3.3.1. Neue medienethische Herausforderungen

Während die einen das Internet als "Symbol für optimierte Kommunikation schlechthin"[544] sehen, weckt es bei den anderen jedoch eher Besorgnis und Ängste. Denn diese neuen Möglichkeiten, die das Internet bietet, verschärfen auch einige bereits in anderen Medienbereichen latent vorhandene Problemstellungen und schaffen neue ethisch relevante Schwierigkeiten. Der Medienethiker Bernhard Debatin hat hinsichtlich des Internets folgende häufig thematisierte Gefahren und Problemfelder zusammengefasst:

"- Das 'Wissen der Welt', das sich einem Werbespruch der Telekom zufolge im Internet befindet, kommt dem Benutzer als unübersichtliche und unwirkliche Datenflut entgegen.

- Der versprochene leichte Zugriff auf Daten erweist sich in der Praxis als mühsame und oft erfolglose Suche oder als zufälliges Finden von Informationsbruchstücken.

- Die Digitalisierung erlaubt mit der einfachen Speicherung und Veränderbarkeit der Daten auch deren Missbrauch. Hacker, Programmfehler, 'gläserne Benutzer' sind nur einige Stichworte hierzu.

Konstanz, Konstanz (UVK u.a.) 1995; ders., *Ethik im Netz*, Stuttgart (Steiner) 2003. Des Weiteren können zahlreiche Artikel zu den Themen Internet und Internetethik auf Capurros Internetseite in der digitalen Bibliothek abgerufen werden unter: <http://www.capurro.de>.
[543] Vgl. Rafael Capurro, *Das Internet und die Grenzen der Ethik. Eine neue Informationsethik stellt sich den Ergebnissen der Medienwirkungsforschung*, in: Matthias Rath (Hg.), *Medienethik und Medienwirkungsforschung*, Wiesbaden (Westdeutscher Verlag) 2000, 105-126, hier 112.
[544] Bernhard Debatin, *Ethik und Internet. Zur normativen Problematik von Online-Kommunikation*, in: Funiok u.a. (Hg.), *Medienethik*, 274-293, hier 274.

- Die Kommerzialisierung des Netzes bringt zwar neue Märkte aber auch neue Ungerechtigkeiten. Ob die Qualität der Webseiten durch ihren Anschluss an das ökonomische System steigt, ist mehr als umstritten.

- Die niedrige Publikationsschwelle des Netzes erlaubt praktisch jedem die Veröffentlichung beliebiger Inhalte. Das bedeutet aber auch, dass eben auch moralisch problematische Inhalte veröffentlicht werden können.

- Erschwerend kommt hinzu, dass der anonyme Transfer von komprimierten Daten die schnelle Verbreitung von harmlosen Texten ebenso ermöglicht wie von moralisch oder rechtlich problematischen Dokumenten, erinnert sei nur an das Problem der Verbreitung von Kinderpornographie."[545]

Während Rafael Capurro in seinen Beiträgen zu einer Informationsethik vom Informationszugang des Internets ausgeht und von da aus ethische Problemfelder benennt, geht Debatin von den Funktionsbereichen des Internets aus und benennt ethische Problematiken. Zu den Funktionen zählt er, wie im obigen Zitat angeführt, zunächst die Wissensfunktion des Internets, das einen schnellen Informationszugang ermöglicht. Daraus ergibt sich allerdings nicht nur das Problem der Manipulation und die Frage nach der Qualität und Nachprüfbarkeit der Information, sondern auch das Problem der Selektionskriterien der Information. Nicht nur dass man mit einer unüberschaubaren Menge an Informationen konfrontiert wird, sondern dazu kommt noch, dass sich nur schwer die Urheber ausfindig machen lassen. Suchmaschinen wie "google" bieten einem keine Unterscheidungskriterien an, sondern listen Artikel nach Häufigkeit der Suchbegriffe auf. Die Probleme benennt Debatin deshalb in den zwei Fragen: Wer hat Zugang zu den Informationsressourcen? ("Digital Divide") und: Wie brauchbar ist eine Information aus dem Netz? ("Digital Content").[546] Gerade hinsichtlich letzter Frage erheben sich zahlreiche neue medienethische Herausforderungen. So stellen sich allein im akademischen Bildungsbereich zahllose Fragen, die den Um-

---

[545] Bernhard Debatin, *Gibt es eine Medienethik für das Internet?*, Quelle: <http://www.netzwerk-medienethik.de/netzet 13.htm> (17.02.2002).
[546] Vgl. Bernhard Debatin, *Grundlagen der Internetethik: Problemfelder und Lösungsperspektiven*, Quelle: <http://www.uni-leipzig.de/~debatin/uruguay/vortrag.htm> (04.03.2005), [o.S.].

gang mit Zitaten aus Internetquellen in schriftlichen wissenschaftlichen Ausführungen betreffen, wie z.b.: wie oft soll und darf in einer Arbeit aus Internetquellen zitiert werden, wie sind die Zitate richtig nachzuweisen, wie sind die Zitate einzuordnen etc.? Letzte Frage stellt sich vor allem hinsichtlich des Zitierens beispielsweise aus der Internetenzyklopädie Wikipedia[547], die zu jedem Thema sehr ausführliche Artikel bereitstellt, die allerdings auch prinzipiell jeder ergänzen und weiter schreiben kann und der Nutzer nicht weiß, wer der Autor dieses Artikel ist, geschweige denn, ob es sich um eine glaubwürdige Information handelt.

Neben diesen von Debatin benannten Problematiken ergibt sich darüber hinaus hinsichtlich des Internets ein zusätzliches ethisch relevantes Problem in Bezug auf globale Entwicklungen. Wie eine Studie zum Thema "Ethik im Internet" des Päpstlichen Rates für Soziale Kommunikationsmittel festhält, wird die ohnehin schon bestehende Kluft zwischen "Informationsreichen" und "Informationsarmen" durch das Internet weiterhin verschärft.[548] Der Ausdruck "digital divide" (digitale Kluft), den Debatin in seinen beiden oben genannten Fragestellungen aufgreift, bezeichnet auch die Tatsache einer Form von "Diskriminierung, die die Reichen von den Armen trennt, sowohl innerhalb als auch zwischen den Nationen, und zwar je nach Zugang - oder mangelndem Zugang - zur neuen Informationstechnologie."[549] Die multimediale Struktur stellt sowohl Medienmacher, Journalisten, Provider oder Webdesigner, wie auch die Mediennutzer in einem globalen Kontext vor völlig neue medien-, bzw. rezeptionsethische Herausforderungen.[550]

Viele der Diskussionen über das Internet - beispielsweise über Pornographie - zeigen jedoch, dass eine Moralisierung der Debatte wenig hilfreich ist und lediglich eine ernsthafte ethische Auseinandersetzung umgeht. Auch eine Berichter-

---

[547] Wikipedia ist eine freie Enzyklopädie in mehr als 100 Sprachen, zu der jeder prinzipiell sein Wissen beitragen kann, indem er selbst Artikel verfasst oder andere Artikel ergänzt. Seit Mai 2001 wurden bis zum gegenwärtigen Zeitpunkt (März 2005) insgesamt 205 503 Artikel allein in deutscher Sprache verfasst. Die Enzyklopädie ist im Internet zugänglich unter: <http://www.wikipedia.org>.
[548] Vgl. Päpstlicher Rat für die Sozialen Kommunikationsmittel, *Ethik im Internet*, hrsg. vom Sekretariat der Deutschen Bischofskonferenz, Bonn 22.02.2002, 12. Dieses Dokument ist auf der Internetseite des Vatikans zugänglich unter: <http://www.vatican.va/roman_curia/pontifical_councils/pccs/documents/rc_pc_pccs_doc_200 20228_ethics-internet_ge.html>.
[549] Ebd.
[550] Vgl. dazu den folgenden Punkt 3.3.3.2. Die Frage der Kontrolle, 242ff., sowie Teil III, Punkt 5.2. Globale Kommunikation und Notwendigkeit einer Medienethik, 368ff. in dieser Arbeit.

stattung von Fernsehen oder Zeitung, die häufig in überdramatisierter Weise diejenigen Bereiche aufgreift, die sich als besonders spektakulär oder sensationell darstellen lassen, wird lediglich noch zu mehr Unsicherheit führen. Denn, wie Bernhard Debatin festhält, wird eine "systematische Klärung der normativen Dimensionen des Internet (…) durch die Fixierung auf spektakuläre Oberflächenphänomene wie die Pornographiedebatte eher behindert als befördert."[551] Das Internet wirft eine ganze Reihe medienethischer Fragen auf, wie beispielsweise Wahrung der Privatsphäre, Datenschutz, Urheberrechte, Pornographie, Verleumdung bis hin zu Cyber-Terrorismus und viele andere, die hier nur angedeutet werden können. Es ist aber auch nicht zu vergessen, dass das Internet ebenso vielfältige positive Aspekte mit sich bringt. Es kann in verantwortlicher Nutzung der Freiheit und Demokratie dienen, den Bildungs- und Kulturhorizont erweitern, menschliche Entfaltung begünstigen, über Grenzen hinweg Trennungen aufheben, Menschen zusammenbringen, interkulturellen Dialog ermöglichen und vieles mehr.[552] Das Internet bietet viele Chancen, aber eben auch Risiken. Eine Hexenjagd auf das Internet - wie Hausmanninger hinsichtlich aller Medien warnt[553] - und übertriebene Zensurmaßnahmen sind hier ebenso wenig angebracht wie der Glaube daran, dass rechtliche Regulierungen die Probleme lösen können. Das Internet stellt normative Probleme, die nicht auf legislative Weise beseitigt werden können. Stattdessen bedarf es netzinterner und öffentlicher Auseinandersetzungen über Normen des Handelns und Zusammenlebens unter den Bedingungen eines globalen Kommunikationsnetzes. Es ist die Aufgabe einer Medienethik des Internets, solche Prozesse zu reflektieren, zu interpretieren und sie in einen allgemeinen Bezugsrahmen zu stellen.

An dieser Stelle ist darauf zu verweisen, dass das Thema "Internetethik" im Rahmen dieser Arbeit nicht ausführlich behandelt werden kann. Das mag zunächst bedauerlich erscheinen oder sogar als Mangel ausgelegt werden, ist jedoch zunächst nicht nur durch die notwendige Eingrenzung der Arbeit zu begründen, sondern auch durch den rezipientenorientierten Ansatz im Kontext theologischer Überlegungen, dem diese Arbeit folgt. Nicht medienwissenschaftliche Einsichten stehen dabei im Vordergrund, sondern die vorab angezeigte anthropologische Verstehenslinie soll zum Tragen kommen. Die grundlegende Zieladresse bleibt dabei der Mensch und die Gemeinschaft. Medienethik erweist

---

[551] Debatin, *Ethik und Internet*, 275.

[552] Zu den Chancen und Risiken des Internets vgl. Päpstlicher Rat für die Sozialen Kommunikationsmittel, *Ethik im Internet*, 9ff.

[553] Vgl. Hausmanninger, *Keine Hexenjagd auf Medien*, Quelle: <http://www.presse.uni-augsburg.de/unipressedienst/2002/pm2002_052.rtf> (02.02.2004).

sich auch als Diskurs menschlicher Lebensprobleme, das heißt menschliche Grundbefindlichkeiten zu thematisieren und mediale Erfahrungen kritisch zu reflektieren. Deshalb sollen hier vielmehr einige exemplarische Problemfelder angesprochen werden, die jedoch wiederum keinerlei Anspruch auf vollständige Darstellung erheben.

Da das Internet noch ein relativ junges Medium ist, gibt es, wie bereits erwähnt, bisher recht wenig ethische Reflexionen über dieses Medium - dies gilt besonders für den Bereich christlicher Ethik.[554] Neben theoretischen bestehen darüber hinaus auch noch enorme rechtliche Unklarheiten bezüglich des Internets. Dennoch rechtfertigt dies nicht eine Ausblendung der Thematik, wie dies Larissa Krainer in ihrer 2001 erschienen Habilitationsschrift *Medien und Ethik. Zur Organisation medienethischer Entscheidungsprozesse* tut.[555] Denn das Internet wirft bereits jetzt eine Reihe ethischer Fragen auf, wie sie vorab angedeutet wurden. Dem Vorwurf, dem sich eine Medienethik häufig ausgesetzt sieht, nämlich dass die medienethische Reflexion der medialen Entwicklung hinterherläuft, anstatt sie aktiv mitzugestalten, und deshalb viele Wissenschaftler als auch Medienverantwortlichen ihre Wirksamkeit in Frage stellen, wird durch eine solche Ausblendung, wie sie Larissa Krainer vornimmt, nur weiterhin Vorschub geleistet. Medienethik reflektiert das Handeln in, mit und durch die Medien. Davor dürfen auch bestehende rechtliche und theoretische Unklarheiten nicht abschrecken, denn diese sind vielmehr als neue Aspekte und Eigenschaften zu verstehen, die das Massenmedium Internet im Vergleich zu bisherigen Massenmedien mit sich bringt.

Dabei bringt eine grundlegende neue Eigenschaft des Internets gleich die erste Problematik mit sich, nämlich die Frage, inwieweit das Internet überhaupt als Medium zu bezeichnen ist. Denn zunächst ist nämlich mit Internet lediglich die technische Möglichkeit charakterisiert, die eine Kommunikation zwischen verschiedenen Rechnern ermöglicht und das "World Wide Web" wiederum als Angebot dieser Rechnerkommunikation. Das Internet ist deshalb nicht als singuläres Medium zu verstehen, sondern als eine Zusammensetzung aus einer Vielzahl

---

[554] Von katholischer Seite liegt neben dem bereist erwähnten Dokument "Ethik im Internet" der zeitgleich erschienene Text "Kirche und Internet" vor. Vgl. Päpstlicher Rat für die Sozialen Kommunikationsmittel, *Kirche und Internet*, hrsg. vom Sekretariat der Deutschen Bischofskonferenz, Bonn 22.02.2002. Alle Dokumente sind auf der Internetseite des Vatikans unter <http://www.vatican.va> zugänglich und können herunter geladen werden.
[555] Vgl. Krainer, *Medien und Ethik*, 17. Die Autorin hält gleich in den Vorbemerkungen zu ihrer Arbeit fest, dass sie das Internet aufgrund rechtlicher Unklarheiten "weitgehend unberücksichtigt" lässt.

von medialen Diensten, Anwendungen und Netzen, also eigentlich als ein "Hybridmedium", wie Bernhard Debatin zu Recht festhält[556], oder ein "Meta-Medium", wie es Matthias Rath formuliert[557]. Schon eine erste Annäherung an die Thematik Internet macht deutlich, dass sich klassische medienwissenschaftliche Differenzierungsmodelle nicht mehr so leicht anwenden lassen. Das Internet zerfällt in unterschiedlichste Bereiche mit jeweils verschiedenen Funktionen und Anwendungsmöglichkeiten. Die stellt nicht nur die Medienwissenschaft, sondern auch die Medienethik vor völlig neue Herausforderungen, die ein Umdenken erforderlich machen. Versuche, die ethische Dimension des Internets bereichsübergreifend zu untersuchen, gestalten sich als äußerst schwierig und werden deshalb nur von einzelnen Wissenschaftlern unternommen.[558]

Ein sinnvoller Weg sich der Komplexität einer Ethik des Internets anzunähern, erscheint der Weg, den Bernhard Debatin einschlägt, indem er dafür plädiert, das Internet zunächst als Handlungsfeld zu begreifen, dessen diverse Handlungsbereiche wiederum zur systematischen Analyse in thematisch gegliederte Funktionsbereiche zu unterteilen sind, um die in ihnen auftretenden ethischen Probleme jeweils spezifisch zu beleuchten.[559] Auf Debatin wird nochmals zurückzukommen zu sein. Zunächst ist jedoch auf eine weitere neue Eigenschaft des Internets zu verweisen, die ebenfalls Schwierigkeiten mit sich bringt: In einem dezentralen Netz, das niemandem gehört, scheint erst einmal auch niemand verantwortlich zu sein. Mike Sandbothes Beschreibung einiger Eigenschaften des Internets macht dies deutlich:

"Im Internet gibt es weder fixe Anbieterinstanzen, die für das 'Programmangebot' verantwortlich gemacht werden können, noch gibt es einen abgrenzbaren Rezipientenkreis, für den ein bestimmtes Set ratio-

---

[556] Krainer, *Medien und Ethik*, 275.

[557] Matthias Rath, *Das Internet - die Mutter aller Medien*, Quelle: <http://www.ph-ludwigsburg.de/insphiltheo/hpg_phil/rath/internet.htm> (18.11.2003), [o.S.].

[558] Ein Ausnahmefall ist Mike Sandbothe, vgl. Sandbothe, *Philosophische Überlegungen zur Medienethik des Internets*, vom 07.10.1996, Quelle: <http://www.heise.de/tp/deutsch/inhalt/te/1066/2.html> (14.04.2002) [o.S.].

[559] Bernhard Debatin wählt in seinem Beitrag "Ethik und Internet" drei zentrale Funktionsbereiche, nämlich in Anlehnung an das Habermas'sche Konzept die Bereiche Wissen, Freiheit und Identität und versucht die in ihnen auftretenden ethischen Probleme genauer zu beleuchten. Vgl. Debatin, *Ethik und Medien*, 276ff.

nal ausweisbarer Normen oder Prinzipien als konsensuell angenommen werden kann."[560]

Ethische Reflexion setzt zunächst voraus, dass es Handlungsträger gibt, denen moralisches bzw. unmoralisches Verhalten und damit Verantwortung zugeschrieben werden kann. Daran schließen sich weitergehende Fragen nach den Handlungsfolgen an. Die komplexe Struktur des Internets stellt hier jedoch neue Herausforderungen an eine medienethische Reflexion. Erscheint im großen Netzwerk Internet zunächst niemand verantwortlich, lassen sich dennoch einige zentrale medienethische Fragen formulieren. Beispielsweise wie kann und soll eine Medienethik für das Internet aussehen, welche Relevanz spielen medienethische Überlegungen in einem dezentralen System oder wie können diese wirksam umgesetzt werden. Bisher gewonnene medienethische Überlegungen lassen sich zwar nicht bruchlos auf das Internet übertragen, können aber als erste Orientierung dienen. Die Regulative der Menschenachtung, Chancengleichheit, Gerechtigkeit und Verantwortung, die aus der zwischenmenschlichen Kommunikation herausgearbeitet werden können, lassen sich auch als erste Orientierung auf das Internet beziehen. Auch journalistische Maxime, wie zum Beispiel Achtung der Privatsphäre oder verantwortliche Informationsbeschaffung und -verarbeitung lassen sich auf das Internet ebenso anwenden wie außerhalb des Netzes. Zur Frage einer Ethik des Internets schreibt Bernhard Debatin:

"Eine (noch zu formulierende) Medienethik des Internets hätte vom (selbst-)verantwortlichen Umgang in und mit der Online-Kommunikation auszugehen - dies sowohl im Blick auf individuelles wie auch organisationelles Handeln in Systemstrukturen."[561]

Ein medienethisches Konzept muss dementsprechend sowohl eine Selbstregulierung der Medien als auch die Eigenverantwortung der Rezipienten in einem Verantwortungsgefüge, das sich auf mehrere Kreise bezieht, miteinander vereinbaren. Neben einer Selbstregulierung durch die beteiligten Betreiber, liegen die Chancen für ethische Normierungen in Bezug auf das Internet vorwiegend im Bereich der Eigenverantwortung. Gerade die Komplexität und Schwierigkeit ethischer Normierung eines an sich dezentralen Netzwerkes legt diesen Ansatz-

---

[560] Mike Sandbothe, *Medienethik im Zeitalter des Internets*, Quelle: <file://C:\WINDOWS\ Temporary%20Internet%20Files\Content.IE5\MHCWNR93\103...>(14.04.2002), [o.S.]. Der Text ist auch auf der Homepage des Autors zugänglich unter: <http://www.sandbothe.net>.
[561] Debatin, *Gibt es eine Medienethik für das Internet?*, Quelle: <http://www.netzwerk-medienethik.de/netzet13.htm> (17.06.2004), [o.S.].

punkt nahe. Die medienethischen Herausforderungen, vor die uns das Internet stellt, implizieren auch eine große Chance, wo sich eine bisher vielleicht eher passive Publikumsverantwortung in eine aktive Benutzerverantwortung wandeln könnte. Da jeder Nutzer aber prinzipiell die Möglichkeit hat, beliebige Inhalte ins weltweite Netz zu stellen, finden sich im Internet auch Seiten mit beispielsweise neonazistischem Gedankengut, die in Ländern wie Deutschland verboten sind. Deshalb muss an dieser Stelle auch der Frage nach Kontrollmöglichkeiten des Internets nachgegangen werden.

3.3.3.2. Die Frage nach Kontrolle

Das Internet ermöglicht Kommunikation über geographische Grenzen hinweg. Damit sind zwar viele Vorteile gegeben, aber auch Schwierigkeiten. Nationale Gesetze, wie beispielsweise Fragen des Daten- oder Jugendschutzes werden im Internet obsolet, da man in einem Land verbotene Inhalte relativ problemlos über einen ausländischen Anbieter wieder ins Netz stellen kann. Ein Beispiel sind nationalsozialistische Seiten, die in den USA ins Netz gestellt werden, ohne dass ein rechtliches Einschreiten europäischer Staaten möglich ist. Allerdings erweisen sich auch polizeiliche Maßnahmen, beispielsweise durch Beschlagnahme der Computersysteme, in der Regel nur von kurzer Dauer und führen zudem andererseits zu Protesten gegen von Behörden durchgeführten Zensurmaßnahmen.[562]

Grundsätzlich wird die Diskussion um die Notwendigkeit und Legitimation von Kontrollmaßnahmen des Internets von zwei gegensätzlichen Standpunkten gesehen: zum einen die sehr liberale Position, die jegliche staatliche Einflussnahme auf Inhalte des Internets als Zensur ablehnt, wie beispielsweise die US-

---

[562] Als Beispiel sei hier der sog. "CompuServe"-Skandal angeführt, auf den auch Mike Sandbothe verweist: "Am 22. November 1995 hatte der Online-Provider CompuServe im Zusammenhang mit Ermittlungen der Staatsanwaltschaft München I den Zugang zu ca. 200 Internet-Diskussionsforen vorübergehend weltweit für seine Nutzerinnen und Nutzer gesperrt. Es handelte sich dabei um Usenet-Gruppen, in deren Namen die Begriffe 'sex', 'erotica', 'gay' oder 'lesbian' vorkamen. Zurecht fühlten sich viele Nutzerinnen und Nutzer diskriminiert, die beispielsweise in der von CompuServe gesperrten Selbsthilfegruppe 'alt.sexual.recovery' über die psychischen Folgen von Vergewaltigungserfahrungen diskutierten (…). Es ist offensichtlich, dass in diesem Fall aufgrund der rigorosen Durchführung einer pauschalen Zensurmaßnahme das berechtigte Interesse daran, harte Pornographie aus dem Netz fernzuhalten, auf krasse und provozierende Weise mit Meinungsäußerung in Kollision gebracht worden ist." Sandbothe, *Philosophische Überlegungen zu einer Medienethik des Internet*, vom 07.10.1996, Quelle: <http://www.heise.de/tp/deutsch/inhalt/te/1066/2.html> (14.04.2002) [o.S.].

242

amerikanische Rechtsauffassung; und zum anderen die eher "europäische" Sichtweise, die die Anbieter von Internetdienstleistungen in ihrer Verantwortung sieht, damit die Angebote nicht zu illegalen Zwecken missbraucht werden. Darüber hinaus kann im europäischen Raum mittlerweile jeder Anbieter für die Inhalte auf seiner Homepage zur Verantwortung gezogen werden. Dies schließt auch Hinweise auf andere strafrechtlich relevante Internetseiten mit ein. Inwieweit jedoch Internetdienstanbieter oder wiederum deren Zugangsanbieter, die lediglich den Zugang zum Netz vermitteln, für fremde Inhalte verantwortlich gemacht werden können, ist nicht nur fraglich, sondern auch äußerst umstritten und wohl praktisch sehr schwer umzusetzen. Trotz der begrenzten Möglichkeiten rechtlicher Einflussnahme auf das Internet bleibt dennoch Bernhard Debatin zuzustimmen, der die Stärke einer politisch-rechtlichen Regelung darin sieht, "durch ordnungspolitische Eingriffe in Strukturen und Prozesse des Netzes Rahmenbedingungen zu schaffen, die konkretes Handeln der Benutzer ermöglichen und regulieren. Dies wird jedoch kontraproduktiv, wenn die Verrechtlichung zu weit geht und in Konkurrenz zu anderen Bedürfnissen und Werten tritt. Ein klassisches Beispiel ist das Zensurproblem, da jede Zensur in die Rede- und Meinungsfreiheit eingreift und damit grundlegende kommunikative Rechte beschneidet. Hier ist eine ethische Selbststeuerung, die problematische Inhalte bereits im Vorfeld des Rechtes nach inneren und eigenen (nämlich ethischen) Kriterien aussortiert, sicher vorzuziehen, auch wenn es im konkreten Fall immer wieder zu Konflikten kommen wird."[563] Die medienethische Reflexion ist trotz dieser Schwierigkeiten unverzichtbar.

3.3.3.3. Internetethik zwischen Selbstregulierung und Eigenverantwortung

Als Kommunikationsraum ermöglicht das Internet die Realisation von Freiheit, Selbstbestimmung und Emanzipation, indem jeder prinzipiell zum eigenen Produzenten werden kann. So bietet sich beispielsweise die Möglichkeit, dass diskriminierte Minderheiten ihre Positionen öffentlich vertreten. Allerdings geht damit auch die Möglichkeit eines Missbrauchs konkreter Freiheiten einher, die eine Installation einschränkender gesetzlicher Regulierungen notwendig macht. Datenschutz und Verschlüsselung bzw. Zugriffsmöglichkeiten auf Informationen bedürfen staatlicher Regulierung. Wegen seiner globalen Ausmaße sind nationale Regulierungen jedoch nicht ausreichend. Vielmehr sind transnationale

---

[563] Bernhard Debatin, *Grundlagen der Internetethik. Problemfelder und Lösungsperspektiven*, Quelle: <http:// www.uni-leipzig.de/~debatin/uruguay/vortrag/htm > (06.03.2004), [o.S.].

Regelungen zur Wahrung der freiheitlichen Grundrechte notwendig. Ein medienethisches Konzept muss eine Selbstregulierung der Medien als auch die Eigenverantwortung der Rezipienten in einem Verantwortungsgefüge, das sich auf mehrere Kreise bezieht, miteinander vereinbaren. Neben einer Selbstregulierung durch die beteiligten Betreiber, liegen die Chancen für ethische Normierungen in Bezug auf das Internet vorwiegend im Bereich der Eigenverantwortung. Gerade die Komplexität und Schwierigkeit ethischer Normierung eines an sich dezentralen Netzwerkes legt den Ansatzpunkt nahe, den Schwerpunkt medienethischer Überlegungen neben einer gewissen Selbstregulierung der beteiligten Betreiber des Internets vorwiegend auf die Eigenverantwortung der Nutzer selbst zu legen. Anhand einiger Beispiele sollen im Folgenden Grundsätze solcher Eigenverantwortung dargestellt werden.

3.3.3.4. Exemplarische Problemfelder

Ein Bereich, der ein großes Problem bezüglich des Internets darstellt ist die Wahrung der Menschenrechte und die Achtung der menschlichen Person. Aufgrund der Möglichkeit anonym oder unter einem anderen Identität Inhalte im Internet zu verbreiten, kann die ursprüngliche Autorenschaft häufig nicht ausfindig gemacht werden. Verleumdung, Falschaussagen, manipulierte Bilder oder aber auch menschenverachtende und volksverhetzende Inhalte können häufig nicht verhindert oder strafrechtlich zurückverfolgt werden. Besonders abstoßend und problematisch ist die Darstellung sadistischer Gewaltanwendung oder Kinderpornographie im Internet. Allerdings stößt diese Form der Darstellung beim überwältigenden Anteil aller Internetbenutzer auf Ablehnung. Mit Hilfe von Selbstverpflichtungen wird hier bereits versucht anstößige oder sittenwidrige Inhalte aus der direkten Netzumgebung zu verbannen. Mike Sandbothe schreibt dazu: "Im Umgang mit den Verbreitern von harter Pornographie, Gewaltdarstellungen, Kinderpornographie etc. hat die Netzgemeinschaft eigene Sanktionierungsstrategien entwickelt. Anders als bei 'virtuellen Verbrechen' aber kann sie sich in diesen Fällen in letzter Instanz auf die Justiz und die Polizei stützen. Denn hier handelt es sich um Straftatbestände, die z.B. in Deutschland nach § 184 des Strafgesetzbuches (...) und in den USA gemäß entsprechender Gesetzgebungen der Bundesstaaten geahndet werden."[564]

---

[564] Mike Sandbothe, *Philosophische Überlegungen zur Medienethik des Internet*, vom 07.10.1996, Quelle: <http://www.heise.de/tp/deutsch/inhalt/te/1066/2.html> (14.04.2002) [o.S.].

Mike Sandbothe plädiert bei der Auseinandersetzung mit einer Medienethik für das Internet für einen interpretationistischen Ansatz, das heißt er versucht bei konkreten kulturellen Praktiken, bei bereits bestehenden Gemeinschaften und der Neuinterpretation von deren alltäglichen Normen und pragmatischen Verhaltensregeln anzusetzen. Eine Neuerfindung von Medienethik speziell für das Internet oder eine neue Internetethik lehnt er ab: "Es geht (…) nicht in erster Linie darum, neue Gesetze zu entdecken oder neue Umgangsformen zu erfinden, sondern es geht darum, die bereits existierenden Gesetze und Umgangsformen für die aktuelle Situation sinnvoll anzuwenden und neu zu interpretieren."[565] Einer interpretationistischen Medienethik des Internets schreibt er demgemäß die Aufgabe zu, sich zunächst auf die unterschiedlichen Verhaltensweisen, Umgangsformen und Regelungen, die bereits im als auch außerhalb des Netzes existieren, einzulassen, sich auf der Grundlage dieser mit Konflikten zu befassen und diese schließlich zu interpretieren, in dem Sinne, dass man Verhaltensregeln, die sich bereits im Netz entwickelt und bewährt haben, aufgreift und weiterentwickelt. Die Forderung nach einer noch zu schreibenden Medienethik für das Internet ist für Sandbothe lediglich "die Unfähigkeit wahrzunehmen, was im Internet bereits an Regelungen vorhanden ist"[566] und führt letztendlich höchstens dazu, die Probleme, die beklagt werden, in gewisser Weise selbst erst zu erzeugen. Sandbothe gesteht zwar ein, dass es durchaus auch Gefahren hinsichtlich des Internets gibt, dass jedoch auch viele der Gefahren und Risiken, die bezüglich des Internets beschworen werden, mit Missverständnissen und Fehleinschätzungen zu tun haben, wie beispielsweise die Gefahr des digitalen Datengaus, die vorgeblich unsere Aufmerksamkeits- und Konzentrationsfähigkeit zerstreut und letztendlich unsere Wissenskompetenz in Mitleidenschaft zieht. Zuzustimmen ist Sandbothe, wenn er darauf verweist, dass es vielmehr auf grundlegendere Fragen ankommt, wie beispielsweise woran es denn liegt, dass so viele Menschen das Internet als bedrohliches Datenchaos empfinden. Dies rückt wiederum den Rezipienten in den Mittelpunkt medienethischer Überlegungen.

3.3.4. Zusammenfassung

Diese sehr kurze Darstellung dreier ausgewählter Medien sollte nicht nur einen Einblick geben in grundlegende medienethische Problemfelder, sondern primär

---

[565] Sandbothe, *Philosophische Überlegungen zur Medienethik des Internet*, vom 07.10.1996, Quelle: <http://www.heise.de/tp/deutsch/inhalt/te/1066/2.html> (14.04.2002) [o.S.].
[566] Ebd.

deutlich machen, dass bei den ausgewählten Problemfeldern nicht medienwissenschaftliche Einsichten im Vordergrund dieser Arbeit stehen, sondern die vorab angezeigte anthropologische Verstehenslinie aus theologischer Perspektive angedeutet werden sollte, die im weiteren Verlauf der Arbeit entscheidend ist. Die drei zentralen Medien der Gegenwart wurden deshalb nur kurz umrissen. Da das Augenmerk dieses Kapitels in erster Linie auf dem Geflecht von Medien und Religion liegt, werden die einzelnen Medien jedoch im weiteren Verlauf der Arbeit an verschiedenen Stellen immer wieder aufgegriffen und thematisiert. Die grundlegende Zieladresse bleibt allerdings der Mensch und die Gemeinschaft. Eine so verstandene Medienethik hat die Aufgabe, menschliche Grundbefindlichkeiten zu thematisieren und mediale Erfahrungen kritisch zu reflektieren. Denn darin scheint bei allen Schwierigkeiten wissenschaftlicher Debatten hinsichtlich der Medien Einigkeit zu bestehen, dass ein erheblicher Teil der Unbehagen bereitenden Missstände etwas mit der Entwicklung der Medien zu tun hat und dass bestimmte Probleme sogar in unmittelbarer Weise damit in Zusammenhang stehen, bzw. auf einen bestimmten Umgang mit den Medien zurückzuführen sind. Dabei stellt vor allem das Internet eine neue Herausforderung für die Medienethik dar, indem es einige in anderen Medien latent vorhandene Problemstellungen noch verschärft. Beispielsweise gab es Kinderpornographie bereits vor dem Internet, aber es stellt sich die Frage, ob durch die Möglichkeiten, die das Internet bietet, diese nicht erst besser organisiert und vermarktet werden konnte.

So großartig die neuen Möglichkeiten, die uns die neuen Medien bieten auch sein mögen, so unbestreitbar konfrontieren sie uns auch mit neuen ethischen Fragestellungen, die zwar nicht immer in Medien ihre Ursache haben, die aber durch sie eine neue Qualitätsstufe erreichen. Dennoch sollte das Internet allerdings auch nicht überschätzt werden. Aktuelle Studien haben ergeben, dass im Jahre 2004 in Deutschland erstmals eine Stagnation hinsichtlich des Internets zu verzeichnen ist.[567] Umfragen lassen auf eine Sättigung des Internetmarktes schließen. Dagegen hat das Fernsehen weiterhin zugelegt.[568] Das Internet mag

---

[567] ARD/ZDF-Online-Studie 2004, in: *MEDIA PERSPEKTIVEN* 08/2004, 350-371, im Internet unter: <http://www.daserste.de/service/ardon/04.pdf> (10.09.2004), 361: "Im Jahr 2004 nehmen jetzt zum ersten Mal sowohl die Nutzungs- wie auch die Verweildauer für das Internet nicht mehr zu, sondern ab. Im Jahr 2004 sinkt die Internetnutzungsdauer der erwachsenen Gesamtbevölkerung ab 14 Jahre um zwei auf 43 Minuten gegenüber dem Vorjahr. Die Verweildauer der Internetnutzer beträgt 2004 nur noch 129 Minuten. Das sind 9 Minuten weniger als im Vorjahr."
[568] Ebd., 362: "Die Internetnutzungszeit stagniert, die Fernsehnutzungszeit nimmt zu. Während die Internetnutzung in den ersten Boomjahren dieses Mediums überproportional zunahm,

zwar neue medienethische Herausforderungen stellen, ist jedoch in einem größeren medienethischen Kontext zu betrachten. Dies deuten auch die Thesen zur zukünftigen Entwicklung des Internets in Deutschland an, die der ARD/ZDF-Online-Studie 2004 am Ende beigefügt sind.[569] Hier wird nicht nur darauf verwiesen, dass die Internetverbreitung allmählich an ihre natürlichen Grenzen stößt, sich keine Angleichung der Internetnutzer die Bevölkerungsstruktur abzeichnet und auch kein Verdrängungseffekt anderer Medien durch das Internet stattfindet, sondern auch, dass die Zeit, die insgesamt mit Medien verbracht wird, weiter ansteigt. Deshalb wird in dieser Arbeit auch kein expliziter Schwerpunkt auf das Internet gelegt. Dies mitunter auch, weil das Internet nicht einfach als Medium neben anderen Massenmedien begriffen werden kann. Denn die Massenmedien sind nicht nur im Internet präsent, sondern diese nutzen das Internet und seine interaktiven Möglichkeiten wiederum für ihre Zwecke. Das heißt, dass das Internet als Teil eines komplexen Mediengeflechts zu begreifen ist, das in seiner Gesamtheit ethischer Reflexion bedarf. Diesen Gedanken teilt die Autorin dieser Arbeit mit Rafael Capurro, der in einem Beitrag zum Thema "Paradigmenwechsel der Medienethik" in einer Podiumsdiskussion bei der Jahrestagung des Netzwerkes Medienethik 2005 die These formulierte, dass die Gesellschaft sich bereits in einem "Zustand höherer Medienkomplexität" befindet und deshalb Medienethik "der Komplexität dieser Wechselwirkungen gerecht werden muss, anstatt sich, wie bisher, als ethische Reflexion über die Massenmedien oder, noch enger, als Berufsethik für Journalisten falsch zu verstehen und dabei ihre Chancen, besser gesagt, ihre moralische Verantwortung nicht wahrzunehmen."[570]

Auf das Internet wird deshalb auch in dieser Arbeit immer wieder einzugehen sein, z.B. konkret in Bezug auf Religion und wie sich auch hier gegebenenfalls neue Kommunikationsformen ergeben oder die bestehenden verändern. Denn zweifellos haben die neuen Möglichkeiten auch auf Religion einen verändernden Einfluss. Die Studie des Päpstlichen Rates für die Sozialen Kommunikati-

---

in ihren Wachstumsraten dann aber auch abschwächte, scheint nun zumindest qualitativ eine Sättigung erreicht zu sein. Die Fernsehnutzung dagegen steigt seit 1997, in den letzten Jahren sogar wieder in etwas größeren Schüben. (…) Die Sehdauer der Gesamtbevölkerung ab 14 Jahre steigt (im ersten Halbjahr 2004) um 9 auf 230 Minuten. Die Verweildauer der Zuschauer steigt ebenfalls um neun auf 299 Minuten. Das heißt: Wer fernsieht, tut dies an einem Tag fast fünf Stunden lang."
[569] Vgl. ebd., 369f.
[570] Rafael Capurro, *Thesen zum Strukturwandel der medialen Öffentlichkeit und zur Medienethik. Beitrag zur Podiumsdiskussion der Tagung des Netzwerkes Medienethik am 17.-18. Februar 2005*, Quelle: <http://www.capurro.de/medienethik.html> (02.03.2005), [o.S.].

onsmittel verweist hierauf und fordert dringend die Erarbeitung einer Anthropologie und Theologie der Kommunikation mit besonderem Bezug zum Internet.[571] Fragen, die sich dabei auftun sind beispielsweise, ob ein individuelles se-
lektives Zusammenstellen religiöser Elemente nach eigenem Belieben durch das
Internet noch verstärkt wird und welche Auswirkungen das haben kann. Viel
erheblicher sind darüber hinaus Fragen, die sich in Bezug auf virtuelle Realitäten und Religion ergeben. Virtuelle Realität kann weder Gemeinschaft ersetzen,
noch religiöse Erfahrung hinreichend erzeugen. Die Beziehung zu anderen
Gläubigen als Gemeinschaft in der wirklichen Welt kann durch nichts ersetzt
werden. Die Gefahr besteht aber dennoch darin, dass Medien auch ansatzweise
religiöse Funktionen erfüllen können. Und es bleibt auch danach zu fragen, ob
sie gewisse religiöse Erfahrungen erzeugen können. Diese und ähnliche Fragen
stellen vor allem Theologie und Kirche vor neue medienethische Herausforderungen und sollen deshalb in diesem Kapitel in Punkt 3.5. genauer betrachtet
werden.

Zunächst scheint es jedoch, nach diesem Blick auf die gegenwärtigen Medien
und ihre grundsätzlichen medienethischen Fragestellungen, an dieser Stelle angebracht, im direkten Anschluss auch einen Blick auf das allgemeine Medienverständnis der evangelischen Kirche sowie ihre medienethische Auffassung
und Stellungnahmen dazu zu werfen. Eine entfaltete Medienethik umfasst neben
der interdisziplinär durchgeführten Situationsanalyse auch einen Beitrag der
Theologie und Kirchen und eine Reflexion auf das Leben. Dass hierzu sowohl
die Bereitschaft als auch die Fähigkeit besteht, zeigen sowohl die 1997 veröffentlichte Gemeinsame Erklärung der Deutschen Bischofskonferenz und der E-
vangelischen Kirche in Deutschland, als auch weitere kirchliche und theologische Stellungnahmen zur medienethischen Thematik, die in den letzten Jahren
herausgegeben wurden und die im Folgenden genauer betrachtet werden sollen.

---

[571] Vgl. Päpstlicher Rat für die Sozialen Kommunikationsmittel, *Ethik im Internet*, 30.

3.4. Das Medienverständnis der evangelischen Kirche und medienethische Stellungnahmen

3.4.1. Die Erklärungen und Grundlagenpapiere des Ökumenischen Rates der Kirchen und der Evangelischen Kirche in Deutschland

In den kirchlichen Dokumenten spielten Überlegungen zu den Medien und medienethische Erwägungen, wie vorangehend mehrmals angedeutet, seit jeher eine besondere Rolle.[572] Während 1963[573] von katholischer Seite das Medien-Dokument des Zweiten Vatikanischen Konzils *Inter mirifica*[574] erschien, das die Medien erstmals als "instrumenta communicationis socialis" (soziale Kommunikationsmittel) bezeichnete und diesen Terminus für alle Folgeschreiben als Überbegriff für alle Massenmedien beibehielt[575], wurde von den evangelischen Kirchen 1968 zunächst auf der Vollversammlung des Ökumenischen Rates in Uppsala ein Grundlagenpapier mit dem Titel *Die Kirchen und die Medien der Massenkommunikation* erarbeitet.[576] Diese Erklärung geht bereits von einer eigenständigen Rolle der Massenmedien aus, deren Beitrag "zum interkonfessionellen Verständnis"[577] sie so wichtig einschätzt, "wie die Erfindung der Druckkunst für die Reformation"[578]. Das Grundlagenpapier enthält neben einer Analyse der Rolle der Medien sowie einiger theologischer Anmerkungen, eine Reihe von Empfehlungen über die Vorgehensweise der Kirchen mit denjenigen Menschen, die im Bereich der Kommunikation tätig sind.[579] Ganz im Sinne August

---

[572] Vgl. dazu auch den historischen Teil I, 1.9.2. dieser Arbeit, 121. Zu einem Überblick der Stellungnahmen aus dem protestantisch kirchlichen Raum bis 1985 vgl. *Die neuen Informations- und Kommunikationstechniken. Chancen, Gefahren, Aufgaben verantwortlicher Gestaltung.* Eine Studie der Kammer der Evangelischen Kirche in Deutschland (EKD) für soziale Ordnung und der Kammer für publizistische Arbeit, hrsg. vom Kirchenamt im Auftrag des Rates der EKD, Gütersloh 1985, 121-126.

[573] Zu früheren Aussagen zu Themen der Massenkommunikation seitens katholischer Seite, insbesondere zur Problematik der Pressefreiheit, vgl. Pötscher, *Medienethik*, 13ff.

[574] *Inter mirifica, Dekret über die sozialen Kommunikationsmittel des Zweiten Vatikanischen Konzils vom 04.12.1963*, Quelle: <http://www.vatikan.va/roman_curia/pontifical_councils/pccs/documents/rc_pc_pccs_doc_04121963_inter-mirifica_ge.html> (16.05.2004).

[575] Alle Texte, Erklärungen und Dokumente von katholischer Seite zum Thema Medien und soziale Kommunikation können auch eingesehen und abgerufen werden unter: <http://www.uni-bamberg.de/ktheo/csl/medienethik/kath_me.htm> (16.05.2004).

[576] Vgl. Ökumenischer Rat der Kirchen, "Die Kirchen und die Medien der Massenkommunikation", in: *Bericht aus Uppsala 1968. Offizieller Bericht über die vierte Vollversammlung des Ökumenischen Rates der Kirchen Uppsala 4.-20. Juli 1968*, hrsg. von Norman Goodall, deutsche Ausgabe von Walter Müller-Römheld, Genf 1968, Anhang 407-422.

[577] Ebd., 413.

[578] Ebd.

[579] Vgl. ebd., 417ff.

Hinderers wird hier bereits ein Abbau des Misstrauens der Kirchen gegenüber den Medien gefordert und der Gedanke einer partnerschaftlichen Mitverantwortung und eines Miteinanders der Kirchen und Medien formuliert: "Man muss sie [die Medien, Anm. d. A.] verstehen, um die Welt verstehen zu können, der die Kirche die gute Botschaft Christi bringt."[580] Erkannt wird hier auch bereits, dass die Medien, je nachdem wie der Mensch mit ihnen umzugehen gelernt hat, bereichernd oder aber auch behindernd sein können. Deshalb wird besonders die Verantwortung für die Struktur, Funktion und den Gebrauch der Medien betont.

Die Erklärung, die in Relation zur Reichweite und Mannigfaltigkeit der Medien im Vorwort ihre eigene Kürze einräumt, bot Anstoß für weitere Überlegungen. So wurde 1983 wiederum bei der Vollversammlung des Ökumenischen Rates der Kirchen in Vancouver unter dem Titel *Glaubwürdige Kommunikation* ein zweites Grundlagenpapier über die neuen Medien ausgearbeitet.[581] Zwar forderte der Oberkirchenrat Walter Arnold (EKD) die Überarbeitung des Berichts, weil er das Gefühl hatte, die neuen Medien würden im Vergleich zu früheren Berichten zu wenig berücksichtigt[582], aber dennoch lässt sich in diesem Papier im Vergleich ein wesentlicher Fortschritt erkennen: man formulierte jetzt nicht mehr nur lediglich ein partnerschaftliches Miteinander, sondern ermutigte die Menschen dazu, aktiv in der veränderten medialen Welt einen kritischen und selbstbewussten Dialog mit den Medienbeteiligten aufzunehmen.[583] Weiterhin werden die Kirchen darin bestärkt, "mit alternativen Kommunikationsformen zu experimentieren"[584]. Darüber hinaus tritt der globale Aspekt weiter in den Vordergrund. So wird die ungleiche Verteilung und Kontrolle der Kommunikationsmittel durch nur wenige mächtige Länder bemängelt und erstmals konkret die Befürchtung zum Ausdruck gebracht, dass die Medien die weltweite Vorherrschaft einiger Länder festigen könnte.[585]

Zwei Jahre später gab schließlich 1985, nachdem bereits 1971 die katholische Kirche die vom Konzil in Auftrag gegebene und viel beachtete Pastoralinstruk-

---

[580] Ökumenischer Rat der Kirchen, "Die Kirchen und die Medien der Massenkommunikation", in: *Bericht aus Uppsala 1968*, 407.

[581] Vgl. Ökumenischer Rat der Kirchen, *Bericht aus Vancouver 1983. Offizieller Bericht der Sechsten Vollversammlung des Ökumenischen Rates der Kirchen. 24. Juli bis 10. August 1983 in Vancouver/Kanada*, hrsg. von Walter Müller-Römheld, Frankfurt a. M. (O. Lembeck) 1983, 129-136.

[582] Vgl. ebd., 129.

[583] Vgl. ebd., 136.

[584] Ebd.

[585] Vgl. ebd., 131f.

tion *Communio et Progressio*[586] veröffentlicht hatte, auch der Rat der Evangelischen Kirche in Deutschland (EKD) eine Studie heraus, die unter dem Titel *Die neuen Informations- und Kommunikationstechniken* veröffentlicht wurde und bis dahin eine der ausführlichsten Studien aus sozialethischer Perspektive darstellte.[587] Erstmals wird hier die bis dahin zu einseitige Sicht der neuen Informations- und Kommunikationstechniken bemängelt, die sich zumeist auf eine technische und wirtschaftliche Betrachtung beschränkt. Deshalb stehen hier vor allem die anthropologischen, kulturellen und sozialen Fragestellungen hinsichtlich der Medien im Vordergrund. Die Studie konzentriert sich dabei auf die Schwerpunkte Wirtschaft, Arbeitswelt und Sozialkultur und bedenkt dabei sowohl die Möglichkeiten und Chancen der neuen Informations- und Kommunikationstechniken als auch die möglichen Gefahren und Risiken. Am Schluss der Studie wird nicht nur dazu aufgefordert, dass sich die Kirchen aktiv an der Mediendiskussion beteiligen, sondern auch durch eigene konstruktive Beiträge aktiv in das Geschehen eingreifen sollen.[588] Die Studie diente als Vorlage weiterführender Erklärungen und Dokumente.

Auch bei den Versammlungen des Ökumenischen Rates der Kirchen wurde das Thema immer wieder aufgegriffen und die Gedanken weiterentwickelt. So wurde bei der Weltversammlung des Ökumenischen Rates der Kirchen 1990 in Seoul konkret zu einer Einbringung in die Medienwelt aufgefordert, indem in einer Selbstverpflichtung formuliert wurde: "Wir wollen uns darum bemühen, dass die Wahrheit und das Wort Gottes in modernen Medien auf eine phantasievolle, prophetische, befreiende und respektvolle Weise verbreitet wird."[589]

---

[586] Päpstliche Kommission für die Instrumente der sozialen Kommunikation, *Pastoralkonstitution "Communio et Progressio"*, lateinisch-deutsche Textausgabe, kommentiert von H. Wagner, Trier 1971. Zu den katholischen Dokumenten zum Thema Medien- und Massenkommunikation vgl. ausführlich auch: Jansen, *Mensch und Medien*, 258-295. Seltsamerweise berücksichtigt der Autor in seiner interdisziplinär angelegten Arbeit zum Thema Medienethik, die im Jahre 2002 an der Universität Wien als Dissertation angenommen wurde, nicht die gemeinsame Erklärung beider großen christlichen Kirchen *Chancen und Risiken der Mediengesellschaft* von 1997, sondern behandelt ausschließlich die katholischen Dokumente.

[587] Evangelische Kirche in Deutschland (Hg.), *Die neuen Informations- und Kommunikationstechniken. Chancen, Gefahren, Aufgaben verantwortlicher Gestaltung. Eine Studie der Kammer der Evangelischen Kirche in Deutschland (EKD) für soziale Ordnung und der Kammer für publizistische Arbeit*, Gütersloh 1985.

[588] Vgl. ebd., 107.

[589] Ökumenischer Rat der Kirchen (Hg.), *Die Zeit ist da. Schlussdokumente und andere Texte der Weltversammlung für Gerechtigkeit, Frieden und Bewahrung der Schöpfung*, Genf 1990, 21.

Schließlich erschien 1997 eine gemeinsame Erklärung beider großen christlichen Kirchen, die den Titel *Chancen und Risiken der Mediengesellschaft* trägt und den jüngsten Beitrag konkret medienethischer Erwägungen von Seiten der Kirchen darstellt.

3.4.2. Die gemeinsame Erklärung der Deutschen Bischofskonferenz und des Rates der Evangelischen Kirche in Deutschland von 1997

Die achtzig Seiten umfassende Erklärung *Chancen und Risiken der Mediengesellschaft*, die im April 1997 veröffentlicht wurde, hat eine Vorgeschichte, die bis zu einer Tagung der Synode der Evangelischen Kirche in Deutschland 1992 in Suhl mit dem Thema "Neue Medien" zurückreicht.[590] Im Anschluss an die Tagung wurde eine Arbeitsgruppe zur Vorbereitung einer Gemeinsamen Erklärung zur Mediengesellschaft berufen, die im Mai 1994 vollständig war und aus zwölf Leuten bestand, zu denen neben Kirchenvertretern auch zahlreiche namhafte Wissenschaftler wie Winfried Schulz aus Nürnberg, Klaus Tanner aus Dresden sowie Jürgen Wilke aus Mainz zählten.[591]

Mit dieser gemeinsamen Erklärung haben sich beide große Kirchen zum Ziel gesetzt, einen Beitrag zur gesellschaftlichen Diskussion über die Medien zu leisten und die Chancen und Risiken der Mediengesellschaft abzuwägen.[592] Auf der Grundlage christlichen Glaubens beanspruchen sie grundlegende ethische Prinzipien in Erinnerung zu rufen und ethische Orientierung anzubieten. Dabei halten sie zunächst ihre eigene Grundposition fest, indem sie die Medien als "Instrumente sozialer Kommunikation" und "Ausdruck menschlicher Kommunikation" definieren.[593] Im Zentrum aller ethischen Überlegungen zu einer Medienethik steht dabei der handelnde Mensch mit seiner Entscheidung. Von dieser anthropologischen Grundposition her wird auch die Aufgabe der Kirchen formuliert, nämlich zu prüfen, "ob die Medien- und Kommunikationstechniken dem Menschen, der Entfaltung von Lebensmöglichkeiten, seiner kritischen Verantwortung und dem Zusammenleben in der (Welt-)Gemeinschaft dienen oder die Gemeinschaft beeinträchtigen"[594] und dementsprechend nach Optionen zu fra-

---

[590] Vgl. Christoph H. Werth, *Zivilisationspolitik als Aufgabe. Zum gesellschaftlichen Diskurs über Medienethik*, in: Funiok u.a. (Hg.), *Medienethik*, 131-160, hier 147.
[591] Vgl. Evangelische Kirche in Deutschland/ Deutsche Bischofskonferenz, *Chancen und Risiken der Mediengesellschaft*, 81.
[592] Vgl. ebd., 9.
[593] Vgl. ebd., 9f.
[594] Ebd., 10.

gen, "die notwendig sind, um die Chancen zu nutzen und die Risiken zu begrenzen"[595]. Denn der handelnde Mensch ist eingebunden in ökonomische, politische, technische und andere Systemzwänge, die sein Handeln determinieren oder seine Handlungs- und Entscheidungsspielräume eingrenzen. Dies erschwert häufig eine Verständigung über medienethisch angemessene Problemlösungen. Da die Erklärung jedoch festhält, dass die Medien nicht als etwas Abstraktes zu verstehen sind, die außerhalb menschlicher Kontrolle stehen, sondern als Mittel zur Kommunikation, müssen sich medienethische Überlegungen am Grundprinzip Mensch, das heißt an seiner Würde sowie der Gemeinschaft der Menschen orientieren. In diesem Zusammenhang zählt die gemeinsame Erklärung eine Reihe "ethischer Orientierungspunkte" auf, "die sich an der Frage nach der Bewahrung der Würde des Menschen im Prozess der medialen Kommunikation ausrichten"[596].

Die gemeinsame Erklärung ist neben einem Vorwort der beiden jeweiligen Vorsitzenden der Kirchen und einer Einleitung insgesamt in vier Teile gegliedert[597]:

1. Entwicklung der Medien

2. Medien im Spannungsfeld von Werten und Zielen

3. Medien und Kommunikation in anthropologischer Perspektive

4. Handlungsempfehlungen

Im einem ersten Teil werden zunächst die Tendenzen der Medienentwicklung dargestellt, ausgehend von den Fortschritten der technischen Entwicklungen, die vor allem durch eine Beschleunigung der Datenübertragungen ein weit gefächertes Medienangebot ermöglichten und dadurch auch Veränderungen in einzelnen spezifischen Bereichen der Medienentwicklung bewirkten. Als Bereiche werden Medienpolitik, Medienökonomie, Medienorganisation sowie die Medieninhalte aufgeführt, die jeweils durch eine durch technische Medienentwicklungen veränderte Sicht- und Herangehensweise charakterisiert werden. Zentrale Bedeutung wird dabei vor allem den Prozessen der Internationalisierung und Globali-

---

[595] Evangelische Kirche in Deutschland/ Deutsche Bischofskonferenz, *Chancen und Risiken der Mediengesellschaft*, 9.
[596] Ebd., 60.
[597] Vom Umfang her sind die Teile sehr unterschiedlich: In der hier benutzten Ausgabe, hrsg. vom Kirchenamt der Evangelischen Kirche in Deutschland und vom Sekretariat der Deutschen Bischofskonferenz, nimmt der erste Teil mit 24 Seiten den größten Umfang ein, gefolgt vom letzten Teil mit 20 Seiten, während die beiden mittleren Teile lediglich 12, bzw. 13 Seiten umfassen.

sierung zugeschrieben. So zeichne sich in der Medienpolitik nicht nur eine Verschiebung von kultur- und gesellschaftspolitischen verstärkt hin zu wirtschaftlichen Interessen ab, sondern aufgrund von Internationalisierungsprozessen auch ein "Ende der nationalen Medienpolitik".[598] Dies ließe sich ebenso in den Bereichen der Medienökonomie und -organisation feststellen, die aufgrund hoher Investitionen in neue Informations- und Kommunikationstechnologien Internationalisierung und Globalisierung anstreben, um einen möglichst großen Markt für die Finanzierung nutzen zu können. Da sich hohe Investitionen als auch extensives Marketing auf internationaler Ebene vor allem große Medienunternehmen leisten können, zeichne sich eine verstärkte Konzentration der Medienkonzerne ab, die als "Global Players" nicht nur den Markt der Massenkommunikation beherrschen und die Richtung der medientechnischen Entwicklung bestimmen, sondern sich zunehmend politischen Kontrollversuchen entziehen können. Mit dem Wachstum des Medienangebotes gehe weiterhin auch eine Veränderung der Medieninhalte einher, die durch eine verstärkte Hinwendung zu den spezifischen Interessen bestimmter Zielgruppen bestimmt wird. Nach dieser einführenden Problemanalyse einzelner Tendenzen der Medienentwicklung wird im Anschluss daran näher auf die Folgen für die zwischenmenschliche Kommunikation via Medien für konkrete einzelne Lebensbereiche, wie Wirtschaft und Arbeit, Wissenschaft und Bildung, Kunst und Unterhaltung, Familie und soziale Beziehungen, Öffentlichkeit und politische Prozesse sowie Kirche und Gemeinde eingegangen. Zu jedem Bereich werden dabei zunächst die Risiken, die es zu begrenzen gilt, als dann auch die Chancen, die genutzt werden können, detailliert dargestellt. Dabei überwiegen weder die Risiken noch die Chancen, sondern nehmen vom Umfang her jeweils den gleichen Platz ein. Die Fülle der dargebotenen Aspekte bietet dem Leser Orientierungspunkte, lässt aber auch ein ambivalentes Gefühl zurück, indem nicht ganz klar wird, wie sich die Chancen und Risiken in den einzelnen Bereichen zueinander verhalten. So verzichtet der Text wohl auch bewusst auf eine das Kapitel abschließende Abwägung der genannten Chancen und Risiken. Dies mag als Schwäche des Textes gedeutet werden, kann aber durchaus auch positiv gewertet werden, denn indem die Erklärung es letztendlich dem Leser überlässt, ist besonders der erste Teil, wie Rüdiger Funiok festhält, für die Arbeit im Bildungsbereich geeignet.[599] Zudem folgt sie darin konsequent ihrem eigenen Standpunkt, denn wie die Erklärung in der Einleitung vermerkt, sind Chancen und Risiken nicht eindeutig zu beurteilen, sondern vom

---

[598] Evangelische Kirche in Deutschland/ Deutsche Bischofskonferenz, *Chancen und Risiken der Mediengesellschaft*, 13.

[599] Vgl. Rüdiger Funiok, *Chancen und Risiken der Mediengesellschaft*, in: ders. u.a. (Hg.), *Medienethik - Die Frage der Verantwortung*, 321-325, hier 322.

Standort des Betrachtenden abhängig.[600] In diesem Zusammenhang wird auch ein zentrales Moment der Erklärung ersichtlich, nämlich, dass die Entwicklungen der Medien, die Herausarbeitung ihrer Chancen und Risiken sowie ein daraus resultierender Handlungsbedarf nicht auf das eigene Selbstverständnis beschränkt bleiben, sondern in einen gesellschaftspolitischen Kontext gestellt werden. Denn, wie die Erklärung festhält, "inwieweit die Chancen genutzt und die Risiken begrenzt werden können, ist wesentlich eine Frage des gesellschaftspolitischen Handelns."[601]

Der zweite Teil verweist auf das Spannungsfeld von Werten und Normen in Bezug auf die Medien und versucht die damit verbundene Schwierigkeit ethischer Urteilsfindung zu verdeutlichen mit dem Hinweis, dass das menschliche Handeln durch Veränderungsprozesse wie Pluralisierung und Individualisierung in unserer Gesellschaft stets von mehreren Zielen geleitet ist. Daraus ergeben sich Zielkonflikte, die es notwendig machen, Zielvorstellungen, Wertorientierungen als auch mögliche Folgen gegeneinander abzuwägen. Die Erklärung formuliert hier die konkrete Notwendigkeit einer Medienethik. Im Folgenden werden deshalb auch einige Spannungsfelder, die sich bei der medienethischen Entscheidungsfindung ergeben, typisiert, wie zum Beispiel technische Machbarkeit und Sozialverträglichkeit, Selbstentfaltung und Entfremdung, Freiheit und Verantwortung sowie Gewinn und Gemeinwohl. Die Erklärung stellt dabei ganz deutlich die Humanverträglichkeit in den Vordergrund ethischer Beurteilung.[602] Durch die Orientierung an der Humanverträglichkeit sollen die Achtung der Menschenwürde und Freiheit sichergestellt werden, sowie die Chancen zukünftiger Generationen berücksichtigt werden. Dazu gehört ebenso die Verträglichkeit in internationalen Zusammenhängen, die verhindern soll, dass unterentwickelten und ärmeren Ländern Nachteile entstehen.

Der dritte Teil stellt den wichtigsten Teil der Erklärung dar, indem er sich, nach der Darstellung der Medienentwicklung und den damit verbundenen Schwierigkeiten der ethischen Urteilsfindung, nun konkret der Medienethik zuwendet. Hier wird theologisch argumentiert und die ethische Aufgabe der Chancen- und Risikoabwägung der Mediengesellschaft darin gesehen, diese zu gestalten und sie mit einer anthropologischen Perspektive zu verbinden. Diese basiert auf den Voraussetzungen eines christlichen Menschenbildes und ist zu verbinden mit

---

[600] Evangelische Kirche in Deutschland/ Deutsche Bischofskonferenz, *Chancen und Risiken der Mediengesellschaft*, 9.
[601] Ebd., 15.
[602] Vgl. ebd., 36.

den Zielen eines sozialen Gemeinwesens. Das zentrale Interesse gilt dabei der Frage, ob bei dieser Gestaltung der Mediengesellschaft die Medien der Kommunikation von Menschen sowie dem gesellschaftlichem Zusammenleben dienlich sind. Alle genannten Elemente verweisen letztendlich in ihren komplexen Zusammenhängen auf die notwendige Verbindung von Kommunikation, Gemeinschaft und Medien. Da das, was der Mensch ist, beziehungsweise werden kann, entscheidend von dem Beziehungsgeflecht abhängt, in dem er lebt, spielt neben der Beziehung zu Gott auch die Beziehungen der Menschen untereinander eine entscheidende Rolle. Hier ist auch die menschliche Kommunikation zu lokalisieren, die die Persönlichkeitsentwicklung des Menschen maßgeblich mitbestimmt. Die neuen Medien als neue Kommunikationsmöglichkeiten bieten einerseits Chancen ethische Grundüberzeugungen zu entwickeln, andererseits bergen sie aber auch Risiken, die sich durch neue Kommunikationsstrukturen wie zum Beispiel virtuelle Welten ergeben. Diese neuen Gestaltungsfreiheiten durch die neuen Medien erfordern deshalb auch einen verantwortlichen Gebrauch dieser Freiheit. Hier wird mitunter auch auf den schöpfungstheologisch begründeten Doppelcharakter der menschlichen Existenz hingewiesen: Der Mensch ist Individuum, aber zugleich auch auf Gemeinschaft ausgerichtet. In diesem Schnittpunkt zwischen Individualität und Sozialität ist Kommunikation angesiedelt, wobei die Menschenwürde die Basis jeglicher Kommunikation sein muss.

Die Grundposition der Menschenwürde als Maßstab für die Regelung der Medienstruktur sowie die Überzeugung der dienenden Funktion der Technik wird auch im vierten und letzten Kapitel noch einmal hervorgehoben, doch wird gleichzeitig darauf verwiesen, dass eine Ethik, die sich an Menschenwürde orientiert, abstrakt bleibt, solange sie nicht in konkreten Handlungsfeldern umgesetzt wird. Deshalb werden im vierten und letzten Kapitel medienethische Handlungsempfehlungen gegeben und an konkreten Handlungsfeldern verdeutlicht. Als Bedrohungen werden Desintegration und Desorientierung der Menschen durch Medien, Fremdbestimmung menschlichen Handelns, Dominanz von Einzelinteressen und das Entstehen von Machtoligopolen, fortschreitende Einschränkung eigenverantwortlichen Handelns durch eine immer schwerer zu steuernde Eigendynamik der Mediensysteme, Herabwürdigung von Menschen zu Objekten eines öffentlichen Voyeurismus, Weiterentwicklung der Medien im Interesse der industrialisierten Welt ohne Rücksicht auf die Kommunikationsbedürfnisse und Möglichkeiten der Zwei-Drittel-Welt festgehalten. Die im Anschluss aufgelisteten Orientierungspunkte entsprechen den aufgelisteten Bedrohungen, sind insgesamt jedoch sehr allgemein gehalten. Die Ursache dafür kann wohl darin gesehen werden, dass sich die Erklärung an die Gesellschaft im Ganzen richtet und die Grundüberzeugung vertritt, dass die Gestaltung der Medien nur als Gemeinschaftsaufgabe bewältigt werden kann und sich deshalb auch "möglichst viele Gruppen und einzelne Bürgerinnen und Bürger beteiligen sollten."[603] Die Handlungsempfehlungen werden dementsprechend für die einzelnen Bereiche Bildung, Journalismus, Gesellschaft, Politik, Rundfunk, Schutzrecht sowie Kirchen gegeben.

3.4.3. Ein Resümee

Zusammengefasst lässt sich hinsichtlich dieser gemeinsamen Erklärung der Deutschen Bischofskonferenz und der Evangelischen Kirche in Deutschland festhalten, dass im Zentrum aller ethischen Überlegungen zu einer Medienethik der handelnde Mensch mit seinen Entscheidungen steht. Die im zweiten Teil der Erklärung benannten Zielkonflikte, die sich durch das Spannungsfeld von Werten und Normen hinsichtlich der Medien ergeben, benennen das Aufgabenfeld medienethischer Überlegungen, nämlich Zielvorstellungen, Wertorientierungen als auch mögliche Folgen gegeneinander abzuwägen. Dabei spielen ökonomische, politische, technische und viele andere Systeme eine wichtige Rolle, die auf allen Ebenen im Medienbereich, das heißt auf den Ebenen der Produktion, Distribution und Rezeption, das Handeln der Menschen determinieren oder seine Handlungs- und Entscheidungsspielräume eingrenzen. Dies muss bei medienethischen Überlegungen analysiert und berücksichtigt werden, was die Verständigung über medienethisch angemessene Problemlösungen im Einzelfall häufig schwer macht. Dennoch betont die Erklärung, dass die Medien nicht als etwas Abstraktes zu verstehen sind, die außerhalb der menschlichen Kontrolle stehen, sondern als Instrumente und Ausdruck menschlicher Kommunikation. Der Mensch und die Gemeinschaft der Menschen müssen deshalb auch Maßstab für den Umgang mit den Medien sein. Eine Position, die auch in dieser Arbeit vertreten wird. Wie medienethisch angemessene Problemlösungen gefunden werden können, muss unter Beachtung der vorgegebenen Sachzusammenhänge und in Abwägung miteinander konkurrierender Interessen jeweils im Einzelfall geklärt werden. Den besonderen Beitrag der Kirchen sieht die Erklärung in ihrer eigenen Gottestradition den Menschen als Geschöpf mit Würde zu verstehen. Als medienethisches Grundprinzip gilt deshalb die Menschenwürde, die Ziel und Maßstab im Umgang mit den Medien sein muss. Im gemeinschaftlichen Ge-

---

[603] Evangelische Kirche in Deutschland/ Deutsche Bischofskonferenz, *Chancen und Risiken der Mediengesellschaft*, 62.

spräch mit allen Beteiligten müssen auch Kirche und Theologie nach gemeinsamen Lösungen suchen, wobei die Erklärung auf ihre besondere Aufgabe verweist, immer wieder die Unantastbarkeit der Menschenwürde einzufordern und auf Missstände hartnäckig hinzuweisen, denn die "Glaubwürdigkeit der theologisch-kirchlichen Beiträge zur medienethischen Debatte bewahrheitet (…) sich vor allem dort, wo sie als eindeutige Identifizierung mit den Opfern von Unrecht und Gewalt erkennbar wird"[604].

Die Grundargumentation der gemeinsamen Erklärung folgt demnach einer ethischen und theologischen Argumentation, die allerdings gerade hinsichtlich des Verhältnisses von Medien, Kirche und Religion nur dürftig ausfällt. Zwar werden einige Gefahren genannt, wie beispielsweise die Gefährdung des persönlichen Kontaktes und der Glaubensweitergabe in der Gemeinschaft durch eine einseitige mediale Kommunikation zum Beispiel über das Internet, diese allerdings sehr pauschal und allgemein formuliert. Der Frage nach religiösen Strukturen der Medien oder einer Medienreligion wird überhaupt nicht nachgegangen. Stattdessen beschränkt sich der Erklärung auf die eigene kircheninterne Medienarbeit. Man könnte kritisch betrachtet auch festhalten, dass die Erklärung nichts wirklich Neues bringt. Auch die Frage nach der Verbindlichkeit und Umsetzung dieser Erklärung bleibt offen.

Eine medienethische Betrachtung aus theologischer Perspektive, die beim Menschen und seiner Lebenswelt ansetzt, muss auch danach fragen, in welche gesellschaftlichen und kulturellen Phänomene die Religion ausgewandert ist.

3.5. Medienreligion oder Medien als "Ersatzreligion"?

Vor dem Hintergrund dieser Betrachtungen ist es nun erforderlich sich der Frage nach den religiösen Aspekten der modernen Medien genauer zuzuwenden, wie diese bereits mehrmals angedeutet wurden. Versucht man Religion und moderne Medien zueinander in Beziehung zu setzen, so assoziiert man damit zunächst meist, dass sich einerseits die Großkirchen mittlerweile dieser auf vielfältige Weise bedienen - so haben beispielsweise die EKD und auch der Vatikan ein

---

[604] Helmuth Rolfes, *Christlicher Glaube und Medienethik: Der Beitrag von Theologie und Kirche zum medienethischen Gespräch der Gesellschaft*, in: Matthias Karmasin (Hg.), *Medien und Ethik*, Stuttgart (Reclam) 2002, 238-261, hier 254.

eigenes Internetportal[605] - und zum anderen, dass auch Sekten, wie beispielsweise Scientology, gerade das Internet dazu nutzen, um mit perfektem Layout neue Mitglieder anzuwerben[606]. Vor allem das Internet, das als freies und relativ billiges Trägersystem Kommunikations- und Informationsaustausch weltweit ermöglicht, wird heute auf vielfältige Weise genutzt. So informieren beispielsweise viele Landeskirchen und Diözesen über ihre Angebote, über kirchliche Organisationen, über Personal oder religiöse Schriften. Man kann sich theologische und kirchliche Zeitschriften runterladen, sich in Datenbanken umsehen, kirchliche Nachrichten abrufen, sich über theologische Fakultäten informieren und noch vieles mehr. Darüber hinaus werden Service-Leistungen angeboten, wie beispielsweise Internet-Seelsorge per E-Mail.[607] Selbst weltabgewandte Klöster nutzen mittlerweile nicht nur Faxgeräte oder Mobiltelefone, sondern haben auch das Internet für sich entdeckt.[608] Der Rückgriff auf das Internet gleichsam als Werkzeug der Verkündigung ist für die Großkirchen mittlerweile ebenso zur Gewohnheit geworden wie für neue religiöse Gemeinschaften.[609]

Die neuen Medien bilden aber nicht nur bloß "neutrale" Instrumente und werden als solche genutzt, sondern können darüber hinaus möglicherweise selbst Religion im weitesten Sinne konstituieren. Dieses Phänomen wird als "Medienreligiöses" beziehungsweise als "Medienreligion" bezeichnet und soll hier genauer betrachtet werden. Dabei geht es in erster Linie nicht um Religion in den Medien, also um offensichtlich "religiöse" Momente, wie sie in den angeführten Beispielen aufgelistet wurden, sondern vielmehr um die Frage, ob die Nutzung und die Bedeutung der Medien im Alltag etwas bedienen, was religiösen Erfah-

---

[605] Die Homepage der EKD bietet beispielsweise neben zahlreichen Informationen und Literaturhinweise auch Diskussionsforen und wird täglich bis zu vierzigtausend Mal angeklickt. Auch der Vatikan hat seit 1995 unter <http://www.vatican.va/> ein eigenes Internetportal, bringt dort auch den päpstlichen Ostersegen und suchte 2002 sogar einen Schutzpatron für das Internet. Vgl. Jutta Siemann, *Jugend und Religion im Zeitalter der Globalisierung. Computer/Internet als Thema für Religion(sunterricht)*, Münster (Lit) 2002, 68.

[606] Quelle: <http://www.scientology.org/>.

[607] So beispielsweise unter: <http://www.theology.de>, wo seit 1999 der Pfarrer der Evangelischen Lutherischen Kirche in Bayern und Marketing-Dozent Otto Ziegelheimer Seelsorge und Gespräche zu aktuellen ethischen Fragen anbietet. Oder auch die erste evangelische Online-Pfarrerin Melanie Graffam-Minkus, die von München aus seelsorgerliche Dienste per Internet anbietet. Siehe dazu die Homepage des Amts für Jugendarbeit der Evangelisch-Lutherischen Kirche in Bayern <http://www.ejb.de>.

[608] Vgl. Florian Rötzer, *Der Vatikan und das Internet. Auch Nonnen dürfen ans Internet - ein bisschen*, Artikel vom 07.06.1999, Quelle: <http://www.heise.de/tp/deutsch/inhalt/te/2919/1.html> (29.05.2004), [o.S.].

[609] Zur Präsentation kirchlicher Inhalte im Internet vgl. im Überblick beispielsweise <http://berg.heim.at/tibet/450000/god/kirchweb.html> (29.05.2004).

rungen und Vollzügen entspricht. Diese Fragestellung entwickelte sich vor dem Hintergrund jener Kulturtheorien, in denen die Rolle der elektronischen Medien aus einer umfassenden Perspektive im Kulturwandel thematisiert wurde. In Auseinandersetzung mit diesen kulturkritischen Theorien unter anderem von Theodor W. Adorno (1903-1969) und Max Horkheimer (1895-1973) waren es in erster Linie die Theorien des amerikanischen Kommunikationswissenschaftlers Marshall McLuhan (1911-1980), der im Fernsehen eine Ausweitung unseres Sinnesapparates sah und Anfang der siebziger Jahre den Weg für die Frage nach einer möglichen Medienreligion bahnte, indem die Kommunikationswissenschaft eine Akzentverschiebung verzeichnete, die sich weg von einer reinen Ursache-Wirkungs-Analyse hin zu einer aktiven Nutzung der Medien durch die Rezipienten orientierte.[610] Mitte der achtziger Jahre tauchte das Stichwort "Medienreligion" vor allem im Zusammenhang mit den Veränderungen der fernsehlosen zur fernsehorientierten Gesellschaft auf, weil man beispielsweise feststellte, dass Fernsehgeräte die Wohnungseinrichtungen veränderten, indem sie zum Zentrum wohnlicher Lebensvollzüge wurden, und dass sich die Tagesabläufe an den Fernsehprogrammen zu orientieren begannen. Die Diskussionen zum Thema Medienreligion nahmen ihren Ausgangspunkt in Fragen, die dem Medium eine Alltagsstabilisierung zuwiesen, das als neues Orientierungssystem und "Brücke über die Diskontinuitäten des Tages und des Lebens hinwegführt"[611]. Stichworte wie Ritualisierung des Alltags, Beheimatung oder Lebensstabilisierung und Daseinsdeutung werden seitdem in der Diskussion um das Phänomen des Medienreligiösen damit in Verbindung gebracht. Auch gab es erste theologische Bemühungen um den religiösen Charakter der Mediennutzung bereits Ende der sechziger, Anfang der siebziger Jahre, doch diese versandeten bald wieder, da sie sich dem Verdacht kulturkritischer Medienfeindlichkeit aussetzen mussten.[612]

Aber auch heute scheint es seitens der Theologie noch Vorbehalte gegen eine ernsthafte Auseinandersetzung mit der Thematik zu geben, da man das Phänomen mehr als "Parareligion" oder "Pseudoreligion" einstuft.[613] Während man in den USA sich mit großer Selbstverständlichkeit mit der Thematik auseinandersetzt[614], gibt es in Deutschland nach wie vor nur wenige Theologen, die sich auf

---

[610] Vgl. Rüdiger Wolf-Schmidt, "Medien", in: *TRE* 25:325.
[611] Ebd.
[612] Vgl. ebd.
[613] Vgl. Günter Thomas, *Medien als implizite Religion. Theologische Herausforderungen*, in: Drägert/Schneider (Hg.), *Medienethik*, 397-418, hier 405.
[614] Vgl. Albrecht, *Die Religion der Massenmedien*, 107.

dieses Feld begeben. Möglicherweise auch einer der Gründe dafür, dass die Gemeinsame Erklärung der Deutschen Bischofkonferenz und des Rates der E-vangelischen Kirche in Deutschland von 1997 diese Fragen in ihrem medien-ethischen Dokument ausspart. Doch wie der Bochumer systematische Theologe Günter Thomas - einer der wenigen, der sich mit Medienreligion beschäftigt - festhält, ist der Religionsbegriff in diesem Sinne nicht als theologischer Grund-legungsbegriff zu verstehen, sondern das Phänomen des Medienreligiösen als religionssoziologische Reflexion einer Theologie, "die ihre kulturelle Umwelt sensibel wahrnimmt"[615]. Der Religionsbegriff ist in diesem Sinne, so Thomas, zu verstehen als "Instrument der sensiblen Umweltwahrnehmung und vergleichenden Selbstbeobachtung, mit dem die Kirche nicht ihren Grund reflektiert, sondern sich sozusagen selbst über die Schulter schaut"[616].

Die konstruktive Auseinandersetzung von Theologie und Kirche mit den Er-scheinungsformen des Mediensystems gehört auch im medienethischen Sinne zu ihren Aufgaben. Denn vor dem Hintergrund der theologischen Aspekte einer anthropologischen Medienethik, die den Fokus auf den Rezipienten als aktiven Medienteilnehmer richtet, wie dies im vorangehenden Kapitel geschehen ist, erscheint vor allem das Medium Fernsehen nicht nur als vermittelnde Instanz, sondern auch als unmittelbarer sozialer Erfahrungsbereich, wobei durch beliebi-ge Verwendung religiöser Symbole etc., die aus ihrer christlichen Existenzform herausgelöst werden, Bedeutungsverschiebungen auftreten, die nicht nur die Würde des Menschen beschädigen und den menschlichen Erfahrungsreichtum verkümmern lassen, sondern auch das Zusammenleben der Menschen beein-trächtigen können. Eine theologische Medienethik hat deshalb auch gegenüber allen Freiheiten der Meinungsäußerung oder Kunst auf den verantwortungsvol-len Gebrauch symbolischer Imagination hinzuweisen. Denn vieles, was die Menschen heute von der Welt wissen oder zu wissen glauben, wird von ihnen nicht selbst erlebt, sondern durch Medienangebote vermittelt. Die Medien bieten dabei selektierte und interpretierte Versionen von realen Ereignissen, die das soziale Verhalten beeinflussen und verändern. Die Medien sind daher nicht nur lediglich "Spiegelung von Wirklichkeit", sondern gehören "selbst einer neuen sozialen Wirklichkeit an, die im Alltag und im gesellschaftlichen Leben eigene Formen der Wirklichkeitserfahrung stiftet"[617].

---

[615] Thomas, *Medien als implizite Religion*, 405.
[616] Ebd.
[617] Hurth, *Zwischen Religion und Unterhaltung*, 9.

Diesen medienwissenschaftlichen Zugang gilt es vor allem zu berücksichtigen, wenn hinsichtlich des Mediums Fernsehen medienreligiösen Eigenschaften nachgegangen werden soll. Aber auch bezüglich des neuen Mediums Internet drängt sich die Frage auf, ob ein Medium selbst Religion konstituieren kann. Diese Frage rückte in jüngster Zeit vor allem durch die so genannte US-amerikanische Internet-Sekte "Heaven's Gate" und ihrem Massenselbstmord von 39 Mitgliedern im Jahre 1997 in San Diego ins Bewusstsein der Öffentlichkeit. Die Sektenmitglieder und ihr Guru Marshall Applewhite waren überzeugt, dass sie in einem Raumschiff, das sich ihrer Überzeugung nach im Schweif des 1997 aufgetretenen Kometen Hale Bopp befand, wiedergeboren werden würden. Um dorthin zu gelangen, war jedoch eine virtuelle Reise notwendig, die offenbar nur durch Dematerialisierung ähnlich wie in "Science-Ficiton-Filmen" machbar erschien und die Entledigung der "irdischen" Hülle durch kollektiven Selbstmord erforderte. Die Gruppe, die vorher ihren Lebensunterhalt aus Internet-Dienstleistungen verdiente, kündigte ihr Vorhaben unmissverständlich auf ihrer Homepageseite im Internet an.[618] Wie D. Schümer nach dem Ereignis in einem Artikel in der FAZ schrieb, war der Massenselbstmord "die Fortsetzung eines Computerspiels"[619]. Leben und Glauben in und für simulierte Welten kostete 39 Menschen das Leben.

Dieses Beispiel zeigt, dass auch die Frage nach neuen religiösen Vorstellungs-welten, die sich über veränderte Medien etablieren können, gestellt werden muss. Vor allem hinsichtlich virtueller Welten, die medial vermittelt werden, muss die Frage nach neuen Religionsformen gestellt werden. Im Folgenden soll deshalb versucht werden, auf einige religiöse Aspekte, die sich im Umgang mit neuen Medien ergeben, genauer einzugehen.

3.5.1. Medienfunktionen

Medien, allen voran das Fernsehen, sind omnipräsent oder zeigen, wie Karsten Henning und Rainer Steib schreiben "Totalpräsenz"[620]. Die Prozesse der Säkula-risierung, der Individualisierung und der Privatisierung bedeuten insgesamt eine

---

[618] Vgl. dazu Lars A. Fischinger, *Heavens Gate. Suizid im Namen der UFOs*, Quelle: <http://fischinger.alien.de/Artikel40.html> (29.05.2004). Die Hauptseite der Sekte im Internet ist heute nicht mehr vorhanden.

[619] D. Schümer, "Digitale Himmelfahrt. Eine Sekte dematerialisiert sich selbst", in: *Frankfurter Allgemeine Zeitung* 74 (29.03.1997), 33.

[620] Henning/ Steib, *Leitfaden*, 39.

Schwächung des steuernden Einflusses ethisch orientierender Gewissheiten, insbesondere religiöser Gewissheiten; bedingt zum einen dadurch, dass gesellschaftliche Teilsysteme von religiösen Aufgaben entlastet wurden und zum anderen, dass der Zugang zu Religion immer mehr zur Privatsache wurde. So werden Identitäten und Sinnstiftungen jeweils aus den vielfältigen Angeboten individuell selbst zusammengestellt. Gerade durch die zunehmende Distanzierung von den Kirchen als anerkannte wertstiftende Institutionen entsteht ein Vakuum, das sich für die Füllung aus anderen Richtungen anbietet. In einer bestehenden Pluralität konkurrierender Angebote der Sinn- und Lebensdeutung stellt sich die Frage, ob die Medien dieses Vakuum innerhalb einer pluralistischen Gesellschaft ausfüllen und so zur Identitäts- und Sinnstiftung beitragen. Tatsächlich erreichen die Medien, allen voran das Fernsehen, durch ihre Omnipräsenz den größten Teil der Gesellschaft. Dabei übernehmen sie bestimmte Funktionen im gesellschaftlichen Miteinander. Hier soll genauer auf diese Funktionen eingegangen werden und danach gefragt werden, ob diese auch religiöse Strukturen aufweisen. Ausgegangen wird dabei von der Annahme, dass diese Funktionen sich nicht nur auf die ganz offensichtlich religiösen, beziehungsweise kirchlichen Angebote im Sendeprogramm beschränken, sondern sich darüber hinaus auf Bereiche erstrecken, die auf den ersten Blick gar nichts "Religiöses" beinhalten oder zu vermitteln scheinen. Thomas Luckmann verwendet dafür die Bezeichnung "die unsichtbare Religion"[621], die sich als "in alltäglichen und geradezu banal erscheinenden Winkeln des Lebens und Daseins verborgene Religiosität"[622] präsentiert. Arno Schilson spricht im Zusammenhang mit diesem Phänomen von "Medienreligion".[623]

Eine Grundfunktion, die hinsichtlich der Medien, vor allem des Fernsehens, zunächst festgestellt werden kann, ist die Strukturierung der Zeit. Dieser Bereich war und ist größtenteils religiös beziehungsweise kulturreligiös geordnet und bleibt meist unreflektiert. Diese Ordnung reicht von der Jahreszählung vor beziehungsweise nach der Geburt Christi über die Einteilung der Sieben-Tage-Woche nach jüdisch-alttestamentlichem Vorbild bis zur Aufteilung in Alltag und Feiertage gemäß der kirchlichen Ordnung der Festzeiten. Folgt man der Tageseinteilung mittels fixer Programmpunkte, so lässt sich diese kulturell-religiöse Grundfunktion der Strukturierung der Zeit vor allem im Medium Fernsehen wieder erkennen. Als wiederkehrendes Ritual rückt das Fernsehen zur Zeit der Hauptnachrichtensendung - zumeist der öffentlich-rechtlichen Sendean-

---

[621] Vgl. Luckmann, *Die unsichtbare Religion*, Frankfurt a. M. (Suhrkamp) 1991.
[622] Schilson, *Medienreligion*, 131.
[623] Vgl. ebd.

stalten - in den Mittelpunkt der familiären Aufmerksamkeit und stellt damit den Übergang vom durch Arbeit geprägten Tag zum der Erholung vorbehaltenden Abend dar.[624] Dieses abendliche Übergangsritual, das europaweit zwischen 19.00 Uhr und 20.30 Uhr angesetzt ist, wird von den Sendeanstalten auch ganz bewusst so verstanden, indem die Nachrichten den Übergang vom Vorabendprogramm, das allgemein aus Serien oder Boulevardsendungen besteht, zum Hauptprogramm, das aus Spielfilmen, Dokumentationen, Spielshows oder politischen Magazinen besteht, markieren. Danach richten sich auch Sender, die keine Hauptnachrichtenzeit in ihrem Programm haben. Mit dieser Strukturierung übernimmt das Fernsehen geradezu eine klassische religiöse Funktion: es suggeriert Geborgenheit in der Zeit, verstetigt den Alltag und vermittelt Sicherheit und Vertrautheit. Als Alltagsbegleitung wird das Medium in die Lebenswelt integriert und erfüllt die Funktion der Orientierung, die auch der Religion zukommt. Parallel dazu haben sich mittlerweile auch in ähnlicher Funktion Sendungen am Vormittag, wie zum Beispiel das so genannte "Frühstücksfernsehen", oder auch zur Mittagszeit, wie zum Beispiel das "Mittagsmagazin", etabliert. Diese Einteilung in Morgen, Mittag und Abend zeigt ähnliche Züge wie die religiöse Einteilung in Hauptgebetszeiten. Die positive Einschätzung dieser Ausrichtung Arno Schilsons, dass damit das Morgen- und Abendgebet "gleichsam eine medienreligiöse Renaissance erleben darf"[625] muss allerdings bezweifelt werden. Dass das Fernsehen die Funktion der Zeitstrukturierung übernimmt, ist jedoch an weiteren Einteilungen festzustellen. So werden nicht nur einzelne Wochentage durch bestimmte Sendungen, Serien oder Mehrteiler bestimmt, sondern auch eine jahreszeitliche Einteilung in Winter- und Sommerzeit lässt sich erkennen. Darüber hinaus kommt es neben kirchlichen und staatlichen Feiertagen, die eine mediale Prägung erhalten, auch zu medialen Großereignissen, wie zum Beispiel sportliche Begebenheiten (etwa Fußball-WM, Tour de France oder Olympische Spiele). Wie Gregor M. Jansen schreibt, ist das Programm derart bestimmt, "dass durchaus von 'medialen geprägten Zeiten' gesprochen werden kann"[626]. Das Fernsehen orientiert sich an kulturreligiösen Zeitstrukturierungen und übernimmt dadurch eine durchaus religiöse Funktion.[627]

---

[624] Vgl. Hans-Martin Gutmann, *Der Herr der Heerscharen, die Prinzessin der Herzen und der König der Löwen. Religion lehren zwischen Kirche, Schule und populärer Kultur*, Gütersloh (Kaiser) 1998, 150ff.
[625] Ebd., 99.
[626] Jansen, *Mensch und Medien*, 119.
[627] Vgl. ebd.

Neben dieser Grundfunktion gehen die Medien, allen voran das Fernsehen, jedoch auch noch auf weitere Bedürfnisse der Rezipienten ein und übernehmen in unseren komplexen Lebensfeldern je unterschiedliche Funktionen. In der Familie beispielsweise beeinflusst das Fernsehen das Familienleben: nicht nur durch die Ausrichtung an den Hauptnachrichtenzeiten, sondern insgesamt aufgrund der kommunikativen Verhältnisse, die ihm zugewiesen werden, sei es als Fluchtmedium, Unterhaltungsmedium oder Medium, das Informationen gibt und die Kommunikation anreichert, weil entsprechende Anregungen aufgegriffen und diskutiert werden.[628] Viele Familien verbringen den Abend vor dem Fernseher. Häufig ist dies die einzige Gelegenheit, bei der alle Familienmitglieder zusammentreffen und miteinander kommunizieren können. Fernsehen kann so gesehen auch die Kommunikation innerhalb der Familie erleichtern oder fördern und übernimmt damit eine Kontaktfunktion. Dies gilt aber ebenso für Singlehaushalte: man trifft sich mit Freunden um beispielsweise die Übertragung eines Fußballspiels zu sehen. Andererseits könnte man auch die Vermutung aufstellen, dass bei abendlichen familiären Zusammentreffen das Fernsehgerät eventuell genau deshalb in Betrieb ist, weil einzelne Familienmitglieder die Kommunikation mit anderen meiden wollen. Dies kann sich auch auf das Umfeld auswirken, wenn beispielsweise das Fernsehgerät weiterläuft oder sogar angemacht wird, wenn Besuch kommt. Die Mediennutzung kann somit in einem Kommunikationsdefizit ihre Ursache finden, wofür die Medien einen Ersatz bieten. Kulturkritiker würden hier wohl die Medien als Kommunikationstöter charakterisieren. Dem ist entgegenzuhalten, dass die Medien und in diesem Fall vor allem das Fernsehen lediglich ein Spiegel oder Stellvertreter, nicht aber der alleinige Verursacher dieser kommunikativen Krise ist.

Die Vorstellung, dass das Fernsehen in erster Linie etwas mit Information zu tun hat, ist ein Trugschluss insofern, dass man hieraus die Schlussfolgerung ziehen kann, dass wenn man nur genügend analysieren könnte, man auch kompetent genug wäre, um alle Wirkungen zu kontrollieren. Das Fernsehen hat aber nicht nur etwas mit Informationen zu tun, sondern kann durchaus auch Gefühle erzeugen. Das Fernsehen bietet Dinge an, die in der Familie häufig nicht vorhanden sind und damit kompensiert werden. Indem das Fernsehen Fiktion und Realität verschränkt, bietet es beispielsweise auch Schutz vor dem Einbruch unmittelbarer persönlicher Erfahrung. Je entleerter die Berufs- und Beziehungswelt, desto größer ist auch der Bedarf an Emotionen, das Verlangen nach Nähe und Wärme.

---

[628] Vgl. dazu Wilbert Mutsaers, *Television viewing as a social activity*, in: Renckstorf u.a. (Hg.), *Media use as a social action*, 87-102.

Das Fernsehen kommt diesen Bedürfnissen gerade durch "Daily Soaps" entgegen, indem es einen sinngebenden Lebenszusammenhang darstellt. Indem das Fernsehen vermittelt, dass irgendwie alles in Ordnung ist, löst es die religiöse Beheimatungs- und Orientierungsfunktion perfekt ein. "Alles wird gut" versichert TV-Pfarrer Jürgen Fliege montags bis freitags und gibt das Gefühl der Sicherheit und Ordnung für den Alltag, während die Beheimatung auf das Gefühl der Teilhabe und des Dabeiseins zielt.

Aber noch in anderer Hinsicht zeigt das Fernsehen durchaus religiöse Züge: so versichern die "Fernsehbeichtväter", dass das Medium auch Werte und Normen transportiert. Es stiftet Sinn, erfüllt Sehnsüchte, Wünsche und Träume, es tröstet, hilft und deutet die Welt. Der Theologe Horst Albrecht weist in diesem Zusammenhang darauf hin, wie weit reichend traditionelle religiöse Funktionen bereits in das Ressort des Unterhaltungsfernsehens ausgewandert sind. Öffentliche Beichten, die Suche nach Vermissten, das Stiften von Versöhnung und das Erbitten von Wundern werden von massenwirksamen TV-Sendungen gezeigt, die Elemente des Glaubens "live" inszenieren.[629] So zeigt sich das Fernsehen, so das Fazit Albrechts in seiner Untersuchung *Die Religion der Massenmedien*, einmal mehr in seiner Rolle als Weltendeuter und Sinnagentur, die das Pensum der kirchlichen Religion übernimmt.[630]

Günter Thomas führt diese quasi-religiösen Funktionen, die dem Fernsehen hier zugesprochen werden, auf Funktionen zurück, die ursprünglich vom Ritual erfüllt werden und bestimmt deshalb das Fernsehen als eine dem Ritual analoge Kommunikationsform. Das Fernsehen, so Thomas in seiner Studie *Medien - Ritual - Religion*, ist das zentrale Ritual einer zunehmend säkularisierten Gesellschaft.[631] Das programmförmig organisierte Medium erweist sich dabei als komplexe liturgische Ordnung, der als unendliche Liturgie den Alltag der Menschen begleitet und in ihrer Verlässlichkeit das Bedürfnis nach Kontinuität und lebensweltlicher Vertrautheit stillt. Das ritualisierte Symbolsystem Fernsehen, so Günter, stellt eine implizite Religion dar, die in rituell-liturgischer Ordnung zum Alltagsbegleiter wird.[632] Als Bestandteil des Alltags vermittelt das Fernsehen dabei nicht nur Primärerfahrungen, sondern stiftet eigene Formen der Wirklichkeitserfahrung, die es ebenfalls genauer zu betrachten gilt.

---

[629] Vgl. Albrecht, *Die Religion der Massenmedien*, 76ff.
[630] Vgl. ebd., 98ff.
[631] Günter Thomas, *Medien - Ritual - Religion. Zur religiösen Funktion des Fernsehens*, Frankfurt a. M. (Suhrkamp) 1998, 17.
[632] Vgl. ebd.

3.5.2. Lebenserfahrung - spirituelle Erfahrung - Medienerfahrung

Medienrezeption und -nutzung haben zwei Seiten: einerseits bieten sich hier zahlreiche Möglichkeiten, Wirklichkeit zum Ausdruck zu bringen oder aber auch diese zu erschließen. Andererseits können Medien aber auch in passiver Nutzung dazu verwendet werden, um Lücken im Alltag zu füllen. Dies geschieht etwa, wenn Langeweile als Erfahrungs- und Kommunikationsarmut durch medialen Konsum kompensiert wird, wenn Kinder aufgrund von Zeit- oder natürlichem Lebensraummangel vor den Fernseher "abgestellt" werden oder wenn ganz allgemein das Gefühl der Orientierungslosigkeit durch mediale Unterhaltungs- und Informationsangebote, die vorgeblich Überschaubarkeit anzubieten scheinen, verdrängt wird.

Die Motive für passive Mediennutzung sind vielfältig und nicht sehr einfach zu bestimmen. Nach einer Untersuchung von 1996 zur Mediennutzung als sozialer Handlung ergab eine Umfrage Aufschluss über Aktivitäten, denen neben dem Fernsehen nachgegangen wird:

Aktivitäten während des Fernsehens	Männer	Frauen
Lesen	44,8%	51,2%
Essen/ Getränke holen	83,2%	89,5%
Essen	56,6%	51,4%
Schlafen	35,8%	31,1%
Zur Toilette gehen	83,5%	86,3%
Handarbeiten	4,7%	50,5%
Nach den Kindern schauen	32,0%	46,6%
Haushaltsarbeiten	29,8%	39,8%
Über TV-Programme sprechen	76,7%	81,6%
Über andere Dinge sprechen	72,8%	71,5%

Abbildung 4: Tabelle nach Wilburt Mutsaers: *Television as a social activity.* [633]

---

[633] Vgl. Mutsaers, *Television as a social activity*, in: Renckstorf (Hg.), *Media Use as a Social Action*, 93.

Die Tabelle zeigt, dass scheinbar sehr viele Menschen anderen Aktivitäten nachgehen, während sie fernsehen. Die Zunahme der quantitativen Nutzung des Fernsehens, wie sie Studien seit 1997 und in den letzten Jahren wieder in größeren Schüben nachweisen, ist deshalb nicht automatisch mit einer qualitativ intensiveren Zuwendung zum Fernsehen gleichzusetzen. Die Einschaltquote besagt nichts über das wirkliche Rezipientenverhalten. Denn die Kommunikationssituation, die das Fernsehen bietet, lässt sich räumlich nicht ganz klar von anderen Bereichen der Alltagswelt trennen. Die Besonderheit des Fernsehens besteht eben genau darin, dass man es sowohl gebannt von einem Sessel aus verfolgen kann, aber eben auch in großer Handlungs- und Bewegungsfreiheit nebenbei, während man andere Tätigkeiten verrichtet. Dies unterscheidet das Fernsehen beispielsweise vom Kino, dem schon allein durch seine besondere Räumlichkeit ein bestimmter Sinnbereich zugewiesen wird. Die vom Fernseher angebotene Wahrnehmungsmöglichkeit dagegen ist durch Vielfalt und Abwechslung gekennzeichnet. Der Unterschied der Wahrnehmungssituation zum Beispiel beim Kino und beim Fernsehen hat Konsequenzen für die Intensität der Wahrnehmung, aber auch für die Identifikationsmöglichkeiten der Zuschauer.[634] Die Trennlinie zwischen aktiver und passiver Mediennutzung lässt sich nur schwer bestimmen. Festgestellt werden kann jedoch, dass das Fernsehen heute häufig ein "nebenbei-Medium" ist. Dennoch weist dies auf einen interessanten Aspekt hin: die Bedeutung des Alltagsmedium Fernsehen steigt gerade in seiner Alltäglichkeit, wobei die Rezipienten den Stellenwert des Fernsehens in ihrem Alltag gleichzeitig relativieren, indem sie ihm ihre stetige Aufmerksamkeit entziehen.

In vielen Fällen mag das Motiv passiver Nutzung in einer vitalen Defizitärerfahrung liegen, wie zum Beispiel Einsamkeit oder Langeweile, aber auch ein Mangel an Körper- und Sinneserfahrungen. Die Medien bieten hier zahlreiche Ersatzerfahrungen an. Wie Henning und Steib festhalten: "Mediennutzung spielt sich dann in einem synthetischen Erlebnisraum ab, in einem Cyberspace, in dem für mich gedacht, gefühlt, geträumt und gelebt wird, ohne dass die eigene Person ins Spiel gebracht werden muss."[635]

Dies ist jedoch kein Grund gleich in einen Kulturpessimismus zu verfallen. Die Medien sind nicht alleiniger Verursacher dieser Situation. Nur ein unreflektierter Medienkonsum lässt mögliche Erfahrungspotentiale ungenutzt. Wird aber kommunikativ mit den Medien umgegangen, dann helfen sie Erfahrungen zu reakti-

---

[634] Vgl. dazu Monika Elsner u.a., *Zur Kulturgeschichte der Medien*, in: Merten u.a. (Hg.), *Die Wirklichkeit der Medien*, 163-187, hier 180f.
[635] Henning/ Steib, *Leitfaden Medienarbeit*, 19.

vieren, zu überliefern oder die Wahrnehmung für neue Erfahrungen zu weiten. Sicherlich ist einzuräumen, dass die Erfahrungsfähigkeit insgesamt nicht unbedingt gefördert wird. Die Erlebnisgesellschaft von heute fördert das schnelle Fast-Food-Erlebnis, eine Entwicklung, die sich auch in den Medien abzeichnet. Die Vertiefung von Wahrnehmungs- und Erlebnisfähigkeit kommt dagegen nicht vor. Dies gilt ebenso für religiöse Erfahrung. Fragen wie "Was hat das mit meinem Leben zu tun?" drücken Entfremdung auch hinsichtlich christlichen Glaubens aus. Eine Entfremdung, deren Ursache sicherlich nicht allein in der Säkularisierung der Gesellschaft gesucht werden kann, sondern in der Kirche und da, wo Religion vermittelt wird. Gewiss wirkt sich das schnelle Erleben erschwerend auf die Verkündigung aus. Dieser Realität muss sie sich aber stellen. Dafür bieten sich allerdings auch viele Chancen, denn die Medienkultur spiegelt auch die materielle und seelisch-geistige Verfasstheit der Gesellschaft wider und muss als Indikator für die religiöse Bedürftigkeit wahrgenommen werden.[636]

Erfahrung und Kommunikation sind dabei zwei bedeutende Aspekte, die sowohl der Religion als auch dem medialen Prozess zugrunde liegen.[637] Erfahrung ist zunächst eine notwendige Interaktion des Menschen in der Auseinandersetzung mit seiner Lebenswirklichkeit.[638] Erfahrung basiert neben der Fähigkeit zum Erleben, zur Begegnung, Empfindung und Einfühlung auch auf Wahrnehmung, der hinsichtlich der Medien eine besondere Bedeutung zukommt. Denn zunächst müssen Medien, damit sie wirksam werden, die Vorgaben und Gesetze menschlicher Wahrnehmung berücksichtigen. Dabei ist Wahrnehmung insgesamt nicht leicht zu verstehen oder zu erklären. Sie ist jeweils vom Individuum abhängig, wobei zum Beispiel die innere Einstellung der einzelnen Person eine entscheidende Rolle spielt. Sie ist somit ein aktiver Vorgang des Zusammentragens, Gestalten und Interpretierens von Informationen.[639] Daher kommt in einer gesellschaftlichen Situation, die durch die Massenmedien geprägt ist, dem Wahrnehmungsprozess eine weithin unerkannte Brisanz zu.[640]

---

[636] Vgl. Henning/ Steib, *Leitfaden Medienarbeit*, 47.
[637] Vgl. ebd., 52.
[638] Vgl. ebd., 20.
[639] Vgl. ebd., 22.
[640] Vgl. dazu auch Georg Hilger, *Für eine religionspädagogische Entdeckung der Langsamkeit*, in: ders./ George Reilly (Hg.), *Religionsunterricht im Abseits? Das Spannungsfeld Jugend - Schule - Religion*, München (Kösel) 1993, 261-279. Hilger plädiert angesichts der zunehmenden Schnelligkeits- und Beschleunigungsprozesse, denen die Menschen und v.a. Jugendlichen ausgesetzt sind und die zu einem großen Teil durch die Medien vorgegeben werden, für mehr Langsamkeit und zwar "zugunsten der Wahrnehmungsfähigkeit des Menschen für das, was die schnellen Medien unseren Augen und Sinnen vorenthalten." (267) Er entwirft deshalb ein religionspädagogisches Konzept, dass eine "produktive Verlangsamung" (273) in

Deutlich wird dies auch, wenn man beispielsweise das Fernsehen aus historischer Perspektive und den damit einhergehenden Wandel der Wahrnehmungs-
schemata betrachtet, wie dies Monika Elsner, Hans Ulrich Gumbrecht, Thomas
Müller und Peter M. Spangenberg in einem Beitrag "Zur Kulturgeschichte der
Medien" aufzuzeigen versuchen.[641] Sie weisen auf die Entstehung neuer Strukturen der Wahrnehmung durch das Fernsehen hin, wie beispielsweise das Gefühl
medialen Dabeiseins, das Bewusstsein realer Gleichzeitigkeit medial vermittelter Ereignisse hin zu einer Wahrnehmung mit Wirklichkeitsakzent oder auch
Fernsehwirklichkeit. Da die mediale Konstruktion von Wirklichkeit heute durch
die vielfältigen medialen Möglichkeiten äußerst komplex geworden ist, wird
dies auch weiterhin Folgen für die menschliche Wahrnehmung haben, so das
Fazit des Beitrags.[642]

Wahrnehmung und Erfahrung hängen dabei eng zusammen. Dies wird deutlich
in der Diskussion um die Wirkung der Medien, wo häufig darüber geklagt wird,
dass die zunehmende Visualisierung und Virtualisierung der Lebenswirklichkeit
dazu führe, dass die Menschen zunehmend die Welt aus "zweiter Hand" erfahren, wenn sie diese nur noch über die Medien wahrnehmen. Primäre und authentische Erfahrungen würden dagegen an Bedeutung verlieren. Solche so genannten Sekundärerfahrungen stehen im Verdacht das "wahre" Leben zu verraten.
Dies mag bei einer unreflektierten Wahrnehmung und einem passiven Umgang
mit den Medien zutreffen. Ein unreflektierter Medienkonsum kann durchaus
mögliche Erfahrungspotentiale brachliegen lassen. Allerdings können Medien
auch über die menschliche Wahrnehmung Erfahrungen anregen oder die Wahrnehmung für neue Erfahrungen weiten. Ein Bericht über fremde Länder kann so
beispielsweise durchaus dazu anregen, selbst eine Reise dorthin zu unternehmen
und eigene Erfahrungen zu sammeln. Und betrachtet man die christliche Religion, so stellt man fest, dass diese eine Orientierung anhand sekundärer, nämlich
vermittelter Erfahrungen beinhaltet, wenn sowohl die Bibel wie auch die kirchlichen Traditionen zur Deutung und Bewältigung der Existenz herangezogen
werden. Christliche Tradition und Bibel, aber auch beispielsweise Literatur und
Medien insgesamt können Inneres und Verborgenes zum Ausdruck bringen und
neue Erfahrungen anstoßen. Wenn das Wahrgenommene innerlich aufgenom-

---

den Religionsunterricht integriert. Sein Plädoyer versteht er dabei als "Element einer noch zu
erarbeitenden religionspädagogischen Ästhetik als religionspädagogische Wahrnehmungsleh-
re" (277).
[641] Vgl. Elsner u.a., *Zur Kulturgeschichte der Medien*, in: Merten u.a. (Hg.), *Die Wirklichkeit
der Medien*, 163-187.
[642] Vgl. ebd., 187.

men und verarbeitet wird, indem es die Sehweise, das Gefühl, das Wissen und auch die Handlungsbereitschaft verändert, geschieht Erfahrung. Von Bedeutung ist dabei weniger, ob diese Erfahrungen unmittelbar oder sekundär angestoßen werden, sondern vielmehr, dass sie nicht in einem unbedeutenden Erlebnisstadium verbleiben und unreflektiert gespeichert werden. So kann jede Wahrnehmung, sei es beispielsweise die christlicher Symbolik oder aber eben auch die politischer Informationssendungen, geistige Leere hinterlassen, wenn sie weder innerlich noch zwischenmenschlich zu kommunikativer Auseinandersetzung geführt hat.

Das Zwischenmenschliche ist dabei von großer Bedeutung sowohl für die Religion als auch in Bezug auf medialen Umgang. Religiöses Leben ist ein Beziehungsgeschehen, das personale Begegnung voraussetzt. Der Mensch ist als soziales Wesen auf die Gemeinschaft angewiesen. Deshalb bedarf es einer notwendigen Verbindung von Mensch, Gemeinschaft, Kommunikation und Medien. Auch die menschliche Erfahrungs- und Wahrnehmungsfähigkeit müssen in einen engen Zusammenhang gebracht und auch bei einer Ethik der Medienrezeption vielmehr mitbedacht werden. Wichtig ist dabei weniger eine Unterscheidung in primäre und sekundäre Erfahrungen als vielmehr welche Impulse in welcher Weise ansprechen und welche Bedeutung diese im kommunikativen Geschehen bekommen. Das Wahrnehmen-Können, auch im Sinne von Angesprochen-Sein, ist letztendlich auch Bedingung, das menschliche Beziehungsformen ermöglicht. Angesprochen sein kann man von Menschen, aber auch von medientransportierten Ereignissen, die berühren, Gefühle auslösen und vielleicht jemand verändern. Auch Fragen nach dem Leben und den Sinn können einen ansprechen. Man kann sich aber auch allem verweigern. Dies macht jedoch jegliche Beziehung unmöglich.

Erfahrungen, die über Wahrnehmung angestoßen werden, können auch spirituelle Erfahrungen anstoßen. Sicherlich muss hier auf Unterschiede zwischen göttlicher Offenbarung und Produkten menschlicher Kultur wie auch der Medienkultur verwiesen werden. Karl Barth vertrat die Auffassung, dass es Offenbarung für den Menschen ausschließlich in Jesus Christus geben kann, zu dem nur über die Heilige Schrift Zugang besteht.[643] Barth stellte auch die Voraussetzungen

---

[643] Vgl. z.B. Karl Barth, *Die christliche Dogmatik im Entwurf. Erster Band: Die Lehre vom Worte Gottes. Prolegomena zur christlichen Dogmatik 1927*, hrsg. von Gerhard Sauter, in: *Karl Barth Gesamtausgabe*, hrsg. von Hinrich Stoevesandt im Auftrag der Karl Barth-Stiftung, Zürich (Theologischer Verlag), 68: "Die *Offenbarung* ist Wort Gottes nur durch die Schrift (…)" und weiterhin "*Jesus, der Herr* (…) ist Gott selbst, das ewige Wort, das Gott

des publizistischen Betriebs radikal in Frage[644] und wandte sich, wie beispielsweise in der Auseinandersetzung mit Dibelius in dem Aufsatz "Die Not der evangelischen Kirche" von 1931 deutlich wird, gegen die Synthese von Christentum und Öffentlichkeit.[645] Man muss Barth sicherlich im historischen Kontext sehen und auch nicht seine theologischen Auffassungen uneingeschränkt mittragen, aber unbestritten bleibt, dass Gott sich in Jesus Christus offenbart hat. Schrift und Tradition sind daher theologisch die verlässlichsten Formen, aber nicht die ausschließlichen Formen transzendenten Anspruchs. Es lassen sich auch Spuren im Alltag finden: Auseinandersetzungen mit Grenzerfahrungen, wie zum Beispiel Tod oder mit der Ambivalenz der Wirklichkeit, wie zum Beispiel Liebe und Einsamkeit. In diesen Situationen werden die Menschen spirituell berührt oder angestoßen. Diese spirituellen Erfahrungen finden vielfach statt, aber nicht mehr nur ausschließlich im Raum der Kirche. Auch in der Medienkultur mit neuen Zeichen, Symbolen und Sprachen bietet sich solch ein Erfahrungsraum an.

Auch Bischof Karl Lehmann hat in seiner Neujahrsansprache von 1995 auf den Erfahrungsbegriff zurückgegriffen. Er hält einen Mangel an Gottes- und Lebenserfahrung für einen der Hauptgründe der zahlreichen Kirchenaustritte. Soll der Glaube für die Menschen relevant sein, so muss er auf Erfahrungen aufbauen. Der Glaube muss in einen deutenden Zusammenhang mit menschlichen Lebenserfahrungen gebracht werden. Nicht allein, wie der Glaube vermittelt wird ist von Bedeutung, sondern auch auf welche inneren Erfahrungen der Menschen er trifft. Dazu muss reflektiert werden, welchen Beitrag die Kirche und auch didaktische Maßnahmen in einer modernen Medienkultur leisten können. Gerade

selbst offenbart (…). In der Wirklichkeit dieses Menschen ist die objektive Möglichkeit der Offenbarung gegeben (…)" (343), so dass er folgert: "Zwischen dem Worte Gottes, das dort und damals Fleisch geworden, und dem Worte Gottes, das heute und hier verkündigt und gehört werden soll, steht als Drittes, als Brücke über den Abgrund der Zeit, das Wort Gottes als Heilige Schrift, das uns (…) der Offenbarung teilhaftig, uns mit ihr gleichzeitig macht" (451). Vgl. dazu auch Gerhard Kehnscherper, *Die dialektische Theologie Karl Barths im Lichte der sozial-ethischen Aufgaben der christlichen Kirche*, Aalen (Scientia) 1979, 37-39.
[644] In Karl Barths Artikel "Quousque tandem…?" von 1930 schreibt er von den verheerenden evangelischen Pressezentralen und formuliert sehr deutlich: "Aber nicht *wie*, sondern *dass* die Kirche hier mittut, ist empörend. Wenn sie das tut, wenn sie dazu übergeht und dabei bliebt als eine Marktbude neben anderen (wie es auf der 'Pressa' unseligen Andenkens erschreckend drastisch geschehen ist) sich selbst anzupreisen und auszuposaunen, dann hat sie einfach und glatt aufgehört, Kirche zu sein. " Karl Barth, "Quousque tandem…?", in: *Zwischen den Zeiten* 8 (1930), 5. Barths Vorwurf muss auch als radikale Infragestellung der Arbeit August Hinderers angesehen werden. Damit bildete er aber zugleich auch den Anstoß für eine neue Orientierung im kirchlichen Pressewesen.
[645] Karl Barth, "Die Not der evangelischen Kirche", in: *Zwischen den Zeiten* 9 (1931), 99.

die Medien werden offensiv dazu genutzt, Erfahrungen weiterzugeben ohne allerdings auch automatisch Kommunikation zu bewirken. Eine der Grundintentionen muss es sein, aus der eigenen wie auch der medialen Erfahrung letztendlich zur Kommunikation hinzugelangen.

Die größte Bedeutung liegt dabei in der Verlebendigung der Erfahrung. Denn Erfahrung braucht Kommunikation. Es gilt deshalb hinsichtlich der Medien das Erfahrungspotential nutzbar zu machen und in der Rezeption neue Erfahrungen möglich zu machen. Wenn Menschen lernen, dass Medien nicht nur konsumiert werden können, sondern auch Kommunikationshilfen und Kommunikationsanregung sind, ist ein wichtiges medienethisches und medienpädagogisches Gegengewicht zum konsumorientierten und kommunikationstötenden Medienalltag gesetzt. Eine große Gefahr besteht eben genau darin, wenn Medien lebendige Erfahrung verhindern. Eine enge Verbindung von Kommunikation, Gemeinschaft und Medien ist daher unbedingt notwendig. Wenn die Erfahrung und die Kommunikation letztendlich als wesentliches Moment im Medienprozess ausgemacht werden, so auch deshalb, weil deutlich wird, dass der entscheidende Faktor im medialen Gesamtprozess letztendlich immer der Mensch ist. Er ist nicht nur Ausgangspunkt und Ziel, sondern auch Maßstab. Hier treffen sich Medienethik und Mediendidaktik, auf die im nächsten Kapitel genauer eingegangen werden soll. Da die bisherigen Überlegungen zu Erfahrung und Kommunikation sich weitgehend auf das Fernsehen bezogen haben, muss jedoch zunächst auch nochmals explizit auf das Internet eingegangen werden.

3.5.3. Cyberreligion als simulierte Religion?

Ein religiöser Aspekt des neuen Mediums Internets, das bisher weitgehend unberücksichtigt blieb, soll hier noch ausführlicher behandelt werden. Auch wenn, wie die Darstellung der medienethischen Problemfelder bereits andeutete, in Bezug auf das Internet noch enorme rechtliche Unklarheiten bestehen und die Frage unbeantwortet ist, inwieweit das Internet jenen Medien gleichgesetzt werden kann, die im klassischen Sinn als journalistisch-redaktionelle Strukturen konstituiert werden, kann man sich trotzdem der Frage zuwenden, welche religiösen Aspekte mit diesem Medium einhergehen. Denn in Bezug auf das Internet ergeben sich zahlreiche ethische Fragestellungen, die auch in Zukunft wohl einen großen Teil medienethischer Diskussionen mitbestimmen dürften. Da der medienethische Diskurs den schnellen medialen Entwicklungen häufig hinterherzulaufen scheint, anstatt sie aktiv mitzugestalten, ist es längst an der Zeit - so schwierig dies auch aufgrund rechtlicher und theoretischer Begriffsbestimmungen sein mag - sich dem Internet zuzuwenden. Dies gilt auch für Theologie und Kirche, die durch dieses Medium vor neuen Herausforderungen gestellt sind.

Zwar gab es einzelne Reaktionen, wie beispielsweise die gemeinsame Erklärung der Deutschen Bischofskonferenz und des Rates der Evangelischen Kirche in Deutschland von 1997, doch die Darstellungen sind in Bezug auf das Internet sehr knapp und allgemein gehalten. Insgesamt fehlt eine genaue Auseinandersetzung mit den neuen Medien als solchen. Das Bewusstsein über die Konsequenzen des Einsatzes neuer Medien für die christliche Botschaft selbst scheint im theologischen und kirchlichen Bereich großteils noch nicht reflektiert zu werden. Sicherlich mag das an der eigenen Sichtweise liegen, die auch in der gemeinsamen Erklärung der Deutschen Bischofskonferenz und des Rates der Evangelischen Kirche in Deutschland immer wieder betont wird, nämlich dass die Medien als Mittel zur Kommunikation zu begreifen seien. Dies darf jedoch nicht davor zurückschrecken, sich den Möglichkeiten zuzuwenden, die unter Umständen über die instrumentalursächliche Sicht der Medien hinausgehen. Gerade wenn man die Medien als kommunikative Medien begreift, ist es wichtig auf die Reziprozität des Austausches zu achten und danach zu fragen, wo diese gegebenenfalls unterbunden wird. Denn gelingende menschliche Kommunikation ist Begegnung, Austausch, wechselseitige Mitteilung und hat ihr grundlegendes Kriterium darin, dass sie die Würde des anderen achtet und seine Freiheit fördert. Denn der Mensch ist grundlegend auf wechselseitigen Austausch, auf Information und Kommunikation angewiesen.

Das Internet bietet Möglichkeiten, die heute in vielfältiger Weise bereits von den Kirchen genutzt werden. Es birgt aber auch Gefahren und Risiken, die Konsequenzen für die christliche Botschaft und Kirchen haben können. Eine rein instrumentalisierte Sicht der neuen Medien in der Verkündigung greift zu kurz und kommt einer unreflektierten medialen Vermittlung nahe. Bereits bestehende Tendenzen der "Einbahnkommunikation" können verstärkt werden. Die Medien stehen in der Gefahr, die Menschen zu reinen Konsumenten zu degradieren und so Passivität zu fördern. Gerade der christliche Glaube muss im Sinne Martin Luthers ein lebendiger Gottesglaube sein. Das heißt nicht, dass der Glaube als Ergebnis menschlicher Anstrengung zu verstehen ist, sondern als Geschenk Gottes, der uns im Glauben anspricht und uns im Wort begegnet. Jeder ist Teil der Gemeinschaft der Glaubenden, muss aber selbst seinen eigenen Glauben verantworten. Glaube und Gemeinschaft gehören zusammen. Die Kirche muss hinsichtlich ihrer Verkündigung auch die möglichen Gefahren und Risiken beachten, wenn sie selbst die neuen Medien nutzt.

Das anfangs erwähnte Beispiel der Internet-Sekte "Heaven's Gate" deutete bereits an, dass ein Medium selbst im weitesten Sinne Religion konstituieren kann, indem ein virtueller Raum als Möglichkeit religiöser Erfahrung angesehen wurde. Die Sekte wird als Internet-Sekte bezeichnet, weil sie auf ihrer Internet-Seite verkündete, dass der Komet Hale Bopp das Zeichen für die Ankunft des Raumschiffes von einer übermenschlichen Ebene sei.[646] Kurz vor dem Suizid war auf der Homepage im März 1997 zu lesen:

> "Ob Hale-Bopp einen Begleiter hat oder nicht, ist aus unserer Sicht irrelevant. Sein Erscheinen ist für uns bei 'Heavens Gate' jedoch erfreulicherweise sehr wichtig. Es ist eine große Freude, daß uns unser ältestes Mitglied auf der evolutionären Existenzstufe über die Menschheit klar gemacht hat, daß die Annäherung von Hale-Bopp das 'Zeichen' ist, auf das wir gewartet haben. Es ist die Zeit der Ankunft eines Raumschiffes [...], um uns heimzuholen in, ihre 'Welt', in den wirklichen Himmel. [...] Wir sind glücklich und vorbereitet darauf, diese Welt zu verlassen [...]."[647]

Kometen galten häufig als "böses Omen" oder wurden für Kriege und Katastrophen verantwortlich gemacht.[648] Doch die Sektenanhänger von "Heaven's Gate" sahen keine Katastrophe oder einen Krieg voraus, sondern ihre eigene glückliche Zukunft.

Die Vorstellung von der Erlösung aus dem Elend der realen Welt durch virtuelle Welten und damit einhergehende futuristische Utopien deutet die religiöse Dimension der neuen Medien an. In einem Sammelband mit dem Titel *Cyberethik - Verantwortung in der digital vernetzten Welt* hat sich Reinhold Esterbauer in einem Beitrag mit dem Titel "Gott im Cyberspace?" den religiösen Aspekten des

---

[646] Vgl. Fischinger, *Heavens Gate*, Internetquelle: <http://fischinger.alien.de/Artikel40.html> (29.05.2004), [o.S.].
[647] Die Homepage ist heute nicht mehr abrufbar. Auszüge davon finden sich unter: Fischinger, *Heavens Gate*, Quelle: <http://fischinger.alien.de/Artikel40.html> (29.05.2004), [o.S.].
[648] Vgl. Andreas von Rétyi, *Der Jahrhundertkomet: Hale-Bopp, kosmische Katastrophen und das Geheimnis der Kometen; wie groß ist die Bedrohung aus dem All?*, München (Herbig) 1997, 13f.

digital elektronischen Informationssystems zugewandt.[649] Darin hält er fest, dass der virtuelle Raum ein Erfahrungsraum für Transzendenz bietet, indem die virtuelle Realität die Transformation existentieller Bedingtheit aus der realen Welt in digitale Strukturen ermöglicht und sich diese simulierten Welten als nach dem Bedarf religiöser Sehnsüchte formbar erweisen.[650] Die Simulation ermöglicht es, sich Wünsche zu erfüllen, die in der realen Welt nicht verfügbar sind. Da der virtuelle Raum zeit- und körperlos ist und man Räume überbrücken und verschiedene Identitäten annehmen kann, scheint der ewige Menschheitstraum von der Unsterblichkeit und dem ewigen Leben technisch verwirklichbar zu werden. Doch nicht das Feuerbach'sche Idealbild des Menschen selbst, d.h. ein phantastischer Abglanz unseres eigenen Wesens, wird dabei sozusagen an den Himmel projiziert[651], sondern, wie Esterbauer schreibt, "der einem selbst genehme Gott wird an den Himmel geworfen; sodann wird dieser nicht in den Himmel, sondern in die virtuelle Welt projiziert; und wenn man genau hinblickt, wird nicht bloß gedanklich projiziert, sondern technisch simuliert."[652] Es bleibt jedoch zu fragen, an welche Inhalte eine solche Möglichkeit religiöser Erfahrung gebunden ist. Esterbauer führt dies zu dem Fazit, dass nicht mehr inhaltlich bestimmte Vorstellungen Ausgangspunkt religiöser Erfahrung sind, sondern das Medium selbst. Darin schließt er sich McLuhans "Das Medium ist die Botschaft"[653] an. Was in diesem Zusammenhang für diese Arbeit wichtig erscheint, ist die Feststellung, dass religiöse Sehnsüchte nicht mehr nur in Religionsgemeinschaften ihren Platz finden. Auch muss bedacht werden, welche Konsequenzen diese Möglichkeiten der neuen Medien für die Verkündigung de christlichen Botschaft haben können. Im "World Wide Web", das raum- und körperlos ist, bleibt auch die christliche Botschaft, wenn sie über dieses Medium verkündet wird, letztendlich ohne personale Komponente. Das heißt Personen verschwinden und die Botschaft wird auf reine Information reduziert. Diese Information wiederum zerfällt in einzelne Informationsstücke und verschwindet in den riesigen Informationsmengen. Die christliche Botschaft als bezeugte Rede zerfällt in ein Ru-

---

[649] Reinhold Esterbauer, *Gott im Cyberspace? Zu religiösen Aspekten neuer Medien*, in: Anton Kolb u.a. (Hg.), *Cyberethik. Verantwortung in der digital vernetzten Welt*, Stuttgart u.a. (Kohlhammer) 1998, 115-134.
[650] Vgl. ebd., 117.
[651] Nach Feuerbach gibt es nur die Natur und den Menschen. Gott ist nichts anderes als das Produkt religiöser Phantasien und letztendlich ein Abglanz unseres eigenen Wesens. Vgl. dazu Ludwig Feuerbach, *Das Wesen des Christentums*, in: ders., *Gesammelte Werke*, hrsg. von Werner Schuffenhauer, Berlin 1973, Bd. 5.
[652] Esterbauer, *Gott im Cyberspace?*, in: Kolb u.a. (Hg.), *Cyberethik*, 123.
[653] Marshall McLuhan, *Die magischen Kanäle. "Understanding media"*, Düsseldorf u.a. (Econ) 1968, 13.

diment von Informationsübermittlung. Doch reine Informationsübermittlung ist noch lange keine Kommunikation. Die Reziprozität des Austausches ist hier nicht gegeben.

Diese Feststellung muss jedoch nicht automatisch und soll auch nicht zu einer prinzipiellen Ablehnung des Internets hinsichtlich christlicher Verkündigung führen. Stattdessen wird hier deutlich, dass es sich bei der Kommunikation über das Internet um eine qualitativ andere Kommunikationsform handelt, die mit nichts bisher Gekanntem vergleichbar ist. Die Kommunikation, wie sie über das Internet stattfindet, reduziert sich fast ausschließlich auf Schreiben und Lesen, während andere Sinneswahrnehmungen, wie riechen oder fühlen weitgehend irrelevant sind. Ein Vergleich lässt sich zur Telefonkommunikation ziehen, die viele Vorteile hat, aber letztendlich reale Anwesenheit nicht ersetzen kann. Die Kommunikation über das Internet ist deshalb auch als neue Möglichkeit zu betrachten, die herkömmliche Kommunikationsformen nicht ersetzt, sondern zusätzliche Neuerungen bietet. Man kann sich beispielsweise über geographische und zeitliche Grenzen hinweg mit Gleichgesinnten an "Plätzen" treffen, die man selbst besucht. Man kann mit Fremden und auch mit mehreren KommunikationspartnerInnen gleichzeitig kommunizieren. Die Medizin kann hier als Beispiel für positive Nutzung genannt werden, indem es Ärzten möglich ist, Operationen an menschlichen Organismen vorzunehmen, die tausende von Kilometern vom Chirurgen entfernt sind. Der Vorwurf, dass Menschen, die häufig im Internet surfen, chatten oder Kontakte knüpfen dadurch "reale" Kontakte vernachlässigen und vereinsamen, konnte bisher wissenschaftlich nicht bewiesen werden.[654] Im Gegenteil, Personen, die viele Netzkontakte haben, sind "nicht besonders isoliert, sondern tendenziell eher besonders gesellig"[655]. Das Internet muss deshalb auch als Chance begriffen werden, die christliche Verkündigungsarbeit bereichern kann und zwar vorwiegend dazu, Personen zu erreichen, die der Kirche fern stehen. Dem stimmt auch Jutta Siemann zu, indem sie darauf hinweist, dass gerade der Computer, indem er die Hemmschwelle erniedrigt, religiöse Fragen zu stellen, die ansonsten gesellschaftlich tabuisiert werden, eine Chance bietet, kirchenfernes Klientel zu erreichen und anzusprechen.[656] Diese Möglichkeiten

---

[654] Vgl. dazu die Studie von Nicola Döring, *Isolation und Einsamkeit bei Netznutzern? Öffentliche Diskussion und empirische Daten*. Die Studie, die 1995 am Institut für Psychologie der TU Berlin erstellt wurde, enthält den Ergebnisbericht einer empirischen Untersuchung zum Thema Einsamkeit und Isolation bei Netznutzern und ist abrufbar unter: <ftp://ftp.uni-stuttgart.de/pub/doc/networks/misc/netz_und_einsamkeit> (21.02.2005), [o.S.].
[655] Ebd., darin Kapitel 2.4.7. Ersetzen Netz-Kontakte die "echten" Kontakte? [o.S.].
[656] Vgl. Siemann, *Jugend und Religion im Zeitalter der Globalisierung*, 70.

sollen letztendlich zu weiterer Kommunikation hinführen. Sie sind als zusätzliche Aktivitäten zu begreifen und begrüßen, die keine sinnlich erfahrbare Gemeinde vor Ort und auch nicht auf Zeit ersetzen können oder dies intendieren.

Zusammenfassend kann man hinsichtlich einer "Medienreligion" festhalten, dass die Folgen der medienreligiösen Eigenschaften, die, wie die Betrachtungen ergaben, noch in erster Linie dem Fernsehen zugesprochen werden können, resümierend eine Ambivalenz aufzeigen. Das Medium Fernsehen suggeriert einerseits Überschaubarkeit, stiftet Geborgenheit und vermittelt das Gefühl einer sinngebenden Tradition. Andererseits bewirkt es aber auch eine strukturelle Verunsicherung, denn nichts kann sich der medialen Erfassung entziehen, da alle Lebensbereiche medial vereinnahmt werden. Durch diese Widersprüchlichkeiten zeigen sich Tendenzen, die die Bedeutung einer "Medienreligion" insgesamt relativieren. Durch die rasante Vervielfältigung der Programmangebote und die zunehmende Ausdifferenzierung in Spartenprogramme bietet das Fernsehen nämlich eine unüberschaubare Vielfalt. Alles ist gleichzeitig verfügbar, abrufbar und ohne Verbindlichkeit. Damit hebt sich die Beheimatungstendenz und Orientierungsfunktion auf. Das Medium Fernsehen bringt stattdessen sogar eine besondere Heimatlosigkeit mit sich. So hält Elisabeth Hurt fest:

"Das vermeintliche Medium der Orientierung und Vergewisserung erweist sich als Instrument der neuen Desorientierung. Der einstige Alltagsbegleiter gibt keine Wertorientierung mehr. Zerstreuung ist das Ziel der Unterhaltung, aber auch der Istzustand des Zuschauers als Folge der Tyrannei von Masseninformation und Themenüberfluss."[657]

Mit zunehmender gesellschaftlicher Bedeutung müssen auch die Medien selbst ihre eigenen Grenzen erkennen. Gerade das Fernsehen verlässt seinen Funktionsbereich, wenn es die Funktionen anderer Systeme zu übernehmen und erfüllen versucht. Aber die eigenen Systemgrenzen zu erkennen ist im Verhältnis von Fernsehen und Kirche, Religion und Theologie andererseits schwierig, insofern die Kirchen sich einerseits einem Auftrag verpflichtet fühlen, der über jegliche Grenzen hinausreicht und das Fernsehen andererseits die Tendenz hat, immer wieder Grenzen zu überschreiten. Entgegengesetzte Selbstverständnisse prallen aufeinander. Dies macht eine Auseinandersetzung mit der Thematik Theologie und Medien von vornherein äußerst schwierig. Aufgrund der Bedeutung, die den

---

[657] Hurth, *Zwischen Religion und Unterhaltung*, 12.

Medien mittlerweile in der Gesellschaft zukommt, kann es allerdings nicht reichen aus theologischer Sicht damit verbundene Entwicklungen und Phänomene als Randerscheinung abzutun. Die Folge wäre wohl der Rückzug in ein kirchliches Programmghetto einerseits und religionskritische Sendungen andererseits. Und dies wäre nicht nur bedauerlich, sondern auch eine verpasste Chance für die Theologie. Dazu gehört auch sich mit der religiösen Welt der Medien auseinanderzusetzen und diese einer ethische Reflexion zu unterziehen. Dies soll an einigen konkreten Beispielen im nächsten Kapitel dargestellt werden, nachdem zunächst die Chancen, Risiken und Herausforderungen zusammenfassend nochmals dargestellt werden sollen.

3.6. Zusammenfassung: Chancen, Risiken, Herausforderungen

Versucht man Medien, Religion, Theologie, Kirche und Ethik in einen überschaubaren Zusammenhang zu bringen, so kann man zweierlei festhalten: Nämlich, dass Theologie wie auch Kirche einerseits die Medien aus ethischer Perspektive befragen, andererseits umgekehrt allerdings auch die Medien Kirche und Theologie befragen, indem sie direkt oder indirekt Fragestellungen an sie richten, die als ernstzunehmende Herausforderung seitens theologischer und kirchlicher Arbeit wahrgenommen werden muss. Dazu gehört zunächst auch ein sensibles Wahrnehmen gesellschaftlicher Entwicklungen und Prozesse. Die Gefährdungen, die in den Prozessen der Individualisierung, Säkularisierung und Pluralisierung stecken, sind für Christen offenkundig. Dies lässt sich schon daran feststellen, dass sich zwar viele Menschen zu den geltenden christlichen Wertvorstellungen bekennen, aber nicht bereit sind, das eigene Handeln an den in ihnen enthaltenen Forderungen auszurichten. Gerade eine an vorwiegend materiellen Gütern und individuellen Interessen ausgerichtete Gesellschaft braucht eine Institution, welche die Fragen nach der Humanität, nach dem Wesen des Menschen und den Sinn des Lebens geltend macht. Sie bedarf der Kirche. Die Orientierungskrise der Gesellschaft führt dazu, dass viele Menschen unter einem Sinndefizit leiden und ihre Identität einzubüßen drohen. Hier ist gerade auch geistige Hilfe von Nöten. Das geistige Vakuum, die seelische Leere, die man heute vielfach antrifft - sie enthalten indessen aber auch eine Chance, weil sie Offenheit enthalten. Eine Chance gerade für die Kirchen, für ihre Verkündigung und ihren Dienst. Die Medien sind dabei als zusätzliche Hilfe zu verstehen. Durch die Omnipräsenz der Medien bieten sich hier neue Wege an, die Orientierung und den Halt über diese zu finden. Der Prozess der Mediatisierung bezeichnet diesen Vorgang in zweifacher Hinsicht, indem zum einen die flächendeckende Verbreitung nahezu aller Medien damit charakterisiert ist und zum anderen ebenso deren steigende Relevanz für den Alltag des Einzelnen. Um die Risiken und Herausforderungen, aber auch die Chancen und Möglichkeiten, die die Medien bieten abwägen und nutzen zu können, ist eine wichtige Voraussetzung dazu nicht nur eine bestimmte Form der Wahrnehmung, sondern zunächst auch eine Bereitschaft des Sich-Einlassens.

Das Christentum basiert im Wesentlichen auf Kommunikation. Dies ist eines der Grundbedürfnisse des Menschen. Zur Kommunikation nutzt der Mensch die Medien, die damit zum Hilfsmittel werden, um menschliche Grundbedürfnisse zu erfüllen. Die Medien nutzen daher als Hilfsmittel der Lebensführung des Einzelnen und dienen seiner Zurechtfindung in einer pluralen Welt. Der richtige Umgang mit den Medien wird daher auch zur Kompetenz der eigenen Lebensführung. Thomas Hausmanninger teilt diese Position, indem er vor einem anthropologischen Hintergrund als medienethisches Ziel die "Ermöglichung, Wahrung und Förderung menschlichen Personseins" formuliert.[658]

Zusammengefasst sollen hier nochmals die Tendenzen, die sich gegenwärtig in der Gesellschaft abzeichnen aufgegriffen werden:

Soziale Menschwerdung vollzieht sich in gesellschaftlichen Kontexten. Unsere Gesellschaft ist jedoch gekennzeichnet von verschiedensten Veränderungsprozessen, wie Pluralisierung, Individualisierung und Mediatisierung. Der Prozess der Individualisierung meint nicht allein dem Wort nach eine eigene Begriffsbezeichnung für Freiheit und losgelöste Lebensgestaltung, sondern wie Beck es formuliert, ein Prozess bei dem in verschiedenen Bereichen der Lebenswelt institutionell strukturierende Vorgaben, Normen und Werte wegfallen. Damit lösen sich einzelne Anhaltspunkte, die Orientierung und Halt bieten, auf. Der Einzelne ist herausgefordert, die Lebensgestaltung aus eigener Kraft zu übernehmen und zu gestalten. Es ist jedoch fraglich, ob der Einzelne auch die Kraft dazu hat. Mögen die Meinungen über Prozesse wie Individualisierung oder Mediatisierung verschieden sein, so ist nicht von der Hand zu weisen, dass angesichts der stetigen Vervielfältigung des Medienangebots der Austausch von Meinungen und damit auch die gesamtgesellschaftliche Kommunikation heute nur noch

---

[658] Vgl. Thomas Hausmanninger, *Ansatz, Struktur und Grundnormen der Medienethik*, in: ders./ T. Bohrmann (Hg.), *Mediale Gewalt. Interdisziplinäre und ethische Perspektiven*, München (Fink) 2002, 287-309, hier 304.

ansatzweise stattfindet. Gesamtgesellschaftliche Kommunikation beschränkt sich auf einzelne Gruppen von Menschen, die die Medien ihren eigenen Bedürfnissen und Interessen zufolge nutzen und sie so für ihre eigene Meinungsbildung dienlich machen. Damit zerfällt die gesamtgesellschaftliche Kommunikation in eine Vielfalt einzelner Zielgruppen und verhindert ein gemeinsames Gespräch als gesamtgesellschaftliches Ereignis. Durch die zunehmende Diversifizierung der Medienangebote geht ein Stück gemeinsamer Kommunikation verloren. Es gibt mehr Auswahl und Angebote, aber weniger Gemeinsamkeiten. Damit ist die Desintegration der Gesellschaft vorgezeichnet. Gemäß der Aufgabe, die sich die gemeinsame Erklärung der Deutschen Bischofskonferenz und der Evangelischen Kirche in Deutschland gesetzt hat, nämlich danach zu fragen, wo die Medien die soziale und letztendlich gesellschaftliche Kommunikation gefährden, liegt hierin die größte Herausforderung. Medienkompetenz und Integration sind daher umso dringender erforderlich. Damit sind nicht nur die Medienmacher angesprochen, sondern auch die Mediennutzer, die verantwortlich dafür sind, welche Medienangebote sich letztendlich in der Gesellschaft durchsetzen. Die Kommunikation muss dabei die Zielvorstellung sein, denn wenn Menschen im Bildungsprozess lernen, dass Medien nicht nur konsumiert werden können, sondern Kommunikationshilfen und Kommunikationsanlässe sein können, ist damit ein Gegengewicht zu den konsumorientierten und kommunikationstötenden Tendenzen des Alltags gesetzt. Der entscheidende Faktor im medialen Prozess ist und bleibt der Mensch. Er ist nicht nur Ausgangspunkt, sondern auch Ziel und Maßstab. Alles Handeln und damit auch mediales Handeln muss sich am Grad der Menschendienlichkeit messen lassen. Damit ist ein medienethisches Bildungsziel formuliert. Das Ziel der Medienethik ist der kommunikative Mensch in seiner Kompetenz. Dadurch wird er zum gleichberechtigten Kommunikationspartner des Mediengeschehens selbst. Der Verantwortungswahrnehmung kommt dabei eine entscheidende Rolle zu. Als aktiver Medienteilnehmer ist man in die Verantwortung gestellt, sich um mediales Wissen zu bemühen, das nach den strukturellen Voraussetzungen und Arbeitsweisen aller medialen Vermittlung fragt, das Schwachstellen wahrnimmt und auch eigenes Fehlverhalten aufdeckt. Dazu erforderlich ist eine Medienkompetenz, die Medieneinflüsse erkennt und aufarbeitet, Medienbotschaften versteht und bewertet, Medienangebote zielgerecht auswählt und zweckgerichtet nutzt, eigenes Gestalten und Verbreiten von Medien ermöglicht, sowie verschiedene Medien analysieren kann und ihren gesellschaftlichen Einfluss erkennt. Der Rezipient als aktiver Medienteilnehmer ist dabei die entscheidende Instanz und letztlich für die eigene Mediennutzung verantwortlich - ausgenommen natürlich Kinder und Jugendliche, die noch nicht als voll selbstverantwortlich hingenommen werden können, genauso wie Personen mit Behinderungen oder Einschränkungen oder aber auch Personen, die den Umgang mit Medien nicht erlernt haben und diese Kompetenz erst erwerben müssen. Wie sich dies konkret umsetzen lässt, vor allem unter dem Anspruch protestantischen Glaubens, wird im folgenden Kapitel thematisiert.

Nach den bisherigen Darstellungen können jedoch zusammengefasst einige allgemeine Grundsätze in der medienethischen Auseinandersetzung mit den modernen Kommunikations- und Informationsmedien formuliert werden:

- Die Macht der Medien muss relativiert werden. Die christlich-theologische Perspektive der Entmächtigung von menschlichen Allmachtsphantasien und die Wahrung der notwendigen Differenz zwischen Gott und Mensch können helfen, einerseits die menschliche Würde zu bewahren und andererseits in Zusammenarbeit im gesellschaftlichen Kontext wichtige Anregungen zur Wahrung lebenswichtiger Bedingungen beizutragen.

- Den Unterschied der lebensweltlichen und technologischen Kommunikation zu wahren, heißt zu erkennen, dass brisante Probleme zunächst Probleme der alltäglichen menschlichen Lebenswelt sind und nicht primär der Medien. Antisemitische und rechtsradikale Parolen, die über das Internet verbreitet werden, sind zunächst ein Problem, das in der alltagsweltlichen Kommunikation gelöst werden muss und nicht primär ein Problem des Internets.

- Da die Internet-Kommunikation allerdings auch Einfluss auf die alltägliche lebensweltliche Kommunikation nimmt, müssen rechtsstaatliche Standards unserer Gesellschaft im Internet wirksam durchgesetzt werden. Auch wenn sich dabei global betrachtet zahlreiche Probleme ergeben, muss dennoch alles Mögliche unternommen werden. Bessere Qualifikationen seitlich staatlicher Organe sind hier dringend von Nöten.

Die Konsequenzen, die sich aus diesen ethischen Forderungen ergeben, seien hier zusammengefasst:

Medienethik aus theologischer Perspektive erweist sich als Diskurs menschlicher Lebensprobleme, das heißt menschliche Grundbefindlichkeiten zu thematisieren und mediale Erfahrungen kritisch zu reflektieren. Die grundlegende Ziel-adresse einer jeglichen Medienethik aus theologischer Perspektive bleibt dabei der Mensch und die Gemeinschaft. Die Medien sind deshalb daran zu messen, ob sie in sinnvoller Weise zu einer verantwortlichen Gestaltung unserer Gesell-schaft und der Weltgesellschaft insgesamt beitragen. Der Schutz der Menschen-würde, der Persönlichkeitsrechte, der Intimsphäre und der Wahlfreiheit müssen gewahrt bleiben. Beim Einschätzen und Abwägen der Folgen ist darauf zu ach-ten, inwieweit die Medien die Kommunikation der Menschen einschränken oder gar unterbinden. Eine zukunftsorientierte Verantwortung muss die Folgen des Handelns gleichsam vorausschauend mit bedenken und den möglicherweise schädlichen Wirkungen vorbeugend entgegenwirken. Für das zukünftige Gelin-gen unserer Gesellschaft muss den Medienrezipienten die Möglichkeit der Parti-zipation am Mediengeschehen gewährleistet werden. Der Zugang zu Medien wie auch die Möglichkeit den Umgang mit diesen zu erlernen, muss sicherge-stellt werden. Chancengleichheit muss gefördert werden, um Diskriminierungen und soziale Chancenungleichheit zu vermeiden und eine möglichst breite Mei-nungsbildung zu fördern. Sorgfältig zu prüfen sind Motive und Inhalte, unter denen sich Kommunikation via Medien vollzieht. Die Würde des Menschen muss dabei immer als Maßstab dienen. Aber auch Wahrheitsstreben und Zuverlässigkeit, sowie kritische Haltung und Sensibilität für Chancenun-gleichheit und Diskriminierungen sind als Grundhaltungen zu fördern. Insgesamt muss gewährleistet werden, dass sich personale und mediale Kommunikation gegenseitig durchdringen, denn die Beziehung zu anderen Menschen als Gemeinschaft in der wirklichen Welt kann durch nichts ersetzt werden. Dies gilt nicht nur, aber vor allem für die Beziehung zu anderen Gläubigen als Gemeinschaft und der religiösen Erfahrung. Staatliche Gesetze können und sollen bei Grenzüberschreitungen wirksam eingreifen. Sie sind jedoch ungeeignet dafür, gesellschaftliche Wandlungen zu steuern. Bis das Gesetz eingreift, sind andere Institutionen gefordert: Es muss den Rezipienten gezeigt werden, was es bedeuten kann, sich zurückziehen und ein Rückzugsrefugium zu haben, damit eine eventuelle Aufgabe dieser Möglichkeit zumindest im Bewusstsein der Folgen geschieht. Das Stichwort der Zukunft muss lauten: Erziehung zur Medienkompetenz, also Lernen mit der Vielfalt und den Folgen heutiger Medien umzugehen.

4. VON DER MEDIENKRITK ZUR MEDIENKOMPE-TENZ: MEDIENETHISCHE ORIENTIERUNG UNTER DEM ANSPRUCH PROTESTANTISCHEN GLAUBENS

"Mit der Erweiterung der Freiheitsräume und Gestaltungsmöglichkeiten steigt zugleich die Anforderung zum verantwortlichen Gebrauch der Freiheit. Die rasche Veränderung der Medien stellt eine enorme Erweiterung der Spielräume für menschliches Handeln dar. Sie eröffnet deshalb auch bisher unbekannte Möglichkeiten des Missbrauchs und radikalisiert so das Verantwortungsproblem."[659]

Diese medienethischen Überlegungen der gemeinsamen Erklärung der Deutschen Bischofskonferenz und der Evangelischen Kirche in Deutschland zu den Chancen, aber auch Risiken der Medien, greift auch Johanna Haberer in einem Artikel auf, wenn sie fordert, dass die Medien, sowohl in gedruckter als auch in elektronischer Form "eine ethische Einordnung (…) zwischen Freiheit und Verantwortung"[660] brauchen. Dem Begriff der Verantwortung kommt folglich in der medienethischen Auseinandersetzung eine besondere Bedeutung zu. Darauf wurde in dieser Arbeit bereits im theoretischen Teil aus theologischer Perspektive eingegangen.[661] Hinsichtlich der Frage, wie die bisherigen medienethischen Überlegungen noch vertieft werden können, indem man sich auch einer praktischen Umsetzung und einem Handlungskonzept zuwendet, muss der Begriff der Verantwortung nochmals aufgegriffen werden.

Verantwortung bezeichnet ganz allgemein die Tatsache, dass eine Handlung und ihre Folgen einer handelnden Person zugeschrieben, diese Person für ihr Handeln - zumindest bis zu einem gewissen Grad - verantwortlich gemacht und zur Rechenschaft gezogen werden kann.[662] Bezieht man den Begriff der Verantwor-

---

[659] Evangelische Kirche in Deutschland/ Deutsche Bischofskonferenz, *Chancen und Risiken der Mediengesellschaft*, 53.

[660] Johanna Haberer, "Medienethik", in: *RGG* 5:959.

[661] Vgl. Kapitel 2.2.4., 170ff. und 2.2.5., 182ff.

[662] Vgl. Bernhard Debatin, *Verantwortung im Medienhandeln. Medienethische und handlungstheoretische Überlegungen zum Verhältnis von Freiheit und Verantwortung in der Massenkommunikation*, in: Wolfgang Wunden (Hg.), *Freiheit und Medien. Beiträge zur Medienethik. Band 4*, Frankfurt a. M. (Gemeinschaftswerk der Evangelischen Publizistik) 1998, 113-130, hier 114. Ausgenommen sind natürlich Kinder und Jugendliche, die noch nicht als voll selbstverantwortlich hingenommen werden können, genauso wie Personen mit Behinderungen oder Einschränkungen oder aber auch Personen, die den Umgang mit Medien nicht erlernt haben.

tung auf die Medienkommunikation, so bedeutet dies zunächst, dass Handlungen im Kontext der Medien ebenso verantwortet werden müssen wie Handlungen in anderen Kontexten. Das heißt, dass im medialen Prozess alle an ihm Partizipierenden und von ihm Betroffenen Verantwortung tragen. Dies betrifft folglich neben den "Medienmachern" ebenso die allgemeine Öffentlichkeit, bzw. das Publikum.

Dieser Überlegung folgt auch der Medienethiker Bernhard Debatin, wenn er alle Personen und Gruppen, die im Medienhandeln verantwortlich zu machen sind, in insgesamt drei Gruppen unterteilt: Dazu zählt er erstens die Medienschaffenden, wie Journalisten, Redakteure, Autoren, Korrespondenten, etc., zweitens die öffentlich-rechtlichen und privaten Besitzer und Betreiber von Massenmedien und drittens die Mediennutzenden.[663]

Dass die Mediennutzenden in ethische Überlegungen einbezogen werden, ist laut Rüdiger Funiok "weniger üblich"[664]. Wie Funiok in diesem Kontext weiter ausführt, braucht eine Medienethik jedoch auch, wenn sie nicht wirkungslos bleiben will, neben einer unternehmensethischen und medienpolitischen Seite, eine innere Steuerungsressource, die nicht "als Zwangsmittel von außen (das bleibt dem Recht vorbehalten) [funktioniert; Anm. d. A.], sondern als ein Moment der Selbstverpflichtung der beteiligten Akteure".[665]

Wichtig erscheinen hier zwei Gedanken: Erstens, dass auch die Mediennutzenden als Medienteilnehmer Mitverantwortung tragen - auch wenn auf ihnen sicherlich nicht die Hauptverantwortung lastet -, und zweitens, dass verantwortliches medienethisches Handeln auch die Bereitschaft der Selbstverpflichtung erfordert und zwar ebenfalls nicht nur derjenigen, die die Medien "machen", wie beispielsweise Produzenten, Journalisten oder Redakteure, sondern ebenso der Konsumenten und Rezipienten. So hält auch Wolfgang Wunden fest, dass in der Gestaltung und im Umgang mit den Medien für unsere gegenwärtige und zu-

---

[663] Vgl. Debatin, *Verantwortung im Medienhandeln*, in: Wunden (Hg.), *Freiheit in den Medien*, 121-125.
[664] Rüdiger Funiok, *Grundfragen einer Publikumsethik*, in: ders. (Hg.), *Grundfragen der Kommunikationsethik*, 107. Auch Matthias Rath hält fest: "Die (…) Gruppe, die allzu oft vergessen wird, sind die *Rezipienten*." Matthias Rath, *Kann denn empirische Forschung Sünde sein? Zum Empiriebedarf der angewandten Ethik*, in: ders. (Hg.), *Medienethik und Medienwirkungsforschung*, Wiesbaden (Westdeutscher Verlag) 2000, 72.
[665] Rüdiger Funiok, *Und am Ende die Moral? Verantwortliche Programmplanung und autonome Mediennutzung sind mehr als schöne Ziele*, Quelle: <http://www.mediageneration. net/buch/mum/mum12.pdf> (09.03.2005), 6.

künftige Gesellschaft "auch das Medienpublikum (…) Verantwortung"[666] trägt. Seine daran anschließende Forderung nach einer Publikumsethik folgt dem Ansatz, wie er in der vorliegenden Arbeit im theoretischen Teil einer anthropologischen Medienethik entwickelt wurde und hier an exemplarischen Beispielen, vor allem hinsichtlich der Thematik Religion und Medien, weiter ausgeführt werden soll.

Ein publikumsethischer Ansatz versucht der Vorstellung von "den Medien" als etwas Abstraktem, über das wir keine Kontrolle haben, entgegenzuwirken und stattdessen die Möglichkeiten des Publikums aufzuzeigen, die es gegenüber den Medien besitzt. Sicherlich kann man dabei nicht außer Acht lassen, dass ein publikumsethischer Ansatz nur einen Teilbereich innerhalb der komplexen Struktur allgemeiner medienethischer Überlegungen abdecken kann. Häufig werden solche publikums- und rezipientenorientierte Reflexionen deshalb auch in Frage gestellt oder sogar völlig ignoriert.[667] Dies ist vor allem deshalb erstaunlich, da das Publikum, bzw. die Rezipienten die Gruppe darstellt, an die alle mediale Kommunikation letztendlich adressiert ist.

Alle bisherigen theologisch-anthropologischen Überlegungen zu einer Medienethik haben dazu geführt, das Augenmerk auf den Mediennutzer - und zwar im Sinne eines aktiven Medienteilnehmers - zu richten. Mediennutzung ist als aktives Handeln zu qualifizieren und da jedes Handeln verantwortet werden muss, liegt auch hier eine Verantwortlichkeit der Rezipienten vor. Wie diese Verantwortlichkeit, und zwar nicht nur auf theoretischer Ebene, sondern auch praktisch eingefordert werden kann, ist in diesem Kapitel deshalb genauer zu untersuchen.

Dabei kommt vor allem der Pädagogik, und zwar sowohl der Medien- als auch der Religionspädagogik, eine entscheidende Aufgabe zu. Die Religionspädago-

---

[666] Vgl. Wolfgang Wunden, *Auch das Publikum trägt Verantwortung*, in: Funiok, *Grundfragen der Kommunikationsethik*, 123-132, hier 123.

[667] Eike Bohlken beispielsweise stellt eine publikumsorientierte Medienethik generell in Frage: "Eine Rezipientenethik bildet zwar unbestreitbar einen Teilbereich der Medienethik, vermag allenfalls einen kleinen Beitrag zu deren Begründung zu leisten und bildet daher nicht den richtigen Ansatzpunkt (…). Besondere Verantwortlichkeiten entstehen weniger auf Seiten der Mediennutzer als vielmehr auf Seiten der Medienmacher." So Eike Bohlken, *Medienethik als Verantwortungsethik. Zwischen Macherverantwortung und Nutzerkompetenz*, in: Debatin/ Funiok (Hg.), *Kommunikations- und Medienethik*, 35-49, hier 42. Bohlken geht jedoch von einem Rezipientenverständnis aus, dass den Rezipienten im Wesentlichen auf die Empfängerrolle medialer Inhalte reduziert, dessen aktive Rolle höchstens darin besteht aus dem Medienangebot auszuwählen.

gik ist hier nicht nur hinsichtlich der Handhabung von Religion in den Medien gefordert, sondern auch, weil sowohl ethisches Lernen als auch der Umgang mit Medien aller Art von hoher praktischer und theoretischer Relevanz für religiöse Lernkonzepte sind. Ein wichtiges Ziel muss dabei nicht nur die Bildung und Förderung eines kritischen Bewusstseins sein, dass die Gefahren und Risiken erkennt, sondern auch eine Kompetenz im Umgang mit den Medien, die die Möglichkeiten des Individuums als aktiver Medienteilnehmer deutlich macht. Diesem Schritt von einer Medienkritik zur Medienkompetenz soll in diesem Kapitel nachgegangen werden. Dazu werden zunächst einige ausgewählte Beispiele vor allem hinsichtlich der Religion in den Medien genauer analysiert, um im Anschluss die drei Bereiche Information, Unterhaltung und Bildung in und durch die Medien zu behandeln und am Ende ein rezipientenorientiertes Handlungskonzept zu entwerfen.

Anzumerken ist an dieser Stelle, dass das eine oder andere in dieser Arbeit bereits angedeutet worden ist, aber einige Entwicklungen nochmals aufgegriffen werden müssen, da sie besonderes Augenmerk verdienen. Des Weiteren ist hier auch darauf zu verweisen, dass viele Aspekte zu den Medien und ihre Bedeutung für das Individuum unberücksichtigt bleiben müssen. Da diese Arbeit sich mit Medienethik aus theologischer Perspektive auseinandersetzt, werden hauptsächlich religiöse Aspekte im Zusammenhang mit den Medien thematisiert.

4.1. Protestantischer Glaube zwischen Selbst- und Fremddarstellung: explizite und implizite Religion in den Medien

Auf der Suche nach religiösen Spuren in der Medienwelt muss man zunächst grundsätzlich zwischen religiöser Selbst- und Fremddarstellungen, oder aber auch, wie Jörg Herrmann, zwischen expliziter und impliziter Religion unterscheiden.[668] D.h. es gilt zu differenzieren zwischen medialen Darstellungen, in denen religiöse Traditionen von entsprechenden Institutionen und Personen sichtbar aufgegriffen und explizit verarbeitet werden, und medialen Darstellungen, die bestimmte Sinnstrukturen enthalten, die erst aus der theologischen Perspektive heraus deutlich und entsprechend als implizite Religion interpretiert werden können. So kann man beispielsweise der Tagesschau, mit ihrer seit Jahrzehnten ungebrochenen Tradition der täglichen Unterbrechung des Alltags zur gleichen Zeit, einen Ritus entnehmen, der Ähnlichkeiten zu religiös-liturgischen

---

[668] Vgl. Jörg Herrmann, *Sinnmaschine Kino. Sinndeutung und Religion im populären Film*, Gütersloh (Chr. Kaiser) 2001, 12.

Funktionen aufweist.[669] Als implizit religiös können auch viele Werbungen betrachtet werden, indem sie, wie Andreas Mertin schreibt, dem "Sünder" zunächst seine "Sündhaftigkeit" vor Augen führen, um ihm dann den Weg zur Erlösung mit einem bestimmten Heilmittel zu weisen.[670]

Scheint es noch relativ einfach explizite Religion in den Medien in Form von Selbstrepräsentation der Kirchen und Religionen zu erkennen, zu analysieren und zu beurteilen, wird die Auseinandersetzung erheblich schwieriger, wenn man sich den Fremddarstellungen, der impliziten Religion in den Medien und vor allem der Wahrnehmung all dieser Darstellungen seitens der Rezipienten zuwendet. Gerade in der medienethischen Auseinandersetzung mit Religion und Medien kommt der Frage, wie diese Darstellungen von Religion in den Medien von den Zuschauern wahrgenommen werden, besondere Bedeutung zu. Da wir in einer durch und durch von Medien geprägten Gesellschaft leben, ist gerade die Fähigkeit zum Erkennen und Beurteilen der medialen Wirkung von Religion, die gleichsam von außen - nicht nur im Sinne von außerhalb institutionalisierter Religion liegend, sondern auch im Sinne von oberflächlich oder unterschwellig - an die Menschen herangetragen wird, bedeutsam. Es stellt sich beispielsweise die Frage, ob und inwieweit gerade die zahlreichen implizit religiösen Darstellungen, wie in Unterhaltungsserien oder "Daily Soaps", von den Zuschauern auch unter dem Aspekt der Religion wahrgenommen und gedeutet werden.

Die Auseinandersetzung mit Formen impliziter Religion in den Medien ist insgesamt erst seit wenigen Jahren Gegenstand theologischer und medienpädagogischer Betrachtungen.[671] Gerade für die Religionspädagogik dürfte dieses Themenfeld von größtem Interesse sein, da man sich hier der Frage zuwenden muss, wo vor allem Kinder und Jugendliche in ihrer Alltagswelt am ehesten mit Erzählungen, Motiven und Symbolen der christlich-religiösen Überlieferungen konfrontiert sind. Vor allem, wenn Grundschullehrer immer häufiger die Erfahrung machen müssen, dass Kinder die Geschichte von Moses nicht aus der Bibel, sondern aus dem Walt-Disney-Film "Der Prinz aus Ägypten" kennen, ohne die Unterschiede in der Erzählung zum Buch Exodus ausmachen zu können.[672]

---

[669] Vgl. dazu Kapitel 3.5.1. in dieser Arbeit, 262ff.

[670] Vgl. Andreas Mertin, "Religion nimmt Gestalt an - ästhetisch, popkulturell, szenisch", Vortrag gehalten auf der Bildungsmesse Hannover 2000, Quelle: <http://www.amertin.de/aufsatz/gestalt.htm#Anchor-Medienumgan-26619> (05.04.2005), [o.S.].

[671] Vgl. z.B. Günter Thomas, *Medien - Ritual - Religion*; Wilhelm Gräb, *Sinn fürs Unendliche*; Hans-Martin Gutmann, *Der Herr der Heerscharen*.

[672] Vgl. Gräb, *Sinn fürs Unendliche*, 213.

Von den neueren Medien beziehen sich vor allem Fernsehen und Film in eklektizistischer Weise auf symbolisches Material der jüdisch-christlichen Tradition. Das Christentum ist hier als Deutungskultur, die sich mit existentiellen menschlichen Konflikten und Erfahrungen auseinandersetzt, nach wie vor präsent. Die Erzählungen, Motive und Symbole des Christentums, die alle ihre Quelle in der Bibel haben, begegnen in der Mediengesellschaft in abgewandelter, aber in den Grundzügen meist wieder erkennbarer Form. Da vor allem Medien wie Film und Fernsehen allerdings Wissen, Unterhaltung und Erleben informationell nicht trennen, erscheinen christliche Themen und kirchliche Stoffe häufig stark verfremdet oder teilweise auch völlig aus dem Kontext herausgerissen. Eine spezifisch christliche Denkweise steht dabei meist nicht im Zentrum der Handlungen, sondern diese wird in einen größeren Kontext eingearbeitet und nimmt häufig eher eine Nebenrolle ein. Der These Hans-Martin Gutmanns, der die Resonanz populärer Kultur gerade auf die Aneignung jüdisch-christlicher Symbolik zurückführt[673], muss an dieser Stelle deshalb deutlich widersprochen werden. Vielmehr scheint es eher so zu sein, dass Kirche und religiöse Thematiken, wenn sie sich nicht direkt erkennbar im "zuschauerfreundlichen" Unterhaltungsformat zeigen, vielmehr Aufmerksamkeit erreichen. Diese Auffassung vertritt auch Horst Albrecht, wenn er schreibt: "Offenbar wird das Interesse an Religion auch im Fernsehen um so geringer, je deutlicher sich hier die Institution Kirche zu erkennen gibt, und je deutlicher diese Kirche im Fernsehen ihren eigenen Interessen folgt."[674] Die Folge ist, dass Kirche und Religion zwar nach wie vor Bestandteil der Medien sind, allerdings als Themen in das Sende- und Unterhaltungsprogramm nach Belieben eingearbeitet werden. Auf dem konkurrierenden Medienmarkt um mediale Aufmerksamkeit sind auch Themen wie Religion, Kirche und Theologie längst als Weg entdeckt worden, um größere Zielgruppen anzusprechen. Auf welche Weise dies allerdings geschieht, das können und müssen Kirche und Theologie aktiv mitbestimmen.

Dass bei kirchlichen Fernsehmachern inzwischen eine gewisse Bereitschaft besteht, sich auch auf neue mediale Bereiche einzulassen, bestätigt Heiner Michel, Leiter der Redaktion "Kirche und Leben evangelisch" im ZDF, hält andererseits

---

[673] Vgl. Gutmann, *Der Herr der Heerscharen*, 28: "Ohne den ständigen Bezug auf die symbolische Ordnung, wie sie in der Kirche und in den von der Kirche überlieferten und hier gelebten Erzähltraditionen, sozialen Lebensformen und Ritualen ihre Gestalt gefunden haben, wären die Kreationen, Performances, die Manifestationen der populären Kultur nicht lebensfähig." Und weiter: "(…) lässt sich zeigen, dass die Werke, die Begehungen, die Situationen der populären Kultur offenbar nur 'funktionieren', wenn sie Symbole und Rituale in Anspruch nehmen, die der Religion entstammen" (41).
[674] Albrecht, *Die Religion der Massenmedien*, 94.

jedoch auch gleichzeitig fest, dass eine gewisse Unsicherheit in dieser Hinsicht vorherrscht:

"(…) die Frage, ob es denn rechtens und gut sei, die Zuschauer bei ihren Träumen und Sehnsüchten zu packen und festzuhalten, ist bisher nicht beantwortet. Es fehlt für unsere Arbeit nicht nur eine Theologie, sondern auch eine Ethik der audiovisuellen Medien."[675]

Was Heiner Michel hier andeutet ist, dass eine Auseinandersetzung mit den Medien und der Religion in den Medien, die längst auch unabhängig von Kirche und Theologie Bestandteil der Medien ist, mehr von Kirche und Theologie erfordert, als Überlegungen zur Nutzung der Medien im eigenen Interesse. Eine medienethische Reflexion hinsichtlich der eigenen Nutzung ist ebenso unerlässlich, wie die medienethische Auseinandersetzung mit religiösen Erscheinungsformen des medialen Gesamtprozesses unter Einbeziehung der Rezipienten.

Um von der Medienkritik zur Medienkompetenz zu gelangen, sollen deshalb im Folgenden zunächst drei ausgewählte Beispiele expliziter und impliziter Religion in den Medien Internet, Fernsehen und Kino vorgestellt und unter dem medienethischen Aspekt genauer betrachtet werden.

4.1.1. "Cyberchurch" - Gottesdienst via Internet

Seit etwa 1995 sind sowohl der Vatikan als auch die evangelischen Kirchen im Internet vertreten. Das Angebot ist vielfältig und erstreckt sich von digitalen Bibelausgaben[676] und Serviceleistungen für Pfarrerinnen und Pfarrer[677], über Online-Bibelkreise[678], Online-Magazine bis hin zu Diskussionsforen oder so genann-

---

[675] Heiner Michel, "Das Audiovisuelle - theologisch: terra incognita", in: *Handbuch der Praktischen Theologie. Band 4. Praxisfeld: Gesellschaft und Öffentlichkeit*, hrsg. von Peter Constantin Bloth u.a., Gütersloh (Gütersloher Verlagshaus) 1987, 142-149, hier 147.

[676] Unter den zahlreichen Bibelausgaben ist hier vor allem auf das Projekt "Gutenberg Digital" der Universität Göttingen zu verweisen, die im Jahre 2000 die gesamte Gutenbergbibel mit 1282 Pergamentseiten digitalisiert ins Internet stellte. Diese kann seither weltweit unter: <http://www.gutenbergdigital.de> abgerufen werden.

[677] Vgl. z.B. die Serviceseite unter: <http://www.pfarrer-pc.de/service/predigt.html>.

[678] Einen Online-Bibelkreis bietet z.B. die bayrische Landeskirche im Internet unter: <http://www.bayern-evangelisch.de/glaube/bibelkr.htm> an. Entstanden ist dieser Bibelkreis 1996 aus der E-Mail-Bearbeitung der ersten bayrischen Online-Pfarrerin Melanie Graffam-Minkus. Der Bibelkreis arbeitet nach dem Prinzip einer Mailingliste, d.h. man kann daran teilnehmen, wenn man sich vorher per E-Mail angemeldet hat.

ten "Chatrooms"[679]. Darüber hinaus haben sich auch die ersten "Cyberchurches" gebildet, d.h. christliche Kirchen oder Kirchengemeinden, die ausschließlich im Internet existieren. Die Bezeichnung "Cyberchurch" führten einige Autoren, wie der evangelische Theologe Hans Norbert Janowski, Ende der neunziger Jahre ein, als sie im Zuge der allgemeinen Euphorie hinsichtlich des neuen Mediums Internet, das in der Computergeneration populär gewordene Präfix "Cyber" (vgl. z.B. "Cyberspace", "Cyberpunk" etc.) entsprechend auf die kirchliche Arbeit im und mit dem Internet übertrugen.[680]

In der euphorischen Stimmung angesichts der zahlreichen Möglichkeiten des neuen Mediums Internet, prophezeite man auch gleich den Untergang der Ortsgemeinde und schrieb allein der Form der virtuellen "Cyberchurches" Zukunft zu. So hielt Hans Norbert Janowski in einem Vorwort zu dem Buch *Cyberchurch? Kirche im Internet* von 1998 fest:

> "Es scheint sogar der Tag nicht fern, an dem Menschen bevorzugt einer virtuellen Kirche angehören und nicht mehr unmittelbar am Leben einer Ortsgemeinde teilnehmen werden."[681]

Sieben Jahre später kann man angesichts dieser visionären Vorstellung die grundsätzliche Frage stellen, ob sich im Laufe der Entwicklung und Verbreitung des Internets virtuelle Gemeinden herausgebildet haben und ob man diese als christliche Gemeinden bezeichnen kann. Dazu gilt es einen genaueren Blick auf die "Cyberchurches" im Netz zu werfen.

Begibt man sich im Internet auf die Suche nach Angeboten, die sich als "Cyberchurch" ausweisen, so wird man sehr schnell fündig. So ließen sich beispielsweise im April 2005 mit Hilfe der Suchmaschine "google" 7.260 Einträge zum Stichwort "Cyberchurch" ausfindig machen. Darunter zum Beispiel die *First Church of Cyberspace* (Quelle: <http://www.godweb.org/>). Klickt man die Seite an, so zeichnet sich diese jedoch - so wie auch die meisten anderen Angebote - dadurch aus, dass es sich um eine Plattform handelt, die allem Anschein nach lediglich von einer einzelnen Person oder höchstens einer kleinen Gruppe von

---

[679] Vgl. ausführlich z.B. die Angebote und Links der EKD unter: <http://www.ekd.de>.
[680] "Gleichsam als Gegenbewegung zur hybriden 'Cyberreligion' bilden sich die ersten Cyberchurches, virtuelle christliche Gemeinden, die es nur im Internet gibt (…)." So Hans Norbert Janowski in seinem Vorwort in: Wolfgang Nethöfel/ Matthias Schnell (Hg.), *Cyberchurch? Kirche im Internet*, hrsg. vom Gemeinschaftswerk der Ev. Publizistik, Frankfurt a. M. 1998, 8.
[681] Ebd., 8.

Menschen betrieben wird, die eigene Texte und Meinungen veröffentlichen. Eine Interaktion der Nutzer dieser Seite ist nicht zu erkennen.

Auch andere Angebote, die sich selbst als "Cyberchurch" ausweisen, bestehen häufig nur aus einer einzigen Seite (z.b. *First International Church of the Web*; Quelle: <http://ficotw.org/>) oder wurden seit Monaten nicht mehr aktualisiert (z.b. *The Web Church - The WorldWide Virtual Church from Scotland*, die beim Anklicken im April 2005 einen letzten Update vom 8. Januar 2003 aufzeigte; Quelle: <http://www.webchurch.org/>).

Auf den deutschsprachigen Seiten findet man sehr viel weniger zum Thema, aber Ähnliches. Unter einer schweizerischen Adresse (Quelle: <http://www.jesus.ch/cyberchurch/>) erscheint erneut nur eine Seite, bestehend aus einem digitalen Bild des Inneren einer Kirche mit dem Schriftzug "Cyberchurch" und dem Hinweis auf die Möglichkeit einen "Newsletter" zu abonnieren, um den Start der "Cyberchurch" nicht zu verpassen. Es erschließt sich weder, wer für diese Seite verantwortlich ist und dieses Angebot zur Verfügung stellt, noch was hier eigentlich genau angeboten wird oder wie lange dieser Verweis schon besteht.

Beschränkt man die Suche auf Angebote aus Deutschland, so findet man kein Angebot, dass sich selbst als "Cyberchurch" oder "Virtuelle Kirche" benennt. Zu finden sind hier lediglich die *Virtuelle Diözese Partenia* (Quelle: <http://www.partenia.org/ger/>) oder Angebote realer Kirchengemeinden, die neben der Gemeindearbeit auch im Internet mit verschiedenen Angeboten vertreten sind, wie beispielsweise Mailinglisten oder Diskussionsforen. Eine reine Online-Kirche ist in der virtuellen Stadt "Funcity" zu finden (Quelle: <http://www.funcity.de). "Funcity" ist eine virtuelle Stadt im Internet, die virtuell alles enthält, was städtisches Leben ausmacht. Dazu gehören u.a. Geschäfte, Banken, Parks, Lokale und auch eine Kirche. Das Projekt wurde 1998 von einer Mediengesellschaft ins Leben gerufen und die virtuelle Kirche, die den Namen "St. Bonifatius" trägt, in Zusammenarbeit mit dem Bistum Hildesheim erarbeitet.[682] Diese Internet-Kirche steht in katholischer Trägerschaft, ist jedoch stark

---

[682] Die Internet-Kirche wurde 1998 vom Hildesheimer Weihbischof Hans-Georg Koitz geweiht. Seit 1999 beteiligt sich neben dem Bistum Hildesheim auch weitere Bistümer an der Gestaltung und seelsorgerlichen Betreuung. Das Angebot wurde kontinuierlich ausgebaut und neue Formen gemeinsamen Gebetes und spirituellen Austausches erprobt. Seit 2002 wird einmal im Monat am letzten Sonntagabend ein virtueller Gottesdienst angeboten. Vgl. Quelle: <http://www.funama.de> oder auch <http://www.funcity.de>. (12.07.2005)

ökumenisch ausgerichtet. Über den Link "Kirche" gelangt man in einen Raum, der verschiedene Angebote, wie eine Chatmöglichkeit, den Gemeindebrief oder Schwangerschaftsberatung, enthält. Im virtuellen Pfarrhaus stehen insgesamt ca. 20 katholische und evangelische Seelsorger bestehend aus Priestern und Laientheologen für E-Mail-Kontakte zur Verfügung. Im freien Chat können sich die Besucher rund um die Uhr austauschen. Der Chat wird zweimal die Woche abends jeweils zwei Stunden von einem Seelsorger betreut, wobei die Themen, wie beispielsweise Lebensziele oder Trauer, vorgegeben werden.

Einzelne Ausnahmen, die über die reine Selbstdarstellung im Internet in Form von Texten, die abgerufen werden können, hinausgehen, bietet auf evangelischer Seite zum Beispiel die Internetseite der Evangelischen Kirche in Frankfurt am Main. Hier findet man einen virtuellen Andachtsraum.[683] Durch klicken des Fensters "Eingang", wird man zunächst mit folgenden Worten begrüßt:

"Herzlich Willkommen im virtuellen Andachtsraum! Bitte benutzen Sie die Maus, um sich im Raum zu bewegen. Achten Sie auf die Pfeile, die den anklickbaren Bewegungsradius anzeigen und entdecken Sie interaktive Elemente und Stationen. Zum Betreten des Raums klicken Sie bitte auf 'Start'. Eine wertvolle Zeit wünscht Ihnen Ihre evangelische Kirche in Frankfurt am Main!"

Wenn man das Fenster "Start" klickt, befindet man sich am Eingang des virtuellen Andachtsraumes. Der Weg ist durch rote Pfeile markiert, den man durch Mausklick entlang gehen kann, bis man sich in der Mitte des Andachtsraumes befindet.

Abbildung 5: Virtueller Andachtsraum der Evangelischen Kirche in Frankfurt a. M.[684]

---

[683] Der virtuelle Andachtsraum der Evangelischen Kirche in Frankfurt am Main findet sich im Internet auf folgender Seite: <http://www.frankfurtevangelisch.de/_content/0000000000,00 701,00> (12.07.2005).
[684] Quelle: ebd. (12.07.2005).

Man kann sich in dem Raum drehen und verschiedene Elemente anklicken. So etwa ein aufgeschlagenes Buch, wie in der vorhergehenden Abbildung rechts zu sehen ist, das sich bei Anklicken vergrößert und Bibelsprüche enthält, die nach unterschiedlichen Themen geordnet sind, so dass man daran virtuell blättern kann. Begibt man sich wieder in die Mitte des Raumes, kann man geradeaus in einen weiteren Meditationsraum gehen, der verdunkelt ist und in dessen Mitte sich eine Bank und eine Kerze befinden. Durch Mausklick kann man die Kerze virtuell anzünden, man nähert sich der Bank, der Raum wird erhellt und es erscheint ein besinnlicher Spruch, der zum Nachdenken und Innehalten anregen soll. Das Ganze ist von besinnlicher Musik unterlegt.

Dieses Angebot der Evangelischen Kirche in Frankfurt am Main ist neben dem "Funcity"-Projekt eines der wenigen kirchlichen Internetangebote, das mit neuen virtuellen Möglichkeiten arbeitet und über die Nutzung des Internets als reines Darstellungsmedium hinausgeht. Die meisten kirchlichen und auch religiösen Internetangebote anderer Gemeinschaften, Gruppen oder einzelner Personen beschränken sich jedoch hauptsächlich - auch wenn gelegentlich Bezeichnungen wie "virtueller Gottesdienst" zu finden sind - auf die reine Selbstdarstellung in Form von Texten oder Informationen zu einzelnen Themen oder Veranstaltungen. Der These des EKD-Beauftragten für das Internet, Matthias Schnell, und des Marburger Professors für Systematische Theologie Wolfgang Nethöfel in der Einleitung zu ihrer Publikation *Cyberchurch? Kirche im Internet*, dass das Internet einen Epochenwandel initiiert, der für die Religionen von ähnlicher Bedeutung ist, wie die Einführung der Schrift oder des Buchdrucks[685], ist eine gewagte These, die angesichts der Entwicklungen des Internets seit der Veröffentlichung der Publikation 1998, zu bezweifeln ist. Denn, wie auch Andreas Mertin festhält, deutet zurzeit "noch wenig darauf hin, dass das Internet eine derartige religiöse Revolution initiieren würde."[686]

Frank Puhl, der sich in seinem Artikel "Netzgemeinde oder Gemeinde. Kirche in der Informationsgesellschaft" genauer mit der Frage auseinandersetzt, ob man im Internet überhaupt von einer christlichen Gemeinde sprechen kann, ist deshalb zuzustimmen, wenn er das Fazit zieht, dass im Internet von "einem Ge-

---

[685] So Wolfgang Nethöfel und Matthias Schnell in ihrer Einleitung *Auf dem Weg zur digitalen Kirche?*, in: dies. (Hg.), *Cyberchurch? Kirche im Internet*, 11: "Mit ihm [dem Internet; Anm. d. A.] meldet sich ein Epochenwandel an, der für die Religionen eine ähnliche Bedeutung hat wie die Einführung der Schrift oder die Verbreitung des Buchdrucks."
[686] Andreas Mertin, *Internet im Religionsunterricht*, Göttingen (Vandenhoeck & Ruprecht) 2000, 122.

meindeleben, wie es aus real existierenden Gemeinden bekannt ist, (...) keine Spur vorhanden"[687] ist. Die Angebote im Internet stellen allesamt größtenteils Selbstdarstellungen einzelner Personen, kleiner Gruppen oder kirchlicher Organisationen und Institutionen dar. Ebenso beschränken sich die Versuche Gottesdienste per Internet anzubieten zum größten Teil darauf, dass man die gespeicherte Version eines zuvor in der Gemeinde gefeierten Gottesdienstes abrufen kann. Dies sind letztendlich Bibelstellen und Predigttexte, die dann in einzelnen Fällen mit Hilfe medialer Tricks, wie beispielsweise der Möglichkeit per Mausklick eine virtuelle Kerze anzuzünden, versuchen eine möglichst große Annäherung an den gottesdienstlichen Vollzug zu erreichen.

Eine Ursache für die Beschränkung auf Selbstdarstellungsangebote mag darin liegen, dass solche Angebote innerhalb der Kirche nicht immer auf Begeisterung stoßen. Dabei zeigen erste Erfahrungsberichte zum Beispiel aus der Seelsorge über das Internet durch E-Mail-Beratung und Chat-Kontakt, dass es sich um einen exponentiell an Bedeutung gewinnenden Bereich handelt.[688] Wie Cordula Eisenbach-Heck und Traugott Weber in einem Bericht über die Entwicklung der Seelsorge-Beratung im Internet, die seit 1995 unter <http://www.telefonseelsorge.de> besteht, berichten, hat sich die Anzahl der Kontakte seit Bestehen des Angebots rasant entwickelt.[689] So stieg die Zahl der Anfragen von Ratsuchenden, die sich an die Seelsorge-Beratung im Internet wandten, in den Jahren 1996 bis 2001 von 341 auf 11.290 Kontakte.[690] Vor allem Jugendliche nutzen diese Angebote. Die Attraktivität dieser Seelsorge-Dienste liegt vor allem in ihrer schnellen und einfachen Zugänglichkeit sowie in der potentiellen Anonymität der Kommunikation im Internet, die die Hemmschwelle senkt mit jemanden in Kontakt zu treten. Hier bietet das Internet zahlreiche neue Möglichkeiten für die Suizidprävention. Erste positive Erfahrungen mit bereits bestehenden Angeboten, aber auch mögliche Gefahren dokumentiert die Publikation *Neue Medien*

---

[687] Frank Puhl, "Netzgemeinde oder Gemeinde. Kirche in der Informationsgesellschaft" (Mai 2003), in: *Imprimatur* (2/2003), Quelle: <http://www.phil.uni-sb.de/projekte/imprimatur/ 2003/imp030203.html> (14.04.2005), [o.S.; im Artikel zit. aus Punkt 6.3. Fazit].
[688] Vgl. dazu die Beiträge von Cordula Eidenbach-Heck und Traugott Weber, *Sechs Jahre "TelefonSeelsorge im Internet". Ein Bericht über die Entwicklung der E-Mail-Beratung*, 73-86; und Jürgen Kratzenstein und Edgar van Eckert, *Sechs Jahre Telefonseelsorge im Internet. Ein Bericht über die Entwicklung der Chat-Beratung*, 87-100, in: Elmar Etzersdorfer u.a. (Hg.), *Neue Medien und Suizidalität. Gefahren und Interventionsmöglichkeiten*, Göttingen (Vandenhoeck & Ruprecht) 2003.
[689] Vgl. Eidenbach-Heck/ Weber, *Sechs Jahre "TelefonSeelsorge im Internet"*, in: Etzersdorfer u.a. (Hg.), *Neue Medien und Suizidalität*, 77-78.
[690] Zur Entwicklung der Anzahl von Ratsuchenden in der Telefonseelsorge im Internet vgl. die Graphik in: ebd., 77.

und Suizidalität. Gefahren und Interventionsmöglichkeiten, die 2003 erschien und von Elmar Etzersdorfer, Georg Fiedler und Michael Witte herausgegeben wurde.[691] Der Band bietet eine erste Bestandsaufnahme zur Suizidprävention über neue Medien und hebt deutlich hervor, dass trotz der mit dem Internet einhergehenden Gefahren, "das Internet für die Suizidprävention eine Chance ist: in bestimmten Situationen und für bestimmte Menschengruppen."[692]

Das Verhältnis von Kirche und Theologie zum Medium Internet ist insgesamt dennoch recht ambivalent. Während sich die Landeskirchen größtenteils mit einer eigenen Homepage im Internet präsentieren und bereits Beauftragte für das Internet ernennen, verhält sich die Mehrzahl der Theologen und Theologinnen äußerst zurückhaltend. Gerade die theologische Reflexion "kratzt", wie Jörg Herrmann und Andreas Mertin festhalten, "bisher nur an der Oberfläche der Phänomene."[693] Die Untersuchungen und Auseinandersetzungen beschränken sich bisher weitgehend auf die Präsentation des eigenen Angebots oder auf das Vorkommen von Religion im Internet. Wie jedoch Udo Thiedeke festhält, sind wir "mit mehr konfrontiert als nur 'dem Internet' mit seinen Web-Sites, Mail- und News-Diensten"[694]. Ihm zufolge ist eines der gewichtigsten Herausforderungen, dass der "Cyberspace" Sinnbezüge virtualisiert. Während Thiedeke als Soziologe in erster Linie an die Soziologen appelliert, sich diesen Herausforderungen zu stellen, kann man diesen Appell auch an die Theologie richten. Auch für sie besteht dringender Bedarf, den Fragen nachzugehen, wie solch ein Sinnhorizont virtuell möglich ist und welche Formen der Vermittlung hier auftreten. Erste Erfahrungen werden hier vor allem in der seelsorgerlichen Tätigkeit im Internet gemacht. Zu beachten sind dabei weniger spezielle Cyberstrukturen, wie einzelne Angebote, als vielmehr die Veränderungen menschlicher und gesellschaftlicher Kommunikation, wie sie durch computergestützte Kommunikation entstehen.

---

[691] Vgl. Etzerdorfer u.a. (Hg.), *Neue Medien und Suizidalität,* Göttingen (Vandenhoeck & Ruprecht) 2003.

[692] Hans Wedler, *Helfen neue Medien in der Suizidprävention?,* in: Etzersdorfer u.a. (Hg.), *Neue Medien und Suizidalität,* 282-291, hier 290.

[693] Jörg Herrmann/ Andreas Mertin, *Virtuelle Religion. Die Herausforderung der neuen Medien für Theologie und Kirche,* in: Barbara Heller (Hg.), *Kulturtheologie heute?,* Dokumentation einer Tagung der Evangelischen Akademie Hofgeismar, hrsg. von der Evangelischen Akademie Hofgeismar 1997, 117-124, hier 117.

[694] Udo Thiedeke (Hg.), *Soziologie des Cyberspace. Medien, Strukturen und Semantiken,* Wiesbaden (VS Verlag für Sozialwissenschaften) 2004, Vorwort 9.

Das Internet stellt somit die christlichen Kirchen vor größere Herausforderungen als beispielsweise die rein technische Umsetzung ihrer eigenen Angebote. Denn das Internet ist gerade deshalb so interessant und bedarf einer intensiven Auseinandersetzung, weil es gegenüber anderen Medien viel mehr Möglichkeiten bietet als ein Medium zur Darstellung.[695] Sabine Bobert-Stützel definiert beispielsweise insgesamt fünf unterschiedliche Gebrauchsweisen des Internets, nämlich erstens als Informationsmedium (Abrufen von Wissen), zweitens als Kommunikationsmedium (bi- und multidirektionaler Austausch), drittens als Kooperationsmedium (kooperative Herstellung von vernetztem Wissen), viertens als Präsentationsmedium (Bereitstellung von Wissen und Selbstdarstellung) und fünftens als Simulationsmedium.[696] Auch wenn derzeit die technischen Möglichkeiten noch nicht ausgereift sind - momentan machen es die gigantischen Datenmengen noch nicht möglich beispielsweise virtuell an einem Gottesdienst teilzunehmen, der nicht nur in einem virtuellen Raum stattfindet, sondern bei dem auch die TeilnehmerInnen per Datenleitung und Videokonferenz miteinander verbunden sind - muss bedacht werden, wie vielgestaltig das Internet und der "Cyberspace" sind. Während erste Ansätze von Gottesdiensten, die ihren Schwerpunkt auf die massenmediale Vermittlung legen, bereits im Bereich der Tele-Evangelisation von Billy Graham und anderen zu erkennen sind[697], bringen

---

[695] Bernhard Debatin spricht im Zusammenhang mit den zahlreichen Möglichkeiten, die das Internet bietet, vom Internet als einem multimedialen "Hybridmedium". Das Internet umfasst "das gesamte Spektrum von intim-privater Konversation über geschäftliche bis zur öffentlichen Kommunikation und von dyadischer und Gruppenkommunikation über kategorielle und fachspezifische Kommunikation bis hin zur Massenkommunikation." Bernhard Debatin, *Ethik und Internet. Zur normativen Problematik von Online-Kommunikation*, in: Funiok u.a. (Hg.), *Medienethik - die Frage der Verantwortung*, 274-293, hier 275f. Vgl. in dieser Arbeit auch Kapitel 3.3.3.1. Internet - neue medienethische Herauforderungen, 235-242.

[696] Vgl. Sabine Bobert-Stützel, *"The medium is the message?" Zum medialen Wandel der Predigt im Internet (2001)*, Quelle: <http://www.mitglied.lycos.de/sbobert/Roman.html> (13.04.2005), [o.S.], Punkt II. Medientheoretische Reflexion: Das Internet als Symbol postmoderner Lebenskultur, 3. Message im Medium 'Internet'.

[697] Billy Graham (*1918) gilt als Begründer der evangelikalen Bewegung, die sich in den 50er Jahren vom Christlichen Fundamentalismus in den USA abspaltete. Er begann seinen evangelistischen Dienst zunächst in den USA, weitete diesen jedoch auf alle Erdteile aus und führte evangelistische Großveranstaltungen (so genannte "crusades") durch. Schon früh begann Graham dazu die modernen Massenkommunikationsmittel zu nutzen. Neben umfangreicher Literaturarbeit (z.B. die Zeitschrift *"Decision"*) griff er auch auf das Radio und den Film ("World Wide Pictures Inc.") als Verkündigungsmittel zurück. Später kamen auch das Fernsehen und das Satellitenfernsehen hinzu, so dass sich die Begriffe Fernsehprediger oder Tele-Evangelist einbürgerten. Weitere bekannte Vertreter sind Pat Robertson, Jimmy Swaggart oder Gene Scott. Indem die Fernsehprediger meist eigene TV-Stationen betreiben, ist es ihnen möglich Millionen von Menschen zu erreichen und Einfluss auf die öffentliche Meinung zu nehmen. Durch Spendenaufrufe sammeln sie zudem erhebliche finanzielle Mittel. In Europa ist dieses Phänomen eher weniger verbreitet. Ansätze lassen sich aber in manchen Talkshows, wie z.B.

die potentiellen Möglichkeiten des Internets zusätzlich eine völlig neue Dimension und Qualität mit sich. Die Interaktivität des Internets ermöglicht prinzipiell jedem einzelnen Nutzer auch das Eingreifen in ein medial vermitteltes Geschehen. Der Zuschauer ist somit nicht nur passiver Konsument, sondern kann aktiv als Medienteilnehmer in das Geschehen eingreifen und es mitbestimmen.

Noch sind diese Möglichkeiten für die Umsetzung von Gottesdiensten aufgrund mangelnder Datentransferleistungen noch sehr beschränkt und enden auch spätestens bei der Vorstellung Sakramente wie Taufe und Abendmahl über das Internet zu erleben. Dennoch sind erste Anzeichen für diese Entwicklungen, die dem Publikum die Möglichkeit bieten, aktiv in das Geschehen einzugreifen und es mitzubestimmen, schon in den bisherigen kirchlichen Arbeiten und Angeboten im Internet erkennbar. Hier zeigen sich aber auch die Schwierigkeiten, die die kirchliche Internetarbeit vor große Herausforderungen stellt. Sabine Bobert-Stützel, die sich mit der Thematik Internet und Kirche auseinandersetzt, hält fest, dass gerade die Kommunikation mit Menschen anderer Sprach- und Denkwelten ein Problem darstellt.[698] Zwar bietet das Internet die Chance auch kirchenfernes Publikum zu erreichen, doch erste Erfahrungen in diese Richtung zeigen, dass gerade die kirchlich Distanzierten, wie Bobert-Stützel schreibt, eine "unfromme Sprache" benutzen und "die Andachten wesentlich öfter als 'schade' oder 'scheiße'"[699] kommentieren, so dass die Kontaktaufnahme hier besonders schwer fällt. Sie empfinden die Sprache als befremdlich und finden keinen Zugang zu den Texten. Dabei stellt genau diese Gruppe von Personen die Mehrheit der Internetnutzer dar. Bei allen positiven Seiten der Beratungsangebote ist gerade bei stark persönlichen Problembereichen zu fragen, ob und inwiefern die leichte Zugänglichkeit der Angebote nicht nur dazu beiträgt, die Hemmschwelle für unangebrachte Kommentare zu fördern, sondern auch dazu, die Ernsthaftigkeit der Anliegen zu schmälern.

Ähnliche Probleme ergeben sich auch bei Online-Bibelkreisen: "Die neugierig gewordenen Nichtkirchlichen, die hereinschauen, wirken als gewaltiges Störpotential und provozieren fundamentalistische Reaktionen. Immer wieder scheinen sie die Grundlagen des Kreises demontieren zu wollen (...), so dass der Kreis

---

"Fliege" erkennen. Zur Tele-Evangelisation in den USA vgl. Horst Albrecht, *Opium auf dem Bildschirm. Telekirche in den USA*, in: ders., *Die Religion der Massenmedien*, 112-124.
[698] Vgl. Sabine Bobert-Stützel, *"The medium is the message?" Zum medialen Wandel der Predigt im Internet (2001)*, Quelle: <http://www.mitglied.lycos.de/sbobert/Roman.html> (13.04.200), [o.S.], Punkt I. Problemanzeigen, Absatz 3.
[699] Ebd.

kaum zur Aufnahme seiner Arbeit gelangt."[700] Darauf lassen auch zahlreiche Einträge des Chatangebots der Internet-Kirche "St. Bonifatius" des "Funcity"-Projektes schließen. So finden sich sehr viele unsachliche Einträge in den kirchlichen Beratungschats, wie zum Beispiel ein Eintrag unter dem Pseudonym "CastorTroy": "stolziert in die Kirche und drückt seine Kippe im Taufbecken aus".[701] Die potentielle Anonymität der Kommunikation im Internet senkt die Hemmschwelle nicht nur mit anderen in Kontakt zu treten, sondern auch Gedanken und Empfindungen auszudrücken, die in der direkten face-to-face-Kommunikation so möglicherweise nie gesagt würden. Auf diese Weise können zwar einerseits emotional intensive "Netzbeziehungen" entstehen[702], andererseits jedoch auch aggressive, beleidigende und herabsetzende Mitteilungen über das Internet geschickt werden, wie das Beispiel oben zeigt. Dieses Phänomen gleichermaßen emotional aufgeladener und enthemmter Online-Kommunikation wird auch als "Flaming" bezeichnet.[703] Das heißt, es handelt sich mittlerweile um ein Internet-Problem, das nicht nur religiöse Angebote betrifft. Beim Bibelkreis kommen darüber hinaus jedoch noch medienspezifische Probleme aus dem Umgang mit Online-Gruppen hinzu, indem die TeilnehmerInnen teilweise ihre eigene Theologie bereits mitbringen.

Es ist davon auszugehen, dass eine Vielzahl der Nutzer hinsichtlich Religion das Internet als Versuchsraum benutzt und damit auch Erfahrungen verknüpft.[704] Man kann sich mal eben kurz im virtuellen Andachtsraum bewegen, sich im Anschluss von den Bildern im "BuddhaNet" berieseln lassen oder sich durch die Informationsseiten der EKD klicken. Das ist erst der Anfang religiöser Meinungsbildung im Netz.[705] Den Höhepunkt findet das Internet darin, dass prinzipiell jeder auch als Theologe auftreten kann und seine eigene Theologie im Netz

[700] Bobert-Stützel, *"The medium is the message?" Zum medialen Wandel der Predigt im Internet (2001)*, Quelle: <http://www.mitglied.lycos.de/sbobert/Roman.html> (13.04.200), [o.S.], Punkt I. Problemanzeigen, Absatz 2.
[701] Vgl. Caja Thimm, "Mediale Ubiquität und soziale Kommunikation", in: Thiedeke (Hg.), *Soziologie des Cyberspace*, 51-69, hier 64.
[702] Vgl. Georg Fiedler, *Suizidalität und neue Medien. Gefahren und Möglichkeiten*, in: Etzersdorfer u.a. (Hg.), *Neue Medien und Suizidalität*, 19-55, hier 30.
[703] Vgl. Adam N. Joinson, *Causes and Implications of Disinhibited Behaviour on the Internet*, in: J. Gackenbach (Hg.), *Psychology and the Internet: Intrapersonal, Interpersonal, and Transpersonal Implications*, New York (Academic Press) 1998, 43-60. Zum Phänomen "Flaming" vgl. auch Patrick O'Sullivan und Andrew J. Flanagin, *An Interactional Reconceptualization of "Flaming" and Other Problematic Messages*, Quelle: <http://www.ilstu.edu/~posull/flaming.htm> (19.07.2005).
[704] Vgl. Mertin, *Internet im Religionsunterricht*, 25.
[705] Vgl. ebd., 25f.

verbreiten kann. Genau aus diesem Grund ist es äußerst wichtig, sich mit den Entwicklungen des Internets zu beschäftigen und zwar nicht aus der Motivation heraus, ein Segment für sich zu beanspruchen und zu besetzen, sondern um an einer Gemeinschaftsform und deren Kommunikation teilzunehmen, die unabhängig von kirchlichen Institutionen im Internet existiert.

Insgesamt ist festzuhalten, dass das Internet nicht als Ersatz, sondern als zusätzliche Möglichkeit zu verstehen ist, um beispielsweise auch - trotz der zahlreichen oben bereits angedeuteten Schwierigkeiten - Menschen zu erreichen, die man sonst nicht erreichen würde. Das Potential des Internets ist für Menschen, die neugierig sind auf Religion und zwar besonders für diejenigen, die nicht in die Kirche kommen, eine Bereicherung. Die Kirche muss anfangen gerade dieses Potential des Internets zu verstehen und zu nutzen. Bisher sind die Angebote im Internet noch überwiegend auf kirchliches Publikum zugeschnitten und beschränken sich darauf, sich selbst darzustellen.

Ob man die Leute, die sowieso nichts von Kirche und Glauben halten, wenn man sie über Internet anspricht, dann auch in die Kirche zurückholt, ist zwar zu bezweifeln, aber wichtig ist, dass Kirche, Religion und Theologie trotzdem im Internet präsent sind und zwar in erster Linie, weil auch hier Individuen auf ihrer Sinnsuche auf religiöse Glaubensinformationen und religiös erschließbare Repräsentationen der Glaubensüberlieferung angewiesen sind. Kirche muss Orte für solche Kommunikation und für solche Fragen bereits stellen und an dieser Kommunikation teilnehmen. Dies erfordert nicht nur eine genaue Auseinandersetzung mit den Möglichkeiten, die das Internet bietet, sondern auch eine ethische Reflexion, vor allem unter Einbezug des Publikums. Insbesondere die menschliche Kommunikation und die Qualität der menschlichen Kontakte[706] müssen in Bezug auf das Internet in den Mittelpunkt der Betrachtungen rücken. Davon ist die theologische Reflexion noch weit entfernt, da die Analyse, wie Jörg Herrmann und Andreas Mertin festhalten, noch kaum zum Kern vordringt, nämlich "zur Herausforderung durch neue Sozialformen und neue Transzendenzerfahrungen im virtuellen Raum"[707].

---

[706] Um auf die Wichtigkeit der Qualität der menschlichen Kontakte zu verweisen und dass es hier erhebliche Unterschiede gibt, sei an dieser Stelle nochmals der Tele-Prediger Billy Graham erwähnt, der voller Stolz verkündete, dass er mit seinen Spezialsendungen in der Hauptsendezeit mehr Menschen in Amerika erreiche, als Jesus in seinem ganzen Leben. Vgl. dazu Neil Postman, *Wir amüsieren uns zu Tode. Urteilsbildung im Zeitalter der Unterhaltungsindustrie*, Frankfurt a. M. (S. Fischer) 1985, 146.
[707] Herrmann/ Mertin, *Virtuelle Religion*, in: Heller (Hg.), *Kulturtheologie heute?*, 117.

Gerade die Aspekte Kommunikation und Erfahrung sind in dieser Auseinandersetzung zwei wichtige Schlüsselbegriffe, denen entscheidende Bedeutung zukommt.[708] Die theologischen und kirchlichen Bemühungen konzentrierten sich bisher mehr auf die Frage, wie Glaube vermittelt oder ermöglicht werden kann, oder welche äußeren Bedingungen nötig sind, um Glauben reifen zu lassen. Zu wenig wurde dabei ins Blickfeld genommen, welche inneren Erfahrungen dafür unabdingbar sind und wie diese Erfahrungen vom Subjekt gedeutet oder angeeignet werden müssen. Einen wesentlichen Beitrag können hier die religiöse Erziehung und eine auf moderne Medienkultur reflektierende religiöse Mediendidaktik leisten. Darauf wird im nächsten Punkt 4.2. nochmals genauer einzugehen sein. Festzuhalten ist an dieser Stelle zunächst, dass die größten Herausforderungen und Schwierigkeiten, die das Internet mit sich bringt, gerade in der Kommunikation und Kontaktaufnahme zu und auch zwischen den Menschen liegen; d.h., um die Gebrauchsfunktionen des Internets von Sabine Bobert-Stützel nochmals aufzugreifen, in der Gebrauchsverwendung des Internets als Kooperations- und Kommunikationsmedium. Das Internet senkt zwar prinzipiell die Hemmschwelle mit anderen in Kontakt zu treten - u.a. aufgrund der Anonymität, des geringen Zeitaufwands und der relativen Verfügbarkeit des Mediums -, birgt aber gerade dadurch auch Kommunikationsschwierigkeiten.[709] Wir stehen noch ganz am Anfang der Entwicklung virtueller Realität und des Cyberspace. Diese Entwicklungen haben auch soziale und anthropologische Folgen, die bisher noch nicht absehbar sind. Die angedeuteten Kommunikationsschwierigkeiten sind auch Folgen dieser Entwicklung und der Entstehung völlig neuer Kommunikationsformen, bei denen die Unterscheidung beispielsweise von Geschlecht, Herkunft, aber auch Religion aufgehoben ist. Die Anonymität und Körperlosigkeit eröffnen durch technische Möglichkeiten der Simulation ungeahnte Möglichkeiten. "Durch neue Verbindungen von Mensch und Maschine können die neuen Technologien in einem bisher ungewohnten Ausmaß Erfahrungen simulativ vermitteln, den Körper erweitern, seine Begrenzungen überwinden."[710]

---

[708] Vgl. dazu in dieser Arbeit Kapitel 3.5.2. Lebenserfahrung - spirituelle Erfahrung - Medienerfahrung, 267ff.

[709] Sabine Bobert-Stützel zeigt die Vorzüge, aber auch die Schwierigkeiten, die das Internet hinsichtlich zwischenmenschlicher Kommunikation aufwirft, sehr anschaulich an dem Beispiel der Internet-Seelsorge. Vgl. Sabine Bobert-Stützel, *Internetseelsorge: Trägt das Netz?*, Quelle: <http://www.mitlgied.lycos.de/sbobert/Bibliografie.html> (28.04.2005).

[710] Herrmann/ Mertin, *Virtuelle Religion*, in: Heller (Hg.), *Kulturtheologie heute?*, 117.

Jutta Siemann sieht in erster Linie die Vorzüge des Internets und darin auch die Chance für die kirchlich-religiöse Medienarbeit, wenn sie festhält:

"Das Medium des Internets, in dem das gesellschaftliche Tabu des Redens über Glauben und Religion gebrochen wurde, könnte den Schritt zur Artikulation erleichtern und helfen, religiöse Sprachfähigkeit (wieder) einzuüben."[711]

Dass das Internet gerade für die Kirche die Chance bietet, viele Menschen zu erreichen, indem diese sich ganz unverbindlich und ohne großen Aufwand über bestimmte Thematiken informieren oder mit kirchlichen Instanzen in Verbindung treten können, ist durchaus als große Möglichkeit für die Verkündigung zu sehen, obwohl man in theologisch-kirchlichen Kreisen hierzu durchaus kontroverse Meinungen vorfindet.[712] Ob allerdings religiöse Sprachfähigkeit eingeübt werden kann, wie Jutta Siemann festhält, ist fraglich. Sabine Bobert-Stützel hat, wie oben bereits festgehalten, vor allem auf die Kommunikationsproblematik mit Menschen anderer Sprach- und Denkwelten hingewiesen. Darüber hinaus machen die zahlreichen neuen Möglichkeiten, die das Internet und der Cyberspace bieten, auch nachhaltig auf die Konstruiertheit aller Texte, Bilder und auch Räume aufmerksam. Das Beispiel des virtuellen Andachtsraumes macht dies deutlich.

Insgesamt ist festzuhalten, dass das Internet keinen Ersatz für die Kirchengemeinde und den realen Gottesdienst bieten kann. Kirche ist nicht ohne persönliche Begegnung von Menschen in den zahlreichen Gemeinden vor Ort möglich. Die untrennbare Kombination von menschlicher Kommunikation und gemeinschaftlicher Erfahrung vor Ort, kann das Internet nicht ermöglichen. Gerade die Anonymität und auch Unkörperlichkeit des Internets, die ganz neue Erfahrungs- und Kommunikationsmöglichkeiten bieten, sind hinsichtlich Religion eher kontraproduktiv. Andreas Mertin ist hier teilweise zuzustimmen, wenn er festhält:

"Trauerriten im Cyberspace sind nur ein müder Abklatsch lebensweltlicher Bewältigungen des Todes. Hochzeiten im Internet sind ein Gag - mehr nicht. Seelsorge im Internet, vielleicht die am meisten genutzte

---

[711] Jutta Siemann, *Jugend und Religion im Zeitalter der Globalisierung. Computer/Internet als Thema für Religion(sunterricht)*, Münster (Lit) 2002, 67.

[712] Kontrovers diskutiert wird diese Thematik jährlich auf der *European Christian Internet Conference*. 2005 findet die Konferenz in Rom statt. Alle Informationen, Berichte und Artikel zur aktuellen sowie den bisherigen Konferenzen können im Internet abgerufen werden unter: <http://www.ecic.org>.

elektronische religiöse Interventionsform, erschöpft sich allzu oft auf den Austausch vereinzelter Emails - Seelsorge kommt so gerade nicht zustande. (…) Ein paar flackernde elektronische Kerzen vor einem Foto eines Hochaltars sind allenfalls Reminiszenzen real erfahrener Religion. Vor dem Bildschirm kommt nur selten religiöse Erfahrung zustande."[713]

Diese Feststellung, die einer Gegenwartsaufnahme gleicht, übersieht nicht nur die zukünftigen Chancen und Risiken, sondern verleitet gleichermaßen auch dazu, das Internet und seine vielfältigen Angebote hinsichtlich Religion zu ignorieren. Gerade in der Seelsorge stellen sich durch die neuen Kommunikationsmöglichkeiten von SMS, E-Mail, Chat und Foren mit gleichzeitiger Übermittlung von Ton und Bild nicht nur Fragen, ob hier beispielsweise neue Möglichkeiten für die Zukunft entstehen, sondern auch ob es vielleicht neuer seelsorgerlicher Konzepte bedarf. Eine Auseinandersetzung hinsichtlich Internet und auch Religion ist dringend notwendig. Denn gegenüber theologischen Pauschalurteilen über das Internet sollte beachtet werden, dass das Internet und der "Cyberspace" vielgestaltig, äußerst komplex und auch in ständiger Veränderung begriffen sind. Um der These von Jörg Herrmann und Andreas Mertin zu folgen, entstehen religiöse Diskussion im Internet mitunter, "weil die Menschen zur institutionalisierten Religion auf Distanz gegangen sind, weil sie nicht mehr möchten, dass die Kirche ihnen als Missionarin und Alleinvertreterin von Religion entgegentritt. Die mit dem Internet entwickelte Religiosität hat ihre Spitze gerade darin, dass sie sich an die von der Kirche verbreitete Etikette nicht halten will, sondern die Beteiligten selbst als Produzenten von Theologie auftreten."[714] Zwei Schritte erweisen sich deshalb für Kirche und Theologie hinsichtlich der Auseinandersetzung mit dem Medium Internet als unumgänglich: nämlich eine ethische Reflexion auf das genutzte Medium und eine ethische Reflexion auf eine durch das Medium herausgeforderte Theologie. Vor allem das dahinter stehende Bedürfnis nach Orientierung und Lebensdeutung ist theologisch aufzunehmen und zu reflektieren.

Für Kirche und Theologie gilt es sich den Menschen zuzuwenden und auch von diesen zu lernen. Die Kirche, um zu verstehen, warum Menschen ihre religiösen Vorstellungen in virtuellen Räumen erörtern und erkunden, als an den Veranstaltungen der Gemeinden teilzunehmen und die Theologie, als Lehre der Rede

---

[713] Mertin, *Internet im Religionsunterricht*, 140.
[714] Herrmann/ Mertin, *Virtuelle Religion*, in: Heller (Hg.), *Kulturtheologie heute?*, 123.

von Gott, den Entwicklungen der Alltagskommunikation gerecht zu werden. Das Christentum basiert im Wesentlichen auf Vermittlung, Verständigung folglich auf Kommunikation. Und wie in Kapitel 2 dieser Arbeit bereits ausführlich dargestellt[715], ist religiöses Leben ein Beziehungsgeschehen, das personale Begegnung voraussetzt. Das Bemühen um das Gelingen zwischenmenschlicher Kommunikation auch über die Medien gehört demzufolge theologisch betrachtet zur Aufgabe des Menschen. Daher könnte die Profilierung der humanen Perspektive im aktiven Mediengebrauch, so wie es die christliche Religion tut, zu einem zentralen Leitbild einer kulturellen Medienbildung werden. Denn wer ausschließlich virtuell oder technisch-medial an einer religiösen Gemeinschaft teilnimmt, wird den anderen Mitgliedern gewöhnlich nicht begegnen. Und gerade die Gemeinschaft im Sinne von Begegnung ist ein wesentlicher Bestandteil nicht nur religiösen Erlebens, sondern auch einer Gesellschaft.

4.1.2. Die Talkshow als säkulare Beichtanstalt: "FLIEGE"

Als zweites Beispiel ist mit der Talkshow ein Sendeformat ausgewählt, das ursprünglich aus den USA stammt und sich seit der ersten deutschsprachigen Talkshow "Je später der A-bend" (1973-1978)[716] nicht nur einer zunehmenden Publikumsbeliebtheit erfreut, sondern auch die Etablierung einer Sendeform zur Folge hatte, die so facettenreich ist wie keine andere. Die Zulassung privater Fernsehsender Ende der 80er Jahre und der damit steigende Konkurrenzkampf auf dem Fernsehmarkt begünstigte die Ausweitung des Genres in Deutschland, so dass sich seither eine drastische Zunahme des Angebots im Bereich Talkshow verzeichnen lässt.[717]

Abbildung 6: Jürgen Fliege[717]

---

[715] Vgl. Kapitel 2.4.2. Theologische Grundlagen, 174ff.

[716] Die erste deutsche Talkshow "Je später der Abend" wurde am 4. März 1973 vom WDR lanciert. Zur historischen Entwicklung der Talkshow in Deutschland vgl. ausführlicher Ulrike Mühlen, *Talk als Show. Eine linguistische Untersuchung der Gesprächsführung in den Talkshows des deutschen Fernsehens*, Frankfurt a. M. (Peter Lang) 1985, 15f.

[717] Vgl. dazu z.B. die Untersuchung von Bettina Fromm, *Privatgespräche vor Millionen: Fernsehauftritte aus psychologischer und soziologischer Perspektive*, Konstanz (UVK-Medien) 1999.

Die ausgeprägte Heterogenität der Talkshow erschwert zunächst eine präzise Definition des Genres. Eine scharfe Abgrenzung zu teilweise traditionellen Fernsehformaten, wie beispielsweise dem Interview, lässt sich nicht konsequent vollziehen und verdeutlicht die Schwierigkeiten einer Begriffsbestimmung. Vorweg wird deshalb darauf hingewiesen, dass hier darauf verzichtet wird, die Talkshow als fest gefügte Kategorie zu typisieren. Stattdessen soll der Blick auf die unter dem Begriff "Affektfernsehen" zusammengefassten Sendeformate gelenkt werden. In Ermangelung einer präzisen Definition des Genres wurden unter dem Begriff des "Affektfernsehens" in einer Studie, die von der Landesanstalt für Rundfunk Nordrhein-Westfalen (LfR NRW) 1995 in Auftrag gegeben wurde und 1997 erschien, sehr allgemein Fernsehsendungen gefasst, in denen einzelne Menschen oder Einzelschicksale im Mittelpunkt stehen und in denen häufig zum Zweck der Unterhaltung oder Sensation Tabus in Frage gestellt, ignoriert oder gebrochen werden.[719]

Seit Anfang der 90er Jahre wurden im deutschen Fernsehen zunehmend Sendungen lanciert, in denen nicht prominente Persönlichkeiten zum Zwecke der Publikumsgewinnung auftreten, sondern vornehmlich "unprominente" Menschen. Diese berichten über authentische und häufig sehr private Erfahrungen, die sie in der Vergangenheit gemacht haben. Das Thema hat dabei selten einen gesellschaftsrelevanten Bezug. Vier Merkmale kennzeichnen dabei in unterschiedlichster Gewichtung die meisten Affektfernsehformate, nämlich Personalisierung, Authentizität, Intimisierung und Emotionalisierung.[720] Auf der Grundlage dieser Merkmale lassen sich grundsätzlich sieben verschiedene Formate differenzieren: Affekt-Talk, Beziehungsshow, Spielshow, Suchsendung, Konfro-Talk, Infotainment und Reality-TV.[721] Doch auch diese Differenzierung ist nicht ganz unproblematisch, vor allem hinsichtlich der drei letztgenannten Formate.[722] Da diese jedoch einige Gemeinsamkeiten mit dem Affektfernsehen aufweisen, werden sie häufig in die Untersuchungen miteinbezogen.

Das Angebot der Talkformate ist mittlerweile dermaßen vielfältig, dass man fast rund um die Uhr Beziehungskrisen, Psychodramen des Alltags oder esoterische Lebenshilfen via TV konsumieren kann. Nach der schnellen Etablierung des

---

[718] Quelle: <http://www.juergenfliege.de> (14.07.2005).
[719] Vgl. Gary Bente/Bettina Fromm, *Affektfernsehen. Motive, Angebotsweisen und Wirkungen*, Opladen (Leske & Budrich) 1997, 19.
[720] Vgl. dazu ausführlicher ebd., 20.
[721] Vgl. ebd., 21.
[722] Vgl. ebd.

Vorreiters *Hans Meiser* (RTL) kamen auf nahezu allen Programmen in kürzester Zeit neue Talksendungen hinzu: *Arabella* (PRO 7), *Fliege* (ARD), *Bärbel Schäfer* (RTL), *Vera am Mittag* (SAT 1), *Kerner* (SAT 1), etc. Im TV-Talk werden persönliche und private Themen besprochen und, wenn es beispielsweise um Beziehungsprobleme geht, authentische Schicksale qua Konzept inszeniert. Dabei wird bewusst auf Emotionen gesetzt. Jeder hat die Möglichkeit ins mediale Rampenlicht zu treten und alles, vom Banalen bis zum Absonderlichen wird medial verwertet. Homophile, Transsexuelle, Prostituierte, alle "outen" sich vor dem Bildschirm. Aber das, was in der Talk-Show öffentlich gemacht wird, geht häufig über ein "sich outen" hinaus. Die Grenzlinien zwischen Privatem und Öffentlichen zerfallen. Im Scheinwerferlicht der Kameras wird geweint, gebeichtet und bereut und Millionen - immerhin bis zu 5 Millionen tagtäglich - schauen zu.

Medienethische Bedenken ergeben sich hinsichtlich bewusster oder beabsichtigter Verletzung der Privat- und Intimsphäre. Wie Augustin M. Pötscher schreibt:

> "Eine Lebens- und Schicksalsgeschichte wird ausgebreitet, Menschen werden unter geheucheltem Mitleid zu Tränenausbrüchen getrieben. Im Grunde gibt es keine Problemlösung oder Lebenshilfe, sondern Voyeurismus, Ausweiden und Ausschlachten, um die Quoten oder die Auflage zu steigern."[723]

Die Zentrierung auf Einzelschicksale, die Fokussierung auf emotionale Befindlichkeiten und die Überschreitung tradierter Grenzen zwischen Privatsphäre und Öffentlichkeit scheinen die gemeinsamen Merkmale des Talkshowangebots zu sein.

Dass Menschen sich vor laufender Kamera und selbsternannten Medienseelsorgern über Intimes und Privates auslassen, wird seit längerem nicht ohne Besorgnis beobachtet und als unsittlicher Auswuchs des "Schmuddel-TV" kritisiert. Der Protest gegen den tagtäglichen "Talk-Terror" wird laut. Der TV-Redeschwall, so die Kritiker, befriedige sensationsgierigen Voyeurismus und verbalen Exhibitionismus und gleiche einem "Seelenstriptease". Diese pauschale Verurteilung ist jedoch mit Vorsicht zu genießen, denn sie folgt in ihren Argumenten ähnlichen Medienunheilsprophetien, die das Fernsehen als Sündenbock für gesellschaftliche Fehlentwicklungen dämonisiert. Kulturpessimistische Medienkritiker im Gefolge von Neil Postman lamentieren über die "Droge" Fernse-

---

[723] Pötscher, *Medienethik*, 158.

hen und bedauern den der Bilderflut passiv ausgelieferten Menschen, der einem ferngesteuerten "Opfer" des Mediennetzwerkes gleicht. Aber solche passiv von außen gelenkten "Opfer", das belegt die rezipientenorientierte Medienforschung, gibt es nicht. Wirkungen sind den Medien nicht eingeschrieben. Vielmehr sind sie darauf zurückzuführen, wie die Menschen von den Medien Gebrauch machen, wie sie die Medien in ihren Lebensalltag einbauen und dadurch auch ihren Alltag um die Medien herum strukturieren. Die Zuschauer sind keine willenlose Opfer von Medienwirkungen, sondern aktiv handelnde Medienteilnehmer, die das Fernsehen nach ihren Bedürfnissen nutzen und interpretieren. Ob Talk-Show-Konsumenten durch dieses Sendeformat "verdorben" werden, bleibt fraglich. Eine andere Variante sieht den Zuschauer dagegen eher in der "Täterrolle" und schreibt ihm konsequent die Rolle des Voyeurs zu. Die Erklärungen für das Interesse an Privatem und Alltäglichem im Fernsehen sind in der öffentlichen Diskussion meist einseitig und wenig differenziert. So hält auch Bettina Fromm, die sich in ihrem Buch *Privatgespräche vor Millionen* aus psychologischer und soziologischer Perspektive mit Talk-Sendungen auseinandersetzt, fest:

"Diese wenig differenzierten Darstellungen, die die deutsche Bevölkerung im wesentlichen in zwei Gruppen - Voyeure vor dem Bildschirm und Exhibitionisten auf der Fernsehbühne - einteilen, erscheinen kaum ausreichend, um die explosionsartige Ausbreitung von Intimitäten im Medium umfassend erklären zu können."[724]

Obgleich man all den Vorwürfen eine gewisse Plausibilität nicht absprechen kann, fehlen den meisten Vorwürfen doch fundierte wissenschaftliche Erkenntnisse, um ihre sachliche Angemessenheit besser beurteilen zu können. Zu fragen ist beispielsweise nach den Kontexten, in denen Menschen mit dem Fernsehen umgehen. Wenn tatsächlich etwas bewirkt wird, dann sind die Gründe nicht allein dem Fernsehformat anzulasten, als vielmehr den Lebensumständen, die die Menschen dazu bringen, solche Formate zu konsumieren. Wenn Medienwirkungen ausschließlich den Medien angelastet werden, gerät die entscheidende Frage aus dem Blickfeld, warum Menschen sich einerseits im Fernsehen "entblößen", auf diese Form der Veröffentlichung angewiesen sind und andererseits als Zuschauer dieses Format konsumieren. Als ursächliche Auslöser sind nicht die Medien oder das Fernsehen zu nennen, sondern gesellschaftliche Tendenzen, wie der Zerfall von Sinnstrukturen, die Enttabuisierung des Alltags, Sexualisie-

---

[724] Vgl. dazu ausführlicher Bettina Fromm, *Privatgespräche vor Millionen. Fernsehauftritte aus psychologischer und soziologischer Perspektive*, Konstanz (UVK-Medien) 1999, 15.

rung, Anonymisierung sowie der Verlust alltäglicher Öffentlichkeit. Die Medien, und im Falle der Talk-Show vor allem das Fernsehen, können solche Probleme verstärken, aber sie nicht unmittelbar verursachen. Talkshows bieten sich lediglich mit ihren Inhalten an. "Dem Zuschauer geben derartige Formate beispielsweise die Möglichkeit, sich mit der Lebenswelt der ebenfalls unprominenten Darsteller zu identifizieren und diese ins Verhältnis zum eigenen Alltag zu setzen - sei es in der Zustimmung oder in der Abgrenzung" [725], so Bettina Fromm. Die Zuschauer fühlen sich angesprochen, betroffen oder verstanden. Dementsprechend richtet sich der TV-Talk an Menschen, die teilhaben und dabei sein wollen.

Den Lebenshilfeanspruch, den einige der Talksendungen für sich beanspruchen, sowie die wachsende Beliebtheit dieser Sendeformate[726], rücken dieses Sendeformat in der Auseinandersetzung mit dem Verhältnis von Religion und Medien in das Blickfeld dieser Arbeit und machen eine genauere Betrachtung erforderlich. Dabei richtet sich das Augenmerk auf das ausgewählte Beispiel der Talkshow *Fliege*, nicht nur weil diese Sendung über zehn Jahre einen großen Erfolg verzeichnen konnte, der sich bis 2005 in einer konstanten Zuschauerquote niederschlug[727], sondern auch weil der Moderator Jürgen Fliege einen kirchlich-theologischen Background aufweist und als Deutschlands prominentester TV-Theologe[728] bekannt ist. Der Vergleich des Talkshow-Sendeformats mit einer säkularisierten Form der Beichte, der in medienethischen Diskussionen aufgeworfen wurde, bietet sich für eine genauere Betrachtung dieser Sendung an.

Die Talkshow *Fliege* wird seit dem 28.02.1994 von montags bis donnerstags im Nachmittagsprogramm der ARD ausgestrahlt. Das Erfolgsrezept dieser Talksendung basiert auf einem genau durchdachten Konzept, das mediale und personale Wirkungen berücksichtigt. Die Themen der Talkshow unterscheiden sich dabei

---

[725] Bettina Fromm, *Spiele ohne (Scham-)grenzen? - Die neue Lust an Extrem-Spektakeln im deutschen Fernsehen (2000)*, Quelle: <http://www.bettina-fromm.de/aufsatz/artikel_bb.html> (14.07.2005), 3.
[726] Die Zahl der täglich ausgestrahlten Talkshows hat sich seit 1993 verdreifacht. Vgl. dazu Hurth, *Zwischen Religion und Unterhaltung*, 68.
[727] Am 11.07.2005 gab die ARD bekannt, die Nachmittags-Talkshow "Fliege" bis zum Jahresende aus dem Programm zu nehmen. Das Ende der Talkshow begründete die ARD mit rückläufiger Zuschauerakzeptanz. Die Zuschauerquoten waren nach einem Wechsel von 16 Uhr auf 15 Uhr deutlich unter die Millionengrenze gesunken. Vgl. Pressemitteilung "Jürgen Fliege hört zum Jahresende auf", Quelle: <http://www.welt.de/data/2005/07/12/744464. html> (12.07.2005).
[728] Die Bezeichnung TV-Theologe wird eingeblendet, sobald Jürgen Fliege selbst Gast in Talkrunden ist.

zunächst nur wenig von anderen Talksendungen.[729] So dominieren Themen aus den Bereichen Familie, Beziehungen und Gesundheit. Gleichwohl betont Jürgen Fliege immer wieder die religiöse und seelsorgerliche Dimension seiner Sendung. An religiösen Anspielungen mangelt es weder im Selbstverständnis des Moderators, noch in der Durchführung seiner Sendung. Seine Talkshow, so betont Jürgen Fliege selbst, folge der Liturgie eines Gottesdienstes. Seine Rolle sieht er dabei als Pfarrer und Heiler und misst seine Arbeit an der eines Psychotherapeuten. Die Zeit der Pfarrer als Prediger sei vorbei, aber die Zeit der Pfarrer als zuhörende Heiler sei im Kommen, so Fliege:

"Die Zuhörer und Versteher, die die Geschichten der Menschen so intensiv abhören wie ein Arzt das Herz eines Menschen, sind die Pfarrer, Ärzte, Heilerinnen und Heiler von morgen. Heiler, die ihre Ohren spitzen und ihr Herz schlagen lassen. (…) Als ob unter dem scheinbaren Müll der elenden Menschengeschichten Edelsteine und kostbare Perlen verbuddelt wären und nun unter der Lupe der Diamantenschleifer von Antwerpen gedreht und gewendet werden."[730]

Diese Transformation vom "scheinbaren Müll" hin zum "Edelstein" erfolgt laut Fliege durch den Heiler und beruht, wenn man seiner Interpretation folgt, auf der Wirkung der magischen Ausstrahlung des Heilers selbst, der Wirkung seines Segens, der Liturgie der Show, der Wirkung des Raumes, dem Erzählen der eigenen Geschichten der Gäste und auf der Wirkung des Publikums, das Fliege als "Gemeinde" bezeichnet.[731] Jürgen Fliege setzt auf die magische Wirkung von Religion und inszeniert sie. So kommentiert er beispielsweise das, was sich auf dem Weg zwischen Bühnentür und Sitzplatz zwischen ihm und seinen Gästen abspielt, mit folgenden Worten: "Dann führe ich sie zehn Meter über den See Genezareth - von der Türe bis zum Stuhl. Da gibt es nur Scheinwerferlicht, nur die Kamera, auf die du zugehst. Kannst du das? Ich helf' dir. Ich komm dir auch entgegen. Aber du musst das machen."[732] Und in völliger Selbstüberzeugung

---

[729] Vgl. Bente/Fromm, *Affektfernsehen*, 95-97. Verglichen werden hier die Ranglisten der Themen bei *Hans Meiser, Ilona Christen, Arabella* und *Fliege.*
[730] Jürgen Fliege, *"Passen Sie gut auf sich auf!"*, Stuttgart (Kreuz) 1995, 9.
[731] So Jürgen Fliege in "'Hinter jeder guten Show steckt die Liturgie einer Messe'. Ein verrückter Pfarrer hat Erfolg als Talkmaster", in: *Echt. Das Magazin von Ihrer evangelischen Kirche*, Darmstadt 1995, 10-11, hier 11.
[732] Fliege in ebd.

formuliert er: "Wenn du zehnmal Fliege schaust, dann spürst du das, dass ich ein paar Züge habe, die sind jesuanisch: Ich richte nicht."[733]

Was Fliege als magische Wirkung bezeichnet, lässt sich als Identifikation beschreiben. Die Zuschauer identifizieren sich mit den Gästen uns setzen diese ins Verhältnis zum eigenen Alltag. Vorübergehend lässt sich aber auch die Realzeit vergessen. Wie Rolf Schieder schreibt, kann man diesen Vorgang mit Betroffenheit, aber auch Magie oder Verzauberung beschreiben - man muss es jedoch nicht.[734] Zuzustimmen ist Schieder, wenn er darauf verweist, dass diese Wirkung auf das menschliche Erleben, nämlich beispielsweise die Realzeit zeitweise zu vergessen, wenig mit den magischen Fähigkeiten des Moderators zu tun hat, als vielmehr mit der magischen Wirkung des Mediums selbst.[735] Dennoch ist in Zusammenhang mit dem Erfolg der Sendung die Wirkung von Jürgen Fliege selbst wichtig. Er vereint den lässigen, unterhaltsamen Moderator und den verständnisvollen Seelsorger und kompetenten Theologen in einer Person. Indem er Moderator ist, kann er der Ernsthaftigkeit, die mit seinem Berufsstand des Pfarrers vielleicht verbunden ist, entgegenwirken und dadurch nicht nur das kirchliche "Aktivsegment"[736], wie Pötscher es formuliert, ansprechen. Indem er aber auch Theologe und Pfarrer ist, kann er zugleich der Nichternsthaftigkeit, die mit dem Berufsstand des Talkshowmoderators verbunden ist, entgegenwirken und dadurch ebenfalls ein Publikum ansprechen, das bevorzugt die nachmittäglichen Talkshow konsumiert, nämlich die älteren Zuschauer über 50 Jahre.[737] Durch sein Aussehen und seine Ausstrahlung spricht er gerade die etwas älteren Damen an. Hinzu kommt seine Lebensgeschichte: er ist geschieden, er hatte Differenzen mit der Kirche, er vermittelt das Bild eines Durchschnittsbürgers. Die Leute fühlen sich "angesprochen". Manche mögen sich mit ihm identifizieren. Dies ist die psychologische Wirkung auf die Jürgen Fliege und die Sendung set-

---

[733] So Jürgen Fliege in "Ich hol mir Rat bei Don Camillo". Ein Gespräch zwischen Jürgen Fliege und Johannes Kuhn vom 20.09.1996, zit. nach Rolf Schieder, "Die Talkshow als 'säkularisierte Beichte'? Jürgen Flieges Seelsorge und der Wille zum Wissen", in: *Medien praktisch* (1/1998), 51-56, im Internet abrufbar unter: <http://www.gep.de/medienpraktisch/amedienp/mp1-98/1-98schi.htm> (31.07.2003), 2.

[734] Schieder, "Die Talkshow als 'säkularisierte Beichte'? Jürgen Flieges Seelsorge und der Wille zum Wissen", Quelle: <http://www.gep.de/medienpraktisch/amedienp/mp1-98/1-98schi.htm> (31.07.2003), 2.

[735] Vgl. ebd.

[736] Pötscher, *Medienethik*, 165.

[737] Vgl. Bente/ Fromm, *Affektfernsehen*, 104-108. Die Altersstruktur der Affekttalk-Zuschauer am Nachmittag zeigt insgesamt einen deutlichen Anstieg mit Zunahme des Alters, v.a. ab 50 Jahre.

zen. Aber was hat das noch mit Religion zu tun oder unterschiedet sich die Talk-show von anderen?

Bei Jürgen Fliege hat alles eine religiöse Nebenbedeutung. Seine Talkshow, so betont Fliege selbst, folgt der Liturgie eines Gottesdienstes. Tatsächlich endet jede Sendung mit demselben Schlusswort, der einem "Segenswunsch" gleicht: "Passen Sie gut auf sich auf!" Dieser Satz, den Fliege den Gästen und Zuschau-ern mit auf den Weg gibt und der für ihn gleichbedeutend mit einem Segen ist, beinhaltet nicht einmal das Wort Gott, sondern stellt vielmehr eine Aufforde-rung zur Selbstsorge dar. Auf den Einwand, dass der Name Gottes in diesem Segensspruch gar nicht vorkommt, entgegnete Fliege, dass man dem deutschen Publikum mit Gott nicht mehr kommen könne.[738]

Gleichzeitig benutzt Fliege diesen Satz ähnliche einem Ritual. Am Ende jeder Sendung wendet sich Jürgen Fliege direkt an den Zuschauer. Er gibt ihnen mit diesen Worten Anlass noch einmal über das vorher Gehörte nachzudenken. Auch die anfängliche kurze Ansprache in jeder Sendung gleicht einem Ritual. Dieses Ritual spielt sich in einem bescheidenen Raum ab. Die Farben der Wän-de sind in hellem blau gehalten, darauf der Name Fliege in rot. Die Bühne ist durch zwei Stufen vom Publikum getrennt. Der Boden ist violett - symbolisch die Farbe der Buße. Auf der Bühne steht neben dem Stuhl für Jürgen Fliege je-weils ein leerer Stuhl für den nachfolgenden Gast. Die Anzahl der Stühle wird mit Zunahme der Gäste im Laufe jeder Sendung erhöht. Ein Vergleich mit ei-nem Beichtstuhl wäre nicht ganz treffend, dennoch kommt dem jeweiligen lee-ren Stuhl vor jeder Ankündigung eines neuen Gastes eine gesteigerte Bedeutung zu, wenn Fliege sagt: "Auf diesen Stuhl möchte ich nun Frau X setzen." Der Moderator bittet seine Gäste mit der Formel "Kommen Sie und erzählen Sie uns Ihre Geschichte" auf die Bühne. Was zunächst als Einheit wirkt, nämlich jeder einzelne Mensch und seine ganz persönliche Geschichte, die wie Jürgen Fliege immer wieder betont äußerst kostbar seien, klappt bei genauerer Betrachtung im Laufe des Gesprächs immer mehr auseinander. Die Geschichte rückt immer in den Vordergrund. Einige Gäste treten sogar anonym auf, berichten hinter Lein-wand und mit technisch verfremdeter Stimme. Diese Gäste möchten scheinbar ihre Geschichte erzählen, wollen aber nicht erkannt werden. Doch auch bei zö-gernden Gästen, die nicht weiterreden wollen, ist Fliege im Zweifelsfall die Ge-schichte wichtiger als der Mensch. Bei Zögern hakt er nach mit Sätzen wie:

---

[738] Jürgen Fliege zit. nach Schieder, "Die Talkshow als 'säkularisierte Beichte'? Jürgen Flieges Seelsorge und der Wille zum Wissen", Quelle: <http://www.gep.de/medienpraktisch/ame-dienp/mp1-98/1-98schi.htm> (31.07.2003), 2.

"Wir wollen jetzt Licht in ein Tabu bringen." Bei weiterem Zögern greift er auch zu härteren Maßnahmen. So droht er beispielsweise einer Frau, die sich weigert weitere Details über ihren Mann zu offenbaren: "Die Kamera kann ganz nah an Sie heranfahren!"[739] Durch seine Rhetorik und die eingesetzte Studiotechnik treibt er seine Gäste eher in die Enge und übt Druck aus als ihnen Hilfe anzubieten. Der Gesprächsverlauf wird durch konkretes Nachfragen und direktes Lenken gesteuert. Das Ende der Geschichten und Geständnisse setzt das Publikum schließlich mit seinem Applaus. Ist die Beichte nun abgelegt und handelt es sich beim Publikumsapplaus um eine Form der Vergebung?

Beichte im eigentlichen Sinn ist immer eine Art Privatsache, insofern dass sie nicht für die Öffentlichkeit bestimmt ist. Somit kann eine Talkshow auch nicht als Beichte bezeichnet werden, so sehr Jürgen Fliege auch von der befreienden Wirkung seiner Sendung und einer religiösen Interpretation überzeugt sein mag. Die Gäste gestehen weder ihre Schuld ein, noch bitten sie um Vergebung. Flieges Zuhören hat weder eine heilende Wirkung noch hilft es den Gästen wohl wirklich. Der Applaus der Zuschauer ist nicht mehr als ein Dankeschön für Unterhaltung. Rolf Schieder ist zuzustimmen, wenn er festhält: "Die geständigen Gäste und ihre Geschichten sind Teil einer Gesamtinszenierung, die auf eine 'Moral von der Geschicht' hinausläuft."[740] Auch wenn Jürgen Fliege immer wieder den seelsorgerlichen Anspruch seiner Sendung betont, ist sie letztendlich nicht mehr als eine Unterhaltungssendung im Ratgeberformat. Dem Kommunikationswissenschaftler Jo Reichertz, der sich mit "medialer Diesseitsreligion" auseinandersetzt, ist zwar zuzustimmen, dass Medien durchaus religiöse Züge haben, dass aber das Fernsehen Raum für die befreiende Beichte schafft und Absolution erteilt, ist zu bezweifeln.[741] Hier hat man es eher mit einer inszenierten Form von ritualisierten Handlungen zu tun, die dem Zweck der Unterhaltung dienen.

Medienethisch bedenklich ist hinsichtlich dieser Sendung wohl am meisten der Umgang Jürgen Flieges mit den Gästen und die Akzentsetzung auf die Ge-

---

[739] Vgl. Schieder, "Die Talkshow als 'säkularisierte Beichte'? Jürgen Flieges Seelsorge und der Wille zum Wissen", Quelle: <http://www.gep.de/medienpraktisch/amedienp/mp1-98/1-98schi.htm> (31.07.2003), 2.

[740] Ebd., 3f.

[741] Vgl. Jo Reichertz, "Trauung, Trost und Wunder. Formen des Religiösen im Fernsehen", in: *Medien praktisch* (04/1996), 4-10. Vgl. auch ders., *Die frohe Botschaft des Fernsehens. Kulturwissenschaftliche Untersuchung medialer Diesseitsreligion*, Konstanz (UVK) 2000, 243: "In den Formaten für performative Fernsehauftritte kann (…) jeder, der dies tun möchte und daran glaubt, die Beichte ablegen und auch Vergebung erlangen."

schichten. Nach den Erfahrungen, die diese Menschen durch die Veröffentlichung ihres Schicksals machen, wurde bisher wenig gefragt und waren kaum Gegenstand systematischer Analysen. Aussagen von Gästen lassen auf diesen Mangel schließen. Während die Sendung zwar insgesamt in den Umfragen als überwiegend positiv beschrieben wird, finden sich auch mehrere kritische Stimmen unter den Befragten. Auf die Frage nach der Wirkung des Moderators machen von 40 Befragten Talkshowteilnehmern unterschiedlichster Art 50 % ambivalente oder negative Angaben.[742] Darunter kritische Bemerkungen, weil dem Gast beispielsweise keine Hilfestellung ihm Gespräch gegeben wird oder die Nähe zum Thema fehlte. Eine Teilnehmerin von *Fliege* machte die Aussage: "Und dann hat der Herr Fliege einen dann so aufgerufen, und dann tat er so betroffen, aber der war überhaupt nicht betroffen. Ich kam mir da vor, als ob der total sensationslüstern war."[743] Auch Starallüren und ein mehr am Erfolg der Sendung als an der Person und Geschichte des Gastes interessiertes Verhalten rückten den Moderator in ein schlechtes Licht.

Aber auch inhaltlich stellen sich medienethische Fragen. Im Januar 2002 ist die Talkshow beispielsweise in die Kritik geraten, als eine Sendung zum Thema "alternative Medizin" zu einem erheblichen Teil mit Werbung einer Psychosekte für Transzendentale Meditation des Gurus Maharishi bestritten wurde.[744] Im Jahre 2003 geriet Jürgen Fliege erneut in die Kritik, weil er zu seiner Sendung einen "Gesundheitskatalog" im Internet veröffentlichte, der Präparate beinhaltete, die im Handel nicht vertrieben werden durften und keine amtliche Zulassung vorlag.[745] In beiden Fällen überschritt Jürgen Fliege sowohl seine Rolle als Moderator als auch seinem Selbstverständnis folgend seine Rolle als Seelsorger und Helfer der Menschen. Einschaltquote und finanzielle Gewinne scheinen in diesen Fällen das Handeln zu bestimmen. Medienethisch rückt dabei auch der Sender ARD in das Blickfeld, indem sich die Frage stellt, inwieweit die Quote das Angebot bestimmt. Bereits 1999 berieten die ARD-Fernsehdirektoren über die Absetzung der Talkshow, nachdem Jürgen Fliege in einem Interview für das Softpornomagazin "Penthouse" Gott als "den Gangster da oben" bezeichnet und

---

[742] Vgl. Bente/ Fromm, *Affektfernsehen*, 104f.
[743] Ebd., 132.
[744] Vgl. dazu die Analyse der Sendung vom 09.01.2002 von Ingo Heinemann, *ARD: Schleichwerbung für den Maharishi-Kult*, Quelle: <http://www.agpf.de/TM-Schleichwerbung.htm> (12.07.2005), [o.S.].
[745] Ebd.

die Kreuzestheologie "schwarze Pädagogik" genannt hatte.[746] Die Talkshow Be-
fürworter argumentierten, dass es keine Alternative zu Fliege geben würde und
die Sendung wurde fortgesetzt. Ende 2005 wird die Sendung nun doch abge-
setzt, allerdings nicht aufgrund inhaltlicher Kritik, sondern aufgrund zu niedri-
ger Einschaltquoten.

Insgesamt ist bei Talksendungen wie "Fliege" und anderen medienethisch am
gewichtigsten, dass nicht mehr journalistische Überlegungen im Vordergrund
stehen, sondern die pure Emotionalisierung innerhalb der Öffentlichkeit. Bei den
Zuschauern führt diese Emotionalisierung gelegentlich zu einer Solidarisierung.
Man kennt die Situation, die Lebenskrise oder die Probleme der erzählenden
Talkgäste und fühlt mit ihnen mit. Das Fernsehen übt so via Talkshows insgesamt betrachtet durchaus praktische Seelsorge an den Bürgern aus. Doch auch
hier setzt das Medium Fernsehen, wie im vorangehenden Beispiel darauf, Erfahrungen weiterzugeben, ohne automatisch zu Kommunikation zu führen. Die Zuschauer bleiben mit ihren rezipierten Bildern und Erzählungen allein. Der Aspekt der praktischen Seelsorge des Fernsehens und die Erfahrungen, die hier
medial vermittelt werden rücken die Talkshow genauso in das Blickfeld medienethischer Auseinandersetzungen von Theologie und Kirche wie die Zuschauer, die solche Sendungen rezipieren. Auch hier gilt es nicht das Sendeformat zu disqualifizieren, sondern das dahinter stehende Bedürfnis nach Orientierung und Lebensdeutung der Menschen theologisch aufzunehmen und zu reflektieren.

4.1.3. Mel Gibsons "Die Passion Christi"

Wie bereits mehrmals festgehalten, sind Erfahrung und Kommunikation zwei
bedeutende Aspekte, die sowohl der Religion als auch dem medialen Prozess
zugrunde liegen.[747] Diesen Gedanken greifen auch Eleonore Näf und Leo Karrer
auf und fordern dazu auf, sich auch im Kontext von Filmen mit Medienerfahrungen aus theologischer Perspektive auseinanderzusetzen:

"Ist es Aufgabe der Praktischen Theologie, gegenwärtige Lebenspra-
xis und Wirklichkeitserfahrungen im Lichte des Evangeliums zu ver-

---

[746] Vgl. Ansgar Graw, *Jürgen Fliege, Hohepriester und Quotenpapst der totalen Toleranz*
(13.07.1999), Quelle: <http://www.welt.de/daten/1999/07/13/0713fo121285.htx?print=1>
(31.07.2003), 1.
[747] Vgl. dazu Kapitel 3.5.2. Lebenserfahrung - spirituelle Erfahrung - Medienerfahrung, 267ff.

stehen und zu deuten, so wird sie im Kontext der Mediengesellschaft auch auf die Filmerfahrung verwiesen. Denn der Film als mediales Kunstwerk ist in dichter Weise Erfahrungsträger und Interpretation von Erfahrung."[748]

Als drittes Beispiel soll deshalb mit Mel Gibsons 2004 erschienenen Film "Die Passion Christi" ein Kinofilm medienethisch genauer betrachtet werden. Dieser Film bietet sich für eine genauere medienethische Reflexion aus theologischer Perspektive nicht nur deshalb an, weil er als explizit religiös auszumachen ist, sondern auch weil es bereits im Vorfeld der Ausstrahlung zu heftigen Diskussionen und selbst in kirchlich-theologischen Kreisen zu sehr kontroversen Meinungen kam.[749] Gemessen an den Besucherzahlen und an den ausgelösten Debatten um diesen Film, stellt "Die Passion Christi" einen neuen Höhepunkt in der Geschichte der Jesusverfilmungen dar, die ihrerseits bereits auf eine Zeitspanne von 100 Jahren zurückblicken kann.[750] Der Film, der von den letzten zwölf Stunden im Leben Jesu, von der Gebetsnacht im Garten Gethsemane bis zum Tod am Kreuz erzählt, wurde in erster Linie wegen der Kontroverse um die Brutalität und den Antisemitismus-Vorwurf lange Zeit zum Gesprächsthema.

Kann man sich bei jedem Film die Frage stellen, was einen guten von einem schlechten unterscheidet, so steht auch bei der Auseinandersetzung mit Jesusfilmen zunächst am Anfang die Frage, was eigentlich einen guten von einem schlechten Jesusfilm unterscheidet. Es ist insgesamt nicht leicht eine Antwort auf diese Frage zu finden, bzw. die Antworten werden je nach theologischem Interesse und theologischer Kenntnisse verschieden ausfallen. Hier soll jedoch die theologische Perspektive bezogen werden und von da aus in einem medien-

---

[748] Eleonore Näf/ Leo Karrer, *Gewaltige Opfer - Gewaltige Täter: Seelsorge in der Spannung zwischen Opfer und Täter. Praktisch-theologische Reflexionen zu Dead Man Walking*, in: Leo Karrer u.a. (Hg.), *Gewaltige Opfer. Filmgespräche mit René Girard und Lars von Trier*, Köln (KIM u.a.) 2000, 139-151, hier 140.

[749] Michel Friedmann, Ex-Vizepräsident des Zentralrats der Juden in Deutschland, urteilte "Antisemitismus unter dem Deckmantel eines Films", während Papst Johannes Paul II. den Hauptdarsteller Jim Caviezel zweimal zu einer Privataudienz einlud und ihm den Segen erteilte. EKD und Katholische Deutsche Bischofskonferenz dagegen meldeten Bedenken an, während die evangelischen Kirchen Österreichs geschlossen ein vernichtendes Urteil über den Film fällten und ihn ablehnten. Vgl. dazu Quelle: <http://www.jesus-online.de/article.php? article= 3241> (17.03.2004).

[750] Bis heute wurden etwa 120 Jesusfilme produziert. Vgl. dazu Melanie Helm, "Jesusfilme in Geschichte und Gegenwart", in: *Stimmen der Zeit* 3 (03/2005), 161-170, hier 161. Zur Geschichte der Jesusdarstellungen im Film vgl. ausführlicher Georg Langenhorst, *Jesus ging nach Hollywood. Die Wiederentdeckung Jesu in Literatur und Film der Gegenwart*, Düsseldorf (Patmos) 1998, 36-42.

ethischen Kontext der Frage nachgegangen werden, wie mit solch einem Film umzugehen ist.

Solch eine Auseinandersetzung macht es zunächst erforderlich einige Bewertungskriterien festzulegen. Georg Langenhorst hat in der Auseinandersetzung mit Jesusdarstellungen in Literatur und Film in seinem Buch *Jesus ging nach Hollywood* vier grundsätzliche Bewertungskriterien ausgemacht hat, die hier aufgegriffen werden sollen, nämlich 1. die ästhetische Stimmigkeit, 2. die theologische Stimmigkeit, 3. Originalität und 4. die Wirkung auf den Zuschauer.[751]

Nach Langenhorst bemisst sich die ästhetische Stimmigkeit daran, ob der Filmproduzent in seiner Erzählweise und Bildführung eine Einfühlung in den konkreten Stoff erkennen lässt oder zum Beispiel eher auf Mittel unterhaltungsfilmartiger Alltagsproduktionen zurückgreift. Unter dem Kriterium der theologischen Stimmigkeit ist danach zu fragen, ob der Filmproduzent sich nicht nur mit den historischen Quellen auseinandergesetzt hat, sondern auch, ob er beispielsweise den gegenwärtigen Diskussionsstand zur Kenntnis genommen hat. Das Kriterium der Originalität fragt nach der Eigenständigkeit des Filmproduzenten. Arbeitet der Film mit Stereotypen, Klischees und Wiederholungen oder lässt er einen eigenen Ansatz erkennen, der eine neue Perspektive aufzeigt? Das vierte und letzte Kriterium ist in einem medienethischen Kontext besonders interessant: wie wirkt der Film auf den Zuschauer? Das heißt hier ist nicht nur danach zu fragen, ob der Film anspruchsvolle Unterhaltung bietet, sondern auch danach, welche konkreten Reaktionsmöglichkeiten dem Publikum eingeräumt werden. Hat das Publikum nur die Möglichkeit den Film zu mögen oder abzulehnen oder regt er zur konstruktiven Auseinandersetzung an?

Unter Berücksichtigung dieser Kriterien ist Mel Gibsons Film "Die Passion Christi" genauer zu betrachten:

Der Film beginnt zunächst mit dem Zitat aus Jesaja 53,5: "Aber er ist um unsrer Missetat willen verwundet und um unsrer Sünde willen zerschlagen. (...) durch seine Wunden sind wir geheilt". Mit diesem Zitat greift Gibson mit dem stellvertretenden Leiden ein zentrales Thema aus Jesaja auf und versucht darauf seinen Film aufzubauen. Das Leiden des Gottesknechtes vermittelt, wie in mehreren Stellen in Jesaja, Sündenvergebung für viele (z.B. Jes 50,4-9; 52,13-53,12). Gibson legt deshalb den Schwerpunkt seines Filmes auf das Leiden, interpretiert die

---

[751] Vgl. Langenhorst, *Jesus ging nach Hollywood*, 244-250, für dieses Zitat und den nachfolgenden Absatz.

Wunden als körperliche Schmerzen und macht so Leid und Gewalt zum zentralen Symbol seines Filmes. Mit dieser Intention verkennt der Regisseur den gegenwärtigen theologischen Diskussionsstand. Hier liegt ein großes Missverständnis des Jesajazitates vor, denn entscheidend ist nicht die Schwere oder Härte des Leidens - die zahlreiche Menschen weltweit auf viel grausamere Weise erlebt haben und auch immer noch erleben -, sondern, wie die Evangelische Kirche in Deutschland in einer theologischen Kurzeinschätzung zu diesem Film festhält: "Das Geheimnis der Erlösung ist die Art der 'Wunde', die er getragen hat, nämlich die Sünde der Gottesferne."[752] Dementsprechend basiert der Film auf einem falschen Wundverständnis des Regisseurs und Produzenten Gibson, denn nicht die äußerlichen Verletzungen sind das entscheidende Moment, sondern die Sünde der Gottesferne, die Jesus stellvertretend für die Menschheit trägt und bis zur Extremsituation in der Todesstunde ("Mein Gott, mein Gott, warum hast du mich verlassen?" Mk 15,34) durchleidet. Nicht die Äußerlichkeit des Leidens ist von zentraler Bedeutung, dementsprechend wird auch die Geißelung im Neuen Testament lediglich mit einem halben Satz erwähnt (Mk 15,15), während die Geißelungsszene in Mel Gibsons Film eine viertel von insgesamt fast zwei Stunden Filmdauer einnimmt. Leiden und Sterben Jesu werden fast ohne Bezug zu seinem Leben und Wirken dargestellt und so ihres notwenigen Kontextes beraubt und dadurch missdeutbar. Gibson fokusiert fast ausschließlich das Passionsgeschehen, verzichtet dabei auf die Predigt Jesu vom Reich Gottes und fügt Rückblenden ein, die fast alle auf sein bevorstehendes Leiden hindeuten. Damit macht der Regisseur jedoch Anklage und Verurteilung zur nicht nachvollziehbaren Voraussetzung des Sühnetods.

Die Ästhetik des Films gilt als besonders umstritten und bot bereits im Vorfeld der Erstausstrahlung Anlass für zahlreiche Diskussionen. Während die Dramaturgie des Films zum einen farblich - durch dunkle Farben am Anfang, die im Laufe des Films immer mehr von Rot- und Brauntönen, den symbolischen Farben des Leidens und des Schmerzes abgelöst werden - und zum anderen akustisch - durch den Einsatz der damaligen Sprachen, nämlich Aramäisch und Latein - sehr gut auf die Handlung abgestimmt ist, setzt Gibson allerdings auch zahlreiche Stilmittel und Stereotypen ein, die aus dem Horrorfilmsujet entnommen sind. Der Satan in androgyner Gestalt fehlt ebenso wenig wie Zeitlupenaufnahmen und künstliche Nebelschwaden. Gibson lässt kein Element aus, um die einzelnen Szenen so grausam wie nur möglich darzustellen. Nach Stockhieben,

---

[752] EKD, *Thesen zu Mel Gibsons Film 'The Passion of Christ'. Theologische Kurzeinschätzung der Evangelischen Kirche in Deutschland (EKD)*, Quelle: <http://www.ekhn.de/info/themen/the_passion/visarius.htm> (13.12.2004), [o.S.].

Faustschlägen, und blutigem Rücken folgen Peitschen mit scharfen Metallplätchen, die dazu bestimmt sind, die Haut bis auf die Knochen vom Fleisch zu reißen bis sich auf dem bereits blutbespritzten Pflaster ganze Blutbäche in den Ritzen ansammeln. Keine Stelle des Körpers ist ohne Verletzung oder Blut. Jesus wird bei Bewusstsein an Ketten davon geschleift, gefolgt von einer dicken Blutspur. Die Geißelungsszene ähnelt in seiner Darstellung einem Splatter-Movie.[753] Kein Mensch könnte diese Geißelung jemals überleben. Damit ist jedoch erst die erste Hälfte des Films vorbei. Die zweite Hälfte zeigt den Gang nach Golgatha zur Kreuzigung und die Kreuzigung Jesu. Zeitlupen und Nahaufnahmen zeigen wie die Nägel in die Hände geschlagen werden. Das Schultergelenk reißt bei der Nagelung an den Kreuzesbalken. Der römische Legionär, der Jesus die Lanze in die Seite sticht, wird von einer wahren Blutdusche überrieselt. Der ganze Film ist insgesamt eine endlose und äußerst blutige Folter.

**Abbildung 7: Ausschnitt aus Mel Gibsons Film
"Die Passion Christi"**[754]

Auch die Auseinandersetzung mit den historischen Quellen muss kritisch betrachtet werden. Die Grundlagen für den Film bilden die kanonisierten Evangelien. Wie Mel Gibson in einem Interview mit dem Nachrichtendienst Zenit sagte, war es seine Absicht, die Geschichte genauso zu erzählen, wie sie die Bibel erzählt, da das Evangelium seiner Meinung nach ein vollständiges Drehbuch

---

[753] Eigenes Filmgenre im Bereich des Horrorfilms. Vom engl. "splatter" = Blut verspritzen.
[754] Quelle: <http://www.passion-film.de> (14.03.2005).

sei.[755] Gibson konzentriert sich jedoch nicht auf ein Evangelium, sondern setzt sein Drehbuch wahllos aus einzelnen Elementen der vier verschieden akzentuierten Passionstexte zusammen. So findet sich beispielsweise der Suizid des Judas allein im Matthäusevangelium (Mt 27,3-10), während von der Begegnung Jesu mit Herodes Antipas ausschließlich im Lukasevangelium berichtet wird (Lk 23,6-12). Darüber hinaus greift Gibson zusätzlich auf außerbiblische Quellen zurück.[756] So fehlt auch nicht die Legende um das blutgetränkte Schweißtuch der Veronika, die auf dem Weg nach Golgatha an Jesus herantritt und ihm ein weißes Tuch reicht, das Jesus sich in sein blutverschmiertes Gesicht drückt.

Theologisch ist an dem Film einiges fragwürdig. Neben der übermäßigen Darstellung von Gewalt, Brutalität und Misshandlung, die man kaum als Stilmittel relativieren kann, und dem unauflöslichen Zusammenhang von Passion und Auferstehung, von Leiden, aber auch Freiheit, die die christliche Wahrnehmung bestimmen und die der Regisseur völlig außer Acht lässt, ist vor allem der Schluss des Films theologisch strittig. Am Ende des Films verfinstert sich nicht nur der Himmel und der Vorhang im Tempel reißt entzwei, sondern es kommt ein gewaltiges Gewitter mit erdbebenähnlichen Zügen, so dass der gesamte Tempel entzwei bricht. Das alttestamentliche Bild des rachsüchtigen Gottes drängt sich auf. Das geht völlig an der Theologie des Neuen Testaments vorbei, das den Gott der Liebe, Verzeihung, Versöhnung und Vergebung der Sünden verheißt. Dementsprechend kurz wird die Auferstehung lediglich als zweiminütige Sequenz am Ende angedeutet und damit fast belanglos. Der Zuschauer wird mit den Grausamkeiten förmlich ohne Erklärung allein gelassen. So wies auch der bayrische evangelische Landesbischof Johannes Friedrich darauf hin, dass er die "Auferstehungsszene am Schluss des Films, die über das Leid hinausweisen und eine Antwort geben könnte" als "kitschig und nahezu lächerlich" empfunden habe.[757] Gerade in der Auferstehung liegt jedoch ein zentraler Aspekt der Botschaft, die die Sakralität des Opfers überwindet.

In diesem Zusammenhang erhält auch der Vorwurf antijüdischer Tendenzen sein Gewicht, den vor allem besorgte Vertreter jüdischer Organisationen gegen den Film erhoben haben und die Vertreter des Zentralrates der Juden in Deutschland,

---

[755] Ilona Mahel, *Die großartigste Geschichte - die niemals richtig erzählt wurde*, Quelle: <http//www.jesus-online.de/article.php?article=4139> (17.03.2004), [o.S.].
[756] Vgl. Helm, "Jesusfilme in Geschichte und Gegenwart", in: *Stimmen der Zeit* 3 (03/2005), 167.
[757] So Landesbischof Johannes Friedrich im Interview *Landesbischof Friedrich kritisiert Kinofilm <Die Passion Christi>*, Quelle: <http://de.news.yahoo.com/040317/336/3xug9.html> (17.03.2004), [o.S.].

der Deutschen Bischofskonferenz und der Evangelischen Kirche in Deutschland im März 2004 zu einer gemeinsamen Stellungnahme zum Film "Die Passion Christi" veranlassten.[758] Zwar bemüht sich Gibson in seinem Film darum weder den Juden noch den Römern die Schuld an Jesu Tod zuzuweisen, sondern die Mitverantwortlichkeit jedes Menschen durch seine Sünde hervorzuheben, allerdings leistet er antijüdischen Tendenzen durch die flache Darstellung der Charaktere der jüdischen Obrigkeit durchaus Vorschub und zeigt so insgesamt wenig Sensibilität für die Wirkungsgeschichte, die die Passion in der christlichen Welt entfaltet hat. Sie hat den Juden eine fortwährende Blutschuld zugeschrieben, auf dem auch der Antijudaismus und der Holocaust der Nazis aufbauen konnten. Die christlichen Kirchen haben seit Ende des Zweiten Weltkrieges die Verantwortung für die Verbrechen an den Juden angenommen und reflektieren seither die Verwurzelung Jesu im Judentum. Mel Gibsons Film zeigt in dieser Hinsicht wenig Verantwortungsgefühl.

Dies führt zum nächsten Kriterium und der Frage nach der Originalität. Dem Film kann man hier eine besondere Expressivität des Ausdrucks zu Gute halten, indem ein Schwerpunkt auf eine nicht so häufig gewählte Perspektive gelegt wird, nämlich das Leiden Gottes. Allerdings bietet der Regisseur Gibson eine sehr eigenwillige Interpretation, die durch seine zusammengesetzte Collage aus den vier Evangelien, die er durch Ergänzungen und Eingriffe ausschmückt, als Verfälschung deutbar wird. Durch viele kleine Elemente, die einer dualistischen Aufteilung in gut und böse folgt - beispielsweise die Gegenüberstellung von Jesus und dem Satan - vermittelt der Film eine problematische Schwarz-Weiß-Zeichnung, die so in den Evangelien nicht vorkommt.

Damit einher geht die Frage nach dem Kriterium der Wirkung auf den Zuschauer. Gemessen an den Zuschauerzahlen und Reaktionen hat der Film im Sinne des Erfolges seine Wirkung nicht verfehlt. Es stellt sich jedoch die Frage, wie die Jesusdarstellung auf den Zuschauer wirkt. Ob der Film zu einer Auseinandersetzung mit dem eigenen Jesusbild anregt, ist zweifelhaft. Problematisch erscheint hier, dass im allgemeinen Bewusstsein der Geltungsanspruch religiöser Inszenierungen oft dem Geltungsanspruch von Tatsachenbehauptungen gleichgestellt wird. Das heißt, es besteht die Gefahr, dass der Film als Tatsachenbe-

---

[758] Evangelische Kirche in Deutschland/ Deutsche Bischofskonferenz/ Zentralrat der Juden in Deutschland: *Gemeinsame Stellungnahme zum Film "Die Passion Christi" von Präsident Paul Spiegel, Karl Kardinal Lehmann und Bischof Wolfgang Huber (18.03.2004)*, das Dokument ist im Internet abrufbar unter: <http://www.dbk.de/stichwoerter/menu.html> (19.03.2005).

richt im Sinne eines Dokumentarfilmes missdeutet wird und dadurch jegliche differenzierte Auseinandersetzung mit der Thematik für überflüssig erscheinen lassen könnte. Darüber hinaus entstehen dadurch Plausibilitätsprobleme. Durch das Auseinanderklaffen der aus christlicher Sicht unauflöslichen Zusammengehörigkeit von Passion und Auferstehung vermag der Film dem Zuschauer keine Antwort auf die Frage nach dem Sinn des Leids, der Schmerzen und des Tods zu geben. Der Verkündigungsinhalt ist inszeniert und inhaltlich entleert. Heilsame Erfahrung wird nicht vermittelt. Dieser Film, der eine religiöse Thematik behandelt, löst sich von seiner ursprünglich religiösen Beheimatung ab. Der christliche Glaube wird inhaltlich entkernt.

Erkenntnisse darüber, wie ein solcher Film und die ihm zugrunde liegenden Sinnstrukturen mehrheitlich tatsächlich rezipiert werden, können auf diesem Weg sicherlich nicht gewonnen werden. Dazu wäre es erforderlich empirische Rezeptionsuntersuchungen durchzuführen. Dennoch zeigen die hier vorgestellten Erkenntnisse, dass eine theologische Auseinandersetzung dringend geboten ist. Gerade die Theologie kann sich weder in der Jugendbildung, noch in der Erwachsenenbildung oder dem Religionsunterricht der öffentlichen Diskussion entziehen, die gerade von Seiten des Judentums die durchaus berechtigte Frage stellt, ob dieser Film das zeigt, was nicht-christliche und andersgläubige Menschen über das Christentum wissen sollten. Es gilt auch danach zu fragen, wie solch ein Film die Leidenserfahrungen Jesu beschreibt und wie stark es diese im Sinne des Unterhaltungsinteresses stilisiert. Denn "der Sinn einer Erzählung hängt auch vom Sinn für das Maß ab"[759], so der bayrische Landesbischof Johannes Friedrich in einem Interview zu "Die Passion Christi".

Dem Fazit der der Evangelischen Kirche in Deutschland zu dem Film ist nach der kurzen Analyse des Films zwar durchaus zuzustimmen, wenn sie festhält: "Der Film von Mel Gibson 'The Passion of Christ' sollte von den Kirchen weder empfohlen noch 'skandalisiert' werden, sondern es sollte nüchtern gesagt werden, was der Film ist: eine auf die letzten zwölf Stunden reduzierte Illustration der biblischen Passionsgeschichte, der die theologische Tiefe fehlt, die seine Brutalität ausgleichen könnte."[760] Aus medienethischer Perspektive kann diese

---

[759] So Landesbischof Johannes Friedrich im Interview *Landesbischof Friedrich kritisiert Kinofilm <Die Passion Christi>*, Quelle: <http://de.news.yahoo.com/040317/336/3xug9.html> (17.03.2004), [o.S.].

[760] EKD, *Thesen zu Mel Gibsons Film 'The Passion of Christ'. Theologische Kurzeinschätzung der Evangelischen Kirche in Deutschland (EKD)*, Quelle: <http://www.ekhn.de/info/themen/the_passion/visarius.htm> (13.12.2004), [o.S.].

Einschätzung jedoch nicht genügen. Gerade an die Theologie ist die Aufgabe gestellt, wie mit diesem Film theologisch verantwortungsbewusst umzugehen ist. Will man sich dieser Aufgabe stellen, erfordert dies sicherlich einen größeren zeitlichen und inhaltlichen Aufwand, wie er hier betrieben werden kann. Lässt man sich jedoch auf eine genauere Auseinandersetzung ein, so macht dieser Film, wie Melanie Helm festhält, "aufmerksam auf einen für die wissenschaftliche Theologie alarmierenden religionssoziologischen Trend hin zu unhinterfragt angenommenen sogenannten Wahrheiten und deren mystischer Verklärung und schärft den Blick für das Eigentliche unseres Glaubens"[761]. Die Auseinandersetzung mit Filmen kann in diesem Zusammenhang vielleicht helfen, Plausibilitätsprobleme abzubauen, indem der religiöse Konstruktionscharaker bewusst gemacht wird.

4.1.4. Zur ethischen Beurteilung: Religion zwischen Erlebnis und Unterhaltung

Diese drei ausgewählten Beispiele von Selbst- und Fremddarstellungen gaben nur einen exemplarischen Einblick in das vielfältige Geflecht von Medien und Religion. Dabei wurde zunächst etwas sehr Paradoxes ersichtlich: während die institutionalisierte Form christlicher Religion an Bedeutung zu verlieren scheint - ein häufig von Religionssoziologen registriertes Phänomen -, ist Religion in den Medien überall präsent. Der Rückgang kirchlicher Religion ist folglich nicht gleichzusetzen mit dem Ende der Religion. Religion erscheint vielmehr in neuen Formen und Orten anstatt in institutionalisierten Formen überlieferter Kirchlichkeit. Die Medien dienen dabei als Plattform. Die in und über sie vermittelte Religion und Religiosität bezieht sich weniger auf Traditionen, sondern knüpft stattdessen an religiöse Emotionalität und subjektive Erfahrungen an. Die Inhalte, die die Medien zur Verfügung stellen, beziehen sich dabei immer mehr auf die Handlungsbereiche der Menschen und präsentieren ihnen auch immer häufiger Sinnangebote. Diese Angebote versuchen der Strukturierung der Wahrnehmung entgegenzukommen, aber auch der Normierung des emotionalen Erlebens und der ideologischen Orientierung. Jeder einzelne ist dabei vor die Aufgabe gestellt, seine eigene Religiosität aus einer Vielzahl von Sinnangeboten auszuwählen. So entsteht eine Sichtweise von Religion, die biographische Züge trägt und individuell geprägt ist. Jeder legt für sich selbst fest, was religiös ist. Ob Internet, Talk-Show oder Kinofilm, der Rezipient ist auf der Suche nach religiösen

---

[761] Helm, "Jesusfilme in Geschichte und Gegenwart", in: *Stimmen der Zeit* 3 (03/2005), 170.

Thematiken, wenn er diesen über die Medien nachgeht, größtenteils auf sich selbst gestellt. Wie vor allem die Überlegungen zum Internet zeigten, ist der Rezipient hier zudem nicht einfach nur passiver Konsument, sondern kann auch sein eigener Produzent werden und seine eigene Theologie im Netz verbreiten. In der Komplexität und Pluralität der Medien ändert auch Religion ihre Ausdrucksformen und Handlungsfelder.

Individuen, die über Medien einen Zugang zu Religion suchen, sind bei dieser Suche auf eine Religionspädagogik als religiöser Bildung angewiesen. Religiöse Orientierung und eine tiefgehende Reflexion der Wirklichkeit bilden einen Gegenpol zu Desorientierung und Zerstreuung, die "neureligiöse" mediale Erscheinungen nicht bieten können. Dies aufzudecken ist Aufgabe der Theologie, die sich nicht einfach mit der Instrumentalisierung der Religion abfindet. Denn dies ist eine Tendenz, die sich hinsichtlich der Medien feststellen lässt: die Instrumentalisierung der Religion zum Zweck der Unterhaltung. Sakrales Auftreten, Personenkult mit religiösen Zuschreibungen und effekthascherisches "Patchwork" religiöser Themen treten an die Stelle von Substanz. Ob eine ins Unterhaltungsformat eingekleidete Religion die Möglichkeit eröffnet, Religion wieder tiefer erfahren zu können, bleibt fraglich. Wie Elisabeth Hurth festhält:

> "Religiöse Bedürfnisse und Sehnsüchte werden zunehmend in den massenmedialen Prozess der Sensationalisierung und Kommerzialisierung hineingezogen. Was dabei ins Spiel kommt, ist eine Religion, die nicht mehr erzieht und befreit, sondern verführt und versklavt und so in der Haltlosigkeit der Zeit keine Sicherheit und Geborgenheit mehr schenkt."[762]

Notwendig ist deshalb, der christlichen Religion eine Unverfügbarkeit zu sichern, die davor schützt, dass jeder nach Beliebigkeit alles mit einer religiösen Signatur überzieht.

Der Einzug der Religion ins Unterhaltungsformat macht es jedoch nicht einfach die Übergänge und Grenzen zwischen dem Religiösen und Unterhaltsamen festzustellen. Wie der Film "Die Passion Christi" zeigte, wird in diesem Grenzbereich des Religiösen und Unterhaltsamen z.B. auch das biblisch-christliche Jesus-Bild in einer individuellen Religiosität aufgelöst. Dieses Phänomen, dass sich beispielsweise die Jesusgestalt in einer Fremddarstellung und gleichsam

---

[762] Hurth, *Zwischen Religion und Unterhaltung*, 139.

privaten Religiosität zeigt, ist zwar nicht neu, doch verweist sie auf eine Entwicklung, deren Folgen noch nicht absehbar sind und bisher auch zu wenig in praktisch-theologischen Überlegungen bedacht werden, vor allem das Auseinanderklappen zwischen kirchlicher Kultur und Unterhaltungskultur der Medien. Die neuen Ausdrucksformen und Handlungsfelder sind dabei durchaus ernst zu nehmen, doch sollte eine Theologie sich nicht ausschließlich auf das Aufspüren von "unsichtbarer Religion" konzentrieren, sondern sich vielmehr mit der Indifferenz gegenüber institutioneller und tradierter Form von Religion auseinandersetzen, in der der Mensch zum alleinigen Gestalter der Religion wird. Eine "soap religion"[763], die religiöse Themen ohne Bindung an die Tradition und Institution spielerisch inszeniert, entleert diese letztendlich und führt nicht zu religiöser Erfahrung und Beheimatung, sondern zu Desorientierung. Theologie und Religionspädagogik mit ihrem Interesse an Symboldidaktik und text- und bildbegleiteten Lernprozessen können hier die medienethische Debatte befruchten. Darauf ist im nächsten Punkt genauer einzugehen.

4.2. Von der erfahrungsorientierten und kommunikativen Medienarbeit zur Medienkompetenz - Medienrezeption als ethisch verantwortliches Handeln

Der öffentlich-rechtliche Grundauftrag der Massenmedien in Deutschland richtet sich nach den drei Bereichen Information, Bildung und Unterhaltung. Auch wenn diese Unterteilung nicht ganz unproblematisch ist, da sich Medieninhalte nicht immer eindeutig einem Bereich zuordnen lassen, indem es zu Überschneidungen kommt und die Begriffe selbst hinsichtlich der medialen Kommunikation nicht ganz eindeutig definierbar sind - als Beispiele seien hier die Bezeichnungen "Infotainment" und "Edutainment" genannt -, erscheint die Unterteilung dennoch sinnvoll, wenn man sich um eine ethische Auseinandersetzung verschiedener Aspekte und Bereiche der Medien und ihre Rezeption bemüht. Deshalb gilt es, bevor man sich der Religionspädagogik und Medienpädagogik zuwendet, zunächst einen Blick auf die Bereiche Information, Bildung und Unterhaltung zu werfen.

---

[763] Hurth, *Zwischen Religion und Unterhaltung*, 12.

4.2.1. Medien und Information

Hans-Dieter Bastian definiert Information als "eine Eigenschaft materieller oder energetischer Zeichen, die Nachrichten übertragen."[764] In diesem Zusammenhang bezeichnet Information die Übermittlung, die Menge und oft auch die Deutlichkeit von Nachrichten.

Dieser Informationsbegriff hat allerdings wenig mit dem umgangssprachlichen zu tun. Hier gilt jemand als informiert, der etwas weiß. Information ist somit der Teil einer Nachricht, der Neues vermittelt. Was ich schon weiß, informiert mich auch nicht. Das heißt auch, dass nicht jede Nachricht informativ ist. Eine Nachricht mischt Bekanntes mit Unbekanntem und Altes mit Neuem.

Der Begriff Information sagt noch nichts darüber aus, ob eine Information sinnvoll oder sinnlos ist, ob sie sachlich oder emotional ist und welche Auswirkungen sie auf das Handeln hat. Dies wird häufig übersehen, wenn Informationen ein Wert beigemessen wird, denn sie an sich gar nicht haben können. Gerade im Bereich der Medien ist der Informationsbegriff mit Vorsicht zu handhaben. Der Vergleich zwischen beispielsweise Buch und Fernsehen zeigt, dass die Informationen, die über das Fernsehen vermittelt werden, meist wenig oder gar nicht analysiert und schlecht im Gedächtnis behalten werden. Obwohl die Bereitstellung von Informationen über das Fernsehen groß ist, scheint ihr praktischer Nutzen für den Zuschauer eher gering zu sein. Statt echter Informiertheit erweisen sich reine Fernsehzuschauer meist weniger informiert als beispielsweise Zeitungsleser. Sie können häufig nicht den Inhalt zusammenfassend wiedergeben, geschweige denn die Hintergründe oder den tieferen Sinn der Nachrichten.[765]

Trotzdem scheinen die Medien in ihrer Funktion als Informationsträger in den zahlreichen Mediendebatten am wenigsten umstritten. Dies geht sogar soweit, dass manche Autoren die Medien ausschließlich als "Informationsmedien" betrachten und durch diese Begriffsbezeichnung den Medien eine klare Deutungsrichtung geben.

---

[764] Hans-Dieter Bastian, *Kommunikation. Wie christlicher Glaube funktioniert*, Stuttgart (Kreuz) 1972, 76.
[765] Vgl. Hans-Jürgen Scheurle, *Information und Bewusstseinshelligkeit - Was kann die neurophysiologische Forschung zur Untersuchung des Fernsehens beitragen?*, in: Heinz Buddemeier (Hg.), *Das Problem der Wahrnehmung und Bewusstsein auf dem Hintergrund der Medien- und Hirnforschung*, Bremen [o.V.] 1997, 81.

Auch innerhalb der medienethischen Debatte, vor allem der journalistischen E-thik, beziehen sich Entwürfe überwiegend auf den Bereich der Nachrichtenpro-duktion und -rezeption. Dieser Aufgabenbereich der Medien ist offenbar auch gesellschaftlich am meisten anerkannt, so dass in Umfragen viele Menschen als Hauptmotiv der Mediennutzung "sich zu informieren" angeben. Allerdings zeigt sich schon hier die Schwierigkeit einer klaren Trennung nach Informations-, Bildungs- oder Unterhaltungsinteresse, denn wer vorgibt, allein aus einem In-formationsbedürfnis heraus die Medien zu nutzen, gesteht sich oft andere Moti-vationen nicht ein. Häufig wohl aus dem Grund, dass ein Informations- und Bil-dungsinteresse gesellschaftlich eher anerkannt ist als ein Unterhaltungsinteresse. Das mag mitunter daran liegen, dass Unterhaltung lange Zeit in wissenschaftli-chen Diskursen und elitären Kreisen gleichermaßen als abwertender Begriff verwendet wurde und teilweise auch heute noch verwendet wird. Wie Manfred L. Pirner festhält, scheint es auch heute noch "in Teilen der Theologie, aber auch der Pädagogik und der Kommunikationswissenschaft kaum ein vernichtenderes Urteil zu geben, als ein Kulturprodukt mit dem Attribut 'bloße Unterhaltung' zu belegen."[766]

Angesichts der Fülle der Informationen stellt sich jedoch die Frage, ob diese Si-tuation der "totalen Information"[767] überhaupt noch nutzbringend verwendet werden kann oder eine permanente Überforderung darstellt, die letztendlich ge-nau das Gegenteil von einem "sich informieren" bewirkt. In der Informationsge-sellschaft gilt alles als Information, was - vorzugsweise über Kabel oder Satellit verbreitet - auf dem Computer- und Fernsehbildschirmen sichtbar werden kann: per online abrufbare Daten, E-Mail, Online-Chat, Filme, Computerspiele, Tele-banking, Teleteaching und Entertainment. Längst werden damit nicht mehr die Inhalte der Information und das von Schulen, Universitäten und Medien verbrei-tete Wissen gemeint, sondern Information als wirtschaftliches Gut. Nimmt man einen Informationsbegriff als Maßstab, bei dem es im Wesentlichen um die Vermittlung von Wissen als übergreifendes Erkennen von Zusammenhängen geht, bleibt vom Anspruch einer "informierten Gesellschaft" nicht viel übrig. Im Fernsehen schaltet man sich zusammenhanglos durch die Programme, im Inter-net klickt man sich von einem Link zum anderen.

Die zu beobachtende Expansion des Medienangebots und die damit verbundene Medienspezialisierung bringt in Hinblick auf informationsorientierte Sendungen

---

[766] Manfred L. Pirner, *"Muss denn Unterhaltung Sünde sein?" Anthropologische Grundlagen der Medienunterhaltung*, in: ders./ Matthias Rath (Hg.), *Homo medialis*, 177-188, hier 178.
[767] Hunold, *Ethik*, 35.

nicht nur eine Pluralisierung der Informationschancen mit sich, sondern lässt auch potentielle Risiken erkennen: kommt es zu einer Ausdifferenzierung von Informationssendungen nach Adressatengruppen und deren Nutzungsstilen, so kann das die Trennung der Adressatengruppen voneinander vertiefen und ihre Nutzungsstile weiter auseinanderdriften lassen. Das könnte bedeuten, dass in Hinsicht auf spezifische Nachrichten- und Informationssendungen, sich eine Minderheit von Informationssehern von der Mehrheit der Unterhaltungsseher noch weiter entfernt. Die Wissenskluft zwischen einer gut informierten Elite, die sich gezielt aus verschiedenen Medienquellen Informationen zu beschaffen weiß, und jenen, die sich auf wenige Medien und oberflächliche Informationen beschränken, kann sich durch zunehmende Ausdifferenzierung der Programme vergrößern.

Andererseits ist jedoch auch ein Wachstum an Unterhaltungsangeboten im Informationssektor zu beobachten, der mit dem neuen Begriff "Infotainment" bezeichnet wird. Hier bietet sich die Chance, durch ein unterhaltungsorientiertes Informationsprogramm Personengruppen zu erreichen, denen die Rezeption klassischer Informationssendungen ansonsten fern liegen würde. "Infotainment" darf somit nicht nur als Gefahr der Informationsverarmung gesehen werden. Der Einsatz unterhaltungsorientierter Stilmittel kann komplizierte Sachverhalte verständlich machen, so dass auch Zuschauer informiert werden, deren geringes Hintergrundwissen ihnen in Hinblick auf beispielsweise politische Sachverhalte die Einsicht in tiefer greifende Problembereiche zunächst erschweren würde. "Infotainment" kann Sachverhalte vereinfachen, ohne sie zu simplifizieren.

Information ist folglich nicht gleich Information. Entscheidend ist der Anteil des Medienteilnehmers. Dabei muss reflektiert werden, wie mediale Information wirkt und wo diese Anteilnahme des Medienteilnehmers liegt.

4.2.1.1. Der Rezipient und die Information: Reduktion, Selektion, Interpretation

Es ist in erster Linie die Wahrnehmungspsychologie, die sich mit den verschiedenen Phasen des Informationsverarbeitungsprozesses beschäftigt. Hier werden die "Gesetze der Informationsverarbeitung" und die grundlegenden Organisationsprinzipien der menschlichen Wahrnehmung untersucht, angefangen von der Aufnahme der Information über die Repräsentation im Gedächtnis bis zur Memorierung.[768] Da Medien vor allem deshalb wirken, weil sie die Fähigkeit besitzen, grundlegende Botschaften zu vermitteln, ist es von höchster Wichtigkeit sich mit den Wirkungsmechanismen, beispielsweise auf emotionaler Ebene, auseinanderzusetzen. Je weniger nämlich die Funktionsweisen der Wirkungsmechanismen bekannt sind, umso wahrscheinlicher wird die Möglichkeit von Manipulationen oder Beeinflussungen. Deshalb gilt es zunächst danach zu fragen, wo der Anteil des Rezipienten bei der medialen Information liegt.

Informationen werden zunächst, bevor sie überhaupt beim Rezipienten ankommen, reduziert. Das heißt Journalisten, Redaktionen, Agenturen, etc. treffen eine Vorauswahl an Informationen, die von Rahmenbedingungen, wie beispielsweise dem zeitlichen Limit, bestimmt werden. Dann findet nochmals eine Auswahl statt, indem der Rezipient selbst aus dem ihm zur Verfügung gestelltem Angebot die ihn ansprechenden Informationen herausholt. Dabei wirken unterbewusste und damit auch unreflektierte Mechanismen und auch bewusst auswählende Entscheidungsmechanismen seitens der Rezipienten. Im letzten Fall spricht man auch von Selektion.

Bei der Reduktion wirken unterschiedlichste Mechanismen, wie zum Beispiel soziokulturelle Verstehensweisen, Stereotypisierungen, Personalisierungen etc.[769] Auch der so genannte "Ausblendeffekt" spielt eine Rolle, wenn zu viele Informationen die mediale Wahrnehmung und die Verarbeitungsfähigkeit überstrapazieren. Am wichtigsten ist jedoch, dass die Botschaften und Inhalte, die medial vermittelt werden, durch den Rezipienten nicht nur selektiert, sondern auch individuell gespiegelt, interpretiert und in das eigene Leben integriert werden. Dabei spielt nicht nur der soziale Kontext, in dem der Einzelne lebt eine entscheidende Rolle, sondern auch die Erfahrungen, die der Rezipient bisher gemacht und gesammelt hat, sowie seine jeweils augenblickliche emotionale Stimmung. Das Ergebnis, wenn der Rezipient sich informiert, ist letztendlich die Folge eines komplexen Prozesses vielfältiger Reduktionen, Interpretationen und individueller Zusammenstellung des einzelnen Rezipienten.

Die bewusste Selektion ist aus medienethischer Perspektive besonders hervorzuheben, da hier der Rezipient am aktivsten als Medienteilnehmer mitbestimmt. Die Selektion beginnt dabei bereits mit der Auswahl des jeweiligen Mediums,

---

[768] Vgl. z.B. das klassische Lehrbuch von E. Bruce Goldstein, *Wahrnehmungspsychologie*, übersetzt und hrsg. von Manfred Ritter, Heidelberg u.a. (Spektrum Akademischer Verlag) ²2002.
[769] Vgl. dazu ausführlicher Jansen, *Mensch und Medien*, 199-202.

zum Beispiel Fernsehen oder Zeitung, und der konkreten Entscheidung für einzelne mediale Angebote, wie beispielsweise einer Reportage oder einer Dokumentation. So trifft der Rezipient schon bei dieser Wahl bereits eine Option über die Informationen, die er bekommen will. Will man möglichst umfassende Informationen, die auch Einblick in die Hintergründe und Zusammenhänge der Geschehnisse geben, so kann die Wahl einer Boulevard-Zeitung nicht ausreichen.[770]

Die bewusste Entscheidung des Einzelnen für ein bestimmtes Medium und ein mediales Angebot kann hier sehr wohl eine ethisch zu verantwortende Haltung darstellen. Die Beschränkung des eigenen Horizonts, indem man auf Zusammenhänge und Hintergründe verzichtet, sich einer einseitigen Berichterstattung hingibt, indem man sich beispielsweise nur auf eine Quelle verlässt, die eine sehr eingeschränkte und möglicherweise auch verzerrte Weltsicht zur Folge haben kann, ist für eine medienethische Reflexion, die beim Rezipienten ansetzt, von höchster Wichtigkeit. So ist Augustin M. Pötscher durchaus zuzustimmen, wenn er als Teil der Presse- und Meinungsfreiheit auch die Rezipienten mit ihrer "Auswahlverantwortung"[771] miteinbezogen sieht und festhält:

"Aus dem verfassungsmäßig garantierten Informationsrecht ergibt sich für den Rezipienten die Pflicht, sich aktiv und kreativ zu informieren. Aus dem Angebot muss letztlich jeder selbst auswählen, um sich eine reife, verantwortliche Meinung zu bilden."[772]

Die Selektion ist eines der wichtigsten Elemente innerhalb der Medienkommunikation. Das menschliche Selektionsverhalten ist jedoch sehr schwer zu bestimmen. Sämtliche Laborexperimente, die das Selektionsverhalten des Menschen untersuchen, blenden dabei die natürliche Rezeptionssituation aus. Untersuchungen zur Wirkung von Medien bestätigen dies, indem die Labor- und Feldforschungen sehr stark auseinanderklappen.[773] Die menschliche Selektion, die

---

[770] Anzumerken ist, dass hier lediglich auf die defizitäre Form der Darstellung von Informationen bei Boulevard-Zeitungen hingewiesen werden soll, da diese häufig eine einseitige und vereinfachende Schreibweise verfolgen. Dass Einseitigkeiten aber häufig auch in "Qualitätszeitungen" vorkommen, muss hier der Vollständigkeit halber erwähnt werden. So gelingt es beispielsweise auch der angesehenen "Frankfurter Allgemeinen Zeitung" nicht immer ihren politisch konservativen Standpunkt zu verbergen.
[771] Pötscher, *Medienethik*, 156.
[772] Ebd.
[773] Vgl. Wolfgang Donsbach, *Die Selektivität der Rezipienten. Faktoren, die die Zuwendung zu Zeitungsinhalten beeinflussen*, in: Winfried Schulz (Hg.), *Medienwirkungen. Einwirkungen*

nur sehr schwer zu bestimmen ist, wirkt darüber hinaus auch auf das Verhältnis von Information und Objektivität. Objektivität kann es nicht geben, weil Berichterstattung immer eine Auswahl der Gesamtheit aller Ereignisse treffen muss, eine Auswahl, die sich der Kontrolle des Publikums entzieht. Ereignisse werden letztendlich erst zu einer Nachricht, indem sie aus der Komplexität eines Geschehens herausselektiert werden. Das heißt, was als Medieninhalt erscheint, durchläuft einen Selektionsprozess, so dass etwas wahrgenommen wird, dass bereits auf seine Rezeption hin ausgerichtet ist. Medien sind weder neutral noch objektiv.

Andrerseits verändert die Konkurrenz aus dem Arbeitsmarkt die Arbeitsprozesse deutlich, so dass zum Beispiel im Nachrichtenbereich auf extreme Ereignisse sofort reagiert werden muss. Das zunehmende Tempo und auch die geforderte Schnelligkeit vermindern wiederum jedoch eine tiefere Reflexion, so dass Nachrichten zunehmend zuschauerfreundlich gestaltet werden.[774] Dass Nachrichten und auch andere Sendebeiträge immer mehr zuschauerorientiert gestaltet werden, heißt jedoch auch, dass der Zuschauer die Selektionsentscheidungen zunehmend mitbestimmt und an Einflussmacht gewinnt. Er wird immer mehr zum aktiven Medienteilnehmer.

4.2.1.2. Informationsstörungen: Desinformation, Manipulation und Sensationalismus

Für die Medien sind Informationen Handelsware, die von Angebot und Nachfrage bestimmt wird. Das Ungewöhnliche ist dabei von größtem Interesse und wird als Nachricht angesehen, wie das Beispiel vom Mann, der den Hund beißt, lehren will. Was dabei allerdings häufig nicht bedacht wird, ist die Tatsache, dass Medien viele Bereiche der Erfahrungswelt nach diesem Schema aufbauen. Das Prinzip des Ungewöhnlichen bestimmt die Medienauswahl bei Berichten über fremde Kulturen, Völker, Personen und bekannte Zeitgenossen. Das heißt häufig, dass die Nachrichten zwar grundsätzlich nicht unbedingt falsch sind, a-

---

von *Presse, Radio und Fernsehen auf Individuum und Gesellschaft*, Forschungsbericht der Deutschen Forschungsgemeinschaft, Weinheim (VHC Acta Humaniora) 1992, 25-70, hier 29.
[774] Eine Studie von 2004, die unter Leitung von Prof. Dr. Georg Ruhrmann des Lehrstuhls für Grundlagen der medialen Kommunikation und Medienwirkung an der Universität Jena angefertigt wurde, bestätigt diese und auch andere Thesen, wie z.B. dass der Zwang zur Aktualität in der Nachrichtenberichterstattung zunimmt. Vgl. Georg Ruhrmann u.a., *Der Wert von Nachrichten im deutschen Fernsehen. Ein Modell zur Validierung der Nachrichtenfaktoren*, Quelle: <http://www.lfm-nwr.de/downloads/studie-nachrichtenwert.pdf> (24.05.2005), 4.

ber lediglich einen Ausschnitt aus dem Ganzen bilden, den man nicht kennt. Manipulationen und Desinformationen können somit als Informationsstörungen festgehalten werden, d.h. Neigungen, Informationen zu verkürzen und damit unvollständig darzustellen und auf diese Weise manipulatorisch zu wirken. Das Hauptproblem ist dabei in erster Linie nicht die bewusste Desinformation im Sinne bewusster Verbreitung von Unwahrheiten, sondern vielmehr die Manipulation, die verkürzte, aber durchaus wahre Informationen verbreitet und dennoch den Rezipienten in die Irre führt. In politischen Sendebeiträgen fühlt man sich häufig durch die Medien ganz offensichtlich manipuliert, wenn beispielsweise sehr einseitig berichtet wird. In den meisten Fällen sind diese manipulatorischen Tendenzen für den Rezipienten jedoch nicht so leicht ausfindig zu machen, beispielsweise wenn die Berichterstattung von bestimmten Interessensgruppen vereinnahmt wird, wie häufig im Fall der Kriegsberichterstattung.[775]

Eine weitere Informationsstörung ist mit dem Phänomen des Sensationalismus benannt, das eingesetzt wird, um mehr Aufmerksamkeit zu erzeugen. Wie Gregor M. Jansen festhält, lässt sich plakativ formulieren, dass dabei nur das "Was" wichtig ist, nicht mehr das "Warum" eines Ereignisses.[776] Das heißt die Darstellung von Hintergrund- und Zusatzinformationen tritt in der medialen Darstellung hinter die Aktualität zurück. Ausschlaggebend für die Auswahl sind in erster Linie Emotionalität, Personalität und aufgeladenen Spannungen.[777] Charakteristisch sind kurze Schlagzeilen oder Schlagwörterformulierungen, denen Inhalte folgen, die häufig dualistisch nach dem klaren Prinzip Gut-Böse, Verlierer-Gewinner etc. aufgebaut sind. Durch den Aktualitätszwang kommt es dabei nicht selten zu Falschmeldungen. Diesem Prinzip folgen vor allem Boulevardzeitungen und -sendungen. Zu nennen ist hier beispielsweise die BILD-Zeitung. Von ethischer Relevanz ist die Tatsache, dass Medien wie die BILD-Zeitung sensationalistische Falschmeldungen als Erfolgsgarantie in ihr Konzept mit einbinden. Die Schlagzeilen der BILD-Zeitung, die Millionen von Lesern tagtäglich erreichen, setzen sich im Gedächtnis fest. Sind darunter Falschmeldungen, folgt meist eine Rüge des Deutschen Presserates mit der Aufforderung einer öffentlichen Entschuldigung. Diese erscheint zu einem sehr viel späteren Zeitpunkt meist in einem kleinen Kästchen auf Seite 3 oder 4 und erhält - wohl auch bewusst beabsichtigt - nur wenig Aufmerksamkeit.

---

[775] Vgl. dazu ausführlicher Gregor M. Jansen, *Mensch und Medien*, 206-212.
[776] Vgl. ebd., 212.
[777] Vgl. dazu auch Pötscher, *Medienethik*, 87.

Neben Boulevardpresse neigt jedoch auch das Fernsehen, und hier auch längst nicht mehr nur das Privatfernsehen, immer mehr zu Sensationalismus.[778] Die Bildberichterstattung von den Terroranschlägen auf die Türme des World Trade Center, die wochenlang alle Medien gleichermaßen einnahmen, kann hier exemplarisch als ein Beispiel unter vielen aufgeführt werden. Jeden Tag bekam man neue Filmaufnahmen der Einschläge der Flugzeuge in die Türme aus allen Perspektiven in Groß- und Zeitlupenaufnahmen und auch als Jingle zu sehen.

Sicherlich liegt ein Großteil ethischer Verantwortung in den Händen von Journalisten und Medienmacher, die auch vor pervertierten Formen medialen Sensationalismus nicht zurückschrecken und solche Bilder und Stories veröffentlichen. Dennoch ist auch danach zu fragen, was die Hauptmotivation der Rezipienten ist, sich solchen Inhalten zuzuwenden. Insgesamt liegt die Hauptursache sich sensationalistischen Sendungen oder Beiträgen hinzugeben wohl nicht in einem tatsächlichen Interesse, sondern vielmehr in reiner Neugier und der Lust, etwas Neues zu erfahren, ohne wirklich Interesse aufbringen zu müssen, können oder wollen.[779] Hier liegt die Verantwortung auch in den Händen der Rezipienten.

4.2.1.3. Informieren als aktives Handeln

Die Überlegungen haben gezeigt, unter welchen Bedingungen und auch möglichen Störungen mediale Information stattfindet, bzw. stattfinden kann. Der Rezipient hat dabei nur geringen Einfluss darauf, welche medialen und bereits selektierten Informationen ihn erreichen. Der Einfluss erstreckt sich hier lediglich auf die eigene bewusste Medienselektion. Dementsprechend gering ist seine Verantwortlichkeit in diesem Bereich.

---

[778] Dies bestätigt auch die Studie unter der Leitung von Prof. Dr. Georg Ruhrmann, *Der Wert von Nachrichten im deutschen Fernsehen*, Quelle: <http://www.lfm-nwr.de/downloads/studienachrichtenwert.pdf> (24.05.2005), 3.

[779] Vgl. Jansen, *Mensch und Medien*, 212. Gregor M. Jansen hält hier nur fest, dass man Neues erfahren kann, ohne wirkliches Interesse dafür aufbringen zu können oder wollen. Zu ergänzen ist hier auf jeden Fall auch, dass man sich Sensationen zuwendet, weil man etwas Neues erfahren kann, ohne dabei wirklich Interesse aufbringen zu müssen. Die Zunahme an Informationen, mit denen wir tagtäglich konfrontiert werden, führt irgendwann zu einem Abstumpfen und Abschalten. Man schaltet im wortwörtlichen Sinn jedoch nicht ab, sondern einfach nur um. Man entspannt sich und schaltet innerlich ab, indem man sich medialen Angeboten zuwendet, für die man nicht notwendigerweise Interesse aufbringen muss. Vgl. auch die Diskussion um die Informationsgesellschaft und die "totale Information", in dieser Arbeit in diesem Kapitel 4.2.1. Medien und Information, 326ff.

Ab dem Zeitpunkt, an dem mediale Informationen und Inhalte jedoch zugänglich sind, ist jeder einzelne Rezipient jedoch sehr wohl verantwortlich dafür, was er mit dem ihm zur Verfügung stehendem Angebot macht. Der Vorgang des Informierens geschieht, bzw. endet letztendlich beim Rezipienten. Nur wenn der Rezipient die Medien bewusst nutzt, um sich zu informieren, kann er tatsächlich Informationen gewinnen. Für die möglichen Folgen einer passiven Haltung gegenüber einem Informationsangebot, wenn dies tatsächlich zur Verfügung steht, muss jeder einzelne Rezipient auch die Verantwortung tragen. Informieren ist somit als aktives Handeln seitens der Rezipienten zu klassifizieren. Es gilt sich nicht passiv der Medien- und Informationsvielfalt hinzugeben, sondern sich aktiv und bewusst nach Inhalten zu orientieren.

Einen interessanten Gedanken, der in diesem Zusammenhang hier aufgeführt werden soll, formuliert der Medienethiker Rafael Capurro, der sich in mehreren Untersuchungen philosophisch mit dem Informationsbegriff auseinandersetzt.[780] Capurro greift Immanuel Kants Schrift *Beantwortung der Frage: Was ist Aufklärung?* und dessen Frage "Leben wir jetzt in einem aufgeklärten Zeitalter?" und Antwort "Nein, aber wohl in einem Zeitalter der Aufklärung" auf und überträgt diese auf das heutige Informationszeitalter.[781] Capurro beantwortet dementsprechend die Frage "Leben wir in einem informierten Zeitalter?" mit "Nein, aber wohl in einem Zeitalter der Information." Da nach Kant Aufklärung der Ausgang des Menschen aus seiner selbstverschuldeten Unmündigkeit ist, die selbstverschuldet ist, weil der Mensch zu bequem und feige ist und sich Vormünder sucht, anstelle selbst zu denken, stellt Capurro die Frage, ob Information der Ausgang des Menschen aus seiner selbstverschuldeten Unmündigkeit sein kann. Seine anschließende Untersuchung widmet sich aber leider weniger der Beantwortung dieser Frage, als vielmehr der begrifflichen Klärung des Informationsbegriffes.[782] Angesichts der vorherigen Überlegungen, die Information und

---

[780] Vgl. z.B. Rafael Capurro, *Information*, München (Saur Verlag) 1978; ders., *Leben im Informationszeitalter*, Berlin (Akademie Verlag) 1995; ders., *Ethik im Netz*, Stuttgart (Franz Steiner Verlag) 2003; sowie zahlreiche Artikel und Beiträge, die im Internet zugänglich sind unter: <http://www.capurro.de>.

[781] Vgl. Rafael Capurro in einer Einleitung zum Thema "Leben wir im Informationszeitalter?" unter: <http://www.capurro.de/infovorl-einl.htm> (04.05.2005), 1, für dieses und folgendes Zitat.

[782] Capurro in einer Einleitung zum Thema "Leben wir im Informationszeitalter?" unter: <http://www.capurro.de/infovorl-einl.htm> (04.05.2005), 1: "Zweck der folgenden Untersuchung ist aber nicht eine Diskussion dieser und anderer Thesen über die Informationsgesellschaft, sondern eine Klärung ihrer begrifflichen Grundlagen, genauer, jenes Begriffs der, wie kaum ein anderer in diesem Jahrhundert, für die unterschiedlichsten Auslegungen Anlass gegeben hat und noch gibt, nämlich den Informationsbegriff."

das Sich-Informieren als aktives Handeln seitens der Rezipienten festgehalten haben, lässt sich Kants "Habe Mut dich deines eigenen Verstandes zu bedienen" durchaus auf die Rezeptionssituation moderner Medien und ihr Informationsangebot übertragen.

4.2.2. Medien und Unterhaltung

Viele medienethische Auseinandersetzungen konzentrieren sich vorwiegend auf den Informationsbereich, bestenfalls noch auf den Kultur- und Bildungssektor. Unterhaltung dagegen wurde in der Forschung lange Zeit vernachlässigt, galt Unterhaltung doch als "primitives Mittel zur Bewältigung von Lebensproblemen für den weniger intelligenten und gebildeten Bevölkerungsanteil."[783] Dementsprechend wurde Unterhaltung in wissenschaftlichen Kreisen häufig mit einem abwertenden Begriff gleichgesetzt. Dies mag mitunter ein Grund dafür sein, wie Gregor M. Jansen festhält, "warum viele Medienethiker den Bereich der Unterhaltung 'schamhaft' umgehen"[784].

Auch in den Anfangszeiten der evangelischen Filmarbeit wurde das Thema Unterhaltung weitgehend ausgegrenzt. Dies wird heute mittlerweile kritisch beurteilt, denn man hat inzwischen die Relevanz des Themas erkannt und gesteht sich Versäumnisse ein. Dennoch, obwohl zwar der populäre Film im letzten Jahrzehnt stärker ins Blickfeld evangelischer Auseinandersetzung gerückt ist[785], gilt der hauptsächliche Fokus weiterhin vor allem dem künstlerisch anspruchsvollen Film.

Unterhaltung durchzieht jedoch weite Bereiche unserer Lebenswelt. In den Medien erstreckt sich heutige Unterhaltung von fiktionaler Unterhaltung wie Spielfilmen und Serien, über Talkshows, Gesellschaftsmagazine, Reality-TV bis hin zu medialen Großereignissen, wie beispielsweise Sportsendungen.[786] Begriffe

---

[783] Ursula Dehm, *Fernsehunterhaltung. Zeitvertreib, Flucht oder Zwang? Eine sozialpsychologische Studie zum Fernseh-Erleben*, Mainz (Hase & Koehler) 1984, 630.

[784] Jansen, *Mensch und Medien*, 234.

[785] So fordert zum Beispiel Hans Werner Dannowski "den Begriff Unterhaltung theologisch zu durchleuchten", ebenso wie Eckhard Gottwald. Vgl. Dannowski, *Schnittstellen. Erfahrungen mit Kirche, Film und Öffentlichkeit*, in: *PTh* 81 (12/1992), 494-501, hier 494; Gottwald, *Mythos*, 34ff. Thies Gundlach kritisiert die fast ausschließliche Konzentration evangelischer Filmarbeit auf den anspruchsvollen Kinofilm. Vgl. Gundlach, *Bilder - Mythen - Movies. Gottesdienste zu Unterhaltungsfilmen der Gegenwart*, in: PTh 83 (12/1994), 550-563, hier 550f.

[786] Einen Überblick über das Animationsangebot der Medien gibt Gregor M. Jansen, *Mensch und Medien*, 234-249.

wie "Infotainment" und "Edutainment" machen dies darüber hinaus deutlich. Informationen, Bildungsangebote, politische Beiträge etc., alles wird unterhaltsam aufbereitet, so dass der Rezipient im Idealfall gar nicht bemerkt, dass er etwas gelernt hat.

Die Medien kommen mit ihren Unterhaltungsangeboten in komplementärer Funktion zu den Alltagserfahrungen der Menschen ihren entsprechenden Bedürfnissen entgegen. Sie bieten die Möglichkeit für eine Weile den eigenen Alltag auszublenden, alternative Lebenskonzepte zu betrachten, Situationen und Handlungen medial mitzuerleben, wohl wissend, dass wenn diese gefährlich werden, dennoch ungefährlich, weil nur fiktiv sind. Sie bieten die Möglichkeit eigene Erfahrungen, Erlebnisse und Probleme mit dem Dargestellten in Verbindung zu bringen, sich damit zu identifizieren oder aber auch zu distanzieren. Gerade diese Kombination von Nachvollziehbarkeit einerseits und Distanz zum eigenen Leben andererseits scheint einer der Hauptgründe für die Beliebtheit von Unterhaltungsformaten zu sein. So hält auch Peter Kottlorz fest, dass bei der medialen Unterhaltung das "Vergnügen (…) gerade in der Verbindung des oberflächlich-glamourösen Aspekts mit der allgemeinen Lebenserfahrung"[787] liegt. Empfindungen und Erfahrungen aus dem realen Leben werden thematisiert, inszeniert oder verfremdet. Die damit einhergehenden Gefahren zu erkennen, auf sie aufmerksam zu machen und sie bannen zu helfen, darf deshalb nicht mit einer pauschalen Verurteilung der Medienunterhaltung einhergehen. Unterhaltung muss als wesentlicher Bestandteil der Alltagswelt unserer Gesellschaft erkannt und anerkannt werden.

4.2.2.1. Unterhaltung als menschliche Betätigung

In den nur wenigen konkreten medienethischen Auseinandersetzungen zum Thema Unterhaltung seitens der Theologie stellen zwei Ausnahmen die Versuche des katholischen Theologen Thomas Hausmanninger und des evangelischen Theologen Manfred L. Pirner dar. Hausmanninger, der die Unterhaltung aus anthropologischer Perspektive genauer zu fassen versucht, ist dabei besonders hervorzuheben. Ihm ist es zu verdanken, dass er für einen medienethischen konstruktiven Umgang mit Unterhaltung die notwendige Basis geliefert hat. Im Fol-

---

[787] Peter Kottlorz, *Die Fernsehserie*, in: Eckhard Bieger u.a. (Hg.), *Zeitgeistlich. Religion und Fernsehen in den neunziger Jahren*, Köln (Katholisches Institut für Medieninformation) [2]1994, 38-41, hier 40.

genden soll deshalb vorwiegend auf die Arbeiten dieser beiden Theologen zurückgegriffen werden.

Hausmanningers Untersuchungen sind in mehrfacher Hinsicht hilfreich, denn sie erlauben es, Unterhaltung prinzipiell als etwas Humanes zu fassen, der dadurch auch in unserer Gesellschaft und Kultur eine positive Rolle zugeschrieben werden kann.[788] Hausmanninger versucht zunächst das Unterhaltungsphänomen selbst genauer auf den Begriff zu bringen. Dabei verweist er darauf, dass Unterhaltung als Tätigkeit komplexer Wahrnehmung und Verarbeitung, d.h. als menschliche Betätigung und Aktivität zu verstehen ist, die mit einem Lustgewinn verbunden wird und auch um der Lust willen angestrebt und vollzogen werden kann. Unterhaltung als Vorgang lässt somit auf ein aktives Tätigwerden der Rezipienten schließen. "Unterhaltung stellt sich nicht automatisch her, sondern ergibt sich aus einer spezifischen Form der Tätigseins"[789], so Hausmanninger. Dies wird allein schon dadurch deutlich, dass sich für verschiedene Menschen verschiedene Dinge als unterhaltsam erweisen. Unterhaltung als menschliche Betätigung zu verstehen heißt auch, dass dabei prinzipiell jeder Inhalt und jedes Thema zum Gegenstand von Unterhaltung werden kann und es lediglich auf die Art des Umgangs damit ankommt. So hält Hausmanninger fest, dass "das spezifisch Unterhaltsame (…) vielmehr in der Rezeption"[790] zustande kommt und zieht daraus die Schlussfolgerung: "'Unterhaltung' ist ein Rezeptionsbegriff."

Aus dieser Perspektive lässt sich Unterhaltung auch in den Kontext christlichen Schöpfungsglaubens stellen, denn wenn man, so wie Hausmanninger, Unterhaltung als etwas zum Menschen Gehörendes betrachtet, kann man auch dieses im Sinne dem Menschen von Gott gegebenen Kräfte verstehen, die entfaltet werden können. Da die Menschen als Gottesgeschöpfe in Freiheit geschaffen wurden, gilt es auch hinsichtlich unterhaltsamer Medienprodukte da entgegenzutreten, wo die Gefahr besteht, dass diese Freiheit aufgehoben wird oder sich gegen den Personenstatus des Menschen richtet. Solches Handeln muss ebenso unterbun-

---

[788] Vgl. dazu v.a. Thomas Hausmanninger, "Von der Humanität vergnüglicher Mediennutzung. Überlegungen zu einer Ethik medialer Unterhaltung", in: *ThG* 42 (1999), 2-14.

[789] Hausmanninger, *Kritik der medienethischen Vernunft*, 554. Vgl. auch ders., *Ethische Überlegungen zur Auseinandersetzung um "Mediengewalt"*, in: Hans-Joachim Höhn (Hg.), *Christliche Sozialethik interdisziplinär*, Paderborn u.a. (Franz Schöningh Verlag) 1997, 177-205, hier 190: "(…) kommt Unterhaltung nicht durch tätigkeitslose, passive Affizierung, sondern durch ein aktives Verhalten zustande."

[790] Hausmanninger, *Grundlinien einer Ethik medialer Unterhaltung*, in: Wolbert (Hg.), *Moral in einer Kultur der Massenmedien*, 77-96, hier 82, für dieses und folgendes Zitat.

den werden, wie moralitätsfeindliche Inhalte. Die grundsätzliche Wertorientierung muss an der Person, an ihrer Würde und an den daran gebundenen Menschenrechten ausgerichtet sein. Wo Medienprodukte zum Beispiel die Würde des Menschen verletzen, indem sie beispielsweise eine reale Person verleumden oder zur Verfolgung von Minderheiten aufrufen, sind diese genauso illegitim, egal ob sie dies in informatorischer oder unterhaltsamer Absicht tun.

4.2.2.2. Martin Luthers Rechtfertigungslehre und Unterhaltung

In einer anderen Perspektive könnte man Hausmanningers Betrachtungen zufolge, Unterhaltung auch in den Kontext der Rechtfertigungslehre Martin Luthers stellen, wie diese der evangelische Theologe Manfred L. Pirner in einem Artikel mit der Überschrift "Muss denn Unterhaltung Sünde sein?" tut.[791] Unterhaltung, wie sie uns die modernen Medien bieten und Martin Luthers Lehre von der Rechtfertigung in einem Satz zu nennen, mag auf den ersten Blick etwas unverständlich und seltsam anmuten. Dennoch lassen sich bei genauerer Betrachtung auch dadurch Anreize zum besseren Verständnis und zum Umgang medialer Unterhaltung gewinnen.

Nach protestantischem Rechtfertigungsglauben beginnt das neue, heilvolle Leben des Menschen, so wie es seiner eigentlichen Bestimmung entspricht, mit einer Entlastung. Der Mensch kann und muss sich nicht mit guten und frommen Taten sein Heil selbst erarbeiten, sondern es liegt allein an Gottes Gnade. Es entlastet den Menschen, indem er sich nicht mehr für Misslungenes rechtfertigen muss. Er ist bereist gerechtfertigt. Der Rechtfertigungsgedanke hat seinen Ursprung in dem Gedanken des Vertrauens auf Gott, der sich den Menschen ganz ohne Vorbedingungen zuwendet und ohne ihm etwas nachzutragen. Der protestantische Glaube basiert auf der Überzeugung, dass Wert und Sinn des Lebens letztlich nicht vom Menschen und seinen Leistungen abhängen, sondern ganz in Gottes Händen ruhen. Er lebt aus dem tiefen Vertrauen, dass Gott der Schöpfer, Erhalter und Erlöser, das menschliche Leben erhält, bzw. für den "Unter-halt" sorgt. Manfred L. Pirner hat diesen Gedanken vorgezeichnet und pointiert formuliert: "*Der Lebens-Unterhalt Gottes wird zum Ermöglichungsgrund von Unterhaltung, das Vertrauen auf diesen Lebens-Unterhalt Gottes wird zur Basis für ein unterhaltsames Leben.*"[792] Pirner verweist hier auf den Aspekt des Vertrau-

---

[791] Manfred L. Pirner, *"Muss denn Unterhaltung Sünde sein?" Anthropologische Grundlagen der Medienunterhaltung*, in: ders./Rath, *Homo medialis*, 177-188.
[792] Ebd., 180.

ens in Gott, wodurch unser Leben einen Sinn und Wert erhält und damit einen entlastenden Unterhalt. Denn, so Pirner, "nur wer sein Leben grundsätzlich als wert- und sinnvoll empfindet, 'hat gut lachen' und kann sich gut unterhalten."[793] Mit diesem entlastenden Moment arbeiten auch mediale Unterhaltungsformate, was eventuell auf die Beliebtheit dieser Sendungen schließen lässt. Sie vermitteln dieses Gefühl, dass alles irgendwie schon wieder gut wird. Sollte dies in einigen Umständen seitens der Rezipienten in Frage gestellt werden, kann sich das Publikum selbst aus der Unsicherheit mit dem vergewissernden Argument retten, dass doch alles nur ein Film ist. Auf diesem Gedanken aufbauend, modifiziert Pirner die Feststellung Hausmanningers, dass Unterhaltung ein Aktivitätsmodus des Menschen sei, indem er darauf verweist, dass es doch immer auch ganz bestimmte Inhalte sind, die in besonderer Weise entlastend und unterhaltend zugleich wirken. Pirner hält dementsprechend fest: "Was Unterhaltung ist, wird so gesehen nicht vom Individuum selbstständig bestimmt, sondern es ergibt sich aus seinen anthropologischen Grundbedürfnissen, seinem kulturellen Kontext und seinen individuellen Neigungen und Entscheidungen."[794] Unterhaltung ergibt sich so gesehen aus anthropologischer Sichtweise aus dem Zusammenspiel von Angebot und Rezeption. Die verschiedenen Unterhaltungsformate zielen gerade indem sie von außen geboten werden, auf die Aktivierung von selbst Erlebtem, Bekannten, Erhofften und Befürchtetem. Unterhaltung ist somit auch ein Teil der durch die Medien geleisteten Beschäftigung des Menschen mit sich selbst. Anthropologisch betrachtet kann der Mensch sich dabei selbst als Mensch erfahren, unabhängig von dem, was er kann oder leistet. Insofern mediale Unterhaltung Entlastung ermöglicht, kann sie somit auch zu einer heilsamen Erfahrung führen und durchaus humanisierend wirken.

Medienethisch müssen dabei sowohl die Chancen als auch die Gefahren berücksichtigt werden. So kann mediale Unterhaltung durchaus auch lebensfeindlich oder sogar zerstörend wirken, wenn so beispielsweise Gefühle wie Hass, Neid und Wut lustvoll über die Medien geübt und möglicherweise die negativen Auswirkungen ins eigene Leben integriert werden. Hier gilt es deutlich herauszuarbeiten und aufmerksam zu machen auf die durchaus zu begrüßenden medialen Formen, die im positiven Sinn zur Entfaltung und Bearbeitung menschlicher Gefühle anregen, und denjenigen Formen, die dies verhindern oder zu negativen Gefühlen führen. Zu unterscheiden gilt es hier weiterhin die Art und Weise, wie

---

[793] Pirner, *"Muss denn Unterhaltung Sünde sein?"*, *Anthropologische Grundlagen der Medienunterhaltung*, in: ders./Rath, *Homo medialis*, 180. Pirner untermauert diese These mit dem Verweis auf die lange Tradition des Humors in Judentum und Christentum.
[794] Ebd., 181.

diese Gefühle medial vermittelt werden, welche Qualität von Gefühlen vermittelt werden soll und welcher Qualität die Bearbeitungen dieser Gefühle unterliegt. Unterhaltung kann nämlich auch dazu führen, dass die Realität völlig verdrängt wird oder der Rezipient in eine Art Paralyse verfällt, indem er persönliche Situationen oder aber auch gesellschaftliche Strukturen einfach hinnimmt, obwohl diese besser geändert werden sollten. Wenn Unterhaltung einen völlig einnimmt, wird Wahrnehmung letztendlich nicht gefördert, sondern verhindert. Inhuman wird Unterhaltung dann, wenn die Entlastung zu einer Abwehr wird, die auf der Unfähigkeit beruht, Leid wahrzunehmen oder auch Elend emphatisch mitzuerleben. Auch Unterhaltung sollte letzten Endes in irgendeiner Weise auf Kommunikation abzielen, d.h. ein Gespräch in Gang bringen, und wenn es "vielleicht zunächst einmal ein Selbstgespräch"[795] in den eigenen Gedanken ist. Dabei kommt dem Rezipienten im Umgang mit medialen Unterhaltungsformaten, d.h. seiner Aktivität doch die entscheidende Rolle zu.

4.2.3. Medien und Bildung

Der Grundauftrag der öffentlich-rechtlichen Rundfunkanstalten in Deutschland richtet sich neben Information und Unterhaltung auch nach Bildung, auf die hier ebenfalls kurz eingegangen werden muss.

Wendet man sich den Medien und der Bildung zu, so ist dabei zunächst festzuhalten, dass die Frage, ob die Medien bilden können, nicht vom Medium her zu beantworten ist, sondern nur vom Menschen her. Denn letztendlich entscheiden nicht die Medien über die Möglichkeit oder Unmöglichkeit von Bildung, sondern der Mensch, der die Medien nutzt. Ob der Mensch dann auch die Möglichkeiten, die ihm die Medien bieten, wirklich nutzt, ist eine andere Frage. D.h. erster Ansatzpunkt für die Bildung über Medien ist der Mensch und seine Motivation diese Möglichkeit zu nutzen. Hinzu kommt natürlich die Voraussetzung, dass Medien ein Angebot zur Verfügung stellen, die dies ermöglichen. Dies ist in Zeiten der Quoten-, statt Qualitätsorientierung alles andere als selbstverständlich. Deshalb kommt vor allem dem Grundauftrag nach dem sich die öffentlich-rechtlichen Sender richten eine wichtige Bedeutung zu, indem sie diese Möglichkeiten bieten.

---

[795] Josittus, *Unterhaltsam von Gott reden?*, in: *Von Gott reden in Radio und Fernsehen*, 36.

Die Anzahl an Dokumentationen, Reportagen und Kultursendungen ist groß und insbesondere in den Spartensendern "3sat", "arte" und "BR alpha" vielfältig. Als Zuschauer ist man zwar herausgefordert das Programm sorgfältig zu studieren, wenn man sich gezielt Sendungen, die dem eigenen Interesse entsprechen, heraussuchen will, aber insgesamt ist festzustellen, dass die klassischen Massenmedien wie Rundfunk und Fernsehen jedem, der sich mit Hilfe dieser bilden möchte, auch ein entsprechendes Angebot zur Verfügung stellen. In diesem Sinn können Medien auch zur Bildung beitragen, wenn die Rezipienten diese im Bildungsinteresse nutzen.

4.2.3.1. Medienbildung als Teilaspekt allgemeiner Bildung

Der Begriff Bildung hängt sehr eng mit der Bedeutung "sich von etwas ein Bild machen" zusammen. Bildung wird primär als "Sich-Bilden" im Sinne einer Wechselwirkung zwischen Individuum und Welt verstanden. Nach Daniel Goeudevert ist Bildung "ein aktiver und unabschließbarer Prozess, in dessen glückenden Verlauf eine selbstständige und selbsttätige, problemlösungsfähige und lebenstüchtige und, ja, auch wer- und tugendhafte Persönlichkeit entstehen kann."[796] Das heißt es geht nicht nur allein um faktisches Wissen, sondern um die Aneignung und Erweiterung von Wissen, das auch Kenntnisse und Fertigkeiten beinhaltet, die der Gestaltung und Bewältigung des Lebens dienen. Dazu gehört neben zivilisatorischen Fertigkeiten, wie beispielsweise Lesen und Schreiben, und sozialen Fertigkeiten, wie Empathie, Rücksichtnahme, soziales Denken etc., auch die Fähigkeit Kulturgüter, wie beispielsweise Medien, beurteilen und nutzen zu können. So hält Gregor M. Jansen fest:

"Die Fähigkeit, Zusammenhänge zu erkennen, Einzelinformationen miteinander zu verknüpfen und so zu einem realistischen Gesamtbild zu kommen, schließlich die Fähigkeit, Quellen und mediale Kanäle korrekt (etwa bezüglich ihrer Glaubwürdigkeit und ihrer Sprache) einzuschätzen und ihre Funktionsweisen zu durchschauen, scheinen heute unabdingbare Teilaspekte allgemeiner Bildung zu sein."[797]

---

[796] Daniel Goeudevert, *Über Bildung und Elitenbildung. Vorlesung vom 29. Januar 2004 gehalten an der Universität Duisburg-Essen*, Quelle: <http://www.uni-essen.de/pressestelle/webredaktion/mercatorprofessur/2003_ goeudevert.pdf> (03.02.2005), 31-40, hier 37f. Vgl. auch ders., *Der Horizont hat Flügel. Die Zukunft der Bildung*, München (Econ) 2001.
[797] Jansen, *Mensch und Medien*, 223.

Medien aller Art sind allgegenwärtig und aus unserem Leben kaum wegzudenken. Die Basis jeglicher Mediennutzung - angefangen bei der Sprache bis hin
zum neuesten digitalen Medium - ist die Fähigkeit zum Gebrauch von Zeichen.
Diese ist im Menschen angelegt, muss aber durch Erziehung angeregt, ausgebildet und ein Leben lang geübt und erweitert werden. Die Medien vermitteln dabei Bedeutungen und Sinnstrukturen, die aus der Zusammenstellung einzelner
Zeichen gebildet werden. Diese Kombinationen von Zeichensystemen werden in
unserer Welt immer komplexer. Je vielfältiger und komplexer diese medialen
Darstellungsformen werden, desto dringender ist eine Verständigung über die
medial vermittelten Bedeutungen erforderlich. Medien verändern dadurch auch
Strukturen, wie beispielsweise die der Erziehung und machen eine ständige
Neubestimmung von Erziehung und Bildungszielen erforderlich.

Die modernen Medien können aber auch zu einer Erweiterung des Wissens und
damit zur Bildung beitragen, sie müssen es jedoch nicht. Die entscheidende Instanz im Bildungsprozess ist und bleibt der Mensch. An ihm müssen sich Erzie-
hungs- und Bildungsziele orientieren. Er ist nicht nur Ausgangspunkt und Ziel,
sondern auch Maßstab. Notwendige Voraussetzung für Wissensaneignung und
Bildung ist zunächst eine gewisse Motivation und Bereitschaft seitens der Rezipienten überhaupt lernen zu wollen. Die modernen Medien können und sollten
diesem Interesse entgegenkommen.

4.2.3.2. Verdummung durch Medien - die Bildungsverfalldebatte

Obwohl die modernen Medien, wie oben festgehalten, durchaus ihren Beitrag
zur Bildung leisten können, ist einer der Hauptvorwürfe gegen die Medien dennoch, dass diese erheblich zu einem "Bildungsverfall" beitragen. Die Rede ist
von zunehmender Verdummung und Verkümmerung geistiger als auch sozialer
Fähigkeiten durch übermäßigen Medienkonsum, von den negativen Auswirkungen der Gewaltdarstellungen in den Medien auf Jugendliche und die Gesellschaft im Allgemeinen, von möglicher Vereinsamung, Isolation, Bewusstseinsmanipulation, Werteverlusten, etc. Dabei rückt vor allem das Fernsehen in den
Mittelpunkt der Kritik. Die vielfachen Stimmen pessimistischer Couleur, wie die
eines Neil Postmans, wurden in dieser Arbeit bereits im Kapitel 2 unter dem
Stichwort "Medien-Apokalyptiker" ausführlich behandelt.[798] Wie an dieser Stel-

---

[798] Vgl. dazu ausführlicher Kapitel 2.3.1. "Medien-Apokalyptiker" versus "Medien-
Evangelisten" in dieser Arbeit, 159-166.

le ausgeführt, erscheinen monokausale Erklärungsversuche zwar häufig durch ihre meist leichte Verständlichkeit einleuchtend, sind aber in den meisten Fällen nicht zutreffend. Ursache dafür ist weniger die falsche Schlussfolgerung, sondern vielmehr bereits eine falsche Ausgangs- und Grundannahme, wie beispielsweise eine lineare Kommunikationsvorstellung, auf die in Kapitel 2.5.1. dieser Arbeit ausführlicher eingegangen wurde.[799] Es ist sicherlich richtig, dass die Medien zahlreiche Veränderungen bewirken und sich darunter auch Veränderungen mit negativen Auswirkungen finden lassen können. Dennoch stellt die Rede von einem "Bildungsverfall" durch die Medien eine unbegründete Wertung dar. Die Medien wirken und bewirken damit Veränderungen. Darüber hinaus hat sich dementsprechend auch das Bildungsideal verändert. Bildungs- und Erziehungskonzepte können durch neue Akzentsetzungen zum Beispiel auch durch die Medien Veränderungen erfahren. So kommt es beispielsweise vor, dass Maßstäbe, die früher an die Bildung und Erziehung herangetragen wurden, heute nicht mehr erfüllt werden. Als Beispiel könnte man hier als einen Maßstab "guter" Erziehung früherer Generationen Gehorsam aufführen, während eines der wichtigsten Ziele heutiger Erziehung die Entwicklung eines gesunden und kritischen Selbstbewusstseins ist. Diese Entwicklung ist durchaus kein Verfall oder gar Rückschritt. Die Veränderungen finden ihre Ursache nicht darin, dass Menschen weniger gebildet sind, sondern darin, dass sie anders gebildet sind. Wer folglich von einem "Bildungsverfall" ausgeht und die Schuld dafür den Medien gibt, geht von einer falschen Kausalität aus. Um dem Vorwurf des "Bildungsverfalls" durch Medien entgegenzutreten, kann man nur der These von Gregor M. Jansen Recht geben: "Wer mit Fernsehen 'dumm' ist, der ist es auch ohne."[800] Festzuhalten ist deshalb, wie einleitend in diesem Punkt, nochmals, dass die Frage, ob die Medien bilden können, nicht vom Medium her zu beantworten ist, sondern nur vom Menschen her. Denn letztendlich entscheiden nicht die Medien über die Möglichkeit oder Unmöglichkeit von Bildung, sondern der Mensch, der die Medien nutzt.

4.2.4. Der Rezipient als aktiver Medienteilnehmer

Häufig wird der komplexe Medienprozess im allgemeinen Bewusstsein von der Vorstellung einer einseitigen Verteilung von Rechten und Pflichten von Me-

---

[799] Vgl. dazu Kapitel 2.5.1. Medien als soziale Kommunikationsmittel, 184-190.
[800] Jansen, *Mensch und Medien*, 230.

dienmacher und Rezipient bestimmt: der Rezipient hat Rechte, die Medienmacher dagegen haben Pflichten.

Rezipieren ist jedoch nicht einfach nur Handeln, sondern bewusstes und aktives Handeln. Wer sich den Medien aussetzt, konsumiert und verarbeitet das Konsumierte. Dementsprechend ist der Medienprozess nicht als Einbahnstraßenkommunikation zu verstehen, sondern als Handeln der Rezipienten aufgrund vieler wechselseitiger Beziehungen. An jeden Einzelnen ist deshalb die Frage gestellt, wie man sich den Medien aussetzen will und welche Macht sie über einen einnehmen. Dass die Medien den "Empfänger" zum frei manipulierbaren Konsumenten machen, soll hier nochmals in Frage gestellt werden. Zwar wäre es durchaus übertrieben die Medien als Mittel zur persönlichen Veränderung zu sehen - denn bereits vorhandene Meinungen werden durch die Medien wohl eher verstärkt, indem sich jeder aus dem vielfältigen Angebot Mentoren, die seiner Gesinnung am ehesten entsprechen, raussucht und dagegen die Opposition ausblendet und überhört -, allerdings ist hier bereits angedeutet, dass der Mensch nicht völlig den Medien ausgeliefert ist. Die größte Gefahr der Medien liegt eben gerade in der Freiheit, die diese dem Rezipienten bieten, indem sie beispielsweise dem passiven Menschen noch mehr Passivität ermöglichen, während sie vielleicht bei dem intellektuell aufgeschlossenen Menschen neue Interessen wecken. Denn einen Internetanschluss zu haben heißt noch nicht am Weltwissen teilhaben zu können oder zu wollen. Den Optimismus von Dieter Baacke, der überzeugt ist, das keine Wissensklüfte entstehen können, weil "die Logistik des Multimedia-Systems dafür sorgt, dass alle Lernwege gleichzeitig gangbar" [801] sind und "das Lernvermögen der künftigen Informationsnutzer schrankenlos in seine Arme nimmt", kann die Autorin der vorliegenden Arbeit nicht teilen. Die bisher bekannten Daten zur Internetnutzung lassen zumindest solche Zweifel als berechtigt erscheinen.[802]

Medienhandeln ist geprägt von der Spannung zwischen passivem Reagieren und aktiver Rezeption. Begriffe, die häufig im Kontext von Medien Verwendung finden, wenn beispielsweise von "Entspannung", "Abschalten" oder "Flucht" die Rede ist, weisen auf eine Haltung des "Sich-Fallen-Lassens" in den medialen

---

[801] Dieter Baacke, *Ins Netz gegangen. Internet und Multimedia in der außerschulischen Pädagogik*, hrsg. vom Vorstand der Gesellschaft für Medienpädagogik und Kommunikationskultur in der BRD 1999, 16, für dieses und folgendes Zitat.
[802] Vgl. hierzu z.B. die Ergebnisse der ARD/ZDF-Online-Studie 2004, veröffentlicht in: *MEDIA PERSPEKTIVEN* 08/2004, 350-371 oder unter: <http://www.daserste.de/service/ardon/ 04.pdf> (10.09.2004); vgl. auch Kapitel 3.3.3. in dieser Arbeit, 233ff., v.a. Anmerkungen 567 und 568, 246.

Diffusionssog. Andererseits gibt es allerdings auch zahlreiche Hinweise dafür, dass man aktiv differenziert und selektiv mit den Medien umgeht. Jeder entwickelt seine eigenen spezifischen Medienpräferenzen, verarbeitet die Informationen gemäß der eigenen Lebenslage und integriert diese in den eigenen Wissensbestand. Vor allem bei Jugendlichen ist dies Teil der eigenen Persönlichkeitsentwicklung. Hier liegen jedoch auch wieder die größten Gefahren der Medien: wer sein eigenes Leben wenig strukturiert, läuft Gefahr sich dem Medienkonsum kritiklos auszuliefern. Sicherlich wird durch das mediale Überangebot, die Erzeugung unaufhörlicher Aufmerksamkeit und die ständige Produktion von Wissen die Selbstreflexion des Individuums, und hier besonders Jugendlicher auf dem Weg zur eigenen Persönlichkeitsentwicklung, innerhalb der Medienkultur erschwert. Das heißt der Medienprozess unterliegt insgesamt einer Beschleunigung, der sich auch auf das Individuum auswirkt. Vor allem hinsichtlich Kinder als Mediennutzer, die sich zwischen dem Spannungsfeld der Selbstbestimmung im Umgang mit den Medien und Bestimmtwerden durch die Medien bewegen, kommt der ethischen Frage Bedeutung zu.[803] Der Umgang mit Medien sollte als Gemeinschaftsaufgabe von Elternhaus und externen Betreuungs- und Bildungsinstitutionen verstanden und praktiziert werden. Der Umgang mit den Medien hat insofern eine ethische Komponente, weil er auch die elterliche Erziehungsautonomie berührt. Darauf wird im nächsten Punkt hinsichtlich einer Religions- und Medienpädagogik genauer einzugehen sein.

Zusammengefasst lässt sich zunächst festhalten, dass die mediale Gesellschaft neben immer mehr neuen Medien besonders auch eine Zunahme der Medienvernetzungen entstehen lässt, die zu mehr Unübersichtlichkeit und Schwierigkeiten in der Entscheidungsfähigkeit führt. Dieser zunehmenden Komplexität der Verhältnisse gilt es gewachsen zu bleiben. Sicherlich können ethische Normen, wie auch Wolfgang Ockenfels festhält, für den richtigen Umgang mit den Medien, d.h. für die individuell sinnvolle Auswahl aus dem vielfältigen Angebot in der pluralistischen Gesellschaft nicht mit dem Anspruch auf allgemeine Gültigkeit aufgestellt werden.[804] Dass aber jeder Mensch, der nicht als willfähriges Objekt der Fremdsteuerung durch das Leben gehen will, sich frühzeitig und konsequent um seine Normen der Auswahl kümmern muss, sollte zum festen Bestandteil der Erziehung sowohl in der Familie als auch in der Schule werden.

---

[803] Vgl. dazu auch Matthias Rath, *Kann denn empirische Forschung Sünde sein? Zum Empiriebedarf der angewandten Ethik*, in: ders. (Hg.), *Medienethik und Medienwirkungsforschung*, Wiesbaden (Westdeutscher Verlag) 2000, 63-87, hier 73, Anmerkung 8.

[804] Vgl. Wolfgang Ockenfels (Hg.), *Macht und Moral der Medien*, Trier (Paulinus) 1989, 31.

Dem Einzelnen kommt dabei die Aufgabe zu sich mit den Möglichkeiten, die ihm die Medien bieten auseinanderzusetzen. Jeder besitzt die bewusste Fähigkeit unter möglichen Alternativen zu wählen. So wie Gott den Menschen in Freiheit geschaffen hat, damit dieser aktiv als Stellvertreter Verantwortung wahrnimmt, ist auch hinsichtlich der Medien die Freiheit nicht als Rückzug zu verstehen, sondern als aktive Mitgestaltungsmöglichkeit. Jeder einzelne Mensch hat prinzipiell die Möglichkeit, dem Kommunikationszwang, dem er sich selbst ausliefert, auch entgegenzusteuern. "Der *Rezipient* kann, egal wie seine Nachfrage entsteht, bestimmte Angebote evozieren oder aber ablehnen."[805] D.h. der Rezipient als Medienteilnehmer hat zumindest in der Hinsicht mediale Souveränität, indem er bei Fernseher oder Internet den Ausschaltknopf bedient oder bei Zeitungen und Zeitschriften diese einfach weglegt. Was bleibt ist die Frage, wann dieser Ausschaltknopf oder Vorgang zu betätigen ist. Hier kommt die Medienkompetenz[806] ins Spiel, eine Fähigkeit, die entwickelt und trainiert werden kann und muss und auf die in den folgenden Ausführungen noch genauer eingegangen werden soll.

4.2.5. Medienethik, Medienpädagogik und Religionspädagogik

Rüdiger Funiok weist darauf hin, dass " bei der Frage, wie Menschen dafür sensibilisiert werden sollten, ihre Mediennutzung auch in ethischer Perspektive zu überdenken, (...) notwendigerweise Medienpädagogik ins Spiel"[807] kommt. Vor allem, wenn man, wie in dieser Arbeit, einen rezipientenorientierten medienethischen Ansatz verfolgt. So weist ein solcher Ansatz im Vergleich zu anderen, wie beispielsweise etwa einem rechtsstaatlich orientierten medienethischen Ansatz, eine besondere Nähe zur Medienpädagogik auf, da dieser sich explizit um die Aktivierung des Medienpublikums bemüht. Daher scheint es auch für diese Arbeit, wie für eine rezipientenorientierte Medienethik insgesamt, unumgänglich

---

[805] Rath, *Kann denn empirische Forschung Sünde sein?*, in: ders. (Hg.), *Medienethik und Medienwirkungsforschung*, 72.
[806] Der Kompetenzbegriff geht in der medienpädagogischen Diskussion auf die Habilitationsschrift von Dieter Baacke, *Kommunikation und Kompetenz. Grundlegung einer Didaktik der Kommunikation und der Medien*, München (Juventa) 1973, zurück, auch wenn Medienkompetenz als Begriff nicht explizit genannt wird. Baacke entfaltet einen allgemeinen Begriff einer "kommunikativen Kompetenz" und läutete damit einen Paradigmenwechsel in der Medienpädagogik ein, in dem er den Blick auf die Interessen und Bedürfnisse der Mediennutzer richtete. Vgl. dazu ausführlich Ralf Vollbrecht, *Einführung in die Medienpädagogik*, Weinheim u.a. (Beltz) 2001, 53-58.
[807] Rüdiger Funiok, *Grundfragen einer Publikumsethik*, in: ders. (Hg.), *Grundfragen der Kommunikationsethik*, 107.

sich mit der Medienpädagogik und aus theologischer Perspektive auch mit der Religionspädagogik zu befassen.

Obwohl Medienpädagogik und Religionspädagogik gerade hinsichtlich der Medien ein gemeinsames Forschungs- und Handlungsfeld aufweisen, kann, wie Manfred L. Pirner festhält, "von einem etablierten Diskurs (…) nicht die Rede sein"[808]. Das ist, wie in dieser Arbeit gezeigt wurde und wie auch Pirner bemerkt, umso erstaunlicher, als die Religionsähnlichkeit der Medien in unterschiedlichsten Wissenschaften in den letzten Jahren zunehmend thematisiert wird.[809] So nehmen die Medien, wie in Kapitel 3.5.1. gezeigt wurde[810], nicht nur religiöse Funktionen wahr und weisen religiöse Strukturen auf, sondern beschäftigen sich auch inhaltlich mit existentiellen Fragen des menschlichen Daseins, mit denen sich die Religionen beschäftigen. Dabei zeigt die vielfältige und komplexe Verbindung von Religion und Medien ein gemeinsames Aufgabengebiet für Medien- und Religionspädagogik auf. Die medienethische Bildung ist darüber hinaus Gegenstandsbereich beider Disziplinen, wobei vor allem für die Religionspädagogik die ethische Bildung einen zentralen Bereich mit dem Ziel der Förderung ethischer Urteils- und Handlungsfähigkeit vor allem von Kindern und Jugendlichen darstellt. Ein anthropologischer und rezipientenorientierter medienethischer Ansatz basiert auf einem umfassenden Verständnis der Medien und ihrer Bedeutung für den Menschen und die Gesellschaft und somit lassen sich auch hier Überschneidungspunkte zwischen Medienpädagogik, Religionspädagogik und Medienethik feststellen. Medienbildung ist deshalb als umfassende pädagogische Gesamtaufgabe zu verstehen.

In der Medienpädagogik stellt sich die grundsätzliche Frage, wie mediale und damit auch öffentliche Kommunikation insgesamt gefördert und gesichert werden kann. Das vielfältige Angebot der Medien ermöglicht neue Handlungsmöglichkeiten, erhöht aber auch den Druck sich ständig entscheiden und auswählen zu müssen. Dabei ist der Einzelne eingebettet in ein Kommunikationssystem, das die modernen Medien ermöglichen. Die Teilhabe an den neuen Formen dieser Kommunikation ist unerlässlich, denn ein Entziehen, soweit dies überhaupt möglich ist, würde zur Isolation und Vereinsamung führen. So entsteht durch die Nutzung und Auseinandersetzung mit diesen neuen Formen der Kommunikationsmittel auch personale Identität. Die Unübersichtlichkeit und die Pluralität

---

[808] So Manfred L. Pirner in seiner Einführung in: ders./ Breuer (Hg.), *Medien - Bildung - Religion*, 11.
[809] Vgl. ebd.
[810] Vgl. dazu Kapitel 3.5.1. Medienfunktionen, 262-267.

beispielsweise verschiedenster Lebensdeutungen oder Weltbilder, die sich in den Medien finden, stellen dabei eine besondere Herausforderung für den Einzelnen dar. Gefordert ist hier auch in ethischer Sicht deshalb vor allem die Erziehung.

Die Aufgabe der Medienpädagogik besteht darin, bei den Heranwachsenden eine Verantwortungshaltung im Umgang mit den Medien aufzubauen und zu fördern und dafür geeignete Rahmenbedingungen zu schaffen. Das bedeutet natürlich auch, dass Medienpädagogen, Wissenschaftler und Einzelpersonen selbst solch eine Verantwortungshaltung gegenüber den Medien ausbilden müssen. Umgang mit Medien und Medienerziehung müssen dementsprechend als Gemeinschaftsaufgabe von Elternhaus und externen Betreuungs- und Bildungseinrichtungen verstanden und auch praktiziert werden. Zentrales Anliegen ist dabei die Vermittlung von Medienkompetenz. Auf diesen Begriff wird in Punkt 4.3.2. in dieser Arbeit noch genauer eingegangen.

Aber auch im Bereich der Religionspädagogik ist für eine ethisch-religiöse Bildung die Auseinandersetzung mit den Medien und einer Medienbildung erforderlich.[811] Viele Erfahrungen von Kindern, Jugendlichen und Erwachsenen werden über die Medien gemacht. Medien können über die menschliche Wahrnehmung Erfahrungen anregen, aber auch die Wahrnehmung für neue Erfahrungen weiten.[812] Diese über die Wahrnehmung angestoßenen Erfahrungen können auch religiöser und spiritueller Art sein. Die Beschäftigung mit Medienerfahrungen führt dementsprechend direkt in zentrale religionspädagogische Aufgabengebiete. Diese Feststellung spiegelt sich auch zunehmend in religionspädagogischen Veröffentlichungen jüngeren Datums, wie zum Beispiel die von Manfred L. Pirner oder Andreas Mertin, wider.[813] Das erscheint nicht weiter erstaunlich, wenn man von der Überzeugung ausgeht, dass sich gerade der Religionsunterricht für die Arbeit mit Medien anbietet. Viele Religionslehrer argumentieren zwar eher dahingehend, dass sie gerade den Religionsunterricht von der zunehmenden

---

[811] Vgl. dazu auch Manfred L. Pirner in seiner Einführung in: ders./ Breuer (Hg.), *Medien - Bildung - Religion,* 13.

[812] Vgl. dazu Kapitel 3.5.2. Lebenserfahrung - spirituelle Erfahrung - Medienerfahrung, 267-273.

[813] Vgl. z.B. Manfred L. Pirner, *Fernsehmythen und religiöse Bildung. Grundlegung einer medienerfahrungsorientierten Religionspädagogik am Beispiel fiktionaler Fernsehunterhaltung,* Frankfurt a. M. (Ev. Publizistik Verlag) 2001; ders., "Medienpädagogik und ethisch-religiöse Bildung", in: *Medien praktisch* 26 (4/2002), 26-29; ders./Rath (Hg.), *Homo medialis,* 2003; Andreas Mertin, *Internet im Religionsunterricht;* 2000; ders., *Neues zum Thema Internet im Religionsunterricht: Didaktik - E-Teaching - E-Learning,* Göttingen (Vandenhoeck & Ruprecht) 2003.

Technologisierung und Digitalisierung freizuhalten versuchen. Angesichts der medialen Herausforderungen stellt sich jedoch die Frage, ob dies ein angemessener Weg ist. Da gerade die christliche Religion und vor allem der Protestantismus, wie das erste Kapitel dieser Arbeit historisch zu verdeutlichen suchte, immer sehr eng mit den neuesten Medien und Medienwechsel in Verbindung standen, ist Andreas Mertin hier durchaus zuzustimmen, wenn er festhält, dass der Religionsunterricht gerade deshalb auch für die Arbeit mit und den Einsatz von Medien "prädestiniert"[814] ist.

Ein weiteres Argument bringt Mertin auch mit einem interessanten Vergleich zur Bibel, indem er auf die Ähnlichkeiten zum Internet verweist: "Ihre Lektüre verweist, der Hypertextstruktur des Internets vergleichbar, auf unzählige intertextuelle Verknüpfungen. So besteht z.b. Matthäus 5, 43-48 aus einer Vielzahl von *Links* (...)."[815] Die Botschaften, Verknüpfungen und Symbole der Bibel verstehen und bewerten zu lernen, ist eines der Ziele des Religionsunterrichtes. Aufgrund der Ähnlichkeit der Vorgehensweise und Strukturen der Medien bietet sich deshalb weiterhin gerade der Religionsunterricht für die Arbeit mit Medien an. Die Fähigkeit Botschaften und Symbole verstehen und bewerten zu können ist eine Fähigkeit, die auch im Umgang mit modernen Medien notwendig ist, um kritisch beurteilen und handeln zu können. Die Religionspädagogik ist hier deshalb nicht nur hinsichtlich der Handhabung von Religion in den Medien gefordert, sondern auch, weil neben ethischem Lernen auch der Umgang mit Medien aller Art von hoher praktischer und theoretischer Relevanz für religiöse Lernkonzepte sind.

Andreas Mertin setzt sich in seinem Beitrag "Religion nimmt Gestalt an" mit den medienpädagogischen Arbeitsfeldern in religiöser Perspektive auseinander.[816] Mertin skizziert dabei fünf verschiedene Ansatzpunkte, die sich im Beziehungsfeld von Religion, Medien und Pädagogik mit unterschiedlichen Medien auseinander- und sie auch einsetzen. Dazu zählt er neben expliziten und impliziten Religionsformen in den Medien, den konventionellen Medieneinsatz zu bestimmten Themen, die Reflexion der Medialität von Religion sowie die Medienkritik durch Religion, Kirche und Theologie.[817] Jedes dieser medienpä-

---

[814] Mertin, *Internet im Religionsunterricht*, 23.

[815] Ebd., 24.

[816] Vgl. Andreas Mertin, "Religion nimmt Gestalt an - ästhetisch, popkulturell, szenisch", Vortrag auf der Bildungsmesse Hannover 2000, Quelle: <http://www.amertin.de/aufsatz/gestalt/htm> (15.03.2005), 3.

[817] Vgl. dazu ausführlicher ebd., 4.

dagogischen Arbeitsfelder ist eigener intensiver Bearbeitung wert und kann hier nicht weiter ausgeführt werden. Erste religionspädagogische Ansätze sind dabei im Blick auf verschiedene Bereiche der Medienkultur schon unternommen worden.[818] Diese Beiträge der religionspädagogischen Theologie sind dabei, wie bereits erwähnt, eher jüngeren Datums. Von einem ernsthaftem Interesse und Zuwendung seitens der Theologie zur modernen Medienkultur kann jedoch insgesamt noch nicht die Rede sein.

Dem mediendidaktischen Konzept, das hier angedeutet werden soll, liegen zwei Schlüsselbegriffe zugrunde, auf die im Laufe dieser Arbeit immer wieder eingegangen wurde, nämlich Erfahrung und Kommunikation. Beide Begriffe liegen einerseits dem religiösen Reifen, andererseits auch dem medialen Prozess zugrunde.

Soll der christliche Glaube in einer lebendigen Weise relevant sein, d.h. soll er im Alltag, in der Lebensbewältigung, in der Entscheidungsfindung und im sittlichen Urteil eine Rolle spielen, so muss der Glaube auf Erfahrungen aufbauen können. Die menschlichen Lebenserfahrungen müssen in einen deutenden Zusammenhang mit dem Glauben und die Glaubenserfahrungen in einen bedeutenden Zusammenhang mit dem Leben gebracht werden können. Das setzt voraus, dass so etwas wie Glaubenserfahrung überhaupt gemacht wird. Da Erfahrungen aber gerade erst durch Deutung und Wertung über das bloße Erlebnis oder Ereignis hinausgehen, scheint die Frage der Erfahrungsfähigkeit zu einem großen Teil auch eine Frage der Erschließungskompetenz zu sein. Entscheidend ist, inwieweit der Einzelne in der Lage ist, seine Erfahrungen als Erfahrungen des Glaubens zu erkennen und zu deuten und inwieweit diese Erfahrungen mit der Erfahrungswelt des Glaubens und der biblischen Überlieferung kompatibel sind.

Die theologischen und kirchlichen Bemühungen konzentrierten sich bisher mehr auf die Frage, wie Glaube vermittelt oder ermöglicht werden kann, oder welche äußeren Bedingungen nötig sind, um Glauben reifen zu lassen. Zu wenig wurde dabei ins Blickfeld genommen, welche inneren Erfahrungen dafür unabdingbar sind und wie diese Erfahrungen vom Subjekt gedeutet oder angeeignet werden

---

[818] Vgl. z.B. Hans-Martin Gutmann, *Der Herr der Heerscharen, die Prinzessin der Herzen und der König der Löwen. Religion lehren zwischen Kirche, Schule und populärer Kultur*, Gütersloh (Chr. Kaiser) 1998; Inge Kirsner, *Erlösung im Film. Praktisch-theologische Analysen und Interpretationen*, Stuttgart (Kohlhammer) 1996; Bernd Schwarze, *Die Religion der Rock- und Popmusik. Analysen und Interpretationen*, Stuttgart (Kohlhammer) 1997.

und welchen Beitrag die religiöse Erziehung und eine auf moderne Medienkultur reflektierende religiöse Mediendidaktik leisten kann.

Die Grundintention einer Mediendidaktik muss es daher sein, aus der Erfahrung - und zwar sowohl der eigenen wie der medial vermittelten - letztendlich zur Kommunikation zu gelangen. In Hinblick auf den medialen Prozess bedeutet dies, das Erfahrungspotential nutzbar und in der Rezeption und der darauf folgenden Verarbeitung neue Erfahrungen möglich zu machen. Denn einer der häufigsten Wege, Erfahrungen weiterzugeben, ist der mediale Weg.

Wenn Menschen im Bildungsprozess lernen, dass Medien nicht nur konsumiert werden können, sondern dass Medien Kommunikationshilfen und Kommunikationsanlässe sein können, wird damit auch ein wichtiges medienpädagogisches Gegengewicht zu konsumorientierten und kommunikationstötenden Tendenzen des Medienalltags gesetzt. Wenn Erfahrung schließlich als wesentliches Moment und Thema des gesamten Prozesses charakterisiert wird, so ist damit ausgedrückt, dass der entscheidende Faktor im Medienprozess der Mensch ist. Er ist nicht nur Ausgangspunkt und Ziel, sondern auch Maßstab: Alles Handeln muss sich am Grad seiner Menschendienlichkeit messen lassen. So verstanden leistet Mediendidaktik auch medienethische Erziehungs- und Bildungsarbeit mit dem Ziel der verantwortlichen Medienteilnahme.

Da der Schwerpunkt dieser Arbeit auf medienethischen Überlegungen liegt, soll dieser Ausblick auf die Medien- und Religionspädagogik an dieser Stelle ausreichen. Die Beteiligung der Theologie an der Medienethikdebatte kann den Diskurs über ethische Maßstäbe für den Umgang und Einsatz von Medien vor allem im Kontext ihrer anthropologischen Positionen befruchten. In seiner sehr differenzierten Untersuchung zum Stichwort "Wirklichkeit" in den Medien hat Christian Doelker bereits 1979 eine im Kern anthropologische Position formuliert, die das Individuum zum Fokus der Analyse des Mensch- und Medienverhältnisses macht, dies allerdings auch mit medienpädagoigscher Relevanz. Sein Resümee:

"Die Freiheit von und zu den Medien kann indessen weniger Sache von äußeren institutionalisierten Maßnahmen als von eigenen Entscheidungen sein, ob und wie man Medien nutzen will. Dies setzt aber eine persönliche Nutzungskompetenz voraus." [819]

---

[819] Christian Doelker, *Wirklichkeit in den Medien*, (Züricher Beiträge zur Medienpädagogik), Zug (Klett & Balmer) 1979, 185.

Die anthropologische Sichtweise von Mensch und Medien ist eher eine humane Grundhaltung. Im Kontext von Bildung und Pädagogik bietet sie weniger ein konkretes Handlungskonzept, als vielmehr ein Fundament oder eine Ausgangslage, auf der aufzubauen ist. Dass sich entsprechend einer anthropologischen Sichtweise hieraus eine mit anderen Feldern vernetzte Medienpädagogik mit Perspektive auf eine umfassende Medienbildung anbietet, scheint plausibel zu sein. Es geht letztendlich um das gemeinsame Ziel der Lebensgestaltung und Lebenskompetenz, die heute sinnliche, symbolische, reale wie auch digitale Erfahrungen und Erkenntnisse umfassen muss. Auf den Zusammenhang zwischen Kultur, Bildung und Medien, die als Einheit gesehen werden müssen, verweist die gemeinsame Erklärung der Deutschen Bischofskonferenz und der Evangelischen Kirche in Deutschland *Chancen und Risiken der Mediengesellschaft* von 1997, indem sie auf die anthropologische und kulturelle Position gegenüber den Medien und ihrer neuen Bedeutung verweist: "Dabei haben die Medien die Aufgabe, Menschen miteinander in Verbindung zu bringen, ihnen Information und Unterhaltung zu bieten, sodass sie sich in ihrem Lebensalltag besser zurechtfinden, Orientierung und eine aktive Teilnahme am gesellschaftlichen Leben erleichtert wird."[820]

4.3. Zur ethischen Beurteilung

Am Ende dieser Arbeit soll nochmals zusammenfassend das eigentliche Ziel einer rezipientenorientierten Medienethik aus theologischer Perspektive dargestellt werden. Eine solche medienethische Betrachtung hebt in erster Linie die Verantwortung der einzelnen Medienteilnehmer im gesamten medialen Prozess hervor. Es geht also weniger um Normen oder gesetzliche Reglementierungen, die gleichermaßen von außen an den medialen Prozess herangetragen werden - obwohl diese beispielsweise im Kinder- und Jugendschutz unverzichtbar sind -, sondern vielmehr um Haltungen, welche die einzelnen am Medienprozess Partizipierenden gegenüber den Medien einnehmen. Ziel solch medienethischer am Medienteilnehmer orientierten Überlegungen ist letztendlich eine kompetente Haltung zu entwickeln und zu fördern. In diesem abschließenden Punkt soll deshalb nochmals in einem Resümee die Verantwortlichkeit der Medienteilnehmer ethisch beleuchtet werden.

---

[820] Evangelische Kirche in Deutschland/ Sekretariat der Deutschen Bischofskonferenz, *Chancen und Risiken der Mediengesellschaft*, 5.

4.3.1. Vom Konsumenten zum Medienteilnehmer

Wie in dieser Arbeit mehrmals gezeigt wurde, ist der Prozess der Medienrezeption nicht als passives Konsumieren zu verstehen, sondern als aktives Handeln der Rezipienten. Das heißt medial vermittelte Inhalte und Botschaften werden von den Rezipienten nicht nur konsumiert, im Sinne von einem reinen "empfangen", wie viele Kommunikationsmodelle die Rolle des Rezipienten im Kommunikationsprozess darstellen. Stattdessen ist es vielmehr so, dass der Rezipient die durch die Medien zur Verfügung gestellten Informationen selektiert, interpretiert, in die individuelle Lebenswirklichkeit integriert und sein jeweils eigenes Weltbild konstruiert.

Aufgrund des Individualitätsaspektes lassen sich keine konkreten Aussagen darüber machen, wie die vermittelten Inhalte und Botschaften letztendlich auf den einzelnen Rezipienten tatsächlich wirken. Somit sind generalisierbare Wirkungen medial vermittelter Informationen nicht nachweisbar. Am Beispiel der Debatten um Gewalt und Medien wird dies ersichtlich. Es ist nicht klar, wie Gewaltdarstellungen oder entsprechende Computerspiele letztendlich auf den einzelnen Nutzer wirken. Einigkeit scheint lediglich darin zu bestehen, dass solche medialen Gewaltdarstellungen und Spiele bei bereits zu Aggression neigenden Nutzern diese noch verstärken können. Viele Ansätze der Medienwirkungsforschung zur Erklärung der Phänomene medialer Rezeption haben sich deshalb auch als unbrauchbar erwiesen, weil sie den Fokus immer auf den Sender - im Fall von Gewaltdarstellungen beispielsweise immer auf die jeweiligen Medien wie Computerspiele - gelegt haben und eben den Rezipienten lediglich in der Empfängerrolle sahen. Ein Ansatz, der insgesamt auf einem falschen Menschenbild basiert und auch seine Unbrauchbarkeit und die Ergebnislosigkeit der Medienwirkungsforschung über lange Zeit erklärt. Mittlerweile ist jedoch klar geworden, dass vor allem hinsichtlich des Rezipienten und seiner Rolle im medialen Prozess ein Umdenken erforderlich ist.

Über die mediale Nutzung zu entscheiden liegt in erster Linie in der Hand jedes einzelnen Rezipienten und ist abhängig von seiner Kompetenz - abgesehen natürlich von der notwendigen gesetzlichen Kontrolle der Medienprodukte nach dem Maßstab der Menschenrechte und den Jugendschutzbestimmungen. Bei allen Appellen an die Verantwortlichkeiten der "Medienmacher", wie beispielsweise Produzenten oder Journalisten, trägt der Rezipient die eigene Verantwortung dafür, wenn er die Medien nutzt. Jeder der von Medien Gebrauch macht, ist deshalb zunächst selbst für diesen Gebrauch verantwortlich. Diese ethische Grundnorm einer rezipientenorientierten Medienethik stellt auch Thomas Hausmanninger auf, wenn er fordert, "dass jeder Rezipient seinen Mediengebrauch verantwortet einzurichten hat."[821] Hier sollen deshalb zusammenfassend nochmals einige grundlegende Aspekte angesprochen werden, die in Hinsicht auf eine verantwortliche Medienrezeption von wichtiger Bedeutung sind.

Jeder, der Medien nutzt, sollte sich zunächst immer darüber im Klaren sein, warum er diese Medien nutzt, d.h. aus welcher Motivation heraus er dies tut. Der vorausgehende Punkt 4.2. hat zwar gezeigt, dass eine klare Trennung zwischen den Bereichen Information, Unterhaltung und Bildung in und über die Medien häufig nicht so leicht ist, was es ebenso erschwert die eigentliche Nutzungsmotivation ausfindig zu machen, doch die implizierte Aktivität des Mediennutzers beim Prozess der medialen Rezeption beinhaltet auch, dass sich der Mediennutzer darum bemüht, diese Differenzierung für sich selbst soweit wie möglich vorzunehmen. Dies trägt zur eigenen Selbstreflexion im Umgang mit den Medien bei. Als grundlegende medienethische Norm kann somit festgehalten werden, dass der Nutzer von Medien, sich darüber klar werden sollte, warum und wie er die Medien nutzt.

Ist sich der Mediennutzer bewusst, dass er beispielsweise den Fernseher zu einer bestimmten Zeit zur reinen Unterhaltung nutzt, sollte er im eigenen Interesse abschätzen, welche Inhalte für ihn geeignet sind und welche nicht. Auch wenn Fernsehsender einem bestimmten Programm - z.B. dem Bildungsauftrag der öffentlich-rechtlichen Sender - folgen müssen, entbindet dies den Mediennutzer nicht von seiner eigenen Verantwortung der kritischen Selbstauswahl. Jeder einzelne ist in die Verantwortung gerufen sich nicht vom Medienangebot bestimmen zu lassen, damit es nicht zu einem unkritischen passiven Medienkonsum kommt. Dies entspricht der aktiven Rolle des Medienteilnehmers. Diese aktive Rolle beinhaltet die Verpflichtung, sich über Medienentwicklungen, Angebote und Inhalte zu informieren. Als ethische Norm kann somit die Fähigkeit und Notwendigkeit der kritischen Auswahl aus dem medialen Angebot festgehalten werden.

Bei der Nutzung des Medienangebots ist weiterhin auf das rechte Maß zu verweisen. An jeden einzelnen ist die Aufgabe gestellt, neben einer rechten Aus-

---

[821] Thomas Hausmanninger, *Grundlinien einer Ethik medialer Unterhaltung*, in: Wolbert (Hg.), *Moral in einer Kultur der Massenmedien*, 77-96, hier 94.

wahl auch ein rechtes Maß im Mediengebrauch selbst zu setzen. Konsumaskese oder moraltheologische Kardinaltugend der "Temperantia" - darunter fällt z.b. die Enthaltung, das Fasten und die Keuschheit - auf den Mediengebrauch zu ü-bertragen, wie dies Gregor M. Jansen vorschlägt[822], hält die Autorin der vorlie-genden Arbeit für wenig effektiv. Asketische Vorhaben sind meist nur von kur-zer Dauer. Im verantwortlichen Mediengebrauch ist jedoch nur eine konsequente Handhabung, die in die eigene Lebenshaltung dauerhaft integriert wird, sinnvoll. Eine gewisse Selbstdisziplin zu entwickeln, die einem ermöglicht, das eigene Medienverhalten kontrollierend zu überblicken, ist dazu notwendig. Ist man sich beispielsweise über die Motivation bewusst, wenn man etwa eine Information aus dem Internet einholen will, dann kann man das eigene Verhalten dahinge-hend kontrollieren, indem man die Befriedigung des Interesses, in diesem Fall die Informationsbeschaffung, als Maßstab für die eigene Mediennutzung nimmt.

Und letztlich sollte jeder einzelne Mediennutzer sich auch als Medienteilnehmer begreifen. Der Nutzer ist keineswegs nur reiner Konsument und den Medien hilflos ausgeliefert. Nicht nur die Medien haben Macht, sondern auch der Me-diennutzer. Das Internet hat hier neue Möglichkeiten und Maßstäbe gesetzt, so dass per E-Mail direkte Rückmeldungen auf mediale Angebote möglich sind. Man kann gewöhnlich direkt E-Mails an die Redaktionen der Medienproduzen-ten schicken. Dies ist mittlerweile auch größtenteils im Bereich der klassischen Medien möglich, so dass man auch zu Rundfunk- oder Zeitungsbeiträgen eine direkte Reaktion, in Form von beispielsweise einem Leserbrief per E-Mail, den entsprechenden Medienbetreibern zukommen lassen kann. Durch diese bewusste Nutzung, verfügen die Mediennutzer über eine sehr viel effektivere Art der Rückmeldung als zum Beispiel durch reines Abschalten. Hier liegt auch ein Teil der Mitverantwortung der Mediennutzer gegenüber allen anderen am Medien-prozess Beteiligten oder von ihm Betroffenen, indem man nicht einfach abschal-tet und wegschaut, wenn einzelne Beiträge unsachgemäß oder völlig unange-messen sind, sondern aktiv eingreift, indem man dies dem Produzenten mitteilt.

4.3.2. Mediale Kompetenz

Um sich selbst als aktiven Medienteilnehmer im Medienprozess begreifen und die Verantwortung als Rezipient wahrnehmen zu können, bedarf es einer eigen-ständigen Persönlichkeit. Bei Kindern und Jugendlichen ist diese noch nicht

---

[822] Vgl. Jansen, *Mensch und Medien*, 313.

vorauszusetzen. Daher ist das Erlernen des Umgangs und Verstehens der Medien, d.h. Medienpädagogik notwendig. Medienpädagogik leidet grundsätzlich darunter, dass der Terminus häufig mit einer sehr eingeschränkten mediendidaktischen Sichtweise verbunden wird, im Sinne des Einsatzes der neuen Medien zur Verbesserung von Lehr- und Lernprozessen. Das Ziel kann jedoch nicht sein, die perfekte Anwendung von Medien zu erlernen. Die Auseinandersetzung mit Medien in einer von Medien geprägten Gesellschaft erfordert vor allem aus medienethischer Perspektive vielmehr als den erlernten Umgang mit und Einsatz von Medien. Das Ziel muss stattdessen durch Erlernen die Hinführung zu einer verantwortlichen Teilnahme des einzelnen am Medienprozess. Die begrifflichen Schwierigkeiten, mit denen sich Medienpädagogik konfrontiert sieht, können überwunden werden, wenn man sich in Hinblick auf die Medien um eine anthropologische Basis bemüht, die das Verhältnis Mensch und Medien sowie Erziehung umfasst. Der Mensch ist fähig, mit Hilfe der Medien ein Verhältnis zu sich selbst, zu seinen Mitmenschen und zu seiner Umwelt zu gewinnen. Dazu ist er jedoch nicht von Geburt an in der Lage. Das Fundament jeder Mediennutzung, das fängt bei der Sprache an und endet bei den neuesten Digitalmedien, ist eine Fähigkeit, die erlernt werden muss. Die Erziehung spielt hier eine Schlüsselrolle, die auch nicht irgendwann aufhört, sondern ein ganzes Leben lang hindurch geübt, verbessert und erweitert werden muss. Mit dem Begriff der Medienkompetenz ist dieses Ziel beschrieben.

Die zahlreichen Versuche, festzuhalten, welche Fähigkeiten medienkompetentes Verhalten beinhalten sollte, variieren sehr stark voneinander. Verwiesen sei an dieser Stelle auf den Band *Lernziel Medienkompetenz* von Ida Pöttinger, die sich mit den unterschiedlichen Konzepten und Aufgaben von Medienerziehung und Medienkompetenzvermittlung beschäftigt und sich dabei auch mit den Entwürfen von u.a. Dieter Baacke, Horst Dichanz, Klaus Neubauer etc. auseinandersetzt.[823] Am häufigsten zitiert wird in Zusammenhang mit dem Begriff "Medienkompetenz" Dieter Baacke. Nach Dieter Baacke setzt sich der Begriff "Medienkompetenz" aus unterschiedlichen Teilkompetenzen in vier "Dimensionen" zusammen, nämlich Medien-Kritik, Medien-Kunde, Medien-Nutzung und Medien-Gestaltung.[824] Im ersten geht es um die das allgemeine Wissen um gesellschaftliche Prozesse, in die Medien eingebettet sind. Die zweite Dimension um-

---

[823] Vg. Ida Pöttinger, *Lernziel Medienkompetenz: Theoretische Grundlagen und praktische Evaluation anhand eines Hörspielprojekts*, München (KoPäd) [2]2002.
[824] Vgl. Dieter Baacke, *Medienkompetenz - Begrifflichkeit und sozialer Wandel*, in: Antje von Rein (Hg.), *Medienkompetenz als Schlüsselbegriff*, Bad Heilbronn (Klinkhardt) 1996, 112-124.

fasst das Wissen über, aber auch die Fähigkeit zum Umgang mit der Technik. Zum dritten gehört, dass man Medien aller Art, zum Beispiel zur Informationsgewinnung, aber auch zur Unterhaltung nutzen kann. In der vierten Dimension entfalten sich die Kreativität und die Fähigkeit zum gestalterischen Umgang. An anderer Stelle hat Dieter Baacke Medienkompetenz in nunmehr drei, wiederum Dimensionen genannte, geistige Fähigkeiten unterteilt, nämlich eine analytische, eine reflexive und eine ethische.[825] D.h. erstens sollen gesellschaftliche Prozesse angemessen erfasst werden können, zweitens soll jeder Mensch befähigt sein, analytisches Wissen auf sich selbst und sein Handeln anwenden zu können und drittens sollen analytisches Denken und reflexiver Rückbezug auch sozial verantwortet werden. Dabei müssen kommunikative Kompetenz im Sinne von sprachlichen Fähigkeiten erlernt, die Übung und Weiterentwicklung dieser Kompetenz in Familie, Schule, etc. geübt und die Zuwendung und Auseinandersetzung mit Medien aller Art, deren Nutzung ebenfalls gefördert werden.[826] In Form von drei Leitlinien fasst Baacke darüber hinaus grundsätzliche Wesensmerkmale von Medienkompetenz zusammen:

- Medienkompetenz umfasst das gesamte Spektrum der Medien und ihrer Angebote.

- Die Vermittlung von Medienkompetenz als Basisqualifikation darf nicht auf die Schule beschränkt bleiben.

- Medienkompetenz muss lebenslang erworben werden.[827]

Medienkompetenz ist somit ein äußerst umfassender Begriff, der, wie Baacke festhält, "nicht auf organisierte Erziehungsakte zu beschränken"[828] ist, sondern "ein umfassendes, gleichsam grundlegendes Qualifikationsfeld" darstellt. Das heißt zum Beispiel auch, dass die Vermittlung von Medienkompetenz nicht nur, wie Baacke oben festhält, lediglich auf die Schule beschränkt werden darf, sondern auch, dass man Medienkompetenz als Ziel elterlicher Erziehung versteht.

---

[825] Vgl. Baacke, *Medienkompetenz - Begrifflichkeit und sozialer Wandel*, in: Rein (Hg.), *Medienkompetenz als Schlüsselbegriff*, 120; oder aber auch: Dieter Baacke, *Medienkompetenz als zentrales Operationsfeld von Projekten*, in: ders. u.a. (Hg.), *Handbuch Medien: Medienkompetenz. Modelle und Projekte*, Bonn (Bundeszentrale für politische Bildung) 1999, 31-35, hier 34.

[826] Dieter Baacke, *Zum Konzept und zur Operationalisierung von Medienkompetenz*, Quelle: <http://www.gmk.medienpaed.de/auf002.htm> (25.05.2005), 1.

[827] Vgl. ebd., 2.

[828] Baacke, *Medienkompetenz als zentrales Operationsfeld von Projekten*, in: ders. u.a. (Hg.), *Handbuch Medien: Medienkompetenz*, 34, für dieses und folgendes Zitat.

Die Vermittlung von Medienkompetenz verlangt Eltern Fähigkeiten ab, die diese bislang allenfalls bruchstückhaft vorweisen können. Nicht selten ist es so, dass die Kinder allein in der Anwendung der Medientechnik ihren Eltern weit überlegen sind. In jedem Fall müssen die Rezipienten darin unterstützt werden, die unterschiedlichen Medien und ihre Produkte erkennen, hinterfragen und verantwortungsbewusst nutzen zu können. Die Vermittlung medienkompetenter Qualifikationen gilt für Eltern und Kinder gleichermaßen. Wie sich die Dimensionen in verschiedenen Formen medienpädagogischer Angebote im Einzelnen umsetzen lassen, zeigen zahlreiche Publikationen, Materialen und Veranstaltungen.[829]

Die Förderung der Medienkompetenz ist schon immer auch ein wichtiger Bestandteil kirchlicher Medienarbeit gewesen.[830] Und zwar nicht nur ausschließlich im Protestantismus aufgrund seiner stets engen Verbindung mit den neuesten Medien und Medienwechsel, sondern in der christlichen Religion insgesamt, indem Botschaften medial vermittelt wurden. Die Botschaften, Verknüpfungen und Symbole der Bibel verstehen und bewerten zu lernen, ist nach wie vor eines der Ziele des Religionsunterrichtes. Die Fähigkeit Botschaften und Symbole verstehen und bewerten zu können ist aber auch eine Fähigkeit, die im Umgang mit modernen Medien notwendig ist, um kritisch urteilen und handeln zu können. Manfred L. Pirner geht deshalb sogar soweit, dass er Religion "als eine Art *hermeneutischer Schlüssel zum Verstehen der Medienkultur*"[831] interpretiert. Zuzustimmen gilt es Pirner auf jeden Fall darin, dass Religion und Medien zahlreiche Ähnlichkeiten und auch Verflechtungen aufweisen. Diese Ähnlichkeit der Medien zur Religion, das mit dem Phänomen des Medienreligiösen oder Medienreligion beschrieben ist, zeigt sich vor allem in den medialen Strukturen,

---

[829] Zur Umsetzung von Medienkompetenz vgl. die ausführliche Studie des Forums Bildung hrsg. von Christiane Schiersmann u.a., *Medienkompetenz - Kompetenz für neue Medien*, Bonn (Arbeitsstab Forum Bildung) 2002, im Internet als Online-Ressource zugänglich unter: <http://www.forum-bildung.de/bib/material/mb_12.pdf> (01.06.2005), 1-100, hier v.a. die Vermittlungsstrategien 65-67. Einen erweiterten Begriff von Medienkompetenz und ebenso Ausführungen zur Umsetzung von Medienkompetenz in der Medienpädagogik gibt auch Hartmut von Hentig, *Der technischen Zivilisation gewachsen bleiben. Nachdenken über die Neuen Medien und das gar nicht mehr allmähliche Verschwinden der Wirklichkeit*, Weinheim u.a. (Beltz u.a.) 2002, 195-199 und 200-281.

[830] Jörg Herrmann, *Erlösung durch Kommunikationstechnologie?*, in: Thomas Klie (Hg.), *Darstellung und Wahrnehmung. Religion im medialen Crossover*, (Grundlegungen. Veröffentlichungen des Religionspädagogischen Instituts Loccum 7) Münster (Lit) 2000, 77-95, hier 92.

[831] Manfred L. Priner in seiner Einführung in: ders./ Breuer (Hg.), *Medien - Bildung - Religion*, 12.

Funktionen und Inhalten. Dadurch ist der Medienpädagogik und Religionspädagogik eine gemeinsame Aufgabe und Perspektive gegeben, wobei vor allem für letztere die ethische Bildung zentraler Gegenstandsbereich ist.[832] Medienpädagogik und Religionspädagogik verfolgen so mit der Vermittlung von Medienkompetenz ein wichtiges gemeinsames Ziel. Dazu gehört aus medienethischer Perspektive mehr als nur der erlernte Umgang mit Medien oder der Einsatz dieser im Rahmen mediendidaktischer Konzepte. Mediale Kompetenz umfasst neben der Kompetenz, Medien nutzen zu können, auch die Kompetenz, ihre Strukturen, Gestaltungsformen und Wirkmechanismen zu durchschauen und die Kompetenz, als aktiver Medienteilnehmer die Medien seinem eigenen Interesse und seiner eigenen Persönlichkeit entsprechend aktiv gestalten zu können. Die Kompetenz die Medien gleichermaßen zu "durchschauen", die dahinter stehenden Intentionen ethisch zu reflektieren und diese durch Rückbezug auf sich selbst sozial zu verantworten, stellt die größte Herausforderung im Umgang mit den Medien dar. Die Religionspädagogik ist hier besonders gefordert, weil neben dem Umgang mit Botschaften, Symbolen und Medien auch ethisches Lernen von entscheidender Bedeutung für religiöse Lernkonzepte ist.

Dabei ist die Vermittlung medialer Kompetenz hinsichtlich des neuen Mediums Internet besonders schwierig und stellt derzeit die größte Herausforderung dar. Im Internet kann jeder Empfänger auch gleichzeitig zum Sender werden und sein eigener Chefredakteur sein. Dem eigenen Publikationsdrang sind keinerlei Grenzen gesetzt. Man kann veröffentlichen, wozu man Lust hat, von ernstzunehmenden wissenschaftlichen Untersuchungen bis hin zu Gerüchten oder rassistischen Parolen. Im Internet sammelt sich so eine Unmenge von Informationen, die dem Nutzer die Unterscheidung zwischen brauchbarer und unbrauchbarer Information erschwert. Wer von diesem Wissensangebot profitieren will, muss zunächst zu trennen verstehen. Dies ist nur mit einer soliden Bildung möglich. Gerade das Internet, dem insgesamt eine Ordnungsstruktur fehlt, die dem Nutzer die Qualität der abrufbaren Informationen aufzeigen würde, setzt eine hohe Kompetenz seitens der Nutzer voraus.

---

[832] Zur gemeinsamen Aufgabe der Medien- und Religionspädagogik und den verschiedenen Umsetzungsmöglichkeiten vgl. z.B. die beiden aufeinander folgenden Artikel von Gerhard Tulodziecki, *Mögliche Felder der Zusammenarbeit zwischen Medienpädagogik und Religionspädagogik aus medienpädagogischer Sicht* und Eckart Gottwald, *Mögliche Felder der Zusammenarbeit zwischen Medienpädagogik und Religionspädagogik aus der Sicht der Didaktik der religiösen Kommunikation*, in: Pirner/Breuer (Hg.), *Medien - Bildung - Religion*, 21-35 und 36-51. Gottwald gibt in einem Schaubild einen sehr guten Überblick über die gemeinsamen Kooperationsfelder von Medien- und Religionspädagogik (46).

Zentraler Ort der Vermittlung dieser medialen Kompetenz muss neben dem Elternhaus in erster Linie die Schule sein. Dabei ist die personale Komponente von zentraler Bedeutung. Personale und mediale Kommunikation müssen sich ergänzen. So schreibt auch Jörg Herrmann: "Orientierung muss erst im Nahbereich gewonnen werden."[833] In Bezug auf den Religionsunterricht bedeutet dies, dass eine die "religionskulturelle Grundorientierung" wichtiger ist, als beispielsweise die Fähigkeit mit einer theologischen Suchmaschine umgehen zu können, so Herrmann.[834] Die Aufgabe von Religionspädagogen besteht deshalb hinsichtlich des Internets in erster Linie darin, die Schüler und Schülerinnen dazu zu befähigen, Verbindungen herstellen zu können zwischen den verschiedenen kulturellen Sphären und Traditionen. Dies gilt gleichermaßen für andere Medien. Man braucht diese Fähigkeit und den kritischen Blick zum Beispiel auch um zu verstehen, was ein Film wie "Die Passion Christi" wirklich mit dem Neuen Testament zu tun hat.

Die Medien bieten Zugang zu Fragen und Themen die den heutigen Menschen beschäftigen. Da die Religionspädagogik letztendlich darum bemüht ist, den Menschen zu helfen, ihr Leben sinnvoll zu gestalten, muss sie sich verstärkt mit den Medien auseinandersetzen. Gerade die Lebenswelt von Kindern und Jugendlichen ist heute zu einem Großteil von den Medien geprägt. Die Religionspädagogik muss verstärkt versuchen an diese lebensweltlichen Phänomene anzuknüpfen, sie muss das Gespräch suchen und sich konstruktiv damit auseinandersetzen mit dem, "was uns unbedingt angeht"[835]. Die Vermittlung medialer Kompetenz stellt dabei ein zentrales Aufgabengebiet dar.

---

[833] Herrmann, *Erlösung durch Kommunikationstechnologie?*, in: Klie (Hg.), *Darstellung und Wahrnehmung. Religion im medialen Crossover*, 94.
[834] Ebd.

4.3.3. Verantwortliche Mediennutzung als Selbstverpflichtung

> "Dasselbe was ein Recht ist, ist auch eine Pflicht,
> und was eine Pflicht ist, ist auch ein Recht."[836]
> Hegel

Neben allen medienpädagogischen und religionspädagogischen Bemühungen ist jeder Mediennutzer letztendlich aber auch selbst in die Verantwortung gestellt. Dabei ist die medienethische Reflexion der eigenen Mediennutzung zunächst nicht unbedingt leicht. Als problematisch empfindet man zuallererst meist die Mediennutzung anderer. Nicht nur in Bezug auf beispielsweise Kinderpornographie im Internet ist schnell ein Urteil gefällt, sondern auch über Fernsehvielseher im eigenen Umfeld und Bekanntenkreis. Gesetze, Initiativen und gezielte Strafverfolgungen hinsichtlich Kriminalität im Netz werden weitgehend positiv geheißen und debattiert. Die eigene Nutzung der Medien dagegen wird seltener problematisiert. Sie scheint im komplexen Mediengesamtprozess nicht so relevant. Das eigene Problembewusstsein beschränkt sich meist auf ein kurzzeitig schlechtes Gewissen, wenn man wieder einmal zu viel Zeit vor dem Fernseher vertan hat, in der man andere zahlreiche sinnvollere Dinge tun hätte können, oder weil man vielleicht aus Zeitmangel und Stress die eigenen Kinder zu viel fernsehen hat lassen. Das zeigt schon, wie schwierig die Umsetzung eines rezipientenorientierten medienethischen Ansatzes, der das Augenmerk auf den Einzelnen richtet, ist. Letzten Endes kann hier nur bei der eigenen Reflexion und Bereitschaft zur Selbstverpflichtung angesetzt und ein Appell an die Bereitschaft gerichtet werden, nicht nur an andere, sondern auch an sich selbst Anforderungen zu stellen.

Zu diesen Anforderungen zählen in erster Linie die bewusste Medienauswahl und Selektion, sowie ein kritisches Qualitätsbewusstsein in der Auswahl. Dabei muss man sich deutlich klar machen, was man in Bezug auf die Medien tatsächlich will und was nicht. Die Möglichkeit Schlechtes abzuwählen liegt in der Hand des einzelnen Rezipienten.

---

[835] Paul Tillich prägte diese Formulierung, indem er Glaube definierte als "Ergriffensein durch das, was uns unbedingt angeht". Tillich, *Systematische Theologie. Band III: Das Leben und der Geist. Die Geschichte und das Reich Gottes*, Stuttgart (Ev. Verlagswerk) 1966, 3:155.
[836] Georg Wilhelm Friedrich Hegel, *System der Philosophie. Dritter Teil: Die Philosophie des Geistes*, in: *Sämtliche Werke*, Stuttgart - Bad Cannstatt [1830] 1965, §486, 10:383.

Manches lässt sich dabei zwar nicht vermeiden, da es beispielsweise allein schon unmöglich ist, sich dauerhaft allen Medien zu entziehen. Dennoch sollten wir hinsichtlich der Medien Entscheidungen bewusst treffen und die Steuerungsmöglichkeiten, die wir als Medienteilnehmer haben, auch geflissentlich nutzen und in Situationen, die nicht vermeidbar sind, zumindest einen bewussten Ausgleich suchen. Das heißt zum Beispiel sich bewusst für persönliche Begegnungen, Gespräche oder auch für körperliche Betätigung zu entscheiden, um dadurch die Zeit, die man mit Medien, wie Zeitung, Internet oder Fernsehen verbracht hat, zu kompensieren. Insgesamt sollte man prüfen, ob in manchen Situationen nicht vielleicht der persönliche Kontakt oder die persönliche Begegnung vorzuziehen wäre. D.h. gelegentlich sich vielleicht doch lieber treffen oder zumindest mal zum Telefonhörer greifen, um die Stimme des anderen zu hören, anstatt per SMS oder E-Mail zu kommunizieren. Dazu nötig ist jedoch auch, dass man die Alternativen zu den einzelnen Medien kennt. In jedem Fall gilt, bewusst auszuwählen aus der Fülle und Vielfalt des Angebots und ebenso genauso bewusst alles abzuwehren, was als zu viel erscheint oder zum Beispiel ablenkt. Dies erfordert insgesamt ein gewisses Maß an Selbstdisziplin, das man jedoch üben kann, um nicht nur eine bestimmte Übersicht zu bekommen, sondern auch Verantwortlichkeit und Tatkraft zu entwickeln. Eine Richtlinie zur eigenen Selbstverpflichtung hat Gregor M. Jansen versucht in einem Satz zu formulieren:

"Die Form von Mediennutzung ist zu bevorzugen, welche die Selbstentfaltung und persönliche Entfaltung in Freiheit und ethischer Verantwortung fördert."[837]

Damit ist festgehalten, dass im medialen Prozess letztendlich der Mensch und die Förderung seiner Entwicklung zur Person das wichtigste Anliegen medienethischer Überlegungen darstellen muss.

Nicht außer Acht gelassen werden darf dabei natürlich, dass eine Ethik der Medien auch entscheidend von juristischen Sanktionen abhängt, da sich in der konkreten Realität ethische Forderungen und ethische Prinzipien oft als zu schwach erweisen, um sittliches Verhalten zu garantieren oder hervorzubringen. Aber auch Gesetze können nicht alles regeln oder sichern, was für ethisch sinnvoll oder notwendig gehalten wird. Der Staat kann durch entsprechende Maßnahmen einen gesetzlichen Rahmenschutz gewährleisten, um Institutionen und Individu-

---

[837] Jansen, *Mensch und Medien*, 322.

en bei der Umsetzung medienethischer Reflexionen zu unterstützen. Die Unterstützung kann aber nicht nur durch den Staat, die Gesetze und die ausführenden Behörden erfolgen, sondern eine Unterstützung ist nur dann erfolgreich, wenn sie von der Gesellschaft mitgetragen wird. Ethische Antworten haben dabei in den komplexen Zusammenhängen des Mediengesamtprozesses keine Eindeutigkeit im Sinne juristischer Gesetze oder Schwarz-Weiß-Entscheidungen. Es kann hier deshalb nicht um Patentrezepte gehen, sondern Ziel ist die Schärfung des ethischen Urteils. Eine komplexe Medienrealität erfordert auch eine komplexe Medienethik.

Als Anregung, um verantwortliche Mediennutzung als Selbstverpflichtung konkret in Handlungen umzusetzen, seien am Ende dieses Kapitels deshalb die "Zehn Gebote der Nutzerethik" von Cees J. Hamelink aufgeführt, die sich der Verantwortung des einzelnen Rezipienten widmen:

1. Du sollst bei deiner Mediennutzung wachsam und kritisch sein.

2. Du sollst aktive gegen alle Formen von Zensur kämpfen.

3. Du sollst die Unabhängigkeit der Medien nicht ungerechtfertigt behindern.

4. Du sollst wachsam sein bei rassistischen und sexistischen Stereotypen in den Medien.

5. Du sollst nach alternativen Informationsquellen suchen.

6. Du sollst ein pluralistisches Angebot an Informationen fordern.

7. Du sollst deine eigene Privatsphäre schützen.

8. Du sollst selbst eine zuverlässige Informationsquelle sein.

9. Du sollst dich nicht am Scheckbuch-Journalismus beteiligen.

10. Du sollst von den Medienproduzenten Rechenschaft fordern.[838]

Eine reziepientenorientierte Medienethik, die sich, wie in diesen zehn Geboten, an den einzelnen Mediennutzer richtet, kann sicherlich nur einen Teil einer umfassenden Medienethik darstellen. Natürlich müssen auch politische, wirtschaft-

---

[838] Cees J. Hamelink, "Ethics for Media Users", in: *European Journal of Communication* 10 (4/1995), 497-511, hier 499. Übersetzung nach Rüdiger Funiok, *Zwischen empirischer Realität und medienpädagogischer Praxis. Das Publikum als Adressat der Medienethik*, in: Rath (Hg.), *Medienethik und Medienwirkungsforschung*, 94.

liche und rechtliche Rahmenbedingungen medienethisch beleuchtet werden. Die medienethische Reflexion kann aber die Fähigkeit der Menschen zu verantwortlichem Handeln wecken und diese Verantwortung trifft über Behörden und Institutionen hinaus auch jeden Einzelnen.

TEIL III: AUSBLICK

5. ZUSAMMENFASSUNG UND AUSBLICK

5.1. Resümee

Die Überlegungen dieser Arbeit haben gezeigt, dass es die eine Medienethik nicht geben kann. Stattdessen muss Medienethik als Gesamtkonzept verstanden werden, d.h. als eine ethische Grundlegung im Sinne einer Erfassung von Ausgangsbedingungen und allgemeinen Problemstellungen. Dies ergibt sich schon allein aus der Tatsache, dass ihr zu behandelnder Themenbereich ständig expandiert. Angesichts der Vielfalt medienethischer Fragestellungen und dem Anspruch diesen auch nur annähernd gerecht zu werden, muss der Diskurs deshalb disziplinübergreifend angelegt sein. Dass dabei auch innerwissenschaftliche Grenzen überschritten werden, ist evident. Denn die Medien haben sich heute nicht nur zu einem unverzichtbaren Bestandteil der heutigen Lebenswelt entwickelt, sondern die Etablierung und Durchdringung der Medien der Lebenswelt bewirkt auch eine Veränderung des Alltags, der Freizeit, der Arbeit, der Politik und der zwischenmenschlichen Kommunikation. Der Computer und seine telekommunikative Vernetzung im Internet kulminieren gegenwärtig diesen Veränderungsprozess, der die Gesellschaft als auch die Wissenschaft in vielfältiger Weise vor neue Herausforderungen Weise stellt.

Der Protestantismus hat, wie im ersten Teil dieser Arbeit gezeigt wurde, in seiner gesamten Geschichte nicht nur ein medienkritisches, sondern auch ein medienproduktives Motiv zur Wirkung gebracht und darüber hinaus wichtige Impulse für medienethische Überlegungen gegeben. Angesichts des besonderen Verhältnisses des Protestantismus und der Medien in der geschichtlichen Entwicklung, wurde deshalb die Schlussfolgerung gezogen, dass der protestantischen Theologie in den gegenwärtigen medienethischen Diskussionen eine besondere Rolle und Aufgabe zukommt.

Der zweite Teil der Arbeit hat gezeigt, dass gerade in einer Zeit, die gekennzeichnet ist durch eine Meinungsvielfalt und eine Vielzahl an Handlungsmöglichkeiten wie niemals zuvor, in der Menschen, hoffnungslos überfordert von diesen Möglichkeiten, sich entweder resigniert zurückziehen oder orientierungslos auf der Suche nach dem Sinn durchs Leben hetzen, die Rückbesinnung auf die Fundamente des Glaubens und die ethischen Fundamente der Gesellschaft einen wichtigen Beitrag zur Orientierung und zum zukünftigen Gelingen des gesellschaftlichen Zusammenlebens leisten kann. Diese Überlegungen und theologischen Ausführungen hinsichtlich einer Medienethik führten zu einem anthropologischen Ansatz, der auf einem schöpfungstheologischen Fundament basiert. Festgehalten wurde dabei, dass diese anthropologischen Versuche nicht als eigenständiger Bereich einer Medienethik zu verstehen sind, sondern als wichtige Grundlage medienethischer Konzepte. Denn wer über Medien und Mediengesellschaft reflektiert, muss sich auch unweigerlich dem dabei zugrunde liegendem Menschenbild zuwenden. Die weiteren Ausführungen legten die Erkenntnis nahe, dass eine Anthropologie der Medien sich mit zwei Fragen zu beschäftigen hat, nämlich zum einen mit der Frage, welches Menschenbild in den Medien vermittelt wird und zum anderen mit der Frage, welche Veränderungen des Menschen, z.B. hinsichtlich seiner Kommunikation, sich in der Mediengesellschaft beobachten lassen.

Eine Anthropologie, die sich mit den Medien beschäftigt, kann dabei nicht sozusagen von neutralem Boden aus entwickelt werden. Deshalb wurde in dieser Arbeit versucht die theologische Perspektive explizit deutlich zum Ausdruck zu bringen. Eine Anthropologie der Medien kann aber auch keine ethischen Überlegungen ersetzen, deshalb wurde diese hier in einen medienethischen Kontext miteingebunden. Anthropologische Überlegungen sind für eine Medienethik unverzichtbar, denn diese können das Verständnis für die Medien und die Bedeutung der Medien fördern und bieten dadurch eine bessere Basis für medienethische Überlegungen.

Die Theologie gewinnt dabei, wie gezeigt wurde, durch ihre fundamentale Unterscheidung zwischen Gott und Mensch ihre ganz eigene Perspektive, die für medienethische Reflexionen äußerst hilfreich sein kann. Denn der Mensch ist aus schöpfungstheologischer Sicht als Ebenbild Gottes Geschöpf aber auch selbst Schöpfer. Als freiheitlich geschaffenes Wesen hat er die Möglichkeit, Medien selbst zu schaffen. Als Geschöpf muss er jedoch für dieses Handeln auch Verantwortung tragen. Diese Verantwortung ist letztendlich als Gestaltung seiner eigenen Freiheit zu begreifen. Denn des Menschen Freiheit ist immer wieder gefährdet oder bedroht von Einschränkung, zum Beispiel durch die Medien. Verantwortung impliziert, um der eigenen Freiheit willen, somit auch die Aufgabe der Gefährdung oder Einschränkung dieser Freiheit zu begegnen. Dabei müssen die verantwortliche Gestaltung und der Gebrauch der Freiheit selbst wiederum dem Prinzip der Freiheit und der Würde des Menschen gerecht werden. Theologische Überlegungen zur Medienethik verweisen darauf, dass innerhalb der Medienethikdebatte nicht nur nach den Medien und ihren komplexen Systemen zu fragen ist, sondern auch nach medialer Kommunikation und damit letztendlich nach dem Menschen, der durch Medialität charakterisiert ist.

Die Schlussfolgerung, die daraus gezogen wurde, war, dass es im Umgang mit den Medien eine Kompetenz zu entwickeln gilt, die letztendlich als verantwortungsvolle Lebens- und Weltgestaltung insgesamt zu verstehen ist. Die Forderung nach einem kompetenten Umgang mit den Medien oder einer Medienkompetenz geht jedoch, wie die Überlegungen zeigten, weit über die Medien hinaus. Medienkompetenz wurde deshalb in dieser Arbeit im Sinne einer grundlegenden kommunikativen Kompetenz und als Ausdruck verantwortlicher Lebens- und Weltgestaltung als Ziel medienethischer Bemühungen festgehalten.

Der Mensch wurde dabei als entscheidender Faktor im medialen Prozess immer wieder hervorgehoben. Er ist nicht nur Ausgangspunkt, sondern muss im medienethischen Diskurs auch Ziel und Maßstab sein. Alles Handeln und damit auch mediales Handeln muss sich am Grad der Menschendienlichkeit messen lassen. Damit wurde ein medienethisches Bildungsziel formuliert: Das Ziel der Medienethik ist der kommunikative Mensch in seiner Kompetenz.

Verfolgt man dieses Ziel, so kann der Mensch dadurch zum gleichberechtigten Kommunikationspartner des Mediengeschehens selbst werden. Dabei kommt, wie festgehalten wurde, der Verantwortungswahrnehmung eine entscheidende Rolle zu. Als aktiver Medienteilnehmer ist man in die Verantwortung gestellt, sich um mediales Wissen zu bemühen, das nach den strukturellen Voraussetzungen und Arbeitsweisen aller medialen Vermittlung fragt, das Schwachstellen wahrnimmt und auch eigenes Fehlverhalten aufdeckt. Dazu erforderlich ist eine Medienkompetenz, die Medieneinflüsse erkennt und aufarbeitet, Medienbotschaften versteht und bewertet, Medienangebote zielgerecht auswählt und zweckgerichtet nutzt, eigenes Gestalten und Verbreiten von Medien ermöglicht, sowie verschiedene Medien analysieren kann und ihren gesellschaftlichen Einfluss erkennt. Damit wurde festgehalten, dass im medialen Prozess letztendlich der Mensch und die Förderung seiner Entwicklung zur Person das wichtigste Anliegen medienethischer Überlegungen darstellen muss.

Die Ausführungen dieser Arbeit haben gezeigt, dass die Auseinandersetzung mit Medienethik, mit dem Begriff, den Aufgaben, Zielen und Verfahrensweisen einer ethischen Reflexion der Medienpraxis unverzichtbar ist. Es wird nämlich immer deutlicher, dass Medienethik keine zeitweilige Erscheinung ist, sondern notwendiger Bestandteil der Organisation von Gesellschaften, in denen das Leben der Einzelnen wesentlich von Medien geprägt wird. Zu verweisen gilt jedoch darauf, dass ethische Reflexionen in den komplexen Zusammenhängen des Mediengesamtprozesses keine Eindeutigkeit im Sinne juristischer Gesetze oder Schwarz-Weiß-Entscheidungen haben können. Es kann nicht um Patentrezepte gehen, sondern Ziel ist die Schärfung der Wahrnehmung und des ethischen Urteils. Der Komplexität der Medienrealität entsprechend ist deshalb auch eine komplexe Medienethik erforderlich. Dies wurde in dieser Arbeit vor allem in Kapitel 4 und der konkreten Auseinandersetzung mit dem Thema Religion und Medien anhand ausgewählter Beispiele deutlich.

Die komplexen und grundlegenden Medienfragen haben darüber hinaus auch eine weltweite Dimension. Zu einer der herausragenden Leistungen der Medienentwicklung in der Gesellschaft gehört nämlich die weltweite Erweiterung der Kommunikationsmöglichkeiten und des Informationshorizonts. So ermöglicht beispielsweise die Vernetzung aller nachrichtenrelevanten Informationstechnologien eine Verdichtung, die nahezu Weltgleichzeitigkeit schafft. Damit sind jedoch nicht nur Vorteile gegeben, sondern auch Schattenseiten und erhebliche Risikofaktoren. Auf diese gilt es am Ende dieser Arbeit in Hinsicht auf zukünftige Entwicklungen ohne Anspruch auf Vollständigkeit einen Blick zu werfen.

5.2. Globale Kommunikation und Notwendigkeit einer Medienethik

Der Begriff "Globalisierung" ist mittlerweile zum Schlagwort öffentlicher Debatten geworden. Globalisierung bezeichnet einerseits die fortschreitende Vernetzung der Informationsmittel mit entsprechenden Möglichkeiten zur Kommunikation, deren auffälligste Erscheinung das Internet ist. Andererseits bezeichnet Globalisierung eine zunehmende wirtschaftliche Vernetzung und das Entstehen globaler Märkte in Folge einer drastischen Senkung der Transaktionskosten. Mit Globalisierung werden allerdings auch Risiken in globalem Ausmaß verbunden, wie ökologische Probleme in Folge beispielsweise eines maßlosen Energieverbrauchs oder Rohstoffabbaus oder massiver Industrialisierung. Damit rücken die Auswirkungen der Globalisierung zunehmend in das Zentrum politischer und rechtlicher Debatten. Schlagworte wie "Weltordnungspolitik" oder "Neue Weltordnung" weisen darauf hin, dass wir uns in einem Strukturwandel befinden, der neue Denkweisen erforderlich macht.

Das Problem, wie weltweit Medien- und Kommunikationskultur gefördert werden kann, stellt nicht nur Politiker aller Nationen vor eine große Aufgabe, sondern gehört auch zu den größten Herausforderungen einer Medienethik.[839] Weltweite digitale Vernetzung erlaubt zwar in vieler Hinsicht einen leichteren und vielseitigeren Austausch mit anderen Kulturen, dabei kann jedoch der falsche Eindruck entstehen, dass dieser Austausch insgesamt auch einfacher geworden ist. Das "globale Dorf", das Marshall McLuhan vor über 30 Jahren prophezeite[840], hat sich nicht ganz bewahrheitet. Hinsichtlich Telefon und Fernseher lag McLuhan mit seinen Vorhersagen nicht gänzlich falsch. Die Menschen können sich heute tatsächlich rund um die Welt so leicht erreichen wie den Nachbarn im eigenen Dorf. Bezüglich der neuen Technologien beginnt der Begriff Globalisierung und der Beschreibung der Entwicklung zum "globalen Dorf" jedoch eine Umkehrung der Bedeutung zu erfahren. So bildet in Relation zur Weltbevölkerung insgesamt lediglich nur eine relativ kleine Online-Gemeinde eine überlokale "Dorfgemeinschaft".[841] Diese lebt in Wohlstand und steht über interne Intranets in reger Kommunikation. Um diese High-Tech-Gemeinschaften bildet sich die große mehrheitliche Gruppe der Weltbevölkerung, der aus unterschiedlichen Gründen nur ein begrenzter Zugriff auf die Informationsquellen eingeräumt wird. Zu der heute bereits vorhandenen materiellen Ungleichverteilung von Nahrung, Energie und Rohstoffen kommt es noch stärker zu einer immateriellen Ungleichverteilung von Wissen und Können, auch innerhalb der heutigen Industrieländer.

Weltweite elektronische Kommunikationsnetze ermöglichen zwar eine vom Ort unabhängige Arbeitsteilung, aber eben auch eine zentrale Steuerung durch diejenigen, die über Informationsflüsse gebieten können. Diese Entwicklung steht erst am Anfang, aber die damit verbundene Ambivalenz ist bereits spürbar: Produktivitätsgewinne einerseits und Arbeitsplatzverluste andererseits, Arbeitserleichterung, aber auch Verödung der Kommunikation, relativ schnelle und einfache Verfügbarkeit gesammelten Wissens, gleichzeitig aber auch die Gefahr der Manipulation und Kontrolle.

---

[839] Urs Meier, *Der prekäre Übergang zur Informationsgesellschaft - Kommunikation als Thema ethischer Reflexion*, in: Wolfgang Wunden (Hg.), *Medien zwischen Markt und Moral. Beiträge zur Medienethik*, Stuttgart (Steinkopf) 1989, 221-229, hier 229.

[840] Vgl. Marshall McLuhan, *The global village: der Weg der Mediengesellschaft in das 21. Jahrhundert*, Paderborn (Junfermann) 1995. Die Publikation erschien in englischer Originalausgabe 1979.

[841] So sind beispielsweise von rund 6 Milliarden Menschen weltweit nur etwa 6% online. Vgl. dazu Rafael Capurro, *Digital divide oder Informationsgerechtigkeit?*, Quelle: <http://www.capurro.de/augsburg2-papers.htm> (21.06.2005), [o.S.].

Allein im akademischen Bereich zeichnen sich durch die Möglichkeiten, die das Internet bietet, bereits zahlreiche Veränderungen ab, die mit erheblichen Schwierigkeiten einhergehen. Anders als bei digitalen Datenträgern, wie CD-ROMs oder Online-Datenbanken, ist beim Internet die Vielfalt der Internet-Dienste, die nebeneinander existieren zu berücksichtigen. Hinzu kommt, dass das Angebot durch zahlreiche Privatpersonen oder Institutionen in der Regel ohne kommerzielle Interessen und damit ohne Verpflichtung zur Dokumentation erfolgt. Auch kommt es zu ständigen Veränderungen der Inhalte. Als Beispiel kann hier die freie Internetenzyklopädie Wikipedia genannt werden, deren Inhalt sich permanent verändert, weil jeder Nutzer ebenso die Möglichkeit hat, durch sein Wissen die angebotenen Artikel weiterzuschreiben, zu verbessern oder zu ergänzen. Aber auch Internet-Adressen werden häufig verändert. Dies führt zu erheblichen Problemen beim wissenschaftlichen Arbeiten mit und Zitieren aus elektronischen Quellen des Internets. Durch die scheinbar unerschöpflichen Textquellen im Internet kommt es vermehrt zu Plagiaten.[842] Die ständige Veränderung der Inhalte und auch der Adressen, die häufig zu einem späteren Zeitpunkt nicht mehr aufgefunden oder abgerufen werden können, macht eine Überprüfbarkeit schwierig. Der Austausch- und Publikationsmöglichkeit des Internets für Schüler, Studierende und junge Wissenschaftler steht andererseits die Überprüfbarkeits- und Plagiatsproblematik gegenüber, die vor allem Bildungseinrichtungen vor große Herausforderungen stellt.

Die mit der Internetentwicklung in Zusammenhang stehende und bereist spürbare Ambivalenz zeigt sich global betrachtet auch in der Frage nach Privatsphäre und Datenschutz. Desweiteren existiert das Problem der Abhängigkeit vieler Länder - v.a. der so genannten Dritten Welt - von einigen wenigen Giganten der Informationstechnologie und -wirtschaft. Ein digitaler Graben zwischen den so genannten "information rich" mit weit reichendem Informationszugang und den "information poor" mit sehr eingeschränktem Zugang, droht sich nicht nur zwischen privaten, staatlichen und wirtschaftlichen Interessen aufzutun, sondern insbesondere zwischen den reichen Industrienationen und den Völkern armer

---

[842] Debora Weber-Wulff, Professorin für Medien und Computer der FHTW Berlin, berichtet in einem Artikel zum Thema "Aufdeckung von Plagiaten", im Internet unter: <http://www.f4.fhtw-berlin.de/ weberwu/papers/plagiat.shtml> (22.08.2005), von ihren Erfahrungen mit Studierenden. Der Artikel, den sie 2001 ins Internet stellte, wurde seither durch zahlreiche Kommentare und Erfahrungen anderer ergänzt.

Länder.[843] Der Begriff "digital divide" beschreibt diese Entwicklung hin zu einer Zwei-Klassen-Informationsgesellschaft.[844]

Vieles spricht dafür, dass sich die hier nur kurz skizzierten Entwicklungen und Probleme in Zukunft noch verschärfen werden. Dabei waren Internet-Euphoriker und Fortschrittsoptimisten, wie beispielsweise der kanadische Medienwissenschaftler McLuhan davon überzeugt, dass die neuen Kommunikations- und Informationsmöglichkeiten zu einer besseren Verständigung und einem näheren Zusammenrücken der Völker in der Welt beitragen würden. Die Prophezeiung McLuhans von einem "globalen Dorf", in dem die modernen Informationstechniken das Ende der Fragmentierung einleiten und überall Zusammenhänge schaffen, kann somit als falsch gewertet werden. Die Computernetze ermöglichen zwar immer schnellere und neuere Verbindungen zwischen einzelnen Informationen oder Personen, jedoch wurde die damit einhergehende gegenläufige Entwicklung von McLuhan nicht beachtet: in der realen Welt kommt es auch zu einer Fragmentierung der Gesellschaften.

Ein weltweites Problem ist dabei, dass totalitäre und diktatorische Regime die Meinungs- und Informationsfreiheit systematisch behindern. Als Beispielländer können hier Kuba, Nordkorea, Iran oder Myanmar genannt werden. Besonders problematisch ist auch China, denn während totalitäre Regime wie Nordkorea die Gefahr von unliebsamen Enthüllungen dadurch unterbinden, dass sie den Zugang zum Internet schlicht verbieten, versucht China eine Balance zu finden zwischen Zugangsmöglichkeit und Kontrolle. Wie David Bainsar festhält, nutzt China eine durchdachte Kombination von "Technologie, Gesetzen und Einschüchterungen, um das weltweit raffinierteste System der elektronischen Überwachung und Zensur aufzubauen."[845] So ist beispielsweise der Empfang von Fernsehprogrammen aus Übersee genauso verboten wie die Installation von Satellitenempfangsanlagen. Bei Missachtung drohen sehr hohe Geldstrafen.[846]

---

[843] Vgl. dazu Capurro, *Digital divide oder Informationsgerechtigkeit?*, Quelle: <http://www.capurro.de/augsburg2-papers.htm> (21.06.2005), [o.S.].

[844] Vgl. dazu auch Hermann Meyn, *Massenmedien in Deutschland. Neuauflage 2001*, hrsg. von der Landeszentrale für politische Bildungsarbeit Berlin, Konstanz (UVK-Medien) 2001, 14f.

[845] David Bainsar, *"Great Firewall" in China: Dissidenten im Internet*, Quelle: <http://www.epo.de/specials/md_firewall.html> (05.07.2005), [o.S.]. Der im Internet abrufbare Artikel erschien auch in der Ausgabe 3/2003 der Zeitschrift *Media Development*.

[846] Aufgrund einer staatlichen Anordnung mussten alle Satellitenempfangsanlagen bis zum 31.12.2001 demontiert werden. Bei Missachtung wurden Geldstrafen verhängt, die bei Privatpersonen so hoch waren, wie das zwölffache Durchschnittsgehalt eines Arbeiters in der Stadt.

Noch härtere Methoden werden beim Internet eingesetzt. So muss jeder mit dem Internet verbundene Computer registriert werden und eine spezifische Überwachungssoftware installiert haben. E-Mails, die bestimmte Schlüsselwörter enthalten, werden ausgefiltert und "politisch nicht korrekte" Webseiten werden durch virtuelle Brandmauern, so genannte "firewalls", blockiert.[847] Allein im Jahr 2004 wurden 1600 Internet-Cafes geschlossen.[848] Alle anderen Internet-Cafes sind verpflichtet, die Polizei über ihre Kunden zu informieren. China fördert die Internetnutzung vor allem in Wirtschaft und Bildung, versucht aber die Bevölkerung von regierungskritischen Berichten oder Nachrichten von Menschenrechtsgruppen fern zu halten. Die Menschenrechts- und Gefangenenhilfe "Amnesty International" verzeichnete einen rasanten Anstieg der Festnahmen von Internet-Dissidenten in der Volksrepublik China in den vergangenen Jahren. So lag "Amnesty International" zufolge die Zahl der Internet-Inhaftierten in China Anfang 2004 bei 54 Personen und damit bei 60% mehr als noch im November 2002.[849] Von Völkerverständigung und der weltweiten Entwicklung hin zu einem "globalen Dorf" kann hier durchaus nicht die Rede sein. Vielmehr kommt es zu Manipulationen durch staatliche Kontrolle der Medien und zu erheblichen Verletzungen der Menschenrechte.

Andererseits entstehen durch die weltweite mediale Vernetzung aber auch neue Verhaltensmuster und zwischenmenschliche Beziehungsformen. Grenzen, die für unüberwindbar gehalten wurden, weisen eine Durchlässigkeit auf, so dass neue "Nischen" geschaffen werden, in denen das bisher geltende nationale und internationale Recht kaum greift. Indem das Internet dezentralisiert ist, kann es

---

Vgl. dazu Fang Qing, *Internetblockade (25.09.2003)*, Quelle: <http://www.chinaintern.de/ article/-Sonstiges_Chinese-Internet/1064475095.html> (05.07.2005), [o.S.].

[847] Insgesamt wird den Nutzern der Zugang zu 19.000 Webseiten verwehrt, darunter u.a. die Seiten von BBC, Amnesty International, Human Rights in China, alle Websites über Tibet und Taiwan, aber auch die Webseiten über die Rechtssysteme in den Vereinigten Staaten von Amerika, Australien oder Großbritannien. Filter verhindern auch, dass man beispielsweise in Suchmaschinen wie "Google" oder "Altavista" nach Begriffen wie "Menschenrechte und China" suchen kann. Vgl. dazu ausführlicher David Bainsar, *"Great Firewall" in China: Dissidenten im Internet*, Quelle: <http://www.epo.de/specials/md_firewall.html> (05.07.2005), [o.S.].

[848] So die Gesellschaft für bedrohte Völker, Quelle: <http://www.gfbv.it/2c-stampa/2005/ 050331.de.html> (05.07.2005), [o.S.].

[849] Vgl. dazu den Bericht von "Amnesty International" aus dem Jahr 2002, *Report: State control of the Internet in China (2002)*. Der vollständige Bericht ist im Internet abrufbar unter: <http://web.amnesty.org/library/index/engasa170072002?OpenDocument&of=COUNT-RIES%5CCHINA> (05.07.2005), [o.S.]. Des Weiteren die Berichte und Artikel zu aktuellen Entwicklungen in China unter: <http://www.amnestyinternational.de> (10.07.2005).

traditionelle Hierarchien und Autoritäten unterlaufen. Die "Nischen", die sich hier auftun, bergen weltweit betrachtet erhebliche Gefahren und Problematiken, bringen aber auch Positives mit sich. Das Beispiel China macht dies deutlich: Aufgrund der offenen Kommunikationsstruktur des Internets ist es im Vergleich zu traditionellen Medien sehr schwer zu kontrollieren. So gibt es immer wieder Einzelpersonen, die die vielfältigen Möglichkeiten des Internets und deren äußerst schwierige Kontrolle gerade dazu nutzen, um die "Lücken" der staatlichen Internetüberwachungsmaßnahmen und Kontrollsysteme zu finden und so den Rest der Welt über die Situation in China durch entsprechende Artikel und Berichte zu informieren.[850] Unterdrückten und verfolgten Minderheiten ist durch die Möglichkeiten des Internets gleichsam eine Stimme gegeben, um die Welt auf ihre Situation aufmerksam zu machen. Andererseits können diese "Nischen" oder "Lücken" auch genutzt werden, um inhumane und menschenverachtende Beiträge zu verbreiten. Kinderpornographie, Menschenhandel, Rechtsradikalismus und Antijudaismus können hier als Beispiele genannt werden.

Viele dieser Bereiche werfen ethische Fragen auf, die dringend zu beantworten sind. Kongresse und Studien mit Themen wie "Wirtschaft und Ethik" oder "Kommunikation und Ethik" hinsichtlich globaler Entwicklungen mehren sich und deuten auf die Dringlichkeit ethischer Auseinandersetzung hin. Einen wichtigen Beitrag hierzu kann, wie in dieser Arbeit zu zeigen versucht wurde, auch hinsichtlich globaler Entwicklungen die Theologie leisten. Mit der christlichen Überzeugung, dass der Mensch wesentlich durch die Beziehung zu Gott definiert und ein einzigartiges Wesen mit eigener Würde ist, die ihm von Gott gegeben wurde, ist auch der Gedanke der Gleichrangigkeit aller Menschen verbunden. Dementsprechend wird der Mensch in seiner Individualität zwar geachtet, aber auch auf seine Sozialität hin gesehen. Der Mensch wurde zur Gemeinschaft mit den Menschen geschaffen. Demenstrpechend ist es ein Grundanliegen christlicher Tradition, auf diese Gleichrangigkeit aller Menschen zu verweisen und die Teilhabe aller Menschen an lebenswichtigen Gütern zu fördern. Der Ar-

---

[850] Eine Möglichkeit dazu bieten so genannte Weblogs und Warblogs, Tagbebuchähnliche Internetseiten, die aktuelle Ereignisse kommentieren und Newstickern gleichen. Warblogs, die sich über ihr Thema definieren, sind eine spezielle Form von Weblogs und etablierten sich vor allem im Irak-Krieg 2003. Ein Bagdadi, der unter dem Pseudonym Salman Pax seine Sicht der Kriegsereignisse ins Internet stellte, griff in einer Art journalistischer Piraterie die Berichterstattung sowohl der amerikanischen als auch der arabischen Seite an und berichtete täglich mitten aus dem Geschehen der Hauptstadt gleichermaßen als "embedded civilist". Weltweit verfolgten zahlreiche Internetsurfer die Aufzeichnungen von Salman Pax mit. Vgl. dazu ausführlich Stefan Krempl, *Krieg und Internet. Ausweg aus der Propaganda?*, Hannover (Heise Zeitschriften Verlag) 2004, 199-218.

gumentation dieser Arbeit folgend gehört dazu auch die Kommunikation, da der Mensch aus schöpfungstheologischer Perspektive von Gott in Medialität geschaffen und berufen worden ist. Die Sprache ermöglicht ihm sich in der Welt zurechtzufinden, Macht auszuüben, aber auch gleichzeitig Verantwortung wahrzunehmen. Kommunikation und Medialität des Menschen sind damit als Grund seiner Freiheit wie auch seiner Pflicht zur Verantwortung zu begreifen. Zur menschlichen Freiheit gehört deshalb auch die Aufgabe, Verantwortung für alle medialen Kommunikationshandlungen zu übernehmen. Hier ist die Herausforderung der modernen Medien für den Menschen angedeutet, indem er dem Humanen im sozialen als auch im mitgeschöpflichen Sinne nachgehen muss. Bezüglich der medialen Kommunikationsmöglichkeiten bedeutet dies, dass eine Medienethik aus christlich-theologischer Perspektive sich auch im globalen Kontext um eine Kommunikationsordnung bemühen muss, die die Teilhabe aller Menschen gewährt. Das Menschsein in all seinen Dimensionen muss ernst genommen werden. Ein anthropologischer und auch rezipientenorientierter Ansatz einer Medienethik, wie er in dieser Arbeit entwickelt wurde, stellt diesen Anspruch in das Zentrum aller Überlegungen.

Globalisierung diskutieren heißt nach dem Umgang mit ihr zu fragen. Dies erfordert eine umfassende ethische Reflexion. Leider scheitert ein umfassendes und internationales Regelwerk jedoch oft an unterschiedlichen partikularen Interessen und Zielen. Dabei drängt sich natürlich die Frage auf, welche ethische Handlungsbasis für eine immer enger zusammenwachsende und vor gemeinsame Probleme gestellte Welt gefunden werden kann. Welche gemeinsamen Werte können die Grundlage für einen weltpolitischen Ordnungsrahmen bilden? Eine große Herausforderung bei solchen Überlegungen ist auch die Frage, wie vermieden werden kann, dass die "Gewinner" der Globalisierung den Anderen Werte und Maßstäbe diktieren.

In der gegenwärtigen Situation hängt die Zukunft der Menschheit davon ab, dass Menschen Sorge für die gesamte Menschheit entwickeln und nicht nur für ihre eigene Gemeinschaft und Nation. Die Verantwortung für die Medien kann nicht von bestimmten Berufsgruppen, Behörden oder Institutionen allein getragen werden, sondern muss von der Gesellschaft als ganzer getragen werden. Gesellschaft setzt sich aber aus Individuen zusammen, deren Handeln und Verhalten auf die Gesellschaft einwirken. So kann auf lange Sicht das Verhalten der einzelnen Gesellschaftsmitglieder die gesellschaftliche Entwicklung beeinflussen. Jeder einzelne Mediennutzer hat dementsprechend Anteil daran und kann einen

Beitrag zum zukünftigen Gelingen der Gesellschaft leisten. Dazu muss jeder Nutzer jedoch lernen kritisch mit den Medien und ihren Angeboten umzugehen.

Auch Kirche und Theologie tragen für die Gestaltung unserer Gesellschaft eine Mitverantwortung für die Medien. Sie können hier vor allem auf den Aspekt der Kommunikation verweisen. Denn die Einzigartigkeit des Menschen liegt in der Art, wie er zur Kommunikation fähig und auf sie angewiesen ist. Dementsprechend kann Armand Mittelart zugestimmt werden, wenn er festhält, dass die Globalisierung der Kommunikation, die eine der Grundlagen für die Globalisierung des Marktes ist, damit auch der wichtigste Interpretationsschlüssel für die rasante Veränderung der Welt ist.[851]

Die Rückbesinnung auf die biblischen Fundamente kann hier hilfreich sein, denn die Bibel sieht den Menschen in einem Beziehungsvorgang, indem Gott zum Menschen in Beziehung tritt, ihn annimmt und ihm mit Liebe begegnet. Der glaubende Mensch fühlt sich angesprochen und in Anspruch genommen. Der Zuwendung Gottes sucht er in der Zuwendung zu seinen Mitmenschen zu entsprechen. Der Glaube und die christliche Mitverantwortung können daher als Prozess der Kommunikation verstanden werden. Für die Lösung der großen Zukunftsprobleme sind Kommunikation, Bildung, kulturelle Identität, Abbau von Vorurteilen und die Fähigkeit zu politischer Konsensbildung wesentlich. Deshalb muss auch auf weltweiter Ebene die Entwicklung der Kommunikation gefördert werden. Dazu gehören u.a. der Abbau von einseitigen Abhängigkeitsverhältnissen und die Förderung oder Gewährung freier Meinungsäußerung. Einen wichtigen Beitrag kann dazu vor allem die Religionspädagogik leisten, indem sie nach Lernchancen für Menschen aller Altersstufen und Lebensphasen sucht, die ethisch relevant und theologisch begründbar sind.[852] Dazu gehört das Erlernen des Umgangs mit dem Medium Internet, das ethische Reflektieren aller seiner Möglichkeiten mit Vor- und Nachteilen, sowie das Fragen nach verantwortbaren Kriterien im Umgang damit.

Der notwendige medienethische Diskurs basiert, sowohl was seine Gegenstände als auch was seine Ermöglichung anbelangt, auf den ethischen Gehalten der verbindlichen Menschenrechtserklärungen und der demokratischen Gesellschafts-

---

[851] Vgl. Armand Mattelart, *Kommunikation ohne Grenzen? Geschichte der Ideen und Strategien globaler Vernetzung*, Rodenbach (Avinus) 1999, Vorwort 9.

[852] Vgl. Martin Bröking-Bortfeldt, *Religionspädagogische Beiträge zur Medienethik angesichts von Globalisierung und Postmoderne*, Vortrag im Rahmen des Prager Symposiums "Moderne, Postmoderne und Globalisierung in Theologie und Kirche", gehalten am 07.10.2004. Manuskript bei der Autorin.

verfassung. Auf diesen Fundamenten beruhen Praxisnormen, die für den medienethischen Diskurs selbst unverzichtbar sind und die auch die gemeinsamen ethischen Ausgangspunkte und Zielvorstellungen der Diskursbeteiligten bilden können. Wer sich am medienethischen Diskurs beteiligt, bekennt sich somit zur Wahrung und Förderung von Freiheitsrechten, zu Friedfertigkeit, zum Erhalt demokratischer Gesellschaftsbedingungen, zu Gleichheitsgrundsätzen und selbstverständlich zur Unantastbarkeit der Menschenwürde. Solche selbstverpflichtenden Bekenntnisse sind nicht gleichbedeutend mit einem Konsens auf der Ebene ethischer Prinzipien. Sie dienen im medienethischen Diskurs als ein normativer Rahmen, der nicht ohne weiteres in Frage gestellt werden darf.

Die hier nur im Ansatz skizzierten medienethischen Überlegungen in Hinblick auf Globalisierung und Medien in ihrer weltweiten Dimension zeigen, dass eine Medienethik, die sich mit Zukunftsfragen beschäftigt, ihr Thema möglichst weit und offen auffassen muss. Dringend erforderlich sind dabei auch ethische Reflexionen hinsichtlich unterschiedlicher Kulturen und Kriterien für eine humane Weltgesellschaft.

5. 3. Medienethik im Dialog der Kulturen und Religionen

Die Globalisierung, die auch durch die Vernetzung der Medien und den Informationsaustausch charakterisiert ist, eröffnet auch neue Möglichkeiten für einen Dialog der Kulturen und Religionen. Durch die Aufhebung geographischer Grenzen, vor allem durch die Möglichkeiten, die das Internet bietet, aber auch durch die direkte Übertragung von Auslandsberichten über das Fernsehen, stehen jedem Bürger viele Gelegenheiten zur Verfügung, sich über Weltereignisse zu informieren. Als Informationsvermittler nehmen die Medien deshalb auch eine Schlüsselrolle für den Dialog zwischen den Kulturen und Religionen ein. Indem sie auf allen Ebenen der Gesellschaft von der Politik, über die Schule bis hin zur Familie wirken, können die Medien einen Beitrag leisten, ethnischen Vorurteilen und religiösem Hass entgegenzuwirken. Die Medien besitzen so das Potential interkulturellen Dialog zu fördern.

Dennoch ist Globalisierung nicht als Prozess zu verstehen, der einheitlich verläuft, sondern vielmehr als Prozess, der sich regional sehr unterschiedlich entwickelt und auch Gegentendenzen hervorbringt. Die weltweite Vernetzung medialer Kommunikationsmöglichkeiten und der Ökonomie ziehen deshalb auch nicht, wie man vielleicht erwarten könnte, automatisch eine Globalisierung auf geistiger Ebene nach sich. Eine Globalisierung der Religionen zeichnet sich nicht ab. Erwartungen, dass es im Zuge der Globalisierung zu mehr Verständnis für den "Fremden" oder sogar zu mehr Solidarität kommen würde, haben sich bisher nicht erfüllt. Die weltweite Vernetzung ökonomischer Märkte ohne Grenzen entspricht nicht der weltweiten interreligiösen Kommunikation. Häufig kommt es sogar zu gegenteiligen Entwicklungen. In allen Weltreligionen nehmen fundamentalistische Tendenzen zu und es kommt zu Konfrontationen. Auch hier leisten die Medien einen Beitrag. Die problematischen Tendenzen werden bewusst, wenn politische und soziale, aber auch religiöse Entwicklungen, wie beispielsweise der Islam in der westlichen Welt, nicht in einer Tiefe dargestellt werden, so dass sie verständlich sind.

Von entscheidender Bedeutung ist in diesen Entwicklungen der soziale Aspekt. Es ist nicht zu leugnen, dass die Globalisierung in vielen Staaten die sozialen Konflikte verschärft. Dies gilt nicht nur in ökonomischer Hinsicht, sondern auch in kommunikativer, wie das Beispiel des "digital divide" zeigt. Die Globalisierung bringt Gewinner, aber auch Verlierer mit sich. Soziale Konflikte nehmen weltweit zu. Dies hat auch Auswirkungen auf die weltreligiöse Situation. Dass der Umgang mit Medien unter bloßer Ökonomisierung leidet und verantwortlicher Umgang Schaden nimmt muss als Gefahr erkannt werden.

Die Rolle der Medien in internationalen Dimensionen, vor allem in Krisen und Konflikten, und ihre Auswirkung auf multikulturelle Gesellschaften muss diskutiert und reflektiert werden. Medienethik erweist sich auch hier als unerlässlich.

Solch eine globale Medienethik setzt allerdings voraus, dass sich die innerstaatlich und zwischenstaatlich Handelnden der internationalen Gemeinschaft an einem gemeinsamen Verständnis orientieren, d.h. gemeinsame Ideen oder Normen als Bindeglied haben. Gemeint ist also ein Konsens der entsprechenden Partner. Wie Karl Josef Kuscherl, Alessandro Pinzani und Martin Zillinger in ihrer Einleitung zu *Ein Ethos für die Welt?* festhalten, "scheint ökonomische und politische Globalisierung auch eine Globalisierung des Ethos zu erfordern."[853] Wichtig ist dabei jedoch zwischen globalisierter Ökonomie und globaler Ethik zu unterscheiden.[854] Diese Unterscheidung kann wiederum dadurch verständlich ge-

---

[853] Karl Josef Kuscherl u.a. (Hg.), *Ein Ethos für die Welt? Globalisierung als ethische Herausforderung*, Frankfurt a. M./ New York (Campus) 1999, 12.
[854] So auch Martin Bröking-Bortfeldt, *Religionspädagogische Beiträge zur Medienethik angesichts von Globalisierung und Postmoderne*, Vortrag im Rahmen des Prager Symposiums "Moderne, Postmoderne und Globalisierung in Theologie und Kirche", gehalten am 07.10.2004. Manuskript bei der Autorin.

macht und akzeptiert werden, indem zum Beispiel religionspädagogische Impulse in Form von ökumenischer Didaktik an der Lernbasis von Schule, Kirche und Gesellschaft wirksam werden.[855] Gerade Kinder und Jugendliche müssen zu einem verantwortlichen Umgang mit den Massenmedien herangeführt werden, damit sie die Chancen, aber auch die Gefahren der Zugänge multimedialer weltweiter Systeme kennen und beurteilen lernen.

In den gegenwärtigen Versuchen, ein globales Ethos zu formulieren, ist häufig von einem sittlichen Universalismus die Rede, der auf der Basis eines Minimal- und Grundkonsenses zwischen den Religionen oder Kulturen gewonnen werden soll. Der Name Hans Küng steht hier für wesentliche Bemühungen um ein globales Weltethos. In der Überzeugung, dass "kein Friede unter den Nationen" herrschen wird, "ohne Friede unter den Religionen"[856], bemüht sich Küng um einen minimalen Grundkonsens, der die Ethiken einzelner Religionen nicht aufhebt, sondern das Wesentliche herausarbeitet und zusammenführt.

Die Hauptproblematik jedoch bei dem Versuch ein kulturübergreifendes Ethos zu bestimmen, liegt in der Kontextabhängigkeit jeder einzelnen Position. Das bemerkt man, wenn man versucht Gemeinsames und Trennendes in den Ethikvorstellungen unterschiedlicher Kulturen auszumachen. Jeder Versuch beinhaltet auch eine Interpretation unter dem Vorverständnis des jeweiligen Interpreten, die nur im eigenen sozialen und kulturellen Kontext plausibel ist. Die Positionen der Gesprächspartner, die einem anderen kulturellen Kontext entstammen, zu verstehen, setzt das Verständnis über Weltdeutungen voraus, unter denen solche Positionen formuliert wurden. Erst so kann näher bestimmt werden, wo möglicherweise Annäherungen oder Übereinstimmungen möglich sind oder aus welchen Gründen eine Verständigung scheitert. Dies wird in Zukunft eine der größten Herausforderungen für eine globale Medienethik darstellen.

Die Theologie kann und muss sich an der weit reichenden Globalisierungsdebatte beteiligen. Nicht zuletzt ist die Globalisierungsdebatte auch durch zahlreiche Beiträge aus der weltweiten Ökumene aus ihrem im Wesentlichen ökonomischen Kontext herausgeführt worden.[857] Das Christentum verstand sich von Anfang an als eine Weltreligion, d.h. als eine Religion, die sich an alle Menschen wendet und in diesem Sinn einen universalen Sendungsanspruch vertritt. Das

---

[855] Vgl. dazu Martin Bröking-Bortfeldt, *Mündig Ökumene lernen. Ökumenisches Lernen als religionspädagogisches Paradigma*, Oldenburg (Isensee) 1994.

[856] Hans Küng, *Geschichte, Sinn und Methode der Erklärung zu einem Weltethos*, in: ders. (Hg.), *Dokumentation zum Weltethos*, München (Pieper) 2002, 37-67, hier 37.

[857] Vgl. Bröking-Bortfeldt, *Mündig Ökumene lernen*, 1994.

Christentum muss sich jedoch heute in Zeiten der Globalisierung der Frage stellen, wie es sich angesichts dieser Entwicklungen versteht und verhält. Die medienethische Reflexion beinhaltet nicht nur, dass Theologie und Kirche die Medien aus ethischer Perspektive befragen, sondern auch, dass die Medien umgekehrt vor allem auch im globalen Kontext Kirche und Theologie befragen, indem sie direkt oder indirekt Fragestellungen an sie richten, die als ernstzunehmende Herausforderung seitens theologischer und kirchlicher Arbeit wahrgenommen werden muss. Dazu gehören die Selbstreflexion und ein sensibles Wahrnehmen gesellschaftlicher und globaler Entwicklungen und Prozesse.

Eine Auseinandersetzung mit den Medien und der Religion in den Medien, die längst auch unabhängig von Kirche und Theologie Bestandteil der Medien ist, stellt Kirche und Theologie vor eine große Herausforderung, die sie als ihre Chance erkennen und nutzen kann.

Der Umgang mit weltweit zugänglichen Medien ist eine Chance, die schon in der Bibel angelegten Vernetzung der biblischen Botschaft "in aller Welt" (Mk 16,15) bzw. an "aller Welt Enden" (vgl. Ps 22,28) mit modernen Kommunikationsmitteln fortzuführen. Doch hinsichtlich eines Ethos gilt in streng theologischer Sicht, dass ein globales Ethos kein Konsensprodukt sein kann. Solch ein Konsens ist allerhöchstens die Folge, aber nicht der Grund eines universalen Anspruchs. Handeln in dieser Welt ist allerdings angewiesen auf Kooperation mit anderen. In einer Zeit, in der die politische und rechtliche Kontrolle globaler Kommunikation fast unmöglich ist, sind Bemühungen um ein globales Ethos unerlässlich.

Im Kontext des Dialogs der Kulturen und Religionen gibt es zwar in den westlichen Ländern Einigkeit über Meinungsfreiheit und Menschenwürde, aber durchaus keine Einstimmigkeit, was erlaubt ist und was nicht. Die Diskussion um den Schutz der Privatshäre in den USA verläuft verglichen mit Deutschland völlig anders. Und selbst innerhalb der europäischen Länder geht die Auffassung auseinander. Im Kontext des Dialogs der Religionen, beispielsweise zwischen Christentum und Islam, stellt sich darüber hinaus die Frage, inwieweit die Verbindung zwischen Meinungsfreiheit und den Medien die Entwicklung von Kultur und Religionen beeinflussen.

Die hier am Ende der Arbeit skizzierten Überlegungen hinsichtlich der Medienentwicklungen auf globaler Ebene zeigen, wie viele Fragen sich auftun. Medienethische Überlegungen für die Zukunft müssen deshalb nicht nur interdisziplinär, sondern auch dringend auf internationaler Ebene betrieben werden. Zu Fragen gilt, ob es nicht sinnvoll wäre, einen Medienweltrat einzurichten, der parallel zu nationalen Institutionen und Einrichtungen arbeitet.[858] Eine institutionalisierte globale Medienethik könnte helfen und ermutigen ein größeres Bewusstsein für solche Fragen hervorzubringen. Sicherlich kann kritisch dagegen eingewendet werden, dass es bereits bei nationalen Versuchen zu erheblichen Schwierigkeiten kommt. Dennoch müssen Versuche unternommen und Modelle überlegt werden. Die koordinierte Arbeit in Form von Netzwerken, wie beispielsweise dem Netzwerk Medienethik, sowie freie Zusammenschlüsse unabhängiger Institutionen könnten in globalem Kontext als Anreiz für größere Zusammenschlüsse dienen. Die Theologie kann und muss sich auch hier einbringen, denn wer Theologie betreibt und von Gott zu reden versucht, wird immer auch vom Menschen reden müssen. Die Theologie kann deshalb auch hinsichtlich einer globalen Medienethik einen wesentlichen Beitrag leisten, indem sie auf die menschliche Kommunikation verweist und die Auseinandersetzung mit dem Menschen gleichsam erzwingt.

5.4. Schlussfolgerungen und Forschungsausblick: Medienethik zwischen Theorie und Praxis

Viele Kritiker stellen die Leistung der Medienethik grundsätzlich in Frage, weil sie ihnen als uneffektiv oder lediglich als nachgereichte Legitimation erscheint. Manche sehen die Medienethik in einer prekären Randposition zwischen "Beschönigung, Zynismus und hilfloser Kritik"[859], deren praktische Bedeutung gegen Null tendiert. Am Ende dieser Arbeit stellt sich deshalb die Frage, wieweit der Einfluss der Medienethik in der Medienpraxis überhaupt reicht. Diese Frage drängt sich umso mehr auf, wenn man einen Blick in die USA wirft. Während nämlich in Deutschland der medienethische Diskurs mit Anfang der 80er Jahre des letzten Jahrhunderts in Deutschland erst relativ spät begann, gehört Medienethik in Amerika seit jeher zum festen Bestandteil der Journalistenausbildung.[860] Dennoch scheint der Einfluss der Medienethik nicht weit in die

---

[858] Dieser Gedanke wurde auch von vom Islam- und Kommunikationswissenschaftler Kai Hafez vorgetragen. Vgl. Kai Hafez (Hg.), *Media Ethics in the Dialogue of Cultures. Journalistic Self-Regulation in Europe, the Arab World, and the Muslim Asia*, hrsg. vom deutschen Orient-Institut, Hamburg 2003.

[859] Jürgen Grimm, *Macht und Ohnmacht des sittlichen Arguments. Fachtagung zur Medienethik am 21.-22.2.2002 in München*, Quelle: <http://www.gep.de/medienethik/netze25.htm> (01.07.2002), 1.

[860] Vgl. Clifford G. Christians, *An Intellectual History of Media Ethics*, in: Bart (Hg.), *Media*

Medienpraxis zu reichen, wenn man sich beispielsweise die US-amerikanische Berichterstattung nach dem 11. September 2001 genauer betrachtet, wie dies Bernhard Debatin und Jürgen Grimm getan haben.[861] Medienethische Ansprüche scheinen sich gerade in Krisensituationen kaum realisieren zu lassen.

Ein Mangel an Begründbarkeit ist ihr nicht vorzuwerfen. Dass es keinen Gesamtentwurf einer Medienethik gibt, mag eine Ursache sein, kann aber, wie in dieser Arbeit herausgestellt wurde, ihr eigentlich nicht negativ angelastet werden, sondern muss positiv gesehen werden, da die Komplexität der Medienrealität selbst eine Komplexität medienethischer Konzepte nahe legt. Ihr zu behandelnder Themenbereich unterliegt darüber hinaus einer ständigen Expansion, die eine entsprechende Offenheit und Flexibilität medienethischer Reflexion erfordert. Aber dennoch ist dies nicht das größte Problem, mit dem sich eine Medienethik konfrontiert sieht. Das Hauptproblem ist, wie Rüdiger Funiok festhält, nach wie vor die fehlende Durchsetzung und die nur partielle soziale Anerkennung.[862] Das Konzept "Medienethik" wird deshalb, wenn es um die Auseinandersetzung mit Zukunftsfragen geht, nicht nur ihr Thema möglichst weit und offen auffassen müssen, sondern auf allen Ebenen erhebliches Engagement erfordern. Ziel dieser Arbeit ist es auch einen theologischen Beitrag dazu zu leisten.

Medienethik stellt aber auch grundsätzlich die Wissenschaft selbst in ihrer Rolle zum Diskurs. Denn Wissenschaft kann sich einerseits selbst als Teil im Medienprozess verstehen, indem Wissenschaften Medien produzieren und ihre Ergebnisse auch Gegenstand und Inhalt von Medien sind. Andererseits sind WissenschaftlerInnen aber auch immer Teilnehmende am Medienprozess und zwar sowohl als Medienschaffende als auch als Rezipienten. Als solche kommt ihnen

---

Ethics, 15-46.

[861] Bernhard Debatin unterscheidet drei Phasen der US-amerikanischen Berichterstattung nach dem 11. September: Phase 1. *Deskription* (Beschränkung auf die Mitteilung des Faktischen), Phase 2. *Konstruktion eines Narrativs* (mit den Elementen "Angriff auf Amerika" und Bin Laden als identifizierten Übeltäter), Phase 3. *Kriegspatriotismus* als Konsequenz aus Phase 1 (Amerika schlägt zurück) und *Suspension eines kritischen Journalismus* (so wurde beispielsweise die Schriftstellerin und Essayistin Susan Sontag massiv angegriffen, als sie einen differenzierten Blick auf die Zusammenhänge des 11.September empfahl; die politische Opposition und Vertreter der Friedensorganisationen kamen in der Medienöffentlichkeit fast gar nicht zu Wort). Jürgen Grimm, *Macht und Ohnmacht des sittlichen Arguments. Fachtagung zur Medienethik am 21.-22.2.2002 in München*, Quelle: <http://www.gep.de/medienethik/netze25.htm> (01.07.2002), 1.

[862] Vgl. Rüdiger Funiok, *Stichwort Medienethik II*, Quelle: <http://www.netzwerk-medienethik.de/bib/bibu1funiok.htm> (23.03.2005).

auch der Anspruch zu, ethische Anforderungen aus dem Inneren des Medienprozesses zu stellen. Dann ist es aber schwierig eine externe Position einzunehmen, weil Wissenschaften sich selbst als Teil dessen sehen müssen, was sie beobachten wollen. Der einzig wirksame Weg kann deshalb nur der sein, der beides ermöglicht, nämlich die externe Beobachtung des Mediensystems und die gleichzeitige Beratung des medienethischen Prozesses. Wissenschaften, die sich mit Medienethik befassen, müssen deshalb auch Beratung und Begleitung anbieten, indem sie den Weg zu kollektiver Selbstreflexion unterstützen und beobachten und dann wiederum ihre Beobachtungen zum Gegenstand der Diskussion werden lassen.

Dabei können gesellschaftlich wirksame ethische Modelle nur im interdisziplinären Diskurs entwickelt werden. Die theologische Ethik bietet dabei in der Frage nach dem Gelingen menschlichen Lebens zunächst eine Heuristik. Sie stellt aus ihrer langen Reflexionsgeschichte heraus Begriffe wie z.B. den der Person oder der Gottebenbildlichkeit des Menschen zur Verfügung. Diese Begriffe bergen ein kritisches Potential hinsichtlich der bestehenden gesellschaftlichen Institutionen. Sie zielen insgesamt auf die menschengerechtere Gestaltung der Welt. Theologische Ethik ist in diesem Sinne keine den Christen verpflichtende Ethik oder eine Sondermoral. Die erhebt den Anspruch das Menschliche zu fördern. Dementsprechend wurde versucht in dieser Arbeit zu zeigen, wie Medien als ein Menschsein beförderndes aber auch hinderndes Phänomen verstanden werden können. Andererseits hat theologische Ethik als Teil der Theologie aber auch die Aufgabe, die Frage nach dem Heil des Menschen als Frage nach seiner Ganzheit in einer zersplitterten Gesellschaft wach zuhalten. Der Mensch ist Person. Die Einheit des Menschen liegt aber nicht in ihm selbst, sondern außerhalb seiner Existenz.

Zusammengefasst kann festgehalten werden, dass Medienethik keine Patentrezepte anbietet, aber ermöglicht, Zusammenhänge zu durchschauen und die Medienlandschaft immer wieder auf ihre ethische Dimension hin zu befragen. Aus theologischer Perspektive liegt dabei der Schwerpunkt auf dem Menschen als Ausgangspunkt, Maßstab und Ziel aller medienethischen Überlegungen. Die ethische Reflexion kann sicherlich keine Verluste oder Defizite wiederherstellen oder ausgleichen. Sie kann auch keine Missstände und Fehlhandlungen verhindern, aber sie kann zumindest ihr Zustandekommen erschweren und die Fähigkeit des Menschen zu verantwortlichem Handeln wecken. Sie kann motivieren. Die Verantwortung dafür trifft uns alle.

Literaturverzeichnis

Dokumente und Quellentexte:

Evangelische Kirche in Deutschland: *Die neuen Informations- und Kommunikationstechniken. Chancen, Gefahren, Aufgaben verantwortlicher Gestaltung. Eine Studie der Kammer der Evangelischen Kirche in Deutschland (EKD) für soziale Ordnung und der Kammer für publizistische Arbeit*, hrsg. vom Kirchenamt im Auftrag des Rates der EKD, mit einem Vorwort vom Ratsvorsitzenden D. Eduard Lohse, Gütersloh 1985.

Evangelische Kirche in Deutschland/ Sekretariat der Deutschen Bischofskonferenz (Hg.): *Chancen und Risiken der Mediengesellschaft. Gemeinsame Erklärung der Deutschen Bischofskonferenz und des Rates der Evangelischen Kirche in Deutschland*, Hannover/ Bonn 1997.

Ökumenischer Rat der Kirchen: *Bericht aus Uppsala 1968. Offizieller Bericht über die vierte Vollversammlung des Ökumenischen Rates der Kirchen Uppsala 4.-20. Juli 1968*, hrsg. von Norman Goodall, deutsche Ausgabe von Walter Müller-Römheld, Ökumenischer Rat der Kirchen, Genf 1968.

Ökumenischer Rat der Kirchen: *Bericht aus Vancouver 1983. Offizieller Bericht der Sechsten Vollversammlung des Ökumenischen Rates der Kirchen. 24. Juli bis 10. August 1983 in Vancouver/Kanada*, hrsg. von Walter Müller-Römheld, Frankfurt a. M. (O. Lembeck) 1983.

Ökumenischer Rat der Kirchen: *Die Zeit ist da. Schlußdokumente und andere Texte der Weltversammlung für Gerechtigkeit, Frieden und Bewahrung der Schöpfung*, Genf 1990.

Päpstliche Kommission für die Instrumente der sozialen Kommunikation: *Pastoralkonstitution "Communio et Progressio" über die Instrumente der sozialen Kommunikation*, lateinisch-deutsche Textausgabe, kommentiert von H. Wagner, Trier 1971.

Päpstlicher Rat für die Sozialen Kommunikationsmittel: *Inter mirifica. Dekret über die sozialen Kommunikationsmittel*, in: *Lexikon für Theologie und Kirche*, 1:111-135.

Päpstlicher Rat für die Sozialen Kommunikationsmittel: *Ethik im Internet*, hrsg. vom Sekretariat der Deutschen Bischofskonferenz, Bonn 22.02.2002.

Päpstlicher Rat für die Sozialen Kommunikationsmittel: *Kirche und Internet*, hrsg. vom Sekretariat der Deutschen Bischofskonferenz, Bonn 22.02.2002.

Handbücher und Nachschlagewerke:

Afflerbach, Horst: *Handbuch Christliche Ethik*, Wuppertal (R. Brockhaus) 2002.

Aland, Kurt (Hg.): *Luther Deutsch. Die Werke Martin Luthers in neuer Auswahl für die Gegenwart*, Stuttgart u.a. (Klotz u.a.) 1969ff.

Baacke, Dieter u.a. (Hg.): *Handbuch Medien: Medienkompetenz. Modelle und Projekte*, hrsg. von der Bundeszentrale für politische Bildung, Bonn 1999.

Bawden, Liz-Anne/ Tichy, Wolfram: *Buchers Enzyklopädie des Films*, Luzern (Bucher) 1977.

Eliade, Mircea (Hg.): *The Encyclopedia of Religion*, New York u.a. (Macmillan) 1987.

Galling, Kurt (Hg.): *Die Religion in Geschichte und Gegenwart - Handwörterbuch für Theologie und Religionswissenschaft*, Tübingen (Mohr) 1960ff.

Georges, Karl Ernst: *Handwörterbuch. Latein-Deutsch*, Zweiter Band I-Z, Nachdruck der 8. verbesserten Auflage von Heinrich Georges, Darmstadt (Wissenschaftliche Buchgesellschaft) 1998.

Haslinger, Herbert (Hg.): *Handbuch Praktische Theologie*, 2 Bände, Mainz (Matthias-Grünewald) 1999f.

Koszyk, Kurt/ Pruys, Karl Hugo: *dtv-Wörterbuch zur Publizistik*, München (dtv) 1973.

Dies.: *Handbuch der Massenkommunikation*, München (dtv) 1981.

Krause, Gerhard/ Müller, Gerhard (Hg.): *Theologische Realenzyklopädie*, Berlin (Walter de Gruyer) 1976ff.

Luther, Martin: *Doktor Martin Luthers Werke. Kritische Gesamtausgabe (Weimarer Ausgabe)*, unveränderter Nachdruck, Weimar (Böhlau u.a.) 1967ff.

Noelle-Neumann, Elisabeth u.a. (Hg.): *Das Fischer Lexikon. Publizistik. Massenkommunikation*, Frankfurt a. M. (S. Fischer) [4]2002.

Buchberger, Michael u.a. (Hg.): *Lexikon für Theologie und Kirche*, Freiburg u.a. (Herder) [3]1967.

Wahrig-Burfeind, Renate (Hg.): *Bertelsmann Universal Lexikon. Fremdwörter*, Gütersloh (Bertelsmann) 1990.

Wilpert, Gero von: *Sachwörterbuch der Literatur*, Stuttgart (dtv) [4]1964.

Verwendete und zitierte Literatur:

Aland, Kurt: *Kirchengeschichtliche Entwürfe: Alte Kirche, Reformation und Luthertum, Pietismus und Erweckungsbewegung*, Gütersloh (Mohn) 1960.

Albrecht, Horst: *Die Religion der Massenmedien*, Stuttgart u.a. (Kohlhammer) 1993.

Ders., *Opium auf dem Bildschirm. Telekirche in den USA*, in: ders., *Die Religion der Massenmedien*, Stuttgart u.a. (Kohlhammer) 1993, 112-124.

Anderau, Willi: *Konkretion: Medien*, in: Haslinger, Herbert (Hg.): *Handbuch Praktische Theologie*, 2:333-347.

Aristoteles: *Nikomachische Ethik*, in: Grumach, Ernst (Hg.): *Aristoteles. Werke in deutscher Übersetzung. Band 6: Nikomachische Ethik*, übersetzt und kommentiert von Franz Dirlmeier, Darmstadt (Wissenschaftliche Buchgesellschaft) [5]1969.

Arnold, Klaus: *Niklashausen 1476. Quellen und Untersuchungen zur sozialreligiösen Bewegung des Hans Behem und zur Agrarstruktur eines spätmittelalterlichen Dorfes*, Baden-Baden (Koerner) 1980.

Assmann, Jan: *Text und Ritus. Die Bedeutung der Medien für die Religionsgeschichte*, in: Wenzel, Horst u.a. (Hg.): *Audiovisualität vor und nach Gutenberg. Zur Kulturgeschichte der medialen Umbrüche* (Schriften des Kunsthistorischen Museums Wien 6), Wien u.a. 2001, 97-106.

Aston, Margaret: *The Fifteenth Century: The Prospect of Europe*, London (Harcourt) 1969.

Auer, Alfons: *Besorgtheit um den Menschen. Ethische Überlegungen zu den technischen Entwicklungen bei Rundfunk und Fernsehen*, Rede gehalten zum Jahresempfang der Stadt Friedrichshafen am 17.01.1982, gedruckt von der Stadt Friedrichshafen 1982.

Ders.: *Anthropologische Grundlegung einer Medienethik*, in: Afflerbach, Horst (Hg.), *Handbuch Christliche Ethik*, 3:535-546.

Ders.: *Verantwortete Vermittlung. Bausteine einer medialen Ethik*, in: Wilke, Jürgen (Hg.): *Ethik der Massenmedien*, Wien (Braumüller) 1996, 41-52.

Baacke, Dieter: *Kommunikation und Kompetenz. Grundlegung einer Didaktik der Kommunikation und der Medien*, München (Juventa) 1973.

Ders.: *Medienkompetenz - Begrifflichkeit und sozialer Wandel*, in: Rhein, Antje von (Hg.): *Medienkompetenz als Schlüsselbegriff*, Bad Heilbronn (Klinkhardt) 1996, 112-124.

Ders.: *Ins Netz gegangen. Internet und Multimedia in der außerschulischen Pädagogik*, hrsg. vom Vorstand der Gesellschaft für Medienpädagogik und Kommunikationskultur in der BRD 1999.

Ders.: *Medienkompetenz als zentrales Operationsfeld von Projekten*, in: ders. u.a. (Hg.): *Handbuch Medien: Medienkompetenz. Modelle und Projekte*, 31-35.

Baier, Kurt: *The Moral Point of View: A Rational Basis of Ethics*, 6th ed., London (Cornell) 1969.

Bart, Pattyn (Hg.): *Media Ethics. Opening Social Dialogue*, Leuven/ Belgien (Peters) 2000.

Barth, Karl: *Die christliche Dogmatik im Entwurf. Erster Band: Die Lehre vom Worte Gottes. Prolegomena zur christlichen Dogmatik 1927*, hrsg. von Gerhard Sauter, in: *Karl Barth Gesamtausgabe*, hrsg. von Hinrich Stoevesandt im Auftrag der Karl Barth-Stiftung, Zürich (Theologischer Verlag) 1927.

Ders.: "Quousque tandem...?", in: *Zwischen den Zeiten* 8 (1930), 3-6.

Ders.: "Die Not der evangelischen Kirche", in: *Zwischen den Zeiten* 9 (1931), 89-122.

Bastian, Hans-Dieter: *Kommunikation. Wie christlicher Glaube funktioniert*, Stuttgart (Kreuz) 1972.

Baudrillard, Jean: *Agonie des Realen*, Berlin (Merve) 1978.

Beck, Ulrich: *Der Zwang zur Häresie: Religion in der pluralistischen Gesellschaft*, Frankfurt a. M. (Fischer) 1980.

Ders.: *Risikogesellschaft. Auf dem Weg in eine andere Moderne*, Frankfurt a. M. (Suhrkamp) 1986.

Ders./ Beck-Gernsheim, Elisabeth (Hg.): *Riskante Freiheiten. Individualisierung in modernen Gesellschaften*, Frankfurt a. M. (Suhrkamp) 1994.

Bente, Gary/ Fromm, Bettina: *Affektfernsehen. Motive, Angebotsweisen und Wirkungen*, Opladen (Leske & Budrich) 1997.

Betghe, Eberhard: *Ohnmacht und Mündigkeit. Beiträge zur Zeitgeschichte und Theologie nach Dietrich Bonhoeffer*, München (Kaiser) 1969.

Ders.: *Dietrich Bonhoeffer. Theologe - Christ - Zeitgenosse*, München (Kaiser) 1970.

Beyer, Franz-Heinrich: *Eigenart und Wirkung des reformatorisch-polemischen Flugblatts im Zusammenhang der Publizistik der Reformationszeit*, Frankfurt a. M. (Peter Lang) 1994.

Beyer, Peter L.: *Sehnsucht nach Sinn: Glauben in einer Zeit der Leichtgläubigkeit*, Frankfurt a. M./ New York (Campus) 1994.

Bien, Günther u.a.: *Ethik*, in: *Theologische Realenzyklopädie*, 10:408-462.

Biesinger, David: *Muss Kinderfernsehen gottlos sein? Bedeutung, Chancen und Grenzen des Kinderfernsehens in Deutschland für die religiöse Sozialisation. Eine religionspädagogische Untersuchung unter Berücksichtigung sozial- und medienwissenschaftlicher Erkenntnisse*, Münster (Lit) 2004.

Bockmühl, Klaus: *Christliche Lebensführung. Eine Ethik der Zehn Gebote*, Giessen (Brunnen) 1993.

Bohlken, Eike: *Medienethik als Verantwortungsethik. Zwischen Macherverantwortung und Nutzerkompetenz*, in: Debatin, Bernhard/ Funiok, Rüdiger (Hg.): *Kommunikations- und Medienethik*, Konstanz (UVK Verlagsgesellschaft) 2003, 35-49.

Bohrmann, Thomas/ Hausmanninger, Thomas (Hg.): *Mediale Gewalt. Interdisziplinäre und ethische Perspektiven*, München (W. Fink) 2002.

Bondolfi, Alberto/ Münk, Hans J. (Hg.): *Theologische Ethik heute. Antworten für eine humane Zukunft. Hans Halter zum 60. Geburtstag*, Zürich (NZN) 1999.

Bonhoeffer, Dietrich: *Widerstand und Ergebung. Briefe und Aufzeichnungen aus der Haft*, in: Bethge, Eberhard u.a. (Hg.): *Dietrich Bonhoeffer Werke*, Band 8, Gütersloh (Kaiser) 1998.

Breit, Herbert: *Die Gemeindepredigt im Zeitalter der Massenmedien*, in: ders./ Höhne, Wolfgang (Hg.): *Die provozierte Kirche. Überlegungen zum Thema*

Kirche und Publizistik, München (Claudius) 1968, 217-240.

Bröking-Bortfeldt, Martin: *Mündig Ökumene lernen. Ökumenisches Lernen als religionspädagogisches Paradigma*, Oldenburg (Isensee) 1994.

Ders.: *Religionspädagogische Beiträge zur Medienethik angesichts von Globalisierung und Postmoderne,* Vortrag im Rahmen des Prager Symposiums "Moderne, Postmoderne und Globalisierung in Theologie und Kirche", gehalten am 07.10.2004, Manuskript bei der Autorin.

Bühler, Karl-Werner: *Presse und Protestantismus in der Weimarer Republik. Kräfte und Krisen evangelischer Publizistik*, Witten (Luther) 1970.

Bunke, Ernst: *August Hermann Francke. Ein Mann des Glaubens und der Tat*, Giessen (Brunnen) 1986.

Burkhardt, Helmut: *Einführung in die Ethik. Teil I Grund und Norm sittlichen Handelns (Fundamentalethik)*, Giessen (Brunnen) 1996.

Capurro, Rafael: *Information*, München (Saur Verlag) 1978.

Ders.: *Leben im Informationszeitalter*, Berlin (Akademie-Verlag) 1995.

Ders.: *Informationsethik*, hrsg. von der Gesellschaft für Angewandte Informationswissenschaft Konstanz, Konstanz (UVK Verlagsgesellschaft u.a.) 1995.

Ders.: *Das Internet und die Grenzen der Ethik. Eine neue Informationsethik stellt sich den Ergebnissen der Medienwirkungsforschung*, in: Rath, Matthias (Hg.): *Medienethik und Medienwirkungsforschung*, Wiesbaden (Westdeutscher Verlag) 2000, 105-126.

Ders.: *Ethik im Netz*, Stuttgart (Steiner) 2003.

Centgraf, Alexander: *Martin Luther als Publizist. Geist und Form seiner Volksführung*, Frankfurt a. M. (Diesterweg) 1940.

Charlton, Michael/ Neumann-Braun, Klaus: *Medienthemen und Rezipiententhemen. Einige Ergebnisse der Freiburger Längsschnittuntersuchung zur Medienrezeption von Kindern*, in: Schulz, Winfried (Hg.): *Medienwirkungen. Einflüsse von Presse, Radio und Fernsehen auf Individuum und Gesellschaft*, Forschungsbericht der Deutschen Forschungsgemeinschaft (DFG), Weinheim (VHC Acta Humaniora) 1992, 9-24.

Christians, Clifford G.: *An Intellectual History of Media Ethics*, in: Pattyn, Bart (Hg.): *Media Ethics. Opening Social Dialogue*, Leuven/Belgien (Peeters) 2000, 13-46.

Cicero, Marcus Tullius: *Über das Schicksal. De Fato. Lateinisch-deutsch*, hrsg. und übersetzt von Karl Bayer, Düsseldorf/ Zürich (Artemis & Winkler) [4]2000.

Cobabus, Norbert: *Die vielen Gesichter von Moral und Ethik. Eine kulturphilosophische Studie*, Frankfurt a. M. (Haag & Herchen) 2000.

Conradt, Walther: *Kirche und Kinematograph. Eine Frage*, Berlin (Walther) 1910.

Cox, Harvey Gallagher: *Stadt ohne Gott?*, Stuttgart (Kreuz) [6]1971.

Ders.: *Verführung des Geistes*, Stuttgart (Kreuz) 1974.

Ders.: *Religion in the Secular City. Toward a Postmodern Theology*, New York (Simon and Schuster) 1984.

Dahl, Peter: *Radio. Sozialgeschichte des Rundfunks für Sender und Empfänger*, Reinbek bei Hamburg (Rowohlt) 1983.

Dalferth, Ingolf Ulrich: "Kirche in der Mediengesellschaft - Quo vadis?", in: *Theologia Practica* 20 (2/1985), 183-194.

Dannowski, Hans Werner: "Schnittstellen. Erfahrungen mit Kirche, Film und Öffentlichkeit", in: *Pastoraltheologie* 81 (12/1992), 494-501.

Debatin, Bernhard: *Verantwortung im Medienhandeln. Medienethische und handlungstheoretische Überlegungen zum Verhältnis von Freiheit und Verantwortung in der Massenkommunikation*, in: Wunden, Wolfgang (Hg.): *Freiheit und Medien. Beiträge zur Medienethik*, Band 4, Frankfurt a. M. (Gemeinschaftswerk der Evangelischen Publizistik) 1998, 113-130.

Ders.: *Ethik und Internet. Zur normativen Problematik von Online-Kommunikation*, in: Funiok, Rüdiger u.a. (Hg.): *Medienethik - die Frage der Verantwortung*, hrsg. von der Bundeszentrale für politische Bildung, Bonn 1999, 274-293.

Dehm, Ursula: *Fernsehunterhaltung. Zeitvertreib, Flucht oder Zwang? Eine sozialpsychologische Studie zum Fernseh-Erleben*, Mainz (Hase & Koehler) 1984.

Deutscher Bundestag (Hg.): *Enquete-Komission Zukunft der Medien in Wirtschaft und Gesellschaft. Deutschlands Weg in die Informationsgesellschaft*, Bonn (ZV Zeitungs-Verlag) 1998.

Deutsche Shell (Hg.): *13. Shell Studie 2001*, Opladen (Leske & Budrich) 2001.

Diemer, Gebhard: *Die Schuld und die Kirchen. Versuche einer neuen ethischen Orientierung*, in: *30 Jahre Bundesrepublik Deutschland. Band I: Auf dem Wege zur Republik 1945-47*, hrsg. von Jürgen Weber und der Bayrischen Landeszentrale für politische Bildungsarbeit, München 1978.

Doelker, Christian: *Wirklichkeit in den Medien. Züricher Beiträge zur Medienpädagogik*, Zug (Klett & Balmer) 1979.

Donsbach, Wolfgang: *Die Selektivität der Rezipienten. Faktoren, die die Zuwendung zu Zeitungsinhalten beeinflussen*, in: Schulz, Winfried (Hg.): *Medienwirkungen. Einwirkungen von Presse, Radio und Fernsehen auf Individuum und Gesellschaft*, Forschungsbericht der Deutschen Forschungsgemeinschaft (DFG), Weinheim (VHC Acta Humaniora) 1992, 25-70.

Drägert, Christian/ Schneider, Nikolaus (Hg.): *Medienethik. Freiheit und Verantwortung. Festschrift zum 65. Geburtstag von Manfred Kock*, Stuttgart (Kreuz) 2001.

Dramm, Sabine: *Dietrich Bonhoeffers "religionsloses Christentum" - eine überholte Denkfigur?*, in: Gremmels, Christian/ Huber, Wolfgang (Hg.): *Religion im Erbe. Dietrich Bonhoeffer und die Zukunftsfähigkeit des Christentums*, Gütersloh (Kaiser) 2002, 310-312.

Eco, Umberto: *Über Gott und die Welt. Essays und Glossen*, übersetzt von Burkhart Kroeber, München u.a. (Carl Hanser) 1985.

Edwards, Mark U.: *Printing, Propaganda, and Martin Luther*, London (University of California Press) 1994.

Ehrenpreis, Stefan/ Lotz-Heumann, Ute: *Reformation und kulturelles Zeitalter*, Darmstadt (Wissenschaftliche Buchgesellschaft) 2002.

Eidenbach-Heck, Cordula/ Weber, Traugott: *Sechs Jahre "TelefonSeelsorge im Internet". Ein Bericht über die Entwicklung der E-Mail-Beratung*, in: Etzersdorfer, Elmar u.a. (Hg.): *Neue Medien und Suizidalität. Gefahren und Interventionsmöglichkeiten*, Göttingen (Vandenhoeck & Ruprecht) 2003, 73-86.

Eisenstein, Elizabeth L.: *The Printing Press as an Agent of Change. Communications and cultural transformations in early-modern Europe*, Volume I, Cambridge (University Press) 1979.

Ellul, Jacques: *To will and to do. An ethical research for Christians*, Philadelphia (United Church Press) 1969.

Elsner, Monika u.a.: *Zur Kulturgeschichte der Medien*, in: Merten, Klaus u.a. (Hg.): *Die Wirklichkeit der Medien. Eine Einführung in die Kommunikationswissenschaft*, Opladen (Westdeutscher Verlag) 1994,163-187.

Enzensberger, Hans Magnus: *Das digitale Evangelium. Propheten, Nutznießer, Verächter*, (Christoph Martin Wieland Vorlesungen) hrsg. von Peter Glotz, Erfurt (Sutton) 2000.

Engelsing, Rolf: *Analphabetentum und Lektüre. Zur Sozialgeschichte des Lesens in Deutschland zwischen feudaler und industrieller Gesellschaft*, Stuttgart (Metzler) 1973.

Erbring, Lutz u.a. (Hg.): *Medien ohne Moral. Variationen über Journalismus und Ethik*, Berlin (Argon) 1988.

Ernst, Heiko: "Das Ich der Zukunft", in: *Psychologie heute* 12 (1991), 20-26.

Esterbauer, Reinhold: *Gott im Cyberspace? Zu religiösen Aspekten neuer Medien*, in: Kolb, Anton u.a. (Hg.): *Cyberethik. Verantwortung in der digital vernetzten Welt*, Stuttgart u.a. (Kohlhammer) 1998, 115-134.

Etzersdorfer, Elmar u.a. (Hg.), *Neue Medien und Suizidalität. Gefahren und Interventionsmöglichkeiten*, Göttingen (Vandenhoeck & Ruprecht) 2003.

Evangelischer Pressverband für Deutschland: *Nachrichten über evangelische Pressarbeit*, hrsg. vom Verlag des Evangelischen Pressverbandes für Deutschland, Berlin-Steglitz 1914.

Faulhaber, Theo u.a. (Hg.): *Auf den Spuren einer Ethik von morgen*, Freiburg i. Br. (Herder) 2001.

Faulstich, Werner: *Medien und Öffentlichkeiten im Mittelalter 800-1400*, Göttingen (Vandenhoeck & Ruprecht) 1996.

Ders.: *Grundwissen Medien*, München (Fink) [4]2000.

Feuerbach, Ludwig: *Das Wesen des Christentums*, in: *Ludwig Feuerbach. Gesammelte Werke,* Band 5, hrsg. von Werner Schuffenhauer, Berlin (Akademie-Verlag) 1973.

Fiedler, Georg: *Suizidalität und neue Medien. Gefahren und Möglichkeiten*, in: Elmar Etzersdorfer u.a. (Hg.): *Neue Medien und Suizidalität. Gefahren und Interventionsmöglichkeiten*, Göttingen (Vandenhoeck & Ruprecht) 2003, 19-55.

Fliege, Jürgen: *"Passen Sie gut auf sich auf!"*, Stuttgart (Kreuz) 1995.

Ders.: "'Hinter jeder guten Show steckt die Liturgie einer Messe'. Ein verrückter Pfarrer hat Erfolg als Talkmaster", in: *Echt. Das Magazin von Ihrer evangelischen Kirche*, Darmstadt 1995, 10-11.

Franck, Georg: *Ökonomie der Aufmerksamkeit. Ein Entwurf*, München (Hanser) 1998.

Francke, August Hermann: *Kurzer und einfältiger Unterricht, wie die Kinder zur wahren Gottseligkeit und christlichen Klugheit anzuführen sind*, in: ders.: *Pädagogische Schriften*, hrsg. von Hermann Lorenzen, Paderborn (Schöningh) 1957, 13-65.

Frey, Christopher: *Theologische Ethik*, Neukirchen-Vluyn (Neukirchener) 1990.

Friedenthal, Richard: Luther. *Sein Leben und seine Zeit*, München (Pieper) 1967.

Fritsch, Ahasver: *Discursus de Novellorum, quas vocant Neue Zeitungen, hodierno usu et abusu. Lateinisch und deutsch*, Übersetzung mit Erläuterungen von Walter Barton, Nachdruck der Ausgabe von 1676, hrsg. vom Verein für Thüringische Geschichte e.V., Jena 1998.

Fromm, Bettina: *Privatgespräche vor Millionen. Fernsehauftritte aus psychologischer und soziologischer Perspektive*, Konstanz (UVK-Medien) 1999.

Füssel, Kuno: *Die Sowohl-als-auch-Falle. Eine theologische Kritik des Postmodernismus*, Luzern (Edition Exodus) 1993.

Füssel, Stephan: *Gutenberg und seine Wirkung*, Darmstadt (Wissenschaftliche Buchgesellschaft) 1999.

Fuchs, Ottmar: "Kirche und Medien auf dem Weg in das Jahr 2000", in: *Stimmen der Zeit* 106 (1991), 411-421.

Ders.: "Kirchlicher Umgang mit den Medien", in: *Concilium Internationale Zeitschrift für Theologie* 29 (1993), 518-524.

Funiok, Rüdiger: *Grundfragen einer Publikumsethik*, in: ders. (Hg.): *Grundfragen der Kommunikationsethik*, Konstanz (UVK Verlagsgesellschaft) 1996, 107-122.

Ders.: *Chancen und Risiken der Mediengesellschaft*, in: ders. u.a. (Hg.): *Medienethik - Die Frage der Verantwortung*, hrsg. von der Bundeszentrale für politische Bildung, Bonn 1999, 321-325.

Ders./ Schmälzle, Udo F.: *Medienethik vor neuen Herausforderungen*, in: Funiok u.a. (Hg.): *Medienethik - Die Frage der Verantwortung*, hrsg. von der Bundeszentrale für politische Bildung, Bonn 1999, 15-31.

Ders. u.a. (Hg.): *Medienethik - die Frage der Verantwortung*, hrsg. von der Bundeszentrale für politische Bildung, Bonn 1999.

Ders.: *Handlungsebenen und Begründungen. Verantwortliche Medienerstellung und Mediennutzung*, in: Kruck, Günter/ Schlör, Veronika (Hg.): *Medienphilosophie - Medienethik. Zwei Tagungen - eine Dokumentation*, Frankfurt a. M. u.a. (Peter Lang) 2003, 99-116.

Gabriel, Karl (Hg.): *Religiöse Individualisierung oder Säkularisierung. Biographie und Gruppe als Bezugspunkte moderner Religiosität*, Gütersloh (Kaiser) 1996.

Gass, W.: *Geschichte der christlichen Ethik. Erster Band: Bis zur Reformation*, Berlin (Reimer) 1881, 7-48.

Geisendörfer, Robert: "Ein Jahr Filmbeobachter", in: *Evangelischer Filmbeobachter* 24 (1949).

Gemeinschaftswerk Evangelischer Publizistik (Hg.): "epd klärt Verbotslegende auf", in: *epd-Sonderheft* 48 (24.06.2002).

Gertz, Holger: "Ausgespannt. Ein bisschen Bettdeckengeraschel, von Infrarotkameras observiert, ist nicht genug auf Dauer: Ein Nachruf aufs Reality TV", in: *Süddeutsche Zeitung* 10 (11.02.2001).

Ders.: "Mutmaßungen über Robert S.", in: *Süddeutsche Zeitung* 99 (29.04.2002).

Geyer, Christian: "Einfach näher dran. Masse und Deutungsmacht: Der Soziologentag in Dresden", in: *Frankfurter Allgemeine Zeitung* 239 (14.10.1996).

Giesecke, Michael: *Der Buchdruck in der frühen Neuzeit. Eine historische Fallstudie über die Durchsetzung neuer Informations- und Kommunikationstechnologien*, Frankfurt a. M. (Suhrkamp) 1991.

Glotz, Peter: *Die beschleunigte Gesellschaft. Kulturkämpfe im digitalen Kapitalismus*, München (Kindler) 1999.

Gmür, Mario: *Der öffentliche Mensch. Medienstars und Medienopfer*, München (dtv) 2002.

Goebbels, Joseph: *Das Klavier. Reichsminister Dr. Goebbels über die Aufgaben der Presse in Zeitungs-Verlag vom 18.03.1933. Auszüge*, in: Wulf, Joseph: *Presse und Funk im Dritten Reich. Eine Dokumentation*, Gütersloh (Mohn) 1964, 63.

Goebel, Johannes/ Clermont, Christoph: *Die Tugend der Orientierungslosigkeit*, Reinbek bei Hamburg (Rowohlt) 1999.

Goeudevert, Daniel: *Der Horizont hat Flügel. Die Zukunft der Bildung*, München (Econ) 2001.

Goldstein, Bruce. E.: *Wahrnehmungspsychologie*, übersetzt und hrsg. von Manfred Ritter, Heidelberg u.a. (Spektrum Akademischer Verlag) ²2002.

Goody, Jack: *Die Logik der Schrift und die Organisation von Gesellschaft*, Frankfurt a. M. (Suhrkamp) 1990.

Ders.: *Einleitung*, in: ders. (Hg.): *Literalität in traditionellen Gesellschaften*, Frankfurt a. M. (Suhrkamp) 1998, 7-43.

Gottwald, Eckhart: *Mögliche Felder der Zusammenarbeit zwischen Medienpädagogik und Religionspädagogik aus der Sicht der Didaktik der religiösen Kommunikation*, in: Pirner Manfred L./ Breuer, Thomas (Hg.): *Medien - Bildung - Religion. Zum Verhältnis von Medienpädagogik und Religionspädagogik in Theorie, Empirie und* Praxis, München (KoPäd) 2004, 36-51.

Gräb, Wilhelm: *Sinn fürs Unendliche. Religion in der Mediengesellschaft*, Gütersloh (Kaiser) 2002.

Greis, Andreas: *Identität, Authentizität und Verantwortung. Die ethischen Herausforderungen der Kommunikation im Internet*, München (KoPäd) 2001.

Ders.: *Medienethik*, in: Laubach, Thomas (Hg.): *Angewandte Ethik und Religion*, Tübingen/ Basel (A. Francke) 2003, 309-336.

Ders. u.a. (Hg.): *Medienethik. Ein Arbeitsbuch*, Tübingen/ Basel (A. Francke) 2003.

Ders.: *Die immanenten Strukturen medialer Kommunikation als Fokus medienethischer Anstrengung. Eine Methodologie*, in: ders. u.a. (Hg.): *Medienethik. Ein Arbeitsbuch*, Tübingen/ Basel (A. Francke) 2003,

Groos, Peter: *Zeitungswissenschaft im Interessengeflecht von Politik und Publizistik - die Lehrsituation an der Friedrich-Wilhelms-Universität 1933-1945*, in: Bey, Gesine (Hg.): *Berliner Universität und deutsche Literaturgeschichte. Studien im Dreiländereck von Wissenschaft, Literatur und Publizistik*

(Berliner Beiträge zur Wissenschaftsgeschichte 1) Frankfurt a. M. (Lang) 1998, 159-183.

Grünberg, Wolfgang: *Die Sprache der Stadt. Skizzen zur Großstadtkirche*, Leipzig (Ev. Verlagsanstalt) 2004.

Gründel, Johannes (Hg.): *Leben aus christlicher Verantwortung. Ein Grundkurs der Moral 2. Schöpfung - Wirtschaft - Gesellschaft - Kultur*, Düsseldorf (Patmos) 1992.

Gundlach, Thies: "Bilder - Mythen - Movies. Gottesdienste zu Unterhaltungsfilmen der Gegenwart", in: *Pastoraltheologie* 83 (12/1994), 550-563.

Gutmann, Hans-Martin: *Der Herr der Heerscharen, die Prinzessin der Herzen und der König der Löwen. Religion lehren zwischen Kirche, Schule und populärer Kultur*, Gütersloh (Chr. Kaiser) 1998.

Haberer, Johanna: *Medienethik*, in: *Die Religion in Geschichte und Gegenwart*, 5:959.

Habermas, Jürgen: *Strukturwandel der Öffentlichkeit. Untersuchungen zu einer Kategorie der bürgerlichen Gesellschaft*, Neuwied (Luchterhand) 1962.

Ders./ Luhmann, Niklas: *Theorie der Gesellschaft oder Sozialtechnologie - Was leistet die Systemforschung?*, Frankfurt a. M. (Suhrkamp) 1971.

Ders.: *Glauben und Wissen. Friedenspreis des deutschen Buchhandels 2001*, Sonderdruck Edition, Frankfurt a. M. (Suhrkamp) 2001.

Hadorn, Werner/ Cortesi, Mario (Hg.): *Mensch und Medien. Die Geschichte der Massenkommunikation*, Band 2, Stuttgart (AT Aarau) 1986.

Hafez, Kai (Hg.): *Media Ethics in the Dialogue of Cultures. Journalistic Self-Regulation in Europe, the Arab World, and the Muslim Asia*, hrsg. vom deutschen Orient-Institut, Hamburg 2003.

Haller, Michael/ Holzey, Helmut (Hg.): *Medien-Ethik. Beschreibungen, Analysen, Konzepte für den deutschsprachigen Journalismus*, Opladen (Westdeutscher Verlag) 1992.

Hamelink, Cees J.: *Can Human Rights be a foundation for media ethics?*, in: Pattyn, Bart (Hg.): *Media Ethics. Opening Social Dialogue*, Leuven/Belgien (Peeters) 2000, 115-123.

Ders.: "Ethics for Media Users", in: *European Journal of Communication* 10 (4/1995), 497-511.

Hartmann, Hans A./ Heydenreich, Konrad (Hg.): *Ethik und Moral in der Kritik. Eine Zwischenbilanz* (Edition Ethik Kontrovers 4. Eine Publikation der Zeitschrift "Ethik & Unterricht"), Frankfurt a. M. (Diesterweg) 1996.

Hausmanninger, Thomas: *Kritik der medienethischen Vernunft. Die ethische Diskussion über den Film in Deutschland im 20. Jahrhundert,* München (Fink) 1993.

Ders.: "Von der Humanität vergnüglicher Mediennutzung. Überlegungen zu einer Ethik medialer Unterhaltung", in: *Theologie der Gegenwart* 42 (1999), 2-14.

Ders.: *Ethische Überlegungen zur Auseinandersetzung um "Mediengewalt",* in: Höhn, Hans-Joachim (Hg.): *Christliche Sozialethik interdisziplinär,* Paderborn u.a. (Franz Schöningh Verlag) 1997, 177-205.

Ders.: *Grundlinien einer Ethik medialer Unterhaltung,* in: Wolbert, Werner (Hg.): *Moral in einer Kultur der Massenmedien,* Freiburg (Schweiz) u.a. (Universitätsverlag) 1994, 77-96.

Ders.: *Ansatz, Struktur und Grundnormen der Medienethik,* in: ders./ Bohrmann, Thomas (Hg.): *Mediale Gewalt. Interdisziplinäre und ethische Perspektiven,* München (W. Fink) 2002, 287-309.

Hegel, Georg Wilhelm Friedrich: *System der Philosophie. Dritter Teil: Die Philosophie des Geistes,* in: *Sämtliche Werke,* Stuttgart - Bad Cannstatt [1830] 1965.

Heidbrink, Ludger: *Kritik der Verantwortung. Zu den Grenzen verantwortlichen Handelns in komplexen Kontexten,* Weilerswist (Velbrück) 2003.

Helm, Melanie: "Jesusfilme in Geschichte und Gegenwart", in: *Stimmen der Zeit* 3 (03/2005), 161-170.

Henning, Karsten/ Steib, Rainer: *Leitfaden Medienarbeit. Erfahrungsorientierte Medienpraxis für Religionsunterricht und Bildungsarbeit,* München (Don Bosco) 1997.

Hentig, Hartmut von: *Der technischen Zivilisation gewachsen bleiben. Nachdenken über die Neuen Medien und das gar nicht mehr allmähliche Verschwinden der Wirklichkeit,* Weinheim u.a. (Beltz u.a.) 2002.

Herrmann, Jörg: *Erlösung durch Kommunikationstechnologie?,* in: Klie, Thomas (Hg.): *Darstellung und Wahrnehmung. Religion im medialen Crossover* (Veröffentlichungen des Religionspädagogischen Instituts Loccum 7), Münster (Lit) 2000, 77-95.

Ders.: *Sinnmaschine Kino. Sinndeutung und Religion im populären Film*, Gütersloh (Chr. Kaiser) 2001.

Ders./ Mertin, Andreas: *Virtuelle Religion. Die Herausforderung der neuen Medien für Theologie und Kirche*, in: Heller, Barbara Heller (Hg.): *Kulturtheologie heute? Dokumentation einer Tagung der Evangelischen Akademie Hofgeismar*, hrsg. von der Evangelischen Akademie Hofgeismar 1997, 117-124.

Herms, Eilert: *Gesellschaft gestalten. Beiträge zur evangelischen Sozialethik*, Tübingen (Mohr) 1991.

Heussi, Karl: *Kompendium der Kirchengeschichte*, Tübingen (Mohr) 1991.

Hickethier, Knut: *Film- und Fernsehanalyse*, Stuttgart/Weimar ³2001.

Hilger, Georg: *Für eine religionspädagogische Entdeckung der Langsamkeit*, in: ders./ Reilly, George (Hg.): *Religionsunterricht im Abseits? Das Spannungsfeld Jugend - Schule - Religion*, München (Kösel) 1993, 261-279.

Hillerbrand, Hans J.: *The Reformation in its own words*, London (SCM Press) 1964.

Hinderer, August Hermann: *Grundforderungen christlicher Pressearbeit, Vortrag auf dem 2. Evangelischen Pressetag in Hannover vom 10.-12.9.1920, gehalten am 12.9.1920*, Nachschrift in: *Evangelischer Pressedienst* [nähere Angaben fehlen], in: Höckele, Simone: *August Hinderer. Weg und Wirken eines Pioniers evangelischer Publizistik*, Erlangen (Chr. Publizistik) 2001, 137.

Ders.: "Der Ruf Gottes an die Presse", in: *"Vom Apostolat der Presse" 1929*, 16, in: Höckele, Simone: *August Hinderer. Weg und Wirken eines Pioniers evangelischer Publizistik*, Erlangen (Chr. Publizistik) 2001, 128.

Ders., "Presse und Wahrheit", in: *Der Zeitungsspiegel (1. Oktober 1929)*, Abschrift, Dokumentnachlass von August Hermann Hinderer archiviert im Evangelischen Pressearchiv der LMU München.

Höckele, Simone: *August Hinderer. Weg und Wirken eines Pioniers evangelischer Publizistik*, Erlangen (Chr. Publizistik) 2001.

Höflich, Joachim R.: *Mediatisierung des Alltags und der Wandel von Vermittlungskulturen*, in: ders./ Gebhardt, Julian (Hg.): *Vermittlungskulturen im Wandel. Brief, E-Mail, SMS*, Frankfurt a. M. (Peter Lang) 2002, 7-20.

Hörisch, Jochen: *Der Sinn und die Sinne. Eine Geschichte der Medien*, Frankfurt a. M. (Eichborn) 2001.

Hoffmann, Bernward: *Medienpädagogik. Eine Einführung in Theorie und Praxis*, Paderborn (Schöningh) 2003.

Holderegger, Adrian (Hg.): *Kommunikations- und Medienethik. Interdisziplinäre Perspektiven*, Freiburg/Schweiz (Universitätsverlag) 1999.

Holmes, Arthur F.: *Wege zum ethischen Urteil: Grundlagen und Modelle*, Wuppertal (Brockhaus) 1987.

Honecker, Martin: *Grundriss der Sozialethik*, Berlin (de Gruyter) 1995.

Honigstein, Raphael: "Zehn Sekunden. Der amerikanische Sender CBS zeigt die tote Lady Diana", in: *Süddeutsche Zeitung* 94 (23.04.2004).

Honselmann, Klemens: *Urfassung und Drucke der Ablassthesen Martin Luthers und ihre Veröffentlichung*, Parderborn (Schöningh) 1966.

Huber, Wolfgang: *Sozialethik als Verantwortungsethik*, in: ders.: *Konflikt und Konsens. Studien zur Ethik der Verantwortung*, München (Kaiser) 1990, 135-157.

Ders.: *Konflikt und Konsens. Studien zur Ethik der Verantwortung*, München (Kaiser) 1990.

Ders.: *Die tägliche Gewalt. Gegen den Ausverkauf der Menschenwürde*, Freiburg u.a. (Herder) 1993.

Ders.: *Die Würde des Menschen ist antastbar. Anfragen aus der Sicht der christlichen Ethik*, in: Abarbanell, Stephan u.a. (Hg.): *Fernsehzeit. 21 Einblicke ins Programm. Eine Retrospektive der Tutzinger Medientage*, München (R. Fischer) 1996, 185-194.

Ders.: *Kirche als intermediäre Institution*, in: Drägert, Christian/ Schneider, Nikolaus (Hg.): *Medienethik. Freiheit und Verantwortung. Festschrift zum 65. Geburtstag von Manfred Kock*, Stuttgart (Kreuz) 2001, 137-150.

Huizing, Klaas/ Rupp, Horst F. (Hg.): *Medientheorie und Medientheologie*, Münster (Lit) 2003.

Hunold, Gerfried W.: *Medienethik*, in: Gründel, Johannes (Hg.): *Leben aus christlicher Verantwortung. Ein Grundkurs der Moral 2. Schöpfung - Wirtschaft - Gesellschaft - Kultur*, Düsseldorf (Patmos) 1992, 217-230.

Ders.: *Ethik der Information. Prolegomena zu einer Kultur der Massenmedien*, in: Wolbert, Werner (Hg.): *Moral in einer Kultur der Massenmedien*, Freiburg (Schweiz) u.a. (Universitätsverlag) 1994, 31-49.

Ders.: "Öffentlichkeit um jeden Preis? Überlegungen zu einer Ethik der Information", in: *Forum Medienethik* 1 (1994), 7-18.

Hurth, Elisabeth: *Zwischen Religion und Unterhaltung. Zur Bedeutung der religiösen Dimension in den Medien*, Mainz (Matthias-Grünewald) 2001.

Hutten, Ulrich von: *Eyn lustiger und nutzlicher Dialogus. Vadiscus oder die Rhömisch Dreyfaltigkeit genant*, Straßburg (Beck) 1544.

Jacobi, Reinhold (Hg.): *Medien - Markt - Moral. Vom ganz wirklichen, fiktiven und virtuellen Leben*, Freiburg im Breisgau (Herder) 2001.

Jakubowski-Tiessen, Manfred: *Der frühe Pietismus in Schleswig-Holstein. Entstehung, Entwicklung und Struktur*, Göttingen (Vandenhoeck & Ruprecht) 1983.

Jäckel, Michael/ Reinhardt, Jan D.: *Provokante Werbung unter dem Gesichtspunkt einer Ethik der Massenkommunikation*, in: Debatin, Bernhard/ Funiok, Rüdiger (Hg.): *Kommunikations- und Medienethik*, Konstanz (UVK Verlagsgesellschaft) 2003, 203-218.

Janowski, Hans Norbert: *Vorwort*, in: Nethöfel, Wolfgang/ Schnell, Matthias (Hg.): *Cyberchurch? Kirche im Internet*, hrsg. vom Gemeinschaftswerk der Ev. Publizistik, Frankfurt a. M. 1998, 7-8.

Jansen, Gregor M.: *Mensch und Medien. Entwurf einer Ethik der Medienrezeption*, (Forum Interdisziplinäre Ethik 30), hrsg. von Gerfried W. Hunold, Frankfurt a. M. u.a. (Peter Lang) 2003.

Jaubert, Alain: *Fotos, die lügen. Politik mit gefälschten Bildern*, Frankfurt a. M. (Athenäum) 1989.

Jörns, Klaus-Peter: *Die neuen Gesichter Gottes. Was die Menschen heute wirklich glauben*, München (Beck) 1997.

Joinson, Adam N.: *Causes and Implications of Disinhibited Behaviour on the Internet*, in: Gackenbach J. (Hg.): *Psychology and the Internet: Intrapersonal, Interpersonal, and Transpersonal Implications*, New York (Academic Press) 1998, 43-60.

Jonas, Hans: *Das Prinzip Verantwortung. Versuch einer Ethik für die technologische Zivilisation*, Frankfurt a. M. (Suhrkamp) [3]1993.

Kässmann, Margot: *Möglichkeiten und Unmöglichkeiten der Medien*, in: Drägert, Christian/ Schneider, Nikolaus (Hg.): *Medienethik. Freiheit und Verantwortung. Festschrift zum 65. Geburtstag von Manfred Kock*, Stuttgart (Kreuz) 2001, 99-106.

Kalkoff, Paul (Hg.): *Die Depeschen des Nuntius Aleander vom Wormser Reichstage 1521*, hrsg. vom Verein für Reformationsgeschichte, Halle 1886.

Karmasin, Matthias: *Das Oligopol der Wahrheit. Medienunternehmen zwischen Ökonomie und Ethik*, Weimar (Böhlau) 1993.

Ders. (Hg.): *Medien und Ethik*, Stuttgart (Reclam) 2002.

Kaufmann, Franz-Xaver: *Religion und Modernität. Sozialwissenschaftliche Perspektiven*, Tübingen (Mohr) 1989.

Kehnscherper, Gerhard: *Die dialektische Theologie Karl Barths im Lichte der sozial-ethischen Aufgaben der christlichen Kirche*, Aalen (Scientia) 1979, 37-39.

Kessler, Angela: *Ein Beitrag zur Geschichte der evangelischen Presse von ihrem Beginn bis zum Jahre 1800 (im deutschen Sprachgebiet)*, Inaugural-Dissertation, Ludwig-Maximilians-Universität München 1956.

King, David: *Stalins Retuschen: Foto- und Kunstmanipulationen in der Sowjetunion*, Hamburg (Hamburger Edition) 1997.

Kirchner, Joachim: *Die Grundlagen des deutschen Zeitschriftenwesens*, Band 1, Leipzig 1928-31, zit. nach Lindemann, Margot: *Deutsche Presse bis 1815. Geschichte der deutschen Presse Teil 1*, Berlin (Colloquium) 1969.

Kirsner, Inge: *Erlösung im Film. Praktisch-theologische Analysen und Interpretationen*, Stuttgart (Kohlhammer) 1996.

Kleinsteuber, Hans J.: *Die Weltsicht der US-amerikanischen Mediengesellschaft*, in: Haller, Michael (Hg.): *Das freie Wort und seine Feinde. Zur Pressefreiheit in den Zeiten der Globalisierung*, Konstanz (UVK Verlagsgesellschaft) 2003, 31-45.

Köhler, Hans-Joachim: *Die Flugschriften der frühen Neuzeit. Ein Überblick*, in: Arnold, Werner u.a. (Hg.): *Die Erforschung der Buch- und Bibliotheksgeschichte in Deutschland*, Wiesbaden (Harrassowitz) 1987, 307-345.

Körtner, Ulrich H.J.: *Zwischen den Zeiten. Studien zur Zukunft der Theologie*, Bielfeld (Luther) 1997.

Ders.: *Freiheit und Verantwortung. Studien zur Grundlegung theologischer E-thik*, Freiburg (Schweiz) u.a. (UVK Verlagsgesellschaft) 2001.

Kolb, Anton u.a. (Hg.): *Cyberethik. Verantwortung in der digital vernetzten Welt*, Stuttgart u.a. (Kohlhammer) 1998.

Kortzfleisch, Siegfried von: *Verkündigung und "öffentliche Meinungsbildung". Ein Beitrag zur Grundlegung kirchlicher Öffentlichkeitsarbeit*, Stuttgart (Ev. Verlagshaus) 1960.

Kos, Elmar: *Verständigung oder Vermittlung? Die kommunikative Ambivalenz als Zugangsweg einer theologischen Medienethik*, Frankfurt a. M. u.a. (Peter Lang) 1997.

Koszyk, Kurt: *Vorläufer der Massenpresse. Ökonomie und Publizistik zwischen Reformation und französischer Revolution. Öffentliche Kommunikation im Zeitalter von Feudalismus*, München (W. Goldmann) 1972.

Kottlorz, Peter: *Fernsehmoral. Ethische Strukturen fiktionaler Fernsehunterhaltung*, Berlin (Spiess) 1993.

Ders.: *Die Fernsehserie*, in: Bieger, Eckhard u.a. (Hg.): *Zeitgeistlich. Religion und Fernsehen in den neunziger Jahren*, hrsg. vom Katholischen Institut für Medieninformation, Köln [2]1994, 38-41.

Krämer, Hans: *Integrative Ethik*, Frankfurt a. M. (Suhrkamp) 1995.

Krainer, Larissa: *Medien und Ethik. Zur Organisation medienethischer Entscheidungsprozesse*, München (KoPäd) 2001.

Kratzenstein, Jürgen/ Eckert, Edgar van: *Sechs Jahre Telefonseelsorge im Internet. Ein Bericht über die Entwicklung der Chat-Beratung*, in: Elmar Etzersdorfer u.a. (Hg.): *Neue Medien und Suizidalität. Gefahren und Interventionsmöglichkeiten*, Göttingen (Vandenhoeck & Ruprecht) 2003, 87-100.

Krempl, Stefan: *Krieg und Internet. Ausweg aus der Propaganda?*, Hannover (Heise Zeitschriften Verlag) 2004.

Krotz, Friedrich: *Die Mediatisierung kommunikativen Handelns. Der Wandel von Alltag und sozialen Beziehungen, Kultur und Gesellschaft durch die Medien*, Wiesbaden (Westdeutscher Verlag) 2001.

Ders.: *Kommunikation im Zeitalter des Internet*, in: Höflich, Joachim R./ Gebhardt, Julian (Hg.): *Vermittlungskulturen im Wandel. Brief, E-mail, SMS*, Frankfurt a. M. (Lang) 2003, 21-37.

Kruck, Günter/ Schlör, Veronika (Hg.): *Medienphilosophie, Medienethik. Zwei Tagungen - eine Dokumentation*, Frankfurt a. M. (Peter Lang) 2003.

Küng, Hans: *Geschichte, Sinn und Methode der Erklärung zu einem Weltethos*, in: ders. (Hg.), *Dokumentation zum Weltethos*, München (Pieper) 2002, 37-67.

Kürschner-Pelkmann, Frank: *Von Gutenberg bis Internet. Kirchen und soziale Kommunikation*, hrsg. vom Evangelischen Missionswerk in Deutschland, Hamburg 1997.

Kunze, Horst: *Geschichte der Buchillustration in Deutschland. Das 16. und 17. Jahrhundert. Textband*, Frankfurt a. M./ Leipzig (Insel) 1993.

Kurth, Karl (Hg.): *Die ältesten Schriften für und wider die Zeitung. Die Urteile des Christophorus Besoldus (1629), Ahasver Fritsch (1676), Christian Weise (1676) und Tobias Peucer (1690) über den Gebrauch und Missbrauch der Nachrichten* (Quellenhefte zur Zeitungswissenschaft 1), Brünn u.a. (Rudolf M. Rohrer) 1944.

Kuscherl, Karl Josef u.a. (Hg.): *Ein Ethos für die Welt? Globalisierung als ethische Herausforderung*, Frankfurt a. M./ New York (Campus) 1999.

Kutsch, Arnulf/ Weber, Johannes (Hg.): *350 Jahre Tageszeitung. Forschungen und Dokumente*, Bremen (Edition Lumière) 2002.

Laberenz, Lennart (Hg.): *Schöne neue Öffentlichkeit. Beiträge zu Jürgen Habermas' Strukturwandel der Öffentlichkeit*, Hamburg (VSA Verlag) 2003.

Langenau, Lars: "Gott vergelt's", in: *Süddeutsche Zeitung* 226 (30.09.2002).

Langenhorst, Georg: *Jesus ging nach Hollywood. Die Wiederentdeckung Jesu in Literatur und Film der Gegenwart*, Düsseldorf (Patmos) 1998.

Laubach, Thomas: *Problemsichtung: Information, Orientierung, Beheimatung. Strukturen des Mediums Zeitung in ethischer Perspektive*, in: Greis, Andreas u.a. (Hg.): *Medienethik. Ein Arbeitsbuch*, Tübingen/ Basel (A. Francke) 2003, 99-116.

Lehmann, Hartmut: "'Absonderung' und 'Gemeinschaft' im frühen Pietismus. Allgemeinhistorische und sozialpsychologische Überlegungen zur Entstehung und Entwicklung des Pietismus", in: *Jahrbuch zur Geschichte des neueren Protestantismus. Band 4: Die Anfänge des Pietismus (1977/78)*, hrsg. von Martin Brecht u.a., Göttingen (Vandenhoeck & Ruprecht) 1979, 54-82.

Lehmann, Karl: *Kirche im öffentlichen Raum*, in: Drägert, Christian/ Schneider, Nikolaus (Hg.): *Medienethik. Freiheit und Verantwortung. Festschrift zum 65. Geburtstag von Manfred Kock*, Stuttgart (Kreuz) 2001, 107-124.

Leicht, Robert: *Du sollst nicht falsch Zeugnis reden wider deinen Nächsten! Zur Auslegung des achten Gebots*, in: Drägert, Christian/ Schneider, Nikolaus (Hg.): *Medienethik. Freiheit und Verantwortung. Festschrift zum 65. Geburtstag von Manfred Kock*, Stuttgart (Kreuz) 2001, 337-346.

Leschke, Rainer: *Einführung in die Medienethik*, München (Fink) 2001.

Lindemann, Margot: *Deutsche Presse bis 1815. Geschichte der deutschen Presse Teil 1*, Berlin (Colloquium) 1969.

Löffelholz, Martin/ Altmeppen, Klaus Dieter: *Kommunikation in der Informationsgesellschaft*, in: Merten, Klaus u.a. (Hg.): *Die Wirklichkeit der Medien. Eine Einführung in die Kommunikationswissenschaft*, Opladen (Westdeutscher Verlag) 1994, 570-591.

Loretan, Matthias: *Ethik des Öffentlichen. Grundrisse einer Diskursethik der Medienkommunikation*, in: Holderegger, Adrian (Hg.): *Kommunikations- und Medienethik. Interdisziplinäre Perspektiven*, Freiburg (Schweiz) (Universitätsverlag) 1999, 153-183.

Lohse, Eduard: *Theologische Ethik des Neuen Testaments*, Stuttgart u.a. (Kohlhammer) 1988.

Luckmann, Thomas: *Über die Funktion der Religion*, in: Koslowski, Peter (Hg.): *Die religiöse Dimension der Gesellschaft. Religion und ihre Theorien*, Tübingen (Mohr) 1985, 26-41.

Ders.: *Die unsichtbare Religion*, Frankfurt a. M. (Suhrkamp) 1991.

Lübbe, Hermann: *Religion nach der Aufklärung*, Graz u.a. (Styria) 1986.

Luhmann, Niklas: *Die Realität der Massenmedien*, Opladen (Westdeutscher Verlag) [2]1996.

Luther, Martin: *Ablassthesen. Urfassung der Thesen, Nr.50*, in: Honselmann, Klemens: *Urfassung und Drucke der Ablassthesen Martin Luthers und ihre Veröffentlichung*, Paderborn (Schöningh) 1966, 135-149.

Ders.: *Wider Hans Worst (1541)*, in: Aland, Kurt (Hg.): *Luther Deutsch*, 2:22-27.

Ders.: *Die Ablassthesen und die Resolutionen 1517-1518*, in: Aland, Kurt (Hg.): *Luther Deutsch*, 2:32-82.

Ders.: *Brief an Scheurl vom 5.März 1518*, in: Aland, Kurt (Hg.): *Luther Deutsch*, 10:38 (Nr.22).

Ders.: *Brief an Kurfürst Friedrich (Altenburg 5. oder 6. Januar)*, in: *WA* Br 1, Nr.128, 289-291.

Ders.: *An die Ratsherren aller Städte deutsches Lands, dass sie christliche Schulen aufrichten und halten sollen (1524)*, in: Aland, Kurt (Hg.): *Luther Deutsch*, 7:226-229.

Ders.: *Vorrede zur Offenbarung des Johannes (1522)*, in: Aland, Kurt (Hg.): *Luther Deutsch*, 5:65f.

Ders.: *Von den guten Werken (1520)*, in: *WA* 6, 196-276.

Ders.: *Brief an Spalatin von der Wartburg, 15. August 1521*, in: Aland, Kurt (Hg.): *Luther Deutsch*, 10:97 (Nr.72).

Lyotard, Jean-François: *Das postmoderne Wissen. Ein Bericht*, hrsg. von Peter Engelmann, Graz u.a (Böhlau) 1986.

Martens, Ekkehard: *Warum die Ethik auf den Hund gekommen ist - oder: Welche Ethik brauchen wir heute?*, in: Hartmann, Hans H./ Heydenreich, Konrad (Hg.): *Ethik und Moral in der Kritik. Eine Zwischenbilanz*, Frankfurt a. M. (Diesterweg) 1996, 8-13.

Martens, Wolfgang: *Die Botschaft der Tugend. Die Aufklärung im Spiegel der deutschen Moralischen Wochenschriften*, Stuttgart (Metzler) 1968.

Mattelart, Armand: *Kommunikation ohne Grenzen? Geschichte der Ideen und Strategien globaler Vernetzung*, Rodenbach (Avinus) 1999.

McLuhan, Marshall: *Die magischen Kanäle. "Understanding media"*, Düsseldorf u.a. (Econ) 1968.

Ders.: *The global village: der Weg der Mediengesellschaft in das 21. Jahrhundert,* Paderborn (Junfermann) 1995.

Ders.: *Die magischen Kanäle*, in: Baltes, Martin u.a. (Hg.): *Medien verstehen. Der McLuhan-Reader*, Mannheim (Bollmann Kommunikation & Neue Medien) 1997, 112-156.

Mehnert, Gottfried: *Evangelische Presse. Geschichte und Erscheinungsbild von der Reformation bis zur Gegenwart*, Bielefeld (Luther) 1983.

Mehnert, Thomas: *Schweinejournalismus? Wenn Medien hetzen, türken und linken*, München (FZ Verlag) 2002.

Meier, Urs: *Der prekäre Übergang zur Informationsgesellschaft - Kommunikation als Thema ethischer Reflexion*, in: Wunden, Wolfgang (Hg.): *Medien zwischen Markt und Moral* (Beiträge zur Medienethik 1), Stuttgart u.a. (Steinkopf) 1989, 221-229.

Melanchthon, Philipp: *Neue Zeitung von den Wiedertäufern zu Münster. Vorwort Martin Luther*, Nürnberg (Hieronymus Andreae) 1535.

Mendelssohn, Moses: *Jerusalem*, in: Thom, Martina (Hg.): *Schriften über Religion und Aufklärung*, Darmstadt (Wissenschaftliche Buchgesellschaft) 1989, 422-423.

Merten, Klaus: *Kommunikation. Eine Begriff- und Prozessanalyse*, Opladen (Westdeutscher Verlag) 1977.

Mertin, Andreas: *Internet im Religionsunterricht*, Göttingen (Vandenhoeck & Ruprecht) 2000.

Ders.: *Neues zum Thema Internet im Religionsunterricht: Didaktik - E-Teaching - E-Learning*, Göttingen (Vandenhoeck & Ruprecht) 2003.

Meyer-Blanck, Michael/ Weyel, Birgit: *Arbeitsbuch Praktische Theologie. Ein Begleitbuch zum Studium und Examen in 25 Einheiten*, Gütersloh (Kaiser u.a.) 1999.

Meyn, Hermann: *Massenmedien in Deutschland. Neuauflage 2001*, hrsg. von der Landeszentrale für politische Bildungsarbeit Berlin, Konstanz (UVK-Medien) 2001.

Michel, Heiner: *Das Audiovisuelle - theologisch: terra incognita*, in: *Handbuch der Praktischen Theologie. Band 4. Praxisfeld: Gesellschaft und Öffentlichkeit*, hrsg. von Peter Constantin Bloth u.a., Gütersloh (Gütersloher Verlagshaus) 1987, 142-149.

Mieth, Dietmar: *Biopolitik, Bioethik, Theologie*, in: Faulhaber, Theo u.a. (Hg.): *Auf den Spuren einer Ethik von morgen*, Freiburg im Breisgau (Herder) 2001, 151-179.

Milberg, Ernst: *Die moralischen Wochenschriften des 18. Jahrhunderts. Ein Beitrag zur deutschen Literaturgeschichte*, Meissen (Mosche) 1880.

Minzberg, Martina: *BILD-Zeitung und Persönlichkeitsschutz. Vor Gericht und Presserat: Eine Bestandsaufnahme mit neuen Fällen aus den 90er Jahren*, Baden-Baden (Nomos) 1999.

Mori, Gustav: *Luthers Beziehungen zum Buchdruck*, Berlin (Mergenthaler) 1938.

Mühlen, Ulrike: *Talk als Show. Eine linguistische Untersuchung der Gesprächs-führung in den Talkshows des deutschen Fernsehens*, Frankfurt a. M. (Peter Lang) 1985.

Müller, Wolfgang Erich: *Der Begriff der Verantwortung in der gegenwärtigen theologischen und philosophischen Diskussion*, in: ders./ Kreß, Hartmut (Hg.): *Verantwortungsethik heute. Grundlagen und Konkretionen einer E-thik der Person*, Stuttgart u.a. (Kohlhammer) 1997, 11-113.

Ders.: *Kunst-Positionen: Kunst als Thema evangelischer und katholischer Theo-logie*, Stuttgart u.a. (Kohlhammer) 1998.

Ders.: *Argumentationsmodelle der Ethik. Positionen philosophischer, katholi-scher und evangelischer Ethik*, Stuttgart (Kohlhammer) 2003.

Müller-Funk, Wolfgang: *Ouvertüren zu einer Medialität des Menschen*, in: ders./ Reck, Hans Ulrich (Hg.): *Inszenierte Imagination. Beiträge zu einer historischen Anthropologie der Medien*, Wien u.a. (Springer) 1996, 63-86.

Mutsaers, Wilbert: *Television viewing as a social activity*, in: Renckstorf, Kar-sten u.a. (Hg.): *Media use as a social action. A European approach to au-dience studies*, London u.a. (Libbey) 1996, 87-102.

Myconius, Friedrich: *Geschichte der Reformation*, hrsg. von Otto Clemen, Leip-zig (Voigtländer) 1914.

Näf, Eleonore/ Karrer, Leo: *Gewaltige Opfer - Gewaltige Täter: Seelsorge in der Spannung zwischen Opfer und Täter. Praktisch-theologische Reflexio-nen zu Dead Man Walking*, in: Karrer, Leo u.a. (Hg.): *Gewaltige Opfer. Filmgespräche mit René Girard und Lars von Trier*, Köln (KIM u.a.) 2000, 139-151.

Negroponte, Nicholas: *Total digital. Die Welt zwischen 0 und 1 oder Die Zu-kunft der Kommunikation*, München (Bertelsmann) 1995.

Neumann, Peter H.A. (Hg.): *"Religionsloses Christentum" und "Nicht-Religiöse Interpretation" bei Dietrich Bonhoeffer* (Wege der Forschung 304), Darm-stadt (Wissenschaftliche Buchgesellschaft) 1990.

Nipkow, Karl Ernst: *Praktische Theologie und gegenwärtige Kultur - Auf der Suche nach einem neuen Paradigma*, in: ders. u.a. (Hg.): *Praktische Theo-logie und Kultur der Gegenwart. Ein internationaler Dialog*, Gütersloh (Mohn) 1991, 132-151.

Ders.: *Bildung als Lebensbegleitung und Erneuerung. Kirchliche Bildungsver-antwortung in Gemeinde, Schule und Gesellschaft*, Gütersloh (Mohn) [2]1992.

Noelle-Neumann, Elisabeth/ Schulz, Winfried (Hg.): *Publizistik*, Frankfurt a. M. (Fischer) 1971.

Oberkampf, Walter: *Die zeitkundliche Bedeutung der moralischen Wochen-schriften. Ihr Wesen und ihre Bedeutung*, Inaugural-Dissertation der Universität Leipzig, Dresden (Risse) 1934.

Ockenfels, Wolfgang (Hg.): *Macht und Moral der Medien*, Trier (Paulinus) 1989.

Oettingen, Alexander von: *Die Moralstatistik in ihrer Bedeutung für eine Socia-lethik*, Erlangen (Deichert) [3]1882.

Ortmann, Ernst A.: *Motive evangelischer Publizistik. Programme der Gründer-zeit als Frage an die Theologie*, Witten (Luther) 1969.

Peter, Dan: *Das christliche Menschenbild im Kontext der Medien*, in: Grimm, Petra/ Capurro, Rafael (Hg.): *Menschenbilder in den Medien - ethische Vorbilder?*, Stuttgart (Steiner) 2002, 63-82.

Pieper, Annemarie: *Einführung in die Ethik*, Tübingen/ Basel (A. Francke) [4]2000.

Pirner, Manfred L.: *Fernsehmythen und religiöse Bildung. Grundlegung einer medienerfahrungsorientierten Religionspädagogik am Beispiel fiktionaler Fernsehunterhaltung*, Frankfurt a. M. (Ev. Publizistik Verlag) 2001.

Ders.: "Medienpädagogik und ethisch-religiöse Bildung", in: *Medien praktisch* 26 (4/2002), 26-29.

Ders.: *"Nie waren sie so wertvoll wie heute." Religiöse Symbole in der Werbung als religionspädagogische Herausforderung. Sieben Thesen*, in: Busch-mann, Gerd/ ders.: *Werbung, Religion, Bildung. Kulturhermeneutische, theologische, medienpädagogische und religionspädagogische Perspekti-ven*, hrsg. vom Gemeinschaftswerk der Ev. Publizistik, Frankfurt a. M. 2003, 55-70.

Ders.: *Extra media nullus homo? Theologische Aspekte zu einer Anthropologie der Medien*, in: ders./ Rath, Matthias (Hg.): *Homo medialis. Perspektiven und Probleme einer Anthropologie der Medien*, München (KoPäd) 2003, 107-118.

Ders.: *"Muss denn Unterhaltung Sünde sein?"* Anthropologische Grundlagen der Medienunterhaltung, in: ders./ Rath, Matthias (Hg.): *Homo medialis. Perspektiven und Probleme einer Anthropologie der Medien*, München (KoPäd) 2003, 177-188.

Ders./ Rath, Matthias (Hg.): *Homo medialis. Perspektiven und Probleme einer Anthropologie der Medien*, München (KoPäd) 2003.

Ders./ Breuer, Thomas (Hg.): *Medien - Bildung - Religion. Zum Verhältnis von Medienpädagogik und Religionspädagogik in Theorie, Empirie und Praxis*, München (KoPäd) 2004.

Platon: *Phaidros*, in: ders.: *Sämtliche Werke. Band 4: Phaidros. Das Gastmahl. Der Staat*, hrsg. von Wolfgang Stahl, [o.O.] (Mundus) 1999, 7-62.

Pötscher, Augustin M.: *Medienethik*, Thaur u.a. (Thaur) 1998.

Pöttinger, Ida: *Lernziel Medienkompetenz: Theoretische Grundlagen und praktische Evaluation anhand eines Hörspielprojekts*, München (KoPäd) [2]2002.

Pollack, Detlef: *Individualisierung statt Säkularisierung? Zur Diskussion eines neueren Paradigmas in der Religionssoziologie*, in: Gabriel, Karl (Hg.): *Religiöse Individualisierung oder Säkularisierung. Biographie und Gruppe als Bezugspunkte moderner Religiosität*, Gütersloh (Kaiser) 1996, 57-85.

Postman, Neil: *Wir amüsieren uns zu Tode. Urteilsbildung im Zeitalter der Unterhaltungsindustrie*, Frankfurt a. M. (Fischer) 1985.

Preul, Reiner/ Schmidt-Rost, Reinhard (Hg.): *Kirche und Medien*, Gütersloh (Mohn) 2000.

Pürer, Heinz/ Raabe, Johannes: *Medien in Deutschland. Band 1. Presse*, München (Ölschläger) 1994.

Putherbeien von Thuron, Gabriel: *Von verbot und auffhebung deren Bücher und Schrifften, so in gemain one nachtheil und verletzung des gewissens, auch der frumb und erbarkeit nit mögen gelesen oder behalten werden*, zit. nach Schneider, Franz: "Die Schrift Gabriel Putherbeiens von Thuron aus dem Jahre 1549/1581 in ihrer publizistikwissenschaftlichen Bedeutung", in: *Publizistik* 8 (1963), 354-362.

Ramelsberger, Annette: "Reaktion auf die Morde von Erfurt: 'Die Hemmschwelle wird massiv herabgesetzt' - Bayern kritisiert ungehinderten Verkauf Gewalt verherrlichender Videos an Jugendliche", in: *Süddeutsche Zeitung* 99 (29.04.2002).

Ramm, Markus: *Verantwortlich leben. Entwicklungen in Ernst Langes Bildungskonzeptionen im Horizont von Theologie, Kirche und Gesellschaft*, Inaugural-Dissertation der Universität Regensburg (maschinenschriftlich) 2005.

Rath, Matthias: *Kann denn empirische Forschung Sünde sein? Zum Empiriebedarf der angewandten Ethik*, in: ders. (Hg.): *Medienethik und Medienwirkungsforschung*, Wiesbaden (Westdeutscher Verlag) 2000, 63-87.

Real, Michael R.: *Super Media. A Cultural Studies Approach*, Neburry Park u.a. (Sage Publications) 1989.

Reichertz, Jo: "Trauung, Trost und Wunder. Formen des Religiösen im Fernsehen", in: *Medien praktisch* (04/1996), 4-10.

Ders.: *Die frohe Botschaft des Fernsehens. Kulturwissenschaftliche Untersuchung medialer Diesseitsreligion*, Konstanz (UVK) 2000.

Reimann, Horst: *Kommunikation*, in: ders. (Hg.).: *Basale Soziologie. Hauptprobleme*, Band 2, München [2]1979, 192-197.

Renckstorf, Karsten: *Media use as social action: a theoretical perspective*, in: ders. u.a. (Hg.): *Media use as a social action. A European approach to audience studies*, London u.a. (Libbey) 1996, 18-31.

Rendtorff, Trutz: *Ethik. Grundelemente, Methodologie und Konkretionen einer ethischen Theologie*, Band 1, Stuttgart u.a. (Kohlhammer) [2]1990.

Renker, Hans: *Ahasver Fritsch. Ein pietistischer Pädagog vor Francke und ein Vorläufer Franckes. Ein Beitrag zur Geschichte der pietistischen Pädagogik*, Inaugural-Dissertation der Universität Würzburg 1916.

Rétyi, Andreas von: *Der Jahrhundertkomet: Hale-Bopp, kosmische Katastrophen und das Geheimnis der Kometen; wie groß ist die Bedrohung aus dem All?*, München (Herbig) 1997.

Ricken, Friedo: *Allgemeine Ethik. Grundkurs Philosophie 4*, Stuttgart (Kohlhammer) [4]2003.

Riedel, Manfred (Hg.): *Rehabilitierung der praktischen Philosophie*, Freiburg (Rombach) 1972.

Riepl, Wolfgang: *Das Nachrichtenwesen des Altertums - mit besonderer Berücksichtigung auf die Römer*, Leipzig/Berlin (Teubner) 1913.

Röll, Franz Josef: *Religionspädagogische Symboldidaktik aus der Perspektive einer wahrnehmungsorientierten Medienpädagogik*, in: Pirner, Manfred L./

Breuer, Thomas (Hg.): *Medien - Bildung - Religion. Zum Verhältnis von Medienpädagogik und Religionspädagogik in Theorie, Empirie und Praxis*, München (KoPäd) 2004, 103-111.

Römelt, Josef: *Christliche Ethik im pluralistischen Kontext. Eine Diskussion der Methode ethischer Reflexion in der Theologie*, Münster (Lit) 2000.

Rössler, Dietrich: *Grundriss der Praktischen Theologie*, Berlin/New York (de Gruyter) 1986.

Rolfes, Helmuth: *Christlicher Glaube und Medienethik: Der Beitrag von Theologie und Kirche zum medienethischen Gespräch der Gesellschaft*, in: Karmasin, Matthias (Hg.): *Medien und Ethik*, Stuttgart (Reclam) 2002, 238-261.

Rothe, Richard: *Theologische Ethik*, Band IV, Wittenberg (H. Koelling) [2]1870.

Ruppel, Aloys: *Johannes Gutenberg. Sein Leben und Werk*, Berlin (Nieukoop) [2]1947.

Ruß-Mohl, Stephan/ Seewald, Berthold: *Die Diskussion über journalistische Ethik in Deutschland - eine Zwischenbilanz*, in: Haller, Michael (Hg.): *Medien-Ethik. Beschreibungen, Analysen, Konzepte für den deutschsprachigen Journalismus*, Opladen (Westdeutscher) 1992, 22-36.

Sänger, Monika: *Kurswissen Praktische Philosophie/Ethik. Grundpositionen der normativen Ethik*, Stuttgart u.a. (Klett) 1993.

Saxer, Ulrich: *Strukturelle Möglichkeiten und Grenzen von Medien- und Journalismusethik*, in: Haller, Michael/ Holzey, Helmut (Hg.): *Medien-Ethik. Beschreibungen, Analysen, Konzepte für den deutschsprachigen Journalismus*, Opladen (Westdeutscher Verlag) 1992, 104-128.

Scheurle, Hans-Jürgen: *Information und Bewußtseinshelligkeit - Was kann die neurophysiologische Forschung zur Untersuchung des Fernsehens beitragen?*, in: Buddemeier, Heinz (Hg.): *Das Problem der Wahrnehmung und Bewußtsein auf dem Hintergrund der Medien- und Hirnforschung*, Bremen [o.V.] 1997, 74-170.

Schibilsky, Michael: *Kirche in der Mediengesellschaft*, in: Preul, Reiner/ Schmidt-Rost, Reinhard (Hg.): *Kirche und Medien*, Gütersloh (Mohn) 2000, 51-71.

Schiewe, Jürgen: *Öffentlichkeit. Entstehung und Wandel in Deutschland*, Paderborn u.a. (Schöningh) 2004.

Schilson, Arno: *Medienreligion. Zur religiösen Signatur der Gegenwart*, Tübingen (A. Francke) 1997.

Schliep, Hans Joachim: "Kirche in der Erlebnisgesellschaft. Soziologische Beobachtungen und theologische Bemerkungen", in: *Pastoraltheologie* 85 (6/1996), 211-224.

Schmidt, Günter: *Von Gutenberg zu Bertelsmann. Kleine Medien- und Kommunikationsgeschichte der Neuzeit*, hrsg. vom Thüringer Forum für Bildung und Wissenschaft e.V., Jena 2002.

Schmidt, Siegfried J./ Zurstiege, Guido: *Wissenschaftliche Kommunikationsmodelle*, in: Neverla, Irene u.a. (Hg.): *Grundlagentexte zur Journalistik*, Konstanz (UVK) 2002, 89-99.

Schmidtchen, Gerhard: *Ist Glaube altmodisch? Zur Orientierungskrise der Informationsgesellschaft*, Köln (Bachem) 2001.

Schmitt, Heiner: *Kirche und Film: Kirchliche Filmarbeit in Deutschland von ihren Anfängen bis 1945*, Boppard am Rhein (Boldt) 1979.

Schopenhauer, Arthur: *Über die Grundlage der Moral*, in: ders.: *Die beiden Grundprobleme der Ethik behandelt in zwei akademischen Preisschriften*, Leipzig (Zenith) 1927.

Ders.: *Sämtliche Werke. Schriften zur Naturphilosophie und Ethik. Über den Willen der Natur*, hrsg. und neu bearbeitet von Arthur Hübscher nach der ersten Gesamtausgabe von Julius Frauenstädt, F.A. Leipzig (Brockhaus) 1938.

Schümer, D.: "Digitale Himmelfahrt. Eine Sekte dematerialisiert sich selbst", in: *Frankfurter Allgemeine Zeitung* 74 (29.03.1997).

Schulz, Winfried (Hg.): *Medienwirkungen. Einwirkungen von Presse, Radio und Fernsehen auf Individuum und Gesellschaft*, Forschungsbericht der Deutschen Forschungsgemeinschaft (DFG), Weinheim (VHC Acta Humaniora) 1992.

Schwarz, Hans: *Glaubwürdig. Die christliche Botschaft auf dem Prüfstand*, Moers (Brendow) 1990.

Ders.: *Martin Luther. Einführung in Leben und Werk*, Stuttgart (Quell) 1995.

Ders.: *Die christliche Hoffnung. Grundkurs Eschatologie*, Göttingen (Vandenhoeck & Ruprecht) 2002.

Schwanebeck, Axel: *Evangelische Kirche und Massenmedien. Eine historische Analyse der Intentionen und Realisationen evangelischer Publizistik*, München (Fischer) 1990.

Schwarz, Walter: *August Hinderer. Leben und Werk*, Stuttgart (Quell) 1951.

Schwarze, Bernd: *Die Religion der Rock- und Popmusik. Analysen und Interpretationen*, Stuttgart (Kohlhammer) 1997.

Schwiebert, Ernest G.: *Luther and his times. The Reformation from a new perspective*, Saint Louis (Concordia) 1950.

Ders.: *The Thesis and Wittenberg*, in: Meyer, Carl S.: *Luther for an Ecumenical Age. Essays in Commemoration of the 450ᵗʰ Anniversary of the Reformation*, London (Saint Louis Concordia) 1967, 124-129.

Scribner, Robert W.: *Flugblatt und Analphabetentum. Wie kam der gemeine Mann zu reformatorischen Ideen?*, in: Köhler, Hans-Joachim (Hg.): *Flugschriften als Massenmedium der Reformationszeit. Beiträge zum Tübinger Symposion 1980*, Stuttgart (Klett-Cotta) 1981, 65-76.

Shannon, Claude E./ Weaver, Warren: *The mathematical theory of communication*, Urbana (University of Illinois Press) 1949.

Siemann, Jutta: *Jugend und Religion im Zeitalter der Globalisierung. Computer/Internet als Thema für Religion(sunterricht)*, Münster (Lit) 2002.

Sölle, Dorothee: *Das Eis der Seele spalten: Theologie und Literatur in einer sprachlosen Zeit*, Mainz (Matthias-Grünewald) 1996.

Spener, Philipp Jakob: *Theologische Bedencken und andere brieffliche Antworten auff geistliche, sonderlich zur Erbauung gerichtete Materien, zu unterschiedenen Zeiten auffgesetzt, und nun in einige Ordnung gebracht*, Halle (Waysen-Haus) 1700-1702.

Ders.: *Letzte Theologische Bedenken*, Halle (Waysen-Haus) 1721.

Stark, Willi: *Kirche und Tagespresse. Ein Appell an die evangelischen Pfarrer*, hrsg. vom Verlag des Evangelischen Pressverbandes Deutschland, Berlin-Steglitz 1913.

Ders.: *Der Evangelische Pressverband für Deutschland im Kriegszustande*, zit. nach Bühler, Karl-Werner: *Presse und Protestantismus in der Weimarer Republik. Kräfte und Krisen evangelischer Publizistik*, Witten (Luther) 1970.

Ders./ Swierczewski, St.: *Evangelische Pressebestrebungen und Hoffnungen für die Jahre 1914 und 1915. 2. Jahrbuch des Evangelischen Pressverbandes für Deutschland (Kriegsausgabe)*, hrsg. vom Verlag des Evangelischen Pressverbandes für Deutschland, Berlin-Steglitz 1916.

Steinacker, Peter: *Die ethische Herausforderung der modernen Medien und die Kirchen*, in: Drägert, Christian/ Schneider, Nikolaus (Hg.): *Medienethik. Freiheit und Verantwortung. Festschrift zum 65. Geburtstag von Manfred Kock*, Stuttgart (Kreuz) 2001, 447-462.

Stoll, Gerhard E.: *Die evangelische Zeitschriftenpresse im Jahre 1933*, Witten (Luther) 1963.

Storz, Werner: *Die Anfänge der Zeitungskunde (Die deutsche Literatur des 17. und 18. Jahrhunderts über die gedruckten periodischen Zeitungen)*, Inaugural-Dissertation der Universität Leipzig, Halle (Klinz) 1931.

Straßner, Erich: *Zeitung*, Tübingen (Niemeyer) 1999.

Suckfüll, Monika: *Rezeptionsmodalitäten. Ein integratives Konstrukt für die Medienwirkungsforschung*, München (Fischer) 2004.

Szyszka, Peter (Hg.): *Öffentlichkeit. Diskurs zu einem Schlüsselbegriff der Organisationskommunikation*, Opladen/Wiesbaden (Westdeutscher) 1999.

Thiedeke, Udo (Hg.): *Soziologie des Cyberspace. Medien, Strukturen und Semantiken*, Wiesbaden (VS Verlag für Sozialwissenschaften) 2004.

Thiele, Martina: *"Das versendet sich!" - vom Umgang mit dem Fernseherereignis Big Brother*, in: *"Realität maßgeschneidert - Schöne, neue Welt für die Jugend?" Real life Formate - Fernsehen der Zukunft oder eine Eintagsfliege?*, Dokumentation der Tagung der Niedersächsischen Landesanstalt für privaten Rundfunk im Juni 2001 (Schriftenreihe der NLM. 13) Berlin (VISTAS) 2002.

Thimm, Caja: *Mediale Ubiquität und soziale Kommunikation*, in: Thiedeke, Udo (Hg.): *Soziologie des Cyberspace. Medien, Strukturen und Semantiken*, Wiesbaden (VS Verlag für Sozialwissenschaften) 2004, 51-69.

Thomas, Günter: *Medien als implizite Religion. Theologische Herausforderungen*, in: Drägert, Christian/ Schneider, Nikolaus (Hg.): *Medienethik. Freiheit und Verantwortung. Festschrift zum 65. Geburtstag von Manfred Kock*, Stuttgart (Kreuz) 2001, 397-418.

Ders.: *Medien - Ritual - Religion. Zur religiösen Funktion des Fernsehens*, Frankfurt a. M. (Suhrkamp) 1998.

Ders.: *Medienreligion. Religionssoziologische Perspektiven und theologische Deutungen*, in: Szagun, Anna-Katharina (Hg.): *Jugendkultur - Medienkultur. Exemplarische Begegnungsfelder von Christentum und Kultur* (Rostocker Theologische Studien 8), Münster (Lit) 2002, 83-114.

Ders.: "Umkämpfte Aufmerksamkeit. Medienethische Erwägungen zu einer knappen kulturellen Ressource", in: *Zeitschrift für Evangelische Ethik* 47 (2003), 89-104.

Tillich, Paul: *Systematische Theologie/1*, hrsg. vom Evangelischen Verlagswerk, Frankfurt a. M., [2]1956.

Ders.: *Die Frage nach dem Unbedingten. Schriften zur Religionsphilosophie*, in: *Gesammelte Werke*, Band V., hrsg. von Renate Albrecht, Stuttgart (Ev. Verlagswerk) 1964.

Ders.: *Systematische Theologie. Band III: Das Leben und der Geist. Die Geschichte und das Reich Gottes*, Stuttgart (Ev. Verlagswerk) 1966.

Ders.: *Die religiöse Substanz der Kultur. Schriften zur Theologie und Kultur*, in: *Gesammelte Werke*, Band IX., hrsg. von Renate Albrecht, Stuttgart (Ev. Verlagswerk) 1967.

Ders.: *Über die Idee einer Theologie der Kultur*, in: *Gesammelte Werke*, Band IX., hrsg. von Renate Albrecht, Stuttgart (Ev. Verlagswerk) 1967, 13-31.

Thurnherr, Urs: *Vernetzte Ethik. Zur Moral und Ethik von Lebensformen* (Alber Reihe Praktische Philosophie 70), Freiburg/ München (Karl Alber) 2001.

Tulodziecki, Gerhard: *Mögliche Felder der Zusammenarbeit zwischen Medienpädagogik und Religionspädagogik aus medienpädagogischer Sicht*, in: Pirner, Manfred L./ Breuer, Thomas (Hg.): *Medien - Bildung - Religion. Zum Verhältnis von Medienpädagogik und Religionspädagogik in Theorie, Empirie und Praxis*, München (KoPäd) 2004, 21-35.

Ulbrich, Heinrich: *Friedrich Mykonius 1490-1546. Lebensbild und neue Funde zum Briefwechsel des Reformators*, Tübingen (Osiander) 1962.

Vadakkekara, Thomas: *Medien zwischen Macht und Moral. Kritische Überlegungen zur Wertorientierung des Fernsehens. Eine Studie im Hinblick auf die neueste gesellschaftspolitische Entwicklung im Bereich der Fernseh-*

kommunikation und daraus resultierende Herausforderung für die Kirche, Alzey (Rheinhessische Drucker-Werkstätte) 1999.

Vester, Heinz-Günter: *Soziologie der Postmoderne*, München (Quintessenz) 1993.

Virilio, Paul: *Rasender Stillstand*, Frankfurt a. M. (Fischer) 1997.

Vollbrecht, Ralf: *Einführung in die Medienpädagogik*, Weinheim u.a. (Beltz) 2001.

Weber, Johannes: *Der große Krieg und die frühe Zeitung. Gestalt und Entwicklung der deutschen Nachrichtenpresse in der ersten Hälfte des 17. Jahrhunderts*, in: *Jahrbuch für Kommunikationsgeschichte*, Band 1, hrsg. von H. Böning u.a., Stuttgart (Steiner) 1999.

Weber, Jürgen (Hg.): *30 Jahre Bundesrepublik Deutschland. Band I: Auf dem Wege zur Republik 1945-47*, hrsg. von der Bayrischen Landeszentrale für politische Bildungsarbeit, München 1978.

Weber, Max: *Gesammelte politische Schriften, mit einem Geleitwort von Theodor Heuss*, hrsg. von Johannes Winckelmann, Tübingen (Mohr) [3]1971.

Wedler, Hans: *Helfen neue Medien in der Suizidprävention?*, in: Etzersdorfer u.a. (Hg.): *Neue Medien und Suizidalität. Gefahren und Interventionsmöglichkeiten*, Göttingen (Vandenhoeck & Ruprecht) 2003, 282-291.

Welsch, Wolfgang (Hg.): *Wege aus der Moderne. Schlüsseltexte der Postmoderne-Diskussion*, Weinheim (Acta Humanoria) 1988.

Ders.: *Unsere postmoderne Moderne*, Berlin (Akademie) [6]2002.

Welsen, Peter (Hg.): *Ethik*, Freiburg/ München (Alber) 1999.

Welte, Hermann (Hg.): *August Hermann Francke. Segensvolle Fußstapfen*, Giessen (Brunnen) 1994.

Wendland, Henning: *Martin Luther. Seine Buchdrucker und Verleger*, in: Göpfert, Herbert G. u.a. (Hg.): *Beiträge zur Geschichte des Buchwesens im konfessionellen Zeitalter* (Wolfenbüttler Schriften zur Geschichte des Buchwesens 11), Wiesbaden (Harrassowitz) 1985, 11-36.

Weninger, Peter: *Anfänge der "Frankeschen Stiftungen". Bemerkungen zur Erforschung der Geschichte der Glauchaschen Anstalten in ihrem ersten Jahrzehnt*, in: Brecht, Martin u.a. (Hg.): *Pietismus und Neuzeit. Ein Jahrbuch zur Geschichte des neueren Protestantismus*, hrsg. im Auftrag der historischen Kommission zur Erforschung des Pietismus, Göttingen (Vandenhoeck & Ruprecht) 1991, 17:95-120.

Werth, Christoph H.: *Zivilisationspolitik als Aufgabe. Zum gesellschaftlichen Diskurs über Medienethik*, in: Funiok, Rüdiger u.a. (Hg.): *Medienethik - Die Frage der Verantwortung*, hrsg. von der Bundeszentrale für politische Bildung, Bonn 1999, 131-160.

Wichern, Johann Hinrich: *Die Verpflichtung der Kirche gegen die heutigen Widersacher des Glaubens in ihrer Bedeutung für die Selbsterbauung der Gemeinde. Referat und Schlusswort nach der Diskussion auf dem zwölften deutschen evangelischen Kirchentag (1862)*, in: *Johann Hinrich Wichern. Sämtliche Werke*, Band III/Teil 2: Die Kirche und ihr soziales Handeln (Grundsätzliches, Allgemeines und Praktisches), hrsg. von Peter Meinhold, Berlin/ Hamburg (Lutherisches Verlagshaus) 1969, 56-69.

Ders.: *Die innere Mission der deutschen evangelischen Kirche. Eine Denkschrift an die deutsche Nation (1849)*, in: *Johann Hinrich Wichern. Sämtliche Werke*, Band I: Die Kirche und ihr soziales Handeln (Grundsätzliches und Allgemeines), hrsg. von Peter Meinhold, Berlin/ Hamburg (Lutherisches Verlagshaus) 1962, 175-366.

Widl, Maria: *Religiosität*, in: Haslinger, Herbert (Hg.): *Handbuch Praktische Theologie*, 1:352-362.

Wiegerling, Klaus: *Medienethik*, Stuttgart/ Weimar (J.B. Metzler) 1998.

Wilke, Jürgen: *Grundzüge der Medien- und Kommunikationsgeschichte. Von den Anfängen bis ins 20. Jahrhundert*, Köln (Böhlau) 2000.

Wolbert, Werner (Hg.): *Moral in einer Kultur der Massenmedien* (Studien zur theologischen Ethik 61) Freiburg/Schweiz (Universitätsverlag) 1994.

Wolff, Hans W.: *Anthropologie des Alten Testaments*, Gütersloh (Kaiser) [6]1994.

Wolf-Schmidt, Rüdiger: *Medien*, in: *Theologische Real Enzyklopädie*, 25:325.

Wulf, Joseph: *Presse und Funk im Dritten Reich. Eine Dokumentation*, Gütersloh (Mohn) 1964.

Wunden, Wolfgang (Hg.): *Medien zwischen Markt und Moral* (Beiträge zur Medienethik 1), Stuttgart u.a. (Steinkopf) 1989.

Ders.(Hg.): *Öffentlichkeit und Kommunikationskultur* (Beiträge zur Medienethik 2), Hamburg u.a. (Steinkopf u.a.) 1994.

Ders.: *Auch das Publikum trägt Verantwortung*, in: Funiok, Rüdiger (Hg.): *Grundfragen der Kommunikationsethik*, Konstanz (UVK Verlagsgesellschaft) 1996, 123-132.

Ders. (Hg.): *Wahrheit als Medienqualität* (Beiträge zur Medienethik 3), hrsg. vom Gemeinschaftswerk der Ev. Publizistik, Frankfurt a. M. 1996.

Ders. (Hg.): *Freiheit und Medien* (Beiträge zur Medienethik 4), hrsg. vom Gemeinschaftswerk der Ev. Publizistik, Frankfurt a. M. 1998.

Zglinicki, Friedrich von: *Der Weg des Films. Die Geschichte der Kinematographie und ihrer Vorläufer*, Hildesheim (Olms) 1956.

Internetquellen und Dokumente aus dem Internet:

Amnesty International: *Report: State control of the Internet in China (2002)*, Internetquelle: <http://web.amnesty.org/library/index/engasa170072002? OpenDocument&of=COUNTRIES%5CCHINA> (05.07.2005).

ARD/ZDF: *Online-Studie 2004*, Quelle: <http://www.daserste.de/service/ardon/ 04.pdf> (10.09.2004).

Assmann, Aleida: "Druckerpresse und Internet - von einer Gedächtniskultur zu einer Aufmerksamkeitskultur", in: *Archiv und Wirtschaft* 36 (1/2003), im Internet unter: <http://www.wirtschaftsarchive.de/zeitschrift/m_assmann. htm> (10.02.2005).

Baacke, Dieter: *Zum Konzept und zur Operationalisierung von Medienkompetenz*, Quelle: <http://www.gmk.medienpaed.de/auf002.htm> (25.05.2005).

Bainsar, David: *"Great Firewall" in China: Dissidenten im Internet*, Quelle: <http://www.epo.de/specials/md_firewall.html> (05.07.2005). Der im Internet abrufbare Artikel erschien auch in der Ausgabe 3/2003 der Zeitschrift *Media Development*.

Bobert-Stützel, Sabine: *Internetseelsorge: Trägt das Netz?*, Quelle: <http://www .mitglied.lycos.de/sbobert/Bibliografie.html> (28.04.2005).

Dies.: *"The medium is the message?" Zum medialen Wandel der Predigt im Internet (2001)*, Quelle: <http://www.mitglied.lycos.de/sbobert/Roman.html> (13.04.2005).

Capurro, Rafael: *Einleitung: Leben wir im Informationszeitalter?*, Quelle: <http://www.capurro.de/infovorl-einl.htm> (04.05.2005).

Ders.: *Einführung in die Ethik*, Quelle: <http://www.capurro.de/ethikskript/kap1.htm> (10.05.2004).

Ders.: *Thesen zum Strukturwandel der medialen Öffentlichkeit und zur Medienethik. Beitrag zur Podiumsdiskussion der Tagung des Netzwerkes Medienethik am 17.-18. Februar 2005*, Quelle: <http://www.capurro.de/medienethik.html> (02.03.2005).

Ders.: *Digital divide oder Informationsgerechtigkeit?*, Quelle: <http://www.capurro.de/augsburg2-papers.htm> (21.06.2005).

Class, Christina/ Frischherz, Bruno: *Zur Bedeutung von Privacy für den Menschen*, Quelle: <http://www.angewandte-ethik.ch/documents/Einfuehrung Privacy.pdf> (10.02.2005).

Debatin, Bernhard: *Ethik und Medien. Antworten auf zehn populäre Missverständnisse über Medienethik*, Quelle: <http://www.gep.de/medienethik/netzet23.html> (13.04.2002).

Ders.: *Gibt es eine Medienethik für das Internet?*, Quelle: <http://www.netzwerk-medienethik.de/netzet13.htm> (17.02.2002).

Ders.: *Grundlagen der Internetethik: Problemfelder und Lösungsperspektiven*, Internetquelle: <http://www.uni-leipzig.de/~debatin/uruguay/vortrag.htm> (04.03.2005).

Deutscher Journalistenverband: *Pressemitteilung zur Veröffentlichung von Fotographien der sterbenden Lady Diana im amerikanischen TV-Sender CBS am 21.April 2004*, Quelle: <http://www.djv.de/aktuelles/presse/archiv/2004/22_04_04.shtml> (23.04.2004).

Döring, Nicola: *Isolation und Einsamkeit bei Netznutzern? Öffentliche Diskussion und empirische Daten (1995)*, Quelle: <ftp://ftp.uni-stuttgart.de/pub/doc/networks/misc/netz_und_einsamkeit> (21.02.2005).

Evangelische Kirche in Deutschland (EKD): *Ergebnisse der vierten Kirchenmitgliederuntersuchung der EKD*, Quelle: <http://www.ekd.de/vortraege/154_031014_kock_kmu_4. html> (07.09.2004).

Dies.: *Thesen zu Mel Gibsons Film 'The Passion of Christ'. Theologische Kurzeinschätzung der Evangelischen Kirche in Deutschland*, Quelle: <http://www.ekhn.de/info/themen/the_passion/visarius.htm> (13.12.2004).

Evangelische Kirche in Deutschland/ Deutsche Bischofskonferenz/ Zentralrat der Juden in Deutschland: *Gemeinsame Stellungnahme zum Film "Die Passion Christi" von Präsident Paul Spiegel, Karl Kardinal Lehmann und Bi-*

schof Wolfgang Huber (18.03.2004), Quelle: <http://www.dbk.de/stich-woerter/menu.html> (19.03.2005).

Fischinger, Lars A.: *Heavens Gate. Suizid im Namen der UFOs*, Quelle: <http://fischinger.alien.de/Artikel40.html> (29.05.2004).

Fliege, Jürgen: "Ich hol mir Rat bei Don Camillo". Ein Gespräch zwischen Jürgen Fliege und Johannes Kuhn vom 20.09.1996, zit. nach Rolf Schieder, "Die Talkshow als 'säkularisierte Beichte'? Jürgen Flieges Seelsorge und der Wille zum Wissen", in: *Medien praktisch* (1/1998), 51-56, im Internet abrufbar unter: <http://www.gep.de/medienpraktisch/amedienp/mp1-98/1-98schi.htm> (31.07.2003).

Friedrich, Johannes: *Interview: Landesbischof Friedrich kritisiert Kinofilm <Die Passion Christi>*, Quelle: <http://de.news.yahoo.com/040317/336/3xug9.html> (17.03.2004).

Fromm, Bettina: *Spiele ohne (Scham-)grenzen? - Die neue Lust an Extrem-Spektakeln im deutschen Fernsehen (2000)*, Quelle: <http://www.bettina-fromm.de/aufsatz/artikel_bb. html> (14.07.2005).

Fuhr, Eckhard: "Florian Illies liest am Kamin", in: *Die Welt* vom 03.05.2004, Quelle: <http://www.welt.de/data/2004/05/03/272656.html> (20.06.2004).

Funiok, Rüdiger: *Stichwort Medienethik*, Quelle: <http://www.netzwerk-medienethik.de/netzet10.htm> (15.06.2005).

Ders.: *Stichwort Medienethik II*, Quelle: <http://www.netzwerk-medienethik.de/bib/bibu1funiok. htm> (23.03.2005).

Ders: *Und am Ende die Moral? Verantwortliche Programmplanung und autonome Mediennutzung sind mehr als schöne Ziele*, Quelle: <http://www.me-diageneration.net/buch/mum/mum12.pdf> (09.03.2005).

Gesellschaft für bedrohte Völker: *Bericht über China*, Quelle: <http://www.gf bv.it/2c-stampa/2005/050331.de.html> (05.07.2005).

Goeudevert, Daniel: *Über Bildung und Elitenbildung. Vorlesung vom 29. Januar 2004 gehalten an der Universität Duisburg-Essen*, Quelle: <http://www. uni-essen.de/pressestelle/webredaktion/mercatorprofessur/2003_goeude-vert. pdf> (03.02.2005).

Graw, Ansgar: *Jürgen Fliege, Hohepriester und Quotenpapst der totalen Toleranz (13.07.1999)*, Quelle: <http://www.welt.de/daten/1999/07/13/0713fo 121285.htx?print=1> (31.07.2003).

Grimm, Jürgen: *Macht und Ohnmacht des sittlichen Arguments. Fachtagung zur Medienethik am 21.-22.2.2002 in München*, Quelle: <http://www.gep.de/ medienethik/netze25.htm> (01.07.2002).

Hausmanninger, Thomas: *Keine Hexenjagd auf Medien! Medienethiker besorgt über die Zensurmaßnahmen in der Debatte über den Erfurter Amoklauf (02.05.2002)*, Quelle: <http://www.presse.uni-augsburg.de/unipressedienst/ 2002/pm2002_052.rtf> (02.02.2004).

Heinemann, Ingo: *ARD: Schleichwerbung für den Maharishi-Kult*, Quelle: <http://www.agpf.de/TM-Schleichwerbung.htm> (12.07.2005).

Hummel, Volker: *Die permanente Katastrophe in Theorie und Literatur. Versuch einer Begriffsbestimmung*, Quelle: <http://www.home.foni-net/~v hummel/Katastrophe/inhalt.html > (17.06.2004).

Kleinhans, Bernd: *Propaganda im Film des Dritten Reichs*, Quelle: <http://www.propaganda-filme.de/filmpropaganda.html> (19.01.2004).

Kock, Manfred: *Medien und Menschenwürde - Gedanken zur aktuellen Lage in den Medien*, Vortrag des Ratsvorsitzenden der Evangelischen Kirche in Deutschland am 9. Mai 2000 in der Universität zu Bonn, Quelle: <http://www.ekd.de/vortraege/kock5.html> (17.06.2004).

Ders.: *Rede zur Veröffentlichung der vierten EKD-Erhebung über Kirchenmitgliedschaft am 14.10.2003 in Berlin*, Quelle: <http://www.ekd.de/vortraege/ 154_031014_kock_kmu_4.html> (07.09.2004).

Lichtenberg, Georg Christoph: *Zitate und Aphorismen*, Quelle: <http://www.un-moralische.de/zitate2/Lichtenberg.htm> (20.01.2005).

Mahel, Ilona: *Die großartigste Geschichte - die niemals richtig erzählt wurde*, Quelle: <http://www.jesus-online.de/article.php?article=4139> (17.03.04).

Mannes, Stefan: *Zwei antisemitische Propagandafilme im wissenschaftlichen Vergleich*, Quelle: <http://www.propagandafilme.de> (19.01.2004).

Mertin, Andreas: *Religion nimmt Gestalt an - ästhetisch, popkulturell, szenisch. Vortrag gehalten auf der Bildungsmesse Hannover 2000*, Quelle: <http://www.amertin.de/aufsatz/gestalt.htm#Anchor-Medienumgan-26619> (05.04.2005).

Nipkow, Karl Ernst: *Folgerungen aus den Empfehlungen der Enquetekommission für die kirchliche Bildungsarbeit. Vortrag auf dem Bildungskonvent der Ev. Lutherischen Kirche in Thüringen am 7. Juli 2004 in Erfurt, Augustinerkloster*, Quelle: <http://www.schulwerk-cms.de/attachment/7b5a55540

dde7fd81b33c01ac7eef6f5/1dc0aeec029822c91c8b355ecdae804d/VortragN
ipkow.pdf> (04.10.2004).

N.N.: *Pietismus und evangelikale Bewegung: Persönliche Gotteserfahrung und freiwillige Hingabe*, Quelle: <http://www.members.aol.com/schewo/pietismus.html> (04.02.2005).

N.N./ Heise Zeitschriftenverlag online: *Medienkritik nach den Terroranschlägen (16.09.2001)*, Quelle: <http://www.heise.de/bin/nt.print/news...09.01-001/?id=39c21d3 a&todo=print> (10.04.2004).

O'Sullivan, Patrick/ Flanagin, Andrew J.: *An Interactional Reconceptualization of "Flaming" and Other Problematic Messages*, Quelle: <http://www.ilstu.edu/ posull/flaming.htm> (19.07.2005).

Puhl, Frank: "Netzgemeinde oder Gemeinde. Kirche in der Informationsgesellschaft (Mai 2003)", in: *Imprimatur* (2/2003), im Internet abrufbar unter: <http://www.phil.uni-sb.de/projekte/imprimatur/2003/imp030203.html> (14.04.2005).

Qing, Fang: *Internetblockade (25.09.2003)*, Quelle: <http://www.chinaintern.de/article/-Sonstiges_Chinese-Internet/1064475095.html> (05.07.2005).

Rath, Matthias: *Das Internet - die Mutter aller Medien*, Quelle: <http://www.ph-ludwigsburg.de/insphiltheo/hpg_phil/rath/internet.htm> (18.11.2003).

Ders.: *Medienqualität zwischen Empirie und Ethik. Zur Notwendigkeit des normativen und empirischen Projekts "Media Assassement" (2002)*, Quelle: <http://www.ph-ludwigsburg.de/insphiltheo/hpg_phil/medqual.html> (03.03.2005), oder auch abrufbar unter der Internetseite des Netzwerks Medienethik <http://www.netzwerk-medienethik.de> in der digitalen Bibliothek.

Rötzer, Florian: *Der Vatikan und das Internet. Auch Nonnen dürfen ans Internet - ein bisschen (07.06.1999)*, Quelle: <http://www.heise.de/tp/deutsch/inhalt/te/2919/1.html> (29.05.2004).

Rosenstock, Roland: *Medienethische Ansätze. Ein Überblick*, Quelle: <http://www.lrz-muenchen.de/~EvTheol-PT/medienethik.htm> (05.12.03).

Ruhrmann, Georg u.a.: *Der Wert von Nachrichten im deutschen Fernsehen. Ein Modell zur Validierung der Nachrichtenfaktoren*, Quelle: <http://www.lfm-nwr.de/downloads/studie-nachrichtenwert.pdf> (24.05.2005).

Sandbothe, Mike: *Philosophische Überlegungen zur Medienethik des Internets (07.10.1996)*, Quelle: <http://www.heise.de/tp/deutsch/inhalt/te/1066/2.ht ml> (14.04.2002).

Ders.: *Medienethik im Zeitalter des Internets*, Internetquelle: <file://C:\WIN-DOWS\Temporary%20Internet%20Files\Content.IE5\MHCWNR93\103... > (14.04.2002). Der Text ist auch auf der Homepage des Autors zugänglich unter: <http://www.sandbothe.net>.

Schiersmann, Christiane u.a.: *Medienkompetenz - Kompetenz für neue Medien*, Bonn (Arbeitsstab Forum Bildung) 2002, im Internet als Online-Ressource zugänglich unter: <http://www.forum-bildung.de/bib/material/mb_12.pdf> (01.06.2005).

Vetter, Tobias: *Die Geschichte des Internets*, Quelle: <http://www.phil-fak.uni-duesseldorf.de/media/web/index1.html> (07.09.2004).

Weber-Wulff, Debora: *Aufdeckung von Plagiaten*, Quelle: <http://www.f4.fhtw-berlin.de/~weberwu/papers/plagiat.shtml > (22.08.2005).

Personenregister

Sachregister

431